"十二五"普通高等教育本科国家级规划教材

新编21世纪法学系列教材

总主编 曾宪义 王利明

比较法总论

第四版

General Theory of Comparative Law

主 编 朱景文

撰稿人(以撰写章节先后为序)

朱景文 孟 涛 余履雪

中国人民大学出版社

·北京·

主 编 简 介

朱景文，中国人民大学法学院教授，博士生导师，中国人民大学法律与全球化研究中心主任，*Frontiers of Law in China*（《中国法学前沿》）主编；兼任中国法学会立法学研究会常务副会长，中国法理学研究会顾问；曾为美国夏威夷大学法学院访问学者（中美法学教育交流项目，1987—1988 年），美国威斯康星大学法学院富布赖特高级访问教授（1996—1997 年），荷兰莱顿大学欧洲中心高级访问教授（中欧高等教育合作项目，1999—2000 年），比利时布鲁塞尔欧洲法学理论研究院“Chinese Legal Culture”课程讲授者（2003—2008 年），美国印第安那大学法学院中国法暑期班“Introduction to Chinese Law”、“Introduction to Chinese Constitution”课程讲授者（1998—2018 年），日本名古屋大学法学院特聘教授（2012 年），美国印第安纳大学访问教授（2013 年）。主要研究领域包括法理学、比较法学、法社会学等，在《中国社会科学》《中国法学》《法学研究》等刊物上发表百余篇论文。比较法方面的著作包括《比较法导论》（中国检察出版社，1992 年）、《比较法社会学的框架和方法——法制化、本土化和全球化》（中国人民大学出版社，2001 年）、《法律和全球化：实践背后的理论》（法律出版社，2004 年）、《跨越国境的思考》（北京大学出版社，2006 年）、《比较法总论》（中国人民大学出版社，2004 年、2008 年、2011 年、2019 年）、《全球化条件下的法治国家》（中国人民大学出版社，2006 年）等。曾获中国法学优秀研究成果一等奖（2011 年）、司法部法学教材和研究成果一等奖（2002 年）、北京市哲学社会科学优秀成果一等奖（2002 年）等奖项。

内 容 简 介

比较法是一门研究世界不同法律制度之间关系的学科。与各个部门法的比较相比，比较法总论是比较法学的总论部分。本书从宏观上研究世界各个大的法律制度、法系之间的关系，大体包括三部分内容：第一部分为比较法的一般理论，介绍了比较法的范围和框架、比较法的方法论、比较法的历史、比较法的作用、世界法律体系的分类等比较法的基础理论问题；第二部分为评价的比较法，包括法的结构、法的渊源、法的适用、监察制度、法律职业的比较研究；第三部分为沿革的比较法，包括法律发展的全球视角，前现代、现代和当代不同法律制度之间关系的研究，法律和全球化研究，以及区域一体化研究。

总　序

曾宪義

在人类文明与文化的发展中，中华民族曾作出过伟大的贡献，不仅最早开启了世界东方文明的大门，而且对人类法治、法学及法学教育的生成与发展进行了积极的探索与光辉的实践。

在我们祖先生存繁衍的土地上，自从摆脱动物生活、开始用双手去进行创造性的劳动、用人类特有的灵性去思考以后，我们人类在不断改造客观世界、创造辉煌的物质文明的同时，也在不断地探索人类的主观世界，逐渐形成了哲学思想、伦理道德、宗教信仰、风俗习惯等一系列维系道德人心、维持一定社会秩序的精神规范，更创造了博大精深、义理精微的法律制度。应该说，在人类所创造的诸种精神文化成果中，法律制度是一种极为奇特的社会现象。因为作为一项人类的精神成果，法律制度往往集中而突出地反映了人类在认识自身、调节社会、谋求发展的各个重要进程中的思想和行动。法律是现实社会的调节器，是人民权利的保障书，是通过国家的强制力来确认人的不同社会地位的有力杠杆，它来源于现实生活，而且真实地反映现实的要求。因而透过一个国家、一个民族、一个时代的法律制度，我们可以清楚地观察到当时人们关于人、社会、人与人的关系、社会组织以及哲学、宗教等诸多方面的思想与观点。同时，法律是一种具有国家强制力、约束力的社会规范，它以一种最明确的方式，对当时社会成员的言论或行动作出规范与要求，因而也清楚地反映了人类在各个历史发展阶段中对于不同的人所作出的种种具体要求和限制。因此，从法律制度的发展变迁中，同样可以看到人类自身不断发展、不断完善的历史轨迹。人类社会几千年的国家文明发展历史已经无可争辩地证明，法律制度乃是维系社会、调整各种社会关系、保持社会稳定的重要工具。同时，法律制度的不断完善，也是人类社会文明进步的显著体现。

由于发展路径的不同、文化背景的差异，东方社会与西方世界对于法律的意义、底蕴的理解、阐释存有很大的差异，但是，在各自的发展过程中，都曾比较注重法律的制定与完善。中国古代虽然被看成是“礼治”的社会、“人治”的世界，被认为是“只有刑，没有法”的时代，但从《法经》到《唐律疏议》、《大清律例》等数十部优秀成文法典的存在，充分说明了成文制定法在中国古代社会中的突出地位，唯这些成文法制所体现出的精神旨趣与现代法律文明有较大不同而已。时至20世纪初叶，随着西风东渐、东西文化交流加快，中国社会开始由古代的、传统的社会体制向近现代文明过渡，建立健全的、符合现代理性精神的法律文明体系方成为现代社会的共识。正因为如此，近代以来的数百年间，在西方、东方各主要国家里，伴随着社会变革的潮起潮落，法律改革运动也一直呈方兴未艾之势。

从历史上看，法律的文明、进步，取决于诸多的社会因素。东西方法律发展的历史均充分证明，推动法律文明进步的动力，是现实的社会生活，是政治、经济和社会文化的变迁；同时，法律内容、法律技术的发展，往往依赖于一大批法律专家以及更多的受过法律教育的社会成员的研究和推动。从这个角度看，法学教育、法学研究的发展，对于法律文明的发展进步，也有着异常重要的意义。正因为如此，法学教育和法学研究在现代国家的国民教育体系和科学研究体系中，开始占有越来越重要的位置。

中国近代意义上的法学教育和法学研究，肇始于19世纪末的晚清时代。清光绪二十一年（公元1895年）开办的天津中西学堂，首次开设法科并招收学生，虽然规模较小，但仍可以视为中国最早的近代法学教育机构（天津中西学堂后改名为北洋大学，又发展为天津大学）。三年后，中国近代著名的思想家、有“维新骄子”之称的梁启超先生即在湖南《湘报》上发表题为《论中国宜讲求法律之学》的文章，用他惯有的富有感染力的激情文字，呼唤国人重视法学，发明法学，讲求法学。梁先生是清代末年一位开风气之先的思想巨子，在他辉煌的学术生涯中，法学并非其专攻，但他仍以敏锐的眼光，预见到了新世纪中国法学研究和法学教育的发展。数年以后，清廷在内外压力之下，被迫宣布实施“新政”，推动变法修律。以修订法律大臣沈家本为代表的一批有识之士，在近十年的变法修律过程中，在大量翻译西方法学著作，引进西方法律观念，有限度地改造中国传统的法律体制的同时，也开始推动中国早期的法学教育和法学研究。20世纪初，中国最早设立的三所大学——北洋大学、京师大学堂、山西大学堂均设有法科或法律学科目，以期“端正方向，培养通才”。1906年，应修订法律大臣沈家本、伍廷芳等人的奏请，清政府在京师正式设立中国第一所专门的法政教育机构——京师法律学堂。次年，另一所法政学堂——直属清政府学部的京师法政学堂也正式招生。这些大学法科及法律、法政学堂的设立，应该是中国历史上近代意义上的正规专门法学教育的滥觞。

自清末以来，中国的法学教育作为法律事业的一个重要组成部分，随着中国社会的曲折发展，经历了极不平坦的发展历程。在20世纪的大部分时间里，中国社会一直充斥着各种矛盾和斗争。在外敌入侵、民族危亡的沉重压力之下，中国人民为寻找适合中国国情的发展道路而花费了无穷的心力，付出过沉重的代价。从客观上看，长期的社会骚动和频繁的政治变迁曾给中国的法治与法学带来过极大的消极影响。直至20世纪70年代末期，以“文化大革命”宣告结束为标志，中国社会从政治阵痛中清醒过来，开始用理性的目光重新审视中国的过去，规划国家和社会的未来，中国由此进入长期稳定、和平发展的大好时期，以这种大的社会环境为背景，中国的法学教育也获得了前所未有的发展机遇。

从宏观上看，实行改革开放以来，经过二十多年的努力，中国的法学教育事业所取得的成就是辉煌的。首先，经过“解放思想，实事求是”思想解放运动的洗礼，在中国法学界迅速清除了极左思潮及苏联法学模式的一些消极影响，根据本国国情建设社会主义法治国家已经成为国家民族的共识，这为中国法学教育和法学研究的发展奠定了稳固的思想基础。其次，随着法学禁区的不断被打破、法学研究的逐步深入，一个较为完善的法学学科体系已经建立起来。理论法学、部门法学各学科基本形成了比较系统和成熟的理论体系和学术框架，一些随着法学研究逐渐深入而出现的法学子学科、法学边缘学科也渐次成型。1997年，国家教育主管部门和教育部高校法学学科教学指导委员会对原有专业目录进行了又一次大幅度调整，决定自1999年起法学类本科只设一个单一的法学专业，按照一个专业招生，从而使法学学科的布局更加科学和合理。同时，在充分论证的基础上，确定了法学专业本科教学的14门核心课程，加上其他必修、选修课程的配合，由此形成了一个传统与更新并重、能够适应国家和社会发展需要的教学体系。法学硕士和博士研究生及法律硕士专业学位研究生的专业设置、课程教学和培养体系也日臻完善。再次，法学教育的规模迅速扩大，层次日趋齐全，结构日臻合理。目前中国有六百余所普通高等院校设置了法律院系或法律本科专业，在校本科学生和研究生已达二十余万人。除本科生外，在一些全国知名的法律院校，法学硕士研究生、法律硕士专业学位研究生、法学博士研究生已经逐步成为培养的重点。

众所周知，法律的进步、法治的完善，是一项综合性的社会工程。一方面，现实社会关系的发展，国家政治、经济和社会生活的变化，为法律的进步、变迁提供动力，提供社会的土壤。另一方面，法学教育、法学研究的发展，直接推动法律进步的进程。同时，全民法律意识、法律素质的提高，则是实现法治国理想的关键的、决定性的因素。在社会发展、法学教育、法学研究等几个攸关法律进步的重要环节中，法学教育无疑处于核心的、基础的地位。中国法学教育过去二十多年所走过的历程令人激动，所取得的成就也足资我们自豪。随着国家的发展、社会的进步，在21世纪，我们面临着更严峻的挑战和更灿烂的前景。“建设世界一流法学教育”，任重道远。

首先，法律是建立在经济基础之上的上层建筑，以法治为研究对象的法学也就成为一门实践性很强的学科。社会生活的发展变化，势必要对法学教育、法学研究不断提出新的要求。经过二十多年的奋斗，中国改革开放的前期目标已顺利实现。但随着改革开放的逐步深入，国家和社会的一些深层次问题，比如说社会主义市场经济秩序的真正建立、国有企业制度的改革、政治体制的完善、全民道德价值的重建、环境保护和自然资源的合理利用等等，也已经开始浮现出来。这些复杂问题的解决，无疑最终都会归结到法律制度的完善上来。建立一套完善、合理的法律制度，构建理想的和谐社会，乃一项持久而庞大的社会工程，需要全民族的智慧和努力。其中的基础性工作，如理论的论证、框架的设计、具体规范的拟订、法律实施中的纠偏等等，则有赖于法学研究的不断深入，以及高素质人才特别是法律人才的养成，而培养法律人才的任务，则是法学教育的直接责任。

其次，21世纪是一个多元化的世纪。20世纪中叶发生的信息技术革命，正在极大地改变着我们的世界。现代科学技术，特别是计算机网络信息技术的发展，使传统的生活方式、思想观念发生了根本的改变，并由此引发许多人类从未面对过的问题。就法学教育而言，在21世纪所要面临的，不仅是教学内容、研究对象的多元化问题，而且还有培养对象、培养目标的多元化、教学方式的多元化等一系列问题，这些问题都需要法学界去思考、去探索。

中国人民大学法学院建立于1950年，是新中国诞生后创办的第一所正规高等法学教育机构。在半个多世纪的岁月中，中国人民大学法学院以其雄厚的学术力量、严谨求实的学风、高水平的教学质量以及丰硕的学术研究成果，在全国法学教育领域处于领先地位，并开始跻身于世界著名法学院之林。据初步统计，中国人民大学法学院已经为国家培养法学专业本科生、硕士生、博士生一万余人，培养各类成人法科学生三十余万人。经过多年的努力，中国人民大学法学院形成了较为明显的学术优势，在现职教师中，既有一批资深望重、在国内外享有盛誉的法学前辈，更有一大批在改革开放后成长起来的优秀中青年法学家。这些老中青法学专家多年来在勤奋研究法学理论的同时，也积极投身于国家的立法、司法实践，对国家法制建设贡献良多。

有鉴于此，中国人民大学法学院与中国人民大学出版社经过研究协商，决定结合中国人民大学法学院的学术优势和中国人民大学出版社的出版力量，出版一套“21世纪法学系列教材”。自1998年开始编写出版本科教材，包括按照国家教育部所确定的法学专业核心课程和其所颁布印发的《全国高等学校法学专业核心课程教学基本要求》而编写的14门核心课程教材，也包括法学各领域、各新兴学科教材及教学参考书和案例分析在内，到2000年12月3日在人民大会堂大礼堂召开举世瞩目的“21世纪世界百所著名大学法学院院长论坛暨中国人民大学法学院成立五十周年庆祝大会”之时，业已出版了50本作为50周年院庆献礼，到现在总共出版了80本。为了进一步适应高等法学教育发展的形势和教学改革的需要，最近中国人民大学法学院与中国人民大学出版社决定将这套教材扩大为四个系列，即：“本科生用书”、“法学研究生用书”、“法律硕士研究生用书”以及“司法考试用书”，总数将达二百多本。我们设想，本套教材的编写，将更加注意“高水准”与“适用性”的合理结合。首先，本套教材将由中国人民大学法学院具有全国影响的各学科的学术带头人领衔，约请全国高校优秀学者参加，形成学术实力强大的编写阵容。同时，在编写教材时，将注意吸收中国法学研究的最新的学术成果，注意国际学术发展的最新动向，力求使教材内容能够站在21世纪的学术前沿，反映各学科成熟的理论，体现中国法学的水平。其次，本套教材在编写时，将针对新时期学生特点，将思想性、学术性、新颖性、可读性有机结合起来，注意运用典型生动的案例、简明流畅的语言去阐释法律理论与法律制度。

我们期望并且相信，经过组织者、编写者、出版者的共同努力，这套法学教材将以其质量效应、规模效应，力求成为奉献给新世纪的精品教材，我们诚挚地祈望得到方家和广大读者的教正。

2006年7月1日

序　言

法学教育是高等教育的重要组成部分，是建设社会主义法治国家、构建社会主义和谐社会的重要基础，并居于先导性的战略地位。在我国社会转型的新世纪、新阶段，法学教育不仅要为建设高素质的法律职业共同体服务，而且要面向全社会培养大批治理国家、管理社会、发展经济的高层次法律人才。近年来，法学教育取得了长足的进步，法科数量增长很快，教育质量稳步提高，培养层次日渐完善，目前已经形成了涵盖本科生、第二学士学位生、法学硕士研究生、法律硕士研究生、法学博士研究生的完整的法学人才培养体系，接受法科教育已经成为莘莘学子的优先选择之一。随着中国法治事业的迅速发展，我们有理由相信，中国法学教育的事业大有可为，中国法学教育的前途充满光明。

教育的基本功能在于育人，在于塑造德才兼备的高素质人才。法学教育的宗旨并非培养只会机械适用法律的“工匠”，而承载着培养追求正义、知法懂法、忠于法律、廉洁自律的法律人的任务。要完成法学教育的使命，首先必须认真抓好教材建设。我始终认为，教材是实现教育功能的重要工具和媒介，法学教材不仅仅是法学知识传承的载体，而且是规范教学内容、提高教学质量的关键，对法学教育的发展有着不可估量的作用。

第一，法学教材是传授法学基本知识的工具。初学法律，既要有好的老师，又要有好的教材。正如冯友兰先生所言：“学哲学的目的，是使人作为人能够成为人，而不是成为某种人。其他的学习（不是学哲学）是使人能够成为某种人，即有一定职业的人。”一套好的教材，能够高屋建瓴地展示法律的体系，能够准确简明地阐释法律的逻辑，能够深入浅出地叙述法律的精要，能够生动贴切地表达深奥的法理。所以，法学教材是学生学习法律的向导，是学生步入法律殿堂的阶梯。如果在入门之初教材就有偏颇之处，就可能误人子弟，学生日后还要花费大量时间与精力来修正已经形成的错误观念。

第二，法学教材是传播法律价值理念的载体。好的法学教材不仅要传授法学知识，更要传播法律的精神和法治的理念，例如对公平、正义的追求，尊重权利的观念。本科、研究生阶段的青年学子，正处在人生观、价值观形成的阶段，一套优秀的法学教材，对于他们价值观的塑造和健全人格的培养具有重要意义。

第三，法学教材是形成职业共同体的主要条件。建设社会主义法治国家，有赖于法律职业共同体的生成。一套好的法学教材，向法律研习者传授共同的知识，这对于培养一个接受共同的价值理念、共同的法律思维、共同的话语体系的法律共同体，具有重要的作用。

第四，法学教材是所有法律研习者的良师益友。没有好的教材，一个好的教师或可弥补教材的欠缺和不足，但对那些没有老师指导的自学者而言，教材就是老师，其重要作用是显而易见的。

长期以来，在我们的评价体系中，教材并没有获得应有的注重，对学术成果的形式优先考虑的往往是专著而非教材。在不少人的观念中，教材与创新、与学术精品甚至与学术无缘。其实，要真正写出一部好的教材，其难度之大、工作之艰辛、影响之深远，绝不低于一部优秀的专著，它甚至可以成为在几百年甚至更长的时间内发挥作用的传世之作。以查士丁尼的《法学阶梯》为例，所谓法学阶梯，即法学入门之义，就是一部教材。但它概括了罗马法的精髓，千百年来，一直是人们研习罗马法最基本的著述。日本著名学者我妻荣说过，大学教授有两大任务：一是写出自己熟悉的专业及学术领域的讲义乃至教科书；二是选择自己最有兴趣、最看重的题目，集中精力进行终生的研究。实际上，这两者是相辅相成的。写出一部好教材，必须要对相关领域形成一个完整的知识体系，还要能以深入浅出的语言将问题讲清楚、讲明白。没有编写教材的基本功，实际上也很难写出优秀的专著。当然，也只有对每一个专题都有一定研究，才能形成对这个学术领域的完整把握。

虽然近几年我国法学教育发展迅速，成绩显著，但是法学教育也面临许多挑战。各个学校的师资队伍和教学质量参差不齐，这就更需要推出更多的结构严谨、内容全面、角度各有侧重、能够适应不同需求的法学教材，为提高法学教学和人才培养质量、保障法学教育健康发展提供前提条件。

长期以来，中国人民大学法学院始终高度重视教材建设。作为新中国成立后建立的第一所正规的法学教育机构，中国人民大学法律系最早开设了社会主义法学教学课堂，编写了第一套社会主义法学讲义，培养了新中国第一批法学本科生和各学科的硕士生、博士生，产生了新中国最早的一批法学家和法律工作者。中国人民大学法律系因此被誉为“新中国法学教育的工作母机”。半个多世纪以来，中国人民大学法学院为社会主义法制建设培养了大批优秀的法律人才，并为法学事业的振兴和繁荣作出了卓越贡献，也因此成为引领中国法学教育的重镇、凝聚国内法律人才的平台和沟通中外法学交流的窗口，并在世界知名法学院行列中崭露头角。为了对中国法学教育事业作出更大的贡献，我们有义务也有责任出版一套体现我们最新研究成果的法学教材。

承蒙中国人民大学出版社的大力支持，我们组织编写了本套教材，其中包括本科生用书、法律硕士研究生用书、法学研究生用书和司法考试用书四大系列，分别面向不同层次法科教育需求。编写人员以中国人民大学法学院教师为主，反映了中国人民大学法学院整体的研究实力和学术视野。相信本套教材的出版，一定能够为新时期法学教育的繁荣发展发挥应有的作用。

是为序。

2006年7月10日

第四版修订说明

《比较法总论》第四版是在总结第三版出版以来5年的研究成果和教学实践的基础上加以修订的，本次修订主要涉及以下内容。

第一，对第十五章“法律和全球化”的内容加以调整，增加了建构人类命运共同体的内容。这是5年来我国对全球化理论的最大贡献，因此笔者调整了本章的内容。

第二，为适应我国监察体制改革的需要，增加了第九章“监察制度的比较研究”。

第三，在第六章“法的结构的比较研究”第三节“普通法与衡平法”中，增加了衡平法的救济手段、现代衡平法的影响。

第四，在第十章“法律职业的比较研究”中美国的法律职业部分增加了美国州法官选举制度。

第五，在第十六章“区域一体化研究”第三节“欧盟法的意义和性质”中增加了英国脱欧及其影响。

本教材作者为朱景文、余履雪和孟涛。本次修订的第一项内容由朱景文撰写，第二项内容由孟涛撰写，第三、四、五、六项内容由余履雪撰写。全书由朱景文统稿。

本教材所使用的数据，在国内数据方面，特别是有关司法和法律职业方面的数据，由于司法改革，特别是员额制改革方面的原因，发生了很大变化，这在某种程度上使比较成为不可能；在国外数据方面，由于数据库更新或者原著没有最新版本的原因，数据也相对比较陈旧，请读者阅读时予以注意。

朱景文

2018年12月30日于世纪城

前　言

比较法学是一门研究世界不同法律制度之间关系的学科。与各个部门法的比较相比，《比较法总论》是比较法学的总论部分，它从宏观上研究世界各个大的法律制度、法系之间的关系，包括世界法律制度的分类，历史沿革，各个大的法律集团、法系在法律结构、法律渊源、法律适用、法律职业等方面的关系，它们的相同和不同之处，以及发展的趋势。从目前国内外的教学现状来看，比较法总论可以有不同的安排，一种以大的法系或法律集团的顺序安排，进行法系间的比较；另一种则以问题为中心，或以某种法律制度为中心，对不同法系或法律集团在某种法律制度或问题上的不同的法律处理方法进行比较。这两种安排各有利弊，依赖于研究者的偏爱和不同倾向。本书采取第二种安排。

比较法的发展依赖于世界不同国家法律制度的相互交往，在闭关锁国时代不可能存在比较法产生的条件。改革开放以来我国比较法获得了较快的发展，随着全球化的进程，法学专业的学生有更多的了解世界其他国家法律制度的要求。本书的编写正是为了适应这一需要。

本书是在我1992年出版的《比较法导论》（中国检察出版社）和2001年出版的《比较法社会学的框架和方法——法制化、本土化和全球化》（中国人民大学出版社）的基础上，同时又参考了国内外近年来的一些最新的研究成果，包括国际比较法会议和国外网站上公布的一些材料，力求做到能够反映学科前沿，给学生以最新的知识。须知，有关外国法、比较法的知识如果是陈旧的或者已经过时，则是比较法研究中最忌讳的问题。它不仅影响科学研究的结论，而且会误人子弟，给读者以误导。但是，尽管如此，由于自己接触材料或知识结构有限，这样的问题在这本教材中仍然会有不少，敬请读者提出宝贵意见，以便将来再版时修订。

《比较法总论》可供高等院校法学专业本科、研究生课程使用。本教材除了教材正文以外，为了教学和研究方便，特别安排了提要、重点问题和课后复习部分。其中提要是有关章节的要点，重点问题是有关章节中读者需要掌握的知识点，课后复习则列出读者在学完本章后应掌握的内容。

朱景文

2004年10月于世纪城

目　录

第一篇　比较法的一般理论

第二篇　评价的比较法
——法律制度的比较研究

第三篇　沿革的比较法
——法律和全球化研究

第一篇

比较法的一般理论

第一章
比较法的范围和框架

本章概要

比较法是对不同国家或地区的法律制度的比较研究。它可以分为三个不同的层次：叙述的比较法，即外国法研究；评价的比较法，即比较不同国家法律制度的异同及发展趋势；沿革的比较法，即研究不同法律制度之间的现实的和历史的关系。

关键术语

比较法　叙述的比较法　评价的比较法　沿革的比较法

第一节　比较法的范围

一、比较法的词源

比较法一词是从西文中引进的。在西文中相应的词是：英文 comparative law，德文 rechtsvergleichung，法文 droit compare，俄文 СРАВНИТЕЛЪНОЕ ПРАВО。在英文、法文和俄文中，由于它们总是和"法"（law，droit，ПРАВО）一词相联系，所以人们很容易认为比较法也像宪法、民法、刑法等一样是一种法，即一种法律规则的总体。但是，实际上比较法和作为一个规则总体的法是根本不相干的。只有德文表述才比较清楚地反映了比较法一词的含义，它指的是法的比较，与作为一种规则体系的法的含义根本无联系。为了避免这种语义上的混乱，美国比较法学家不是将自己的协会称为比较法协会（Society of Comparative Law），而是称为法的比较研究协会（Society for Comparative Studies of Law）。

二、比较法的范围

既然比较法一词的含义是法的比较，那么接下来的问题就是：是否任何法的比较都是比较法？比较法的范围究竟有多大？这里需要明确哪些内容应包括在比较法的研究范围之中，哪些内容又应该排除在其范围之外。也就是说，要了解比较法是什么，首先必须了解比较法不是什么。

在国内法的各学科中都广泛应用了比较的方法，如在刑法研究中对盗窃罪与抢劫罪、强奸罪与猥亵罪的比较，在法律责任研究中对民事责任、刑事责任与行政责任的比较，在民事责任的研究中对过失责任与绝对责任的比较，在民事主体的研究中对公司与合伙的比较，等等。这是在法学教育、研究和法律实践中经常运用的方法。人们在作出判决和得出理论结论之前，往往需要对有关的规则进行比较。国内有些学者认为，这也属于比较法的范围。但是，这只是"比较法"一词的表面含义，它们虽然运用了比较的方法，但不能算作比较法，因为比较法所比较的法属于不同法律体系或拥有不同管辖权的法律体系，而不是同一法律体系中的不同制度或规则。

在国内法的比较中，还有另一种意义上的比较，即对一国内不同历史时期的法律制度的比较，比如对中国不同朝代的法律制度所进行的比较。对于这类比较是否属于比较法的研究范围，国内的学者有不同的意见。有的学者认为：这类比较属于比较法的范围。在谈到中国比较法的起源时，他们认为，早在公元前 21 世纪，就形成了奴隶制国家——夏朝，出现了《禹刑》。公元前 16 世纪至公元前 11 世纪的商朝，参考《禹刑》，有所损益，制定了《汤刑》，其内容比《禹刑》更为充实，这已是初步采用了比较法。① 还有的学者认为：如果对比较法作广义的理解，我国古代文献中有许多这方面的内容。如断代史著作《刑法志》，主要叙述了各代法制概况，对以往历史上的法制也有所比较。其中东汉班固所撰《汉书》中的《刑法志》就较系统地记述了周、秦以来直至西汉末年法制的某些变革。明代的律家丘濬所著《大学衍义补》，评注了历代法制；清末律家薛允升所著《唐明律合编》（30 卷），对唐律和明律进行了比较研究。在形式上，该书先列唐律，再列明律，并附有两代有关律令，分析条文，比较宽严，论其优缺点，总的倾向是推崇唐律而批评明律。学者认为上述著作都初步运用了比较法。② 但是，笔者认为，这类历史的比较，在任何一个国家的法制史，无论是法律实践中还是法学著作中，都俯拾即是。同样，这类比较也没有超过同一国家法律制度的范围，因此不能算作比较法。

但是，值得注意的是，在国内法研究中运用比较方法还包括另一种情况，即对一国内不同地区的法律制度的比较，如对联邦制国家不同州的法律制度的比较，中国大陆（内地）的法律制度与香港、澳门、台湾地区法律制度的比较。这类比较虽然没有超出一个国家法律制度的范围，但是比较对象属于拥有不同管辖权的法律体系，因此学者们普遍认为这类同一国家不同地区法律制度的比较属于比较法的范围。

谈到同一国家历史上的法律制度的比较，也有一种特殊情况，即在历史上同时存在的一个国家不同地区的法律制度的比较，如我国春秋战国时期不同国家的法律制度的比较③、以汉人为主的法律制度与少数民族的法律制度的比较。④ 虽然这类比较的比较对象处于一个国家的范围内，但属于拥有不同管辖权的法律体系，因此这类比较应该属于比较法的研究范围。

---

① 参见吴大英、徐炳：《比较法基础知识》，3～4 页，北京，法律出版社，1987。

② 参见沈宗灵：《比较法总论》，26 页，北京，北京大学出版社，1987。

③ 参见吴大英、徐炳：《比较法基础知识》，3～4 页；沈宗灵：《比较法总论》，26 页。

④ 参见朱景文：《比较法导论》，30～32 页，北京，中国检察出版社，1992。

第二节　比较法的框架

一、叙述的比较法：外国法研究

比较法与外国法研究有着密切的联系，比较法研究必须以外国法研究为基础，而且在许多国家，外国法研究与比较法就是一回事。

关于比较法的范围是否包括外国法研究的问题，有两种不同的意见。

一种意见认为，外国法研究不应包括在比较法的范围之内。德国比较法学家茨威格特（K. Zweigert）和克茨（H. Kötz）认为："仅仅研究外国法，还不是比较法。例如，1937 年国际联盟提出了一个关于《世界妇女地位》的调查报告，其中仅仅包括对各国问题的各自解决办法的报告。那里没有对所有提供的各种解决办法进行真正的比较，因此，充其量可以把它称为叙述性的比较法。只有对专门从事探讨的问题有着特定的比较的见解，我们才能够谈得上比较法。经验表明，最好的做法是，作者首先逐国地提出有关的外国法的根本观点，然后使用这些材料作为批判性的比较的根据，最后达到关于法律应采用的适当政策的结论，这些结论可能涉及对本国制度的重新解释问题。"① 美国比较法学家沃特森（A. Watson）也认为："比较法不是对一个外国法律体系或其中一部分的研究。比如，在英国和美国大学中的法国私法课程和关于法国合同法的详细研究可能有很多的知识和实践价值，但它仍然是法国法课程而不是比较法。无疑，讲授这样的课程不可能不考虑本国法并与本国法作出比较，不可能不增加人们对自己法律的理解，但是这并没有改变这样的课程的本质。"他还认为，"即使对各种法律体系和法系的初步的描述也不配看作是作为一种学术活动的比较法，因为叙述缺乏必要的知识内容。"②

另一种意见则认为，外国法研究应属于比较法，其主要理由如下。

（1）比较法的一个主要内容是外国法，外国法研究是基础性研究，只有做好基础性研究才能进一步研究，而且实践也证明，自己不做外国法研究，也要依靠别人去做，因此外国法研究是比较法的入门。实践证明，真正对比较法研究有贡献的人，必然对外国法有深入的研究。

（2）任何人研究外国法都必然带有本国法的观点，因而必然与本国法有所比较。

（3）比较法研究不以对不同法律体系作出评价为必要条件，可以进行价值判断，也可以只是叙述。从实际出发，当代比较法的论文、会议、杂志基本上都是以外国法研究为主要内容，而且许多比较法机构也和外国法研究机构相同。

笔者认为，上述意见分歧产生的一个原因在于使用的概念存在差异。第一种观点实质上是主张，只是叙述而没有比较和评价的，不是比较法；第二种观点则主张，叙述是比较和评价的基础，它已经是比较法了。这里，我们姑且把他们的争论放到一边，将主张外国法研究本身也属于比较法的观点称为"叙述的比较法"，而将主张比较法必须建立在比较和评价基础上的观点称为更高层次的比较法，即"评价的比较法"。

---

① K. Zweigert & H. Kötz, *Introduction to Comparative Law*, Oxford, Clarendon Press, 1987, pp. 40 - 42.

② A. Watson, *Legal Transplant: An Approach to Comparative Law*, Virginia University Press, 1974, pp. 2 - 3.

二、评价的比较法：比较不同法律制度的异同

与比较法的性质相关，还有一个问题，即比较法是否意味着就是比较不同法律制度的异同。在本国法研究中，为了说明本国法的特点，常常与外国法中相应的制度进行比较，是否因此该课程就成了比较法的课程？在外国法研究中，为了说明外国法的特点，常常与本国法或其他外国法进行比较，是否因此这门课程也成了比较法的课程？进一步说，如果我们对现有的所有的法律课程都比较地进行教授，是否这些课程就都变成了比较法的课程？对此，比较法学家也有不同的观点。

一种观点认为，比较法的研究对象就是不同国家的法律制度的相同点和不同点，在此基础上，对世界上不同国家的法律体系、法律制度进行分类。瑞典学者博丹（Michael Bogdan）指出：虽然在外国法和本国法的研究中都可能运用比较的方法，但这种比较具有偶然性和自发性，因此很难认为这类国内法和外国法的研究具有比较法的性质。只有目的在于比较不同法律体系的相同点和不同点，即比较不是一种偶然的副产品时，才谈得上比较法。比较法包括：比较不同法律体系的相同点与不同点，在此基础上解释它们的来源；评价不同法律体系所使用的解决办法，划分不同的法律体系并研究与此相关的方法论问题。①

有学者不同意上述观点，认为，不仅用比较的方法研究本国法和外国法不是比较法，而且比较本身也不能构成一门独立的学科。美国学者沃特森指出：仅仅运用比较的方法来研究其他学科已经研究的内容，不构成一个独立的学科，不配称为比较法。因为这仍然没有改变原有学科的内容，或者它们本来就属于原有学科的内容。如果两个法律体系没有发生历史的或现实的联系，那么把它们的内容加以比较是任意的，没有任何科学性可言。②

这里的意见分歧同样涉及比较法的不同层次，认为比较不同法律制度的异同本身并不构成作为一个独立学科的比较法存在的根据的观点，显然是在追求一种更高层次的比较法。

三、沿革的比较法：不同法律体系之间关系的研究

在比较法学界，还有一些学者认为，比较法是研究不同法律体系之间关系的学科。这种观点有一个演变的过程。

在20世纪初，一些比较法学家认为，比较法作为一门独立的学科，其研究对象是“世界法”“人类共同法”“文明社会共同法”。1900年世界比较法大会的发起者、法国学者萨莱斯（R. Saleilles）认为：“在比较法的研究结果中，可以找出一种人类文明社会的共同法。”“问题在于每个国家都致力于形成一种文明人类的共同法。对于所有国家来说，此种共同法就像在制定民法典之前的法国和德国那样，有各种习惯法和各种地方性立法存在，它是逐步从理论上建立的高于各种特殊法律的统一法。”1900年世界比较法大会的另一位发起者、法国的朗贝尔（E. Lambert）认为：“比较法是一门基本学科，其目的在于揭示文明社会中发展水平相同或相近的各国的基本立法制度的总的趋势。”20世纪初的另一位比较法学家、意大利的萨法蒂提出：“比较法是一门独立的学科，它可以使各种立法接近起来。比较法的使命在于从大量的制

---

① See M. Bogdan, *Comparative Law*, Kluwer, Norstedts Juridik, 1994, pp. 21 - 26.

② See A. Watson, *Legal Transplant: An Approach to Comparative Law*, pp. 2 - 3.

度和概念中找出一些共同的东西，以便最终制定一个人类共同法。"[①] 但是，这种把比较法的研究对象看作是"文明社会共同法""世界法"的主张，往往带有第一次世界大战前夕那种老殖民主义的味道：他们所谓的"文明社会"只不过是白人社会、欧美社会的代名词，第三世界国家根本不配称为"文明社会"，而是"野蛮社会"。正是由于这个原因，第三世界国家的法律制度长期被排斥在比较法的研究范围之外。

还有一些比较法学家认为，比较法作为一门独立的学科，其研究对象是世界各个不同法律体系之间的关系，故不能在不同法律制度之间任意比较。沃特森教授认为：比较法是关于法律体系之间关系的研究。而在不存在这种关系的地方，也就不存在比较法，任何规则之间的比较就是任意的和没有系统价值的。他把不同法律体系之间的关系分为三类：第一类是历史的关系，即不同法律体系通过法律接受和移植的机制在历史上所建立的关系；第二类是"内部的关系"，它不仅依赖于不同民族之间实际的、历史的接触，而且依赖于它们之间在精神和心理上的关系，依赖于各民族及其发展之间的不可否认的类似性；第三类是所有法律体系在它们发展的早期都经历了相同或类似的阶段。[②] 笔者认为，沃特森所说的第一类关系，即从现实和历史的关系中研究不同法律体系之间的关系，无疑是比较法作为一个学科存在的重要根据；而他所说的第二类和第三类关系，则更多地涉及比较法制史和比较文化人类学的领域。

还有些学者提出：随着全球化的进程加快，世界各国法律体系的联系更加密切。在经济领域，投资、金融、人员、服务的跨国界的流动，达到了前所未有的程度。在政治领域，人权和主权之间的紧张关系长期以来都是国际关系的热点。任何国内事务都不再是孤立的，任何国内法的发展、变化，都不再仅仅是单纯的国内因素的变化所致，往往受到国际因素的影响。一种国内法在某一地区流行，可能迅速变成一种国际的潮流，成为一种国际法律发展的趋势。而与此同时，国际组织的作用、国际法的作用显得越来越突出，如截止到 2016 年 7 月 29 日，世界经济、贸易领域的世界贸易组织已经拥有 164 个成员。加入世界贸易组织，不仅必须遵守它的一系列协议，而且必须根据这些协议调整"国界背后"的国内经济、贸易、法律结构。在地区范围内，如欧盟的规则已经成为凌驾于成员国国内法之上的"超国家法"，当二者发生冲突时，成员国必须根据欧盟法对国内法作出相应调整。许多学者认为，这些全球化的趋势使比较法发展到一个新的阶段，"建立一种新的比较法"已经被提到日程上来。[③]

90 年前，美国比较法学家威格摩尔（J. H. Wigmore）曾经把比较法的研究范围分为三层：第一层是比较观察（comparative nomoscopy），即对各国法律体系的特点加以描述，不作评价；第二层是比较正题（comparative nomothetics），其目的在于分析各种法律制度，指出各种制度的质量及优点，以便将来进行立法改革；第三层是比较遗传学（comparative nomogenetics），即从多种法律制度和规范的因果关系与编年史关系中，分析它们的演变。[④] 这里我们借用威格

---

① 转引自［法］莱翁丹-让·康斯坦丁内斯库：《论比较法学的流派和比较法》，载《法学译丛》，1983（2）。

② See A. Watson, *Legal Transplant: An Approach to Comparative Law*, pp. 2-3.

③ See David M. Trubek, Yves Dezalay, Ruth Buchanan & John R. Davis, "Global Restructuring and the Law: Studies of the Internationalization of Legal Fields and the Creation of Transnational Arenas", *Case Western Reserve Law Review*, Vol. 44, (2), 1994, pp. 407-498; David M. Trubek, Social Justice "after" Globalization, The Case of Social Europe, presented at the 8th International Conference on Socio-Economics on "The Socio-Economic Foundations of a Just Society", 1996; Boaventura de Sousa Santos, *Towards a New Common Sense, Law, Science and Politics in the Paradigmatic Transition*, Routledge, New York, 1995, pp. 250-378.

④ See J. H. Wigmore, *A Panorama of the World's Legal Systems*, New York: West Publishing Company, 1928.

摩尔的这种分类，将比较法分为三个层次：

第一个层次：叙述的比较法，即外国法研究；

第二个层次：评价的比较法，即不同法律制度的异同的研究；

第三个层次：沿革的比较法，即不同法律制度之间关系的研究。

问题与思考

1. 什么是比较法？
2. 比较法研究包括哪些层次？它们的关系如何？

第二章 比较法的方法论

本章概要

不同层次的比较法具有不同的方法论。叙述的比较法的方法即研究外国法的方法是按照外国法的原样认识外国法；评价的比较法的方法要注意不同法律制度的可比性问题；而沿革的比较法的方法则应采用联系的观点，特别注重本国法与外国法的联系。比较法按其研究对象的不同可以分为规范的比较和功能的比较。规范的比较以法律规则为中心，以被比较的法律制度具有相同的法律结构和规则为前提；而功能的比较则以问题为中心，只要被比较的国家或地区具有相同的问题，就可以对它们的不同解决办法进行比较。规范的比较和功能的比较具有不同的研究程序。

关键术语

可比性　比较法的程序　规范的比较　功能的比较

第一节　叙述的比较法的方法论

一、基本原则：按照外国法的原样认识外国法

比较法学家往往只有通过他自己研究外国法材料，如制定法、司法判决、著作、法律刊物，才能得到必要的知识。当然，这要求人们对外国语言较为精通，对该国法有某种基本知识，特别是了解它们的法律渊源、基本法律概念、法律用语。但是，尽管有这些基本知识，研究外国法仍然会遇到许多陷阱。

研究外国法面对的一个最大的危险是，有意无意地假设自己国家的法律体系的法律概念、机构和方法，在他所研究的外国法律制度中也存在。例如，一个欧洲大陆的学者在解释英国的制定法时，由于欧洲大陆许多国家的预备性的立法材料在解释法律时具有重要地位，因而在英国，他也习惯性地寻找预备性的立法材料作指引。这种做法往往符合他自己国家的情况，但对英国法研究来讲则是错误的。比较法学家应该摆脱他自己所在国家的法律制度、思维方式的束

缚。一个比较法学家在自己国家受到的法律教育在很大程度上影响着他的基本态度、他思考和观察问题的方法。因此，一个受过本国法教育的外国法研究者比一个刚开始法律研究的学生会有更大的危险犯某种错误和出现误解。

德国比较法学家马克斯·莱因斯坦（Max Rheinstein）在欢迎欧洲法学院的学生到芝加哥大学做研究生时告诫他们："暂时忘记你们曾经学过的法律。永远不要以你们在自己国家看问题的方式观察问题。"① 也就是说，必须按照外国法的原样去认识它。这是一条铁的法则。

二、信息源的可用性和可信性

不正确的外国法信息自然会导致质量低下、事实错误的法律比较，这种比较比不比较更糟糕。

外国法律信息有两个来源。

第一手资料，即外国的制定法、司法报告、判例。它们是直接的法律渊源，具有最高的可用性和可信性。但对初学者来说，由于不了解外国法的整体及其运作的环境，往往不易掌握，也不知应该怎样用这些第一手资料。

第二手材料，即外国法的教科书、参考书、杂志上的文章。这些第二手材料比较全面、详细地介绍了外国法的情况，对于初次接触外国法的研究者来讲往往是起点，而且对第一手资料是在了解了第二手材料的基础上才可能进行深入的研究。法律教科书、研究外国法的文章常常包括索引、参考书目，为在相关领域的进一步研究打下了基础。另外，其他国家的学者研究外国法的作品（如我们在研究德国法时参考法国人研究德国法的文章）对于外国法的研究者来讲会有价值，因为本国法的学者以本国读者为对象的著作，一般不涉及本国尽人皆知的常识，而外国学者的研究则是从一个外国人的角度来看待该国法的，因而对本国人来讲是常识的问题对外国人来讲恰恰是需要研究的。②

另一个需要注意的问题是，研究的信息应该是当前的、最新的。尤其是对第三世界国家来说，社会发展变化很快，许多材料很快就过时了。过时的信息失去价值，甚至会造成误导。但某些信息变化并不大，如法律体系的基本原则、法律渊源的序列。但这些原则有时也会发生比较大的变化，如苏联、东欧社会主义国家，以及我国，最近一些年来整个社会以及法律制度的发展变化都很大，原来的许多法律制度都过时了，被新的法律制度代替了。即使使用前几年的信息，也可能会造成误导。为了应付这种局面，必须不断地更新法律信息库。在这方面，国际互联网可以发挥重要的作用，可以保证迅速、准确地得到有关外国法的最新信息。

三、外国法渊源的解释和使用

如果要得到一幅关于外国法的正确的图画，必须准确使用外国法渊源，包括立法、司法判决和其他的法律渊源。基本的原则是，在研究外国法时人们必须尊重外国存在的法律渊源的序列等级。但人们经常完全无意识地违反这一原则。例如，英美法学者在研究大陆法时，往往用

---

① Max Rheinstein，"Comparative Law-Its Functions，Methods and Uses"，in Rotondi ed.，*Inchieste di diriio-comparato*. *Butsetmethodes du droit comparé*，Pardova-New York，1973，p. 553.

② 日本学者大木雅夫指出："德国法的结构与日本相似，因此德国人所写的有关法国法的论著也颇有裨益。"（［日］大木雅夫：《比较法》，范愉译，92 页，北京，法律出版社，1999。）

怀疑的眼光看待制定法，怀疑对它的解释是否经过高级法院的确认。而大陆法学者在研究英美法时则过分强调制定法。与此相反的另一类错误是：一个大陆法学家可能认为在研究英美法时他只应依赖判例，一个英美法学家则可能认为在研究大陆法时只需关心制定法而无须注意判例。问题在于，不经过关于这些渊源如何在现实中发挥功能的长期观察，就很难得到它们在实际法律生活中的地位的正确知识。

还应注意的是，各种法律渊源的实际地位不总是表现在国家的正式法律文献甚至法学著作中。例如，拉丁美洲的法律著作往往是非常教条化的，完全不参考和讨论司法判决。而在实际上，外国的学者到那里去访问时就会发现，那些著作的作者在他们的实务活动中常常使用他们的司法判决汇编。

外国法的渊源应该像在它们自己国家那样得到解释。如果人们期望正确地理解外国制定法和外国判决的含义，就不能按照自己国家的方式来解释它们。例如，英美法系法官试图根据词的准确的字面含义严格解释法律规则；而大陆法系法官则倾向于更灵活地解释制定法的词义，考虑制定法的目的。这是比较法学家在解释外国法时必须注意的。

四、必须把外国法作为一个整体来研究

外国法的分类可能不同于本国法的分类。例如，苏联法没有大陆法那样的公法和私法的划分，大陆法也没有普通法系的普通法和衡平法的划分。而且，即使存在同样的分类，在不同国家也有不同的划分方式，相应的法律规则在不同的法律体系中可能属于不同的法律部门。比如，关于社会对有子女家庭的物质补贴，在瑞典是属于社会法领域（子女补贴、住房补贴等）的，而在法国它不是以社会法，而是通过减税的形式，以税法表现出来；再如，寡妇对亡夫的财产的继承，在某些国家的主要根据是遗嘱法，而在另外一些国家的主要根据则是婚姻财产法。如果我们不能从整个法律体系的角度分析，这种结构上的差别也经常造成误导。

研究一个特殊的问题，只注意特殊的法律领域，根据自己国家的相关领域设想外国的情况，是不充分的。另外，即使外国法中的一些较小的制度或规则，也受到制约外国法的整体原则的影响，如果不从整体上把握，同样不可能深入理解这些较小的制度、规则。

五、翻译问题

对外国法的翻译一般都采取直译方式。但许多外国法律用语、词汇实际上缺乏直接的相应的翻译。例如，英国法律用语“trust”（信托）在大多数大陆法系国家的语言中没有对应的词，而且即使直译，也不能确保意义完全相同。如 common law 与 droit commun，equity 与 équité，Vertrag 与 contract，Einrede 与 exception，Rechtsmisbrauch 与 abus de droit 等词组，它们看起来是类似的用语，却几乎不可能互译。[①]

另外，法律用语与日常用语有联系，但也不能等同。无论是本国语言还是外国语言都是如此。如英语“attempt”，日常用语的含义是“试图”，而法律用语的意思则是“未遂”。

因此，在研究外国法时，人们应该使用特殊的法律用语的双语词典和特殊的法律词典，而不应只用一般的双语词典。要注意按照外国语言解释外国的法律概念。

---

① 参见［日］大木雅夫：《比较法》，93页。

六、过时的法和“活法”

在研究外国法时，最重要的是决定外国的哪些行为规则具有法律规则的地位。在这方面，外国与本国的差别也可能很大。例如，道德规则与法律规则之间的界限在某些国家可能更模糊，而在另外一些国家可能更清晰。如果我们把法定义为国家制定的行为规则，那么在我们研究社会主义国家的法律渊源时，往往可能忽视共产党的政策在社会生活中的重要地位。实际上共产党的政策在社会主义国家中在相当大的程度上发挥着调整作用。①

另外一个问题是某些正式的法律渊源过时的问题，它们不再是在那个国家起作用的法律体系的一部分。如果我们把已经过时的法还作为这个国家的法律渊源的一部分，那么在研究外国法时经常会造成误导。在有些国家，通过正式颁布文件的方式来宣布某一法律文件失效。但是在有些情况下，没有这样的正式文件的存在，而是由于某一社会任务的完成，调整该任务的法律规范自然失去效力。这也是值得研究外国法的学者注意的。

七、法律规则的社会背景和目的

法律体系是一种社会现象，只表现社会的一个方面，因此，不能将它与社会的其他方面脱离。要理解外国的法律规则，就应尽可能地理解它们的非法律的（经济的、政治的、道德的、宗教的、文化的）环境和社会目的。

同样或类似的法律规则在不同社会可能起不同的作用。比较法学家经常提到的一个例子是商标法：西方与苏联、东欧社会主义国家都有商标法，但苏联、东欧社会主义国家制定商标法的主要原因是国际条约，它们为加入国际条约以维护自己的商标在世界市场上不受侵犯，而制定商标法。而在西方国家，商标法的一个主要功能在于调整竞争的国内市场。在计划经济的条件下，苏联和东欧社会主义国家的商标法一般不具有这方面的功能。

法律规则的目的也是了解外国法时应当注意的一个重要问题。比如，一个国家制定了一项立法，规定雇主必须负担对新雇用的外国雇员的语言培训的费用。从表面上看，这一立法对移民有利，但实际上该规则的目的和效果都限制了移民，因为它促使雇主不雇用移民，从而降低国民的失业率。若不了解这一情况，包括该国的经济状况、失业率、移民政策等，则外国的比较法学家就很容易得出一幅与该规则的真实目的和实际效果不相符的错误图画。

第二节　评价的比较法的方法论

一、关于可比性问题

要使比较有意义，必须比较的对象有某种共同性。作为公分母，这种共同性被称为“比较

① 对于共产党的政策的地位，我国法学界一般认为，党的政策本身不是法律渊源，但在出现法律空白的情况下，如法律不完备、法律已经过时，经国家认可，它可以起到法律渊源的作用。

的第三项"[①]（tertium comparationis）。这不仅是比较法而且是任何比较所要求的。

在比较法中，人们的兴趣在于比较法律规则的实质内容，即不同法律体系如何调整在被比较的国家产生的某一情况。这种比较要求被比较的规则在事实上处理同样的问题。

两个国家使用同样或类似的法律用语并不能保证可比性。反之，即使两个国家的法律规则的法律用语差别很大，从语言上很难看到具有共同性，也可能存在可比性。例如，英语中的"murder"（谋杀）和法语中的"le meurtre"的含义，在法律概念中大约属于同种行为，但又存在某些差别。法语中的"le meurtre"还包括英语中的"manslaughter"（误杀）的含义。因此二者之间只存在部分的可比性。

如果人们期望确定法律体系实质内容的真正的相似性和差别，就不应该以法律规范和制度的名称为开端，而应考虑它们的功能，即规则要调整的事实。被比较的规则和制度必须在功能上相互可比。这种共同的功能是作为"比较的第三项"而发挥作用的。人们不应比较一般和抽象的概念，而应比较调整现实生活中同样实际问题的法律制度。

还应该注意的是，两个有着同样功能的法律规则之间的比较，并不意味着它们必定有同样的目的。例如，两个国家的堕胎法的比较，一个国家立法的目的在于限制人口增加，而另一国家立法的目的在于促进人口的增长。了解法律规则的不同目的对于理解差别毫无疑问是重要的，而立法目的的不同，在对比较结果的评价中也必须加以考虑。

二、不同社会制度国家的法律制度的可比性

1. 西方和苏联学者论可比性

可比性，往往集中表现在不同社会制度国家的法律规则，特别是社会主义法与资本主义法的可比性上，也表现在西方法和发展中国家的法律之间的可比性上。

长期以来，从两次世界大战到20世纪五六十年代冷战时期，西方法学家一直对苏联和社会主义国家的法律体系采取不承认主义。他们认为，苏联等社会主义国家要把法律消亡，而法在西方国家是至高无上的，因此两种制度的法律体系是不可比的。而苏联和东欧国家的法学家当时也对社会主义法与资本主义法的可比性持否定态度。苏联学者契克比泽和齐夫斯认为，要实现发现异同而进行真正的比较，只有在同类型的，即属于同样经济制度的国家法律制度之间才有可能。他们提出，把社会主义法与西方法相提并论，只是为了"对照"起见。[②] 匈牙利学者萨博在20世纪60年代所写的《比较法学》一书也持这种态度。他认为："社会主义的法律类型是资产阶级类型的否定和正相反的东西。"因此，社会主义国家的比较法学家不应该"比较"社会主义的和西方的法律；他们倒是应该论证西方法律的阶级性。[③] 在编撰国际比较法百科全书时，某些苏联、东欧的比较法学家主张社会主义法应该完全另卷处理，因为不存在社会主义法与资本主义法之间的直接的可比性。[④]

按照这些学者的意见，社会主义法与西方法依据不同的阶级基础，实现不同的功能：它们

---

① K. Zweigert & H. Kötz, *Introduction to Comparative Law*, p. 35.

② See Tchkhikvadze & Zivs, "Le volution de la science juridique et du droit comparé en U. R. S. S.", *Livrre du Centenaire de la Société de legislation comparée*, Vol. 2, Paris, 1971, pp. 581 - 600.

③ See Szabo, *La science comparative du droit*, Ann. Univ. Budapest, 1964, pp. 91 - 134.

④ See M. Bogdan, *Comparative Law*, p. 61.

服务于不同的阶级利益。如果社会主义法与西方法具有不同的功能，它们当然就缺少“比较的第三项”。例如，对社会主义和西方关于货物买卖法律的比较就是无意义的，就像婚姻制度与不动产登记制度之间的比较一样。

进入 20 世纪 70 年代以来，无论是在西方还是在苏联、东欧国家，对社会主义法与资本主义法的可比性问题有了新的认识。保加利亚学者斯坦列夫提出要区别一个制度直接的、当前的功能和它的长远的、最终的目的和功能。以买卖关系为例：无论是属于哪一类型的法，其直接功能都是把物品换成钱，买主有付款的义务，卖主有付货的义务。但从其长远功能来看，在资本主义制度下，买卖是资本主义法律体系的一部分，它是为保护私有财产、合同自由、最大利润等资本主义法律体系的最终目的服务的。而在社会主义制度下，买卖作为社会主义法律体系的一部分，反映出社会公正、禁止人剥削人等社会主义法律体系的目的和意义，不准许个人之间进行以投机为目的的买卖，使买卖成为计划经济的手段，并防止利用买卖作为获取非法劳动收入的法律手段。他认为，如果只注意买卖的直接功能，就会得出不正确的结论，以为资本主义法与社会主义法中买卖之间没有重要区别；如果只注意资本主义法与社会主义法的买卖的最终功能，就会认为似乎两种买卖之间没有什么相同点。法律制度的直接功能与最终功能的区别，恰恰是不同类型的法之间具有可比性的依据。应该指出，他并不认为在微观比较的层次上，即在法律制度的直接功能的层次上，就可以不受经济制度差别、最终功能的影响，“因为任何具体解决方法都会受到该法系一般原则的影响，它们对法系不可能是保持中立的”①。

瑞典学者博丹认为，社会主义法与西方法相比可能服务于不同的阶级利益，但是，人们不应该混淆法律规范的法律、政治目的（例如，按照某种方式分配，按照社会主义方向的社会发展）和它的功能，即法律规范所调整的社会实际情况。只要功能具有一致性就认为两个法律规则是相互可比的。只要在西方国家和社会主义国家存在受到法律调整的相同的问题，人们就应该比较这种调整，发现在多大程度上它们有差异。例如，人们很难否认在这两种社会的交通规则执行同样的功能，因此在很大程度上它们是可比的。② 在社会主义国家，至少在东欧，许多重要的社会生活领域与西欧国家的没有什么重要差别，许多情况在两种社会都由法律调整。

例如，所有社会主义国家都使用货币作为交换货物和服务的工具，而不是把货物和服务直接分配给公民，换句话说，分配是通过货币的帮助在一种类型的市场中进行的。这样一种分配制度没有大量的法律规则和法律机构的支撑，如关于买卖的制度，是不可能发挥功能的。与此相联系，在社会主义国家和资本主义国家都会产生许多类似的问题，例如销售者对所销售产品的质量的责任。民主德国的一个市民在东柏林的国营商店购买一件货物，依比较法的观点，会发现与他在西柏林的表兄在私人所有的商店购买的商品处于同样的地位。在理论上，他们之间可能有某种差别，例如东柏林的人由于市民所有制能够被看作是国有商店的部分所有者，但是这种差别与实际的买卖交易是如此遥远，以至于它们很难影响由于购买而产生的实际法律问

---

① ［保］斯坦列夫：《社会主义法学中的比较方法》，载《法学译丛》，1983（2）。

② 这一点不是没有争论的，捷克斯洛伐克学者卢比（Luby）认为：法律体系是一个整体，没有法律规则是中性的、不带有阶级观点的，即使是交通规则。因此，社会主义和资产阶级的交通规则是相互对立的。在中国，关于像交通规则之类的执行社会公共职能的法律规范是否具有阶级性，也有不同的观点。一部分学者认为，法可以分为两部分，一部分法执行阶级统治职能，有阶级性，而另一部分法执行社会公共职能，无阶级性。另一些学者认为：法是一个整体，法的阶级性是就其整体而言的，而不是指部分。任何统治者执行社会公共职能的目的，都是保证其阶级统治能够长久维持下去。我国法学界关于法的阶级性与社会性的争论，参见于浩成、崔敏编：《法的阶级性与社会性问题讨论集》，北京，群众出版社，1987。

题。只要法律问题相同，民主德国和联邦德国的有关它们的规则就成为有意义的比较的对象。即使是像所有权这样带有很重的主观价值色彩的法律概念，在社会主义和西方国家的法律制度中，在某种程度上，也必然具有相同的功能，因而在相同的程度上它们是可比的。

共同的名称并不能保障法律制度执行同样的功能。例如，合同在一个市场经济国家和一个计划经济国家都只是部分地执行同样的功能。在市场经济中，合同构成经济生活的原子，整个经济是由一系列合同连接的。而在计划经济中，企业之间的合同只起到相对辅助的作用，因为它们只是企业根据计划履行义务的一种具体形式。但是，即使在西方国家市场经济中对合同自由的国家干预也是经常的，同样的，也没有哪一个社会主义国家企图把集中的计划经济发展到企业间的任何合同都不必要的程度。

博丹认为，在较低层次上属于不可比的现象在较高层次上又可能转化为可比的现象。例如，比较社会主义和西方关于管理市场竞争的功能的法律几乎是不可能的，因为这种功能对两种社会和法律制度而言不是共同的，但是比较它们关于管理经济的功能的法律则完全可能。在这样的层次上，不同经济制度的国家的法律制度之间的宏观比较，不仅可能，而且有意义。例如，它们表明社会主义法律制度比西方法律制度在更大的程度上运用禁止和命令，而西方法律制度一般喜好运用不同种类的经济刺激手段（税收、费、利率、补贴等）；如果比较的第三项普遍到"管理经济"，人们就能够比较在狭义上属于某一特殊社会类型的法律规则和法律机构，诸如市场经济中的竞争规则与计划经济中的计划调整。反托拉斯法具有调整市场中企业行为的功能，在计划经济中缺乏其狭义上的对应物；但在它们更一般的调整经济的功能方面，它们在计划经济中又有对应物，即上面提到的计划调整。

博丹认为，即使在不同社会类型的国家的法律体系之间，法律规则和法律机构也是可比的。社会主义的比较法学家原来否定这种可能性，部分地可以看作是根据一种误解，即在许多语言中可比（comparable）这个词也意味着"大致类似"和"没有太大的差别"[①]。由于意识形态的原因，对许多社会主义的比较法学家来说，承认社会主义法与资产阶级法之间的某些类似是不可接受的。但是，接受可比性并不同于接受类似性：比较当然也表明巨大的基本差别。那些有意识地采用这种看法的社会主义比较法学家对可比性问题采取了更积极的态度。[②]

2. 用邓小平理论如何看待可比性

进入20世纪90年代，随着社会主义国家，包括苏联和东欧国家进行市场经济改革，上述争论又有了新的内容。如上所述，长期以来，在理论界，包括法学界，有一种固定的看法：计划经济等同于社会主义，而市场经济等同于资本主义。当社会主义国家进行市场经济的改革，特别是在苏联解体、东欧剧变以后，一些人认为，社会主义已经和平演变为资本主义。与此相适应，社会主义的法律制度也进行了以市场为导向的改革，一大批过去看来只有在资本主义市场经济条件下才存在的法律，如上面提到的反垄断法、反不正当竞争法、证券法、票据法、公平交易法、个人所得税法、私人企业法、外资企业法等大量出现，这些法律的制定在很大程度上借鉴了发达资本主义国家相应的法律制度，可比性似乎在这里根本不成问题。而另外一些人在这些问题上又老爱遵从过去的思维模式，总是提出"姓社还是姓资"的问题。邓小平同志总结国际共产主义运动，特别是中国改革开放的经验后指出："计划多一点还是市场多一点，不是社会主义与资本主义的本质区别。计划经济不等于社会主义，资本主义也有计划；市场经济

① 例如，当人们说两个人的工资是可比的时，作为一种规则，这意味着它们有些相同，比较它们是有意义的。

② 参见［瑞典］博丹：《不同经济制度与比较法》，载《法学译丛》，1980（5）。

不等于资本主义，社会主义也有市场。计划和市场都是经济手段。”他又指出：“社会主义的本质，是解放生产力，发展生产力，消灭剥削，消除两极分化，最终达到共同富裕。”① 中国在20世纪90年代改革开放的实践，以及邓小平关于社会主义的本质及计划和市场都是手段的论述，实际上已经对于社会主义法与资本主义法是否具有可比性，或者在什么范围内是可比的、在什么范围内又是不可比的争论，在更高的理论层次上作出了中国人的回答。也就是说，就计划和市场都是手段、社会主义与资本主义都存在计划和市场而言，它们都存在着需要用法律调整的共同问题，两种法律制度当然存在着可比性；但是，就计划和市场及其法律的功能与目的，特别是它们的最终功能和目的而言，它们又服务于不同的社会目的：一个是巩固和发展私有制；另一个则是消灭剥削、消灭两极分化，达到共同富裕。

三、解释法律体系之间的差别和相似

相似与差别实际上是同一问题的两个方面。在具体情况下，人们往往集中在问题的一个方面，集中在解释类似或者差别上。当比较两个相互紧密联系的法律制度时，如比较美国的纽约州的法律规则与新泽西州的法律规则时，揭示它们之间的差别比类似往往更重要。当比较两个社会制度完全不同的法律制度时，如比较中国的财产制度和美国的所有权制度时，揭示它们之间的类似可能更有意义。

在相关的法律制度之间，也应注意把它们的基本法律原则和更具体的规则区别开来。在基本法律原则之间类似时，如家庭法中的一夫一妻制、商法中的契约自由，要求解释的是差别，例如，具体的规则、限制条款、某种特殊犯罪的惩罚的等级等方面的差别。

在法律制度的形成中哪些因素被看作是相关的，在很大程度上依赖于比较者自己的意识形态价值和其他观点。孟德斯鸠把不同国家和地区的法律存在差异的原因解释为地理、自然环境和一个国家所采取的政体。黑格尔则把国家法律存在差异的原因解释为客观精神外化的不同阶段。历史法学派把法律的差异看作是民族精神的体现。马克思主义者认为，经济基础对法律制度具有最终的决定作用，不能把法律制度的根源归因于抽象的正义观念，也不能把居民的种族差异看作是决定不同国家法律制度差异的主要因素。② 可见与法律制度相关的因素因比较者的不同而不同，而且这些相关因素认为不同的比较者的相对重要性程度也不同。

（1）经济制度。实行不同经济制度的国家在经济领域的许多方面有不同的法律规则。例如，在市场经济从自由竞争走向垄断之前不可能产生反垄断法。经济制度也影响社会生活的其他领域，如公民权利、犯罪和家庭生活，从而影响宪法、刑法和家庭法。在政治权利领域，显然，对于实行奴隶制的庄园经济、封建地主经济、小农经济、市场经济和计划经济的国家来说，是否所有人都享有政治权利、政治权利的范围会有很大的差别。即使就市场经济而言，从经验上可以看到，所有具有政治民主的国家也有着以市场为导向的经济制度。因此，市场经济

① 邓小平：《在武昌、深圳、珠海、上海等地的谈话要点》，载《邓小平文选》，第3卷，373页，北京，人民出版社，1993。

② 但马克思主义者并不否认经济之外的其他因素对法律的作用。恩格斯在分析普鲁士国家产生的原因时指出：“普鲁士国家也是由于历史的、归根到底是经济的原因而产生出来和发展起来的。但是，恐怕只有书呆子才会断定，在北德意志的许多小邦中，勃兰登堡成为一个体现了北部和南部之间的经济差异、语言差异，而自宗教改革以来也体现了宗教差异的强国，这只是由经济的必然性决定的，而不是也由其他因素所决定的。”（《马克思恩格斯选集》，3版，第4卷，605页，北京，人民出版社，2012。）

构成了政治和公民权利的必然前提。但是，实行市场经济的国家民主政治的形式可能不同。甚至在欧洲、亚洲和拉丁美洲，都有一些国家，那里虽然有市场经济，但公民的民主权利仍然受到很大的限制。这类市场经济在很大程度上由于经济制度的强制力，要求在商法和税法等领域尊重法治。而市场经济是推动这些国家向民主政治转变的一个非常重要的力量。在刑法领域，我国 1979 年的《刑法》曾经有关于投机倒把罪的规定：在计划经济体制下把货物从价格比较低的地区运送到价格比较高的地区出售，就属于投机倒把，落入“破坏社会主义经济秩序罪”的范畴。而在市场经济条件下，这类行为显然属于正常的社会经济秩序的范围。在家庭生活领域，妇女的地位、亡夫遗产的划分显然是和妇女的经济地位，即在家庭生活中妇女主要是依赖丈夫还是依靠自己为生，相关。

（2）政治制度。法律制度在很大程度上受到国家政治制度的影响，特别是在宪法、刑法和行政法领域。不同的国体和政体、不同的政治体制，即君主专制、立宪君主制、议会民主制、苏维埃、人民代表大会制度，决定着宪法的基本差别，包括国家元首、各类国家机关的权限、各个国家机构之间的关系、公民的基本权利和义务。以政党法、监督法为例，显然在实行“三权分立”、多党制的国家和实行人民代表大会制度、共产党领导的多党合作制的国家，政党法与监督法存在着根本差别。

（3）宗教。人们的宗教观念和信仰对法律制度也起着重要作用，特别是在家庭法和刑法中。宗教教义（例如伊斯兰国家的《古兰经》、以色列的《旧约全书》）经常直接取得法律的地位，或者被融入法律制度之中。要一个以基督教为主的国家接受多妻制会很困难，而在伊斯兰国家则相反。在某些伊斯兰国家，法律现在仍然对盗窃犯处以断手刑。关于禁酒的宗教命令能够产生在伊斯兰国家，而在其他国家却很难行得通。宗教信仰的差别也会影响婚姻家庭等世俗领域，在不同宗教信仰的国家或地区批准离婚的难易程度不同，在离婚率上也有着明显的差别。

（4）历史。法律制度是在国家历史发展的强烈影响下形成的。国家宪法结构的基本特征，例如，是采取共和制还是君主制，通常可以用历史因素解释。大多数第三世界国家在历史上具有沦为殖民地的背景，许多发达国家，如美国、澳大利亚、新西兰，也有这种背景，这些历史因素都对它们的法律制度打下了深深的烙印。历史传统决定着国家法律制度属于哪个“法系”。尽管从殖民地宗主国那里接受的法律规则经常发生变化，以适应地方的需要，但是这些前殖民地国家从它们的前宗主国那里不仅继承了具体的法律规则，而且继承了对法律制度的基本态度、法的渊源的等级、法律用语和概念。此外，属于同一法系的国家，由于历史事件上的差异，后来走上了不同的道路，成为同一法系下不同的“亚法系”，如法国、德国、北欧国家都受到罗马法的影响，但是由于各自历史上的不同特点，它们成为各具特色的所谓“拉丁法系”、“日耳曼法系”和“斯堪的纳维亚法系”。

（5）自然条件。一个国家存在的自然条件，主要是地理、气候、自然资源，对它的法律制度也发挥着明显的作用。地震的威胁影响着有关建设的法律规则，气候影响着食品控制、储藏方面的法律规则，油田的发现创造了石油利用方面的立法需求。例如在南太平洋某岛国，根据法律，耕地的最长租期是 75 年。这不是一个随意创造的数字，它的产生是因为可可树的平均经济生活期是 75 年。对于这一事实那些不生长可可树的国家是不需要考虑的。[①] 那么，为什么

---

① See M. Bogdan, *Comparative Law*, pp. 73 - 74.

我国耕地承包期为30年，草地承包期为30年到50年，林地承包期为30年到70年？除了政策长期性、稳定性的考虑之外，显然也考虑到了地理、气候的因素。

（6）种族。由于不同的种族、民族往往有着不同的历史背景，生活在有着不同地理条件、信仰不同宗教的国家，因而他们生活在相互之间有着很大不同的法律制度之中。不同国家的人民之间特殊的生物学上的差别在某种情况下也会影响法律。在相关的生物学差别中，平均寿命的差别能够影响关于退休的规则，出生率的差别可能影响有关堕胎和为有子女的家庭提供财务支持的法律。但有些学者不同意过分强调种族差别，认为：这些生物学上的差别即使在同一种族的人们之间也会产生，对这些差别往往可以用食物、气候、宗教等因素加以解释。某些生物因素对法律制度发挥着重要的影响，但它们是作为所有人类的普遍规则而发挥作用的。比如人们建立的家庭，比动物的绝大多数"家庭"更有持久性和稳定性。这导致了在所有人类社会中以不同的形式存在的法律制度例如婚姻制度的发展，其原因也包括生物学的。①

（7）偶然的和未知的因素。对法律制度这样复杂的结构从来不可能只用有限的相关因素来解释。即使在两个国家，上面所讨论的所有因素都极为相似，它们的法律制度仍然有可能存在许多差别。不同的偶然因素仍然有可能导致法律制度之间的异同。具有权威的重要人物的个人偏好能够对法律制度产生重要的影响。比如拿破仑自己的家庭状况就是在制定《法国民法典》时考虑规定某种家庭法模式的原因。② 有时新的立法和修正案的通过是某个丑闻或事件的直接结果。即使在其他国家也可能存在这样的法律调整的需要，但是它们缺少能引起立法机制运作的"触发器"。在经济领域，某些立法的原因可能是某个时期特别高的通货膨胀或物价暴跌，尽管这些立法的目的不是暂时的。

还应该看到，有时虽然比较法学家尽了最大的努力也不可能解释所有的异同。在这样的情况下，异同当然有其原因，但它们还不为人们所知。比较法学家不应指望自己能解释一切，他们应当集中对被比较的法律制度之间最重要的、最有意义的异同进行解释。想解释每个细节既不可能，又浪费时间、精力和其他资源。

四、对比较结果的评价

在比较了不同法律制度，研究了它们在一个特殊问题上的异同之后，往往很难避免评价哪个法律制度更好的问题。这样的比较性评价当然不是每个比较之后必不可少的，但它具有很高的价值，特别是在人们的目的在于运用研究的结果，提出法律变革的建议时。

每个比较性评价都与一系列价值相关。但是，一个人所使用的价值或许不为其他人所认同。法学家当然会选择他认为是较好的规则或制度，但是，切记不要用自己的价值来决定对其他人来讲什么是较好的。在用批判的眼光研究外国法时应特别注意这个问题。

如上所述，不同国家的法律规则之间比较的前提是法律规则有共同的功能，即它们调整相同或类似的问题。比较性的评价也要求规则具有相同的法律、政治目的，即它们的目的在于在同样的方向上影响被调整的事项。例如，在比较两个不同国家的堕胎法时，如果它们有完全不

---

① See A. Morris，*The Naked Ape*，New York，1967.

② 《拿破仑民法典》对离婚和收养采取了简化程序，据说是由于当时拿破仑本人仍然与约瑟芬（Josephine）处于婚姻状态，但她不能生育。民法典对妻子从属地位的规定也是由于当时拿破仑与其妻的不愉快经历：约瑟芬挥霍无度，而拿破仑由于战争又经常离开。See M. Bogdan，*Comparative Law*，pp. 170－171.

同的目的——一个期望减少人口膨胀，另一个期望增加出生率，那么从法律观点上看，就不可能说一个规则比另一个好。比较法学家容易犯的一个共同的错误是，无意识地假设外国法的目的在实质上与他自己国家相应的法的目的相同。

如果人们知道或合理地假设两个法律制度的目的实际上是一致的，就能对两个国家达到这些目的所使用的法律工具作出比较性的评价。但是，比较性的评价在这里仍然是一个困难的任务。其中第一个困难在于，法律规范所服务的目的可能是许多相互冲突的利益之间妥协的产物，因而很难判断究竟什么是该法律所要达到的目的。第二个困难在于，不同国家的立法者能利用不同法律工具达到同一目的。例如，三个国家都期望减缓人口爆炸，可能选择三种不同的方法（或者方法的组合）：A 国可能选择对不受限制的堕胎提供免费服务；B 国可能撤销对两个孩子以上的家庭的补贴；而 C 国则可能提高结婚年龄，从 18 岁升至 20 岁。在作出比较性评价时，人们不应把自己的研究限制在某一种方法上，而应记住它与其他法律工具之间的内在联系，甚至和法律之外的其他方法之间的联系，如避孕和堕胎的技术设施是否完善。第三个困难在于，在一个国家能顺利发挥功能的法律工具，在另一个国家，例如在另一种经济制度、另一种宗教信仰和道德占主流的国家可能完全没有效果。比如，提高法定结婚年龄以控制人口爆炸，在婚前性关系和非婚生子女受到社会普遍接受的国家可能完全没有意义。我们在主张一种特殊的法律方案比另一种好，并把它推荐到其他国家使用时，必须慎重考虑上述所有问题。

第三节　沿革的比较法的方法论

不同法律制度之间关系的研究是比较法研究的最高层次。外国法研究为比较法奠定了基础，提供了可比较的基本素材。不同法律制度之间异同的比较为寻找造成这些异同的原因、对不同法律解决办法的评价和选择以及在此基础上划分法系、法律集团做了准备。而不同法律制度之间关系的研究，则把不同法律制度之间的异同放到一个更大的社会—法律的框架内，研究各个法律制度在其中的地位和作用，以及它们之间所产生的各种关系。

一、不同法律制度之间的相互交往是比较法产生和发展的前提

中外历史上，比较法的产生和发展都与不同国家、地区的法律制度之间相互交往相联系。在中国历史上的春秋战国时期，各诸侯国之间的相互交往、争雄，为法律制度的相互借鉴，采用更好的法律制度，以富国强兵、取得兼并战争的胜利提供了动力。最著名的就是魏国李悝的《法经》。据《唐律疏议》记载，李悝“集诸国刑典，造法经六篇”。据《晋书·刑法志》记载，李悝“撰次诸国法，著《法经》”。这些记载都表明《法经》是借鉴外国法、运用比较法的产物。在西方的历史上，公元前 594 年雅典执政官梭伦的改革，据说曾参考了希腊许多城邦的立法。而罗马在公元前 5 世纪所编纂的《十二铜表法》，则是罗马共和国时期十大执政官在对希腊各个城邦的法律进行广泛考察之后制定的。

现代意义上的比较法，即学科意义上的比较法，是在 19 世纪发展起来的。它的兴起与世界市场的形成、民族国家的出现和在欧洲出现的大规模的法典编纂运动直接相关。封建国家建立在自给自足的自然经济的基础上，不可能在国内形成统一的民族市场，表现在法律上（特别

是在欧洲）则是法律的极端的不统一。资本主义的发展，打破了欧洲中世纪封建割据的局面，形成了民族共同市场，这就为资产阶级的民族国家即有着共同语言、共同地域、共同经济生活和共同文化的稳定的共同体的形成奠定了基础。在民族国家形成以后也就出现了各民族统一的法律，其中最著名的就是1804年颁布的《法国民法典》和1900年施行的《德国民法典》。民族国家的产生和各国法典的制定对比较法的兴起具有重大作用。首先，从实践来看，各国之间的交往需要相互了解彼此的法律规定；其次，从立法来看，西欧各国从此出现了以德国和法国的法典为蓝本的法典编纂运动，从而使它们逐步取代了罗马法在大陆的地位，成为新的“普通法”（jus commun）；最后，从法学教育来看，各民族国家的法典逐步成为法学教育的中心内容，从而彻底改变了中世纪以来在欧洲各大学盛行的鄙视各国颁布的缺乏统一性、系统性的法令和各地流行的习惯，而只教授罗马法、教会法以及抽象的自然法的倾向。正是法国、德国的民法典和其他国家的法典编纂运动，使法学研究中的理想与现实的二元统一了起来。更值得注意的是，自15世纪末以来，资本主义商品经济的发展，冲破了闭关自守的封建制度的樊篱，扩大了国际贸易的规模，为世界市场的产生准备了条件。18世纪后半期开始的英国产业革命和以后其他欧美国家的产业革命，确立了资本主义生产方式在这些国家的统治，使国际交换与世界市场获得了充分的发展，使经济发展水平不同的国家都被卷入世界商品流转之中，从而把前资本主义时期狭小的地方市场汇集为巨大的国内市场，最终扩大为世界市场。国际贸易的发展、世界市场的形成是比较法，特别是研究不同法律体系之间关系的比较法兴起的经济根源。在这种条件下，观察一个国家或地区的法律制度的发展变化不再局限在该国家或地区的范围内，而必须把本国法与引起它变化的外国法、国际法，把决定本国法发展变化的国内因素和国际因素，联系起来。这种把本国法与外国法，国内法与国际法，法律制度与决定法律制度的经济、政治、文化制度联系起来的方法，就是研究不同法律体系之间关系的方法论。

二、本国法与外国法的联系

比较法的理论和实践都表明，如果说古代，甚至中世纪的法律制度可以在各国相互隔绝的环境中独立发展，那么现代世界各国法律制度发展的环境是开放的，是与其他国家的法律制度相互接触、相互影响的。现在，很难找到一个国家的法律体系的全部，包括它的制度、规则、概念、法律实践和法律意识，都完全是自己独立创造的，而不吸收、借鉴其他法律制度的相关因素。在现代世界各国的法律制度中，这种借鉴、吸收或移植不仅发生在同一法律集团（包括同一法的历史类型和法系）内部，而且经常发生在大的法律集团之间。① 所谓两大法系之间的趋同就是这一现象的反映；而社会主义法律制度与资本主义法律制度之间相互借鉴，利用对方的某些制度、规则、经验的现象更是人所共知的。② 正是在这种意义上，有的比较法学家把一个国家的法律制度分为两部分：一部分是固有法，即在该国土生土长的东西。这部分法律制度往往集中在家庭法、继承法领域。另一部分是继受法，即在与外国的交往当中，或者由于军事入侵，或者由于政治、经济统治，或者由于文化影响，从外国法中移植、借鉴、吸收的东西。

① 参见朱景文：《比较法导论》，168～179页；王晨光：《不同国家法律间的相互借鉴与吸收》，载沈宗灵、王晨光编：《比较法学的新动向》，213～224页，北京，北京大学出版社，1993；沈宗灵、张文显主编：《法理学》，94～96页，北京，高等教育出版社，1994；孙国华、朱景文主编：《法理学》，117～119页，北京，法律出版社，1995。

② 参见［日］大木雅夫：《比较法》，第六章第二节。

这部分法律制度往往集中在政治、经济、贸易法律领域。

一般来讲，一个国家法律制度的创立可以通过两种途径：一种是通过本国自己的实践，自己在实践中逐步摸索，经过“实践—认识—再实践—再认识”这样不断完善的过程，最后上升为法律；另一种则是在本国缺乏调整某一类社会关系的法律规范的情况下，借鉴外国的相关法律，弥补空白。相比较而言，前一种方法的优点在于扎实可靠、符合实际，但缺点在于要花费相当长的时间和精力，才可能形成符合实际的法律调整办法；后一种方法的缺点正如前面已经谈到的，它不能保证在其他国家运转良好的法律在另一种环境中具有同样的效果，但其优点恰恰可以弥补第一种方法的不足——避免代价高昂的法律实验。在当代世界，各国遇到的问题有共同性，解决共同问题的方法也有共同性。因此，各国在解决同一问题时，完全可以借鉴其他国家的行之有效的经验。在一个开放的世界，不吸收其他国家的有益经验，关起门来搞实验的经验爬行主义的做法是愚蠢的。正是在这种意义上，比较法学家把自己的学科看作是调整社会关系的武器库：把不同国家调整同一类社会关系的不同方法储存起来，供各国立法者、法官、律师和法学教授结合本国的实际情况进行选择。

第四节　比较法的程序

一、规范的比较和功能的比较

比较法按照比较的对象的差别，可分为规范的比较和功能的比较。①

规范的比较，即比较不同国家同一名称的法律制度、法律规则。这种比较以规则为中心，只要挑选出不同国家或地区具有相同或类似名称的法律文件，把要进行比较的法律制度或规则一一加以对照，比较它们的异同，即可达到预期的目的。

规范的比较的成功取决于两个条件：第一，相同的法律结构，即被比较的国家或地区法律部门的划分相同，它们运用的概念具有同一性，这样才能保证在不同国家的法律制度、规则之间一一对应，被比较的对象之间具有可比性，否则，若一个国家有一种法律，而另一个国家没有同名称的这种法律，即它们的法律结构不同，则二者是不可比的；第二，同一名称的法律制度或规则、法律概念在不同国家或地区具有相同的功能，否则虽然名称相同，却执行不同的功能，即同样是不可比的。

功能的比较不是以规则为中心，而是以问题为中心，即只要被比较的国家或地区具有相同的或类似的问题，就可以就它们对该问题的不同解决办法进行比较。功能的比较克服了规范的比较中容易受到本国法律概念限制的缺陷，对执行同一功能的不同法律规范采取灵活的态度。正像德国比较法学家拉贝尔（E. Rabel）所说的，“功能的比较有两个关键的概念，即功能和联系。不理解法律规则、制度或体系是如何发挥功能的，就不能比较它们；不把它们放到它们的法律的、经济的、文化的联系中，就不能了解它们是如何发挥功能的”②。

---

① 参见朱景文：《比较法导论》，12～22页。

② Cited in Glendon，Gordon & Osakwe，*Comparative Legal Traditions*，St. Paul，West Publishing Co.，1994，p. 11.

规范的比较和功能的比较具有不同的程序，下面我们以两位比较法学家兹拉捷斯库和卡佩莱蒂关于比较法的程序的论述为例，分析规范的比较与功能的比较的程序。

二、规范的比较的程序

罗马尼亚学者兹拉捷斯库将比较法的程序概括为以下四个阶段。

(1) 准备阶段。在准备阶段选定被比较的法、作比较的法和比较的法。被比较的法通常就是比较法学者的本国法；作比较的法是指和本国法作比较的法，如某一外国法；比较的法即比较什么法，如宪法、刑法等。

(2) 分析阶段。把被比较的法和作比较的法分解成一系列组成要素，将作比较的法按照被比较的法的诸因素加以分解，并把被比较的法作为模式，尽管二者的结构可能不同。

(3) 比较异同。把法律规范分解成若干因素之后，便可对每个因素分别加以比较。在这个阶段，比较就是研究两个法律的每一个因素的相似和相异之处。在此基础上，列出每一个因素的异同之处的对照表。分解出多少因素，就有多少比较项目。

(4) 综合阶段。这是比较的诸阶段中最重要的阶段。它应当在比较异同的基础上对比较的结果进行批判性的评价。德国学者茨威格特指出，如果不作这种评价，比较法便成了“毫无建树的一堆废纸”。这种综合分为是否具有统一性、其原因如何、发展趋势等。①

兹拉捷斯库这里所说的比较法的程序显然是以规则为中心的规范的比较的程序。

三、功能的比较的程序

意大利学者卡佩莱蒂将比较法的程序分为六步。

(1) 在所比较的两个或两个以上的国家中找出人们共同遇到的社会问题或社会需要，也即找出共同的起点。例如，为了在环境法领域进行有意义的比较，共同的起点就是这些国家面临共同性质的环境问题，而这个起点对那些不存在这种环境问题的国家是没有意义的。当然，这个共同的起点并不等同于相同的解决办法，这些办法可能完全不同。

(2) 研究那些国家对这种社会问题或社会需要所采取的法律解决办法，即有关法律规范、程序和制度。对此，比较法学家可以设计出不同的法律解决办法的模式。

(3) 对不同国家采取法律解决办法的理由进行研究。

(4) 进一步研究这些异同及其产生原因的可能趋势。

(5) 对各种法律解决办法进行评价。但这种评价不能依靠好坏、正误之类的抽象、绝对的标准，也不应根据法律本身，而应该根据特定解决办法是否符合社会需要的效能这样一个客观标准进行评价。为此，卡佩莱蒂把比较法称为法律思想的“第三学派”，而把根据抽象的正义标准所作的评价称为“自然法学派”，把根据法律自身进行的评价称为“实证主义法学派”。实际上，他要建立的评价标准是属于法律社会学的。

(6) 根据既定的社会存在和需要、既定的解决办法的实际影响以及某些领域的发展趋势，可以合理地预测未来的发展。②

---

① 参见［罗马尼亚］维克多·丹·兹拉捷斯库：《法律比较方法论的几个问题》，载《法学译丛》，1984（6）。

② 参见［意］卡佩莱蒂：《比较法教学与研究》，载沈宗灵、王晨光编：《比较法学的新动向》，15～19页。

很明显，卡佩莱蒂的比较法的程序以问题为中心，属于功能的比较的程序。

问题与思考

1. 什么是叙述的比较法的方法?
2. 什么是评价的比较法的方法?
3. 什么是沿革的比较法的方法?
4. 什么是规范的比较? 什么是功能的比较?
5. 什么是比较法研究的程序?

第三章

比较法的历史

本章概要

比较法产生的历史条件包括不同国家之间的相互交往、国内的法律多元主义及抽象理论与经验研究相结合。现代意义的西方的比较法产生于19世纪，与世界市场的形成、民族国家的产生和文化上比较学的发展有密切的联系。而中国的比较法产生于清末，与帝国主义的炮舰政策和清政府闭关自守政策的失败直接相关。1900年第一届国际比较法大会举行。20世纪以来，比较法的发展经历了曲折的发展道路，与国际政治、经济的发展息息相关。

关键术语

1900年国际比较法大会　国际比较法协会　国际法律科学学会　国际比较法百科全书

第一节　早期比较法的萌芽

作为一门学科的比较法是近代，特别是19世纪的产物；但是作为一种方法，无论是在实践中借助外国法改进本国立法，还是在理论上运用其他国家的法律知识改进本国的法律思想，其在不同国家和不同的历史发展阶段都断断续续时有发生。纵观历史，不同国家的法律制度、法学思想比较研究的社会历史条件可以概括为两个方面：一是不同国家之间的相互交往，二是一国内的法律多元主义。

一、不同国家之间的相互交往

比较法是对不同国家的法的比较，它必然以不同国家之间的相互交往为前提。比较法的历史不同于法制史：法制史是伴随着一个国家的法律制度的发展而发展的，比较法的历史则是伴随着国际交往的发展而发展的。因此，早期比较法的萌芽，即在实践中和理论上运用外国法，不是法制史中任何时期都存在的历史现象，它显然以历史上同时出现的、相互交往的不同国家或地区具有特色的法律体系为条件。反之，一个国家在其交往的范围内形成了大一统的、独霸的局面，或者虽然同时存在许多国家，但相互之间又都是闭关自守的，不接受外来文化，则尽管该国的法律体系可能很发达，但不存在比较法产生的土壤。

（一）古代中国

在中国历史上，上述两种相反的情况都存在过。春秋战国时期是前一种情况的例证，当时周朝“礼崩乐坏”的局面逐步为各诸侯国的成文立法所取代。公元前536年，郑国执政子产作刑书。此后三十余年，邓析根据当时郑国社会、经济、政治的急剧变化，另行起草了一部刑法，刻在竹简上，史称《竹刑》。公元前513年，晋国继郑国之后“铸刑鼎”。其后，其他各国也纷纷制定了成文法，如韩国的《刑符》、齐国的《七法》、赵国的《国律》、楚国的《宪令》、秦国的《秦律》等。其中最著名的是魏国李悝所制定的《法经》，为春秋各国立法之大成。当时各国立法和法律思想之间的相互影响是显而易见的。从立法上看，李悝“集诸国刑典，造法经六篇”（《唐律疏议》）。《晋书·刑法志》认为：李悝“撰次诸国法，著《法经》”。这就是说，《法经》是在对各国的不同法律制度进行比较研究的基础上制定的。《法经》不仅是比较研究的产物，而且作为范本，对后来秦国的商鞅变法，对秦汉的法律制度都产生了重大影响。商鞅（公元前390—前338），魏国人，早年曾受李悝、吴起等人的法律思想的影响，并研究过诸国变法的经验。公元前361年，秦孝公下令求贤，商鞅带着李悝的《法经》来到秦国，主持变法，从而为秦国变为战国诸强之首，进而统一中国作出了重要贡献。从法律思想上看，当时在立法实践过程中提出了许多法律理论问题，成为不同国家理论家争论的焦点，比如在是否应“铸刑鼎”即公布成文法典的问题上，各国思想家展开了激烈争论，相互影响。如郑国铸刑书后，晋国的叔向表示坚决反对，他在给子产的信中说：“昔先王议事以制，不为刑辟，惧民之有争心也……民知有辟，则不忌于上，并有争心，以征于书，而徼幸以成之，弗可为矣……国将亡，必多制，其此之谓乎！”① 又如在晋国铸刑鼎后，孔子对此也表示强烈的反对，他认为：“晋其亡乎，失其度矣！夫晋国将守唐叔之所受法度，以经纬其民，卿大夫以序守之，民是以能尊其贵，贵是以能守其业。贵贱不愆，所谓度也……今弃是度也，而为刑鼎，民在鼎矣，何以尊贵？贵何业之守？贵贱无序，何以为国？”②

然而，上述情况在中国古代奴隶社会和封建社会的法制史上几乎是仅有的。自从秦始皇统一中国以来，中国历代皇帝一直把自己的国家视为“天朝”“中央之国”，而把外国或少数民族视为“夷蛮之邦”。在中国古代文献的记载中，很少能发现历代王朝的法律有什么是从外国以至少数民族中学到的。相反，在封建社会，以中国为中心，在东亚却形成了“中华法系”或“远东法系”，中国的近邻朝鲜、日本、越南等国家的法律中有许多都可以在中国古代法律中找到它们的历史渊源。在朝鲜，“高丽一代之制，大抵皆仿乎唐，至于刑法，亦采唐律，参酌时宜而用之”③。在日本，大化二年（公元646年）进行大化改新，以中国唐朝的律令格式为形式，大量模仿中国唐朝的政治法律制度。大宝元年（公元701年）颁布《大宝律令》，“其所本者为武德、贞观、永徽之令，恐以永徽为多”④。公元718年又颁布《养老律令》，对《大宝律

① 《左传·昭公六年》。
② 《左传·昭公二十九年》。
③ 《高丽史·刑法志》。
④ ［日］武藤诚实：《律令考》。

令》进行修订，仿照唐令，比照段解残编。在越南，李太尊明道元年（公元 1042 年）颁布《刑法》，陈太尊建中六年（公元 1230 年）颁布《国朝刑律》，它们基本上都“遵用唐宋旧制，但其宽严之间，时加斟酌”①。黎氏王朝初年（公元 1401 年）制定《鸿德刑律》，则“参用隋唐，断治有画一之条，有上下之准，历代遵行，用为成宪”②。

在中国法制史上，其他民族仿照汉族的法律改进自己的法律的情况也有很多。

北朝时期，北魏律有较大的影响。北魏拓跋氏为鲜卑贵族，鲜卑人入主中原以前，其法律制度极为落后。据《魏书·刑罚志》记载，鲜卑人“以言语约束，刻契记事，无囹圄考讯之法，诸犯罪者，皆临时决遣”③。在入主中原以后，鲜卑人推行封建化政策，学习汉族统治者实行封建法制的经验。据说，先后参加魏律编撰工作的汉律家多达数十人。同时，他们对汉族的法律制度并不是全盘接受，对魏晋以来浮华的学风和文风加以扬弃。陈寅恪在《隋唐制度渊源略论稿》一书中说：“元魏律实综汇中原士族仅传汉学及永嘉乱后河西流富儒者所保持或发展之汉魏晋文化，并加以江左所承西晋以来之律学，此诚可谓集当中之大成者。”又说：“北魏前后定律能综合比较，取精用宏，所以成此伟业，实有其广收博取之功非偶然所致也。”

在宋代，北方少数民族契丹族和女真族的法律制度也广泛参考了汉族的法律。早在北宋建立以前，由契丹族所建立的辽国就是一个多民族混居的国家。辽国当时采用了“以国制治契丹，以汉制待汉人”的分治制度。在法律上，辽国对“渔猎以食，车马为家”的契丹人适用本民族的习惯法，对“耕稼以食，城郭以居”的汉人则沿用唐律。辽圣宗（公元 982 年—1031 年在位）继位以后，着手对辽的法律实行改革，翻译南京（今北京）所进律文，更定法令，规定契丹人、汉人犯罪“一等科之”，“契丹人犯十恶亦断以律”。这是契丹族加速封建化进程和受中原汉族文化影响的必然结果。在此基础上，在辽兴宗重熙五年（公元 1036 年）和辽道宗咸雍六年（公元 1070 年）先后颁布了《重熙新定条制》和《咸雍重修条制》。

公元 1115 年，女真族建立了金国。公元 1125 年到 1127 年，金国先后灭辽和燕京。金熙宗皇统年间（公元 1141 年—1149 年），金国以女真旧制为基础，“兼采隋唐之制，参辽宋之法”，修编了《皇统制》。以后，元朝建立后也曾广泛吸收金国实行汉化的经验，采取“断理狱讼，循用金律”④ 的办法。

我国最后一个封建王朝是清朝。满族人在入关以前，处于从习惯法到成文法过渡的时期，法律制度比较简单，“皆因时立制，不尽垂诸久远”⑤。入关以后，为了加速封建化，巩固其统治，清统治者进行了广泛的立法。据载，当时执政的摄政王多尔衮接受汉官提出的“但取清律、明律，订其同异，删其冗繁……似无事过为纷更”⑥ 的立法原则，下令：“法司官令同廷臣详译明律，参酌时宜，集议允当；以便裁定成书，颁行天下”⑦，从而形成了清初“详译明律，参以国制度”的立法指导思想。

---

① 《历朝宪章类志·刑罚志》。
② 《魏书·刑罚志》。
③ 《魏书·刑罚志》。
④ 《元史·刑法志》。
⑤ 《清史稿·刑法志》。
⑥ 《清世祖实录》卷十六。
⑦ 《清世祖实录》卷七。

（二）古东方

在古东方和古西方的法制史上，不同国家之间的相互交往，同样是在实践中和理论上运用外国法和法律思想的重要条件。在古东方国家，世界上最古老的法典之一——《汉穆拉比法典》的诞生就说明了这种情况。公元前两千多年，在古西亚两河流域美索不达米亚地区形成了一些小城邦，它们一般都有自己的成文法典，其中较有名的是乌尔城市邦第三王朝的《乌尔纳姆法典》（*Code of Ur-Nammu*）。公元前 18 世纪上半期，巴比伦的汉穆拉比统一了巴比伦，建立了强大的中央集权国家，消除了各小国之间存在的法律、文化和政治的不统一，并命令将这些小国原有的法律制度加以比较，从苏美尔到阿卡德的法律文献中吸收了不少东西，从而制定了著名的《汉穆拉比法典》。该法典的一部分内容是将各小国流行的原法律系统化，另一部分内容是新颁布的法律。正像古代中国运用外国法的实践产生于春秋战国时期，伴随着由诸侯割据走向统一一样，古巴比伦国家运用外国法的经验也伴随着从分裂走向强大、统一的奴隶制国家的历史过程。

（三）古西方

在古西方国家，古希腊和古罗马都曾经出现过比较法产生的土壤。公元前 8 世纪到公元前 6 世纪，希腊由数以百计的各自独立的城邦国家组成，各城邦有不同的政体和不同的法律。公元前 594 年雅典执政官梭伦（Scion，约公元前 638—前 559）进行了著名的改革，据说为此他曾研究了希腊许多城邦的法律。不同国家之间的相互交往也深深地影响了希腊的著名学者。古希腊著名哲学家柏拉图（Plato，公元前 427—前 347）的青年时代在伯罗奔尼撒战争（公元前 431 年—前 404 年）中度过。这次战争使雅典和斯巴达两集团发生了政治和军事的重大变化，结果是斯巴达获胜，雅典战败。柏拉图把战争失败归咎于雅典实行奴隶主民主制，从而赞赏斯巴达的政治制度。据说，柏拉图曾多次游历西伦和埃及，还到意大利南部访问后期的毕达哥拉斯书院。他曾三次到西西里岛的叙拉古城邦，劝说那里的僭主把自己变成哲学家或者放弃王位。他的主要政治法律著作，特别是《国家篇》和《法律篇》，正是对不同国家、城邦之间的政体和法律进行比较研究的成果。在这些著作中，他描述了不同城邦的政治法律制度，更重要的是他用自己所构筑的理想的政治法律制度、政体和法律，来检验这些现实的制度。另一位古希腊著名思想家亚里士多德（Aristotle，公元前 384—前 322）生活于希腊奴隶制危机时期，经历了斯巴达从在希腊炫耀权势到没落的变迁，以及邻国马其顿从获得希腊霸权到分崩解体的过程。特别是他由于担任了亚历山大的老师，因而接触了大量不同国家、城邦的政治法律制度的文献、资料，这些对他的研究工作产生了极有利的影响。在《政治学》中，他考察了 153 部各城邦的宪法，现在留传下来的只有其中的雅典部分。在古罗马，公元前 5 世纪所编纂的《十二铜表法》，据说是在罗马共和国时期十大执政官对希腊各城邦的法律进行广泛考察之后制定的。

但是，在其后，中世纪、文艺复兴时期以及 17、18 世纪的资产阶级革命中，比较法在西方的发展是很有限的。据一些西方学者著作中的说法，这个时期西方运用比较法的例证包括以下内容。

- 公元 3 世纪或公元 4 世纪所谓“后古典时期”的罗马法学家把罗马法与教会法进行比较的著作《摩西法和罗马法汇编》（*Collatio legum Mosaicarum et Romanarum*）。
- 公元 15 世纪英格兰学者福德斯鸠（Fortescue，卒于 1485 年）把英国法与法国法进行比较的著作《英国法赞美论》（*De Laudibus legum Angliae*）和《英国统治论》（*The Governance*

of England）。然而，这些著作缺乏客观分析，其目的在于通过比较说明英国法的优越性。

● 1623 年英国著名哲学家培根（Francis Bacon，1561—1626）在《崇学论》（*De dignitatet et augmentis scientiarum*）中提出，法律家只有从本国制度的锁链中解脱出来才能评价它的真正价值。

● 1687 年德国著名哲学家莱布尼兹（Gottfried Wilhelm Leibniz，1646—1726）在出版的《法学教育的新任务》一书中提出从普遍历史的观点进行比较法研究，他计划编写一部包含所有民族、地区和时代的法律的《法律大全》（*Theatrum legale*）。

● 在法国，比较法的开创者公推孟德斯鸠（Charles Louis Montesguien，1689—1755）。他在 1748 年出版的《论法的精神》一书中全面地运用了比较的方法，其特点在于：首先，他对三种不同的政体——共和政体、君主政体和专制政体进行了比较研究，在此基础上，他颂扬英国的君主立宪，认为立法、行政和司法的分立与制衡，是公民自由的保证；其次，他从法律规范比较的水平深入法社会学的比较，提出法律的差别决定于政体，而政体的差别归根结底决定于地理环境、气候；最后，他在另一本著作《罗马盛衰原因论》中运用历史的比较方法，企图证明罗马国家的兴盛是由于它的公民富有品德，如责任心、爱国心、武勇、俭朴、爱自由等，而这些品德的败坏导致了罗马的衰亡。他以此为据试图攻击当时法国君主专制的暴政和提倡英国式的政制。

二、一国内的法律多元主义

比较法萌芽的出现，还与不同的司法管辖权、一国内不同的法律体系即法律多元主义相联系。法律多元主义在中国和西方的法制史上都曾出现过。

中国唐朝是当时亚洲乃至世界政治、经济、文化活动的一个中心，有许多外国人或外族人来中国学习文化和进行贸易，唐朝与他们之间的交往频繁。为了调整这些人之间的关系，唐律对此特作出规定。《唐律疏议·名例律》规定："诸化外人，同类自相犯者，各依本俗法；异类相犯者，以法律论。"对于这里所说的"化外人"，《唐律疏议》的解释是："化外人，谓蕃夷之国，别立君长者，各有风俗，制法不同"。也就是说，对于属同类的外国人之间的纠纷，依据外国人的习俗和法律处理，而对于不属同类的外国人之间的纠纷，依中国法律处理。这样就在涉外关系的领域产生了比较不同国家、民族的法律制度的必要性。

在古西方罗马时期和中世纪也都产生过比较不同法律制度的条件。学者们通常认为，罗马帝国时期几乎找不到什么运用比较法的例证，因为罗马法学家太相信自己的法律制度的优越性，而根本不注意外国的法律，如西塞罗就曾把所有的非罗马法看作是混乱的和相当荒谬的。① 但这只是问题的一个方面。另一方面，罗马公民和非罗马公民、征服者与被征服者之间的相互交往，又促进了不同法律制度之间的相互影响和吸收。这样，罗马时期市民法与万民法最终合一。这一时期大致在公元前 3 世纪到公元前 27 年。市民法是罗马国家早期的法律，其适用范围仅限于罗马公民。这时的罗马法采用属人主义而非属地主义的原则，凡是罗马公民无论在何地均受到法律的保护。从这一原则出发，罗马公民即使在被征服地区也享有市民法所保护的权利。而对于居住在罗马的异邦人和被征服地区的广大居民来说，即使是自由民，也得不

---

① See K. Zweigert & H. Kötz, *Introduction to Comparative Law*, p. 48.

到市民法所赋予的权利。随着商业的发展和罗马帝国版图的扩大，罗马公民与异邦人以及被征服地区的广大居民之间关于法律适用的矛盾越来越尖锐。为了解决这些矛盾，公元前 3 世纪产生了万民法。所谓万民法，是指通过罗马外事裁判官的司法活动所制定的，适用于罗马公民和非罗马公民之间关系的法律。其来源，一是罗马固有的私法，二是同罗马人发生交往的其他各族的规范和习惯。但是，万民法和市民法之间并不是完全排斥的，最高裁判官有时也将万民法的原则移植到市民法中。后来，随着异邦人获得公民权，两个体系逐渐接近，直到查士丁尼法典最终把二者统一起来。

西方的许多比较法学家通常也把中世纪看作是不适宜比较法发展的。其一，当时教会法和罗马法取得了权威地位，任何其他的法律都不可能引起学者们的兴趣；其二，征服者认为他能够把自己的法律强加给被征服的民族，根本无须考虑被征服者的法律。但是，同样，这也是问题的一个方面。另一方面，中世纪多元法律体系的存在，迫使人们不得不对它们进行选择和比较。中世纪的法律多元主义发端于 1050 年至 1150 年之间的教皇格里高利改革。美国学者哈罗德·J. 伯尔曼（H. J. Berman）在其名著《法律与革命——西方法律传统的形成》一书中精辟地分析了法律多元主义的起源以及对西方法律传统形成的影响。他指出：法律多元主义起源于教会权力与世俗权力的分离。教会宣布它不受世俗的控制，宣布它对某些事务的唯一管辖权和对其他事物的共同管辖权。俗人虽然一般由世俗法管理，但在婚姻和家庭关系、继承、精神犯罪、宣誓的契约关系以及其他许多事务上，也要服从教会法，受教会法院管辖。与此同时，神职人员虽然一般由教会法管理，但在某些特殊犯罪、某些特殊的财产纠纷等方面，也要服从世俗法，受世俗法院的管辖。世俗法本身又划分为不同的相互冲突的部分，它包括王室法、封建法、庄园法、城市法和商人法。同一个人在第一类案件中可以受教会法院管辖，在第二类案件中由王室法院管辖，在第三类案件中由领主法院管辖，在第四类案件中由庄园法院管辖，在第五类案件中由城市法院管辖，在第六类案件中由商人法院管辖。这包含着不同法律体系的普通法律秩序的复杂性，迫使人们进行法律思索：哪个法院有管辖权？可选用哪种法？怎样协调法律的差别……一个农奴可以到城市法院控告其主人，一个陪臣可以到国王法院控告其领主，一个牧师可以到教会法院控告国王。① 应该指出，恰恰是这种法律多元主义使人们不得不对不同的法律制度进行比较。这是比任何思想动力都更巨大的现实动力。

三、教会法、罗马法、自然法对比较法产生的意义

比较法的出现，除了必须具备国家之间相互交往或国内法的多元主义之外，还必须具有强烈的经验研究的倾向，即从现实存在的不同国家的法律制度出发。反之，在法律实践与法学研究中，如果不从实际法律出发，理论上研究的是一套，实际通行的是另一套，理论研究不以实际的法律制度为基础，不关心法律实践中遇到的问题，而是从抽象的理性或上帝的意志出发，构造出一种形而上学的法律体系的模式，是不可能促进比较法发展的。

这方面一个最好的例证，是欧洲中世纪直到近代很长一段时期大学的法学教育。当时，虽然大陆法系各国都有自己的法律和习惯，但大学对此不予重视，认为它们不配称得上是真正的法，认为它们太庞杂、野蛮，因此对其不屑一顾。反过来，大学却认为，只有讲授真正的法

① See H. J. Berman, *Law and Revolution*, Harvard University Press, 1984, p. 10.

学，讲授那种在一切国家、一切时代都可以公正处理纠纷的方法，才更为高尚。这就是罗马法和教会法。只有它们，才被大学的法学家们，被注释学派和评论学派视为“真正的法”“文明世界的普通法”。法国当代比较法学家达维德认为，恰恰是这一“普通法”的概念阻碍了比较法的发展。“要等到19世纪，等到这一普通法分裂，为各国制定的法典所代替，这种具有普遍意义的法的概念才不再流行；作为这一‘文化革命’的结果，在欧洲各国自行制定的各种法律之间进行比较才逐渐被认为是适当的，甚至被认为是必要的。”① 也就是说，当法学研究建立在各国现实法律制度的基础上时，比较法的出现才有可能。

阻碍比较法发展的绝不仅仅是像教会法、罗马法这样的普通法概念。在欧洲文艺复兴时期开始流行的自然法观念、自然权利和社会契约等，也阻碍了比较法的发展。当然，对于那个时期的法学家所提出的自然法观念应当一分为二予以看待：一方面，在他们看来，自然法是一种由先验的思辨所产生的知识结构，不必涉及任何在经验上可发现的材料，从而可能阻碍对现实法律制度的比较；但是，另一方面，也有一些著名的自然法学家，像格劳秀斯、普芬道夫和孟德斯鸠等人，运用比较法的方法给予他们的自然法观念以经验材料的支持。另外，对于在18世纪末、19世纪初出现的德国历史法学派对比较法发展的影响，也应采取分析的态度：一方面，历史法学派对于与自然法相联系的任何思想方法都持否定态度，例如胡果就认为法学的目的就是要从对所有现存的实在法的比较中产生“民族精神”或“经验的自然法”。这方面是有利于比较法发展的。另一方面，萨维尼及其继承者在提出所有的法律都是民族精神的产物的同时，却拒绝对罗马法和日耳曼法之外的任何法律进行研究。这方面则阻碍了比较法的发展。

第二节　19世纪比较法的发展

一、19世纪比较法兴起的原因

现代意义上的比较法，即作为一个学科的比较法，是从19世纪发展起来的。而且比较法这一概念，这个词，也是在这时才有的，以前这个词并没有出现。19世纪以前只是出于立法或其他法律实践的需要，才对不同法律体系进行比较研究，没有自觉地形成一个独立的学术部门。

19世纪现代比较法学的兴起有其经济、政治、思想文化方面的根源。

（1）经济上，世界市场的形成。15世纪末以来，资本主义商品经济的发展，大大冲破了闭关自守的封建制度的樊篱，扩展了国际贸易的规模，为世界市场的产生准备了条件。18世纪后半期开始的英国产业革命和以后其他欧美国家的产业革命，确立了资本主义生产方式在这些国家的统治地位，使国际交换与世界市场获得了充分的发展，把经济发展水平不同的国家都卷入世界商品流转之中，从而把前资本主义时期狭小的地方市场汇集为巨大的国内市场，最终扩大为世界市场。国际贸易的发展、世界市场的形成是比较法学兴起的经济根源。正是由于这个原因，比较法首先在民法、商法等私法领域发展起来。

① ［法］勒内·达维德：《当代主要法律体系》，漆竹生译，8页，上海，上海译文出版社，1984。

(2) 政治上，民族国家的出现。资本主义的发展，打破了欧洲中世纪封建割据的局面，从而形成了民族共同市场。这就为资产阶级的民族国家即具有共同语言、共同地域、共同经济生活和共同文化的稳定的共同体的产生奠定了基础。封建制国家是建立在自给自足的自然经济基础上的，不可能在国内形成统一的民族市场，表现在法律上（特别是在欧洲）则是法律的极端不统一。在民族国家形成以后也就出现了各民族统一的法典，其中最著名的就是1804年颁布的《法国民法典》和1900年施行的《德国民法典》。民族国家的产生和各国法典的制定对比较法的兴起具有重大作用。首先，从实践来看，各国之间的交往需要相互了解彼此的法律规定；其次，从立法来看，西欧各国从此出现了一种以法国和德国的法典为蓝本的法典编纂活动，从而使它们逐步取代了罗马法在欧洲大陆的地位，成为新的“普通法”；最后，从法学教育看，各民族国家的法典逐步成为法学教育的中心内容，从而彻底改变了中世纪以来在欧洲各大学盛行的鄙视各国颁布的法令和各地流行的习惯，而只注意罗马法、教会法以及抽象的自然法的倾向。正是法、德的民法典和其他国家的法典编纂运动，使法学研究中的理想与现实的二元统一起来了。

(3) 文化上，18、19世纪自然科学和人文科学的研究中广泛采用比较方法。19世纪比较法的兴起，不是一个孤立的事件，它是在当时各门学科领域中广泛运用比较方法的影响下出现的。1786年英国学者W. 琼斯（William Johns）爵士发现，梵语与拉丁语、希腊语与德语有亲缘关系。在此基础上，在语言学领域发展出比较语言学。在生物学领域，18世纪一些学者便明确指出，一些物种间彼此相似可能是因为同源共祖。1859年达尔文在《物种起源》一书中，对不同物种的结构、功能进行了广泛的比较、分类，在此基础上提出了生物进化论，也就是比较生物学。几乎与此同时，在心理学领域发展出了比较心理学，研究从病毒到植物乃至人类的所有生物在行为结构上的相似与差异，特别是将人的心理性质与其他动物的作比较，辨别动物（包括人）行为中的质和量的相似与差异。19世纪比较法学的发展受到这些学科的熏染，比如，比较法学中的基本概念“法系”一词，英文为legal genealogy，是从生物学的“基因”（gene）一词演变而来的。由于当时许多学科领域都出现了比较研究的趋势，因而有的学者甚至提出将它们统统称为“比较学”。比较法学属于比较学的一个分支。

当然，在决定19世纪欧洲比较法学兴起的诸原因中，思想文化因素不是主要的，而是派生的。决定它们的主要原因归根结底是当时国际贸易和经济关系的发展需要，是国际交往的需要。同时，由于世界各地发展的不平衡和相互依赖，比较法在各国的发展有不同特征。

二、19世纪西方的比较法

（一）法国

1831年法兰西学院设立“比较法制史讲座”。

1834年福利克斯（Foelix）创立《外国立法评论》（*Revue etrangere de législation*），其宗旨在于帮助法国的法律家改进其外国法知识，并促进改善本国法。1850年，该杂志停刊。

1846年巴黎大学法律系设立“比较刑法讲座”。

1869年法国成立“比较立法学会”（Société de législation comparée），同时出版该会会刊《比较立法学会会刊》（*Bulletin de la société de législation comparée*，1869—1948年），1949年改名为《国际比较法杂志》（*Revue internationale de droit comparée*）。

1876 年法国司法部设立“外国立法和国际法办公室”（office de législation étrangere et de droit internationale）。

1892 年巴黎大学设立“比较海商法和商法讲座”。

1895 年巴黎大学设立“比较宪法讲座”。

1902 年巴黎大学设立由著名比较法学家萨莱斯（Saleilles）和列维-乌尔曼（Lévy-Ullimann）等人主讲的“比较私法讲座”。

（二）德国

1829 年德国法学家扎查理（Zacharii）和米特麦尔（Wolfgang Mittermaiei）创立了第一个旨在研究外国法的法学期刊——《法学和立法杂志》（*Kritische Zeitschrift für Rechtswissenschaft und Gesetzebung des Auslandes*）。米特麦尔是海德堡大学的教授和主要来自南德的法律家集团的领导人，其主要兴趣在于在实践中运用外国法和比较法。特别是当时莱茵州和巴登州引进《拿破仑法典》，促进了他们的学术研究，他们进而把研究对象扩展到所有现代法律体系，包括英国和美国的普通法。

1878 年德国法学家伯恩豪特（Bernhöft）和科恩（Cohn）创办《比较法学杂志》，其主要目的在于对比较法制史的研究。该杂志已成为关于远古法与东方法的专门性杂志。

1894 年国际比较法学和经济学学会（Internationale Vereinigung für Vergleichende Rechtswissenschaft und Volkswirtschaftslehre）成立，但是它远远没有像法国的比较立法学会那样取得丰硕的成果，在战前的德国没有使比较法成为大学的课程。

（三）英国

1838 年英国法学家伯奇（Burge）发表《殖民地法和外国法释义》一书。他提出，英国的枢密院，作为英帝国最高法院，必须适用几种不同外国制度的法，它们包括民法即罗马法；《法国民法典》引进之前的荷兰法、西班牙法；法国法；苏格兰法；英吉利法；西印度和北美的殖民地地方法；美国法。该书的目的有三：一是全面理解在英帝国所有发生效力的法律体系的规则和渊源；二是比较它们的家庭法、人法、财产法和继承法；三是指出解决不同领域法律冲突的原则。该书后来受到大陆法系和美国的比较法学家们的高度评价。

1854 年列昂·列维（Leone Levi）发表《世界商法》一书，其副标题是“大不列颠五国商人与 58 个国家的商业法典和法律的比较”。该书同样具有明显的实践目的，即满足英国商人了解其他民族商法的需要。列维在该书中比较了英国商法和世界上几乎每个国家的贸易法。特别值得一提的是，该书第一次提出了建立国际统一商法典的思想。列维是第一位提出在对不同国家的法律制度进行全面比较的基础上，在法的整个领域中实现国际统一的法学家。

1869 年亨利·梅因（Henry Maine）在牛津大学成为第一位“历史和比较法学”教授。英国比较法在发展的初期一直受到历史法学的影响，直到 20 世纪初英国比较法学家波洛克（F. Pollock）仍然认为：“历史法学或比较法学，或像德国人所说的法的一般历史，这些说法没有大的区别。”①

1894 年伦敦大学由于高等法院法官奎恩（Richard Quain）一笔 1 万英镑的遗赠设立了“法

① ［英］波洛克：《比较法学的历史》，载《社会法学和比较法学》，第 5 卷，1903（74），76 页。

制史和比较法讲座”。同年，英国建立比较立法学会，并出版该会的刊物《比较立法杂志》(*Journal of Comparative Legislation*)（1896—1951年），该杂志于1952年改名为《国际法和比较法季刊》(*International and Comparative Law Quarterly*)。

三、半殖民地、半封建社会的中国比较法

中国封建王朝闭关自守的大门是被西洋人的长枪火炮打开的。与欧洲19世纪比较法的发展相比，中国则代表这一发展的另一极。自1840年鸦片战争以来，直到辛亥革命清朝灭亡，就向外国学习而言，我国先后经历了洋务运动、维新变法和清末修律几个阶段，最后一个阶段即清末修律，可以说达到了当时运用外国法、比较法的高峰。

19世纪60年代到90年代，以曾国藩、左宗棠、李鸿章等封建官僚为代表的“洋务派”，面对清政府对外战争的接连失败和国内太平天国革命的威胁，实行了以“中学为体，西学为用”为宗旨的洋务运动。这一运动以兴办军需工业为其重要特点，在政治思想、文化上却竭力维护清朝的腐朽统治。但迫于形势，他们也不得不在政治思想上作某些变革。1860年清政府设立“总理各国事务衙门”作为外交机构。而在此之前，由礼部管理“藩国”朝贡，由理藩院管理蒙藏回事务。这一变化，反映了“中央之国”“天朝”的破产。同年，总理大臣奕訢开办“同文馆”，后来李鸿章又在上海开设“外国诸言文字学馆”，不久广东也设类似学馆，培养“承办洋务”的人才，翻译“测算之学，格物之理，制器之法”。

从19世纪70年代开始直到1898年的“戊戌变法”，西方资产阶级的法律思想对维新变法的主要领导人康有为、梁启超、严复等产生了重要影响，他们在著作中也对中西法律体系及法律思想进行了比较研究。康有为提出“托古改制”的思想，企图把西方的宪政理论以孔子思想的名义表现出来。他认为：孔子在《春秋》中描述了“公羊三世”，即社会由“据乱世”进入“升平世”（小康），再由“升平世”进入“太平世”（大同）的历史发展过程。与此相适应，国家也必须由“专制”进到“立宪”，由“立宪”再进到“共和”。康有为变法主张的根本目标是，改君主专制为君主立宪。为此他收集了不少外国变法的材料。他认为，变法应“以俄国大彼德之心为心法，以日本明治之政为政法”，东、西各国“皆以立宪开国会之故”而得以治强，因此，“立行宪法，大开国会，以庶政与国民共之，行三权鼎立之制，则中国之治强可计日待也”[①]。康有为还抨击洋务派的措施是只触动“枝枝节节”，而不触动国家政体，是“根本不净，百事皆非”。他提出：“今宜采罗马及英、美、德、法、日本之律，重定施行。”[②]“东西各国之强，皆以立宪法、开国会之故，国会者，君与民共议一国政法也……东西各国皆行此政体，故人君与千百万之国民合为一体，国安得不强？吾国行专制政体，一君与大臣数人共治其国，国安得不弱？”[③]

梁启超则竭力推崇孟德斯鸠的政体论。他认为，中国应实行像英国那样的“立宪政体”[④]。为此他提出设立民选议会、制定宪法和实行“三权分立”的方案。他认为，欧美等立宪国，除英国为不成文宪法国家外，其他国家大都是先有国会而后有宪法，而且大多数宪法是由国会

---

① 《戊戌变法·上清帝第五书》。

② 《戊戌变法·上清帝第六书》。

③ 《戊戌变法·清定立宪开国会折》。

④ 《饮冰室合集·法理学大家孟德斯鸠之学说》。

“参与制定”的，“天下无国会之立宪国”。他提出，中国封建法律从秦到今“相沿不改”，“君相既因循苟且”[①]，都是由于无立法部以及无立法部制定“使法必行之法”[②]，故中国必须仿照西方列强设议会，成立立法部以制定宪法。他借用孟德斯鸠的“三权分立”学说，提出由国会行使立法权，由国务大臣行使行政政权，由独立审判厅行使司法权。这三权统一为统治权，称为“体”是不分的；而三权称为“用”，是可分的，“三权之体皆莞于君主”。

严复在维新派人物中受西方思想影响更深，对中西法律思想的比较也达到了相当高的层次。梁启超曾说：“西洋留学生与本国思想界发生影响者，复其首也。”[③] 严复的比较法思想主要体现在他的译著《法意》《天演论》《原富》等之中。严复与康、梁的不同之处在于他更重视中西法律文化的比较，试图寻找中西法律制度差异的社会思想根源。他非常重视中西法学意义上法的差别。他说：“在中文，物有是非谓之理，国有禁令谓之法。而西文则通谓之法。”[④] 为此，他引申出孟德斯鸠的自然法观念，即世界上一切存在物都有它们的“理”，也就有它们的“法”。他认为，就国家的实在法而言，中西也有差别：“西人所谓法者，实兼中国之礼典，中国有礼刑之分，以谓礼防未然，刑惩已失。而西人则谓凡著在方策，而以令一国之必从者，通谓法典，至于不率典之刑罚乃其法典之一部分。”[⑤] 他像康、梁一样，赞成英国那样的君主立宪制度，而抨击中国的专制君主之制。他认为，中国先秦时期诸法家，“劝其君以任法”，虽然“秦固有法”，其实它是“专制之尤者”，“驱迫束缚其臣民，而国君则超乎法之上”[⑥]，“其法与令猥毛而起。质而论之，其什八九皆所以坏民之财，散民之力，漓民之德也”[⑦]。实际上，“有法亦适成专制而已”。他还特别谴责中国的酷刑：“吾国治狱之用刑其残酷无人理，传于五洲而为此士之大诟久矣。”他认为，实行刑讯，往往使外国人借口“吾律为重，而不就吾范”[⑧]，从而损害了我国的主权尊严。他在《原富》一书中还进一步比较了中西法律制度的以下一系列差别。

（1）法的来源不同：西法由民众选出的议会制定或由君民共同制定，中法则来自皇帝的谕旨或诏书。

（2）法的效力不同：西法对本国君民都有约束力，中法只约束其臣民，君主则超乎法律之上。

（3）法所遵循的原则不同：西法遵守“三权分立”，中法则是立法、行政、司法皆统于皇帝一人。

（4）法的结构不同：西法的公律、私律分开；中法的公、私律一般混同，民刑不分。

（5）法所奉行的宗旨不同：西法“首明平等”，中法则最重“三纲”[⑨]。

清末三次向外国学习的运动的结果分别是：洋务运动以甲午战争失败而告终；资产阶级改良派的维新变法以戊戌政变而失败；清末修律，大都未及实行，清朝便已覆亡。

从比较法角度看，清末修律在翻译、仿照外国法，聘请外国法学家，建立新式法律学堂，改造中国旧法等方面都是空前的。下面是清末修律的几件有历史意义的大事。

---

① 《饮冰室合集·中国国会制度私议》。

② 《饮冰室合集·岁晚读书录。》

③ 《清代学术概论》。

④⑤ 《法意》卷一按语。

⑥ 《法意》卷二按语。

⑦ 《辟韩》。

⑧⑨ 《原富》戊部篇一按语。

1900年光绪下诏变法，称："晚近之学西法者语言文字制造器械而已，此西艺之皮毛而非西学之本原。""而法令不更，锢习不破，欲求振作，须议更张。"①

1902年清政府任命沈家本、伍廷芳为修律大臣。同年，在与各国修订商约期间，英、日、美、葡四国表示，如清政府使司法现状"皆臻完善"，可以放弃治外法权。清政府随即下诏："参酌各国法律"，修订现行律例，"务期中外通行"。修律大臣沈家本提出，务使修订法律"与各国无大悬绝"，"专以……模范列强为宗旨"②。

1903年清政府设立修订法律馆，负责拟订奉旨交议的各项法律与各项专门法典，删订旧有的法例与各项章程。在沈家本主持修订法律馆期间，先后翻译法、德、俄、意、美、日、芬兰等国的刑法，德国民法，日、德、美等国的诉讼法，共三十余种；还聘请日本法学家直接参加法律起草工作。1906年根据沈家本和伍廷芳的建议成立法律学堂，后改称"京师法律堂"，开设的课程包括清朝的现行法律，在没有中国法的领域讲授外国法，学制3年，并聘请日本法学家担任主讲。据有关材料统计，到1909年全国已有各类法律学堂47所，在校学生达10 282人。③

1905年清政府派载泽、端方等五大臣出洋考察各国宪政，准备立宪。

1906年清政府颁布预备立宪上谕，宣布"时处今日，唯有及时详晰甄核，仿行宪政，大权统于朝廷，庶政公诸舆论，以立国家万年有道之基"④。1908年颁布了由宪政编查馆制定的《钦定宪法大纲》，规定"立法、行政、司法则总揽于君上统治之大权。故一言以蔽之，宪法者所以巩固君权，兼以保护臣民者也"。该大纲规定有关君上大权共14条，抄自日本宪法，即所谓"兼采列邦之良规"，但同时又删去日本宪法中限制天皇权力的条款。

1906年沈家本主持编成《大清刑事民事诉讼法（草案）》，仿照西方和日本的公开审判、陪审和律师制度，因遭各省督抚反对，而未颁布。

1906年清政府编订《法院编制法》。该法抄袭日本《裁判所构成法》，采取西方和日本的"司法独立"原则。

1907年清政府开始编订民律，聘请日本法学家松岗义正起草民律总则、债权、物权三编，其余亲属、继承两编由修订法律馆会同礼学馆起草。于1911年8月完成《大清民律草案》。该草案大体仿照德、日民法，同时也沿袭中国封建的某些民事法规。当时修律大臣俞廉三、刘若曾称：民律草案"注重世界最普通之法则"和"原本后出最精确的之法理"，"求最适于中国民情之法则"。但它未及颁布，清王朝就崩亡了。

1908年清政府聘请日本法学家志田钾太郎起草《大清商律草案》，其命运同民律草案的命运。

1910年9月《大清现行刑律》颁布，12月《大清新刑律》颁布。它们是清末修律的最重要成果之一。《大清现行刑律》区分民、刑，废除酷刑，并制定新的罪名。《大清新刑律》"折中各国大同之良规，兼采近世最新之学说"，而又"不戾乎我国历世相沿之礼教民情"。它分为总则和分则两编，主刑包括死刑、无期徒刑、有期徒刑、拘役、罚金，从刑为褫夺公权和没收。它取消了因"官秩""良贱""服制"而在刑罚的适用上所形成的差别，并规定了有关国

---

① 《光绪朝东华录》，总第4655页。

② 《清末筹备立宪档案文科》，下册，859页。

③ 参见《沈家本法律思想国际学术研讨会综述》，载《中国法学》，1991（1）。

④ 《光绪朝东华录》，总第5563页。

交、选举、通讯、交通以及妨害卫生等方面的犯罪。

第三节　20 世纪比较法的发展

一、20 世纪国际比较法

1900 年在巴黎举行的比较法国际会议，在比较法发展的历史上是有重要意义的事件。以它为开端，在国际范围内西方的比较法学者组织起来。会议主要讨论了比较法的一些一般问题，如比较法的目的、性质、发展方向以及比较法教育。相当多的学者认为，比较法的任务在于发现或创立“文明社会的共同法”。法国比较法学家朗贝（Edouard Lambert）在总报告中指出：“比较法的使命是揭示社会生活的这些表现所遵循的自然法则（全部法则构成法律），使人们了解法律生活的各种变化的联系和发生的原因，发现对每个制度来说什么形式才符合社会发展不同阶段和各种经济制度。”他认为，应把制定文明社会共同法的范围缩小到“很有限的若干个民族，他们被紧密的共同教育联系着，也由于许多历史与经济影响的作用而互相接近”。会议的另一位发起者、法国学者萨莱斯（Saleilles）提出，从具体法律秩序出发，进行比较的目的是要得出构成文明人类共同法的理想型的共同法律制度与规范。他试图以“文明人类共同法”，即世俗的但具有普遍性原则的真正自然法，代替超越一切的、不变的和抽象的自然法。这次会议的另一个特点是，许多学者都认为只有类似的事物才能比较，这样就把比较法相当狭隘地集中在制定法，集中在欧洲大陆的法律体系上。

在此之后，比较法在欧洲各国继续获得发展。第一次世界大战后，《凡尔赛和约》是用战胜国的语言即英语和法语起草的，德文本不具有权威性，而且它使用了德国所不熟悉的概念、解释规则和模式。在这种情况下，德国人别无选择，只能研究法国和英国的法律体系。这成为一战后的德国以及其他一些欧洲国家比较法发展的动力。1916 年在德国著名法学家拉贝尔的倡导下，慕尼黑大学建立了比较法研究所；一战后其他几所德国大学也建立了类似的研究所。1926 年柏林大学建立凯瑟尔-威尔赫姆外国法和国际私法研究所（Kaiser-Wilhelm Institute of Foreign and International Private Law），该所很快就成为德国比较法研究的中心和世界上最重要的研究所之一。现在该所设在汉堡，改名为马克斯·普朗克外国法和国际私法研究所（Max Planck Institute für auslä ndisches und internationales Privatrecht）。

在法国，朗贝于 1920 年在里昂大学建立了比较法研究所。列维-乌尔曼于 1932 年在巴黎大学建立了比较法研究所。随着各国比较法研究所的建立，比较法学研究的重心也由 1900 年巴黎比较法国际会议对比较法一般问题的讨论转向具体问题。拉贝尔在 1935 年比较法国际会议的报告中指出：人们已经认识到有这样多的法律材料需要研究、这样多的观点需要领悟，因而把比较法限制在预先决定其目的应是什么或其地位如何等问题上是不恰当的。[①] 随着比较法研究的具体化，比较法研究的范围也扩大了。一方面，如上章所述，由规范的比较开始发展为功能的比较，即以问题为中心，比较对同一问题不同法律体系的解决办法；另一方面，由制定

---

① See K. Zweigert & H. Kötz, *Introduction to Comparative Law*, p. 60.

法的比较、大陆法系内部的比较，发展为大陆法系与普通法系的比较。19 世纪末 20 世纪初所流行的观点是，“只有结构和概念是可比较的，法律体系之间才能进行比较”，即“可比性”的观念由于功能比较的提出而逐渐被抛弃。两大法系的沟通既有大陆法学家的功劳，也有英美法学家的贡献。

第一次世界大战后第一个社会主义国家苏联的诞生，标志着一个崭新的法律体系——社会主义法律体系的出现。这样，就在全世界范围内出现了两种截然不同的法律体系。但是，这一历史事件对比较法学的影响在当时并没有马上显现。由于帝国主义对苏联的包围和封锁，当时根本谈不上法学的交流和比较法研究的开展。在十月革命胜利以后的一个相当长的时期内，西方比较法学一直无视苏联社会主义法律体系的存在，而将苏联的法律体系仍然称为“斯拉夫法系”，甚至到 1950 年，法国学者阿曼戒（Anminjon）、诺尔德（Nolde）和沃尔夫（Wolff）在《比较法原论》一书中仍然把苏联社会主义法律体系称为“俄罗斯法系”。第二次世界大战后，随着欧洲、亚洲一系列社会主义国家的出现，西方比较法学再采取这种“鸵鸟政策”就不行了。20 世纪 50 年代以后，西方学者的著作中开始出现社会主义法律体系或社会主义法系这一概念。这反映在西方一些著名的比较法学家的著作中，如勒内·达维德于 1950 年出版的《比较民法总论》、1964 年出版的《当代世界主要法律体系》，茨威格特 1971 年主编的《国际比较法百科全书》、他与克茨 1977 年出版的《比较法导论》等，都把社会主义法律体系看作是与大陆法系、普通法系以及其他法律体系并列的法律体系。与此同时，20 世纪 50 年代、60 年代以来，苏联学者也开始重视比较法研究，参加国际比较法组织。这一时期在苏联和东欧的一些国家中出现了一些有影响的比较法学的著作。

第二次世界大战后另一件有重大意义的历史事件是第三世界民族独立国家的兴起。长期以来，由于受殖民主义、种族主义和欧洲中心论的影响，比较法学的研究重心一直在欧美资本主义国家。由于第二次世界大战前绝大多数第三世界国家属于帝国主义国家的殖民地，因而在比较法研究中也往往把它们的法律体系归于殖民地宗主国的法律体系中。第二次世界大战后随着这些民族国家的独立，越来越多的学者包括西方学者逐步认识到，把它们的法律体系归于过去殖民地宗主国的法律体系是不合时宜的。在这些国家，虽然大陆法系或英美法系的因素仍然起着重要作用，但是扎根于这些国家内部的习惯、土生土长的法律制度在社会生活中占有不可低估的地位。正像达维德所说的，“不考虑这个事实，就不可能作出有关当代世界法制的任何符合实际的概括”①。

20 世纪 80 年代末、90 年代初，世界格局又发生了重大变化——苏联解体、东欧剧变。世界政治版图的变化必然波及法律版图，这些事件同样极大地影响了比较法的发展。在 20 世纪 90 年代以来所出版的比较法的著作中，对 20 世纪 60 年代以来已经成为主导观点的所谓世界三大法系即大陆法系、普通法系和社会主义法系的划分又发生了新的变化，许多学者认为苏联、东欧国家的社会主义法律制度又回复到了大陆法系。

从国际范围来看，1924 年国际比较法学会（Académic internationale de droit comparé）在巴黎成立。其主要宗旨是，促进比较法学的开展和对外国法的研究，包括建立法学院、法律研究中心，组织讨论会，建立图书馆，出版法学著作并同其他比较法团体合作。该学会每四年召开一次国际比较法大会。最近几次大会是 1998 年在英国布利斯托尔大学（University of Bris-

---

① ［法］勒内·达维德：《当代主要法律体系》，29 页。

tol）举行的第15届国际比较法大会，2002年在澳大利亚布利斯斑（Brisbane）举行的第16届国际比较法大会，2006年在荷兰乌特勒支（Utrecht）举行的第17届国际比较法大会。2010年在美国华盛顿举行的第18届比较法大会，2014年在奥地利维也纳举行的第19届比较法大会，2018年在日本福冈举行的第20届比较法大会。

另一国际比较法组织为国际比较法委员会（International Committee of Comparative Law）。该会于1949年在联合国教科文组织的支持下成立。其章程第34条规定，其任务是“通过在全世界普及对外国法的研究，并在法律科学采用比较方法，来鼓励各国相互了解和传播文化”。该会于1955年改名为国际法律科学协会（International Association of Legal Science），会址设在巴黎，现有五十多个国家的比较法协会作为它的国内委员会。该会章程第3条规定：“本会通过对外国法的研究和比较法的使用，促进全世界法律科学的发展。其最终目的在于协助各国间的相互了解。”该会于20世纪60年代发起编写《国际比较法百科全书》（*International Encyclopaedia of Comparative Law*），共17卷，由德国学者茨威格特担任总主编。各卷的卷名和主编列示如下。

卷一，《各国报告》，克纳普（V. Knapp）主编。

卷二，《世界各国法律体系：比较与统一》，达维德（R. David）主编。

卷三，《国际私法》，里普斯坦（K. Lipsteiln）主编。

卷四，《个人与家庭》，格兰顿（M. A. Glendon）主编。

卷五，《继承》，诺伊迈尔（K. Neumayer）主编。

卷六，《财产与托管财产的所有权》，雅诺普洛斯（A. N. Yiannopooulous）主编。

卷七，《一般契约》，A. 泰勒·冯·麦伦（A. Taylor von Mehren）主编。

卷八，《特种契约》，茨威格特（K. Zweigert）主编。

卷九，《商业交易与机构》，齐格尔（J. Ziegel）主编。

卷十，《不当得利》，克默雷尔（E. Von Caemmere）主编。

卷十一，《民事侵权行为》，通克（A. Tunc）主编。

卷十二，《运输法》，罗迪埃（R. Rodière）主编。

卷十三，《商业与私营组织》，科纳尔（A. Conard）主编。

卷十四，《版权与工业产权》，厄尔默（E. Ulmer）主编。

卷十五，《劳动法》，赫普勒（B. Hepple）主编。

卷十六，《民事诉讼》，卡佩莱蒂（M. Cappl letti）主编。

卷十七，《国家与经济》，勃拉哥杰维克（B. T. Blagojevic）和达姆（K. Dam）主编。

全书自1971年起陆续出版。该书第一卷的中文版译为《各国法律制度概况》，已于2002年由法律出版社出版发行。

当前许多国家都成立了比较法组织，设立了比较法研究机构，发行了比较法刊物。在西方国家，除了法国和德国之外，美国于1951年成立美国比较法协会（American Association for Comparative Study of Law），该协会于1952年开始出版《美国比较法杂志》（*American Journal of Comparative Law*）（季刊）。美国许多法学院专门设立了比较法研究所或专门从事外国法研究的机构，如欧洲大陆法研究所、社会主义国家法研究所、远东法研究所。英国于1951年成立英国全国比较法委员会，并于同年建立英国国际比较法研究所，1952年出版《国际法和比较法季刊》（*International and Comparative Law Quarterly*），取代原《比较立法杂志》（*Journal of Comparative Legislation*）（1896—1951年）。日本近年来亦很重视比较法研究，早稻田大学比较法研究所出版了《比较法评论》，中央大学比较法研究所出版了《比较法杂志》。

二、当代中国比较法

清末修律是一次大规模的仿照欧、美、日本列强的法律而修改我国封建制法律的运动，但是大多数所修法律还没有来得及颁布、执行，清朝政府就被推翻了。北洋政府时期，北洋政府一方面保留了这些法律中适合其统治的部分，另一方面又对不适合其统治的部分加以修改。当时北洋政府曾聘请日本人冈田朝太郎参加修改《大清新刑律》的工作。国民党政府时期的所谓“立法”，其中许多内容都是从大陆法系，特别是德国的相应法律中抄袭过来的。例如，1935年颁布的《中华民国刑法》就直接将当时德国刑法中的“保安处分”原则引进来，宣扬资本主义经济危机时期所推行的社会防卫主义刑事政策。又如，从1928年到1930年制定的民商法，体现了垄断资本主义时期西方民商法的“国家干预主义”原则，其中民法总则编和债编，有的是全部照搬德国、意大利法典的条文，有的则是瑞士法典条文的改头换面。吴经熊曾经说：“就新民法从第一条到第一二二五条仔细研究一遍，再和德意志民法和瑞士民法的债编逐条对照一下，倒有百分之九十五是有来历的。不是照章誊录，便是改头换面。”① 再如，1932年颁布的《法院组织法》，亦仿照德国和法国的司法体系，改原北洋政府的“四级三审制”为“三级三审制”，即地方法院、高等法院和最高法院三级。在国民党政府时期，在一些大学如北京大学、北洋大学、朝阳大学、东吴大学的法律系也开设了一些比较法课程，如比较宪法、比较民法等。此时期亦出版过一些比较法著作，像王世杰的《比较宪法》、李祖荫的《比较民法债编通则》、吴传颐的《比较破产法》等。②

新中国成立以后，我国在立法上和法学研究上运用外国法，比较法的发展进入了一个新的时期，也经历了一个曲折的发展阶段。从新中国成立初期学习苏联和东欧的经验，到20世纪60年代，特别是“文化大革命”期间，彻底否定西方、苏联的一切法律和法学。党的十一届三中全会以来，随着改革开放的深入，比较法研究无论在立法实践中还是在法学研究上，都获得了长足的进步。关于立法方面的情况在以下各章中将论述。

20世纪50年代，中华人民共和国刚刚成立，中央政府废除了国民党的“六法全书”，并对旧的司法队伍进行了改造。由于帝国主义的封锁，没有现成的模式可以借鉴，法学教育在创建阶段普遍采用了苏联法学教育的模式，从国家与法的理论、法制史到各个部门法，普遍采用了苏联的教科书，在条件好的学校，如中国人民大学，还聘请苏联专家来华讲学。与此同时，我国派遣了一批中国学生到苏联和其他社会主义国家的大学法律系留学。对于20世纪50年代学苏联，人们一直有不同的评价，但不管评价如何，中国的马克思主义法学正是在那个时期系统地进入了中国的课堂。现在仍然活跃在我国法学教育和科研领域中的一大批专家和教授，都是在那个时期被培养出来的。

20世纪80年代以来，随着改革开放的实行，我国的法制建设和法学教育也进入了一个新的阶段。我国的法制建设广泛地借鉴了西方发达国家的经验，在法学教育中派遣了一大批中青年学者到发达国家留学、访问、进修。其规模之大、人数之多、形式之多样、影响之深远，是20世纪50年代学苏联时期根本无法相比的。同样，它培养和造就了现在在我国法学各个学科

① 吴经熊：《法律哲学研究》，28页，上海，上海法学编译社，1993。

② 参见潘汉典：《比较法在中国：回顾与展望》，载《比较法研究》，1990（2）。

中的中坚力量。就比较法的教学与科研而言，我国一些法律教学与科研单位相继成立了比较法研究机构，如中国社会科学院法学研究所设立比较法研究室，该所办有《法学译丛》期刊，后改名为《环球法律评论》，经常翻译一些有关外国法和比较法方面的文章；北京大学法律系设立比较法和法社会学研究所，并办有《中外法学》期刊；中国政法大学设有比较法研究所，办有《比较法研究》杂志；中国人民大学法学院于20世纪90年代成立“外国法比较法教学与研究中心”，90年代末期又成立了“法律与全球化研究中心”，并从90年代开始连续举行了中美、中欧、中亚法学院院长联席会议，特别是1999年举行的世界百所著名法学院院长联席会议，对比较法的教学与研究起到了重要的推动作用。20世纪90年代，我国出版了一些比较法著作，如比较法总论、比较刑法、比较婚姻法等，并翻译了一些国外的比较法名著，如法国达维德的《当代主要法律体系》、德国茨威格特和克茨的《比较法总论》、法国罗迪埃尔的《比较法导论》、美国埃尔曼的《比较法律文化》、日本大木雅夫的《比较法》等，将《国际比较法百科全书》中的一些卷也译成中文。在中国人民大学法学院、北京大学法学院和中国政法大学等院校都开设了比较法总论及外国宪法、外国刑法、外国民商法等课程。在条件成熟的学校已经招收了比较法学的研究生。1990年11月我国第一个比较法学会——中国法学会比较法学研究会成立，它标志着在全国范围内把我国比较法研究工作者联合在一起。该学会每年召开一次年会，并出版会议的论文集《比较法在中国》。2017年年会的主题是“比较法学的教育与研究”。2018年年会的主题是“改革开放与中国比较法学”。

问题与思考

1. 比较法产生的重要条件有哪些？
2. 欧洲19世纪比较法产生的原因是什么？
3. 论述中国历史上比较法发展的特点。
4. 20世纪以来比较法发展中有哪些重要的事件？

第四章
比较法的作用

本章概要

比较法在理论上的作用主要在于深化对法律的认识和扩大法学视野，确认不同法律体系的共同性和法律的发展趋势。比较法在中外立法实践中的作用远远大于在理论上的作用。在立法过程中运用比较法，是立法的一条捷径。比较法在司法中的作用，特别是在国内非涉外因素的案件中运用外国法，是一些国家的司法实践中新出现的现象。比较法与国际公法和国际私法都有着密切的联系，要确定国际公法的渊源和对冲突法的选择，都离不开比较法。

关键术语

理论比较法　应用比较法

第一节　比较法在理论上的作用

一、深化对法律的认识，扩大法学视野

比较法可以分为理论的比较法和实践的比较法。相对于实践的比较法，理论的比较法是在不同国家的法律相互交往的实践积累的基础上产生的，是 19 世纪末、20 世纪初的产物。

西方的比较法学家在谈到比较法的作用时，经常引用歌德谈论语言时的一句话："不知别国语言者，对自己的语言便也一无所知。"同理，不知别国法律者，对本国法律便也一无所知。在比较法发展初期，曾经有人提出所谓"反衬的比较法"的主张，即通过比较法，可以反衬出本国法的无比优越性，但这种"反衬的比较法"始终没有跳出"地方主义"的窠臼。实际上，本国的法律只不过是世界法律大家庭中的一员，本国对某一个问题的解决办法只不过是该问题的众多解决办法中的一种。正是在这种意义上，法国比较法学家达维德把比较法称为"真理的学校"，而德国比较法学家茨威格特则把比较法称为"解决方案的仓库"。也就是说，比较法把本国法放在整个世界法律大家庭中，可以衬托出本国法的优点和缺点。

理论的比较法对法理学、法哲学、法史学这样的抽象理论学科具有重要的作用。理论法学由于受到自然法学的影响，长期以来脱离社会事实进行抽象的思辨，从抽象的正义、公平观念出发，推导出具体的法律概念、原则和规则。比较法使理论法学从游离于事实之外的抽象思辨中解放出来，把法学理论建立在研究各国的法律状况的实证材料的基础之上。

理论的比较法对理论法学的作用还表现在它极大地扩展了法学理论研究的视野。现在的法理学，无论是中国的法理学，还是西方的法理学，基本上都是建立在本国的法律制度、法律实践的基础之上的，它的基本问题、基本概念都以本国法为根据，很少在外国法中去寻找理论资源。比较法有助于建立一种一般法理学。这种一般法理学不同于上述国家的法理学、特殊法理学，而是建立在不同国家法律制度和法律实践的基础之上的。一般法理学是多少世纪以来许多法学家的幻想，他们认为，在国家的框架内仅以国境为界所构筑的法理学，只能是一种贫乏的科学，只有摆脱国家的束缚，只有在各国不同文化的基础之上，才能建立真正的法理学。当然，一般法理学的建立必须有物质基础，即各国在实际生活中紧密地联系在一起，它们的法律相互交融、相互借鉴。实际上，全球化正是建立这种一般法理学的重要条件。

二、确认不同法律体系的共同性和法律的发展趋势

在社会科学发展的历史上，对社会和法律发展趋势的研究曾经建立在理性主义和绝对精神的历史演化的基础之上。前者如17、18世纪的启蒙思想家，他们用非历史的观点研究社会和法律的发展，认为在资产阶级出现以前的人类历史都处于绝对的愚昧无知之中，是他们的启蒙给人类社会带来了理性和光明。而后者如黑格尔在其法哲学中，把社会和法律的发展看作是绝对精神进化的一个个相互连接的阶段，从抽象的法到道德，再到伦理，在伦理阶段又经过家庭、市民社会到国家。马克思主义把社会和法律的历史发展建立在人类社会的物质生活的基础之上，第一次明确地提出："法的关系正像国家的形式一样，既不能从它们本身来理解，也不能从所谓人类精神的一般发展来理解，相反，它们根源于物质的生活关系……"① 这些思想进一步揭示了在法律和社会发展中生产力和生产关系、经济基础和包括法律在内的上层建筑之间的相互作用的规律。在当代社会科学研究中，运用现代科学的研究方法，运用大数法则或盖然性预测，研究法律发展的规律性或常数关系。显然，比较法研究在寻找不同国家的法律制度的发展趋势方面起到重要的作用。在比较法研究中，所谓法律发展的趋势，不是建立在所谓理性、绝对精神或法学家自以为是但又从来得不到证明的"规律"的基础之上，而是建立在不同法律集团、法系的主要国家的法律发展的共同性质之上。

认识人类社会法律的共同性是比较法产生以来就存在的一个主要使命。19世纪末、20世纪初，在比较法产生的初期，一些比较法学家就提出比较法的主要使命就在于"寻找文明人类的共同法"。但当时的"共同法"实际上只局限于西方法，殖民地、半殖民地和广大的东方国家的法律制度根本不在"文明人类的共同法"的范畴内。第二次世界大战以后，随着社会主义国家的出现和一大批第三世界民族国家赢得独立，世界法律地图被重新进行了划分。但在"冷战"的条件下如何寻找"共同法"，又成了问题。在当时的条件下，社会主义国家和资本主义国家的法学家中，都有人提出根本对立的社会制度的法律没有共同性和可比性的观点。20世

① 《马克思恩格斯选集》，2版，第2卷，32页，北京，人民出版社，1995。

纪 90 年代，随着“冷战”的结束，随着经济全球化的发展，全世界各国的法律，特别是经济贸易方面的法律，已在越来越大的程度上相互接近、相互融合。在全球化的推动下，寻找共同法对比较法学家来说，已经不再是停留在书斋中，而变成了在世界范围内形成的各国的法律实践。

第二节　比较法在立法中的运用

一、比较法在外国立法中的运用

比较法于实践目的的应用，特别是在立法中的应用，远远早于在法学理论上的应用，无论是在西方的历史上还是在东方的历史上，都是如此。在西方，据说梭伦在立法时就参照了古希腊许多城邦的立法；古罗马时期在制定《十二铜表法》时，十大执政官对古希腊各城邦的法律进行过广泛的考察。在古代东方，世界上最古老的法典之一——《汉穆拉比法典》的制定也参照了两河流域美索不达米亚地区一些小城邦的成文法典，其中比较著名的是乌尔城邦第三王朝的《乌尔纳姆法典》(*Code of Ur-Nammu*)。

在古代的历史上，是否出现过东方与西方之间的相互借鉴，一直是一个有争论的问题。传统的理论，特别是正统的西方法律理论，一直把现代西方法律传统看作是古罗马法的继续，认为古罗马法具有原生性、独特性、纯粹性、优越性、自我更新能力和自身历史的连续性，似乎古罗马法是优等民族的产物，是不受其他文明影响的。但是 20 世纪以来的罗马法研究表明，所谓古罗马法其实不过是一种大抵包括非洲、闪米特人和地中海文明在内的多元文化的产物。早期古罗马法所固有的重大缺陷，如缺乏一般契约、缺乏政府理论、司法实践中存在巫术色彩、解纷机制中缺乏强制执行因素、缺乏法律学院和专职法官等，直到公元 3 世纪大危机以后才得到明显改观。现在人们所推崇的古罗马法并非罗马人原生的产物，而是受到其他文明的影响的、所谓“非罗马化”的产物。在“非罗马化”的背景之下，古罗马法形成了完全不同的、东方式的政治构架与法律制度。它大范围地展开了法典编纂运动，通过诸多来自罗马帝国东部行省的官僚法学家的努力，其他古地中海法影响了或被吸纳进入了罗马法之中。其他法律文明的介入造成了古罗马法制史的重大断裂，而正是这一新生的古罗马法律文化为后世欧洲法律文化或西方法律文化提供了共同的基础。①

于现代意义上的比较法，19 世纪在法国、德国和英国出现比较法讲座和比较法学会的目的，并不是纯粹学术研究，而是通过研究各国颁布的新法典，来了解它们所包括的同本国相应的法典不同的规定，在必要时向本国的立法者提出修改本国相应立法的建议。在立法过程中运用比较法，是立法的一条捷径。它在某种程度上可以替代代价高昂的法律试验。其一方面指出了立法改革的可能的途径，另一方面又可以避免走已经被其他国家证明是错误的弯路。应该指出，人类通过法律调整社会关系的经验有共同性。在立法方面，同样不能采取闭关自守的方针，走经验爬行主义的道路。特别是在现代，由于市场经济的发展和国际交往的激增以及通讯

---

① 参见［意］蒙那特利：《黑人盖尤斯——寻找西方法律传统之多元文化渊源》，周静译，载《视界》，第 5 辑，94 页，石家庄，河北教育出版社，2002。

设备的现代化，“一项在某个国家中业已实现并经受了考验的改革，在 20 年、10 年甚至更短的时间内就为别的国家所引进。新引进国为了使这项改革适应本国的特殊情况，或者为了对它加以改进或者为了把它更完美化纳入本国法制，在引进时作了这样或那样的改动”①。

当代世界各国在立法中运用比较法的形式分为官方的和非官方的两种。官方的形式是指国家在立法时成立官方的机构，该机构负责提出法律草案，准备工作是搜集有关外国法的资料，与本国相应的条款进行比较研究。这在欧洲大陆国家往往由司法部或其他政府部门负责，它们是常设的、有组织的政府机构，在准备法律草案的过程中负责召集有关专家、学者、顾问，搜集有关外国的立法资料。而在普通法系国家，则成立专门的法律委员会负责法律改革事务，如英国在 1965 年专门成立一个永久性的法律委员会，并专门颁布了《法律委员会法》（the Act of Law Commissions）。该法规定，法律委员会的职能之一就是负责提供其他国家法律制度的有关信息。加拿大也设立了类似的法律委员会，它负责组织全国法学院的教授对立法的有关课题包括有关的外国立法进行研究，为有关立法提供资料。美国没有这样的全国性组织，但在一些州有类似的组织，如纽约州的法律修改委员会（the New York Law Revision Commission），它是一个官方的组织，负责法律改革，并注意收集和研究外国的立法经验。

非官方的形式是指各国在立法中运用外国法、比较法的更经常的方式。这种方式往往和官方的形式相结合。许多国家都成立了比较法学会或比较法研究所，为本国有关立法提供外国法的资料和咨询意见。法国于 1869 年成立比较立法学会，其章程第 1 条规定：“本学会成立的目的在于促进、改善本国的各法律部门、法学研究和调查各个国家的法律。”目前该学会下设普通法组、社会主义法组、欧盟法组、拉丁美洲法组、伊斯兰法组、中近东法组、日本法组和非洲法组。该学会经常翻译外国法，如美国的《统一商法典》，研究重大的外国法问题。它定期出版月刊，研究法国法和外国法之间的区别与联系，给立法部门提供建议。许多国家的国家图书馆成立了专门研究比较法的机构，如日本图书馆成立了专门的机构对外国法进行调研，为国会议员提供外国法情报，并出版专门刊物《外国立法》，对当代东西方各国的重要立法进行原文介绍，并提供历史背景资料；其作者包括全国各大学和研究机构的专家和教授；该刊物为内部发行，分送给国会议员和研究机构。美国国会图书馆的法律图书馆拥有世界上数量最多的外国法藏书，其专门设立了一个研究部，经常向国会议员提供比较法的有关情报。比如该研究部曾就修改移民法问题、关于汽车座位必须使用安全带问题、供失明人用的点钞机识别问题等的有关立法，提供了外国相关立法的信息。

二、比较法在当代中国立法中的运用

自 20 世纪 70 年代末、80 年代初以来，中国在制定法律的过程中广泛地参考了外国法和国际惯例。在全国人大及其常委会和国务院立法的过程中，都要求起草法律和行政法规的部门在提出立法动议时必须将我国现行立法情况、外国调整同一问题的法律文件以及目前存在的问题一并向立法的工作部门——人大法工委和国务院法制办上报，这实际已经成为我国立法程序中的重要一环。对于一些重要的立法，有关部门都事先通过征求意见的方式听取有关专家学者关于外国同类立法的意见。在地方一级起草许多关系人民切身利益的地方性法规时，为慎重起

① ［法］勒内·达维德：《当代主要法律体系》，11～13 页。

见，也要参考其他国家的相关立法。

早在改革开放初期，彭真同志就在中国法学会成立大会上指出："研究法学必须吸收中外的有益的经验。""法学会要研究古今中外的法律，不管进步的、中间的、反动的，不管是奴隶主的、封建的、还是资本主义的，都要研究，取其有用的精华，去其糟粕和毒素。"①

我国在立法过程中借鉴外国法、运用比较法可分为三种情况：第一种情况是在有关涉外法律方面借鉴外国法、国际法；第二种情况是在国内事务的领域中借鉴国外的相关立法；第三种情况是在全球化的条件下制定国内法时参照国际标准。

1. *在有关涉外法律方面借鉴外国法、国际法*

在改革开放初期，在立法过程中吸取外国的经验还主要限于涉外法律方面，以下是这方面的一些立法例。

20世纪80年代初期，在制定中外合资经营企业法、几个涉外税法中关于税目和税率的规定、民事诉讼法（试行）中对涉外案件的规定、海洋环境保护法等法律时，都吸收了外国的法制经验。这些法律如不参照外国法，不研究国际公法、国际私法，关起门来立法，肯定是行不通的。②

1985年在制定《继承法》时，在谈到涉外继承问题时，王汉斌同志指出："草案参考了一些国家的规定，为了便于实施，规定中国公民在继承中华人民共和国境外的遗产或者继承在中华人民共和国境外的外国人的遗产，动产适用被继承人住所地的法律，不动产适用不动产所在地的法律。"③

1986年在制定《民法通则》时，王汉斌同志指出："草案总结了我国处理这些问题的实践经验，参照国际惯例规定：第一，中华人民共和国缔结或者参加的国际条约同中华人民共和国民事法律有不同规定的，可以适用国际惯例。第二，在中华人民共和国领域内的涉外民事活动适用中华人民共和国法律，法律另有规定的除外。第三，涉外经济活动当事人可以共同选择合同适用的法律，但是我国法律另有规定的除外。如在中国境内履行的中外合资企业合同、中外合作企业合同、中外合作勘探开发自然资源合同，适用我国的法律。第四，依照民法通则规定适用外国法律或者国际惯例的，不得违背中华人民共和国的社会公共利益。这些规定既有利于对外开放，又能维护我国主权和利益。"④

《民法通则》第142、147、148、150条和最高人民法院的有关司法解释，对涉外婚姻家庭关系的法律适用和准据法作出了专门规定：（1）中国公民同外国人结婚适用婚姻缔结地的法律，即涉外婚姻以结婚行为地法为准据法；（2）中国公民同外国人离婚适用受理案件的法院所在地的法律，即涉外离婚以法院地法为准据法；（3）扶养适用与被扶养人有最密切联系的国家的法律，扶养人和被扶养人的国籍、住所以及供养被扶养人财产所在地，均可以视为与被扶养人有最密切的联系。⑤ 这些规定所依据的原则显然也属于国际私法领域的通行做法。

1979年制定、1997年修订的《刑法》对于中国公民在域外犯罪和外国公民在中国领土内

---

① 彭真：《在中国法学会成立大会上的讲话》，见 http：//past.people.com.cn/GB/shizheng/252/9114/9119/20020929/834147.html。

② 参见顾昂然、杨景宇：《努力建设有中国特色的社会主义法律体系》，载《红旗》，1984（3）。

③ 王汉斌：《关于〈中华人民共和国继承法（草案）〉的说明》，载《人民日报》，1985-04-14。

④ 王汉斌：《关于〈中华人民共和国民法通则（草案）〉的说明》，载《人民日报》，1986-04-17。

⑤ 参见最高人民法院《关于贯彻执行〈中华人民共和国民法通则〉若干问题的意见（试行）》（1988年1月26日通过）第188、189条。

及领土外对中国及其公民的犯罪，都作出了规定。这些规定实际上是世界许多国家刑法中的通例，即以属地原则为基础、以其他原则为补充：凡是在本国领域内犯罪的，都适用本国刑法；本国人或外国人在本国领域外犯罪的，在一定条件下，也适用本国刑法。

1979年制定，1996年、2012年、2018年修正的《刑事诉讼法》规定了我国涉外刑事诉讼所具有的法律原则，即适用中国刑事法律和信守国际条约相结合的原则，外国籍犯罪嫌疑人、被告人享有中国法律规定的诉讼权利并承担诉讼义务的原则，使用中国通用的语言文字进行诉讼的原则，外国籍当事人委托中国律师辩护或代理的原则。其中第18条特别作出了有关司法协助的规定："根据中华人民共和国缔结或者参加的国际条约，或者按照互惠原则，我国司法机关和外国司法机关可以相互请求刑事司法协助。"刑事司法协助是国家间交往频繁、人员流动增加、跨国犯罪不断出现的产物，我国司法协助制度的建立和发展是适应这一趋势的必然产物，也反映了涉外刑事司法的国际潮流。

1992年全国人大常委会在审议《海商法（草案）》时，指出"海商法应当尽量采用国际公约的规定"。这里的国际公约主要是指海牙规则、维斯比规则。另外，其还参考了国外的立法例。例如，《海商法（草案）》第59条规定：承运人对每件或者每个其他货运单位的损失赔偿限额为666.67计算单位（特别提款权），或者按货物毛重计算每公斤2计算单位。对此规定，全国人大常委会专门查阅了有关资料，包括海牙规则、维斯比规则以及英国、德国等海事法律的规定，最后决定沿用维斯比规则的规定，即采用666.67计算单位。然而，从现实情况来看，调整国际海上货物运输的最有影响的国际公约，仍然是通行了半个多世纪的海牙规则，同时，维斯比规则也得到越来越多国家的承认，很多没有加入海牙规则的国家也将海牙规则的规定作为国际惯例采用。鉴于此，我国海商法较多地移植和参考了海牙规则，当然也参考了其他的国际公约，如1926年《关于统一船舶优先权和抵押权若干法律规定的国际公约》、1974年《海上旅客及其行李运输雅典公约》等。

2. 在国内事务领域借鉴国外的相关立法

(1) 宪法。

1982年彭真同志在《关于中华人民共和国宪法修正草案的报告》中提出，1982年《宪法》"充分注意总结我国社会主义发展的丰富经验，也注意吸收外国的经验"。在修改宪法的过程中，许多法学研究机构和法律院校的教学与科研人员曾广泛翻译和研究了东西方许多国家的宪法。在宪法结构上，"公民的基本权利与义务"的内容在前几部宪法中都放到"国家机构"的内容之后，而在1982年《宪法》中，则参照许多国家的宪法结构，将它放到"国家机构"的内容之前，体现出对公民权利保护的首要意义。

1982年《宪法》制定以后，从1987年到现在已经进行了5次修正，一些重要的条款，如强调法治在国家和社会生活中的重要性、人权入宪、对公民私有财产权的平等保护等都是世界各主要国家宪法的基本精神，体现了民主、法治、人权这些世界的主要潮流。英国1215年的《大宪章》最早提出了王权的有限性原则和社会的法治精神。其第39条规定，任何自由民未经同等贵族的依法审判不得被逮捕、监禁、没收财产、剥夺法律保护权、流放或加以任何其他伤害。第40条规定，国王不得向任何人出售、拒绝或延搁其应享有之权利与公正裁判。第12条规定，无全国公意许可，国王不得随意征收任何免役税和贡金。1698年的《权利法案》确认了英国人自古以来应享受的13项权利与自由，确立了英国现代君主立宪体制：以国王权威停止法律或停止法律实施为违法；以国王权威擅自废除法律为违法；设置审理宗教事务之钦差法庭及其他类似的法庭为违法；未经议会准许征收金钱为违法。1789年的法国《人权与公民权利宣言》（一般简称《人权宣言》）在资产阶级宪法发展的历史上具有重要意义，它确立了国民主权的原则，它宣布自由、平等、财产、安全和反抗压迫是人的自然的和不可动摇的权利，每个公民享有言论、著述、出版和信教的自由，在法律面前，所有公民都是平等的；它主张法治原则，法律无论是实行保护还是处罚，对所有的人都是一样的，只有根据法律，并按照法律程序，才能控告、逮捕或拘留人；任何人在其未被宣布为罪犯以前应被推定为无罪，法律应该规定确实需要和必不可少的刑罚；它宣布，私有财产神圣不可侵犯，除非当合法认定的公共需要显然必需时，且在公平而预先赔偿的条件下，任何人的财产不得受剥夺。美国宪法的民主、法治和人权的原则体现在人民主权、代议制政府、分权与制衡等一系列规定中。美国宪法规定，国会和任何州都不得通过褫夺公民权的法案和溯及既往的法律，不得因宪法之列举某些权力，而认为人民所保留的其他权利可以被取消或轻视，任何法律不得对其产生之前的事件和行为适用；禁止联邦政府和州政府不经正当程序而剥夺任何人的生命、自由或财产，任何州不得在其所辖境内拒绝任何人享受法律的同等保护，不能任意地给不同类别的人以不同的待遇；禁止任何州通过损害契约义务的法律；财产不受无理搜查和扣押；非经公平赔偿，私有财产不得征为公用。苏联宪法是根本不同于资本主义宪法的新型的社会主义宪法，但是民主、法治、人权仍然是贯穿它的所有内容的基本原则。1936 年《苏联宪法》指出，苏联人民主权的实质是"工农社会主义国家"，是"劳动者苏维埃"，是"无产阶级专政"。在社会主义条件下，一切权力属于人民，而人民通过苏维埃行使自己的权力，其他任何国家机关，包括行政机关和司法机关都由苏维埃产生，对苏维埃负责。因此，国家机关之间的关系不是权力的制约与平衡的关系，而是最高权力机关和它的执行机关、职能机关之间的关系，其他机关的权力来自苏维埃，是源和流的关系。这在某种意义上比资本主义国家的国家权力之间的关系更能体现人民主权的原则。1936 年《苏联宪法》在阐述苏联经济基础时，提出社会主义所有制建立在铲除资本主义经济体系，废除生产资料私有制和消灭人剥削人的基础之上。公有财产神圣不可侵犯。国家对于私有财产虽然没有提出神圣不可侵犯，但是在符合法律的情况下，苏联允许手工业、农业、居民生活服务行业范围内的个体劳动活动，以及完全以公民及其家庭成员的个人劳动为基础的其他形式的活动。《苏联宪法》所体现的人权制度的一大特征，就是在几乎每一项公民的社会、经济和文化权利的后面都加上权利的保证。这表明权利是一种可能性，它们的实现取决于是否具有社会的物质保证。

2018 年宪法修正案增加了监察委员会的规定。监察委员会或类似机构的设置在世界各国大体有三种模式：一是议会内部的行政监察模式，以瑞典议会监察员制度为代表，在北欧国家流行，世界上已有 120 多个国家设立了监察专员公署。二是行政机关内部的行政监察模式，以美国、日本为代表。如美国设立监察长，它对政府公务员、幕僚，以及与政府有交往的企业享有调查权。三是监审合一的行政监察模式。这是将监察机关和审计机关合二为一，以波兰、韩国等国为代表。我国是中国共产党领导的社会主义国家，监察委员会和同级的中国共产党的纪律检查委员会合署办公，实现依法治国与依规治党的统一。

（2）刑法。

<u>刑法的基本原则</u>。当代世界各主要国家的刑法都体现了罪刑法定、适用法律上一律平等和罪刑相一致原则。刑法中的罪刑法定原则，早在资产阶级革命时期就由意大利著名的刑法学家贝卡里亚提出，即犯罪和刑罚应由法律明文规定，法官不能任意解释，不容许类推。在 1789 年法国的《人权宣言》中第一次明确地宣告："法律只能规定确实需要和显而不可少的刑罚，而且除非根据在犯法前已经制定和公布的确系依法实施的法律，否则不得处罚任何人。"1789

年法国的《人权宣言》明确规定“法律是公共意志的表现”，“在法律面前，所有的公民都是平等的”，即“在权利方面，人们生来是而且始终是自由平等的”。罪刑相一致原则更体现在世界大多数国家的刑法中。《联邦德国刑法》第 46 条第 1 款规定：“行为人的罪责是量定刑罚的根据”；《奥地利刑法典》第 32 条第 1 项规定：“量刑应以行为人之责任为准”；《苏俄刑法典》第 37 条、《朝鲜刑法典》第 46 条等，也都作了类似的规定。

我国 1979 年制定的《刑法》，确定了适用法律一律平等和罪刑相一致原则，但是由于当时的历史条件，没有规定罪刑法定原则，而是规定类推适用的原则：“本法分则没有明文规定的犯罪，可以比照本法分则最相类似的条文定罪判刑，但是应当报请最高人民法院核准。”1997 年修订的《刑法》参照世界主要国家刑法中的罪刑法定原则，删除了类推适用的条款，规定“法律明文规定为犯罪行为的，依照法律定罪处刑；法律没有明文规定为犯罪行为的，不得定罪处刑”①。

在刑法的一些具体规定上，我国在制定一些罪名时也参考了国外的有关规定。

危害国家安全罪。1979 年《刑法》曾设立“反革命罪”，这种称谓主要反映出中华人民共和国成立初期到 20 世纪 80 年代阶级斗争的形势。随着党和国家工作重点的转移，在 1997 年修订《刑法》时，将该罪名按照世界上大多数国家的称谓，改为危害国家安全罪（有国家称其为“国事罪”）。

财产来源不明罪。在起草惩治贪污贿赂补充规定时，对于国家工作人员的财产或支出明显超过合法收入，且差额巨大的，如果本人不能说明其来源合法，法律上应如何处理，有不同意见。有的部门和地方认为，如据此定罪，则违反以事实为根据、以法律为准绳原则和没有证据不能定罪处刑的原则。而且由于当时我国尚未实行财产申报制度，因而这样的规定很难执行。但有的部门和地方认为，国家工作人员的财产超过合法收入而且不能说明其来源，这本身就是一种犯罪事实。有些国家的法律早已规定这种情况属于犯罪。最后，在立法时采用了后一种主张。②

单位犯罪。我国《刑法》第 30、31 条规定了“单位犯罪”：公司、企业、事业单位、机关、团体实施的危害社会的行为，法律规定为单位犯罪的，应当负刑事责任。单位犯罪的，对单位判处罚金，并对其直接负责的主管人员和其他直接责任人员判处刑罚。关于单位犯罪，虽然学界一直存在争论，在 1979 年的《刑法》中也没有规定，但在 1997 年修订《刑法》时，考虑到我国改革开放以来的新情况，也考虑到国外的立法例，比如《法国刑法典》第 121—2 条规定：“除国家外，法人依第 121—4 条至第 121—7 条所定之区别，且在法律或条例有规定之场合，对其机关或代表为其利益实施的犯罪行为负刑事责任。”因此，单位犯罪作为一个新罪名被确定下来。③

减少死刑。2011 年通过的《刑法修正案（八）》规定 13 个经济性非暴力犯罪将不会再判处死刑，由此我国死刑罪名由 68 个减至 55 个，删除死刑的罪名占我国刑法死刑罪名的近五分之一。这是《刑法修正案（八）》中最引人注目的修改。《刑法修正案（九）》两次减少 9 个死刑罪名，目前尚有 46 个死刑罪名。这凸显了对生命的尊重和对人权的保障。这适应了废除和减少死刑的世界潮流。目前，世界许多国家都废除了死刑，一些国家继废除死刑后，规定对最严

① 王作富主编：《刑法》，第二章，北京，中国人民大学出版社，1999。

② 参见宋汝棼：《参加立法工作琐记》，196～197 页，北京，中国法制出版社，1994。

③ 参见王作富主编：《刑法》，85 页。

重的犯罪适用不得假释的终身监禁，其中包括保加利亚、爱沙尼亚、荷兰、瑞典、土耳其、英国、乌克兰、美国（已经废除死刑的州）和越南等。同时，不得假释的终身监禁与减少同意假释、宽恕或者改变刑罚相匹配。

老人死刑问题。2011年通过的《刑法修正案（八）》规定："审判的时候已满七十五周岁的人，不适用死刑，但以特别残忍手段致人死亡的除外。"关于老人犯罪问题在境外刑法中也有相关规定。如《墨西哥刑法》第43条以及《荷兰刑法》第二章第3条都规定，70岁、80岁以上的老年人犯罪的，免除刑罚。1996年《俄罗斯联邦刑法典》第59条第2款规定："死刑不适用于妇女以及犯罪时未满18周岁的人和法院下判决时已满65周岁的男性。"1940年的《巴西刑法典》规定："对被判处监禁刑的犯罪人不得适用缓刑，但犯罪人超过70岁，且所监禁不超过2年的，可以宣告缓刑。"我国台湾地区"刑法"第63条规定，满80岁犯罪者，不得处死刑或无期徒刑，本刑为死刑或无期徒刑者，减轻其罪。

危险驾驶入刑。《刑法修正案（八）》规定："在道路上驾驶机动车追逐竞驶，情节恶劣的，或者在道路上醉酒驾驶机动车的，处拘役，并处罚金。"在国外，危险驾驶一直受到严厉的惩罚。在美国，初犯、无人员伤亡、无逃逸行为通常面临的惩罚是，吊销驾照6个月，法庭给予3年至5年的惩戒期，罚款1 500美元至1 800美元。而年龄在21岁以下的人酒后驾车，会被自动吊销驾驶执照至少一年。某些州要求酒后驾驶者坐牢，时间最短1周。有的州会把酒后驾车者的汽车没收。若在5年之内再次违反，吊销驾驶执照2年，罚款和刑期加倍。现在美国不少州对酒后驾车采取更严厉的处罚，如果一个驾驶者在7年内有3次酒后驾车被捕的记录，将会被指控二级谋杀罪，即使驾车人当时并没有造成任何人的身体伤害，照样会被控谋杀罪，因为驾驶者的酒后驾车已展示出其对其他人的生命毫不在意。对于二级谋杀罪，最高甚至可适用死刑。2008年9月，以严惩酒后驾车为宗旨的日本新交通法正式生效。该法规定，要严惩酒后驾车、酒后驾车恶性逃逸以及隐瞒饮酒经历的驾驶员。根据该法的规定，对酒后驾驶的处罚标准成倍加重，改为3年以下徒刑及50万日元以下罚款，相当于此前醉酒驾驶的处罚标准；而对醉酒驾驶者的处罚，则更是升格到5年以下徒刑及100万日元以下罚款的标准。对于为饮酒驾驶员提供车辆的人、同乘者和供酒人都要处以相应的惩罚。

（3）刑事诉讼法。

关于无罪推定原则。无罪推定原则是当今世界各国普遍确认的一项原则，其基本含义是任何人在被法院最终判定有罪之前，应该被推定为无罪。该原则最早是由意大利著名法学家贝卡里亚提出的，它反对封建专制的有罪推定，主张任何人在法院的有罪判决作出之前，都应当被假定为无罪的人。在资产阶级革命以后，这一原则逐渐被反映在世界主要国家的刑事诉讼法之中。我国1996年修正的《刑事诉讼法》吸收了无罪推定的合理内容，废除了1979年《刑事诉讼法》有关人民检察院确认被告人有罪的免予起诉的制度，规定未经人民法院依法判决，对任何人都不得确定有罪。

关于刑事辩护制度。1979年《刑事诉讼法》规定被告人的辩护律师只能在审判阶段才能介入刑事诉讼，1996年修正的《刑事诉讼法》对此规定：犯罪嫌疑人在被侦查机关第一次讯问后或被采取强制措施之日起，有权聘请律师为其提供法律帮助，受聘的律师有权向侦查机关了解嫌疑人涉嫌的罪名，可以会见在押的嫌疑人；在侦查终结，检察院审查起诉之时，律师可以以辩护人的身份介入诉讼，了解案情，收集与案件有关的材料，提出辩护意见；在审判阶段，辩护律师获得了与公诉人平等对抗的权利，从而大大加强了律师在诉讼中的作用。2012年修订的《刑事诉讼法》增加规定：犯罪嫌疑人在被侦查机关第一次讯问或者采取强制措施之日起，有权委托辩护人；在侦查期间，只能委托律师作为辩护人；侦查机关在第一次讯问犯罪嫌疑人或者对犯罪嫌疑人采取强制措施时，应当告知犯罪嫌疑人有权委托辩护人。本质上，刑事辩护制度是资产阶级革命的产物。英国 1679 年《人身保护法》就明文规定了被告人的辩护权利。1791 年的《美国宪法》第 6 条修正案规定，在一切刑事诉讼中，被告人有权“接受法庭律师辩护的援助”。同年，法国宪法规定，在预审开始就“不得禁止被告人接受辩护的援助”。《日本宪法》第 37 条规定：“刑事被告人在任何场合都可以委托有资格的辩护人。”因此，我国刑事辩护制度确实借鉴了国外刑事辩护制度的有益成果。

关于强制措施。为了保障被采取强制措施对象的合法权利，1997 年的《刑事诉讼法》对各类强制措施——拘传、取保候审、监视居住、拘留和逮捕都规定了明确的期限、条件和执行方式，同时规定犯罪嫌疑人、被告人及其法定代理人、近亲属或者委托的律师或其他辩护人，对于司法机关采取强制措施超过法定期限的，有权要求解除或变更强制措施。2012 年修正的《刑事诉讼法》同时增加一条规定：“辩护律师在侦查期间可以为犯罪嫌疑人提供法律帮助；代理申诉、控告；申请变更强制措施；向侦查机关了解犯罪嫌疑人涉嫌的罪名和案件有关情况，提出意见。”对强制措施的限制实际上体现了对犯罪嫌疑人人权的保护，是无罪推定原则和疑罪从无原则的引申，也是法制和人权原则的体现。当代世界各主要国家的刑事诉讼法一般都对强制措施的期限作了明确的限制。

关于非法证据排除。证据制度是刑事诉讼的基本制度，对于保证案件质量、正确定罪量刑具有关键作用。2012 年《刑事诉讼法》在修正时，补充完善了非法证据排除制度。该法同时规定，不得强迫任何人证实自己有罪。该法规定，采用刑讯逼供等非法方法收集的犯罪嫌疑人、被告人供述和采用暴力、威胁等非法方法收集的证人证言、被害人陈述，应当予以排除。违反法律规定收集物证、书证，可能严重影响司法公正的，应当予以补正或者作出合理解释；不能补正或者作出合理解释的，对该证据应当予以排除。排除非法证据也是早在资产阶级革命时就确立的刑事诉讼法的基本原则。《公民权利和政治权利国际公约》明确规定：“任何人不得被强迫做不利于自己的证言或强迫承认犯罪。”我国刑事诉讼法接受这一原则体现了法治的发展和进步。

（4）行政法。

关于行政救济制度。行政救济制度是资产阶级革命时期的产物。在奴隶社会和封建社会，统治者主宰着臣民的生死予夺大权，拥有至高无上的绝对权力，这种权力被神圣化，“国王不能为非”“国家不会做错事”成为当时处理国家机构与公民之间关系的一条基本原则。资产阶级革命的胜利为行政救济制度的形成和发展创造了现实的条件。英国、法国、美国和德国是较早建立行政救济制度的国家。早在 14 世纪，英国就出现了行政诉讼和行政救济的萌芽，17 世纪出现了现代行政诉讼和行政复议的萌芽。法国大革命前已经产生了行政复议和行政诉讼的萌芽，18～19 世纪法国行政诉讼和行政复议法逐渐形成体系，美国和德国在 18 世纪到 20 世纪初相继形成了各自的行政诉讼和行政复议体系。从 17 世纪 70 年代开始，法国和德国还逐渐形成了行政赔偿这一行政救济制度。第一次世界大战结束至今，随着国际交流的加强和民主运动的高涨，行政救济制度迅速由欧美发达国家走向世界其他地区。尤其是第二次世界大战以后，不仅大量的资产阶级国家采纳了行政救济制度，许多新兴的社会主义国家也建立了各自的行政救济制度。从发展趋势看，行政救济制度有一个从行政诉讼、行政复议到行政赔偿、行政补偿的发展过程，除此之外，现在许多国家还采用了诸如申诉、请愿、苦情处理等多元化的救济手段。各国行政救济制度的渊源表现为多种形式，有的表现在国家根本法中，有的表现为单行、零散的行政法规，有的则表现为制定统一法典。现在各国制定统一的行政救济法典已经成为一种世界潮流。德国、英国、美国、日本、奥地利、瑞士、韩国等国家都先后出台了统一的行政诉讼、行政复议或国家赔偿法。①

我国于1989年制定《行政诉讼法》、1994年制定《国家赔偿法》、1999年制定《行政复议法》，它们共同构成了我国的行政救济制度。在此之前，我国缺乏这方面的法律制度，只有一些实际的做法，如通过司法或行政或党政系统，通过大规模的运动，处理对公民个人的不公正待遇，平反冤假错案，对于在历次政治运动中受到不公正待遇的给予平反昭雪，在本人的生活待遇、工作安排、子女工作、升学、就业方面给予照顾等。改革开放以来，中国行政救济法律制度的发展具有以下几个特点：第一，中国行政救济制度，在十年内走了发达国家在一百年甚至几百年内所走过的道路，《行政诉讼法》、《行政复议法》和《国家赔偿法》一步到位；第二，我国行政救济制度选择了法典化的道路，符合世界发展的总趋势；第三，我国行政救济制度由行政诉讼、行政复议、国家赔偿、行政补偿以及在社会中广泛存在的信访制度组成，符合行政救济方式多元化的国际潮流。总之，由于我国行政救济制度广泛地借鉴了发达国家的相关制度的优点，结合我国的具体国情，因而我国的行政救济制度具有“后发”的优势。

关于行政处罚法。当代世界各主要国家的行政处罚法都是伴随着民主法治的发展而逐渐成熟的。在英国，行政处罚遵循越权无效原则和自然公正原则，要求行政主体的行政行为必须符合议会制定法赋予的权限，无论在实体上还是程序上，都不得超越制定法所规定的权限范围，要求行政主体在处分行政相对人时，应当以必要的程序保证听取相对人的意见，保证相对人能享有防御的权利，保证任何人都不做与自己有关的行政案件的裁判者。美国行政处罚遵循基本权利原则和正当程序原则：基本权利原则要求一切行政法律制度都必须旨在保护而不是摧残人类固有的基本权利；正当程序原则是指行政主体在行使剥夺或限制行政相对人的生命、自由或财产等权力时，必须听取当事人的意见，保证当事人必须享有要求听证的权利。在法国，行政处罚贯彻行政法治主义，大体包括以下三个方面的内容：第一，行政主体作出行政处罚必须有法律依据；第二，行政主体作出行政行为必须符合法律规定的行政要求；第三，行政主体必须以自己的行为保证法律的实施。德国行政处罚贯彻行政合法性原则和行政合理性原则，要求行政主体的行政行为必须符合法律所规定的要件，法律至上，要求行政行为必须符合正义、理性和立法目的的要求。日本主张行政处罚贯彻法治行政原则，主张法律保留原则，即行政主体不得无法律依据而实施行政行为，奉行法律优先原则，要求行政机关必须优先适用立法机关所制定的法律；奉行司法救济原则，主张法院拥有对行政争议的终裁权，相对人合法的利益受到不法侵害时，有权向法院请求司法救济。

我国1996年制定的《行政处罚法》体现了世界各国所遵循的行政处罚的法治原则和合理性原则。我国行政处罚法的法治原则体现在：没有法定依据或者不遵守法定程序的，行政处罚无效（第3条）；法律可以设定各种行政处罚，限制人身自由的行政处罚，只能由法律规定（第9条）；行政法规可以设定除限制人身自由以外的行政处罚（第10条）；地方性法规可以设定除限制人身自由、吊销企业营业执照以外的行政处罚（第11条）。我国行政处罚法的合理性原则主要体现在：行政处罚遵循公正、公开的原则，对违法行为给予行政处罚的规定必须公布，未经公布的，不得作为行政处罚的依据（第4条）；公民、法人或者其他社会组织对行政

① 参见张正钊主编：《行政法与行政诉讼法》，第八章，北京，中国人民大学出版社，1999。

机关所给予的行政处罚，享有陈述权、申辩权，对行政处罚不服的，有权依法申请行政复议或者提起行政诉讼，公民、法人或者其他组织因行政机关违法给予行政处罚受到损害的，有权依法提出赔偿要求（第 6 条）。[①] 特别值得注意的是，2003 年国务院颁布《城市生活无着的流浪乞讨人员救助管理办法》，废止了 1982 年国务院发布的《城市流浪乞讨人员收容遣送办法》。其中一个主要原因就是，该办法包含限制城市流浪乞讨人员人身自由的内容，而该项内容是不得由行政法规加以规定的，必须由全国人大及其常委会所制定的法律加以规定。

立法听证会制度也是西方国家最早发展的制度之一。它起源于司法听证制度，后来发展到行政听证和立法听证，体现出公众参与和公开性的原则。长期以来，中国在制定法律和政策时都贯彻“从群众中来到群众中去”的群众路线，但是没有规范化和制度化，因此具有较大的随意性。1996 年制定的《行政处罚法》第一次规定了行政听证制度：行政机关作出责令停产停业、吊销许可证或者执照、较大数额罚款等行政处罚决定之前，应该告知当事人有要求举行听证的权利。当事人要求听证的，行政机关应当组织听证。当事人不承担行政机关组织听证的费用。该法还专门规定了行政听证的程序。后来在一些地方和部门出台涉及人民利益的政策和措施时，也广泛采取了听证会的形式。如北京市关于自来水调价、出租车收费的调价，民航关于机票浮动等，都举行了有广泛阶层和利益群体参加的听证会。2000 年颁布的《立法法》第一次把立法听证会作为立法民主化的一种重要形式规定到法律中，规定人大常委会和国务院在制定法律和行政法规时，“应当听取各方面的意见。听取意见可以采取座谈会、论证会、听证会等多种形式”。

（5）民法。

关于民法的基本原则。民法是商品经济的产物，平等、自愿、公平、诚信、公序良俗是体现商品经济要求的民法的基本原则。平等原则在许多发达国家的民事立法中，如《法国民法典》、《德国民法典》和《瑞士民法典》中并没有明文规定，但是它被人们称为无须明文规定的公理性原则，即民事活动的一切当事人法律地位平等，任何一方不得把自己的意志强加给对方。自愿原则主要体现为合同自由原则，合同自由作为一项法律原则是由近代民法所确立的，它首见于《法国民法典》第 1134 条：“依法成立的契约，在缔结契约的当事人间有相当于法律的效力”，契约“仅得依当事人相互的同意或法律规定的原因取消之”。合同自由原则的内容一般包括：1）缔约自由；2）选择相对人自由；3）内容自由；4）变更或解除的自由；5）选择合同形式的自由；6）争议解决方式的自由。随着国家干预的增强，合同自由在任何国家都不是绝对地强调社会公正，注重社会公德，维护国家和社会的利益，而都是对合同自由的限制。公平原则是指民事主体应依据社会公认的公平观念从事民事活动，以维持当事人之间的利益均衡。《法国民法典》第 1135 条规定：“契约不仅依其明示发生义务，并按照契约的性质，公平原则、习惯或法律发生所赋予的义务。”《德国民法典》第 315 条规定：“由契约当事人一方确定给付者，在有异议时，应依公平的方法确定之。”第 317 条规定：“给付由第三人确定的，在有异议时，第三人应依公平方法确定之。”第 319 条规定：“给付由第三人依公平方法确定的，如其确定显系不公平时，对于契约当事人不发生效力。”诚信原则要求人们在市场活动中讲信用，守诺言，诚实不欺，在不损害他人利益和社会利益的前提下追求自己的利益。诚信原则起源于古罗马法中的诚信合同，其确认了一般恶意抗辩诉权。《法国民法典》第 1134 条规定：

---

① 参见张正钊主编：《行政法与行政诉讼法》，155～165 页。

“契约应以善意履行之。”从而在合同关系中确立了诚信原则。《德国民法典》第 242 条规定：“债务人须依诚实与信用，并照顾交易惯例，履行其给付。”从而把诚信原则扩大到债务领域。《瑞士民法典》第 2 条规定：“无论何人行使权利履行义务，均应以诚实信用为之。”这样就把诚信原则适用的范围扩大到整个民法领域。公序良俗原则指一切民事活动应当遵守公共秩序和善良风俗。《法国民法典》第 6 条规定：“个人不得以特别约定违反有关公共秩序和善良风俗的法律。”《德国民法典》第 138 条规定：“违反善良风俗的行为，无效。”《日本民法典》第 90 条规定：“以违反公共秩序或善良的事项为标的的法律行为无效。”因此，完全可以说，平等、自愿、公平、诚信和公序良俗，是世界各国民法发展的主要潮流。

我国 1986 年通过《民法通则》时正处在由计划经济向市场经济过渡的时期，在经济生活领域还有大量的关系不是平权主体之间的关系，而是由经济法或行政法调整的关系。1986 年通过的《民法通则》首先确定了民法调整的对象：“调整平等主体的公民之间、法人之间、公民和法人之间的财产关系和人身关系”，在此基础上，明确地用专章规定了我国民法的基本原则。《民法通则》第 3 条规定：“当事人在民事活动中的地位平等。”第 4 条规定：“民事活动应当遵循自愿、公平、等价有偿、诚实信用的原则。”第 7 条规定：“民事活动应当尊重社会公德，不得损害社会公共利益，破坏国家计划经济，扰乱社会经济秩序。”我国《民法通则》的这些规定完全体现了世界各国民法发展的潮流。① 2017 年通过的《民法总则》又进一步确定了民法的上述基本原则。

关于民法的具体制度。我国也借鉴了国外的许多适合现代市场经济发展的法律制度。比如传统的民法实行“无过错无责任”的过错责任原则。19 世纪中期以来，工业化的进程造成了越来越多的伤害，而许多事故的受害者得不到赔偿。这样就在西方各国发展出“无过错责任原则”，即行为人在特定情况下造成损害，即使无过错，也应承担赔偿责任，从而免除受害者的举证责任，使他易于获得赔偿。伴随着这一原则，在西方国家出现了社会保险制度、集体保险制度，由社会对人身伤害所带来的不幸后果提供广泛的保障。我国在制定《民法通则》时，考虑到国外对这一问题的规定，明确确定了无过错责任原则：“从事高空、高压、易燃、易爆、剧毒、放射性、高速运输工具等对周围环境有高度危险的作业造成他人损害的，应当承担民事责任；如果能够证明损害是由受害人故意造成的，不承担民事责任。”《民法总则》进一步肯定了无过错责任制度，规定，因不可抗力、正当防卫、紧急避险造成损害的，行为人不承担民事责任。

(6) 公司法。

在公司法领域，1992 年全国人大常委会组织起草《有限责任公司法》，原草案规定，只调整 2 个以上公有制企事业单位出资举办的有限责任公司，目的在于使原有的《全民所有制工业企业法》保持稳定。但有的部门、地方和学者认为，公司是以责任形式来划分的，而不是以股东是法人还是自然人，是属于公有制还是私有制来划分的。上述草案过于迁就现状，使法律规范不利于进一步的改革，在实践中难以操作。应参考借鉴外国经验，打破不同所有制的界限，制定统一的公司法。后来，在制定公司法时，全国人大常委会采纳了该意见。②

(7) 合同法。

时任全国人大常委会法制工作委员会主任顾昂然在其所撰写的有关合同法（草案）的介绍

---

① 参见王利明主编：《民法》，第二章，北京，中国人民大学出版社，2000。

② 参见宋汝棼：《参加立法工作琐记》，200～282、286～316 页。

中指出："（合同法）要认真研究、充分借鉴国际上通行的做法，除'国际货物销售公约'外，还参考了'国际商事合同通则'……起草时还借鉴了一些国家合同方面的法律。"①

另外，1999年，据时任全国人大常委会法制工作委员会副主任胡康生介绍，"数据电文合同借鉴联合国贸易法委员会的电子商务示范法的有关规定"，另外，"制定统一的合同法，应该包括这些合同（分则），根据……国际公约的规定予以充实和完善……一些国家在民法典中，既规定合同的共性问题，也对各类合同具体作出规定"②。

就具体制度而言，全国人大法制工作委员会民法室所编著的《〈中华人民共和国合同法〉立法资料选》表明，在编纂《合同法》时所参考的国家或地区的相关法典，包括《德国民法典》、《法国民法典》、《意大利民法典》、《瑞士民法典》、《日本民法典》、《美国统一商法典》、我国台湾地区"民法典"、《联合国国际货物销售合同公约》以及《国际商事合同通则》中有关合同问题的规定。③

（8）婚姻法。

1980年在制定《婚姻法》时，涉及法定婚姻年龄问题，当时的《婚姻法》规定："结婚年龄，男不得早于二十二周岁，女不得早于二十周岁。"虽然该规定比原《婚姻法》各提高了2岁，但从实际执行看，有人觉得结婚年龄定低了，与提倡晚婚、计划生育等有矛盾。彭真同志在全国人大常委会的工作报告中指出："结婚与生育虽然有连带关系，但实际上已是可以分开的。修改草案增加规定，'夫妇双方有实行计划生育的义务'和'晚婚晚育应予鼓励'。只要继续抓紧把计划生育工作搞好，就可以收到控制人口增长的效果。否则结婚再晚，也可以多生孩子。从一些经济发达国家的情况看，法定婚姻年龄都比较低，例如西欧几个国家的法定婚龄，女的是15岁或16岁，男的是16岁、18岁或21岁。但人口并没有大量增加，而且多年来还有下降的趋势。"

2001年我国《婚姻法》作了许多重要的修改，比如关于离婚过错赔偿。我国《婚姻法》第46条规定：因一方重婚、有配偶者与他人同居、实施家庭暴力或虐待、遗弃家庭成员而导致离婚的，无过错方有权请求损害赔偿。在法国、瑞士和我国台湾地区的民法典中都有类似的规定：因夫妻一方的重大过错致使婚姻关系破裂的，无过错方有权要求过错方赔偿损害，赔偿范围包括财产损害和精神损害；赔偿额，依据无过错方的需要和有过错方的经济状况以及将来可能发生的变化确定。

关于探视权，我国《婚姻法》第38条规定：离婚后，不直接抚养子女的父或母，有探望子女的权利。父或母探望子女，危及子女身心健康的，经人民法院判决可以中止探望权。美国法律也有类似的规定，没有监护权的父母享有对子女的探望权，但该探望权严重危及子女身体、心理、道德和感情的，如父母有酗酒、吸毒、骚扰子女的行为或者有绑架子女的企图等除外。有监护权的一方不允许有探望权的一方探望子女，法院可以处以罚款或监禁，也可以取消监护人的监护权。俄罗斯婚姻法也有类似的规定：与子女分居的父母一方，有权与子女来往；与子女生活的父母一方，不应阻碍子女与父母另一方来往，只要该来往不损害孩子的生理和心

---

① 顾昂然：《制定合同法的意义——合同法（草案）介绍之一》，载全国人大法制工作委员会民法室编著：《〈中华人民共和国合同法〉立法资料选》，36～37页，北京，法律出版社，1999。

② 《全国人大常委会法制工作委员会副主任胡康生访谈录》，载全国人大法制工作委员会民法室编著：《〈中华人民共和国合同法〉立法资料选》，68～70页。

③ 参见全国人大法制工作委员会民法室编著：《〈中华人民共和国合同法〉立法资料选》，284～288页。

理健康及其道德发展。

关于家庭暴力，我国《婚姻法》第 43 条规定：实施家庭暴力或虐待家庭成员，受害人提出请求的，公安机关应当依照治安管理处罚的法律规定予以行政处罚。对正在实施的家庭暴力，受害人可以请求公安机关救助，也可以请求居民委员会、村民委员会劝阻。实施家庭暴力或以其他行为虐待家庭成员，受害人可以请求村民委员会、居民委员会以及所在单位予以调解。第 45 条规定：对重婚、实施家庭暴力或虐待、遗弃家庭成员的，公安机关、人民检察院应当依法侦查、提起公诉；受害人可依照刑事诉讼法的有关规定，向人民法院自诉。2015 年制定的《反家庭暴力法》将上述规定进一步具体化。英国法律也有类似的规定，配偶一方受到另一方的暴力或者暴力威胁、恐吓、骚扰、纠缠时，可向法院申请禁止骚扰令、驱逐令，请求予以制止。如果丈夫已对他的妻子或者子女造成实际伤害，可以逮捕丈夫。

3. 在经济全球化条件下借鉴国际标准①

国际标准是由国际权威机构制定的或在习惯或共识的基础上发展起来的，为有关的国家、社会组织和个人所普遍接受或至少为它们所一般接受的行为规则。国际标准有的体现在国际条约中，有的体现在国际习惯中，更多的则体现在由国际组织或其他权威机构所制定的行为规则中，包括由它们所颁布的各种指南、推荐、原则、行为准则、示范法和良好实践。

就国际贸易、公司治理和金融领域而言，国际标准包括产品或服务的技术标准、公司治理标准、金融监管标准、反洗钱和恐怖分子融资标准、商业贿赂标准、信息透明度标准、证券监管标准、保险监管标准、多元化金融集团的监管标准、会计和审计标准、破产标准等。经济全球化，特别是亚洲金融危机，使国际标准得到了迅速的发展。与此相适应，中国借鉴这些国际标准，在相应的领域进行了法律改革。

国际标准发端于技术和科学领域，1946 年建立的国际标准化组织（ISO），现已有 137 个国家标准机构成员。我国在加入世界贸易组织以后，国家质量监督检验检疫总局颁布《采用国际标准管理办法》，按照该办法，在采用国际标准的程度上，我国采取等同采用和修改采用两种形式。等同采用，指与国际标准在技术内容和文本结构上相同，或者与国际标准在技术内容上相同，只存在少量编辑性修改。修改采用，指与国际标准之间存在技术性差异，并清楚地标明这些差异以及解释其产生的原因，允许包含编辑性修改。

在公司治理领域，经济合作与发展组织（OECD）于 1999 年制定的《公司治理原则》(Principles of Corporate Governance)，是亚洲金融危机后所颁布的第一个国际标准。该原则共分五个部分：(1) 保护股东的权利；(2) 对股东的平等待遇；(3) 利害相关者在公司治理结构中的作用；(4) 信息披露和透明度；(5) 董事会的责任。它明确地承认，政府在发展它们自己的公司治理的框架时，有权考虑治理的成本与收益和每个国家或公司的特殊情况而决定如何适用该原则。亚洲金融危机，特别是中国加入世界贸易组织以来，中国政府特别重视公司治理，把健全法人治理结构作为建立现代企业制度的核心。近年来，在公司治理的许多方面我国法律都进行了重要改革：在保护股东权利方面，我国 1993 年通过的《公司法》第 111 条规定："股东大会、董事会的决议违反法律、行政法规，侵犯股东合法权益的，股东有权向人民法院提起要求停止该违法行为和侵害行为的诉讼。"在利害相关股东在公司治理的作用方面，中国证监会在 2000 年 5 月 18 日修订的《上市公司股东大会规范意见》（现已失效）中

① 参见朱景文：《国际标准和中国的法律改革》，载《法学家》，2003 (3)。

确立了关联交易股东表决权回避制。在信息公开方面，《公司法》《证券法》及证监会陆续出台的有关法规对重大信息的范围、披露时间、具体内容准确性、传播渠道的要求等都有较为全面而严格的规定。2002 年 1 月，中国证监会和国家经济贸易委员会联合发布《上市公司治理准则》，强调公司治理结构要保护股东，特别是中小股东的利益。当股东权利受到侵害时，有权通过民事诉讼等法律手段求得赔偿。该准则还提出控股股东对上市公司及其他股东负有诚信义务，上市公司应保持其独立性不受控股股东的影响，控股股东与上市公司之间应实行人员、资产、财务分开，机构、业务独立等。

在金融监管领域，巴塞尔金融监管委员会（Basel Committee on Banking Supervision）1988 年制定了《资本充足性协定》（Capital Adequacy Accord ），提出 8%的最小资本作为信用风险的测量标准，即商业银行的资本充足率应以资本与风险加权总资产之比来衡量，该比率不应低于 8%，其中核心资本（实有资本、资本公积、盈余公积和未分配利润）至少为 4%，附属资本（贷款呆账准备金）不得超过核心资本。[①] 该协议首次提出了关于银行资本充足率的概念，这使银行的监管者对各商业银行的资本有了一个衡量的标准，通过这个标准反映出各商业银行的资本状况。巴塞尔金融监管委员会 1997 年制定了《有效金融监管的核心原则》（Core Principles for Effective Banking Supervision），1999 年又制定了《核心原则方法》（Core Principles Methodology），以促进和评价对核心原则的执行。我国是国际清算银行的成员国，中国人民银行也签署了上述协议。实际上，我国在 1995 年颁布、2003 年第一次修订、2015 年第二次修订的《中华人民共和国商业银行法》中就有关于资本充足率不得低于 8%的规定。2017 年末，中国商业银行的资本充足率为 13.65%，处于历史较好水平但资本结构质量失衡仍是值得警惕的问题。[②]

在反洗钱和恐怖分子融资领域，联合国毒品控制项目（United Nations Drug Control Program）于 1988 年制定了《联合国反对麻醉药品和作用于精神的物质非法交易公约》。在该公约的基础上，经济合作和发展组织金融行动工作组（FATF）在一些地区性组织，如亚太反洗钱组织、加勒比工作组的支持下，于 1996 年颁布《反洗钱和恐怖分子融资 40 条推荐》，对成员国和非成员国以及金融机构提出有关与洗钱进行斗争的方法的详细指南和建议。“9·11”事件以后又增加了新的内容，号召国家批准和执行 1999 年《联合国压制恐怖分子融资的国际公约》，执行联合国的有关决定，特别是联合国安理会 1373 号决议，使恐怖分子融资以及相关的洗钱行为犯罪化，冻结和没收恐怖分子的资产，管制其他的汇款制度，密切监视非营利组织，使它们不能滥用恐怖分子的融资，要求金融机构密切监视电报传送，报告可疑的交易。[③] 近年来，我国已颁布了一系列法律、法规以规范金融交易行为。1997 年颁布的《刑法》第 191 条第一次规定了洗钱罪；2001 年修正的《刑法》又明确将恐怖活动犯罪的违法所得包括到洗钱的范围内。中国人民银行也先后出台了《银行账户管理办法》《境内外汇账户管理办法》《关于大额现金支付管理的通知》《大额现金支付登记备案规定》等法规和规范性文件，实行了存款实名制。2001 年 9 月，中国人民银行成立了银行业反洗钱工作领导小组，统一负责领导、部署我国银行业的反洗钱工作。2002 年 7 月，中国人民银行又成立了反洗钱工作机构和支付交易监

---

① 世界银行 2001 年又颁布了新的《资本充足性框架》，修改了有关最小资本的要求，对一个制度的国内评估程序和资本充足性进行监控，有效地利用披露的信息加强市场纪律。这一框架已于 2004 年实施。

② 资料来源：新浪财经，http：//finance.sina.com.cn/7x24/2018-04-02/doc-ifsvfae7372118shtm。

③ 资料来源：http：// www.oecd.org/fatf/SRecsTF _ en.htm。

测机构，专门负责人民银行反洗钱的具体工作。一些商业银行也先后建立了相应的反洗钱机构，负责本系统的反洗钱工作。2003 年，中国人民银行颁布了反洗钱的三大法规——《金融机构反洗钱规定》《人民币大额和可疑支付交易报告管理办法》《金融机构大额和可疑外汇资金交易报告管理办法》，从 2003 年 3 月 1 日起，政策性银行、商业银行、信用合作社、邮政储汇机构、财务公司、信托投资公司、金融租赁公司和外资金融机构等，对所有的大额和可疑资金交易记录，都将自交易日起至少保存 5 年，未按要求保存、记录、上报和泄密的金融机构都将受到严惩。①

在资料公布和信息透明度领域，亚洲金融危机后国际货币基金组织十分重视资料公布和透明度问题。1997 年制定《数据公布通用系统》(GDDS)，其目的在于改进统计体系，该标准的参加国有义务使用这一体系作为统计的框架。它涉及实际部门、财政部门、金融部门、对外部门和社会人口部门五大宏观经济部门的数据，它对数据的范围、频率和及时性，数据的质量，数据公布的完整性，数据的公众可获取性等提出了具体的要求。GDDS 要求参加国在 3～5 年内以提高数据质量为目标，不断改进数据编制方法，但不要求公布数据。根据 GDDS 的有关要求，参加国需完成三个方面的工作：一是将 GDDS 作为本国经济、金融和社会人口数据的编制及公布系统的框架；二是指定与基金组织联系的本国协调人；三是撰写对统计做法的描述，即数据诠释。我国已于 2002 年 1 月 1 日参加国际货币基金组织的《数据公布通用系统》。这是我国政府增加宏观经济透明度的一个重大举措，标志着我国在统计制度方面朝着国际标准迈进了一大步。②

在证券监管领域，1974 年建立的国际证监会组织是国家证券监管者合作的论坛。该组织的主要使命是促进和协调国际证券管制，推动跨境管制的协调一致。该组织 1998 年制定的《证券监管的目标和原则》③，明确提出了证券监管的两大目标：一个是保持证券市场的透明、公正和效率，另一个是保护投资者。《证券监管的目标和原则》规定了所期望的管制者的特点，自我管制机构潜在的作用，管制者的执行责任和失察责任，以及管制者之间紧密合作的需要。中国证监会于 1995 年加入国际证监会组织。我国目前进行的证券监督和管理方面的改革是与国际证监会组织提出的证券监管的目标相一致的，正在向保护投资者（特别是中小投资者）和强化信息披露的方向发展，也就是说，投资者要知情，要向投资者提供完整、准确、及时的有关上市公司、证券产品的信息。

在会计和审计领域，国际会计标准委员会成立于 1973 年 6 月，其作用是致力于发展和选用恰当、平衡并且具有国际可比性的会计原则，同时提倡在编报财务报表时加以遵守。国际会计标准委员会近年来已经颁布了主要用于私营部门的《国际会计标准》④ (International Accounting Standards)。而国际会计师联盟 (The International Federation of Accountants) 已制定《公共部门国际会计标准》；国际审计实践标准委员会 (International Auditing Practices Committee) 也颁布了《国际审计标准》(International Standards on Auditing) 和《审计实践陈述》

---

① 参见戴相龙：《我国将制定实施"金融机构反洗钱规定"》，见 http://news.sohu.com/88/68/news203146888.shtml。

② 《我国统计制度向国际标准靠拢》，载《中国信息报》，2002-01-04。

③ For the text of the Objectives and Principles of Securities Regulation, see http://www.iosco.org/docs_public/1998-objectives.html (last visited Apr. 17, 2002).

④ For Summaries of the International Accounting Standards, see http://www.iasc.org.uk.

(Audit Practice Statement)。国际审计委员会的许多成员都把国际审计标准作为制定自己国家审计标准的基础。我国1993年修正的《会计法》和颁布的《注册会计师法》，规定了有关会计核算、会计监督、会计机构和人员及其法律责任的一系列制度。同时，会计与审计制度作为公司治理的一个重要方面，在我国公司法中也有明确的规定。我国《刑法》第161条还专门规定了"违规披露重要信息罪"：公司向股东和社会公众提供虚假的或隐瞒重要事实的财务会计报告，严重损害股东或者其他人利益的，对其直接负责的主管人员和其他直接责任人员，处3年以下有期徒刑或者拘役，并处或者单处2万元以上20万元以下罚金。

第三节　比较法在司法中的运用

一、比较法在外国司法中的运用

比较法在司法中的运用可分为两种情况：一种情况是涉外案件，我国《民法通则》对此规定：涉外合同当事人可以选择处理合同争议所适用的法律，法律另有规定的除外。涉外合同当事人没有选择的，适用与合同有最密切联系的国家的法律。因此，在涉外案件中运用外国法、比较法，实际上是一个国际私法、冲突法的问题。另一种情况是在完全没有涉外因素的案件中，法官在审理该案件时无适当的国内法律规范可援引对该问题加以调整，也无相类似的国内案例可以参考。在这种情况下有些国家的法官直接引用外国相关的立法或案例解决该问题。这种情况不多见，但是在普通法系的国家和大陆法系的国家都曾出现过。下面是这些国家的一些案例。

1. 美国

(1) 穆勒诉俄勒冈州案（Muller v. State of Oregon）。这是美国联邦最高法院1908年判决的一个案件。原告穆勒控告俄勒冈州关于妇女工作时间的法律规定违宪。俄勒冈州辩护人布兰德(Mr. Brandeis)引用了许多关于妇女工作时间的外国立法。美国最高法院在判词中指出，在大多数文明国家都有类似的规定，不能轻易地看作是不合理的、武断的、任意的，从而推翻它。①

(2) 帕尔卡诉康涅狄格州（以下简称"康州"）案（Pelka v. State of Connecticut）。这是美国联邦最高法院1937年判决的一个案件。原告帕尔卡指控康州允许上诉的法律违反美国宪法关于禁止同一罪名两次受审的条款，因为该条款严格限制在州和联邦刑事诉讼中检察官的上诉。美国最高法院大法官卡多佐（Justice Cardozo）确认康州允许上诉的法律的合宪性。该案判决指出，注意到大陆法系国家的实践，在那里检察官一般对于宣告无罪的判决都有权上诉，甚至对于那些他认为判得太轻的有罪判决也有权上诉。②

(3) 格林斯潘诉斯雷特案（Greenspan v. Slate）。这是美国新泽西州最高法院1953年判决的一个案件。原告格林斯潘指控被告斯雷特不负担其未成年的女儿因脚扭伤而应由被告支付的医疗费用。被告辩称，原告治疗其女儿的脚伤，没有被告的明示或默示的授权。新泽西州最高法院认为，该案的症结在于，在缺乏明示或默示的合同关系的情况下，对于向该未成年人在危机时提供的必需品，其父母是否应负责任。按照美国法律，普通法和衡平法对该问题的规定是

① 参见《美国法律报告》，第208卷，412页；《联邦最高法院法律报告》，第28卷，324页，1908。

② 参见《美国法律报告》，第302卷，319页；《联邦最高法院法律报告》，第58卷，149页，1937。

不一致的。在普通法上这不是法律义务，而是道德义务。而在衡平法上，对此可以强制执行。从以往的判例看，法院可根据普通法或衡平法自由选择。新泽西州最高法院援引了奥地利、法国、德国、意大利和瑞士五国的民法典，认为根据现代大陆法系国家的法律规定，父母对未成年子女的义务是直接的，遂最后判决宣告原告胜诉。①

(4) 美国近十几年来最高法院的许多判决也体现了在国内司法实践中诉诸国外法律或国际法的基本精神。美国最高法院2002年作出禁止对精神迟钝的犯罪分子施加死刑的裁决，认为这一实践侵犯了当代可允许的惩罚观念。大法官约翰·保罗·史蒂文斯（John Paul Stevens）代表6∶3的多数意见写道：在一个世界共同体内，普遍不赞成对精神迟钝的犯罪分子施加死刑。把这一观察归于欧盟提出的法院之友的意见。

(5) 2003年美国联邦最高法院有关肯定性行动和同性恋的两个判决表明，在全球化的条件下，美国国内法律判决受到国外和国际法律的影响。在肯定性行动的案件中，大法官桑德拉·戴·奥康纳（Sandra Day O'Connor）代表5∶4的多数意见写道：密歇根大学法学院允许黑人、拉丁美洲人和土著美洲人入学的申请符合美国宪法的要求。大法官鲁斯·巴德·金斯伯格（Ruth Bader Ginsburg）与大法官斯蒂芬·布雷耶（Stephen G. Breyer）合作写了另一份单独的意见，他们注意到最高法院25年来的实践同《消除一切形式的种族歧视国际公约》相一致，而美国已于1994年批准了这一公约。

在有关同性恋问题的案件中，大法官安东尼·肯尼迪（Anthony M. Kennedy）所写的意见支持多数人的观点，指出"法院过去赞同国家对鸡奸的禁令与其他西方民主国家的法律步调不一致"。在摘录了欧洲人权法院的观点后，他写道："在本案中寻求请求者的权利已经被许多其他国家作为人的自由的统一组成部分而被接受。"②

2. 德国

(1) 关于无形损害赔偿的判决。在《德国民法典》中没有保护人格权的规则。《德国民法典》第823节第一段规定，如果一个人的身体、健康、生命或自由受到非法的侵犯将引起损害赔偿之诉。但这只保护个人的身体方面，对人的荣誉或隐私并不提供保护。从实际情况看，德国联邦最高法院处理侵犯人格权的案件仅限于姓名权、肖像权、文学和艺术作品权受侵害，而不涉及一般的人格权受侵害。德国最高法院在1958年的一个判决中提出：我们认为，每个人的个人价值在法律制度中具有核心地位的重要性，凡是同我们的观点类似的国家，几乎都承认无形损害赔偿作为对侵害人格的适当的私法制裁。出版自由在这些法律秩序中也具有根本性的重要意义，而且对精神损害的赔偿并不影响出版自由，因此所谓允许对人格侵害给予无形损害赔偿就意味着侵害或者危害基本法所承认的出版自由——这种反对意见是毫无根据的。③

(2) 关于如何确定无形损害赔偿的限度的判决。德国最高法院在1985年的一个判决中指出，最高法院批准的无形损害赔偿以对人格权的侵害特别严重者为限。这一种限制也见于瑞士法，它比《德国民法典》更注意对人格的法律保护（参见《瑞士债法典》第49条第1款）。④

---

① 参见《新泽西州法律报告》，第12卷，426页；《美国法律报告》，第97卷第2篇，390页，1953。

② Charless Lane，"Thinking Outside the US"，*Washington Post*，August 4，2003.

③ 参见《联邦最高法院民事判决集》39、124、132。转引自［德］茨威格特、克茨：《比较法总论》，潘汉典等译，33页，贵阳，贵州人民出版社，1992。See K. Zweigert & H. Kötz，*Introduction to Comparative Law*，pp. 381－386.

④ 参见《联邦最高法院民事判决集》35、363、369。转引自［德］茨威格特、克茨：《比较法总论》，33页。See K. Zweigert & H. Kötz，*Introduction to Comparative Law*，pp. 381－386.

3. 瑞士

茨威格特和克茨认为，瑞士的联邦法院更容易接受比较法的论证。[①] 而在瑞士的法律中对此也有专门的规定，如《瑞士船舶法》第 7 条规定："如果瑞士联邦没有有关法律规定时，法官必须遵守公认的海商法原则，如不能遵守此原则时，法官必须作为立法者进行裁决，于此场合，法官必须考虑各海商法国家的制定法、习惯、学说和判例。"瑞士法的这一规定在西方各国中是最突出的。在大陆法系国家的法律渊源中贯彻这样一条原则，即有法律从法律，无法律从习惯，无习惯从判例，无判例从法理。这里的法律、习惯、判例和法理实际上都属于本国法的范畴。而根据瑞士法的这一规定，是否可以得出有本国法从本国法，无本国法从外国法的原则呢？

4. 法国

茨威格特和克茨认为，不同国家对外国法作为法律解释的手段的许可程度不一样。在德国判例中可以找到许多例子加以分析，瑞士联邦法院容易接受比较法的论证，而法国最高法院完全不理睬比较法的论证，这是由于它特别的、自成一格的判决方式：它在判决理由中并不注意一切法律现实的、法律史的、法律政策的或者比较法的考虑。[②] 但是，值得注意的是，法国的判决书中不写法官推理的根据，并不等于法官在遇到没有本国的法律或判例可援引的案件时，不从其他国家的法律中、不从比较法的思考中寻找解决同类问题的答案。

二、比较法在当代中国司法中的运用

改革开放以前，我国司法的历史从来没有在司法中运用外国法和比较法处理国内非涉外案件的记载。但是，随着我国的对外开放，特别是在法律领域中的对外开放，也出现了在国内司法中运用外国法和比较法的案例。

1. 刑事案件中运用诉辩交易

所谓"诉辩交易"，是指美国流行的在法院开庭审理刑事案件前，控方检察官为了换取被告人有罪答辩，以作出比原来罪行更轻或较少罪名的指控，或者允诺向法官提出有利于被告人的量刑建议为条件，与被告人（一般通过律师）就有利于其的最佳条件，在法庭外进行讨价还价而形成的一种司法制度。

以下是牡丹江铁路运输法院 2002 年 4 月 11 日审理的一个案件，其案情大致如下：2000 年 12 月 18 日，暮色中，两群人互殴。被害人王某杰小腿骨折、脾脏破裂。犯罪嫌疑人孟某虎承认，互殴是因车辆争道引发的。当时，孟某虎自己和王某杰等数人争吵，孟某虎觉得势单力薄，便打电话叫来五六个人，最后发生互殴。案发后的 15 个月内，公安机关没能抓到孟某虎同案的其他人。公诉机关牡丹江铁路检察院欲以故意伤害罪起诉孟某虎。辩护人认为，尽管是孟某虎找来的人对被害人进行殴打并造成了被害人重伤的后果，但由于本案其他犯罪嫌疑人在逃，无法确定被害人的重伤后果是何人所为，因而本案事实不清、证据不足。公诉机关则认为，追逃需要大量时间及人力、物力，而且由于本案是多人混战造成的，证据收集也将困难重重，但此案系共同犯罪案件，是孟某虎找人行凶导致被害人重伤的后果，对此后果犯罪嫌疑人孟某虎理应承担全部责任。控辩双方意见分歧严重。司法实践证明，这类案件在审判公正、诉讼效率、诉讼成本等方面将面临很多问题。为解决问题，公诉机关建议辩方同意采用案件管辖

---

① 参见［德］茨威格特、克茨：《比较法总论》，34 页。

② 参见［德］茨威格特、克茨：《比较法总论》，34 页。

法院准备试用的诉辩交易方式审理本案。

辩护人征得孟某虎的同意后向公诉机关提出了诉辩交易申请。双方经协商造成协议如下：辩方同意认罪，并自愿承担民事责任；公诉机关同意建议法院对被告人适用缓刑从轻处罚。协议达成后，公诉机关向法院提交了诉辩交易申请，请求法院对双方达成的诉辩交易予以确认。

牡丹江铁路运输法院在收到该申请并对诉辩交易程序进行严格审查后，决定受理。开庭前，合议庭组织被告人和被害人双方就附带民事赔偿进行庭前调解，双方达成赔偿人民币 4 万元的协议。

2002 年 4 月 11 日，牡丹江铁路运输法院开庭审理此案。首先，由公诉人向法庭陈述与辩方就此案的刑罚进行诉辩交易的过程及诉辩交易的主要内容。法官当庭询问被告人是否委托其辩护人就其刑罚问题与控方进行交易、对诉辩交易内容是否清楚、是否明了法庭一旦确认该诉辩交易其将面临的刑罚后果等问题。法庭还向被害人提出了对本案的刑事处罚和民事赔偿有何意见等问题。法庭休庭合议后，当庭宣判：孟某虎犯故意伤害罪，判处有期徒刑 3 年，缓刑 3 年。

有报道说：国内第一例试用诉辩交易方式审理的刑事案件，开庭仅用了 25 分钟。①

2. 保险理赔案件中运用“统一同时死亡法”

以下是 2003 年 4 月 7 日江苏省太仓市人民法院审理的案件，具体案情如下：陆某和张某是江苏省太仓市的一对相爱了三年的恋人。2002 年 2 月他们买了一份中国人寿保险公司的重大疾病保险“康宁终身险”，投保人和被保险人是陆某，受益人是张某。10 个月后，他们在一次交通意外事故中双双死亡。事后，两人的父母为这笔保险金打起了官司。那么，这笔保险金是应该赔给被保险人陆某的父母，还是应该赔给受益人张某的父母呢？2003 年 2 月 27 日，保险受益人张某的母亲许某枫将中国人寿保险公司苏州分公司和太仓支公司告上法庭。原告许某枫认为：保险公司应该将保险金支付给受益人张某的继承人，而不应支付给被保险人陆某的继承人。被告的行为是违约行为。被告中国人寿保险公司苏州分公司和太仓支公司认为，它们将保险金支付给被保险人陆某的父母并没有错。原告要求法院判令被告将 75 000 元保险金支付给原告。

按照我国《保险法》的规定，发生保险事故后，如果被保险人还活着，那么保险金归被保险人；如果被保险人死亡了，受益人还活着，则保险金归受益人。在本案中，张某的父母认为张某是受益人，他们理应拿到这笔保险金。实际上，只有陆某死亡的时候，张某还活着，张某才能拿到这笔保险金。那么，确定这两个人死亡时间的先后，就成了本案最大的争议焦点。对于两人死亡时间的先后，两家人各有各的理由。这家说，应该从出水的顺序来判断，另一家则说，应该根据两人的受伤程度而定。究竟谁说得对？他们都没有证据作出有力的证明。在这种情况下，保险公司又是根据什么来理赔的呢？保险公司首先要确定的还是死亡顺序。由于我国《保险法》中并没有规定，在同一事件中死亡的人，如果没有证据证明死亡的先后，应该如何确定死亡顺序，因而保险公司依据了最高人民法院关于《继承法》的一个司法解释，推定张某和陆某同时死亡。在最高人民法院《关于贯彻执行〈中华人民共和国继承法〉若干问题的意见》中有这样的解释：相互有继承关系的几个人在同一事件中死亡，如不能确定死亡先后时间的，几个死亡人辈分相同的，推定同时死亡，彼此不发生继承，由他们各自的继承人分别继承。被告的代理人提出：《继承法》上推定同辈人同时死亡，它的一个重要原理是简化民事法律关系，这样就使同辈的两个人互相不发生继承关系。在保险合同中，应该也可以参照这样来

① 参见“中法网”，最后访问日期：2002-04-19。

执行。按照这种推定，如果陆某和张某两个人同时死亡，他们之间也就没有受益关系，张某的受益权就不存在，他的法定继承人也谈不上对遗产的继承了。此外，被告的代理人还认为，受益权事实上是一种期待权，受益权的产生必须符合几个条件：第一，被保险人死亡；第二，受益人生存。在这两个条件没有得到满足的情况下，受益也就不存在。本案中第一个条件是满足了，但是受益人也同时死亡了，因此这个受益权没有实现，也就没有转化为财产权。对于这样的推定，原告的代理人认为根本不能成立：两个人只是在同一事件中死亡，而不是同时死亡，不能剥夺受益人的受益权。原告还一直强调，保险是一种合同，怎么能依据《继承法》的相关规定呢？这是适用法律不当。

被告认为：按照《保险法》的精神，应该优先保护被保险人的利益，所以把保险金赔给了陆某的父母。但是在理赔的时候，保险公司又必须找出法律依据。保险公司能找到的只有《保险法》（2002 年修正）第 64 条的规定。按照该规定，只有在以下三种情况下，被保险人的继承人才可以获得保险金：第一种，没有指定受益人；第二种，受益人比被保险人先死亡；第三种，受益人依法丧失了或者放弃了受益权。第一种情况是没有指定受益人，这显然不符合本案的事实，因为陆某是指定了张某为受益人的。第三种情况是受益人依法丧失了或者放弃了受益权，这与本案的事实也不符合。只有第二种情况，就是受益人比被保险人先死亡，与本案最接近。于是保险公司就根据这一条，推定张某比陆某先死亡，因而把保险金赔给了陆某的父母；并认为这样最符合《保险法》的立法精神。反之，如果把这个保险金作为受益人的遗产进行继承的话，那么这笔财产就由一个与被保险人和投保人没有任何利害关系的人得到，这样不符合投保人为自己的利益投保的初衷。但是原告方指出：受益人的利益同样是受法律保障的。陆某既然指定张某为受益人，那就不只是为自己的利益投保。这时被告又拿出一个依据来证明自己的观点，那就是国际惯例中对类似案例的保险理赔方式。在美国《统一同时死亡法令》中有这样的规定：当一份人寿保险单或意外伤害保险单的被保险人和受益人同时死亡时，保险金应按被保险人比受益人生存更久来给付。

被告方提出：我国法律上没有规定，而国外的法律规定，它也是符合我国处理民事法律关系的基本原则的，目的也是简化民事法律关系。对于这一点，原告方认为：按照国际惯例进行推定缺少依据，我国有《保险法》，也有其他的法律，只是对于某些情况缺乏具体规定。在现行法律规定没有得到修改或增补的时候，应该按照法律事实来认定。被告方辩称：在没有证据证明张某和陆某两人死亡先后顺序的情况下，就要看《保险法》主要保障的是谁的利益，要参考国际惯例。原告方则认为：受益人的权利也是由法律保障的，推定要看事实。那么，应该怎么处理这两种针锋相对的意见呢？

2003 年 4 月 7 日，江苏省太仓市人民法院作出一审判决，驳回了原告张某的父母亲的诉讼请求。法院认为：受益人和被保险人同时死亡使投保人为受益人所设定的利益落空，如果将保险金理赔给与投保人没有保险利益的受益人的继承人，不符合投保人为自己的利益投保的目的，也不符合我国保险法的精神。对此判决，张某的母亲不服，很快就向江苏省苏州市中级人民法院提起了上诉。江苏省苏州市中级人民法院驳回了原告张某的母亲的上诉，维持原判。

2009 年修订的《保险法》第 42 条，特别增加规定："受益人与被保险人在同一事件中死亡，且不能确定死亡先后顺序的，推定受益人死亡在先"①。

---

① 该案的详细报道参见央视国际：《生死恋人的保险纠葛》。

3. 善意取得案件中运用外国法

该案案情如下：李某年龄为17周岁。其父母计划在某城市购买房产。由于李某父母生意繁忙，经常出差，所以李某就负责对待购房产的考察工作。适逢某房地产开发商开盘售楼，李某经过一番比较，认为他所看中的单元符合父母的期望。但李某又担心：如果等到尚在国外洽谈生意的父母回国后再来签订购房合同，恐怕自己已经看中的单元就被别人购买了。按照法律规定，订立合同的当事人须年满18周岁，而李某显然不具备签订合同的资格。于是，李某找到一个制作假证件的人，制作了一个证明自己年满18周岁的假身份证，并预交6万元定金与开发商签订了“房地产买卖合同（预售）”。

后来，李某父母回到该市，认为此单元根本不符合他们的意愿。在咨询律师的意见后，李某父母以李某缔约时实际年龄未满18周岁而主张：李某属于限制民事行为能力人，而根据我国《合同法》第47条第1款的规定，李某父母作为法定代理人拒绝追认李某订立的购房合同，因此，该合同应为无效。开发商则坚持要求履行合同。为此双方争执不下。开发商遂诉至法院，请求法院判令履行买卖合同。

一审法院经审理后认为：“本案被告抗辩理由虽基于现行法规定，但该规定仅针对一般情况下对限制民事行为能力人所为的法律行为才为有效。而本案的特殊之处在于李某伪造了自己的身份证件使开发商相信其具有完全民事行为能力，应不属于现行法所考虑的‘一般情况’，故不应适用《合同法》第47条第1款的规定。现行法对本案虽没有相应的规则，而对于本案交易相对人信赖的保护，却有外国（地区）立法例普遍承认的民事主体强制有效规则的支持，即‘限制行为能力人，用诈术使人信其有行为能力的，其所为的法律行为为有效’（《法国民法典》第1307条，《日本民法典》第20条，《泰国民法典》第51条，我国台湾地区‘民法典’第83条等）。外国（地区）立法例规则的普遍承认，足以体现民法法理。故本院判决支持原告的诉讼请求。”由此看来，一审法院的判决理由是外国（地区）立法例承认的民事主体强制有效规则，并基于该规则存在的普遍性，直接认为支持原告的诉讼请求“足以体现民法法理”。

被告不服，认为法院无权直接适用外国法，遂提起上诉。二审法院经审理后认为：“一审法院单纯诉诸外国立法例而直接认为支持被上诉人请求即能‘足以体现民法法理’，欠缺现行法依据。一审判决结论虽属正确，但判决理由错误，应予改判。”二审法院将该案的判决理由表述为：“本案在现行法上虽然没有明文规定的具体规则，但其与《合同法》第49条关于表见代理及第50条关于法定代表人越权制度等制度具有同一法律理由，即法律应保护表见事实的信赖人。根据民法的类推适用方法，本案原告的交易相对人即属于表见事实的信赖人。且有国外（地区）立法例普遍承认的民事主体强制有效规则的佐证，即‘限制行为能力人，用诈术使人信其有行为能力的，其所为的法律行为为有效’（《法国民法典》第1307条，《日本民法典》第20条，《泰国民法典》第51条，我国台湾地区‘民法典’第83条等）。故应支持原告的诉讼请求。”也就是说，二审法院把类推和外国法所体现的法理一并作为该案的判决理由。①

三、在司法过程中运用比较法时几个值得思考的问题

1. 关于法律渊源问题

司法过程中运用外国法或外国判例，是否意味着外国法或外国的判例在内国生效，是否意

① 参见丁南：《民法外观主义的法理学研究》，10～19页，吉林大学博士学位论文，2003。

味着在没有本国法或本国的判例可援用的情况下可以适用外国法？是否意味着外国法是审理内国案件的法律渊源？对此学者们有很不同的观点。例如，虽然多数意见赞成在美国有关废除有智力障碍者死刑的案件中援用欧盟法庭之友的观点，但美国联邦最高法院大法官安东尼·斯卡利亚（Antonin Scalia）提出："我们从来不应该忘记我们正在解释的是美国的宪法……首先不存在一个我国人民之间的固定的共识，其他国家的观点虽然启蒙了最高法院的法官可能认为它们是（共识），但不能通过宪法强加给美国人。"① 笔者认为，我们也完全可以从另一个角度来看待这一问题。这里实际运用的仍然是法理，是作为人类共同财富的法律调整方法，而它也只有在主权国家认可的情况下才可能成为内国的法律渊源。这正像在立法过程中借鉴外国法一样，这些外国法只有经过本国立法机关的制定或认可，才能变成内国的法律，成为法律渊源。这只不过是同一事物，一个发生在立法的过程中，另一个发生在司法的过程中而已。因此，前文中国内有关善意取得、表见代理的二审判决的意见是慎重的，不能简单地运用外国的判例判决本国法，而需要类推，寻找共同的法理支点。当然，这里可能还涉及另一个问题，即：为什么对于在立法过程中大量地参考外国法、运用比较法，很少有人提出这是否意味着对主权的侵犯或外国法在内国生效，而在司法过程中却容易提出这样的责难呢？显然，这和立法机关及法官个人的权威性有关，即立法机关行使国家的立法权，在制定法律时参考国外有关立法时十分慎重，而且立法不是立法者一个人或几个人说了算，而是要经过法律案的提出、讨论、通过和颁布等正式的立法程序，最后才能被纳入本国的法律渊源之中。而在司法过程中，在没有本国法律或案例可援用的情况下，法官把自己视为立法者，运用外国的立法或案例，作为解释的手段。显然，在这里，法官代表着主权者，由他（他们）一人（或几个人）决定是否可以把外国的法律或案例作为法理、作为法律解释的手段并转变为内国审理该案的法律渊源。

2. 在司法过程中借鉴外国法要慎重

一般来讲，比较法在司法中的运用受到社会制度和法律制度的制约。在具有不同的社会制度和法律制度的国家之间，在司法过程中运用比较法和外国法要特别慎重。这是由于：第一，同一法律制度在不同的社会制度下功能和目的可能根本不同，这不仅表现在政治性很强的公法领域，在所有权、合同、财产继承等私法领域，法律要达到的目的和功能也有很大的差别。第二，在司法领域运用外国法，不仅要注意法律和判例的字面含义，而且要注意它们运作的社会环境，与它们相配套的其他法律规则，其他法律、法规。切忌只知其一，不知其二。

3. 司法过程中运用外国法、比较法，以司法人员、法官具有较高的法律知识、比较法知识水平为前提

在我国目前的情况下，并不是所有法官都具备广博和深厚的法律知识。但我国法律解释又具有自己的特点，即强调的不是审理案件的法官个人的个别性解释，而是规范性解释——由最高人民法院和最高人民检察院所作出的司法解释。实际上，在法律本身含义不清或有司法空白的情况下，这些规范性解释都起到了使法律具体化和填补法律空白的作用。因此，在提出在司法过程中运用外国法、比较法要慎重的同时，笔者也建议，由最高人民法院审判委员会担负起统一司法解释的职能，包括把比较法、外国法作为法律解释的手段，从而弥补我国有的法官法律知识水平不足的缺陷。

---

① Charles Lane, "Thinking Outside the US", *Washington Post*, August 4, 2003.

第四节 比较法在国际法上的作用

一、比较法在国际公法领域中的作用

国际法是在国际交往中发展起来的，以调整不同国家之间的关系为对象。这点与比较法有共同性，因为比较法是以不同国家的法为对象的。

比较法在国际交往中起着重要的作用。一个国家要与另一个国家交往，比如要与大陆法系的国家进行交往，却不了解制定法的作用；要与英美法系的国家交往，却不了解判例法的作用；要与远东国家交往，却不了解法在社会生活中所起的作用；要与伊斯兰国家交往，却不了解宗教在这些国家中的地位；要与社会主义国家交往，却不了解共产党领导和实行社会主义公有制这一基本事实，而片面地用自己国家的法律观念去衡量并指导自己国际交往的行为，显然是行不通的。同样，现代国际政治、经济、文化等组织在世界活动中占有越来越重要的地位，要进行国际交往，不了解它们的规约、它们的组织结构，也是不行的。因此，虽然国际法是用于调整不同国家之间关系的，但在国际交往中，不了解不同国家的法律制度，不了解比较法，是注定要碰壁的。

比较法对国际法的作用直接表现在国际法的渊源问题上。

《国际法院规约》第 38 条规定："（一）法院对于陈述各项争端，应依国际法裁判之，裁判时应适用：（子）不论普遍或特别国际协约，确立诉讼当事国明白承认之规条者。（丑）国际习惯，作为通例的证明而经接受为法律者。（寅）一般法律原则为文明各国所承认者。（卯）在第五十九条规定之下，司法判例及各国权威最高之公法学家学说，作为确定法律原则之补助资料者。（二）前项规定不妨碍法院经当事国同意本着公允及善良原则裁判案件之权。"

这里所叙述的国际法渊源，除了国际条约和国际习惯之外，第 1 款（寅）（卯）项及第 2 款的规定，都需要运用比较法。

"一般法律原则为文明各国所承认者"，应理解为一般法律原则为各国法律体系所共有的原则。现在，世界各国的社会经济制度不同、政治制度不同，因此，法律制度也不相同。国际法院就是以这种不同的事实为基础的。该规约第 9 条也规定，全体法官应该"确能代表世界各大文化及各主要法系"。虽然各国法律体系很不相同，甚至在性质上完全不同，但是它们之间毕竟还有一些相同的原则，尽管这些原则的内容并不完全相同。例如，各国法律体系都有时效的概念和制度，虽然内容和条件有所不同，但是，任何法律体系都承认，权利可依时效而取消或消灭——取得时效和消灭时效。还有诸如禁止滥用权力、特别法优于普通法等原则，都属于这里所说的"一般法律原则为文明各国所承认者"。

当然，对于所谓"文明各国"，不能从西方资本主义国家污蔑不发达国家的意义来解释，其应指作为国际社会成员的主权独立的国家。显然，对为文明各国所承认的一般法律原则，只有运用比较法才能理解。

司法判例，可分为国际司法判例和国内司法判例两类。国际司法判例主要包括国际法院的判例，广义上说也包括国际仲裁法庭的裁决，其只对本案及本案当事国有拘束力，不能被视为直接的法的渊源。但是，国际司法判例有助于国际法原则、规则和规章、制度的确定，故成为

第 38 条所说的“确定法律原则之补助资料”，即辅助性的法的渊源。而国内法的判例更不能直接表现为国际法渊源，只能在一定条件下表现出一个国家的国际法观点。但是，一个国家的国际法观点对国际法的形成是有影响的，许多国家通过司法判例所表现出来的同样的国际法观点，对国际法的形成有重大意义。虽然国际司法判例与国内司法判例都属于“确定法律原则之补助资料者”，但要了解国内司法判例对国际法形成的影响，寻找某一国际法律原则的历史渊源，必须了解有关国内司法判例，即运用比较法。

第 38 条第 2 款所说“前项规定不妨碍法院经当事国同意本着公允及善良原则裁判案件之权”，则完全属于法律意识领域，而如何确定“公允及善良”，更是因国、因时而定的，为此，必须了解不同国家的法律意识，运用比较法。

还应看到，许多国际法的原则、规章和规则最初是国内法的规定，例如“不干涉内政的原则”，最初是在 1793 年《法国宪法》中提出来的；“不兼并的原则”最初见于苏联的和平法令；“互利原则”最初见于《中国人民政治协商会议共同纲领》和《宪法》。因此，要深入理解这些正式意义上的国际法渊源，也必须了解国内法，运用比较法。

二、比较法在国际私法领域中的作用

国际私法，即冲突法，是在世界各国私法（民法和商法）互相矛盾、冲突的情况下，对于含有涉外因素的民事法律关系，解决应适用哪国法律的问题的法律。初看起来，国际私法与比较法都涉及外国法，但一个的目的在于选择，另一个的目的在于比较，二者是不相干的。但是，比较法对于国际私法有巨大的作用：选择本身就意味着首先要进行比较。国际私法的内容本身就使各国必须考虑其他国家的法律规定，研究外国法，运用比较法。

审理涉外民事案件，要适用两个方面的法律。

一方面是根据国际私法的规定，适用实体法。从国际惯例来看，在审理涉外民事案件适用实体法方面，大体上形成了三个原则：第一个原则是处理人与人的身份关系，适用属人法，即当事人是属于哪个国家的，就适用哪个国家的法律。第二个原则是处理人与物的关系，适用物之所在地国家的法律，特别是处理不动产的案件，就要适用不动产所在地国家的法律。第三个原则是处理人与行为的关系，适用行为所在地国家的法律。如是合同纠纷，就要适用该合同签订地或履行地的法律；如是侵权行为纠纷，就要适用侵权行为发生地或者侵权结果发生地所在国家的法律。

另一方面是适用程序法。按照国际惯例，一国司法机关对涉外民事案件的审判，都是从国家主权引申出来的权力，原则上适用法院所在地国家的民事诉讼法。于涉外民事案件在诉讼程序上，按照国际惯例的属地主义原则，外国人、外国企业和组织在所在国进行民事诉讼的，适用所在国的法律。

总之，学习、研究国际私法，无论从实体法来看，还是从程序法来看，都必须了解外国法，运用比较法。

美国比较法学家施莱辛格（R. B. Schlesinger）曾举了一个案例来说明国际私法与比较法的关系。该案大意如下：X 是 Ruritania 国（以下简称 R 国）公民并居住在 R 国，生前为美国纽约州 Y 公司在 R 国的代理人，最近死亡。他在亲笔遗嘱中，把其全部财产留给其女 Z。Z 已成年，亦为 R 国公民并居住在 R 国。R 国为大陆法系国家，根据其民法典，该遗嘱是有效的。X 死后，Z 向纽约州法院起诉 Y 公司，认为 Y 公司仍然欠 X 一定数量的薪金和佣金。

Y公司以Z缺乏代表X的财产进行诉讼的法律资格和Z没有陈述构成诉讼理由的事实为由，要求法院驳回起诉。Y公司引用了通行的普通法规则：立遗嘱人之财产的外国代表或管理人、执行人，如未取得纽约州遗嘱检验法院的书面证明，就不得在纽约州起诉。而Z并未取得这一证明，据此看来她的起诉将被驳回。如果这样，Z必须另外寻找委托人作为代表再行起诉。这样不仅浪费金钱和拖延时间，而且可能发生诉讼时效届满的问题。

在这种情况下，Z的律师如果能利用R国的法律，就可以避免时间和金钱的浪费。他可以提出关于遗嘱效力应经遗嘱检验法院审查、遗嘱人死后其财产首先转归该遗嘱执行人管理的观点，这是普通法的思想。在大陆法系国家，死者遗产不经遗嘱检验法院审查和确定遗嘱执行人等程序，立即归遗嘱继承人所有。后来，在该案中，原告Z不是以死者X的财产代表身份，而是以该财产的所有权人的身份起诉。这样，被告Y公司以技术为基础而要求驳回原告Z的起诉的请求将得不到支持。

施莱辛格认为，这里所涉及的就是“冲突法”和“比较法”之间的相互作用。外国的个人代表不能在纽约州起诉是纽约州的一条冲突法规则。而遗嘱不必经遗嘱检验法院审查程序，遗嘱人死后其财产立即转归遗嘱继承人所有，则是R国的法律条款，是纽约州法院必须通过比较的方法弄清的外国法。根据纽约州的另一条冲突规则，在涉及死者动产遗嘱继承和无遗嘱继承时，一般遵循死者住所地法。这样，上述R国的法律规则一经得到解释，该案所适用的冲突法即为R国的法，原告不是“外国的个人代表”。

施莱辛格问：Z的律师是怎样胜诉的？他的回答是：只熟悉纽约州的冲突法规则并不足以使他看到问题的关键所在。作为一个纽约州的律师，他不可能确切地了解R国的继承法规则。但作为一个比较法学者，他却不可能同意普通法的“外国的个人代表”的概念会在R国占主导地位。一旦想到这些，Z律师的心中就会产生疑问，从而在很大程度上保证能胜诉。接下去的任务只是通过深入研究确认R国的实际规则，进一步确定他的想法，如果必要的话，还可以借助于R国法律专家的帮助。

最后，施莱辛格又提出一个问题：假设该案不是由原告Z的律师，而是由R国在纽约州的领事来代理Z出庭，那么他是否有权出庭就是一个国际公法问题了。这要根据条约或国际习惯法的规则来决定。按照国际公法规则，在内国的任何法院，领事都可以在其国民不在场的情况下主张他们的财产权。但是，这一国际公法规则只有同冲突法规则，以及确认Z（一位R国公民）为X的遗产的所有者的R国国内法结合起来，才能发生作用。

总之，比较法与国际私法、国际公法之间的关系是一种内在的联系。国际私法建立在选择的基础上，而要对不同国家的国际私法进行选择，首先必须了解不同国家的冲突法，运用比较法。国际公法是超国家的法，是全球的法，但它所确认的基本原则又离不开主权国家的承认。要确认作为国际法渊源的这些原则，同样必须首先了解各国有哪些法律原则，并运用比较法。因此，在某种意义上可以说，离开比较法就不可能存在国际私法和国际公法。

问题与思考

1. 比较法对法学理论有什么作用？
2. 比较法在立法上的作用是什么？在我国立法中有何表现？
3. 比较法在司法中的作用如何？它与主权原则是否矛盾？
4. 比较法在国际公法和私法中的作用如何？

第五章
世界法律体系的分类

本章概要

关于世界法律体系分类的标准问题有一个从单一性到多样性、从绝对性到相对性的转变过程。对世界法律体系按照不同的标准可以有不同的划分。基于不同法律制度所处的历史时期，及被划分的部门、制度的差别，都可能产生不同的划分结果。世界法律体系的分类关系到世界法律地图的划分。

关键术语

世界法律体系划分标准　时间相对性　主题相对性　世界法律地图

第一节　世界法律体系分类的标准

一、法律体系的概念

法律体系，英文为 legal system，俄文为 ПРАВОВАЯ СИСТЕМА，是一个有着多重含义的概念。

从外延来看，法律体系一词有狭义和广义之分。在狭义上，它指一个国家的法律体系。一般来讲，在大部分单一制国家以及许多联邦制国家，一个国家只有一个统一的法律体系。而在有的联邦制国家和个别单一制国家，在一国内可能同时存在几个相对独立的法律体系。在广义上，法律体系一词则是指某些有着共同特征的不同国家的法律体系所组成的族、群或集团，如所有资本主义国家的法律体系构成资本主义法律体系，受到英国法律传统影响的国家的法律体系构成英美法律体系等。有的学者把不同国家法律体系所组成的集团称为“法的类型”“法族”“法律集团”“法圈”“法系”“法律传统”等，但这并不妨碍仍然把它们称为“法律体系”。

从内涵来看，法律体系一词的含义非常复杂，它不仅包括法，而且包括更多的东西。美国学者梅里曼（John H. Merryman）认为，比较法学的对象应该是法律体系，而不仅仅是法（法律规则)。他批评许多比较法学家把重点放在描述和评价规则上:"这是一种表面和错误的导向",使人们只注意存在于法律体系表面的文字规则,并把人们引导到似乎只要制定相同的法律规则,不同国家之间就可以出现趋同。梅里曼认为,这种错误的导向实际上混淆了法律体系和法两个不同的概念。法律体系不仅包括法律规则,还包括许多其他的因素:法律外延、法律内涵、法律文化、法律结构、法律角色、法律过程。它们每一个都与法律规则的形式和内容相关。法律外延是指法律作用的范围,是法律规范与非法律规范之间的界限。法律内涵是指法为人们所掌握的程度。虽然许多第三世界国家与西方国家一样有同类的法,甚至它们的许多法律是直接从西方国家搬来的,但法对这些国家的大多数人不起作用,其外延和内涵差别很大。法律文化受到历史因素的制约,它深深植根于人们关于法的性质的观点、关于法律体系的结构和运作的观点之中,它是一个国家法律体系的内在逻辑。现代法律体系的许多差别只有通过对历史法律文化的解读才能得到解释。法律结构(法院、立法机关、行政机关、法学院、律师协会)、法律角色(辩护人、公证人、警察、法官、行政官员、法律学者等)和法律过程(立法和司法行为、司法程序、法律关系的私人调整和法律教育等)这三个因素共同构成了法律机器,它们是法律规则得以发挥作用的必不可少的机制。

梅里曼以哈特所谓的主要义务规则来说明这一问题。例如,《拿破仑法典》第1382条规定:如果一个人伤害了另一个人,那么这个人有责任赔偿损失。根据这一规则,如果X伤害了Y(规则的"如果"部分),Y就应该得到赔偿(规则的"那么"部分)。梅里曼指出,规范中心论的研究仅限于此。但是,规则所预示的结果并不是必然发生。为了使这一规则发挥作用,必须使法律机器运转:Y应该在适当的法国法院对X提起适当的诉讼,法官应该根据法律和事实作出适当的判决,即X欠Y一定数量的赔偿金。如果X拒付,Y可以进一步向法律机器提出请求,剥夺或出卖X的财产,以满足判决。如果法律机器正常发挥功能,而且如果X在该法院管辖范围内有为此目的能被剥夺和出卖的财产,则Y将得到赔偿。因此,如果没有法律机器,法律规则是不可能发挥作用、达到预期结果的。即使是主要义务规则本身,也不是纯粹法律的。所谓主要义务规则是指对不期望的社会行为的控制和对社会有益行为的鼓励。而决定什么种类的行为应该鼓励、什么种类的行为应该控制,则是一个非常复杂、有争议的问题。它恰恰不是真正的法律问题,而是社会、经济和政治问题。

梅里曼认为,在任何社会中,法律体系的上述构成因素——法律外延和内涵、法律文化、法律机器和法律规则都处于重要的相互联系之中。如果两个法律体系的其他构成因素不同,而法律规则却相类似,很可能是由于同样的法律词汇在这两个法律体系中有完全不同的功能、含义,或者是有更深刻的使其趋同的社会原因。[①]

由此看来,法律体系的概念不仅包括一个国家的法,还包括法在实际生活中的运作、法律实践、这个国家的法律文化传统、占主导地位的法律意识、法律职业、法律角色等。它将一个国家法律现实的一切基本因素统一地、相互联系地概括起来,形成一个有机联系的整体。学者有时也把具有上述含义的法律体系的概念称为"法律传统"[②]、"法律文化"[③],有时则直接称为"法"。但从其内容来讲,早已超过了"法"的含义。如把欧洲大陆的法律体系称为"大陆法",

① See John H. Merryman, "Convergence and Divergence between the Civil Law and the Common Law", in M. Cappelletti ed., *New Perspectives from a Common Law of Europe*, Sijthoff Publishing Co., 1987, pp. 222 - 227.

② Glendon, Gordon & Osakwe, *Comparative Legal Traditions*.

③ Henry W. Ehrmann, "Comparative Legal Cultures", *Prentice-Hall*, Inc. Englewood Cliffs, New Jersey, 1978.

但其内容绝不限于欧洲大陆各国的法律规范本身，还包括法律实践、法律文化、法学教育、法律职业等。我国一些学者往往把上述法律体系的概念称为“法律制度”或“法制”，认为它“包括法又大于法，是一个国家整个法律上层建筑的系统”[①]，“是立法、司法、执法、守法、对法律实施的监督等各个环节构成的一个系统”[②]。但笔者认为，法律制度一词有时容易与构成一个国家法律部门的法律制度相混淆（法制在这种意义上大致也与法同义），而且在比较法研究中，当区分微观比较和宏观比较时，前者往往指的就是在法律规则、法律制度层次上的比较，而后者则是指在法律体系层次上的比较。因此，笔者主张使用法律体系的概念。当然，在使用法律体系的概念时，也容易和另一个概念即作为法律规范总和的法的体系的概念混淆，由于这个原因，苏联和我国的一些学者主张，把后者称为法的体系（system of law），以区别于法律体系（legal system）。但这种观点并没有得到学术界的普遍认同。在西方和苏联法学界，legal system 或 ПРАВОВАЯ СИСТЕМА 一词在许多学者的著作中有时是指包括法律、法律实践和占主导地位的法律意识等在内的各种法律现象的总体、法律上层建筑，有时则是指法律规范的总和。在我国法学著作中，使用法律体系来表示一个国家不同法律部门有机联系的总体的也不占少数。这里既有翻译问题、习惯用法问题，也有如何用概念恰当反映所要说明的现象的含义的问题。笔者认为，不管上述用法可能造成什么样的混淆，重要的是别人能够了解你所使用的概念所要表达的含义。

法律体系的概念，从其构成来讲，起码包括三个要素：(1) 法；(2) 法律实践；(3) 指导法和法律实践的法律意识。[③]

构成一个国家法律体系的法，只是书本上的东西，有的西方学者称为“书本上的法”（law in books），指的是一个国家现行法律规范的总和，即法的体系。法的体系是一个国家法的内在结构，即各个法律规范之间的内在关系。不同法律体系的国家由于法律传统不同，法的内在结构会有很大差别。比如，在英美法律体系中存在普通法和衡平法的划分，在大陆法律体系中则不存在这种分类。在资本主义法律体系中存在公法和私法的划分，在苏联、东欧的社会主义法律体系中则没有这种分类。[④] 一个国家的法的外在表现形式是法的渊源，各种不同法律渊源——制定法、判例法、习惯法等，在世界各国法律体系中的地位和作用不同，这也成为人们划分不同法律体系的一个重要标准。

法律实践，是法在社会中的运动形式，西方学者有时称之为“行动中的法”（law in action）和“活法”（living law），与“书本上的法”相对。苏联学者使用法律实践这一概念，主要指的是司法实践，是主管机关“在审理法律案件时通过适用法而积累起来的个别性法律活动的具体化经验”[⑤]。它是法律规范在社会生活中的具体化。实际上，法律实践包括多种形式，

---

① 孙国华主编：《法学概论》，45～46 页，北京，高等教育出版社，1990。

② 沈宗灵主编：《法学基础理论》，286 页，北京，北京大学出版社，1988。

③ 参见［苏］阿列克谢耶夫：《法的一般理论》，黄良平、丁文琪译，83～88 页，北京，法律出版社，1988；孙国华主编：《法理学教程》，112～116 页，北京，中国人民大学出版社，1994。

④ 值得注意的是，在不少比较法著作中经常使用“法的结构”或“法律结构”这样的概念，但其含义差别很大，它大致包括下面几种含义：一是法的体系的结构，由不同法律部门和部门群组成；二是法律规范的结构，由假定、处理和制裁组成；三是法的渊源体系的结构，即按规范性文件效力的差别组成的金字塔式的等级体系；四是法律所规定的各种国家制度、政府机构的结构，如议会、政府、法院的内在结构及其相互关系。本书所使用的“法的结构”一词是指上述第一种含义。

⑤ ［苏］阿列克谢耶夫：《法的一般理论》，335 页。

有的需要国家主管机关的干预，如司法和行政执法；有的不需要国家主管机关的干预，如调解和仲裁；就国家机关干预的案件而言，有一般民事、刑事案件的审判，行政案件的审理以及违宪审查等。在各个不同法律体系中，这些不同的法律实践形式的地位和作用的差别很大，从而使它成为划分不同法律体系的一个标准。研究法律实践的概念对于比较法学有重大意义，它直接决定了比较法研究的层次。它不仅涉及法律调整机制的完善，而且涉及法律环境，即法发挥作用的社会条件问题，这就不能不把研究范围从规范的层次深入法社会学的层次。

法律意识同法和法律实践有着密切联系。一般来讲，同法相一致的法律意识，对法起指导和促进作用，是一个国家法律体系的有机组成部分。反之，同法不一致的法律意识，则对法起着负面作用，不是法律体系的组成部分，而是对抗法律体系的力量。法律意识对个人、集体和国家机关的法律实践更有着直接的引导作用。离开法律意识的法和法律实践只是抽象的、死的东西。法律意识有不同的组成部分，就其核心部分即法律意识形态而言，包括中世纪的神学世界观、资产阶级的法学世界观和马克思主义的法律观；就社会法律意识而言，它受到一个民族的法律传统、法在社会生活中的实际地位的强烈影响，包括厌诉心理、好诉心理、“德主刑辅”“法律至上”等。在世界上不同国家的法律体系中，在不同的历史时期，有时这种法律意识占主导地位，有时那种法律意识占主导地位，它们对于划分不同的法律体系也起着重要作用。

总之，法、法律实践以及一个社会占主导地位的法律意识，这些法律体系的不同构成因素，是一个有机联系的整体。不同法律体系的区别有时表现在这一因素上，有时表现在那一因素上，有时表现在某几个因素上。在对不同法律体系进行比较研究时，对法律体系的所有这些因素应该加以综合考虑。

二、分类的标准：从单一性到多样性、从绝对性到相对性

关于世界法律体系的分类，首先遇到的一个问题就是按什么标准进行分类。在比较法的历史上，关于分类标准问题有一个从单一性标准到多样性标准、从绝对标准到相对标准的转变过程。

在比较法早期的历史上，许多学者曾经以种族、语言或法律体系出现的时间顺序为标准进行划分。例如，1913 年绍尔·哈尔（Sauser Hall）曾以种族因素为标准把世界各国的法律体系划分为印欧法系、犹太法系、蒙古法系以及未开化民族法系，并且在印欧法系之下又进一步划分为印度、伊朗、凯尔特、希腊、罗马、日耳曼、盎格鲁-撒克逊和立陶宛-斯拉夫“子系”。1922 年法国学者列韦·乌尔曼（Levy Ullmann）以语言因素为标准把世界各国的法律体系划分为三大法系，即大陆法系、英语国家法系和伊斯兰法系。[①] 1928 年美国西北大学教授威格摩尔将全世界法律体系按照出现时间顺序分为 16 个法系：埃及法系、美索不达米亚法系、希伯来法系、中国法系、印度法系、希腊法系、罗马法系、日本法系、伊斯兰法系、凯尔特法系、斯拉夫法系、日耳曼法系、海商法系、教会法系、罗马化法系、英国法系。他认为，这 16 个法系之中有 6 个是死法系，埃及法系、美索不达米亚法系、希腊法系、希伯来法系、凯尔特法系和教会法系已经消失；有 5 个残存的但已成为混杂的法系，即罗马法系、日耳曼法系、斯拉夫法系、海商法系、日本法系；有 3 个残存的但不太混杂的法系，即中国法系、印度法系和伊斯

① See K. Zweigert & H. Kötz, *Introduction to Comparative Law*, p. 73.

兰法系；而罗马化法系和英国法系则是晚近出现的、混杂的法系。①

第二次世界大战以后，欧洲、亚洲和拉丁美洲一系列社会主义国家的出现和第三世界国家的民族解放和独立运动，对比较法传统的分类标准提出了挑战。首先是社会主义法律体系问题。在十月革命胜利后的一个相当长的时期内，西方主流理论一直无视社会主义法律体系的存在，仍然按照种族因素把它归入所谓“斯拉夫法系”②。第二次世界大战胜利以后，这一状况发生了很大的变化：1950 年法国著名的比较法学家达维德在世界法律体系划分的问题上，第一次将苏联法律体系作为与西方法系、印度法系、伊斯兰法系和中国法系并列的独立的法律体系。这种划分表明，法律体系的划分已经不再单纯地考虑历史传统一个因素了，而是把社会经济和政治制度的因素也考虑进去。在 1964 年达维德又进一步明确指出，法律体系分类的两个标准，即思想意识因素和法律概念与技术因素，应该加以综合考虑。所谓思想意识因素包括政治哲学观点、经济结构、文化传统等。而法律概念与技术因素则主要指法律词汇、法律结构、法律渊源的等级和法官、律师等所运用的方法。第三世界国家的民族解放和独立运动对法律体系划分理论的影响也是巨大的。长期以来西方主流的比较法理论一直把第三世界国家的法律体系视为“未开化民族的法律体系”或“野蛮人的法律体系”。由于第二次世界大战前绝大多数第三世界国家属于帝国主义国家的殖民地，因而在比较法研究中也往往把它们的法律体系归属于殖民地宗主国的法律体系中，没有自己独立的地位。二战后，随着这些国家的民族独立，越来越多的学者包括西方学者逐渐认识到：把它们归属于过去殖民地宗主国的法律体系是不合时宜的。在这些国家，虽然大陆法系和英美法系的因素仍然起着重要的作用，但是扎根于这些国家社会内部的习惯法、宗教法、土生土长的法律制度在社会生活中占有不可低估的地位。正像达维德所说的：“不考虑这个事实，就不可能作出有关当代世界法制的任何符合实际的概括。”③

德国比较法学家茨威格特和克茨进一步明确指出，不能只用一个标准划分法律体系，比较法学家必须抓住法律体系的样式，将不同样式的特点作为划分法律体系的标准。所谓法律体系的样式，即法律体系分类的标准，主要由以下五个因素构成。

（1）法律体系在历史上的来源与发展，如德国、法国和北欧国家在历史上曾受到罗马法的影响，后来它们又分别受到本国或本地区范围内的历史事件的影响，而英国具有自己独特的法律发展道路，苏联及东欧各国受到社会主义革命的影响。

（2）在法律体系中占统治地位的特殊的法学思想方法，如大陆法系的演绎法和体系性思维，普通法系的归纳法和论题性思维，西方的法治主义与形式正义，远东的德治主义和实质正义。

---

① See J. H. Wigmore, *A Panorama of the World's Legal Systems*, pp. 1127 - 1128.

② 即使在 20 世纪 50 年代初期，一些西方学者仍然无视社会主义法律体系的存在，比如法国学者阿曼戎（Anminjon）、诺尔德（Nolde）和伏尔夫（Wolff）在 1950 年出版的《比较法原论》一书中，把世界各国法律体系分为 7 个法系：法国法系、德国法系、斯堪的纳维亚法系、英国法系、俄罗斯法系、伊斯兰法系和印度法系。仍然把苏联的社会主义法律体系称为“俄罗斯法系”。参见［法］阿曼戎等：《比较法原论》，42～53 页。转引自 K. Zweigert & H. Kötz, *Introduction to Comparative Law*, p. 58。

③ ［法］勒内·达维德：《当代主要法律体系》，29 页。在西方主流的比较法理论中也开始出现论述第三世界国家法律体系的著作，如 Barton, Jibbus, Victor H. Li & Merryman, *Law in the Radically Different Cultures*, West Publishing Co., 1983。该书除了介绍大陆法系、普通法系和苏联、东欧社会主义法律体系，还对中国、埃及以及非洲各国的法律体系作了介绍。

（3）具有特征性的法律制度，如普通法系中的代理、约因、禁止翻供、原则上否定履行请求之诉、信托、侵权行为法的决疑论、多元化的所有权、不动产与动产的划分、法人的相对性、遗产归属于遗产执行人、证据法的特殊性；罗马法中的合法家庭的保护、对非婚生子女的差别待遇及原因、权利滥用、直接诉权、债权人代位诉讼、翻转对物诉讼、无过错侵权行为责任、无因管理等；德意志法中的一般条款、法律行为、无因物权契约、缔结契约上的过失、行为基础丧失学说、不当得利制度的总体作用、土地登记簿等；社会主义法中的多元性所有权、计划合同、非婚生子女与婚生子女的平等待遇等。

（4）法律渊源的性质及其解释，如欧洲大陆制定法的主导地位及目的解释，普通法国家判例的突出作用及从严解释，伊斯兰国家《古兰经》的最高地位，苏维埃法中行政法规的异常庞大等。

（5）意识形态的各种因素，如伊斯兰法和印度法中的宗教观念，社会主义法中的马克思主义，资本主义法中的法学世界观等。

茨威格特和克茨关于法律体系划分标准的另一个思想就是所谓"相对性原理"，它包括以下两方面的内容。

第一，"主题相对性原理"，即法律体系的划分由于进行划分的部门不同，其结果也不同。例如，目前在西方学者中最流行的大陆法系和英美法系的划分，主要是以私法为对象进行划分的，如果以公法为对象进行划分的就可能出现不同的结果。美国从其私法制度来看无疑属于英美法系，但从公法，特别是从司法审查制度来看，却与大陆法系的德国、意大利属于同一类型，而英国与属于大陆法系的法国则属于同一类型。

第二，"时间相对性原理"，即法律体系的划分由于时代不同，不同法律体系归属的类别也不同。例如，西方学者长期以来把中国、日本的法看作是远东法，其特点在于法在社会生活中只起次要作用，人们的法律意识是厌诉的，但这只反映了封建时代的中国与日本的情况。随着现代化的发展，法在社会生活中所起的作用越来越大，今天仍然把它们视为远东法就不恰当了。虽然它们在法律调整的某些方面仍然保留着远东法的某些特征，但就其实质而言，由于现代经济的要求，原来意义上的远东法在这两个国家从总体上看已不占主导地位了。

对于茨威格特和克茨所提出的划分法律体系的"样式"和"相对性原理"，在比较法学界也有不同的意见。对于茨威格特和克茨提出的"样式"的构成要素，日本比较法学家大木雅夫提出了全面的批评意见。他一方面肯定了这些要素在划分法律体系中的重要作用，另一方面又认为它们是否恰当值得进一步研究。关于历史要素，是把欧洲大陆的法国、德国、北欧看作三个法系，还是视为位于大陆法系之下的三个亚法系，本身并无定论。考虑到欧洲正在走向统一，这一问题更需要研究。关于"占统治地位的法律思想方法"，大陆法系的体系性思维和演绎的方法，同普通法系的论题性思维和归纳性方法，本来就是互补的，而且在现代又有相互接近的趋势，另外，在西方法与远东法之间所谓好诉与厌诉的倾向，也不是绝对的。关于"具有特征性的法律制度"，虽然不同法律体系可能具有特殊的法律制度，但类似的法律制度可能具有不同的功能，而通过两个完全不同的法律制度却可能达到类似的功能和结果。关于"法律渊源及其解释方法"，不同法律体系法律渊源的序列等级各有自己的特点，法律解释也有不同的方法，但是在大陆法系判例的作用在加强，而在普通法系制定法的数量发展很快；大陆法系的目的解释、从宽解释现在越来越多地在普通法系中得到运用。关于意识形态要素，尽管在宗教法与西方法、社会主义法与资本主义法之间意识形态的差别是明显的，但在宗教法国家，世俗法的作用越来越大，而在社会主义法与资本主义法之间也出现了所谓"自由主义法的社会化和社会主义法的自由化”的“趋同”现象。①

对于茨威格特和克茨提出的“主题相对性原理”，法国比较法学家康斯坦丁内斯库（Constantinesco）认为，它只限于私法领域，而不包括公法领域，这样就失去了“法律体系”分类的价值。为此他提出九个规定性要素作为划分法律体系的标准，即：（1）法律观念与法的作用；（2）意识形态与原理；（3）前提条件与构成的关系，即社会、经济、政治、历史现实与法律规范的关系；（4）经济结构；（5）国家的观念与作用；（6）市民的基本权利；（7）法律渊源及其效力等级体系；（8）法律解释以及法官的地位与作用；（9）各种法的概念以及基本的法律范畴。与茨威格特和克茨所提出的样式构成要素相比较，康斯坦丁内斯库所提出的这些要素取消了历史的发展和具有特征性的法律制度这两项标准，更重要的是，他所提出的这些规定性要素不仅涉及私法领域也涉及公法领域，甚至遍布整个法律体系。②

第二节　世界法律体系的分类

一、世界法律体系分类的历史发展

在西方学者中，一般把法律体系分类思想的起源追溯到亚里士多德的《政治学》，即他对古代世界不同政体的分类。亚里士多德把政体分为正宗政体和变态政体。正宗政体分为三类：君主政体、贵族政体和共和政体。与此相对应的变态政体也分为三类：僭主政体、寡头政体和暴民政体。亚里士多德认为，法律是根据政体制定的，由于政体有好有坏，因而法律也就有好有坏。合乎正义的政体（正宗政体）就是好的、正常的政体，由这样的政体所制造的法律当然也就是合乎正义的、最好的法律；而不合乎正义的政体（变态政体）就是坏的、乖戾的政体，由这种政体制定的法律是违反正义的、坏的法律。③

在近代，孟德斯鸠继承了这种思想，他把政体分为三种：君主政体、专制政体和共和政体。法律由政体性质直接引申出来，立法应与政体的原则相适应。他认为，君主政体是有法律的，法律明确时，法官依照法律判案，法律不明确时，法官则探求法律的精神；专制政体无所谓法律，法官本身就是法律；共和政体要求法官以法律条文的规定为依据，否则在有关公民的财产、荣誉和生命的案件中，法官就有可能对法律作不利于公民的解释。④

19 世纪末、20 世纪初以来，其他社会科学和自然科学的发展对法律体系分类的理论也产生了重要影响。1900 年法国比较法学家塔德（Tard）认为：“比较法要作为一门科学应该建立一种分类，要把所有不同类型法律体系都包括进去，进行真正的分类，就像人类知识的其他部分，如植物学、动物学、矿物学、人类学等学科一样。”西方学者在法律体系分类中最常使用的“法系”一词，英文为 genealogy of law 或 family of law，就是借助了生物学和人类学分类的

① 参见［日］大木雅夫：《比较法》，105～148 页。

② See Constantinesco，*Traite de droit comparé*，t. 1，1972，p. 125 et seqq.. 转引自［日］大木雅夫：《比较法》，114～116 页。

③ 参见［古希腊］亚里士多德：《政治学》，吴寿彭译，100～231 页，北京，商务印书馆，1981。

④ 参见［法］孟德斯鸠：《论法的精神》，张雁深译，7～19 页，北京，商务印书馆，1961。

术语——家谱、世系、血缘、家系。Genealogy 一词的词根为 gene，意指基因，源于遗传学，是 1909 年丹麦遗传学家在奥地利遗传学家孟德尔的研究的基础上提出的，他们认为，基因是执行遗传功能的基本单位。20 世纪的比较法学家正是借助这个概念提出了法系的概念和分类的设想。

自 1900 年巴黎国际比较法学大会以来，西方学者对于法律体系的分类及其标准问题进行了专门的研究，并使这一问题逐步成为比较法学研究的一个重心。如上所述，他们提出了各种各样的划分法律体系的标准，如地理条件、语言、特殊法律体系所承认的法律渊源、意识形态、法律技术、正义观念等。

在早期对法律体系进行分类的学者中，值得一提的还有日本东京帝国大学教授穗积陈重。他认为，一国法律是由固有法和继受法两个因素构成的，因此研究各国法律的关系，既要研究固有法与继受法的关系（这是比较法的内容），也要研究一国的法境（即法律适用的范围）、法源（法律渊源）和法势（其影响与盛衰）。1884 年他曾提出“法律五大族”的分类，即印度法族、支那法族、回回法族、英国法族和罗马法族。这就是我们今天流行的“五大法系”的分类的雏形。1904 年他又在美国圣路易斯举行的万国学艺会上作了关于这个问题的报告，把五大法族又扩展到七大法族，加上了日耳曼法族和斯拉夫法族。①

二、当代西方学者对法律体系的分类

第二次世界大战以后，法国比较法学家达维德对当代比较法学的法律体系分类的理论产生了重大影响。他在 1950 年出版的《比较民法总论》一书中把世界主要法律体系分为五类：西方法律体系（包括两个集团：法国集团和英美集团）、苏联法律体系、伊斯兰法律体系、印度法律体系和中国法律体系。1964 年，他在他的另一部主要著作《当代世界主要法律体系》中，则进一步把世界法律体系分为三大法系，即罗马-日耳曼法系、社会主义法系和普通法系，以及其他法系［包括伊斯兰法、印度法、远东法（中国和日本）、马达加斯加和非洲各国法］。这种三大法系外加其他法系的分类，是当代西方学者中流行最广的分类理论。在他看来，把罗马-日耳曼法系与普通法系区别开来的主要依据是法律概念与技术因素，而把社会主义法系与大陆法系区别开来的主要依据是思想意识的影响。②

德国比较法学家茨威格特和克茨在《比较法总论》一书中按照所谓法律体系的样式构成要素将法律体系分为八类，即罗马法系、日耳曼法系、北欧法系、普通法系、社会主义法系、远东法系、伊斯兰法系和印度法系。其中，日耳曼法系、北欧法系和普通法系的思想因素是一致的，其区别在于法律体系样式中的其他因素；而法律意识形态是把西方法律体系（以上四个法系的总称）同社会主义法系以及宗教法律体系和远东法系区别开来的标准。③

达维德和茨威格特与克茨的法律体系分类的理论，是当代比较法学家的观点中影响较大的观点。美国比较法学家格兰特、戈登和奥撒克威分析了二者的异同：（1）茨威格特和克茨的分类不包括非洲习惯法，因为非洲法很难找到共同性，非洲各国也没有在立法上相互合作的迫切要求，所以谈不上非洲法系，而达维德的分类中包括马达加斯加和非洲各国法；（2）达维德和

---

① 参见［日］穗积陈重：《法律进化论》，北京，中国政法大学出版社，1997。

② 参见［法］勒内·达维德：《当代主要法律体系》，21～32 页。

③ 参见［德］茨威格特、克茨：《比较法总论》，121～141 页。

茨威格特与克茨都把犹太法排除在外，因为他们都认为犹太法影响太小（虽然有历史意义和哲学意义）；（3）达维德的分类不包括北欧法，可能是由于北欧法影响范围小，因而茨威格特和克茨的分类包括北欧法；（4）达维德把罗马-日耳曼法系看成是一个法系，罗马法与日耳曼法被视为从属于罗马-日耳曼法系的亚法系，而茨威格特和克茨则把它们看作是两个独立的法系。

同时，这三位美国学者还指出，不论如何划分，都必须看到存在着一些所谓的混合法系，比如美国的路易斯安那州、加拿大的魁北克省，以及苏格兰、南非、以色列、中华人民共和国，这些地方的法律体系就是两个或更多的法律传统相互混合的产物。①

还应该看到，无论是达维德的四分法，还是茨威格特和克茨的八分法，都有一个共同的缺陷，即他们虽然都承认法律体系的分类标准是多元的，但对于组成这些标准或样式的各因素中，究竟哪个因素占主导地位或起主导作用，他们都没有作出明确的回答，这反映到分类的结果上就必然出现“不对称”的问题。

瑞典学者博丹在《不同经济制度与比较法》一文中特别重视经济制度对于比较法研究的重要意义。他指出：“要正确地了解外国法律规范的真正作用，绝对地需要了解它们的社会背景，即了解那些构成所研究的法律规范的环境、‘背景’、‘非法律的’（经济、政治、文化等等）各种关系的整个复合体。如果所研究的法律是属于研究者不知道或者不能理解的经济制度的国家的法律，那么出现错误和误解的危险性就特别大。”他以商标法为例说明这一问题。商标在以集中计划为基础而不是以竞争为基础的经济制度之下，只有十分有限的使用价值，因此，对于社会主义国家的商标法与资本主义国家的商标法，不了解其经济制度的差别就进行比较是不可能的。如果一个社会主义国家以市场为导向，允许企业自由竞争并让经济刺激指引它们的行为，那么商标法就会具有较大的重要性。②

相比较而言，另一位瑞典学者马尔姆斯特雷姆更重视分类结构的对称问题。他在 1969 年发表的《法律体系的系统：比较法的分类问题》一文中，主张将当代世界各国法律体系划分为四大法群：（1）西方法群（欧美法群），包括罗马法律体系、日耳曼法律体系、拉美法律体系、普通法法律体系；（2）社会主义法群，包括苏联法律体系、人民民主国家法律体系、中华人民共和国和远东人民民主国家法律体系；（3）亚洲非共产主义法律体系；（4）非洲法律体系。③

很明显，这个划分体现了社会政治制度与文化传统对法律体系分类的首要意义，而分类的另一个标准——法律概念和技术因素只在次一级的划分中起作用，如西方法群和社会主义法群的内部划分主要根据这一标准。笔者认为，马尔姆斯特雷姆的这一分类，尽管有许多细节问题还需要进一步探讨，如亚洲、非洲法律体系的划分，但相较于那些把不同社会制度的法律体系不分主次地划分为“三大法系”的分类，从方法论上看，无疑是更恰当的分类。

20 世纪 90 年代初，苏联解体、东欧剧变，这些事件对世界法律体系划分的影响在某种意义上就像 1917 年十月革命和第二次世界大战后在东欧和亚洲广大地区出现社会主义阵营一样，使西方主流的法学家不得不承认在西方法律体系之外还存在一个社会主义的法律体系。苏联解体、东欧剧变后，西方比较法学界普遍的看法是作为社会主义法律体系核心部分的苏联和东欧法律体系已经不再是社会主义法律体系的一部分，它们又回到了大陆法系，回到了所谓的斯拉

---

① See Glendon, Gordon & Osakwe, *Comparative Legal Traditions*, p. 37.

② 参见［瑞典］博丹：《不同经济制度与比较法》，载《比较法年刊》，1978（2）；中译文载《法学译丛》，1980（5）。

③ See Cited in K. Zweigert & H. Kötz, *Introduction to Comparative Law*, p. 57.

夫法系或俄罗斯法系。①

三、苏联、东欧学者的分类

苏联和东欧的学者对于法律体系的分类问题持有与西方学者很不相同的观点，在这一问题上他们的最大特点就是把法赖以存在的生产关系的类型、把法的阶级本质的不同作为法律体系分类的标准，从而提出法的历史类型的概念，这样就把世界法律体系划分为奴隶制法、封建制法、社会主义法和资本主义法这四种历史类型。苏联和东欧学者都认为，法的历史类型的划分是马克思主义历史唯物论在世界法律体系分类问题上的具体体现，它抓住各个不同法律体系之间差别的最本质的方面。同时，对西方学者所提出的法系概念及其分类，苏联、东欧学者的看法有一个演变的过程：最初他们认为，法系是一种"伪科学"的概念，它只注意了不同法律体系在形式上、传统上的特征，给人们以表面现象，没有也不可能抓住不同法律体系之间的本质差别，即它们反映和服务的社会关系的不同，归根结底是生产关系的不同，或者他们采取回避的态度；后来，苏联、东欧学者又逐步承认法系的概念，并使之与法的历史类型的概念相协调，把法系看作是在法律体系分类时位于法的历史类型的概念之下的从属性的范畴、分类标准。

保加利亚学者斯坦列夫认为，马克思主义社会学的基本概念、社会形态的概念是"经过科学检验的法分类学的可靠基础，分类是按照统一标准（社会经济基础不同）建立的，它有力地表明，法类型的主要区别不在于立法技术，而在于对不同类型法系中社会问题所作的解决办法的内容"。他认为："历史唯物主义所指示的上层建筑对经济基础的基本依从性，说明同一类型的法系基本上是相同，不同类型的法系基本上是不同的。上层建筑包括法对经济基础的相对依从性，同时说明同一类型的法系之间存在一些差别，以及不同类型的法系之间也有某些相同点。"②

匈牙利学者萨博回顾了社会主义比较法学的发展。他认为："社会主义法学致力于比较法研究，为时不长。开始时，把各个社会主义法律体系互相比较研究，立即开始了对内比较；而对不同社会制度的各个法律体系的比较，则是后来才开始，而且当时甚至附有某些保留条件……但是现在越来越感觉到，社会主义学者不再满足于这种观点方法；在比较法领域中他们的著作开辟了更广泛的前景，并且建立在更广大的基础之上。"③

在20世纪四五十年代，社会主义法学界，特别是苏联法学界，对法律体系的分类问题还采取"很审慎"的态度，所谓比较也主要是在社会主义国家内部进行。20世纪60年代以来，随着国际局势的缓和，资本主义与社会主义国家和平共处，苏联学者开始重视比较法，但其重点是放在社会主义法和资本主义法的对立上。苏联学者齐夫斯在1964年曾指出，比较法研究的对象既可能是同一类型法系的制度，也可能是社会经济制度下不同类型法系的制度。在第一种情况下，比较法的主要目的是查明共同点；在第二种情况下，比较法的主要目的是对照和揭示不同点，或者是"反衬比较"。他认为，不同社会制度国家的法律制度在外表上虽然相同，

---

① See Glendon, Gordon & Osakwe, *Comparative Legal Traditions*. 与1985年版相比较，1994年版删除了原来作为一篇的社会主义法律传统的内容，而把有关内容合并到第一篇"民法传统"中的第八章"社会主义法律传统的兴亡"。

② ［保］日夫克夫·斯坦列夫：《社会主义法学中的比较方法》，载《法学译丛》，1982（6）。

③ ［匈］伊·萨博：《比较法的各种理论问题》，载《法学译丛》，1983（2）。

但实际上是建立在对立的社会经济基础之上的两种法系的职能因素。因此，比较研究具有意识形态的作用，用于表明社会主义条件下社会政治组织的优越性。萨博在1969年也曾指出，尽管现代世界划分为对立的法系，但必须承认存在相对一致性，没有这种一致性，和平共处就是不可能的。但是，和平共处不可能成为比较法学的思想基础，因为这种观点会在逻辑上承认两种对立社会制度的合二为一。这就是在比较过程中主要揭示社会机制（本质）而不是法律形式的原因。在其论文中，他第一次明确提出，比较分析由两个部分组成：一方面是分析社会因素，另一方面是分析结构和技术的因素。20世纪七八十年代以来，苏联和东欧学者开始注意全面地提出比较法理论，特别是分类问题。萨博这时提出了对内比较和对外比较的问题。苏联学者季列在1975年出版的《社会主义比较法学》一书中指出："在不同国家的法之间通盘地进行比较研究的前提是，首先要有一般的社会经济评定，然后要有法的一般原则及法律渊源的评定。这种方法有助于明确各个法律制度在法的体系中的作用与位置，正确理解被比较的法律制度和法律规范的内容。"季列在该书中还提出应该全面地评价西方比较法学者提出的"法系"理论。由于许多历史和社会经济因素的作用，某些国家的法（如英国法与原英国殖民地的法）之间具有一定法律上的共性。他提出：勒内·达维德及其追随者认为，比较法学的基本任务在于研究这种法系，即一定集团（或"族"）内许多国家的法的同一性。在我们看来，社会主义比较法学对这些对象的研究、评价有些过低了。目前的状况是，社会主义法学完全正确地批评了资产阶级比较法学，认为它不愿承认国家与法的社会经济类型的概念，分类混乱；批评它将制定法系和英美法相比较，因为它把法的渊源的"形式上的类似"作为基础；批评它将法系分为七个族（法国、德国、斯堪的纳维亚、英国、斯拉夫、伊斯兰和印度）的分类方法，把地理特征作为分类基础，达维德提出的法系分类法（分为西方法系、社会主义法系、伊斯兰法系、印度法系及中华法系）则被认为缺乏统一的分类标准等。这些批判是完全正确的，但是忘记了一点，那就是，各个国家的法之间的某些共性是客观存在的，不应该无视和轻视它。

苏联学者阿列克谢耶夫在1981年出版的《法的一般理论》一书中提出了社会主义比较法学的概念、范畴、分类等一系列问题。他首先区别了三个概念，即民族法律体系、法的历史类型和结构上的共同体（法系）。民族法律体系是整个法律现象中单个的和具体的现象，它是把作为历史上具体社会机体的某一社会（国家）的法和构成该体系的其他基本法律现象结合起来考察的概念，也就是说，每个国家都有自己的民族法律体系。法的历史类型则概括地说明历史上一定阶级社会的经济基础相近的所有民族法律体系的统一的社会阶级特征。可以将民族法律体系分为四种类型，即奴隶制的、封建的、资产阶级的和社会主义的。他认为，法的历史类型这一概念是马克思列宁主义法的理论中关键性的概念，借助这一概念可以把民族法律体系同历史上一定的经济基础，同其反映的阶级意志联系起来，从而明确法律体系所反映的社会政治内容。而结构上的共同体，或称民族法律体系的族、法系，则是指同一和不同历史类型的范围内，民族法律体系往往会因特殊结构和法律技术内容方面的重要特点而有所不同。这就使我们能够把某个法律体系或某一类法律体系看作是一种结构上的共同体。他认为，法律体系所特有的基本成分（法律规范、司法实践、法律意识形态）的结构，以及与此相联系的法律体系的技术内容的特点，是从法律方面区分某个法律体系或某一类法律体系的最重要特征。在他看来，对民族法律体系的分类，"结构上的共同体"（法系）这一概念是次要的、辅助性的（位于"历史类型"这一概念之后）根据，因此它在科学上的意义也是次要的、辅助性的。

阿列克谢耶夫认为，当代世界有下列主要法系（结构上的共同体）：罗马-日耳曼法系、盎格鲁-撒克逊法系、亚洲和非洲的宗教性和社团性（不可再细分）的法律体系和社会主义法系。他指出，确定法系划分的主要依据是民族法律体系在结构上和法律技术内容上的特点，但是法律意识形态、法的社会政治内容也起着作用，如在亚洲和非洲的宗教性和社团性的法律体系中，宗教信条、世代相传的主张占统治地位；在罗马-日耳曼法系和盎格鲁-撒克逊法系中，占统治地位的是法学世界观；在社会主义法系中，占统治地位的则是马克思主义。

四、世界法律地图

解决世界法律体系分类的标准是什么，它是如何分布的，在此基础上如何绘制世界法律地图等问题，多少年来一直是比较法学家的一种奢望。2003 年加拿大渥太华大学（University of Ottawa）在网上公布了它们对世界法律体系划分的最新研究成果①，并第一次绘制了世界法律地图。在该项研究中它们将世界法律体系划分为五种类型，即民法、普通法、习惯法、伊斯兰法和混合法。

其中民法法系国家包括三类：（1）在很大程度上接受了罗马法传统，赋予成文法优先地位，最终选择了对它们的一般法律进行系统的法典编纂的国家；（2）一般具有混合的法律制度的特征，它们可能没有诉诸法典编纂的技术，但是仍然保留不同程度的足够的罗马法因素，从而证明它们处于民法传统之内的国家（如苏格兰）；（3）较少受到罗马法的影响，但是其法律，不管是否编纂法典，都建立在制定法观念的基础上，接近纯粹民法传统的国家（如斯堪的纳维亚国家）。

普通法系国家（地区）包括两种类型：（1）其法律的大部分在技术上依赖于英国普通法的概念和法律组织方法，赋予判例法而非立法以突出的地位；（2）其可能不总是与英国法律传统具有密切的联系，有时还具有丰富的法典、立法和非法律的规范性工具，但是普通法的法理仍然是它的基本特征（如美国加利福尼亚州）。

在当今世界很难说有哪一个国家或政治实体典型地或全部是在习惯法之下运作的。习惯可以采取多种形式，它们或者植根于从日常的具体经验中产生的智慧，或者更为知识化地依赖伟大的精神或哲学传统。习惯法（作为一个体系，而不是作为对实在法的补充）有时仍然起着重要的作用，即在相当多的混合法国家或政治实体中在个人行为方面。这明显适合于许多非洲国家，也适合于中国或印度，尽管是在非常不同的情况下。

伊斯兰法系是一个自治的法律体系，在性质上实际是宗教，主要依据是《古兰经》。在许多伊斯兰国家的说教中倾向于限制个人的身份，虽然个人的身份能够相当宽泛地得到确定。

混合法包括两种类型：（1）两个或更多的法律制度重叠地或互动地被适用；（2）那里存在着一种体系并置的状况，但不同体系有不同的适用范围，因此或多或少清楚地确定了适用的领域。

值得注意的是，加拿大渥太华大学的这个分类有几点不同于比较法学中以往的分类：（1）关于社会主义法律体系。作者认为尽管发生了政治剧变，马克思列宁主义的思想有时仍然在某些国家的法律组织中起到重要的作用。但是创造社会主义法的范畴的标准，与西方法相反，是实质标准。而渥太华大学的分类整个来讲赋予制度的技术方面、法律概念和发展与表现

① 资料来源：http：//www.juriglobe.ca/chi/index.php。

法律的方法更重要的意义，而又不限制在浅薄的形式标准上。也就是说，作者之所以把社会主义法排斥在外，主要是由于他们是按照形式标准而不是实质标准进行划分的，这似乎又退回到了 20 世纪 50 年代以前比较法学的状况。（2）关于其他的宗教法。作者关于宗教法的分类只列举了伊斯兰法，是因为它的持久性和广泛的基础；而对印度法，他们认为属于混合法，即普通法、习惯法以及在个别地区的伊斯兰法的混合。该分类仅在较小的程度上包括犹太法，因为以色列混合法律制度特殊的本性。其他最初的宗教法律制度已经失去了它们的原有性质和特殊地位，因为许多重要的因素已经或多或少地被吸收到习惯或国家的制度中。教会法并不是一个宗教法制度：它是一个受到宗教教义启迪的法，但在起源上它是人法，而且它构成了民法传统的一个重要组成部分。（3）关于各个政治实体法律制度的特殊性和一般性。作者提出，每个法律制度作为一个分类的种类，根据其领土和服务的人口都倾向于主张自己具有特殊性。值得注意的是，即使属于同一个法系（例如普通法国家）的美国、英国和澳大利亚，它们的实在法之间也存在着重要的差别，而（民法国家）法国、德国和智利的实在法之间的差别也是不小的。（4）关于政治实体的概念。在渥太华大学的世界法律地图中，分析的单元不是国家，而是政治实体。作者认为，“政治实体”一词主要指国家，但也包括国家的政治组成部分。确定许多非独立领土（其中一些享有不同程度的自治）的法律制度是重要的，这既是因为它们的领土位置使它们与遥远的国家的法律制度的联系变得模糊（如在太平洋、印度洋或西印度群岛上的法国领土），也是由于它们采联邦制或其他的政治结构，它们的法律制度在这样的结构内获得或保持特殊性（如魁北克的法律制度，它是一种混合的法律制度，它的一般法本质上是编纂法典的民法的产物，而在加拿大的其他地方，其一般法在本质上属于普通法）。

加拿大渥太华大学所列世界各政治实体的法律状况如表 5-1 所示。

表 5-1　世界法律体系索引（以英文字母为序）

政治实体	法律体系	混合法律体系的构成
阿富汗	伊斯兰法	
阿尔巴尼亚	民　法	
阿尔及利亚	混合法	民法/伊斯兰法
安道尔	习惯法	
安哥拉	民　法	
安圭拉（英）	普通法	
安提瓜和巴布达	普通法	
阿根廷	民　法	
亚美尼亚	民　法	
阿鲁巴（荷）	民　法	
澳大利亚	普通法	
奥地利	民　法	
阿塞拜疆	民　法	
亚速尔群岛（葡）	民　法	

续前表

政治实体	法律体系	混合法律体系的构成
巴哈马	普通法	
巴　林	混合法	伊斯兰法/普通法
孟加拉国	混合法	伊斯兰法/普通法
巴巴多斯	普通法	
白俄罗斯	民　法	
比利时	民　法	
贝　宁	民　法	
百慕大（英）	普通法	
玻利维亚	民　法	
波斯尼亚和黑塞哥维那	民　法	
博茨瓦纳	混合法	民法/普通法
巴　西	民　法	
文　莱	混合法	伊斯兰法/普通法/习惯法
保加利亚	民　法	
布基纳法索	混合法	民法/习惯法
布隆迪	混合法	民法/习惯法
不　丹	混合法	习惯法/普通法
柬埔寨	民　法	
喀麦隆	混合法	民法/普通法/习惯法
加拿大	普通法	
佛得角	民　法	
开曼群岛（英）	普通法	
中　非	民　法	
乍　得	混合法	民法/习惯法
智　利	民　法	
中　国	混合法	民法/习惯法
哥伦比亚	民　法	
科摩罗	混合法	民法/普通法
刚果（布）	混合法	民法/习惯法
刚果（金）	混合法	民法/习惯法
库克群岛（新）	普通法	
哥斯达黎加	民　法	

续前表

政治实体	法律体系	混合法律体系的构成
科特迪瓦	混合法	民法/普通法
克罗地亚	民　法	
古　巴	民　法	
塞浦路斯	混合法	普通法/民法
捷　克	民　法	
丹　麦	民　法	
吉布提	混合法	民法/伊斯兰法/习惯法
多米尼克	普通法	
多米尼加	民　法	
厄瓜多尔	民　法	
赤道几内亚	混合法	民法/普通法
埃及	混合法	民法/伊斯兰法
萨尔瓦多	民　法	
厄立特里亚	混合法	民法/习惯法/伊斯兰法
爱沙尼亚	民　法	
埃塞俄比亚	混合法	民法/习惯法
斐济群岛	普通法	
芬　兰	民　法	
法　国	民　法	
法属圭亚那	民　法	
法属波利尼西亚	民　法	
加　蓬	混合法	民法/习惯法
冈比亚	混合法	伊斯兰法/普通法/习惯法
格鲁吉亚	民　法	
德　国	民　法	
加　纳	混合法	普通法/习惯法
直布罗陀（英）	普通法	
希　腊	民　法	
格林纳达	普通法	
瓜德罗普（法）	民　法	
危地马拉	民　法	
根西岛（英）	习惯法	

续前表

政治实体	法律体系	混合法律体系的构成
几内亚	混合法	民法/习惯法
几内亚比绍	混合法	民法/习惯法
海　地	民　法	
夏威夷（美）	普通法	
梵蒂冈	民　法	
洪都拉斯	民　法	
圭亚那	混合法	普通法/民法
匈牙利	民　法	
冰　岛	民　法	
印　度	混合法	普通法/伊斯兰法/习惯法
印度尼西亚	混合法	民法/伊斯兰法/习惯法
伊　朗	混合法	伊斯兰法/民法/习惯法
伊拉克	混合法	民法/伊斯兰法
爱尔兰	普通法	
以色列	混合法	民法/习惯法
意大利	民　法	
牙买加	普通法	
日　本	混合法	民法/伊斯兰法/普通法
泽西岛（英）	习惯法	
约　旦	混合法	普通法/伊斯兰法/习惯法
哈萨克斯坦	民　法	
肯尼亚	混合法	民法/伊斯兰法/习惯法
基里巴斯	普通法	
朝　鲜	混合法	民法/普通法
韩　国	混合法	民法/普通法
科威特	混合法	民法/伊斯兰法
吉尔吉斯斯坦	民　法	
老　挝	民　法	
拉脱维亚	民　法	
黎巴嫩	混合法	民法/伊斯兰法
莱索托	混合法	普通法/民法/习惯法
利比里亚	混合法	普通法/习惯法

续前表

政治实体	法律体系	混合法律体系的构成
利比亚	混合法	民法/伊斯兰法
列支敦士登	民　法	
立陶宛	民　法	
路易斯安那（美）	混合法	民法/普通法
卢森堡	民　法	
马其顿	民　法	
马达加斯加	混合法	民法/习惯法
马拉维	混合法	普通法/习惯法
马来西亚	混合法	伊斯兰法/普通法/习惯法
马尔代夫	伊斯兰法	
马　里	混合法	民法/习惯法
马耳他	混合法	民法/普通法
马恩岛（英）	普通法	
马里亚纳群岛（美）	普通法	
马绍尔群岛	普通法	
马提尼克（法）	民　法	
毛里塔尼亚	混合法	伊斯兰法/民法
毛里求斯	混合法	民法/普通法
马约特岛（法）	民　法	
墨西哥	民　法	
摩尔多瓦	民　法	
摩纳哥	民　法	
蒙　古	混合法	习惯法/民法
蒙特塞拉特（英）	普通法	
摩洛哥	混合法	伊斯兰法/民法
莫桑比克	混合法	习惯法/民法
缅　甸	混合法	普通法/习惯法
纳米比亚	混合法	普通法/民法
瑙　鲁	普通法	
尼泊尔	混合法	普通法/习惯法
荷　兰	民　法	
荷属安的列斯群岛	民　法	

续前表

政治实体	法律体系	混合法律体系的构成
新喀里多尼亚（法）	民　法	
新西兰	普通法	
尼加拉瓜	民　法	
尼日尔	混合法	民法/习惯法
尼日利亚	混合法	普通法/伊斯兰法/习惯法
纽埃	普通法	
诺福克岛（澳大利亚）	普通法	
北爱尔兰（英）	普通法	
挪　威	民　法	
阿　曼	混合法	伊斯兰法/普通法
巴基斯坦	混合法	伊斯兰法/普通法
帕　劳	普通法	
巴拿马	民　法	
巴布亚新几内亚	混合法	习惯法/普通法
巴拉圭	民　法	
秘　鲁	民　法	
菲律宾	混合法	普通法/民法
皮特凯恩群岛（英）	普通法	
波　兰	民　法	
葡萄牙	民　法	
波多黎各（美）	混合法	民法/普通法
卡塔尔	混合法	伊斯兰法/普通法
魁北克（加拿大）	混合法	民法/普通法
留尼汪岛（法）	民　法	
罗马尼亚	民　法	
俄罗斯	民　法	
卢旺达	混合法	民法/习惯法
圣赫勒拿岛（英）	普通法	
圣基茨和尼维斯	普通法	
圣卢西亚	混合法	民法/普通法
圣皮埃尔和密克隆群岛（法）	民　法	
圣文森特和格林纳丁斯	普通法	

续前表

政治实体	法律体系	混合法律体系的构成
圣马丁岛（荷；法）	民　法	
圣多美和普林西比	混合法	民法/普通法
沙特阿拉伯	混合法	民法/伊斯兰法/普通法
苏格兰	混合法	民法/普通法
塞内加尔	混合法	民法/习惯法
塞舌尔	混合法	普通法/民法
塞拉利昂	混合法	普通法/习惯法
新加坡	混合法	普通法/伊斯兰法
斯洛伐克	民　法	
斯洛文尼亚	民　法	
所罗门群岛	混合法	普通法/习惯法
索马里	混合法	伊斯兰法/普通法/民法
南　非	混合法	民法/普通法
西班牙	民　法	
斯里兰卡	混合法	民法/普通法/习惯法
苏　丹	混合法	伊斯兰法/普通法
苏里南	民　法	
斯威士兰	混合法	民法/普通法
瑞　典	民　法	
瑞　士	民　法	
叙利亚	混合法	伊斯兰法/民法
塔吉克斯坦	民　法	
泰　国	混合法	民法/普通法
帝汶岛（印度尼西亚；东帝汶）	混合法	民法/伊斯兰法/习惯法
多　哥	混合法	民法/习惯法
托克劳群岛（新）	普通法	
汤　加	普通法	
特立尼达和多巴哥	普通法	
突尼斯	混合法	民法/伊斯兰法
土耳其	民　法	
土库曼斯坦	民　法	

续前表

政治实体	法律体系	混合法律体系的构成
特克斯和凯科斯群岛（英）	普通法	
图瓦卢	普通法	
乌干达	混合法	普通法/习惯法
乌克兰	民　法	
阿拉伯联合酋长国	混合法	普通法/伊斯兰法
英　国	普通法	
美　国	普通法	
乌拉圭	民　法	
乌兹别克斯坦	民　法	
瓦努阿图	混合法	民法/习惯法/普通法
委内瑞拉	民　法	
越　南	民　法	
维尔京群岛（英；美）	普通法	
瓦利斯和富图纳群岛（法）	民　法	
萨摩亚	混合法	普通法/习惯法
也　门	混合法	伊斯兰法/民法/普通法
南斯拉夫	民　法	
赞比亚	混合法	普通法/习惯法
津巴布韦	混合法	民法/普通法/习惯法

第三节　关于世界法律体系划分的几点思考

一、关于世界法律体系划分的标准

世界法律体系的分类由于划分标准、进行划分的部门、时代的不同，而具有相对性。

1. 法律体系的划分由于划分的标准不同，划分的种类也不同

比如，按照法赖以产生的生产关系的类型和反映的阶级意志的不同，可以把不同国家的法律体系划分为不同的法的历史类型：奴隶制法、封建制法、资本主义法和社会主义法。

按照法的渊源和结构上的差别，可以把法律体系分为法典法和判例法，它们分别以欧洲大陆法系和英美法系为代表。

按照宗教对世界法律体系的影响，可以把法律体系分为宗教法律体系和世俗法律体系。在历史上的中世纪欧洲各国的宗教法在属人关系方面曾起支配作用，而现代伊斯兰各国法仍受伊

斯兰教法支配，与之相对应的是世俗法国家，它们都实行了政教分离，宗教规则已被排除在国家法律之外。

按照法在社会生活中的地位、法的重要性程度，可以把法律体系分为以古代中国、日本、朝鲜为代表的远东法律体系和以西方国家为代表的西方法律体系。伊斯兰法虽然也占有重要地位，但它实际上只是伊斯兰教的教义，在伊斯兰国家中，国家法只处于从属地位。

2. 法律体系的划分由于进行划分的部门不同，其结果也不同

例如，目前在西方学者中最流行的大陆法系和英美法系的划分主要是以私法为对象进行的划分，如果以公法为对象进行划分就可能出现不同的结果。美国从其私法制度来看无疑属于英美法系，但从公法，特别是从司法审查制度来看，却与大陆法系的德国、意大利属于同一类型；而英国与大陆法系的法国属于同一类型。

3. 由于法律体系的时代不同，不同法律体系归属的类别也不同

例如，西方学者长期以来把中国、日本的法看作是远东法，其特点在于法在社会生活中只起次要作用，人们的法律意识是厌诉的，但这只反映了封建时代的中国与日本的情况。随着现代化的发展，法在社会生活中所起的作用越来越大，今天仍然把它们视为远东法就不恰当了。虽然它们在法律调整的某些方面仍然保留着远东法的某些特征，但就其实质而言，由于现代经济的要求，原来意义上的远东法在这两个国家从总体上已不占主导地位。

二、关于世界法律体系的分类

世界法律体系划分的标准既可以适用在某一法律制度、法律部门、公法或私法的层次上，也可以运用在整个法律体系的层次上。在整个法律体系的层次上，法律体系分类的标准应是综合的，既要看到社会政治制度的影响，又要看到法律传统、法律技术方面的影响。法律和政治从来都是联系在一起的，世界法律体系的划分与世界政治的结构紧密相关。用美国法学家施莱辛格的话说，这是一个如何描绘“世界法律地图”的问题。比如原属殖民地国家的法律体系，西方学者按照“法的继受”“法律移植”的模式，经常把它们划分到原殖民地宗主国的法律体系中，这与现实是不相符的。这是因为：一是这些国家自从独立以来已废除了原有法律，并制定了自己的新的法律；二是这些国家，特别是亚非国家，原有的法律习惯，在调整社会关系特别是属人关系方面仍然起着相当重要的作用，很难把它们编排到西方的模式中；三是许多发展中国家的法律体系正在发展变化，是混合式的，应使其进一步发展，研究其划分的问题。德国学者莱因斯坦的观点是值得注意的：大约 80％的私法案件在发达国家会有同样的结果，不管它们是由美国、加拿大、法国、阿根廷还是日本的法院来判决。法国法与美国法的相似处，远远大于它与法国的前殖民地塞内加尔的法的相似处！因此，在考虑决定各个国家法律体系的相同点和不同点的主要因素时，殖民地时代所留下的法律传统所起的作用往往并不像一些比较法学家所说的那么重要，它们在当代世界经济与政治格局中所处的地位、它们所处的社会发展阶段可能起着更重要的作用。

在整个法律体系的层次上，对世界法律体系也可以作出两种划分：一种是按照法律体系所依赖的社会形态，东、西方之间的矛盾，分为资本主义法律体系和社会主义法律体系。随着冷战的结束、苏联和东欧集团的解体，这类划分的意义已经不如以前了，东、西方之间的矛盾所占的地位为南北之间的矛盾所代替。另一种是按照南北之间的矛盾来划分，分为发达国家或西方的法律体系和发展中国家或第三世界国家的法律体系。发达国家的法律体系按照它们的法律

传统的差别可以分为大陆法系和普通法系，而发展中国家的法律体系按照法律传统的差别可以分为宗教法律体系（伊斯兰法系、印度教法系）、习惯法体系（古代的远东法系、非洲的传统法）和现代法占主导地位的法律体系（拉丁美洲一些国家的法律体系）。就大多数发展中国家而言，它们的法律体系往往是混合式的，既有宗教法的因素，又受到传统习惯法的影响，还有现代化的法制。这些因素中究竟哪个占主导，依赖于社会的发展水平和文化历史因素。

第四节　比较法研究中的中国法

一、中国法地位的历史回顾

在比较法研究中，中国法一直占有重要地位。美国学者威格摩尔曾经把世界各国的法律体系按照出现的时间顺序分为十六大法系，中国法系是排在埃及法系、美索不达米亚法系、希伯来法系之后出现的第四大法系。[①] 日本学者穗积陈重的五大法系的划分包括大陆法系、普通法系、远东法系、印度教法系和伊斯兰法系[②]；后来他又对此作了修正，加上了斯拉夫法系和犹太法系，从而形成七大法系。无论是五大法系还是七大法系，以中国法为中心的远东法系在其中都占有重要的地位。

但是，在占主流的西方比较法文献中，西方法是正统，中国法只处于边缘地位。20 世纪中后期，西方比较法著作中最有代表性的是法国学者达维德及德国学者茨威格特和克茨对法系划分的论述。达维德把世界各国法律体系分为三大法系，即罗马-日耳曼法系、普通法系和社会主义法系，这三大法系都源于西方。大陆法系和普通法系毫无疑问是西方的，而社会主义法系指的是苏联和东欧的法律体系，原属于斯拉夫法系的范围，起源于西方，特别是受到东正教的影响，亚洲的社会主义国家则是受到苏联的影响。除了三大主流法系之外，达维德的法系划分还包括“其他法律体系”，主要是印度教法、伊斯兰法、远东法、非洲法，其中远东法主要包括中国法和日本法。他把它们都看作是混合法，即传统法与社会主义法或西方法的混合。[③] 茨威格特和克茨将达维德的三大法系演变为八大法系，虽然将非西方法（包括远东法、印度教法和伊斯兰法）作为独立的法系与西方各个法系平列，但是对每个非西方法的论述只有区区几页，而对西方法每个法系的论述都有上百页的篇幅，中国法显然是被边缘化的。[④] 这种边缘化固然和西方主流比较法学界对中国法的了解程度有关，无论是达维德还是茨威格特、克茨，他们都不懂中文，对中国法的了解都是来自二手资料，但更主要的原因是，相对于西方主流法律体系，中国法在当代的地位和影响。

中国法的被边缘化也与世界对中国的了解以及中国学者研究的国际化程度有着直接的关系。20 世纪 70 年代开始编辑的《国际比较法百科全书》共 17 卷，其中第二卷《世界各国法律

---

① See J. H. Wigmore, *A Panorama of the World's Legal Systems*, New York, West Publishing Company, 1928.

② 参见何勤华：《穗积陈重和他的著作》，载［日］穗积陈重：《法律进化论》，1～8 页。另参见百度百科“穗积陈重”词条，http://baike.baidu.com/view/2212647.htm。

③ 参见［法］勒内·达维德：《当代主要法律体系》，23～32 页。

④ 参见［德］茨威格特、克茨：《比较法总论》，121～141 页。

体系》（达维德主编）的中国法部分并不是由中国学者撰写的，而是由日本学者撰写的。[①] 即使到了 20 世纪 80、90 年代，这种情况也没有明显改变。20 世纪 90 年代澳大利亚坎贝尔教授编辑的大型系列丛书"法律和法律理论论文国际图书馆"（the International Library of Essays in Law & Legal Theory），分为学派、领域和法律文化三部分，共几十卷，但全书几乎找不到中国学者的论文，只是在《马克思主义法学》卷中收录了复旦大学李昌道教授的一篇论文——《法的继承性与阶级性》。[②] 可见当时中国学者的研究被世界的认可程度。

中国法的这种边缘地位是由多种原因造成的。首先，中国地位使然。一个国家的法律在世界中的地位决定于这个国家的总体实力。[③] 中国是世界四大文明古国之一，创造过灿烂的古代文明，其法律文化占有重要的地位，其儒家文化也影响了周边国家，从而形成了以中国为中心的中华法系或远东法。在中国打开国门之前，中国法对最早接触中国的西方传教士和受到他们影响的启蒙思想家如伏尔泰等人来说还带有某种神秘的色彩。但是这种情况到了 19 世纪中叶，随着西方文明的兴起、西方列强对中国的入侵，发生了很大的变化：中国国力衰减，过去引以为豪的中华文明连同它的法律文化一起越来越不能独立自主地应对时代的变迁，从清末变法修律开始不得不引进西方法。似乎现代中国法不同于传统法的一切特点都是来自西方，而保留下来的成分，似乎也是妥协或改革不彻底的产物，将来或迟或早总要改。中国法失去了自主性，是被边缘化的主要原因。

其次，中国法的边缘地位也与中国学者自身的国际化程度密切相关。今天，我们经常说的"话语权"就是这个问题。话语权实际上是一个国家的学术界在国际社会的发言权，学术越强大，话语权就越大，这是有客观标准的，不能自说自话。所讲的话在国际社会是否有人听，其引用率如何，就是是否有话语权的客观方面的一个表现。话语权当然有意识形态性，在人文社会科学领域中，西方把持的话语权的意识形态性十分明显。但是，学术的话语权归根结底决定于它所依赖的社会生产方式及其所决定的文化结构，即是否代表先进生产力，是否代表先进文化。一般来说，占主导地位的生产方式和文化结构必然拥有相应的学术话语权。不能想象，一个积贫积弱的民族，已经过时了的生产和生活方式，会在学术上拥有话语权。值得注意的是，在西方拥有话语权的领域，非西方国家要拥有话语权，往往首先要把自己的研究纳入西方话语体系中，以在这个体系中争得一席之地。这就要求，非西方学者首先要学会了解这个体系，用这个体系所具有的一套符号系统说话，用世界或西方的眼光来研究中国法。而在改革开放前，在封闭的情况下，这对于中国学者来说几乎是不可能的。再加上语言的限制，中国学者中懂外语的和国外学者中懂中文的都有限，因此很难使中国法的实际情况为国外所了解。即使翻译成外文，语言通顺，但是词不达意的话，国外学者也很难理解所说的究竟是什么。改革开放前，中国到国外学习的学者数量极其有限，而且主要集中在苏联和东欧国家。中国法学真正对外敞开大门是从改革开放以后开始的。当时派遣了大量的留学生和访问学者，他们的足迹踏遍世界主要法系国家，从而使外国学者有更多的了解中国法的机会；与此同时，其他国家和地区也派

---

① See Rene David ed., "The Legal System of the World : Their Comparison and Unification", Ch. 1, Vol. II, *International Encyclopedia of Comparative Law*, Mohr Siebeck and Martinus Nijhoff Publishers, 1970.

② See Csaba Varga ed., *Marxian Legal Theory*, Dartmouth Publishing Co., 1992.

③ 不能绝对地说国力强法律必然强，因为在历史和现实中确有国力很强但并不是靠法律而是靠道德、政策，靠法、术、势相结合的作用；法律强国力也未必一定强，无论中外，许多重要法典的编纂都不是发生在盛世，恰恰发生在乱世。大量的事实说明，国家到了江河日下之时，统治阶级用什么手段，包括法律本身也是无法挽救它的衰败的。但是毕竟法律的地位与一个国家在世界上的政治影响直接相关。

遣了大批的学者到中国来，通过在中国的实践，他们不仅学会了中国语言，也熟悉了中国文化，中国法对他们不再是深不可测的异物。但是相互了解毕竟需要一个过程，中国法的过去和现在的真实状况时至今日仍然被一些似是而非的观点所左右，即使中国学者中许多人也难免受到这些观点的左右，因此对中国法的误读在改革开放以后甚至现在仍然在所难免。

最后，中国法的边缘化还决定于国外研究中国法的学者的地位。在国外汉学界真正研究中国法律的人数很有限。由于语言，特别是古汉语的缘故，研究中国的法律远远要比研究西方其他国家的法律难得多。① 如果从实用角度看，国外研究中国法的学者大多对中国的涉外法律感兴趣，因为要同中国做生意，就需要了解中国法律有什么规定从而可能涉及自己所研究的某个具体法律领域，如民商法、行政法、刑法等。而对于一般性的社会政治哲学问题，若不下很长时间的功夫，不接触中国的典章制度、档案、典籍，不体验中国的风土人情，要研究中国法律文化几乎不可能。许多研究中国法的西方学者具有献身精神：他们娶了中国人为妻子，长期居住在中国，与中国法研究事业共进退。但是一般来说，在中国法专业领域之外，他们并不是本国第一流的学者，因此对学界主流的影响力有限。当然，也有一些有影响的主流学者，出于对比较研究或全球性制度框架的设计，也涉猎中国法领域，把中国法作为他们宏大叙事的一部分，如孟德斯鸠、马克斯・韦伯、昂格尔等，但他们对中国法的研究仅仅是涉猎而已，故他们的影响另当别论。

二、中国法的特点：法律在社会中的地位

1. 传统的观点：法律不占主导地位

西方对中国法的研究有一个特点，就是把西方法作为参照物，研究中国法不同于西方法的特征。因此，对于研究中国法的西方学者，这种对比性体现得十分强烈。有时，这种对比性是以西方法的优越性为前提的，以此证明中国法的落后和缺陷。后来随着对西方法本身的批判，如西方的批判法学、法律与发展运动、法律与社会运动，也随着文化相对主义的兴起，有时又把中国法的某些特征作为矫正当代西方法弊端的药方。

西方学者对中国法的研究涉及方方面面，就整体评价而言大体包含两个相互关联的问题：一个是法律在社会中的地位，另一个是权力的组织形式。

就法律在社会生活中的地位而言，长期以来都存在一种对中国法的评价，即中国法在中国的社会生活中不占主导地位。马克斯・韦伯提出，中国的统治精英不是通过正式的法律或普遍的道德准则将其权威合法化，而是完全以家长的方式处理事务。恰恰是氏族制度、家族制度使封建王朝颁布的法律的作用受到亲情、血缘关系的限制。韦伯从城市与农村的关系入手比较中国法律与西方法律作用的差别：在西方，城市是政治中心，而在中国，城市对农村不像西方那样居于支配地位，城市居民尤其是富裕居民与氏族的纽带没有断绝，与其氏族、祖庙、祖产一直保持联系，也因此其与家乡所有重要的祭奠和人际关系都维持着。② 也就是说，古代中国法

---

① 美国学者布迪和莫里斯指出，西方汉学家中，除了早期的少数人以外，绝大多数人缺少法律方面的训练，或者对法律不感兴趣；阅读中国文献时，在语体和词汇上遇到巨大的困难。参见［美］D. 布迪、C. 莫里斯：《中华帝国的法律》，朱勇译，1～2 页，南京，江苏人民出版社，1992。

② 参见［德］韦伯：《中国的宗教——儒教与道教》，简惠美译，载《中国的宗教；宗教与世界》，29～334 页，桂林，广西师范大学出版社，2004。

律的控制面有限，在农村地区，大量的社会生活为家规、族规、习俗所控制。

达维德和茨威格特与克茨的著作中都把法律在社会生活中不占主导地位视为中国法或远东法的主要特征，从而形成与西方法甚至印度法、伊斯兰法最主要的不同之处。在他们看来，法在西方文化中是正义的象征，而在传统中国具有负面意义。达维德认为："在中国人看来，法远不是秩序的条件和正义的象征，而是专断的工具和混乱的因素。良民不应该想到法，他应该按不主张权利又不打官司的方式生活。人们第一件操心的事不应是守法；每个人的行为与任何法律考虑无关，应不停顿地寻求协调与和睦。和解较之起诉更有价值，与其用法来解决争端，宁可用调解来消除争端。"[①]

美国学者昂格尔用习惯法或交往法（interaction law）来形容实在法产生之前的状态，而中国在进入中央集权的国家即春秋战国中期（公元前 6 世纪）以前，就处于交往法的阶段。所谓交往法，即法律是从人们的相互交往中产生的，它不是实证的，而是自发的，不需要把它们固定下来；它不是公共的，国家与社会没有分离，它完全是自然而然产生的秩序，不需要国家通过特殊的组织从外部施加某种力量加以颁布和实施。在他看来，春秋战国中期以前的古代中国社会是典型的等级社会，礼具有明显的交往法的特征：第一，礼是社会的等级体系和政治结构的反映；第二，礼是特殊社会条件和地位的内在的习惯形式；第三，礼不是实在的规则，甚至根本不是规则，离开了具体的条件和情境根本无从理解，虽然人们能够破坏礼，但无人能制定或创造礼；第四，礼涉及社会生活的所有方面，但它不是公共的，不是国家制度的产物。[②]

许多外国学者提出，不仅古代中国如此，即使在新中国成立以后，这套传统仍然植根于社会的内在结构。美国著名华裔学者李浩（Victor H. Li）于 20 世纪 70 年代曾经写过一本书——《没有律师的法》，研究毛泽东时代的中国法律制度。他提出，中国法存在着与西方法不同的内部模式。所谓内部模式是中国社会内部自生的，它不需要专业的解决纠纷的人员，而是通过社会自发产生的机制，如村长、家长、以前的乡绅、后来产生的村民委员会，按照传统的乡俗和习惯，通过调解就可以把纠纷化解。这样做既不花钱、省时，又不至于撕破脸皮。与内部模式相对应的是外部模式，是通过法院来解决纠纷的模式，它不是自发的，而是从外部输入的。早在中华民国时期就建立起这种模式。民国政府曾经通过立法推行这一模式，虽然编纂了"六法全书"，但在实际解决纠纷方面外部模式的影响有限。中华人民共和国成立以后通过司法改革改造了留下来的国民党政府时期的司法人员，使外部模式的运行缺乏专业法律人员。因此，虽然法院系统已经建立，但实际上所起的作用极其有限，大量的纠纷还是通过内部模式解决。因此，现代中国和古代中国一样，即使建立起来了法律，仍然是一个法律不占主导地位的社会。[③] 应该说，对中国法的这种评价虽然不乏理想主义色彩，但在相当长的时期都是以负面居多。许多西方学者因此预言，中国要实现社会的现代化，必须使具有公共性、实证性的法律占主导地位，必须实现从传统法向现代法的转变。

但是，必须指出，上述对中国法的评价是以社会和法律的单一的、线性的进化模式为前提的，而且这个模式以西方法律与社会的进化模式为蓝本。正像当年梅因提出的"从身份到契约"的进化一样，这一模式是否正确概括了西方法的发展，在这个模式之外是否还存在着其他

---

① ［法］勒内·达维德：《当代主要法律体系》，31 页。

② See R. Unger, *Law in Modern Society*, New York, Free Press, 1978.

③ See Victor H. Li, *Law without Lawyers: A Comparative View of Law in China and the United States*, Boulder, Westview Press, 1978.

模式，似乎都是不言而喻的，从来没有被怀疑。中国法律与社会的进化、中国法律的发展路径正当与否，也完全以这一模式为标准。

然而，西方学界也并非铁板一块，虽然一部分学者仍然把从传统法到现代法的进化看作是无可争辩的前提，但是在西方学界内部也有些学者对这一模式提出挑战：在文化多元主义和法律社会学研究中，一些西方学者对中国法的深入研究从一个侧面推波助澜，深化了对法律与社会发展模式的研究。我们可以把对这一模式的评价分为两个方面：一个方面涉及对中国模式的概括：传统中国社会是否是一个法律不占主导地位的社会？这里涉及对礼的看法，也涉及中国人是否厌诉的问题。另一方面的评价涉及交往法对社会发展的影响是否一定是负面的，交往法的模式是否必然随着社会的进化、法律的实证化和公共化而被淘汰。前一方面的评价主要涉及历史，而后一方面的评价主要涉及现实。

2. 历史：中国法的范围与厌诉文化

首先我们关注历史。把中国古代社会概括为一个法律不占主导地位，而主要靠礼调整的社会是否有根据？哈佛大学的安守廉（Willianm Alford）教授直接针对昂格尔的观点指出，在秦统一中国之前很长时间内，中国就出现了具有公共性和实证性的法律，例如《尚书》中所记载的商代、周代的法律，因此昂格尔的论点是缺乏历史根据的。[①]

礼与法的关系实际上一直是中国思想史上争论的主题，把礼简单地看成是法的对立面，是非实证化的道德、习俗，似乎过于简单了。这里首先涉及将西文中的 law 翻译成中文的译法。在西文中，作为国家制定或认可的行为规则，law 不仅包括制定法、判例法，还包括习惯法。按照这一标准，在中国，不仅法即刑，而且礼都具有这样的属性。因此，只把 law 翻译为法或刑是不全面的。实际上严复在翻译孟德斯鸠的《论法的精神》(《法意》) 一书时，就意识到这一问题："西文'法'字，于中文有理、礼、法、制四者之异译"[②]，"西人所谓法者，实兼中国之礼典"[③]。美国学者史华兹（Beniamin I. Schwartz）也指出："礼被译为 propriety，而法则被译为 law。基于这种翻译，人们可能认为，在中国对于'法'的任何讨论，都围绕中文'法'这一概念。不幸的是，实际情况颇为复杂。"[④] 在他看来，礼包含着支配人与神、后人与祖先、人与人之间关系的众多行为规范；君臣、父子间人伦关系的行为准则，既包含着类似于西方理想法的观念，又包含着道德榜样的力量，还包含着大量可归于西方民法或私法的内容。而中国的"法"字只代表制裁、刑罚，显然要比西文的 law 的含义窄得多。当然可以把礼理解为习惯法或者交往法，在这种意义上说，礼不具有实证性和公共性是可以的。但是，礼不限于习惯法，在礼与刑的关系方面，礼又是起着指导作用的原则。所谓"道之以政，齐之以刑，民免而无耻。道之以德，齐之以礼，有耻且格"[⑤]，所表述的正是礼、德对政、刑的指导作用。用今

---

① 参见［美］安守廉：《不可思议的西方——昂格尔运用与误用中国历史的含义》，高鸿钧译，载［美］高道蕴等编：《美国学者论中国法律传统》，47～49 页，北京，中国政法大学出版社，1994。当然从逻辑上说，我们也可以赞成昂格尔的观点，即把习惯法或交往法作为一种"理想类型"（ideal type），因为各种法律类型在不同的历史时期可能交织在一起，很难找到一个时期只存在一种类型的法。可以说，在中国最早的历史时期习惯法或交往法占有主导地位。从历史视角看，人们一般也把"铸刑鼎"作为法律公开即具有实证性的标志性事件，此事件发生在公元前 576 年，因此昂格尔的主张也是有一定根据的。

② ［法］孟德斯鸠：《法意》，严复译，7 页，北京，商务印书馆，1981。

③ ［法］孟德斯鸠：《法意》，3 页。

④ ［美］本杰明·I. 史华兹：《论中国的法律观》，高鸿钧译，载《中外法学》，1991 (3)。

⑤ 《论语·为政》。

天的话说，礼属于法的原则的范畴。

讨论礼与法的关系还要注意时间维度。孔子之礼不同于三代，而汉之礼更是有别于先秦。如果说在春秋战国时期礼与法的对峙还有意义，即公开化、实证化的“刑”“铸刑鼎”是否破坏固有的周礼，那么到了汉代以后，引礼入法，礼法结合，法律儒家化已经逐渐成为一种趋势，同春秋战国时期的儒家与法家的争论已经大不相同。① 因此，再说中国法律不受礼的约束，不存在一种类似于西方的自然法观念，可能就站不住脚了。至于所谓礼完全是自发的，礼的产生完全不以立法者的意志为转移，人们可以破坏、不遵守礼，但不可能创造礼的观点并不成立，否则，如何理解“周公制礼”？不同的等级有不同的礼仪、乘不同的车辆、穿不同的服饰，难道都是自发的吗？值得注意的是，一些西方学者在把中国放到他们的宏大叙事中去的时候，不是从史实出发，而是从逻辑出发，不是从史实中发现逻辑，而是相反，削足适履，让史实满足逻辑的安排。

中国人厌诉也是一个长期以来西方人看待中国法的定式，也关系到对法的负面评价。厌诉与好诉，本来就是一个依时间、地点、条件而变化的问题，对厌诉不加分析而作负面的评价，在一定时期、一定语境下可能有积极意义，但是经不住历史考验，今天的西方用替代性纠纷解决机制解决诉讼爆炸已经成为非常普遍的现象。② 至于中国人厌诉的问题，长期以来这似乎是不言自明的。这里涉及对孔夫子一句话的理解：“听讼，吾犹人也，必也使无讼乎。”其实这里说的并不是厌诉，而是说孔夫子和别人在审理案件上没什么两样，只不过他的目的在于达到无讼的境界。关于中国人是否厌诉，近十几年来也有学者提出不同的看法。美国华裔学者黄宗智教授提出，过去西方学者、日本学者和中国学者对清代法律制度的研究，一方面，主要是着眼于清代法律的表达（这一表达体现在成文律例、牧令手册、判牍汇编之类的文献资料之中）；另一方面，虽然也不乏对某些具体案件的分析，但被利用的案件数量往往非常有限，缺乏立足于更广泛的案件对具体司法实践所作的深入分析。黄宗智教授以地方诉讼档案作为主要的研究材料，基于对来自四川巴县、顺天府宝坻县、台湾淡水府—新竹县的清代三地诉讼档案的深入考察，得出一个重要结论：清代法律制度的实际运作和清代官方表述之间存在很大的差距。他将这种突出特征表述为“实践”与“表达”之间的“背离”。也就是说，中国人并不像孔夫子的意识形态“表达”的那样厌诉，实际上存在着大量的诉讼，诉讼者并不像“表达”的那样是

① 参见马小红：《礼与法：法的历史连接》，北京，北京大学出版社，2004。

② 就当代西方社会而言，法律制度高度发达，法律渗透到社会生活的方方面面，好诉、诉讼爆炸甚至已经成为一种社会病。但是，从法院审理案件的实际情况看，以美国为例，尽管书本上的法律设计相当完备、合理，用韦伯的话说是“理性的”，但是在民事和行政案件中真正通过审判予以解决的比例极小，大量的案件都是通过审前程序、简易程序、缺席判决、选择性纠纷解决机制或者撤诉、和解等方式解决，有的材料表明审判所占的比例在联邦法院系统不足 2%，在州法院系统比例可能高一些，但也到不了 10%。就刑事案件而言，美国确实设计了体现法治精神的刑事诉讼程序，包括辩护制度、证据制度、回避制度、上诉制度等，以保护刑事被告的接受公正审判的权利。但是实际情况是这种法律制度所起的作用极其有限，90%以上的刑事案件包括重罪案件根本不通过开庭审判，而是通过诉辩交易解决。（See Galanter，Marc.，“The Vanishing Trial：An Explanation of Trials and Related Matters in Federal and State Courts”，*Empirical Legal Studies*，Vol. 1，Issue 3，2004，pp. 459-570.）这就给我们提出了一个问题：既然西方的法律制度、诉讼制度是形式理性的，促进了社会向合理化的方向发展，为什么人们不愿意选择这种制度设计，而宁愿选择实质的、非理性的、传统的制度？其中的原因固然和法院收费、诉累直接相关，如果所有的案件都按照正式法律程序进行，要解决每年几千万件的诉讼，法院是根本不可能承受的，因此只有通过诉讼分流，通过多元化的纠纷解决机制，通过简易程序处理。但是，我们也注意到，在熟人关系中的厌诉心理，也是导致人们通过其他手段解决争端的一个重要原因，在这方面，西方人与中国人并没有什么本质的差别。

"讼棍""刁民"，而是普普通通、本本分分的老百姓，官府审理案件也不像"表达"的那样大都是通过调解解决，而是很少运用调解。他把这种矛盾归结为意识形态的"表达"和实践之间的对立。在他看来，中国社会就是在儒家意识形态的表达和民间的实践之间的互动中发展的。①

3. 现实：赤脚律师路线与关系资本主义

其次我们关注现实，交往法的模式是否一定会随着社会的进化、法律的实证化、公共化而被淘汰。提出中国法的内在模式与外在模式之分的李浩，在改革开放初期曾经随一个美国法律代表团考察中国的法制建设情况，回国后他写了一篇文章——《对当前中国走向更大的法制化运动的思考》，提出随着宪法和刑法、刑事诉讼法等七部法律的制定，停滞了多年的各种形式的法学教育得到恢复，法学研究和普法教育迅速发展，中国正在兴起一场走向法制化的运动。同时他又十分尖锐地指出：这一运动主要还停留在书本上，"书本上的法"多于"实际中的法"。如何把制定的法律付诸实施，是一个远比立法困难得多的任务。由于法律专业人员的缺乏，基础薄弱，厌恶法律的心理以及任务艰巨，中国新建立的法律体系不可能在短期内产生明显的、实质性的结果。他奉劝那些对中国文化根本不了解的西方法学家，不要用西方的法律观念看待中国的法制建设，不要使对中国法制发展的预测受到西方人对正规化法律偏好的影响。他提出，如果中国的法律设计者采取一种更渐进的发展战略、较低的期望值，减少资源需要，在根本上遵循一条半法律的赤脚律师的路线，中国的法制化运动就可能成功。② 所谓赤脚律师的路线和西方以法律的形式化、正规化、职业化为特征的法律发展模式显然是不同的。

法国学者德泽雷（Yves Dezalay）和盖斯（Bryant Garth）于 1997 年发表《法律、律师和社会资本——"法治"和关系资本主义》一文，更直接涉及传统模式对于经济发展的积极意义。他们提出：除了发展资本主义的西方模式，所谓"法治资本主义"，还存在着一个东亚的"关系资本主义"模式，即东亚不是靠法治，而是靠亲情、朋友关系发展资本主义。实际上，韦伯在《中国的宗教》一文中早就提到了中国社会中家族、氏族关系的作用，但是他把中国和西方作为对比的两极，在西方早在中世纪氏族势力就已经解体，而在中国，氏族、家族的势力始终起着重要的作用。这也是为什么西方发展为理性的资本主义，而中国却墨守成规，始终停留在原地。③ 在《宗教与世界》一文中，他更明确地指出，盈利是任何经济都具有的特征，但是西方资本主义的特点在于存在着合理的、自由的劳动力组织，它与中国的家族经济最大的不同在于"家计与营业的分离"④。但韦伯的结论是西方靠形式理性的法律制度、靠法治走向资本主义，而中国的家族、氏族制度阻碍了资本主义。

---

① 参见黄宗智：《清代的法律、社会与文化：民法的表达与实践》，上海，上海书店出版社，2001。日本的夫马进教授在 1990 年年初对此问题有专门的反思，近年他主编出版了《中国诉讼社会史》（京都大学出版会 2010 年版）一书。参见尤陈俊：《"厌讼"幻象之下的"健讼"实相？——重思明清中国的诉讼与社会》，载《中外法学》，2012（4）。

② See Victor H. Li, "Reflection on the Current Drive toward Greater Legalization in China", *Georgia Journal of International and Comparative Law*, Vol. 10, 1980, pp. 221 - 238; John H. Barton, James Lowell Gibbs, Victor Hao Li & John H. Merryman, *Law in the Radically Different Cultures*, West Publishing Co., 1983（其中有关中国法的部分）。值得注意的是，在众多的比较法著作中，绝大多数都是以介绍西方法律体系为主要内容，该书可谓独树一帜，它所体现的是一种文化多元主义的倾向，其关注的重心恰恰是与西方法律文化迥然相异的法律，包括中国、非洲、阿拉伯、印度等的法律。

③ 参见［德］韦伯：《中国的宗教——儒教与道教》，简惠美译，载《中国的宗教；宗教与世界》，29～334 页。

④ ［德］韦伯：《中国的宗教；宗教与世界》，454～458 页。

前述《法律、律师和社会资本——“法治”和关系资本主义》一文的背景已经大不同于以往的文章的背景，在经济发展方面，过去西方一枝独秀，世界其他地方只能仿照西方模式，没有资本谈自己的模式。日本和亚洲“四小龙”已经在20世纪60年代到80年代发展起来，而中国，特别是中国东南沿海地区，在20世纪90年代经济飞速发展，创造了比西方经济发展更加快速的“奇迹”。因而，人们自然会提出这样的问题：东亚这些国家和地区，特别是中国，靠什么机制创造了经济奇迹？马克斯·韦伯曾经提出的经典问题是：为什么资本主义只产生在欧洲，而在世界其他地方没有自己产生资本主义？他的结论是：这和一种特殊的法律制度，即欧洲所特有的形式理性的法律制度，有着密切的关系。所谓形式的，是相对于实质的而言，即法律与道德、宗教等实质价值相分离，处理案件只依赖法律，而不依赖法律之外的其他标准；所谓理性的，是相对于非理性的而言，即审理案件不是按照个案处理，案件的结果是不可预知的，而是按照一般的规则处理，案件的结果是可预知的。显然，这种形式理性的法律制度具有自治性，是可预期的，从而为资本主义经济的发展提供了制度基础。① 而中国法恰恰建立在实质、非理性的基础上，法律与其他社会规范没有明确的划分，大量的案件都是按照个案处理，没有一定的规则，在此基础上要建立一种合理的、可预期的经济几乎是不可能的。换句话说，中国要想建立和发展现代经济，不使自己的法律制度向形式理性的方向发展，根本不可能。

20世纪90年代论证这一问题的前提发生了重大变化，东亚经济的奇迹虽然与形式理性的法律制度有一定的关系，但是真正具有特色的却是东亚的社群主义、日本公司的团队精神、韩国的集体主义，以及包括我国香港、台湾地区在内的华人社会家族经济所体现的“关系”的重要意义。这些“关系”存在于公司或社团内部，在那里家族或家庭经济占有相当大的比重，它们存在于国家的正式制度之外，不受正式制度的约束，实际上公司的所有重要岗位都为家庭的主要成员所把持，从而形成了一个内部无摩擦、高效率的团队；这种关系也延伸到公司之外，在社会生产的各个链条中，在产供销的各个环节形成了一个建立在熟人关系基础上的相当牢靠、可预期的联系；此外，这种关系还扩大到公司与政府主管部门、公司与银行之间：从正面讲，政府为公司提供行政指导，指引公司趋利避害，向最小风险、最大利润的方向发展，公司则通过纳税、捐献等形式为政府提供资金来源；银行为公司提供财政支持，公司则为银行提供丰厚的利润来源。它们之间不仅存在着在法律上公开的、透明的这类关系，而且存在着公司经理与政府部门主管、银行的主事人之间建立的私人关系。这种私人关系就像一种润滑剂，使法律上存在的僵硬、死板的关系变活，从而成为东亚经济迅速发展的一个特别显眼的现象。②

这种家族经济不仅仅在海外华人社会，而且自改革开放以来，在广东、福建等东南沿海地区也迅速发展起来。尤其值得注意的是，自20世纪80年代以来，中国经济首先发展起来的领域并不是国有大中型企业，也不是有着较高集体化程度的人民公社，恰恰相反，工业上的各种类型的中小企业，特别是乡镇企业，以及农业上的家庭联产承包责任制，是推动当时中国经济迅速发展的主要力量，而这些经济模式无不具有家庭经济的影子。它们恰恰不是按照“正规化的模式”，依赖所谓“形式理性”的逻辑，而是依赖最原初的家庭经济的模式，按照人际初级关系所固有的内在逻辑而运作的。根据韦伯的标准，这种家庭经济的“家计和经营”没有分

---

① See Max Weber, *Max Weber on Law in Economy and Society*, Ch. 4, ed. by Max Rheinstein, Cambridge, Mass., Harvard University Press, 1954.

② See Yves Dezalay & Bryant Garth, “Law, Lawyers and Social Capital: ‘Rule of Law’ versus Relational Capitalism”, *Social and Legal Studies*, 6 (1), 1997, pp. 109－141.

离，“打虎亲兄弟，上阵父子兵”是这类企业运营的典型模式。家庭企业的管理和会计掌握在家庭的核心成员手中，雇员多半是同乡、熟人，缺乏独立地位，根本不像西方合同理论所说的那样通过劳动契约把雇员和雇主联系起来。① 这里没有政府的特意安排，运作也很不规范，它们所要求的恰恰是政府的“松绑”、不干预。② 换句话说，中国经济的奇迹已经为挑战传统理论、创造新的理论提供了现实素材。当韦伯提出资本主义只产生在欧洲是和欧洲固有的形式理性的法律制度相联系时，面对中国和东亚的经济发展，难道我们不能从西方学者所谓的过时了的“交往法”中得到某些启示吗？难道我们不应该对已经在西方法的发展中被固化了的从传统法到现代法的发展模式重新加以审视吗？

三、中国法的特点：关于权力组织形式

1. 传统的观点：东方专制主义

西方学界对中国法的另一个评价集中在中国的权力组织形式上。如上所述，在西方主流的比较法文献中，与西方的法治主义相对立，中国是一个法律不占主导地位的社会。中国法的另一个特征则是“东方专制主义”或集权主义、威权主义，这和西方的分权制衡形成鲜明的对照。东方专制主义是美籍德国学者魏特夫（Karl A. Wittfogel）研究包括中国在内的东方国家时发明的一个特殊的词汇，认为东西方社会是两个完全不同的社会形态，东方社会的形成和发展与治水密不可分。大规模的水利工程的建设和管理要求建立一个遍及全国的组织。“因此，控制这一组织的人总是巧妙地准备形成最高统治权力”，君主专制便由此形成。而中国正是这一特征的集中反映。③ 魏特夫把中国社会称为“治水社会”，而东方专制主义的根源恰恰在于自然地理环境。

其实，韦伯在比较中国社会与西方社会的不同时，也多次指出中国社会治水的特点酝酿了家长制的专制主义。“治水的必要性乃是存在于整个中国历史上的中央政权及其家产官僚制之所以成立的关键所在。”④ 他用“家产官僚制”（patrimonial bureaucracy）一词来描述中国的中央集权体制，他认为：在春秋战国中期，特别是秦统一中国之前，实行分封制，最终使王权虚化，形成强大的地方割据。秦统一之后，改分封制为郡县制，实施中央集权、分层管理的统治。在家产官僚制下，皇帝以“天”“天道”的名义对国家实施统治，由各级官吏组成的全国性的官僚机构，是帝王家族的伸延。国家的财政被视为国君的私产，各级官吏是皇帝的家臣，

---

① 2007年以前中国为制定《劳动合同法》而对企业用工状况进行调查时发现，没有签订劳动合同的大都是这类家庭企业。迫于法律的规定，即使签订劳动合同，也是形同虚设，根本不执行。制定《劳动合同法》之后，签约率逐年提高，但是2008年以来的金融危机，使许多家族企业由于劳动成本的提高而难以维系，由此引起《劳动合同法》实施效果的争论。参见刘宝坤：《行动中的劳动合同法》，中国人民大学博士学位论文，2011。与此同时，中国家庭企业未来的前途如何，如何做大做强，也日益引起人们的关注。有材料表明，家族企业在中国仍然有强大的生命力（参见《2012年中国家族企业调查报告》，见 http：//www. chinahrd. net/employee-relations/employee-relations-maintenance/2012/0927/175712. html）；但也有人主张，中国家族企业在进入“富二代”之后要继续发展，在用人制度上必须实行“家计与经营”的分离。

② 参见朱景文：《法治和关系：是对立还是包容——从韦伯的经济与法律之间的关系的理论谈起》，载《环球法律评论》，2003年春季号。

③ 参见［美］魏特夫：《东方专制主义——对于极权力量的比较研究》，徐式谷等译，北京，中国社会科学出版社，1989。

④ ［德］韦伯：《中国的宗教；宗教与世界》，52页。

以家仆的身份代皇帝征收赋税，管理他的家产。官吏是以个人资格通过科举考试被录用的读书人，他们熟谙儒家经典，却不具备行政管理的专业知识。这种由皇权世袭产生的官僚体制，与欧洲中世纪的封建制有很大不同。封建制的基础是诸王侯对君王在法律或契约上的效忠关系，王侯在自己的采邑领地上行使独立的统治权力，而在中国的家产官僚制下皇帝与官员之间是一种以家长制的父子关系为比附的君臣关系，各级官员的升迁主要注重是否具备作为一名家臣的可信赖的人格修养，而不注重其行政专业知识。在权力结构体系中，将司法、行政、理财集于一体，因而无法产生理性的专业分工基础上的行政管理体制，在财政上也颇难形成依靠严密计算和理性管理、以谋利为目的的经济制度。①

就法律而言，对中国专制主义的评价往往都集中在一点，中国君主的权力是不受约束的，中国缺乏类似西方的自然法观念。中国科技史专家李约瑟指出，中国未能明确提出一个作为检验和评判官方法律基础的自然法观念，从而延缓了近代法律的发展和科技的进步。他同样在意春秋战国时期“铸刑鼎”的实践，认为中国的礼不是制约实在法的自然法，而是与法对立的，是对法典化的阻力。② 费正清指出，古代中国未能产生一种可与西方古典法律相媲美的法律制度。古代中国法与西方法不同的主要特点是，它是刑事的而不是民事的，是世俗的而不是以宗教原则为基础的，是支持国家权力的而不是限制专制的。“法家的法律观与罗马的法律概念相比，有着较大的缺陷。西方的法律一直被认为是上帝的或自然的某种更高级命令在人间的体现，而法家的法律只代表了统治者的命令；法律大部分是行政性的和刑事的，是民众避之犹恐不及的东西。”③

在昂格尔看来，古代中国既不同于古代西方，也不同于印度教、伊斯兰教国家，在世俗的官僚法之上，还存在着教会法或神法，从而使官僚法或世俗权力不可能不受制约，而在古代中国皇权是至高无上的，没有任何权力能够对它形成约束。中国古代社会的交往法虽然发展到具有公共性和实证性的官僚法，但没有进一步发展为具有自主性的法律秩序。昂格尔认为其原因有二：一是古代的“士”虽然在过渡时期起了重大的作用，但他们始终依附于君主，没有独立地位，这方面与欧洲的第三等级有很大的差别；二是中国的宗教缺乏超越性，没有欧洲那样的牧师群体对皇权产生制约，而是为现存秩序辩护，使其戴上神圣的光环，从而缺乏对政治权力的制约。④

2. 历史：对皇权的约束

西方对东方专制主义的批判一直是对中国法评价的主流，对中国的古代法是如此，对现代法的批判，特别是对中国共产党领导的当代中国法的批判，更是如此。但是，即使在这个方面，也不是众口一词的，也有不同的声音。实际上，西方主流观点对中国法的评价也可以分为两类：一类集中在中国法的历史传统方面，即中国古代的统治者是否不受约束；另一类集中在中国现实。

就传统中国而言，皇权的至高无上、君主专制的确是这种体制的突出特征，口含天宪，言

---

① 参见［德］韦伯：《中国的宗教；宗教与世界》。

② 参见［英］李约瑟：《中国科学技术史》，第 2 卷，何兆武等译，第十八章，北京，科学出版社；上海，上海古籍出版社，1990。

③ Edwin O. Reischauer，John K. Fairbank，*East Asia*：*The Great Tradition*，Boston，Houghton Mifflin Company，1960，p. 84.

④ See R. Unger，*Law in Modern Society*.

出法随。但这并不意味着皇权是任意的、不受任何约束的。首先，在一般意义上，任何法律，不管立法者的意志如何，都必然受到社会的制约。中国的皇权也是如此，受到社会形势的左右、百姓的约束。虽然“水可载舟，亦可覆舟”是孔夫子的教诲，是唐太宗李世民的感悟，但它也是中国封建王朝治乱兴衰的逻辑。皇帝个人的欲望和社稷安危孰轻孰重，是具有至高无上权力的君主必须掂量的。虽然这种约束并非自觉，对皇帝个人而言，有的可能更自觉地接受这种约束，成为“明君”，有的则很不自觉，甚至无视这种约束，成为“昏君”，但社会形势和民意总像一把尚方宝剑，对任意妄为加以限制。

其次，所谓中国缺乏自然法观念、更高的法的观念的观点是值得商榷的。一方面，皇权至高无上；另一方面，也必须承认皇权受到儒家经典的约束。所谓“君君，臣臣，父父，子子”，不是只包含臣对君的绝对服从的一面，而且包含君要像君、父要像父，“爱民如子”是儒家对君臣关系的写照。美国学者史华兹说：“‘父’这一概念不仅关系到社会地位，而且还规定了某种被认为正确的行为方式”[①]，否则就难免“礼坏乐崩”、僭越、造反、以下犯上。至于中国的“士”：缺乏独立性，依附于他所服务的君主，学而优则仕，这的确是中国“士”的品质，但是这只是“士”的一面，不能否定他的另一面——清高和人格独立。安守廉批驳昂格尔关于中国缺乏对世俗权威的制约时指出：“孔子及无数其他奉行与腐败权威保持独立而不是服务于这样君主的学说的政治人物在中国道德传统中被置于突出地位。”[②] 关于中国的宗教是否对君权形成制约，诚如韦伯所说，中国的儒教不言鬼神，不相信来世的报应，其目的在于保持人的行为与现世的伦理秩序的一致性，因此，它不同于西方的基督教，特别是新教。[③] 但由此认为儒教不可能对现实的秩序提出挑战，只具有保守性则言过其实了。对违背伦理秩序的谴责应该作辩证的分析：一方面，具有保守性，将一切对现实秩序提出挑战的行为斥之为违背天道；另一方面，对于胡作非为、倒行逆施的君主而言，这是一种天谴。尊重伦理秩序在中国封建王朝发展的过程中一直具有双重作用。中国历史上无数农民起义举起“替天行道”的旗帜，也表明“天道”对皇权的制约。

最后，皇权虽至高无上，但也不是任意妄为。皇帝必须顾忌祖训、祖制。在任命大臣、权力分配、婚丧嫁娶、内外事务等问题上不是无章可循、皇帝想怎么办就怎么办，而是都有一定之规的，不能乱来。即使祖制阻碍社会变革或皇帝的任意，要推翻祖制，也常常不得不“托古改制”，否则就没有合法性。就正式制度而言，皇权受到的制约还包括言谏、皇权与相权的分离、庭议等制度。就皇权之下的管理系统而言，许多研究表明，虽然没有像西方那样的立法权、行政权和司法权的分权制度，但中国实行文武相制，文官系统和武官系统在功能上是相对独立的。

就中央权力与地方权力而言，虽然韦伯提出中国的中央集权体制具有“家产官僚制”的特征，但是，他也注意到，和任何中央集权体制一样，中国中央政府所控制的范围是有限的。此外，中央政府对地方缺乏了解，地方糊弄中央。这成为与高度中央集权共生的具有普遍性的现象。按照韦伯的看法，“除非帝国是在一个精力过人的统治者的支配之下，否则官吏往往少报

---

① ［美］本杰明·I. 史华兹：《论中国的法律观》，高鸿钧译，载《中外法学》，1991（3）。

② 对昂格尔关于中国古代缺乏自然法观念的批判，参见［美］安守廉：《不可思议的西方——昂格尔运用与误用中国历史的含义》，高鸿钧译，载［美］高道蕴等编：《美国学者论中国法律传统》，53页。

③ 参见［德］韦伯：《中国的宗教；宗教与世界》。

可课征租税的田地面积和纳税的人数，少报之数大约是已公布的土地户籍登记数字的40%”①。实际上，中国“家产官僚制”的专断独裁特征以及历代官制上的一些弊病，再加上盘根错节的宗族组织和宗法势力的影响，都在一定程度上阻碍了中央政权渗透到广大的边陲地区，在“山高皇帝远”的村落很难建立起有效的政治和法律秩序。②

四、另一种思考：中国法与西方法对立吗

在中国法和西方法的比较研究中，无论是在西方学者中还是在中国学者中，我们经常听到一种观点，即中国法与西方法是对立的：中国法律不占主导地位，西方法律占主导地位；中国人厌诉，西方人好诉；中国人强调人际关系的和谐，西方人主张个人权利；中国集权西方分权等。许多研究已经注意到，这种对比可能是成问题的，在时间上是错位的，即不能把传统中国法与现代西方法相比。这当然是一个很重要的论点。但是，这种批判有一个有形无形的预设——传统中国法还处在法律发展的早期阶段，现代中国法尽管还有许多传统法的痕迹，但发展方向是像西方法那样的现代法。我们不打算过多地纠缠这一问题，而是想从另一个角度对中国法与西方法的对立提出质疑：如果说中国由于家族关系、熟人关系的缘故，成为法律不易进入的领域，因而法律不占主导地位，那么在西方遇到熟人关系时法律的地位如何？如果说中国由于治水成为一个高度中央集权的国家，那么西方在遇到天灾人祸、大的社会动荡等紧急状况时又如何应对？

1. 关于法律地位的反思

谈到从传统法向现代法的转型，人们经常提出它伴随着从熟人社会向陌生人社会的转型，伴随着个人身份的独立，伴随着从家长制的权威向政府权威、法律权威的转型，因此推论出是家族、家庭的作用越来越小，法律的作用越来越大。但是，这种理论忽略了一点：熟人关系绝不是只有传统社会才具有的，即使是现代社会，人们在从自己的家乡，从熟人社会移居到城市，移居到陌生人社会之后，在新的条件下还会建立新的熟人关系。当代西方学界法社会学和组织社会法学都对于熟人关系对现代社会的意义重新进行了思考。

在法社会学领域，美国著名法社会学家马考利（Stewart Macaulay）早在20世纪60年代就提出了商人习惯在解决商业纠纷中的重要作用。在他看来，正式的合同远远不像合同法教科书所说的那么重要：在订立合同时，商人们注意的只是主要条款，如商品的规格、数量、交货的日期和方式等，而对于其他条款，如不按期交货或商品质量不符合要求、违约责任、如何解决争端等问题，则认为没有事先讨论的必要，而留给商人们在发生了纠纷以后再商量，留给商业习惯。即使商人交易有合同，按照定式合同签订，但是当事人也仅仅把合同看作是订货单，没有注意其他条款。在交易实施过程中如果发生争端，商人们都是按照商业习惯来处理，很少有人请律师，把合同争端提交到法院解决。在他看来，信守承诺是商人圈内的一个特别重要的习惯，如果不守信，不按时交货，提供假冒伪劣产品，他的商业信誉就会降低，被列入商业圈的黑名单中，这对他未来的交易会产生极大的负面影响。而且，正式的合同甚至会阻碍商事交往：在签订合同时，在主要条款之外的细节上花费很大精力，只能延误交易，甚至还没有交易就撕破脸皮；在执行合同时，严格按照合同办事，会捡了芝麻丢了西瓜。为此，马考利说了一

---

① ［德］韦伯：《中国的宗教；宗教与世界》，92～93页，注59。

② 参见［德］韦伯：《中国的宗教；宗教与世界》，92～96页。

句非常著名的话："对商人来说，保持他们之间的长期的不断的业务联系比一场官司的胜负重要得多！"[①] 也就是说，即使在现代经济交往中，渗透在商业交易中的内在模式，即非正式的"交往法"不但没有消失，而且仍然起着至关重要的作用，甚至是商人交易的第一选择。

麦考尼尔（Ian R. Macneil）的《新社会契约论》用更加明确和理论化的模型表现出合同在熟人社会和陌生人社会表现的不同形态。他把契约分为两类，即个别性契约和关系性契约。个别性契约意味着"除了单纯的物品交换外，当事人之间不存在任何关系"。这其实就是19世纪建立在商品经济基础上的纯粹的、古典的契约关系的抽象。但是，契约行为其实应该理解为从个别性交易到关系性交易的有阶段的连锁。而在社会经济实践中，处于继续伙伴关系中的当事人一般都将许多契约条款悬而不决，今后再根据商业需要作随机应变的调节。他特别借鉴中国注重人际关系的经验，提出契约不是"一锤子买卖，而是经历一段时期的过程。而关系性契约与习惯、内部规则、社会性交换、对于将来的期待等交织在一起，形成了一条环环相扣连锁，契约的履行和纠纷的处理都以保护这种长期性关系为原则"[②]。

在组织社会学领域，就"法律地位"而言，法律是一种正式制度，是一种刚性的规定，适用于调整人们之间的正式的、由国家确认和保证的关系。但是，人们之间的关系并非都是正式的。按照组织社会学的观点，组织结构可以分为正式结构和非正式结构：正式结构和法律或组织规范相关，它建立在组成成员间的正式关系的基础上，是按照人们在组织中的地位建立的，与人们之间的亲疏远近、熟悉程度无关，最典型的就是韦伯所说的"科层制"的关系。而非正式结构，则建立在组织成员间的非正式关系即初级关系的基础上，是在人们的长期接触基础上所形成的亲密关系、熟人关系。韦伯提出，资本主义首先产生于欧洲与科层制，与由此产生的西方的文官制度、公务员制度有着必然的联系。[③] 而韦伯以后的组织社会学的一个重要进展是提出组织的二元结构，提出在组织的非正式结构中仍然会产生初级关系，如老上级与老下级之间、老同事之间的关系。总之，人们之间的关系并不像科层制中的对号入座的正式职位关系一样刻板，还存在着许许多多非正式的、建立在长期接触所产生的友情基础上的关系，在许多情况下这种关系与法律无关，在法律之外运作，并从中产生内在的规范；它仿佛是一种润滑剂，使原来僵硬的关系变活。[④] 而这恰恰是在传统中国乡土社会、人们面对面的互动的社会，调解能大行其道的原因。但是也必须清醒地看到，这种关系的润滑剂如果渗透到由法律调整的正式关系中将带来灾难性后果——官商勾结、黑金政治。中国社会所蔓延的拉关系、走后门的不正之风，恰恰是"关系"一词的负面写照。但是，这并不是华人社会或中国的"专利"：金融危机所揭露的情况表明，西方的金融危机、华尔街的丑闻恰恰表明"关系"的负面作用。因此，调动、发挥"关系"的积极作用，防范、抑制其消极作用，是无论西方还是中国在法治发展中都需要面临的问题。

2. 关于权力组织形式的反思

就权力组织形式而言，西方的发展路径伴随着古代雅典的民主制、中世纪的教权与王权的

---

① Stewart Macaulay, "Non-Contractual Relations in Business: A Preliminary Study", *American Sociological Review*, 28, 1963, pp. 55-67.

② ［美］麦考尼尔：《新社会契约论》，雷喜宁、潘秦译，北京，中国政法大学出版社，1994。

③ 参见［德］马克斯·韦伯：《经济与社会》，林荣远译，第三章，北京，商务印书馆，1997。

④ 参见［美］W. R. 斯科特：《对组织社会学50年来发展的反思》，李国武摘译，载《国外社会科学》，2006(1)；于显扬：《组织社会学》，第五章，北京，中国人民大学出版社，2001。

分离、现代的分权制衡。限制绝对权力好像是一条主线，但是，在西方国家发展的历史上，集权、专政也是一个并不罕见的现象。专政作为一种制度，早在罗马共和国时期就产生了。罗马共和国实行王权（执政官、独裁官）、贵族（元老院）和平民（保民官）三权分立的体制，但是从效率上讲，达成各方都能满意的决定需要时间。在危急情况下利用这种分权的制度去对付那些刻不容缓的事，就会贻误时机。在非常时期共和国赋予独裁官以处置权，这就是专政（独裁）（dictator）这一制度的起源。当战争、动乱等造成的紧急情形发生时，元老院可以发布命令，执政官（有时也包括裁判官和护民官）宣告“终止一切执法活动”，法处于“悬置和终止”的状态。中世纪教会法学家格拉提安（Gratian）明确地把专政状态和法律状态对立起来，提出“必要之事无须法律”的著名论断。[①] 托马斯·阿奎那也提出“需要临头无法律”[②]。近代这种制度发展为紧急状态或非常状态法，用于处理战争、自然灾害、传染病、动乱、经济危机、劳资纠纷等领域的问题。20 世纪后半期以来，非常状态的领域进一步扩大，在恐怖主义、毒品贸易、虐待儿童，以至世界贸易组织、世界银行、国际货币基金组织等重大活动上也延伸适用。在占主流的西方学术著作中，专政总是和非常时期、紧急状态及集权相联系的，而在正常状态下，必须尊重宪法、法治和人权。在危机时期，民主的立宪政府必须临时在一定程度上改变，这对于克服危难、恢复常态是必要的。但是，专政措施受到宪法的约束，专政只能有一个目的：捍卫国家的独立、维持既存的宪政秩序、保障人民的政治和社会自由。[③]

在马克思主义创始人的著作中，无产阶级专政也是和这些含义相联系的。第一，它指的是一个非常短暂的历史阶段，即从资本主义社会向共产主义社会过渡的历史阶段，而没有设想它是一个相当长的历史时期。“在资本主义社会和共产主义社会之间，有一个从前者变为后者的革命转变时期。同这个时期相适应的也有一个政治上的过渡时期，这个时期的国家只能是无产阶级的革命专政。”[④] 第二，它是一个非常时期，资产阶级刚刚被打败，但是在政治、经济、文化上还占有很大优势，无产阶级刚刚取得政权，但是在各个方面还处于相当大的劣势。第三，它是一个新型专政和新型民主的国家，即对无产阶级和广大人民实行民主而对资产阶级实行专政的国家。正是由于过渡时期的阶级斗争的特点，列宁作出了“专政是直接凭借暴力，而不受任何法律约束的政权”的著名论断。因此，无产阶级专政的国家必须是一个能够对各种非常状态作出迅速回应的国家，必须是一个能够不失时机地应对来自比自己强大得多的敌人的国家，因此应对这种状态的不可避免的结论必定是一个能够调动一切资源、运用一切手段、高度民主和高度集权的国家。[⑤]

苏联、中国过渡时期的实践表明，这个过渡时期比设想的要长得多。过渡时期不仅包括马克思、恩格斯所设想的从资本主义向共产主义过渡的时期，还包括共产主义的初级阶段即社会主义时期。取得革命胜利的社会主义国家原来都处于生产力水平发展得很低的阶段，前资本主

---

① See Giorgio Agamben, *State of Exception*, trans. by Kevin Attell, the University of Chicago Press, 2005, p. 24.

② ［英］阿奎那：《阿奎那政治著作选》，马清槐译，124 页，北京，商务印书馆，2007。

③ 参见孟涛：《中国非常法律研究》，北京，清华大学出版社，2012。

④ 《马克思恩格斯选集》，3 版，第 3 卷，373 页，北京，人民出版社，2012。

⑤ 马克思的专政理论与以往理论的不同在于，他不是仅仅把专政看作是一个非常状态，而是认为任何一个国家形态其实质都是一个阶级对另一个阶级的专政。谈到无产阶级专政，马克思说发现阶级斗争并不是他的功劳，他的贡献就是证明下列几点：“（1）阶级的存在仅仅同生产发展的一定历史阶段相联系；（2）阶级斗争必然导致无产阶级专政；（3）这个专政不过是达到消灭一切阶级和进入无阶级社会的过渡……”（《马克思恩格斯选集》，2 版，第 4 卷，547 页，北京，人民出版社，1995。）

义的生产方式和政治文化传统还占有很大的优势，当面对来自国内和国际敌对势力的挑战，国际资本主义的包围，赶超西方列强的现实压力，以及各种各样的社会风险时，夺取政权的共产党必须实现它领导下的无产阶级专政，必须集中力量办大事。但是问题在于：当无产阶级专政已经不再是一个短暂的历史阶段，而是一个相当长的历史时期，是一种和资本主义国家形态并存的国家形态时，没有法治行吗？我们看到了这种体制在处理重大社会事件方面的优势。在出现了社会动荡，如战争、恐怖主义袭击、内乱、动乱、骚乱，影响国计民生的、大规模的群体性事件；发生自然灾害，如洪水、地震、飓风、饥荒、传染病、流行病、瘟疫；开展重大的社会活动，如奥运会、世博会；发生经济危机、金融风险，如物价恶性上涨、货币大规模贬值、银行倒闭时，集权体制与分权体制在反应速度、解决问题的能力、工作效率等方面的差距一目了然。对共产党领导的无产阶级专政国家而言，一方面，专政是必不可少的，在艰巨复杂的环境中不集中力量办大事，社会主义国家就不可能维系，可能早就湮灭了；另一方面，又不得侵犯国家的主人——人民的根本利益，要受到法治根本目标的约束。

作为权力组织形式，分权和集权、法治和专政都是必不可少的，但是不能把在非常状态下所运用的集权、专政的方法运用于正常状态，也不能把正常状态下所运用的分权、法治的方法套用于非常状态。分权和集权，法治和专政，固然与地理环境、历史传统有关，但并不完全决定于是东方还是西方、是传统还是现代。实际上，无论东方还是西方、传统还是现代，都存在是集权还是分权的问题。面对非常状态，不及时采取措施立即应对、按常规的办法、按法律的程序去处理，会贻误战机，使本来可以挽回的局面迅速恶化，或让本来可能抓住的机遇白白丧失；但是面对正常状态，不讲法治、不讲程序，把处理紧急状态所使用的专政、集权的方法应用到日常生活中，则会使正常的社会秩序乃至人们的安全感都受到威胁。把对非常状态的处置纳入法治轨道固然是一个好办法，但是如果因此而不能对非常状态作出及时的回应，也是无能的表现。在新的时代，我们应该显示这种能力，而不应该把两者对立起来。

3. 法律进化模式的反思

比较法学中中国法的边缘地位只是一种表象，实际上它和西方一系列有关社会和法律进化的模式有着密切联系。这些模式不是仅仅着眼于对法律的形式主义分类，而是把法律发展与社会进化的阶段相联系，其中中国法都处在较低的阶段。如上所述，梅因的从身份到契约的概括与从静止社会到进步社会的进化相联系，中国古代法到静止社会为止，没有进一步发展，而西方法则从身份转变为契约，适应了进步社会的需要。① 韦伯把法律按照形式与实质、理性和非理性作出排列：中国法属于实质的、非理性的，而欧洲大陆法属于形式的、理性的。虽然他声称这种组合只是描述性的、价值无涉，但是它们与社会发展有着密切的关系：中国法和其他法律文明都阻碍了社会的进一步发展，而只有欧洲产生了资本主义。② 昂格尔把不同文明的法律分为习惯法、官僚法和法律秩序。中国法发端于习惯法；官僚法是中国法的典型形态，其对于习惯法是一种进步，却没有进一步发展到法律秩序的阶段，即缺乏对统治者的制约，没有形成与道德、宗教的分离，没有形成分权，没有独立的职业团体和缺乏法律推理的技术；西方法则是法律秩序的代表。③

---

① 参见［英］梅因：《古代法》，沈景一译，北京，商务印书馆，1959。

② See Max Weber, *Max Weber on Law in Economy and Society*, Ch. 4, ed. by Max Rheinstein, Cambridge, Mass., Harvard University Press, 1954.

③ See R. Unger, *Law in Modern Society*.

任何进化模式的产生都不是凭空的，都有一定的语境。上述法律与社会进化模式的语境就是西方最先产生了资本主义，把其他文明远远抛在后边。上述法律和社会进化模式在一定意义上是有说服力的，因为在这些模式流行的时代，西方法律制度的发展确实适应了社会和经济的发展。而面对西方的竞争，非西方的法律制度的发展确实落伍了、过时了，其所属国不得不按照西方的模式改造自己的法律和社会。毋庸置言，在整个19世纪乃至20世纪相当长的时期内，发生在中国和非西方国家的各种法律变革很大的一部分都是以西方法所体现的基本价值为导向的，都与上述模式有着这样或那样的关系。

但是，如上所述，20世纪下半期以来支撑这些模式的语境变了，西方的发展路径不是唯一的了，中国和其他文明的社会和经济发展取得了足以和西方相媲美的成就。就上述西方法律和社会发展模式本身而言，这些理论提出以后也受到两个方面的挑战：第一，这些模式是否正确地概括了当时西方法律与社会的发展；第二，对当代西方的发展是否仍然能够按照这些模式加以解释。

关于第一个方面，许多学者都指出，即使这些模式对西方法的概括符合当时的实际，也是不全面的：从身份到契约反映的只是民事关系某些领域的变化，很难涵盖所有领域；欧洲大陆的形式理性的法律制度确实促进了资本主义的发展，但它解释不了英国问题，普通法包括它的判例制度和陪审员制度具有明显的实质、非理性的倾向，而且在英国同样产生了资本主义，甚至比欧洲大陆产生得更早。①

关于第二个方面，用这些模式解释不了当代西方法的发展。从身份到契约最多只能概括放任资本主义时期法律的发展，在当代西方法又有从契约回到身份的趋势。② 由身份所决定的不同社会群体的人区别对待的原则，在社会保障、税收和社会责任的广泛领域都起着支配作用。至于昂格尔的法律进化理论，他虽然指出了从习惯法到官僚法到法律秩序的进化顺序，但他的理论是为了揭示西方法律秩序的危机。当代西方社会由于国家干预出现了福利合作国家的趋势，使法律秩序所固有的一般性和自主性发生了危机，国家重新凌驾于社会之上，渗透到私人领域中，法律大有回复到官僚法之势，而公共领域与私人领域相互渗透，公和私的界限日益模糊，仿佛又回到了更早的形态交往法，尽管是在一个更高的阶段上的。③

从身份到契约，再到身份；从交往法到官僚法到法律秩序，再回到官僚法和交往法；从实质到形式，再到实质；从非理性到理性，再到非理性，所有这些发展表明法律的发展并不是基于进化论即一个物种取代另一个物种意义上的社会达尔文主义。法律的这些表现形态其实代表的是法律制度内部相互矛盾和相互制约的不同方面，在社会发展的一定阶段或在社会关系的一些领域，可能某一些方面比较突出，甚至成为影响法律和社会发展的主要因素，克服来自这些方面的阻力成为至关重要的问题。实际上这些矛盾和它们所表现出的形态是永恒存在于法律制度之中的，不存在所谓从一极向另一极的历史性的、永恒性的转变，“从身份到契约”，“从交往法到官僚法到法律秩序”，“从实质不合理性到形式合理性”，等等。当条件发生变化时，法律又会发生向相反方向的转变。这正像调整经济关系，有时强调自由贸易，有时又强调国家干预，这完全决定于经济运行的状况。法律调整也是这样，有时强调契约的作用，有时又强调身份的意义，有时强调法律的自治性、普遍性，有时又凸显法律的非自治性和特殊性。它们完全

---

① See David M. Trubek, “Max Weber on Law and the Rise of Capitalism”, *Wisconsin Law Review*, 1972.

② 参见［英］喀莱顿·垦卜·亚伦：《导言》，载［英］梅因：《古代法》。

③ See Unger, *Law in Modern Society*.

决定于法律所调整的社会关系的性质，决定于社会关系的结构和功能。

在比较法中中国法研究所显示出的这些矛盾，表明把中国法固定在某一个进化模式中虽然有参考意义，但是最终是靠不住的，经不起实践和历史的检验，也经不起理论的推敲，一旦支撑这些模式的语境消失了，这个模式本身的理论说服力就大打折扣。因此，从目前的研究水平来看，与其把中国法研究放在现有的各种各样的带有明显意识形态烙印的法律与社会进化模式的框架下，不如以问题为中心，把注意力集中在什么样的社会关系适于用什么样的法律或非法律手段来处理。这里，笔者不是想一般地否定法律与社会发展的模式，也不是想提出一种新模式，只是想证明，传统的比较法和法律与社会发展模式附加在中国法上的“特征”——由于熟人关系，法律不占主导地位，以及由于治水社会或大规模的社会工程，形成专制、集权——绝不是中国法所独有的，西方法会面临同样的问题。只不过它们被视为恶的东西、过时的东西，在现代西方法中被超越或被有意撇去了。当这些特征在当代西方法律发展中又重新显现，或拥有这些特征的其他文明创造出比西方文明更辉煌的成就时，它们所带来的必然结果是已经在西方法律发展路径中被固化了的法律与社会发展模式的危机。

问题与思考

1. 世界法律体系划分的标准是什么？
2. 如何理解划分世界法律体系的时间相对性和主题相对性的原理？
3. 总体上当代世界法律体系可以如何划分？
4. 如何看待比较法中中国法的特点？

第二篇

评价的比较法

——法律制度的比较研究

第六章
法的结构的比较研究

本章概要

大陆法系法的结构是公法和私法。这种结构起源于罗马法，在自由资本主义时期盛行，已渗透到法院结构、法律职业和法学教育之中。在当代出现了公法、私法划分的危机。普通法系的基本结构是普通法和衡平法。普通法的产生发展伴随着中央集权制度的发展，衡平法的出现是为了弥补普通法的不足和修正普通法的僵化。19 世纪后期普通法和衡平法这两大系统出现了相互融合的趋势。联邦制国家还存在联邦法和州法的结构，但二者的关系在不同国家有不同的特点。社会主义法在传统上既没有公法和私法的划分，也没有普通法和衡平法的划分，其基本结构如何还有待实践的发展和理论的提升。

关键术语

公、私法划分及其危机　普通法、衡平法划分及其融合　主权在州

第一节　法的结构概述

一、法的结构的概念

法的结构一词，有多重含义。从一个法律规范的角度看，法律规范的逻辑结构由假定、处理和制裁三部分组成，缺少其中任何一部分，法律规范都是不完善的。从一个国家法的体系的角度，法的体系按照法律规范的调整对象和调整方法的不同可以划分为不同的法律部门，如宪法、行政法、刑法、民法、诉讼法等，法律部门又由不同的法律制度组成，如民法包括所有权制度、债权制度等，法律规范则是法的体系的最基本构成单位。这样，一个国家的法的体系就形成了一个从法律规范到法律制度，再到法律部门，最后到法的体系的结构。因此，法的体系是一个国家法的内在结构。从一个国家法律体系（legal system）的角度看，法律体系由一个国家的法即法的体系、法律实践以及指导法和法律实践的法律意识构成，法律体系的这三个构成

部分既相互区别、相互制约，又相互联系、相互作用。还有的学者使用“法律结构”一词，是指国家各个职能机关、各政党、各社会团体之间的关系以及它们的法律地位。本章所说的“法的结构”是在法的体系的意义上使用的，即考察不同法的体系中法的主要分类。

二、不同法律体系的法的结构

在大陆法系国家，法的主要分类是公法和私法的划分。这种划分有着悠久的历史传统，在罗马法时代就已存在，而且这种划分已经深深渗透到大陆法系国家法院体系的结构、法律职业的划分之中。但是，即使在大陆法系的法学家那里，对于公法与私法划分的标准是什么，哪些属于公法、哪些属于私法，也一直存在着争论。一般来说，公法包括宪法、行政法和刑法，而私法包括民法和商法，但对于民事诉讼法属于哪类，劳动法、社会保险法等属于混合部门还是自成一类，学者们的意见却很不一致。

普通法系的主要分类是普通法和衡平法。衡平法的出现是为了弥补普通法的不足，修正普通法的僵化。从15世纪开始英国逐步形成了普通法法院和衡平法法院两大系统。1873年英国颁布《司法条例》以后，普通法法院和衡平法法院这两大系统虽然在形式上合二为一，但根据该条例成立的最高法院王座庭和大法官庭实际上仍然是普通法与衡平法划分的继续。就法的部门的划分而言，普通法包括刑法、合同法、侵权行为法，衡平法包括不动产法、信托财产法、商业公司法、破产法及遗嘱解释与遗嘱清理等方面的规则。除此之外，公法与私法的划分也对普通法系有影响，公法一般包括宪法、刑法、行政法、诉讼法，私法包括合同法、侵权行为法、财产法、家庭法、继承法、信托法。但不像在大陆法系国家那样，在普通法系国家公法与私法的划分没有产生相应的法院系统的分类。

社会主义法律体系在传统上既不存在公法与私法的划分，也不存在普通法与衡平法的划分。社会主义法建立在生产资料公有制占主导地位的基础上，与建立在私有制基础上的资本主义法律部门有着很大的区别。一方面，社会主义法律体系存在一些与公有制相联系的法律部门，这些部门在资本主义法中不存在或不占重要地位；另一方面，某些法的部门虽然与资本主义法的部门具有同样的名称、形式，但其内容、服务的社会关系却有很大差别。上述这些特点自从20世纪80年代以后，由于所有社会主义国家和前社会主义国家进行以市场为导向的改革，又发生了很大的变化。社会主义法的结构应如何划分，仍然是一个争论很大的问题。

另外，在联邦制国家还存在联邦法与州法的划分，它们既存在于大陆法系、普通法系之中，也存在于社会主义法律体系之中，但联邦法和州法的关系在不同国家有很大区别。

本章以下各节将着重论述那些最能代表某一法律体系特色的法的分类：大陆法系的公法与私法的划分，普通法系的普通法与衡平法的划分，联邦制国家的联邦法与州法的划分，最后，是社会主义法的结构问题。

第二节　公法与私法

一、公法与私法分类的历史

在大陆法系国家，早在古罗马时期就存在公法与私法的划分。在查士丁尼《学说汇纂》的前言中，选用了罗马法学家乌尔比安的一句话："有关罗马国家的法为公法，有关私人的法为私法。"罗马法学家作出这种划分后，在开始并没有使其系统化，只是把调整公共团体及其财产关系的法律与调整私人及其家庭方面的法律作出区别。当时划入私法的主要是人法、婚姻法、物法、债法、继承法、诉讼法，而公法包括宗教法规、僧侣规范和裁判官法。但是，总的来讲，虽然罗马法作出了公法与私法的划分，但其发展主要集中在私法，公法研究很不发达，因公法属于主权者任意处置的领域，不允许法学家干预。所谓罗马公法，包括宪法、行政法，虽然存在刑法，但当时把犯罪一般只看作是个人之间的关系，即罪犯与受害人或其家属之间的关系，归之于私法领域。正是由于这个原因，几乎所有有关罗马法的文件都只涉及私法。有的学者认为，公法只在罗马法划分为公法与私法的范围内才有意义，其自身无实体价值。

在中世纪同样没有公法的"地盘"，在《加罗林纳法典》《萨克森明镜》《波瓦西·克莱蒙特习惯法》等中世纪著名的法典和法律汇编中，并没有对公法与私法作出划分。从事公法研究，由于受到君权神授理论的影响，是很危险的。但是由于罗马法的复兴和接受，在注释法学家和评论法学家的著作中仍然保持着罗马法关于公法与私法划分的传统，如布尔格鲁斯（Bulgarus）、普拉森蒂奴斯（Placentinus）、阿佐（Azo）等人的著作，以及1607年据·柯奎利的《弗朗西斯法令集》和1597年夏隆达斯·卡隆（Charondas Le Caron）的《弗朗西斯法律汇集》中都曾重述公法与私法的分类。

17、18世纪以来，资本主义商品经济的发展和中央集权统一国家的形成，为公法的发展和公法、私法的划分奠定了基础。斯拉逖兹（Charles Szladits）把这个时期所发生的变化归纳为这样几个原因：（1）封建制度的逐步瓦解；（2）近代国家（民族国家）的形成与君权的集中；（3）行政机关的建立和向功能多样化发展；（4）罗马法的影响；（5）具有法律素质的资产阶级的形成。所有这些因素集结起来，导致集权化的行政机关以"公共利益"的名义发展起来，一个新的法律实体出现，这便是公法。①

在欧洲大陆，随着公法的出现，公法和私法的划分有两种不同的模式：法国模式和德国模式。

（1）法国模式。法国处于绝对君主制统治下，行政职能由独立于普通法院的专门机构行使，但实际上没有在公法与私法之间作出正式的划分，还没有清楚地区分司法案件（私法方面）和行政案件（公法方面）。普通法院特别是巴黎高等法院可以干预行政案件，而枢密院[1624年以后称为参政院（Conceil d'Etat）]除了处理行政案件以外，也对某些属于普通法院审理范围内的案件作出判决，或者作为审判违法案件的最高法院。在大革命时期，法国以分权理论为根据，正式从法律上确认了公法与私法划分的原则。《1790年8月18日法律》和《共和国三年果月16日（1795年9月2日）法律》禁止法官干预行政机关的事务，并禁止法官因行政官员的公务行为对其进行传讯。《1790年8月16日至24日法律》第二节第13条规定："司法权能将永远与行政权能相分离，法官不能对行政活动以任何方式进行干预并收取罚金。"根据《1790年9月6日至11日法律》，行政争端被委托给行政机构审理，后来又委托给根据共和国8年宪法第5～13条所建立的参政院——最高行政法院审理。1806年在参政院内组成了一个诉讼案件特别委员会，当事人在这里通过其特别代理人进行诉讼。逐渐地，在这一机构内形成了司法诉讼程序，参政院本身不受普通法院的管辖，也不受民事法律规范的约束。《1872年5月

---

① See Charles Szladits, "Civil Law Family", *International Encyclopedia of Comparative Law* Ⅱ, Ch. 2.

24 日法律》将委托管辖权授予参政院，从而行政机关开始受具有真正法院性质的参政院的管辖。参政院根据一系列指导性判决，建立了现代行政法的基本原则，使对行政机关的司法控制的范围不断扩大。法国公法的产生和公法与私法的划分体现了两条指导思想：第一，主张“天赋而不可剥夺的人权”，这是一切公共权力的界限；第二，公务概念，即行政机关及其工作人员必须服从为他们所制定的各种特殊法规，行政机关以公共身份参与的一切行为都在行政法院的管辖权限之内。

（2）德国模式。德国从封建割据走向中央集权的道路远远落后于法国。根据 1648 年的《威斯特伐利亚和约》，许多邦的领主从帝国取得了所谓“非上诉特权”，他们不受帝国法院的控制，并被推定为本领地的最高权力持有者，从而使领主们在自己的法院里具有最高的权威，其臣民不能控告领主。德国在走向中央集权的道路上，为了限制领主们的任意行为，发明了“菲斯克理论”［菲斯克（fisc），源于罗马法，意指国库］。这一理论认为，公有财产不属于领主和各个主权邦，而属于一个与之分离的“法人”——国库，它是一个由财产法规则所管辖的“法人”。按照这一理论，财产法是私法，国库应属于私法“法人”，由私法调整，服从普通法的司法管辖，从而使涉及国库财产的案件成为可以进行审判的案件。如果某种权利请求具有财产权利请求的特征，臣民个人就可以在领主法院控告领主。同时，许多有公共权力参与的法律关系也都由私法管辖。德国与法国的情况相比较，在法国公法案件由行政法院管辖是建立在分权理论的基础上的，反对司法机关干涉行政案件；而在德国公法案件由普通法院管辖则是建立在国库理论的基础上的，与反对行政专横相联系。1848 年 12 月 27 日通过的《德意志人基本权利法案》第 49 条规定：“废除行政管辖权，一切非法行为由法院判决。”1863 年在巴登，1875 年在普鲁士，随后又在其他的州，先后建立了行政法院，从而使行政与司法最后分离，法律被划分为公法与私法两大类。但是，在德国公法与私法的划分并不像在法国那样彻底，各种法院的管辖权没有鲜明的界限，特别是由于受菲斯克理论的影响，它仍然维持着涉及国库财产的案件由私法管辖的观念，这些案件仍由普通法院审判。①

二、公法与私法划分的普遍性

在大陆法系国家，公法与私法的划分具有普遍意义，它渗透到法学教育、法律实践的各个领域。

1. *法学教育上的分类*

在法学教育上，大陆法系国家按基本的法典将法律部门分为公法和私法两大类。但是，在法国和德国的法律教科书和文献中，公法与私法的分类有很大的差别。

在法国，属于公法的领域包括：宪法，它规定了国家的形式和结构、国家组织、议会和行政机关，以及公民对政府活动的参与；行政法，它包括调整除权力机关与司法机关之外的公共行政机关的法律规范，规定了它们行使职权和履行义务的条件；财政法，即有关预算和财政收入的法律，如税法、信贷法、金融法；国际公法。而私法包括：严格意义上的私法——民法；商法，包括海商法；民事诉讼法；刑法，它具有公法性质，但因为它的许多条款是保护私法关系的，因而在传统上被视为私法。除此之外，位于公法与私法之间的混合法包括：劳动法、农

---

① See Glendon, Gordon & Osakwe, *Comparative Legal Traditions*, Ch. 6.

业法、工业产权法与著作权法、航空法、森林法、矿产法、保险法、运输法、国际私法（它确定国籍、外国人的法律地位，并且涉及法律冲突与私法案件管辖权的冲突；虽然传统上把国际私法视为私法的一部分，但它所涉及的某些内容，如国籍，按其性质属于公法的一部分）。①

在德国，公法是调整州与州之间、州与州内组织和其他公共机构之间，以及它们与私人之间的法律关系的法律。属于公法的法律部门包括：宪法、行政法、税法、刑法、刑事诉讼法、民事诉讼法（包括强制执行法）、破产法、非讼案件法、教会法、国际公法以及调整州与其他公共机构的关系的州法。私法包括严格意义上的民法和私法的特别部门法。民法包括民法及其补充法规；私法的特别部门法包括商法、公司法、票据法、版权法、竞争法、专利法、商标法、新型设计法以及国际私法。劳动法有时被看作是私法的一部分，但有的学者认为它具有普遍性，既非公法也非私法。

法国和德国这两种归类可以被视为大陆法系公法与私法划分的样板，其余国家不是追随法国，便是追随德国。欧洲多数国家，如瑞士、意大利、西班牙和奥地利，符合德国模式，比利时则遵循法国模式，荷兰亦如此，但荷兰的民事诉讼法和破产法构成私法的一部分，它们是作为实体法的民商法的程序法。

2. 司法实践中的分类

大陆法系公法与私法的划分深入司法实践中，则是：凡私法案件由普通法院管辖，而公法案件则由普通法院之外的行政法院管辖。这和英美法系国家由统一的普通法院系统审理刑事案件、民事案件、宪法权利案件、公民对有关行政违法行为提出的控告案件，形成了鲜明的对照。除了存在独立的、自成体系的行政法院之外，在德国和意大利还设立了宪法法院，在法国设立了宪法委员会，对“违宪”案件行使审查权。关于大陆法系各国法院系统与公法和私法划分的关系，笔者在论述大陆法系的司法制度时再谈。

三、划分公法与私法的标准

对于公法与私法划分的标准是什么，历来就有不同的意见，在当代对分类标准所提出的疑问就更多了。

法国比较法学家达维德认为，大陆法系法学家区分公法与私法的理由起码包括两个：第一，统治者与被统治者之间的关系有其特有的问题，它不同于私人之间的关系，它们需要有不同的规定；第二，强制私人尊重法律比较容易，国家在这类问题上可以起仲裁人的作用，而强制国家尊重法律比较不易，因为国家掌握着权力。②

美国学者斯拉狄兹（Cherles Szladits）列举了划分公法与私法的五种主要标准：（1）公共权力主体论，即公法调整那些至少有一方参与人是国家或者其他公共权力（地方当局以及其他公共机构）的社会关系，而私法所调整关系的任何一方都不代表国家和其他公共权力；（2）服从关系论，私法关系的特征是双方当事人地位平等，而公法关系则表现为上下级服从关系；（3）强制规范论，即私法不是强制规范，而是任意规范，它是由私人自愿的行为所形成的，当

① 有些法国学者认为，民事诉讼法和刑法属于“制裁法”，因为它们都用于保障私法强制执行。还有的学者主张，商法、海事法、农业法、航空法、劳动法、社会福利法以及刑法、民事诉讼法之类的“制裁法”属于独立的一类，即“混合法”。另外还有些学者主张，民事诉讼法应属于公法而非私法。

② 参见［法］勒内·达维德：《当代主要法律体系》，74页。

事人可以根据它们之间的协议更改，而公法是强制规范，其法律关系不能由当事人任意改变；（4）利益论，为谋求集体利益而制定的法律规范是公法，以谋求私人利益为目的的法律规范是私法；（5）折中论，即主张把以上几种标准结合起来考虑。①

应该指出，上述所列举的公法与私法划分的标准没有一个能经得起认真的推敲。如上所述，对公法与私法作出分类并在欧洲流行的时代，是自由资本主义时代。当时在私法领域中通行的是私法自治理论，这种理论认为：第一，经济活动的基本主体是个人，不允许任何从事经济活动的个人联合体如公司和劳工团体的存在；第二，政府活动的范围应受到极大限制，应该在国家的社会生活和经济生活中排除政府的干预。那时的普遍观念认为，法律领域只有两个主体，即国家和个人，国家在公法范围内活动，个人在私法领域中活动。而在公法领域，当时采取完全不同的理论，否定私法自治的原则，而主张国家行为在实现公共利益上的作用。其主要内容是：第一，居首要地位的宪法性法律规定政府机关组织及其活动的原则；第二，行政性法规调整公共事务的行政管理以及行政机关与私人之间的关系。在私法关系中，当事人彼此平等，国家作为公断人；在公法关系中，国家作为公共利益的代表者（或作为君主权力的继承者），是一方当事人，但又具有高于其他任何人的权威。公法与私法这两个极为不相同的观念的发展，进一步把这两种区分牢牢地扎根于法制建设中。但这只是发生在17、18世纪自由资本主义时期的现象。在资本主义由自由竞争发展到垄断以后，公法与私法划分的基础已经动摇，因此这种理论发生了很大的危机。

四、公法、私法划分的理论沿革及其危机

一般认为，洛克是资产阶级民主革命时期公法与私法划分理论的奠基者。按照洛克的自然法、自然状态和自然权利的理论，人们在建立国家和法律之前，处在一种自然状态即一种完美无缺的自由状态，拥有生命、自由、财产等自然权利。在自然状态下，自然法调整人们之间的关系，它由每个人自己执行。由于没有公共裁判者，容易产生纷争，因而，人们就在理性的指引下，订立契约，把自己的一部分权利即执行自然法的权利交给准予设立的立法机关，而保留生命、自由、财产权利。君主也是契约的参加者，如果违背契约，就与人民处于自然状态，人们有权利收回交给君主的那部分权利。立法权以公众福利为限，未经个人同意，不得取走任何人财产的任何部分。按照洛克所设计的模式，在理想上，存在一个纯粹私人自治的、不受国家干预的领域，在这一领域个人拥有财产不受他人包括国家侵犯的权利，自由意志、自由处置、自由选择。同时，也存在一个相应的公法领域，在这一领域，国家执行着受到严格限制的公共职能，维护公共秩序。公法与私法领域之间，界限分明，完全分离。任何行为或规则，要么属于公法范畴，要么属于私法范畴，不存在介于二者之间的含混不清的情况。②

把这种理论应用到解决争端的实践中，争端的每个场合的主要问题在于，确定有关行为者是处于他们受到保护的领域之内，还是超越了这个领域，侵犯了其他权利的领域。因此，自由就意味着法律保障，权利或权力在它自己的领域内是绝对的，受到法律的保护，但不允许任何权利拥有者侵犯其他人的领域。司法机关担负着确定公与私的界限的任务。司法不同于立法、行政，它不是根据个人的主观道德、政治、经济目标处理问题，而是严格使用确定法律权利范

---

① See Charles Szladits, "Civil Law System", *International Encyclopedia of Comparative Law* Ⅱ, Ch. 6.

② 参见［法］洛克：《政府论》，下篇，叶启芳、瞿菊农译，北京，商务印书馆，1964。

围的客观方法。因此，客观性是司法的特殊性，司法与法治紧密相连，能够通过法律推理，处理私人权利与公共权力之间的冲突。

19世纪末、20世纪初，特别是20世纪30年代资本主义世界产生经济危机以来，资本主义法律发展的一个最明显的特征就是国家干预的增加。这直接影响到公法和私法的划分及其理论基础。这一时期占主导地位的法律理论已经由概念法学转变为社会法学，在美国则是现实主义法学。它认为，公法与私法、私人自治领域与公共权力行使领域之间没有一条明显的界线。就最典型的私权——私有财产权和契约自由而言，它们都不是纯粹“私”的，它们都必须得到国家的确认和保障，与法律强制有着必然的联系，法律强制内涵于每一个受到合法保护的权利之中。古典法学家所谓“公法与私法的划分”和“私人自治”的理论都只不过是一种“幻想”。而所谓“私法”只不过是公法的一种形式。①

第二次世界大战以后，现实主义法学在许多方面都受到了批判，如关于法律的不确定性、怀疑论等。但是，它关于公、私法划分的观点在很大程度上被后来的学者继承下来，认为，公法与私法、公共权力行使领域与私人自治领域之间的界限不是固定不变的、绝对的，而是流动的、活的，而且正在形成一些介于公法与私法之间的具有两个领域某些特征的“中间领域”。依这种折中的观点，许多法律领域，如管辖权的界限、契约与非契约行为之间的界限、违约责任与侵权责任的界限，甚至生与死之间的界限也不是绝对的，而是相对的、流动的。如美国联邦最高法院关于堕胎问题的判决规定，妇女怀孕3个月之内的堕胎受到隐私权的保护，属于私法领域；怀孕最后3个月的堕胎在法律上属于公权；而在中间3个月的堕胎部分地属于私权、部分地属于公权。②

美国学者梅里曼认为，当代大陆法系传统的公法与私法分类已经出现了危机，其原因表现为以下十个方面。

（1）大陆法系法学家对普通法系有了广泛、深入的了解，普通法系国家不对公法与私法作技术上的划分也能够成为法律发达的先进国家。因此，公法与私法的划分并非是每个发达的法律体系所必需的成分。

（2）传统的大陆法系公法与私法的概念，曾被主观地认为是价值无涉的科学真理，但实践证明，它们没有任何确定的意义，只有由确定的时代和确定的地域产生的文化思想才赋予它实际的内容。

（3）私法的“社会化”“公法化”。国家参与经济和社会活动在今天已成为普遍现象，19世纪的个人本位已为20世纪的社会本位所代替。政府权力的扩大，促成私权自治范围的缩小。从1919年德国《魏玛宪法》开始，为了保护公共利益明确地限制了私权。

（4）公法“私法化”。国家采用私法的法律形式直接作为经济活动的主体，或者通过有关国家控制的公司经营工商业，从而扩大了国家对经济活动的参与，使私法不再需要依靠传统的行政机关作为中介，而是通过国营工商业的代表或者由国家控制的公司直接渗入公共活动中。这种性质的私法作用不断增强，从而缩小了传统的行政法的范围，扩大了自己的影响。

（5）法律主体的变化。在20世纪，一些所谓“中间团体”即从事具体活动的个人联合体

---

① See M. Cohen, “Property and Sovereignty”, *Cornell Law Review*, 13, 1927; R. Hale, Bargaining, “Duress and Economic Liability”, *Columbia Law Review*, 43, 1943, p. 603; “Coercion and Distribution in a Supposedly Non-Coercive State”, *Political Science Quarterly*, 38, 1923, p. 470.

② See Chicago v. Wilson, 75 Ⅲ, 2d 525 (1978).

得到很大发展，并为法律所承认。过去那种法律领域只容纳个人和国家并且各自都有其确定领域的情况，显然已不适应新的形势。今天的法律领域是一个极其复杂的天地，它的主体不仅仅是个人和国家，还有众多不同种类的团体组织，如工会、合作社、基金会、商业公司和工业公司、国际财团以及宗教团体等。仅就其中的政治团体、工会和工商企业而言，它们都拥有很大的经济权利和政治权利，从而形成了一种“私人政府”，在广泛的个人生活方面有着比正式成立的“公共政府”还大的影响。在如此复杂的法律领域中，公法和私法这种简单的二分法显然已失去了它的实用价值。

(6) 私法“非宪法化”。欧洲和拉丁美洲的宪法已经成为确认个人基本权利（包括财产权、经济活动保护权等）的手段。于是，民法典的宪法性作用也就因之而被剥夺，这种发展趋势降低了公法与私法划分的意义。

(7)“违宪”审查制度的建立。刚性宪法和立法合宪性的司法审查制度，在奥地利、意大利、德国和欧洲、拉丁美洲的其他一些国家已经确立。一些国家还创设了特别的宪法法院，在没有宪法法院的国家也由普通法院代行其职权。这种理论必然削弱了严格的分权理论的意义，并使那些认为公法与私法划分同分权原则有着紧密联系的人，在思想认识上逐渐模糊了公法与私法之间的界限。

(8) 公法与私法相互渗透。公法与私法的实质区别已经由这样两个彼此独立而又紧密联系的事实所冲淡：第一，行政法的发展对国家漠视甚至侵犯私人权利的行为作了很多积极的限制；第二，实行法治——法对国家自身的适用性，最终形成了一个统一的法律制度。在这个制度中，尽管国家仍占有重要地位，但它只是许多法律主体中的一个。法学家们将私法研究中产生的传统法学的概念性结构运用于公法领域中的努力，加强了私法向公法的渗透。

(9) 传统法学的危机。主要起源于19世纪潘德克顿学派（Pandectists）著作的传统法学的目的和方法以及法学院讲授的一般法学理论，在20世纪中受到激进的法学家们的抨击，从而使法学家们的兴趣扩展到法学领域之外，现在他们所关心的是法律怎样同时代的文化背景相联系，以便从中吸取法律所需要的营养，以及法律怎样与社会相联系，以探求法律所必须解决的社会问题。另外，法学家们关于强调法学的概念性结构和形式逻辑思维作用的呼声在减弱，减少对专业性的理论方法的注意，已成为一个明显的趋势。与此同时，那种认为法律应该以公法与私法的划分作为基本分类方法的主张，也无可避免地失去了赖以存在的部分力量。

(10) 新的、“混合”的法律部门的出现。大陆法系国家中一些既非公法又非私法的法律部门已经产生和完善起来。例如，劳动法和土地法就显示出公法与私法要素的混合，它们与传统的分类方法是互不相容的。在法学院中，这些部门法设有专门的讲座或专门的课程，有关这些法律的杂志定期出版。这些事实的存在，又进一步模糊了公法与私法的界限。

可以说，大陆法系已经兴起一股潮流，试图赋予公法与私法新的含义。虽然存在以上十个原因，而且大陆法系正处在要求建立新概念的潮流的影响下，但是总的来说，公法与私法两大部门的划分依然有其重要性，两者之间的界限依然比较清楚，大量的具体问题和当事人的利益仍可以毫不费力地被归入公法或私法的范畴中去。但是，由于在公法与私法的临界线上它们各自的范围有一个很大的伸缩区，因而几乎没有几个大陆法系的法学家打算为公法和私法作出一个有实用价值的定义。①

① See John H. Merryman, *The Civil Law Tradition*, Stanford University Press, 1985, pp. 94 - 100.

五、普通法系中的公法与私法

普通法系的历史上不存在公法与私法划分的传统。这主要是因为历史上英国法受罗马法的影响较小，在罗马法之外独立发展。从普通法一开始出现，英国王室法院就垄断了中央的司法权，它所审理的案件以及它通过判例所创造的普通法，都被认为是有关王室利益的。按照大陆法系公法与私法划分的理论，它们都是公的，因而根本谈不上公法与私法的划分。17 世纪初，英国著名哲学家、英王大臣培根曾经主张英国法也应该有公法与私法的划分，但那时对国会来说，这种划分会导致国王高于法律，从而对国会不利。后来，国王在内战中取得了胜利，并进一步加强了国王的地位，从此，否认公法与私法的划分对英国法学家来说，在实际上就成了传统。像许多英国法制史学者所指出的那样，“不愿意承认公法是不同于私法的东西，根源于 17 世纪发生的宪法斗争”。由于这些历史原因，再加上英国没有大陆法系那样划分普通法院和行政法院的传统，因而公法与私法划分在英国的生根也受到了影响。

但是，普通法系国家的学术界，自 20 世纪以来，主要出于理论上的原因，也为了和大陆法系法学家交流的需要，日益倾向于划分公法与私法。一般认为，公法包括宪法、行政法和刑法，而私法包括合同法、侵权法、财产法、家庭法、继承法、商业组织法和公司法。然而对于司法组织法、诉讼程序法、劳动法、反托拉斯法的归属往往看法不一。[①]

第三节　普通法与衡平法

一、历史上的普通法

普通法与衡平法的划分是英国法律体系的最基本的分类。

普通法（common law）一词有多种含义。在广义上，普通法一词指的是与大陆法系或民法法系相对的英美法的总体。在狭义上，普通法指的是英美法的一部分，其一是与国会的制定法相对应的英国普通法院所创造的判例法；其二是与英国大法官法院（现高等法院大法官庭）所创造的衡平法相对的普通法。普通法的含义如图 6－1。

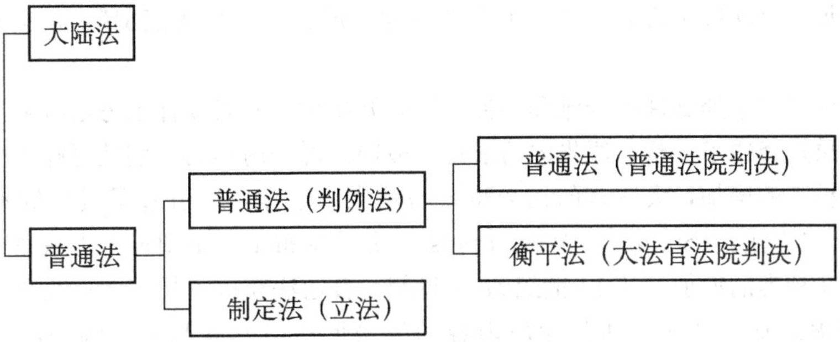

图 6－1　普通法的含义

① See Tony Weir，“Common Law System”，*International Encyclopedia of Comparative Law* Ⅱ，Ch. 2.

研究英国普通法与衡平法的划分，必须追溯它们的历史。

在罗马帝国统治时期，英国同欧洲大陆一样，适用罗马法以及盎格鲁-撒克逊人的日耳曼习惯法。此外，教会法也对其有一定的影响。1066年诺曼公爵威廉一世征服英国以后，没有正式宣布废除这些传统的法律，但是，随着中央集权的封建等级制的建立，这些法律的影响已经变得很小了，以至于许多学者认为它们对英国法制史的影响可以忽略不计。

在威廉一世及其继承者建立的封建等级制中，国王是最高的封建领主，把自己看作是盎格鲁-撒克逊人王位的合法继承者。他把自己所征服的土地分给他的1 500名追随者，这些人又将土地分封给他们下面的小领主，以换取他们对国王的效忠和纳贡。这样，英国一切土地的所有权都可以追溯到国王。即使在今天，英国现代土地法仍然依赖于这样一个规定，即英国土地属于国王所有，公民只不过拥有使用某一土地的权利。①

为了向地方封建领主征税，威廉一世建立了一个特殊的机构——御前会议（Curtia Regis），即一个由国王及其顾问组成的委员会，在亨利一世（1110年—1135年在位）时期发展成理财法院（Scaccarium Regis）。它不仅是一个查税的机构，而且逐步具有法院性质，审理一切有关税收的法律问题。后来，御前会议的管辖权逐步从个别问题扩大到一般问题，到了12、13世纪形成了三个独立的法院系统：审理王室财务税收案件的财务法院（Court of Exchequer）；审理私人之间诉讼并监督和审查地方法院的普通诉讼法院（Court of Common Pleas）；审理有重要政治影响案件的王座法院（Court of King's Bench）。这些法院设在威斯敏斯特，由职业法官组成，能在国王缺席的情况下工作。从12世纪起，王室法院经常派巡回法官（Justciarii itinerantes）以国王的名义到各地进行审理活动，他们有权撤销地方法院的判决。在以后的数世纪中一直坚持这一做法，从而有力地促进了英国司法的集中化和英国法的统一，形成了在英国全国通行的普通法。

英国普通法的发展与诉讼方式的发展，特别是令状的发展紧密相关。这也是普通法不同于大陆法系的一个显著特点。令状（writ），拉丁语为breve，在中世纪是指上级权力机构或教会对下级相应机构或个人所发布的要求或指示的信函。在法律上，令状指国王对有关的官吏、法官或地方官发布的命令，其内容是对有争议问题的简要的指示，通知收件者把被告带到法院，解决当事人之间的争端。这种令状由最高的王室官吏——首席法官即后来的大法官以国王的名义发布，由原告负担费用。由于许多令状在性质和内容上有相似之处，因而令状逐渐标准化、规范化、分门别类。开始诉讼时，原告只需选择适当的令状，填上当事人的姓名和住址。据说，12世纪时大法官一共发布了75种令状。13、14世纪时随着诉讼种类的增加，令状的种类有了很大的增加。令状以半官方的形式汇集在一起，形成了“令状汇编”，在法官和律师中广为流传。

令状在发展过程中遇到许多困难和不便。原告开始诉讼时必须仔细考虑哪种令状适合其诉讼的内容。如果选择错了令状，原告的请求将被驳回。诉讼内容的区别就意味着令状种类的不同。随着令状种类的增加，大法官的权力也日益增大。这样，就引起了贵族的不满。1285年《威斯敏斯特第二立法》（Statute of Westerminster Ⅱ）颁布了，企图控制大法官及其办公室的权力，限制令状种类的增加。从14世纪到17世纪，普通法获得了相当大的发展。许多诉讼形式逐渐消失或被忘却，另外一些包含新内容的诉讼形式又发展起来。例如，侵害诉讼令状

① See J. H. Baker, *An Introduction to English Legal History*, 2nd ed., 1979.

(writ of trespass) 原来只适用于一个人对另一个人造成的身体伤害，或强判干涉他人的有形财产所有权，或扰乱治安这样几种事实。根据普通法，在出现不属于上述事实的情况时，如对原告的伤害不是直接的而是间接的，不是故意造成的而是疏忽造成的，没有适当的令状，原告的诉讼请求就会驳回。后来大法官根据《威斯敏斯特第二立法》的规定，允许对上述事实提出侵害诉讼。在 1348 年的一个著名案件中，被告船渡工使船超载，引起该船沉没，原告交给被告作为货物运输的马匹被淹死。当时有关契约性请求存在两种令状：一种是因违约而请求赔偿损失的令状（writ of covenant)，另一种是确认或清偿债务的令状（writ of debt)。然而这两种令状在该案中都不适用，因为前者成立的条件是契约必须加以蜡封，而后者只适用于事先已经确定价格的请求，如偿还一定数量的借款或约定的租金的请求。至于侵害令状在这里也不适用，因为马匹的损失不能直接归因于船渡工的任何行为。在该案中大法官根据《威斯敏斯特第二立法》的规定，允许“根据既定判例诉讼”(action on the case)。其判决理由是，船渡工在完成公共服务时，有义务将其顾客的财产无损害地运到目的地。这样，就建立了一种新的诉讼形式，即违反口头合同的赔偿之诉（assampsit)。后来，这类诉讼形成了一种特殊类型的“根据既定判例诉讼”，适用于所有没有适当完成的契约允诺的案件以及准契约的诉讼。现代英国合同法和民事侵权行为法都是在侵害诉讼的基础上发展起来的。[①]

二、英国法与法国法、德国法在统一方面的比较

欧洲各主要国家——英国、法国、德国的法的统一都与建立中央集权的国家相联系，这些国家都经历了从封建割据的邦国向中央集权的主权国家的过渡，与此相伴随的是由落后的、分散的和相互矛盾的习惯法过渡到统一的法律。在法的统一上英国不同于法国和德国之处如下。

第一，从时间上，英国发生这一转变最早。英国出现全国统一的普通法是在 12、13 世纪，而法国在 16 世纪出现记录习惯法（coutumes generals）运动，直到 1804 年才出现了第一部统一的民法典《拿破仑民法典》。德国从封建邦国向中央集权国家的过渡发生得最迟，18 世纪末才出现了《普鲁士统一邦法》，但这种统一仅仅是在法律上，在实际上各个邦国的力量仍然相当强大。在德国一直存在着反对编纂统一法典的运动，直到 19 世纪末、20 世纪初，由于潘德克顿学派的努力，《德国民法典》的制定才标志着德国真正摆脱了封建割据的束缚。

法国记录习惯法的运动发生在 13 世纪至 16 世纪。过去法国北部的习惯法主要依赖口口相传。而对于不了解有关习惯法规则的法官来说，要发现这种规则，必须“向居民进行习惯法调查”，让若干本地居民说明他们记忆中的习惯法。而习惯法的数量之多和确定其含义的困难导致法律具有极大的不确定性。为了巩固中央集权，法国国王在 15 世纪发动记录习惯法运动。查理七世在 1454 年发布《蒙迪・勒・图尔敕令》，要求各地方的习惯法应在国王的专家委员会的协助下记录下来，并且将那些已经记录在册的习惯法重新加以编纂。记录习惯法的运动在查理七世以后继续了很长时间。茨威格特、克茨指出：“记录习惯法对于一种法国共同习惯法的逐渐形成并最终导致习惯法与成文法的融合都是十分必要的。否则，1804 年民法典绝不可能统一法国的法律。”同时，法国的记录习惯法的运动增强了传统的习惯法在抵御罗马

---

① See K. Zweigert & H. Kötz, *Introduction to Comparative Law*, pp. 188 - 194.

法时的力量，正如法国法律史学家奥立佛·马丁所说："法国得以幸免于如同后来德国所发生的那样大规模接受罗马法的情况，显然要归功于16世纪国王在记录习惯法方面的成功。"①

与其他国家相比，德国之法的统一更主要的是由于"罗马法继受"的影响。中世纪的德国缺少中央集权的政治与司法机构来对流传下来的、零散纷乱的部族法和城市法加以系统的整理和科学的研究，从而为一个普通的德意志私法奠定基础；尤其是缺少一个强有力的享有君主的授权的中央法院，缺乏职业法律家阶层在政治上支持皇室并且致力于完成一个统一的德国私法即一个德国的"普通法"。在这方面，德国比法国和英国都落后。英国的皇家法院设立于伦敦，有最有影响的律师组织积极参与；而法国巴黎不仅是法国国王和王室及行政当局所在地，还是这个国家最重要的法院所在地，因而也是最好的法官、律师所在地，他们处处有意识地靠加强皇室的威望来提高自己的地位；而在德国，帝国的力量日益衰落，地方领主的力量却不断加强。德国的国王没有固定官邸，而是巡行各地处理国事。他没有中央的行政机构和皇室的行政官署以及强有力的皇室司法管辖权。虽然存在皇室法院，但是它不享有完全独立于国王的地位，没有固定的公职法官和常驻地，所以它影响很小。而地方领主由于其日益增长的政治影响，因而能够拥有不受传唤和上诉的特权，从而使皇室法院的管辖范围日益缩小。所有这些以及传统的日耳曼法的落后，都为罗马法在德国的传播铺平了道路。与日耳曼法相比，罗马法提供了丰富的概念和思想方法，使人们能够在它的框架内分析、解决和探讨复杂的法律问题。在这方面，德国法所走过的道路又不同于法国的。虽然法国的习惯法与德国的习惯法在本质上并没有什么大的差别，都是落后的、分散的、相互矛盾的，但法国通过职业法律家的工作，把地方的习惯法加以搜集、整理和汇编，形成一个记录习惯法的运动，在这一过程中，法国的习惯法理性化了，成为统一的法国法的直接渊源，而德国由于缺乏强有力的职业法律家阶层从事这一工作，因而这一任务就落在罗马法的继受上，再加上德国国王希望借"神圣罗马帝国"的名称，巩固自己的权力，这样，罗马法的复兴和继受就在德国出现了。17世纪席卷欧洲的启蒙运动，在法国、德国和英国也产生了不同的影响：在英国，启蒙运动对法律领域的影响最小，因为法律的特点基本上是由历史的经验和实际的现代意识所确定的，所以非历史的理论化的理性法对它的影响自然很小。在法国，启蒙运动和理性法的思想转换成直接的政治行动并导致1789年的大革命、旧王朝的崩溃、以市民权利平等为基础的统一国家的建立，导致《法国民法典》的编纂。而在德国，启蒙运动和理性法的思想向着另一个方向发展，拓展为一种有教育意义和教学意义的私法原理体系，这就是以普芬道夫、托马斯和伏尔夫为代表的自然法学说。他们总是从严谨的、逻辑数学的演绎出发，从一般的、有牢固理性法基础的基本原理中获得最具体的个别法律规定，以至于其法律制度就像是经过艺术化分类的、系统而明确设计的建筑。德国人寻求学理上的概念纯粹性和逻辑一致性的努力，常常要多于他们寻求与社会现实的联系的努力。而这一运动的结果就是1794年的《普鲁士统一邦法》。19世纪的历史法学派是对理性法运动的"反动"，在这一学派看来，所有真正的法律不过是逐渐成长的、历史流传的、植根于民俗与民情的习惯法。他们反对编纂像《法国民法典》那样的德国统一民法典，而主张从罗马法中去寻找德国法的历史渊源，认为在《民法大全》中有可以利用的具有永恒价值的法律财富，如果人们将其整理、系统化，则直接可以作为法律予以实施。在此基础上发展起来的法典编纂学派即潘德克顿学派，把法律秩序理解为一个以罗马法为基础而发展起来的制度、概念和

① K. Zweigert & H. Kötz, *Introduction to Comparative Law*, pp. 144 - 151.

原则的体系，认为通过逻辑的、科学的适用，就能够获得对所有法律案件的判决。这样，法律适用就变成了一个纯“技术”的过程，一个由概念推演的逻辑必然性的计算过程，可以根本不理会法律外部的世界发生了什么。1900 年施行的《德国民法典》就是在这个学派思想的指导下产生的。①

第二，从法律形式上，英国法的统一是通过普通法即判例法实现的。英王派巡回法院的法官到各地审理案件，建立了在全国通行的而不仅仅只流行于某一地方的普通法。而在法国和德国，这种过渡是以法典的形式表现出来的。在欧洲大陆也有普通法，但其含义是针对封建的邦国流行的地方习惯法。在文艺复兴时期，普通法指的是在各大学讲授的罗马法和教会法，它们存在于各国颁布的律令和在地方流行的庞杂、野蛮的习惯法之外，被视为可以通行于一切国家和一切时代的“真正的法”“文明世界的普通法”。而到了 18、19 世纪，在以《法国民法典》和《德国民法典》为代表的欧洲各国的编纂法典运动中，这种只是在大学中存在的普通法为各国制定的法典所代替，成为真正反映主权国家统一的普通法。

三、历史上的衡平法

普通法发展到 14 世纪末，其局限性日益明显，主要表现在：王室法院的程序太粗陋和程式化；可使用的法律太僵化和不完善；根据这些法律进行诉讼往往会因为技术错误、证人受贿、了解程序窍门或者对手的政治影响而败诉，但又得不到适当的修正。

早在 14 世纪，由于上述原因而败诉或者得不到适当令状的当事人就向国王提出申诉，要求国王下令：如果没有严格的普通法规则，就按照道德和良知所要求的那样行为。国王通常把这些申诉材料转给他的最高司法官员——大法官。大法官熟悉普通法及其救济办法，适合对这些特殊问题进行审判。这样，从 15 世纪起，这些由大法官所作出的判决就逐步形成了一种复杂的、特殊的法律规则——衡平法。

大法官审理这些申诉有特殊的程序，该程序与普通法法院所适用的程序有许多不同之处：(1) 这些申诉由大法官法院管辖，而不由普通法法院管辖；(2) 普通法法院根据案件的类型使用不同的令状，而在大法官所审案件之被告由特殊的令状——传唤令所传唤；(3) 普通法法院审理的目的在于发现被告的行为是否违背法律，而大法官审理的目的在于发现被告的行为是否违背道德和良知；(4) 大法官不适用王室法院所适用的正式证据规则，被告必须向大法官宣誓，保证他所作的全部事实陈述的真实性；(5) 在普通法法院由法官决定适用法律的问题，由陪审团决定事实问题，而大法官自己决定一切有关事实和法律的问题，不用陪审团决定；(6) 大法官最终作出的判决由重罚程序执行。

在衡平法形成初期，大法官审理申诉案件时带有很大的任意性。后来，随着衡平法案件的增多，大法官审理这类案件时逐渐受到像普通法的先例一样的约束，他的审理活动也逐渐被视为司法。16 世纪以来已经开始公布大法官的判决。大法官办公室成为独立的大法官法院。这样，衡平法作为一个独立于普通法的体系，最终建立起来。这时，衡平法已经脱离了其原始意义，它不再意味着公平、正义的准则，而是由大法官法院作出的判决所组成的实体法规则。

---

① See K. Zweigert & H. Kötz, *Introduction to Comparative Law*, pp. 248 - 264.

作为实体法的衡平法也有许多不同于普通法的地方，其中一个重要的规则就是信托规则。信托（trust），在英国法制史早期被称为“受益”（uses）。早在12、13世纪，封建领主为了逃避土地税，把他所拥有的土地转给受托人。受托人对外拥有这一土地的所有权，但是对内他应让授予人在其生存时拥有土地所有权并受益；受托人在授予人死后，其后裔即受益人成年后，要以有利于受益人的方式处理财产。按照普通法，受托人是受托财产的法定所有权人。当受托人不履行自己的义务，授予人和受益人的利益受到侵犯时，普通法法院不受理这类诉讼，没有相应的令状。在这种情况下，大法官协助授予人或受益人，把受托人违反信托协议的行为视为违反道德和良知。大法官处理这类案件的根据是：按照普通法，争议财产在法律上属于受托人，但按照衡平法，受托人必须根据信托协议处理财产。在封建制度被消灭以后，这一规则又逐渐扩展到许多不同的法律领域。现在信托已经被视为典型的普通法系的法律制度。

此外，衡平法发展了普通法的救济办法。例如，根据普通法，只有在侵害已经发生时人们才能提出赔偿损失的请求，而不能预先保护自己不受另一方非法行为的侵害。而这在大法官法院是不能接受的。在一定情况下，大法官将发布强制令（injunction），即一种衡平法性质的法律救济办法，据此可以命令某人不得从事某种行为（限制性强制令），从而阻止可能导致的侵害。又如，“特殊履行”（specific performance）是衡平法发展的另一种救济形成。根据普通法，对违约受害者的救济只能是赔偿损失，但是，当赔偿不能充分救济受害者的损失时，由于侵害令状的限制，没有其他的救济办法。但是根据衡平法，大法官将强制被告履行其合同上所约定的义务。显然，这种特殊履行即强制履行，弥补了普通法救济办法的不足，适用于普通法不能进行充分救济、恢复原状的损害赔偿案件。再如，普通法上另一类救济办法是部分履行（part performance）。根据普通法，土地买卖合同如无必要的书面形式时，即使该合同已被当事人部分地履行，比如，买方已经取得了合同项下标的物的占有权，或者买方已经支付了大部分合同价款，此合同仍然无效。但是，根据衡平法，大法官法院可以通过发布特殊履行令强制履行该合同。大法官在发布执行令时，不是直接与普通法相冲突，简单地发布可转让性的命令，而是命令转让人同意受让人的执行要求，受让人根据这一命令处于可诉债务人的地位，从而与普通法的规则相一致。①

从上述例子可以看出，普通法与衡平法不是两个相互完全独立而又相互冲突的规则体系，衡平法的出现不是要推翻或代替普通法，而只是要弥补普通法的不足。英国著名法学家梅特兰（F. W. Maitland，1850—1906）在谈到普通法与衡平法的关系时指出：“普通法与衡平法的关系不是两个冲突的体系之间的关系。应该记住：衡平法不是一个自我完善的体系——它很难说是一个体系——而是附带规则的总和。而普通法是一个完整的体系。如果大法官法院衡平法的管辖权被破坏，仍将存在每一个案件的法。另一方面，如果普通法被取消，衡平法必然也随之消失。因为无论如何衡平法都是以普通法的整体存在为前提的。”②

四、普通法与衡平法的冲突与融合

17、18世纪是英国资产阶级革命时期，普通法与衡平法的关系也经历了一个从冲突到融

① See K. Zweigert & H. Kötz, *Introduction to Comparative Law*, pp. 194 - 198.

② F. W. Maitland, *Equity*: a course of lectures, 2nd ed., revised by John Brunyate, Cambridge University Press, 1936, p. 153.

合的发展过程。

16 世纪末、17 世纪初，在英国政治舞台上进行斗争的主角是国王和国会。这场斗争在法律领域表现为衡平法与普通法之间的冲突。在都铎王朝和斯图亚特王朝时期，英王为了扩大自己的势力范围，加强衡平法院，建立了审理具有重要政治影响的刑事犯罪案件的星法院（Star Chamber）。与此同时，普通法逐渐成为国会手中的重要武器，用以反对英王的专制统治。从那时起，英国人一直把普通法视为自由的根本保证，以保护公民权利不受专制权力的任意侵犯。在这方面，英国也不同于欧洲大陆：英国不存在确定公民基本权利的成文宪法，大陆法系宪法的这一职能在英国是由普通法承担的。

如上所述，虽然衡平法与普通法并不是两个相互冲突的体系，但是在管辖权上有时也会发生矛盾。大法官有时发布命令，禁止当事人在普通法院提起或继续诉讼，或者禁止执行普通法院已经作出的判决。17 世纪这种矛盾引发当时的大法官艾里斯米尔（T. Ellesmere，1540—1617）和王室法院的首席法官科克（Edward Coke，1552—1634）之间的争论。科克认为："大法官无权粗暴地禁止积极的诉讼或禁止合法作出的判决的执行，从而使自己的决定凌驾于普通法院之上。"艾里斯米尔则提出："当普通法院的判决是基于压力、错误和冷酷无情的思想作出时，大法官将阻挠它的执行并置之不顾。"后来，这场争端打到英王詹姆斯一世（1603 年—1625 年在位）那里，他赞成大法官艾里斯米尔的意见，科克也因此被撤职。从那时起，英国逐渐形成了一种看法：当普通法与衡平法发生冲突时，衡平法应占优势。

18、19 世纪英国进入"改革时期"。与社会的经济、政治改革相适应，在这个时期也发生了法律改革，其中 1873 年通过、1875 年生效的《司法条例》(Judicial Act) 对于普通法与衡平法的发展具有重要影响。《司法条例》的作用可以概括为以下三个方面。

第一，把过去独立的法院系统合并为统一的法院系统，设立了一个由高等法院和上诉法院组成的最高法院。高等法院分为王座庭、大法官庭、普通诉讼法庭、财政庭和遗嘱检验、离婚、海事庭（后来又将普通诉讼法庭、财政庭并入王座庭），从而代替了过去相互独立的普通法院、衡平法院、遗嘱检验法院、离婚法院、海事法院以及一些上诉法院。

第二，调整了普通法和衡平法的适用领域。高等法院和上诉法院的所有法庭都必须适用英国法的一切规则和原则，无论是普通法还是衡平法。在《司法条例》颁布之前，王室法院不适用衡平法，只适用普通法。有关衡平法的诉讼由大法官审理。《司法条例》颁布以后，高等法院的王座庭也有权检查"衡平答辩"，如果它成立，就驳回原告之请求。《司法条例》第二十五节第 2 条明确规定，当法（普通法）与衡平法之间冲突时，衡平法规则为优。

第三，统一了繁杂的令状制度。在《司法条例》颁布之前，原告开始诉讼时，必须在七八十种令状中选择一种适当的令状。这一选择对于整个诉讼程序具有决定意义：它将决定哪些判例适用于这一案件、被告如何被传唤、证据如何提出、判决如何被执行。如果选错了令状，原告将会由于纯技术的原因而被驳回请求或败诉。《司法条例》取消了繁杂的诉讼形式，从 1832 年到 1860 年又颁布了一系列特殊条例，从而大大简化了诉讼形式。现在英国高等法院的所有审判都以同一令状——传唤令（writ of summons）开始，原告只需用非技术性的语言叙述他的请求根据和内容，而不必再去选择不同的令状了。

但是《司法条例》的颁布并不意味着英国今天已经不存在普通法与衡平法的划分了。首先，虽然今天英国已经不存在相互独立的普通法院和衡平法院两大系统，但是它们仍然存在于同一高等法院内部，凡是属于衡平法的诉讼仍然要由大法官庭审理。其次，就《司法条例》本身而言，它既没有改变普通法也没有改变衡平法，只不过使它们同时在同一法院实施，法官在审理案件的过程中几乎都毫无例外地分别陈述两种体系的规则。再次，英国律师仍然按照传统继续被划分为普通法律师和衡平法律师。最后，在法学教育方面，在英国的法学院，衡平法通常总是作为一门独立的课程，教师在讲授其他法律课程时，也往往把普通法的原理和衡平法的原理加以对比："普通法认为……而衡平法认为……"可见，普通法和衡平法仍然是英国法的最基本的分类。

五、衡平法的救济手段

尽管衡平法与普通法在当代逐渐融合，但是仍旧有一些典型的救济手段属于传统的衡平法范畴。一般而言，这些救济手段在现代普通法法院也可以得到实施。需要强调的是，衡平法的救济属于法官的自由裁量领域，法官在裁定是否给予该等救济的时候，仍旧需要考虑例如当事人是否出于诚实信用（good faith），或者是否"是一个清白的当事人"（clean hands）等。然而，此等自由裁量也并不是任由法官进行道德判断。衡平法在其漫长的发展历史中，逐渐发展出了一套当给予衡平法上救济时法官应当考量的因素。典型的衡平法救济包括如下几类。

第一，强制令（Injunction）①，即法庭就某当事人必须做某事或者停止做某事所发出的命令。强制令是诉讼中的一个有力的武器，需要由当事人向法院提出申请。常见的强制令形式有：(1) 临时性强制令（interim or interlocutory injunction）。这是一类在诉讼进行期间为了维持当事人现有状态而颁发的一类强制令，其在整个诉讼进行期间都有效。(2) 禁止性强制令（prohibitory injunction），即禁止当事人从事某种行为的命令。(3) 指令性强制令（mandatory injunction），即要求当事人必须从事某种行为的命令。(4) 反诉令（anti suit injunction）。这是在合同纠纷中经常使用的一种强制令。如果当事人双方事先在合同中约定，合同争议将只由某地法院（例如英格兰法院或者中国香港特别行政区法院）管辖，那么在诉讼中，该地法院有权颁发反诉令，禁止一方当事人在合同约定的其他法院提起诉讼。(5) 冻结令（mareva injunction or freezing order），即禁止当事人将其财产转移的命令，其目的是预防一方当事人为了规避判决执行而转移财产。冻结令在美国并不适用，在英格兰和中国香港特别行政区适用。Mareva injunction 是中国香港特别行政区对冻结令的称谓，其名称来自最早使用该禁令的判例。(6) 搜查令（Anton Piller or Search Order）。其最早来自英国 1975 年的 Anton Piller KG *v.* Manufacturing Processes Ltd. 案，是指要求被告允许原告进入其场所查找、收集、复制有被被告损毁嫌疑的证据材料的命令。尽管目的都是预防被告恶意规避法律，但与冻结禁令不同的是，搜查令保护原告为了胜诉而搜集对其有利的证据的权利。搜查令在美国不适用。

第二，强制履行（specific performance），即要求一方当事人履行合同或者信托约定。强制履行有这样几个特点：(1) 强烈的人身属性（*in personam*）。该救济是要求当事人履行，并不能由财产（*in rem*）来取代。这在实践中带来的一个效果就是，只要合同纠纷中的被告在法院管辖区内，那么即便他的财产在法院管辖区外，法院也可以作出强制履行的判决。②如果被告拒绝履行，那么他有可能因被判处蔑视法庭罪而入狱。(2) 强制履行不适用于具有强烈人身属性的关系，例如强制原、被告违背自己的意愿维持某种私人关系或者雇佣关系。③ (3) 一般而

---

① 强制令是在所有普通法系国家常用的一种衡平法救济手段，但是有两个例外：冻结令和搜查令在美国不适用。

② 例如 Richard West & Partners (Inverness) Ltd v. Dick，1969，2. Ch. 424。

③ 例如 De Francesco v. Barnum，1890，45. ChD. 430。

言，如果普通法能够提供足够救济，那么法院就不会使用强制履行的救济手段。判断是否能够提供足够救济的时间点是请求强制履行的时间而不是合同签订时间。

第三，撤销（rescission）。它主要是针对合同关系。只有在有可能使双方回到合同签订之前的状态的前提下，法院才会使用撤销的救济手段。该救济一般适用在合同一方作虚假陈述，诱导另一方进入合同关系的情形。虚假陈述会使合同成为可撤销的合同，从而由原告决定究竟要求撤销合同还是要求被告赔偿损失。如果原告决定撤销合同，那么合同自始无效，这时候基于合同关系取得利益的一方就需要返还获得的利益。

第四，纠正（rectification）。该等救济是指由法庭改正那些基于无心的错误或者疏忽而签订的文件，使其反映当事人的原来的真实意愿。给予该等救济有着非常高的举证标准：请求该救济的一方必须给出清晰且有说服力的证据，证明双方的真实意思并不是文件记载反映的内容。而纠正与否属于法院酌定的情形，即并非所有未反映当事人真实意愿的文件都必须得到纠正。例如法院可以基于请求方本身并不是一个清白的当事人（principle of clean hands）的衡平法原则而拒绝该方的纠正请求。

六、现代衡平法的影响

衡平法上的原则和规范被绝大多数普通法系国家例如美国、加拿大、澳大利亚、新加坡等，接受并沿用。此外，中国的香港特别行政区也承认衡平法的效力。《香港特别行政区基本法》第8条规定："香港原有法律，即普通法、衡平法、条例、附属立法和习惯法，除同本法相抵触或经香港特别行政区的立法机关作出修改者外，予以保留。"同英格兰的法院一样，绝大多数普通法国家和受普通法影响的地区的法院不再区分普通法法院和衡平法法院。中国香港特别行政区的法院也是如此。

衡平法在美国的适用需要注意两点：第一，特拉华州、密西西比州、新泽西州、南卡罗来纳州以及田纳西州这五个州保留着传统的普通法法院和衡平法法院并行的体制。这意味着，在这些州，衡平法法院仍旧对传统的属于衡平法救济范畴的案件享有专属管辖权，对此类案件普通法法院无权受理。第二，美国宪法第七修正案赋予当事人的由陪审团审判的权利并不会在衡平法诉讼中享有。根据美国宪法第七修正案，在普通法诉讼中（in suits *at common law*），如果诉争标的超过20美元，当事人享有由陪审团审理的权利，由陪审团认定的事实，除非按照普通法规定，合众国的任何法院不得重新审查。对这里的普通法应当作狭义理解，并不包含衡平法。也就是说，如果案件涉及的是衡平法上的争议，当事人无权要求由陪审团认定案件事实。尽管1938年《联邦民事程序规则》（Federal Rules of Civil Procedure）不再在普通法和衡平法之间作出区分，并建立了统一的民事诉讼程序，然而在适用陪审团审理这个问题上，美国联邦法院系统[①]保留了传统的普通法救济和衡平法救济的区分。如果审理法院认为案件涉及普通法上的救济，那么由陪审团审理的权利就受到宪法第七修正案的保护；如果涉及衡平法上的救济，那就不适用陪审团审理。

① 美国联邦宪法第七修正案仅适用于联邦法院，不适用于州法院。

第四节　联邦法与州法

一、美国联邦和州关系的历史

在美国，联邦法和州法的分类，比公法与私法的分类、普通法与衡平法的分类，更具有根本性。这种划分不仅表现在立法上——联邦和州都有立法权，联邦法和州法是美国平行的两大体系，而且渗透到美国法律生活的其他领域，如法学教育、法律职业、法院系统。正像大陆法系伴随着私法与公法的划分而存在着普通法院和行政法院两大系统，英国法律体系伴随着普通法与衡平法的划分而存在着普通法法院和衡平法院一样，美国伴随着联邦法和州法的划分而存在着联邦法院和州法院两个相互平行、独立的法院系统。

美国联邦和州之间的关系有一个逐步演变的过程。

（1）《邦联条例》。在美国革命初期的 1777 年邦联会议通过的《十三州邦联和永久联盟条例》（简称《邦联条例》）第 2 条规定："各州保留其主权、自由和独立，以及其他一切非由本邦联条例所明文规定授予合众国国会的权力、司法权和权利。"按照该条例，邦联中央的权力是有限的。该条例把权力集中在州政府，各州每年 11 月派代表出席国会，此时合众国政府才在实质上和形式上存在。休会期间，由各州委员会行使职权，此时，合众国政府便不存在，故合众国政府是间歇性的、季节性的、会议性的。《邦联条例》力求保持各州的独立和主权，真正的国家是州（state），凡未由各州授予中央的权力，一概由各州自行保留。中央政府的存在，完全依赖于各州的意旨而定。中央无权约束各州，假如实施惩罚，势必发生战争，邦联将瓦解。同时《邦联条例》规定，各州相互间承认其自由公民享有同等权利，相互间引渡罪犯，相互间承认其档案、司法判决、行政措施的效力。值得注意的是，上述规定通常属于国际私法范畴，而当时各州却把它规定到宪法性文件《邦联条例》之中，可见当时各州的主权地位。

（2）《美国宪法》。1789 年通过的《美国宪法》第 1 条第 8 款明确列举了联邦政府的立法权的范围，一共包括 17 项职权，以及第 18 项即在执行上述职权时，采取任何"必要而又适当的法律"的规定。联邦的立法权主要包括：以联邦名义征收税项，借债，铸造货币，准许专利和版权，统一度量衡，管理国际贸易与州际贸易，维持邮局和邮路，制定全国统一的国籍法和破产法，设立联邦法院制度，明确规定和惩罚公海上的犯罪，宣战与媾和，设立武装部队，缔结条约和处理外交事务，等等。在为制定宪法而举行的制宪会议上，弗吉尼亚州曾提出方案，将联邦国会权力规定得极为广泛，凡各州不能立法的范围，概归联邦权力的范围。大会对此一直未予采纳，而是采取了将联邦权力明文列举的方式，以此来限制联邦的立法权。联邦的立法权，除明文规定的外，还可以从明文规定的权力中，合理推论出默示权力（implied powers），这就是从第 18 项规定的行使上述职权时制定"必要而又适当的法律"中产生出来的。如从明文规定的联邦对国际贸易和州际贸易的管理权中，可合理地推论出劳资关系的调整、水坝的建筑、河流和港口的改良、洪水的控制等权力。

《美国宪法》还明确规定联邦法律的效力高于州法律。其第 6 条第 2 款规定："本宪法与依照本宪法所制定的合众国法律，及以合众国的权力所缔结或将缔结的条约，均为全国的最高法律。即使与任何州的宪法或法律有抵触，各州法官均应遵守。"

(3)《美国宪法》第 10 条修正案。1791 年 11 月 3 日生效的《美国宪法》第 10 条修正案，进一步明确了联邦立法权与州立法权之间的关系。该条规定："本宪法所未授予中央或未禁止各州行使的权力，皆由各州或人民保留之。"由此可见，《美国宪法》对联邦立法权和州立法权规定的方法不同：对联邦权力采取列举的方式，即只能行使列举在宪法条文内的一切职权。在联邦成立前，各州原为有主权的政治实体。制宪时讨论联邦政府的权限，实质上即各州愿意对联邦政府让与一些权力，使其成为联邦政府行使职权的范围。对各州权力则采取概括式的保留方式，各州能行使未委托给中央及未禁止各州行使的职权。假使中央政府要行使一项职权，一定要预先确定这项职权是宪法列举的，或包含在《美国宪法》第 1 条第 8 款之中；反之，假使地方政府要行使一项职权，就不必确实证明这项职权是在其职务范围内，只要反对者方面不能证明这项职权已划归中央政府或禁止地方政府执行就可以了。

(4)《司法法》。美国联邦与州的关系还表现在联邦司法权与州司法权的关系上。1789 年 9 月 24 日通过的《司法法》(Judicature Act) 第 25 条规定，各州最高法院判决案件，得上诉至联邦最高法院的有下列几种：1) 州法院的判决违反联邦条约或法律；2) 州法院的判决维护州法律的效力，而被当事人认为违反联邦宪法、条约或法律；3) 州法院的判决否决依联邦宪法或法律所请求的权利。

《司法法》产生以后，受到主张州权力的共和主义者的激烈抨击，他们提出：《美国宪法》第 3 条并不承认州法院为联邦法院的构成部分，而是各州各有其主权，其权力除非宪法明文规定，否则不得以推论而予剥夺。在共和主义者的反对下，美国国会于 1789 年 1 月 8 日通过宪法第 11 条修正案："在普通法或衡平法上，他州人民或外国人民控诉合众国任何一州的案件，不得由合众国法院受理。"这在当时是共和主义者对联邦主义者的一次胜利。

但在此之后，联邦主义者和共和主义者的斗争并没有结束，联邦主义者所控制的联邦最高法院通过一系列判决，如 1816 年马丁诉亨特的承租人案 (Martin v. Hunter's Lessee, 1816)①，巩固了联邦法的地位。

该案事实大致如下：英国费发克斯爵士寄居于美国弗吉尼亚州，美国独立战争时，其财产被该州没收。革命后，费发克斯爵士的英籍继承人马丁，根据美英战后所订条约，请求继承之前被没收的不动产。弗吉尼亚州依据该州已制定的禁止外国人在该州继承不动产的法案予以拒绝，当事人遂上诉至联邦最高法院。联邦最高法院将弗吉尼亚州颁布已三十多年的没收法和继承法予以废弃，判决上诉人胜诉。但弗吉尼亚州最高法院法官称《司法法》第 25 条违宪，因此拒绝执行联邦最高法院对此案的判决。上诉人因判决被拒绝执行，再度上诉至联邦最高法院。联邦最高法院依然坚持其前判原则，并确定："联邦最高法院对于有关联邦宪法、法律和条约的一切案件的判决，其效力优于各州法院的判决。"弗吉尼亚州高等法院法官卡伯尔反驳称：联邦最高法院对于非其本身管辖的案件，不能强令各州法院遵照其意审断。联邦法院属于一个主权，各州法院属于另一个主权，彼此互不统属，并不发生优越和指挥问题。联邦最高法院院长马歇尔 (John Marshall, 1755—1835) 提出：合众国是一个单独的国家，各州仅是其组成部分，它们在若干目标下是主权者，在其他目标下却是从属者。一州的宪法和法律，凡与合众国宪法和法律相抵触者，皆绝对无效。为避免与弗吉尼亚州最高法院再起冲突，联邦最高法院将此案直接交由联邦雪南多地方法院执行。

---

① See Martin v. Hunter's Lessee, 1816, 1 W. L. R. 304.

(5)《州际贸易法》。19世纪末、20世纪初，美国继续朝着加强联邦权力的方向发展。这特别明显地表现在联邦扩大对州际贸易的控制权和反托拉斯法方面。19世纪后期，垄断组织遍及全国，其业务活动越出一州范围，而各州法的规定殊不一致，因而产生各州管理商业的混乱局面。美国政府为了适应管理垄断组织的需要，加强干预州际商业活动，于1887年2月4日，通过了《州际贸易法》，规定统一的铁路运费，禁止短程收费高于远程，并规定铁路公司必须公布运费表。为了监督该法实施，美国政府任命一个由5人组成的州际贸易委员会，其有权接受诉讼、检查铁路营业、查阅年度决算并召唤证人，但无权订立运费或强迫铁路公司接受其决定。如铁路公司拒绝接受该委员会的建议，该委员会应将案件移送联邦法院审理。1906年6月，美国国会通过由爱达荷州众议员海普明提出的《海普明法》。该法扩大了州际贸易委员会的权力，将委员人数由5人增至7人，规定该委员会有权订立公平合理的运费并监督铁路公司遵守，保留铁路公司得就运费向法院提出异议的权利；并建议该委员会通令所有铁路公司实行统一的会计制度，禁止免费运输；规定运费的变更应在实行前30日公布。联邦最高法院在此后一系列的判决中承认州际贸易委员会有扩大联邦商业权，如在1907年伊利诺伊州中央铁道公司诉州际贸易委员会案、1910年州际贸易委员会诉芝加哥罗德岛和太平洋铁路公司案中，都认定州际贸易委员会被授予的半立法权的原则有效，该委员会调查的事实应为有效，法院无须再行调查；并承认该委员会有决定铁路运费之权。

(6)《反托拉斯法》。1890年7月，美国国会通过第一部反托拉斯法——《谢尔曼法》。它由俄亥俄州参议员约翰·谢尔曼提出，全名为《保护贸易及商业以免非法限制及垄断法》。该法充分反映了联邦内政权的扩大，以管理托拉斯为名，把一向被认为属于各州内政权范围的商业的大部分都归由联邦中央控制和管理。1905年联邦最高法院在斯维佛特肉类加工厂诉美国案中，进一步将联邦的商业权扩大到生产领域。该案的案情为：芝加哥地区的斯维佛特、阿尔莫等肉类加工厂，意欲控制牲畜及肉类价格，因而成立大规模的组合。此种组合是就地组织，牲畜亦在当地，各项买卖亦是就地交易，似与州际商业不发生关系。但联邦最高法院用不间断的商业主义予以驳斥，这个不间断的商业主义以后演变成商业权的基本观念，即生产亦包括在商业之中。到1937年以后，商业与制造业之间的区别已不复存在。以《谢尔曼法》为开端，联邦内政权得到了进一步扩展。到20世纪初、第一次世界大战前，这种联邦管制法已有不下二十多种，著名的有1906年的《食品和药物法》《肉类检定法》、1914年的《管理麻醉品法》等。

(7)《全国劳工关系法》。在罗斯福新政时期，美国更是朝着加强联邦权力的方向发展。1935年7月5日，美国总统签署《华格纳法》，即《全国劳工关系法》。负责执行该法的全国劳工关系委员会，其重要性不逊于州际贸易委员会。其有权传问雇主，发布禁令，听取工人诉愿，而且其裁定得由法律强制执行。1938年6月，美国总统又签署《公平劳动标准法》（又称《工资时数法》），其对最低工资、每周最高工时、加班工资、禁止使用童工等问题作出严格规定。通过这些法律，大大加强了联邦对劳工关系的控制。特别值得注意的是1938年通过《新农业调整法》，即《土壤保持法》。该法宣称，农业生产与州际贸易有密切关系，所以联邦有权加以管理。联邦最高法院在默福特诉史密斯案（Mumford v. Smith）中表示接受，认为联邦实施州际贸易管理权并非仅管理生产，对于任何在州际贸易中流通的商品，联邦均可以加以管理或禁止。以后，联邦最高法院首席法官又在有关州际贸易权的判例中宣称：全国工业组织，其活动的主要因素是州际贸易，国会为保护州际贸易，可加以管理。他还扩大宪法中关于州际贸易的含义，把生产也包括在贸易之内，因为工业公司从州际贸易取得材料，又将制成品流回州际贸易中。因此，即使是其产品完全在州内销售的工业，联邦也可加以管理。任何地方性经济活动，即使是就地消费而没有在州际贸易中活动，但只要对商业产生影响，都应受联邦管理。

总结美国联邦法与州法关系的历史，可以看出二者关系的基本框架。《美国宪法》对联邦享有的权力明文逐一列举，而对州享有的权力，则采取概括保留的方式。但在宪法实施后不久，宪法上的这种规定，就受到联邦最高法院的挑战。但在当时，总的来说，在联邦权力与州权力的关系上占主导地位的理论仍然是“州具有主权”“宪法仅是主权国间的契约”。19 世纪末、20 世纪初，美国进入垄断资本主义时期，联邦与州的关系发生了深刻的变化，经济上的集中要求政治上的集中，于是州的权力便一天天地被削弱，联邦的权力却一天天地加强。罗斯福新政时期，政府全面干预社会经济生活，进一步扩张了联邦的权力。第二次世界大战后，美国成了资本主义世界的霸主，为了实现其独霸世界的野心，统治集团不断加强联邦中央的权力，侵犯传统上被认为应保留给各州的权力。联邦国会将列举权和默示权运用到最高程度，几乎不受限制。虽然美国联邦的权力一再被扩大，州的权力一再被削弱，但是美国联邦与州的关系的基本构架并没有变，美国仍然是联邦制国家。

二、美国联邦与州的立法领域的划分

如上所述，美国联邦的权力与州的权力划分的基础是《美国宪法》第 1 条第 8 款和第 10 条修正案。

联邦立法的领域，根据《美国宪法》，包括以下两项。

(1) 列举权力。《美国宪法》第 1 条第 8 款所列举的前 17 项内容，即所谓“列举权力”。其内容中除货币、税收、外交和国防之外，最主要的是版权、破产、海商法、国籍法以及对外贸易和州际贸易。

(2) 默示权力。《美国宪法》第 1 条第 8 款所列的第 18 项内容——“在执行上述各项权力及依本宪法授予合众国政府或政府中任何机关或官员之一切权力时制定必要而又适当的法律”，即所谓“默示权力”。这一规定为扩大联邦立法的领域留下了很大的余地，从而架空了州的立法权，即凡是联邦国会认为“必要而又适当的”事情，尽管这些领域过去一直由州立法管辖，联邦均可以立法。

至于州立法的领域，按照《美国宪法》第 10 条修正案，“本宪法所未明确授予中央或未禁止各州行使的权力，皆由各州或人民保留之”。也就是说，除了《美国宪法》第 1 条第 8 款所列举的联邦立法的领域之外，都属于州立法的领域。对此，联邦宪法和州的宪法都未列举具体内容，而是采取了“保留方式”。这意味着，私法的中心领域都属于州立法的范围。

美国 50 个州都有自己的家庭法、继承法、合同法、侵权行为法、土地法、合伙法、保险法、票据法，有调整州内贸易的法律。就税法而言，各个州除了不得征收进口税、出口税及对联邦政府营造物征税外，得采用任何合乎正当程序的征税制度。就公法而言，各州有调整州内政府组织，设置县、市地方政府的法律；有州刑法、选举法以及有关治安、卫生、福利等方面的法律；有文化教育、社团管理方面的法律。

还应看到，有许多领域属于联邦立法和州立法的共同范围。一般来说，有关控制经济的法律是联邦法，但各个州往往有同样的立法，甚至有时州立法取代联邦立法的地位，比如控制保险工业的法律。商法的重要领域，特别是货物买卖、相关信贷和担保协议，通常是州立法的领域，但是《美国统一商法典》实质上包括同样的内容。

除了上述关于联邦立法和州立法的规定之外，《美国宪法》还分别对禁止联邦、州以及联邦与州共同行使权力的领域作出了规定。

（1）禁止联邦政府行使权力的领域。依据《美国宪法》第 1 条第 9 款的规定，主要有 8 项：在 1808 年前不能禁止黑奴入境，不得停止人身保护状，不得通过剥夺人权或溯及既往的法律，不得对各州输出的货物课税，不得从国库支拨法律规定以外的经费，不得授予贵族爵位等。

（2）禁止各州政府行使权力的领域。依据《美国宪法》第 1 条第 10 款的规定，包括：对外缔约、订立同盟或成立联盟；不得铸造银币、发行纸币；不得通过剥夺人权案；不得通过溯及既往的法律或损害契约义务的法律；不得授予爵位等。

（3）禁止联邦和州政府行使权力的领域。依据《美国宪法》第 13 条、第 15 条、第 19 条修正案的规定，合众国境内或属合众国管辖区域内，不准有奴隶制或强迫劳役制的存在（第 13 条修正案）；合众国或其任何一州，对合众国国民投票权，不得因种族肤色，或由于以前曾为奴隶而拒绝或剥夺之（第 15 条修正案）；合众国或各州不得因性别关系取消或剥夺合众国国民的投票权（第 19 条修正案）。

三、联邦与州普通法的关系

美国司法界对联邦普通法与州普通法的关系问题的认识有一个变化的过程。

1789 年的《司法法》规定，联邦法院对于联邦法未作规定的事项适用某一特定州的法律（the laws），即由受理案件的联邦法院所在地的冲突法所指定的州法律。无疑，这里所说的法律包括州立法，但对于是否包括州普通法，即州法院的判例，有很大争论。一种主张认为，不包括州普通法，只包括联邦普通法。这一理论在斯威夫诉泰森案（Swift v. Tyson，1842）[①] 中得到美国联邦最高法院的确认。联邦最高法院法官斯托里提出，纽约州立法未对该案争议事项作出规定，就无须以纽约州的普通法为根据，而应以“一般普通法”（general common law）为根据。但是，这样做的结果是诉讼当事人提请州法院或联邦法院审理时，该案有可能以两种不同的方式得到解决。州法院援用州普通法，而联邦法院则不援用。这与宪法精神和《司法法》的规定相违背。在宪法保留给州的一些领域中，事实上承认联邦法享有管辖权，违背了州的司法原则。

这种情况在 1938 年埃里铁路公司诉汤普金斯案（Erie v. Tompkins，1938）[②] 中得到改变。该案的案情是：汤普金斯于某日晚在宾夕法尼亚州铁路旁的泥路上行走，突然被森林中驶过的一列火车撞倒而受伤。火车属于在纽约州注册的埃里铁路公司所有。汤普金斯向该州的南区联邦法院提起诉讼，要求赔偿损失。埃里铁路公司主张，根据宾夕法尼亚州最高法院的判例，汤普金斯无权要求赔偿损失，因为他无权在属于该公司的私有道路即那条泥泞小路上行走，他应该被视为“侵犯他人土地者”。汤普金斯则提出：1789 年《司法法》所指的联邦法院适用州法律，应解释为适用州立法。在无州立法时，联邦法院应适用普通法，但这里的普通法应是联邦普通法，而不是州普通法。因此，此案不应适用宾夕法尼亚州的判例。联邦地区法院和联邦上诉法院的法官都同意这一论据并判决：在无立法时，联邦法院得适用联邦普通法，而对宾夕法

---

① Swift v. Tyson，1842，41US L. R. 1.

② Erie. v. Tompkins，1938，304U. L. R. 61.

尼亚州普通法的规定不予考虑。

美国联邦最高法院在受理上诉时撤销原判，将该案发回巡回上诉法院，后者根据宾夕法尼亚州的普通法作出判决。联邦最高法院认为：除联邦宪法或国会的法律已作规定的事项外，在一切诉讼案件中应适用的法是某一特定州的法。不管这一州的法是由它的最高法院通过作出的判决提出还是由它的议会通过制定的成文法提出，均与联邦当局无关。不存在联邦的普遍适用的普通法（There is no federal general common law）。这样，“不存在联邦普通法”的原则就通过这一案件被确认下来。

当然，“不存在联邦普通法”的原则是有限的，它只限于那些联邦法未规定适用某一特定州法的情况，如果联邦法有规定，属于联邦立法范围内的情况，则适用联邦普通法。

由此看来，在美国联邦法与州法的关系上，无论联邦法如何重要，在日常生活中各州法对于美国公民和法学家仍然是最重要的。

四、美国法的统一

强调美国各个州的法律的重要性，并不否定美国法的统一性。首先，美国有一部统一的宪法及其修正案，它是美国法律统一的最基本保证；其次，联邦最高法院对宪法及其修正案进行解释，无论各州的制定法和判例法如何规定，要各州都必须遵守这些解释中所阐释的某些总的原则；最后，美国法的统一性还表现在法律教育和法学研究方面，其内容主要是联邦法，因为美国各州的法学院的学员往往不是本身于本州，而是来自全美各地，所以法学院的教员不可能只讲本州法律。特别值得注意的是，美国法的统一还表现在自19世纪末、20世纪初以来所兴起的统一美国州法的运动，其形式主要包括三种，即统一法典、模范法典和法律重述。

1. 统一法典（Uniform Acts）

美国从1892年开始致力于统一各州法律的工作，当年举行了“全国州法律统一委员会议”（National Conference of Commissioners of Uniform State Law）。会议由美国律师协会（American Bar Association）主持，由美国法学会（American Law Institution）协助，由各州州长指派正式代表参加。但该组织属于私人团体，是非官方的。其宗旨是每年召开一次会议，就不同的法律问题进行统一，决定最需要统一的是什么法律以及目前哪些法律可能统一。该法律由专家起草，由会议加以审查、修改，并由会议向各州议会建议采纳通过，各州可有选择地采用。但是总的来讲，到目前为止由于各州利益分歧很大，真正的实际成果并不多，其中最主要的成果是1952年通过的《美国统一商法典》。除了路易斯安那州以外，所有的州都接受了该法典。该法典被有些学者视为“美国法制的最大成就”。其他重要的统一法典还包括《统一票据法》，《统一消费信贷法》，《统一买卖法、合伙法、股份转让法》等。应该指出，虽然这些法典统一了，但即使是接受它们的州对它们的解释也不尽相同，法律冲突仍然存在。

2. 模范法典（Model Act）

它也是由全国州法律统一委员会议提出，为各州立法机关所采纳的法律，其中较著名的有《模范商业公司法》《模范刑法典》《模范遗嘱检验法》。通常，州立法机关采用模范法典时都作出某种修改，以适应自己的需要，或者只采用模范法典的某一部分。如美国的证据法大量地散见于法院判决中，而且各州证据法之间的差异也不小。1942年，美国法学会试图通过颁布《模范证据法典》来弥补这一缺陷，但是任何法院都没有采用它。全国州法律统一委员会议推荐了《统一证据规则》，它逐渐受到美国有关司法部门的重视。

3. *法律重述*（Restatement of Law）

它是由美国法学会主持编纂的。1923 年美国法学会成立时，其目的就包括法律的“净化和简化”。许多美国学者认为，美国判例法有两个主要缺点，即不明确性和复杂性。“在从事一个案件的辩护时，使律师越来越感到困难的是发现、阅读并融会贯通他自己这一州的法院的有关案件，而且如果找不到明确的先例，那么他就投身于其他州的法院和联邦法院的几乎是无穷无尽的判例库中去。”美国法学会编纂法律重述的目的，就在于克服这种缺陷。美国法学会汇集各大学著名法学家，把各州普通法的原则从普通法中提炼出来，编成法律重述，如《合同法重述》《侵权行为法重述》等。在美国许多法的领域中，判例占绝对优势，而各州的制定法、法典的数量微乎其微，使律师、法官感到颇难处理，因此法律重述主要在这些领域中进行。法律重述工作共涉及九个领域：代理权、法律冲突、合同、审判、财产、赔偿、安全、民事侵权行为和信托财产。每一领域的法律重述，由一位著名法学教授起草即作为报告人，由一个由教授、律师、法官组成的顾问小组协助，美国法学会理事会对其结果加以审查，最后经美国法学会全体成员讨论、批准。以财产权的法律重述为例：它一共包括 568 节、4 卷，摘录了 3 万个案例，是各种法律重述中篇幅最大的，花了 17 年时间做准备工作，集合了 7 个法学院的教授，全部工作用 20 年完成，加上索引和一些专门材料共 20 卷，还附有许多州的注释。值得注意的是，美国的判例法传统使法官和律师一般对法典、制定法不感兴趣，但是，对于法律重述，由于它来自判例，是对判例中的基本原则的抽象，因而法官和律师乐于接受，而且它的适用也方便。据有关资料统计，在 1923 年到 1950 年期间，法律重述被上诉法院援引总数近 1.8 万次，平均每年 1 200 次，并已被收集成册，编成《法院中的法律重述》。但美国学者仍然认为，法律重述并不表明美国法律在向法典化方向发展，恰恰相反，它是为了保留普通法而专门存在。还应看到，美国联邦法和州法的划分有着很深的基础，已渗透到美国法律生活的各个方面，因此不能过高地估计所谓美国法的统一运动。正如许多美国学者指出的，美国法是统一的，但这种统一不是通过联邦法代替州法，而是通过 50 个州法的相互接近来实现，各联邦法院不应在各州法之外另行制定联邦法以求实现这个统一。

第五节　社会主义法律体系的结构

一、社会主义法律体系的结构的传统理论

社会主义法的部门划分不同于资本主义法的部门划分。虽然在两大法律体系中许多法律部门都有共同的名称，如宪法、刑法、行政法、民法等，但其本质，其社会、政治内容却不同。在两大法律体系中相应法律部门的地位和作用也不尽相同。以民法为例：在私有制条件下，特别是在自由资本主义时期，民法是法律体系的核心，是“真正的宪法”，而在公有制占主导地位的条件下，民法的作用只限于调整平权主体之间的关系，大量的属于非平权主体之间的经济关系则由经济法和其他法律部门来调整。

在社会主义法律体系中，是否存在像西方法律体系中公法与私法、普通法与衡平法之类大的部门群的划分？社会主义法的各个部门的大致归属如何？这些是需要进一步研究的问题。因为，第一，大陆法系公法与私法的划分、普通法系普通法与衡平法的划分有着长期的

历史渊源，公、私法的划分从罗马法时代算起已有两千多年的历史，而普通法与衡平法的划分从13世纪大法官衡平法开始也有800年的历史，虽然在此以后发生了很大变化，但其基本框架已牢牢扎根在西方法律体系之中。而社会主义法律体系从十月革命算起也只有一百多年，社会主义法的部门划分在许多方面还没有成型。第二，公法与私法、普通法与衡平法的划分作为西方法律体系法的基本结构渗透到法律职业、法学教育以及法院组织之中，比如大陆法系普通法院和行政法院的划分、普通法系普通法法院和衡平法院（大法官庭）的划分，但在社会主义法律体系中还看不到这种划分，比如我国人民法院系统是按刑庭、民庭、经济庭以及行政庭等来划分的，这是否能够作为社会主义法的部门划分的一个根据呢？

苏联学者雅维茨主张，调整横向关系和纵向关系、水平关系和垂直关系的法律部门是法律体系所固有的两大基本部分，无论对剥削者法还是对社会主义法都是如此。这种划分在剥削者社会中表现为公法和私法。“社会主义国家的法律体系不存在私有财产所有者的个人利益完全占统治地位的私法，但是，社会主义社会的法律调整方法最终也是由参加者之间的相互地位所决定的。参加者在平等基础上的协调关系，意味着任意性原则（jus dispositivum）所特有的调整方法的总和。隶属关系、上下级关系或主仆关系可以用命令性原则（jus cogens）所具有的方法调整。”“对于把法律体系划分为独立的部门来说，并不是社会关系的每种进一步的划分都是重要的，而只有需要形成特殊调整方法的社会关系的划分才是重要的，我们不可避免地得出结论，不考虑到横向关系和纵向关系的存在，就不可能了解任何法律部门的内容与方法的特殊性。”①

苏联学者库尼克（L. A. Kunik）和亚瑟夫（V. A. Yazev）则主张将苏维埃法的部门分为两大类：一类称为国家管理法（law of state administration），另一类称为社会调整法（law of social regulation）。前者涉及对作为物质技术基础的国家资源的管理，后者涉及对苏维埃社会内部个人行为的调整。国家管理法包括宪法、苏维埃建设法、财政法、土地法、经济法、环境法和对外关系法。社会调整法包括刑法、家庭法、民法、劳动改造法和集体农庄法。而介于二者之间的法律部门，其目的部分地属于国家管理、部分地属于社会调整，它们包括行政法和劳动法。②

阿列克谢耶夫提出：“发达的法律体系是一个复杂的、以严格的规律性联系结成的有机体，具有多层次的性质和等级从属关系。”他认为，不管发达的法律体系的结构多么复杂，有多少环节，“其中专业性（基本的）部门的综合体总是不可动摇的、牢固的、稳定的；就现代苏维埃法而言，属于这种综合体的有国家法、行政法、民法、刑法以及诉讼法。从法律方面来看，这些部门构成发达法律体系的起主导作用的部分和坚固的核心”。他认为，这些基本法律部门具有以下特点：（1）详尽而集中地反映了主要的法律制度、各类法律调整方法；（2）具有法律上的“纯粹性”、鲜明的对比性、法律上的不可并存性的特点，从而使被纳入这些部门的规范不可能互相补充适用；（3）在法律上它们是基础性的，即它们所包括的原始法律材料，在以后形成其他部门的法律制度时总要被加以利用，因此，基本法律部门是一些法的部门组或族的主导部分；（4）作为整个体系的核心，从其总体看，具有严整的、完善的结构，以严格的、合乎规律的从属关系和等级联系结成一体。

阿列克谢耶夫认为，即使是基本部门，也是有层次的。国家法是整个法律体系的最基本部

---

① ［苏］雅维茨：《法的一般理论》，朱景文译，110页，沈阳，辽宁人民出版社，1986。

② See L. A. Kunik, V. A. Yazev, *Soviet Law*, pp. 31－33. Cited in *Comparative Legal Traditions*, p. 935.

门。在国家法之上根据其职能的不同，可分为：一方面是执行着调整职能的行政法和民法部门，另一方面是执行着保护职能的刑法部门。在国家法和三个基本实体法部门（民法、行政法和刑法）之上，是在起源上、职能上、结构上有联系的三个相应的诉讼法部门——民事诉讼法、行政诉讼法和刑事诉讼法。显而易见，法的基本部门的划分是按照法的调整性职能和保护性职能（民法、行政法和刑法）、集中的方法和任意的方法（行政法和民法）、实体的规则和程序的规则（实体法和程序法）等最基本的因素进行的。苏维埃法的基本部门的划分如图 6－2 所示。

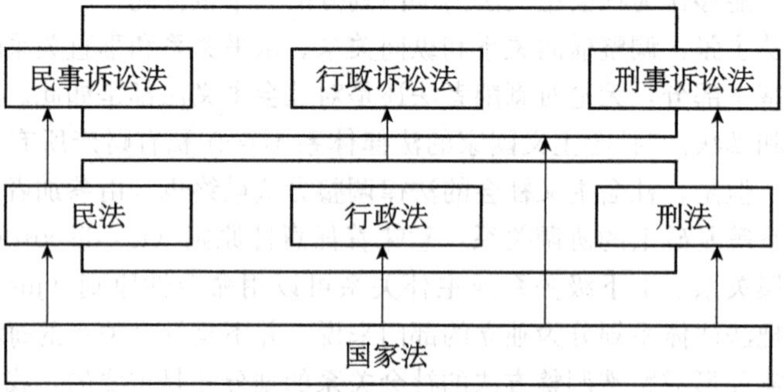

图 6－2　苏维埃法的基本部门

资料来源：［苏］阿列克谢耶夫：《法的一般理论》，259 页。

然而，法的基本部门仅仅是法的体系的第一层次的划分，综合性部门是法的体系的第二层次的划分，其特点在于：（1）它们所包含的规范，不是由统一的调整方法和调整机制联系在一起的，几乎所有这些规范都可以分配给各个基本部门；（2）它们所包含的规范，其初始因素存在于基本部门之中，相应的基本部门的一般原理对它们也是适用的，它们虽然处于第二层次中，但仍然是民法、刑法、行政法、诉讼法等基本部门的规范；（3）这些规范按照另外的对象和另外一些法律特点，在第二层次上结合为特殊的共同体，其特点不是表现在专门的调整方法和调整机制上，而是表现在某些特殊的原则、一般的原理和某些特有的调整方式上。也就是说，综合性法律部门既有基本部门的特征，同时又不局限在基本部门的范围内。①

有的学者认为，正是由于上述特点，综合性部门与基本部门相比较，在划分标准上主观性因素占有更大的比重。

契瓦泽和齐瓦泽则把苏维埃法的体系分为四个层次：第一个层次是基本部门，它们形成“骨骼”，是法律体系的基础，除了国家法、行政法、民法、刑法、诉讼法之外，还包括一些较“年轻”的部门——劳动法、家庭法、财政法、土地法和集体农庄法；第二个层次是亚部门，即从它们所赖以形成的主导部门中分离出来的部门，如著作权法属于民法的亚部门，矿藏法、水源法、森林法为土地法的亚部门；第三个层次是综合性部门，它们在立法的系统化过程中形成，这些规范虽不独立于和它们相关的主要法律部门，却独立而分别地存在着，例如海商法、保险法、住宅法等；第四个层次是边缘性法律部门，独立的法律部门之间不可能总是界限分明的，它们彼此也不可能完全孤立地存在，一个法律部门的规范往往交错于另一部门的规范。②

① 参见［苏］阿列克谢耶夫：《法的一般理论》，256～269 页。

② 参见［苏］契瓦泽、齐瓦泽：《论苏维埃法律体系》，载《苏维埃国家与法》，1967（9）。

二、当代中国关于社会主义法的结构的理论与实践

改革开放以前我国学者关于社会主义法的结构的理论大体与苏联学者的相同。近年来理论与实践都发生了一些变化，这些变化主要集中在这样几个方面：关于社会主义法是否存在公法与私法划分的问题；关于民法与经济法之间关系的争论。

1. 社会主义法律体系结构的基本理论问题

中国学者在法的体系概念问题上的许多论文、著作以至于法律辞典中，往往不区分法的体系和法律体系，一般都用法律体系一词表示“由一个国家的全部现行法律规范分类组合为不同的法律部门而形成的有机联系的统一整体”[①]。但也有其他各种不同的理解：有的理解为一个国家的法律渊源的分类（宪法、法律、法规等）；有的理解为从法的制定到实施的法制体系；还有的把法律体系与法系看作是一个概念。不一而足。近年来随着我国法学界国际交往的加强，在把英文 legal system 翻译为中文时，有的学者认为，legal system 是一个多义词，在英文当中的用法也是不一致的，有时指一个国家各个法律部门的总称，有时则有更广泛的含义[②]；另外一些学者则主张，应区分法律体系和法的体系，前者指一个国家法律上层建筑的总称，包括一个国家的法（法的体系）、法律实践和占主导地位的法律意识，即法制，而后者则仅指一个国家的法律规范的体系。[③] 笔者认为，问题的关键不在于究竟用什么适当的词来表示作为一个国家法律规范体系的结构的概念，学者们当然可以使用自己习惯的用语，只要同行明白你的意思，可以进行学术交流即可。

关于法律部门划分的标准问题，中国法学界的探讨有一个发展过程。

1982 年在分别由孙国华、沈宗灵担任主编和副主编的高等学校法学试用教材《法学基础理论》一书中，对这一问题的提法是：划分法律部门的标准主要是法律调整对象，即法律所调整的不同社会关系；其次是法律调整的方法。[④] 但对于什么是法律调整的方法以及法律调整对象又是如何划分的，并没有加以说明。

1987 年由孙国华主编的《法学基础理论》一书对于什么是作为划分法律部门标准的调整方法作了具体的说明：“调整方法是作用于一定社会关系的特殊的法律手段的总和。调整方法大体包括这样一些内容：(1) 确定权利、义务的方式、方法，如权利和义务是由双方协商而确定的呢，还是根据国家指令而定；(2) 权利的确定性程度和权利主体的自主性程度；(3) 法律事实的选择；(4) 法律关系双方的地位和性质；(5) 保障权利的途径和手段。这些方面构成某一法的部门调整方法的组成部分。它们的结合和特点，最终决定于社会关系的性质。”关于除了调整对象和方法之外是否还有其他的划分法律部门的标准，该书认为：“事实上这些都已包含于调整方法概念中，归根到底调整原则、确定法律关系双方的地位，仍然是调整方法问题。”该书强调调整方法的重要性：“划分法的部门要根据法所调整的对象即社会关系的不同，但社会关系的不同又是按照什么来确定的呢？社会关系有许多性质，但对于法的部门的划分并非都有意义。同是经济关系，为什么有的需要采用平权、自愿、等价、有偿的调整方法，为什么有

---

① 《中国大百科全书·法学》，84 页，北京，中国大百科全书出版社，1984。

② 参见沈宗灵：《再论当代中国的法律体系》，载《中国法学》，1994 (1)。

③ 参见孙国华主编：《法学概论》，45～47 页。

④ 参见孙国华主编：《法学基础理论》，263 页，北京，法律出版社，1982。

的就需要采用隶属、命令、调拨、无偿的调整方法？所以法的调整对象的区分也要看它本身需要什么样的调整方法”①。

1988年由沈宗灵主编的高等学校文科教材《法学基础理论》一书在谈到调整方法时提出，“其中包括确定法律制裁的不同方法，确定法律关系的不同主体以及确定法律关系主体之间的不同权利与义务关系的形式”。该书的另一特点是，在强调法律调整对象和方法的客观性的同时，指出一些具有“主观性”的原则对于划分法律部门的意义，这些原则包括：（1）划分部门法的主要目的是帮助人们了解和掌握本国全部现行法；（2）应考虑不同社会关系领域的广泛程度和相应法规的多寡；（3）划分部门法既不应过宽也不应过细，在它们相互之间还应保持适当的平衡；（4）划分部门时，应以全部现行法律为基础，同时也应适当考虑正在或即将制定的法律；（5）有不少法律，从不同角度可以列入不同部门法；（6）部门法的划分不是任何人随意规定的，但又不是绝对的，而是相对的，往往可能有几种划分法，其中各有利弊。②

我国法学著作中也注意到法的部门划分的层次性。一些学者提出，可以把中国法的部门划分为四个层次：第一个层次，宪法部门；第二个层次，基本法律部门，包括行政法、民法、经济法、劳动法、财政法、婚姻法、刑法、各种诉讼法；第三个层次，包括各基本法律部门的子部门，如民法中包括出版法、合同法、著作权法、发现发明法等子部门；第四个层次，包括第三个层次各个部门的子部门。③

2. 社会主义法律体系是否存在公法与私法的划分

在传统上，社会主义国家的法学家不承认社会主义法存在公法与私法的划分，其理由大致包括：（1）列宁在十月革命胜利后制定苏俄民法典时曾指出：“我们不承认任何‘私人’性质的东西，在我们看来，经济领域中的一切都属于公法范畴……”④ 这段话一直被认为是社会主义法不存在公法与私法划分的理论根据。（2）按照这种观点，公法与私法的划分建立在资本主义社会之私有制的基础上，国家是资产阶级的代表，广大人民的利益与资产阶级国家的利益是根本对立的。进入垄断时期，随着国家干预的增加，公法与私法的划分出现了危机。（3）社会主义建立在公有制的经济基础上，国家与公民个人之间利益对立的根源已经消除，个人、集体和国家三者之间的利益具有根本上的一致性，个人利益与集体、国家利益是不可分割的，因此，社会主义不存在公法与私法划分的社会基础。但这些理论根据基本上都是把社会主义理解为实行单一的公有制和计划经济。

随着社会主义国家实行以市场为导向的经济体制改革，实行以公有制为主体的多种经济成分的所有制结构，上述传统观点开始受到挑战。许多学者提出：不承认公法与私法的划分是计划经济的产物。承认社会主义经济是市场经济，必然导致重新确认公法与私法的划分。其理由主要包括：（1）私法以市民社会为基础，以市民之间的非官方关系为调整对象，以平等自治为原则。其目的在于实现私人利益，因此，保证市民对其私利追求的法就是私法。公法则以国家为基础，以权力运用为前提，以命令—服从为模式，体现国家利益和公共秩序。对一个国家来说，只有公法发达才能防止私权滥用，而只有私法完备，才能限制公权无限扩大。（2）权利本位是私法性质的具体体现，私法以授权性规范为主体，公法以禁止性规范、义务性规范为主

---

① 孙国华主编：《法学基础理论》，364～365页，北京，中国人民大学出版社，1987。

② 参见沈宗灵主编：《法学基础理论》，351～354页。

③ 参见孙国华主编：《法学基础理论》，366页。

④ 《列宁全集》，中文2版，增订版，第42卷，438页，北京，人民出版社，2017。

体。虽然现代西方社会出现从权利本位向社会本位的过渡，强调国家干预和社会责任，但我国处在不同的社会发展阶段，处在权利体系复归和初建阶段，因此，应强调权利本位。(3) 私法以意思自治为主要实现手段，公法则强制推行单方面意思，这在维护公益的公法领域是必需的，但如果使之超出适用范围，延伸到私法领域，其危害将是严重的。(4) 私法以市民社会人的价值实现为直接目的，私权的确立是私法的主要功能，而私权的保护是公法的主要任务。从这一意义上说，公法是保护私权的配套法律。① 这就是在公法与私法关系问题上的“私法优位”的理论。

不难发现，上述观点和前面我们讲到的西方关于公法与私法划分的标准及理论基本一致。笔者认为，对这一问题应从两方面看：一方面，的确，市场经济有其共同性，无论何种市场经济都反对国家任意干预经济和公民的个人生活。在这种意义上，在社会主义实行市场经济体制后，在理论上提出社会主义也应划分公法与私法是有道理的。但是，另一方面，不同的市场经济又有其特殊性，自由市场经济不同于社会市场经济，资本主义市场经济也不同于社会主义市场经济。如果说当资本主义从自由竞争阶段过渡到垄断阶段，随着国家干预的增加，公法私法化和私法公法化的现象逐渐显现，公法与私法的划分已经出现了危机，那么，就国家干预的程度而言，社会主义市场经济远远大于任何一种资本主义的市场经济，现在重新提出划分公法与私法的理论根据就显得不是那么充足了。无论是“公法与私法划分”，还是其他类似的理论，如“私法优位”“权利本位”“从身份到契约”“市民社会与国家的分离”等一系列资产阶级民主革命时期所提出的理论，当在社会主义市场经济条件下运用它们时，都会遇到上面提到的二重性问题：既有一定的积极意义，又有不可避免的缺陷。问题似乎在于，是否只有这些理论才能解释当代社会主义的实践。另外，主张公法与私法划分的学者似乎也应考虑如何回答西方学者提出的公法与私法划分的危机的问题。

3. 关于经济法与民法的关系

我国近年来对法的部门划分的讨论中另一个比较集中的问题是经济法与民法的关系问题。这个问题的出现，正像西方法律体系中以经济法、社会法为代表的混合部门的出现打乱了原来所固有的公法与私法的划分一样，也打乱了社会主义法律体系中传统的纯粹按照单一的调整对象和调整方法对法的部门进行的划分。曾经有两种极端的主张：一种主张认为，经济法是调整社会经济关系的法规的总称，这样不管何种经济关系，是平权型的还是隶属型的，都包括在经济法的范围内。像有的学者所批评的，这样定义的经济法不仅包括计划法、财政法、税法，而且包括民法，甚至还包括刑法、行政法、宪法，因为它们归根结底也是为经济服务的，这样定义的经济法不是作为一个法律部门的经济法，而是整个法的体系。另一种主张则认为，法律部门是有着独立调整对象和调整方法的法律规范的总和，经济法没有自己独立的调整对象和调整方法，它应属于行政法，或称经济行政法，而不是一个独立的法律部门。实际上，前者用新出现的部门否定了法的体系中固有的部门划分，后者则相反，用法的体系中固有的部门划分标准否定了新出现的部门。经济法作为一个独立的法律部门的存在，不以任何人的意志为转移，无论从立法的情况来看，还是从司法的情况来看，经济立法和经济司法都是我国近年来法律领域中非常突出的现象，它反映了社会生活的需要。我国于 1986 年通过的《民法通则》实际上已

---

① 参见梁慧星：《市场经济与法制现代化座谈会发言摘要》，载《法学研究》，1992 (6)；刘升平、张文、张朝霞：《市场经济与法理学的更新和变革》，载《中国法学》，1993 (4)；江平、张楚：《民法的本质特征是私法》，载《中国法学》，1998 (6)。

经划清了民法与经济法的界限：民法主要调整平等主体间的财产关系，即横向财产、经济关系；政府对经济的管理，国家和企业之间以及企业内部等纵向经济关系，主要由经济法、行政法调整，民法基本上不作规定。就调整纵向关系而言，经济法的许多规范和原则来自行政法，但它又毕竟有调整经济关系的特殊性，不能把它完全等同于行政关系。因此，经济法完全可以作为一个独立的法律部门。

三、美国的联邦制、欧盟与中国的特别行政区的比较

美国的联邦制在处理联邦与州的关系的问题上，欧盟在处理欧盟与成员国的关系的问题上，以及中国在处理中央与特别行政区之间的关系的问题上，遵循着不同的原则。

美国的联邦制在处理联邦与州的关系问题上有一个转变的过程。如前所述，在美国联邦制建立初期，在联邦与州的关系问题上遵循“主权在州”的原则。《美国宪法》，对于联邦的立法领域采取明确列举的方式，于第1条第8款列举了联邦政府拥有的17项权力（“列举权力”）和同款第18项所规定的在行使上述权力时通过任何“必要而又适当的法律”的权力（“默示权力”），即联邦只能行使列举在宪法条文中的权力；而对于各个州的权力则采取概括保留方式，它们能够行使宪法未授予联邦而又不禁止各州行使的各种权力（第10条修正案）。假如联邦政府要行使一项权力，一定要预先确定这项权力是宪法列举的，或包含在宪法第1条第8款之中；反之，假如州政府要行使一项权力，就不必确实证明这项权力在其职权范围内，只要反对者方面不能证明这项职权已划归联邦政府或禁止州政府行使就可以。但是，美国的联邦制在以后的发展过程中一直向着扩大联邦权力的方向发展。美国联邦最高法院在处理联邦与州的关系方面起了很关键的作用。虽然在历史上《美国宪法》确定了“主权在州”的原则，即联邦的权力是由组成它的各个州授予的，它只能在宪法所列举的权力范围内行使权力，但其第1条第8款第18项规定了联邦具有的“默示权力”，即在行使“列举权力”时制定“必要而又适当的法律”的权力。正是根据宪法所授予的“默示权力”，美国联邦最高法院的大法官通过法律推理使联邦政府的权力获得了极大的发展。1819年在麦克洛克诉马里兰州（Mcculloch v. Maryland）一案中，美国联邦最高法院大法官马歇尔提出：“联邦政府虽然在其权力方面受到限制，但是在其行动范围内是至高无上的，假定它是在宪法范围内，那么，一切手段只要是恰当的，只要是合于该目的的，只要并非被禁止的，就都是合于宪法的。”后来，马歇尔的这段话被视为对宪法所确定的联邦“默示权力”的经典表述。①

欧盟在处理欧盟与成员国关系问题上遵循的是“从属性原则”②（subsidiarity）。从属性原则原是大陆法系行政法中的一个原则，是国家在处理国家机关与公民、社会团体之间的关系时遵循的最小干预的原则：凡是公民和社会团体能够自己处理的问题，国家机关均不干预，由它们自行处理，只有当它们自己无法处理时国家机关才加以干预。欧盟将这一原则适用于处理欧盟与成员国间之关系的问题上，即凡是成员国能够自己处理的问题，欧盟不加干预，只有当成员国自己不能处理时，欧盟才加以干预。1992年生效的建立欧盟的《马斯特里赫特条约》把从属性原则表述为：“只有在成员国采取措施的目的不能充分实现，而共同体采取措施由于范

① 参见李昌道：《美国宪法史稿》，163页，北京，法律出版社，1986。

② 关于欧盟法详见本书第十五章。

围和效果的原因目的能更好地实现的情况下，共同体将根据辅助性原则采取措施。”[①] 1999 年生效的《阿姆斯特丹条约》将共同体采取措施的范围进一步分为三种情况：第一，所考虑的问题具有跨国性，成员国的措施不能对它满意地加以调整；第二，只由成员国采取措施或缺少共同体的措施会与条约的要求相冲突或破坏成员国的利益；第三，共同体层次上的措施由于规模或效果上的原因比成员国层次上的措施会产生更明显的利益。

值得注意的是，欧洲法院的判例法在解释和发展辅助性原则中所起的重要作用。但欧洲法院的判例法及意见既有支持前一种观点的情况，也有支持后一种观点的情况。在一些案件中，欧洲法院通过法律推理将看来应由共同体管辖的问题归由成员国管辖。但同样值得注意的是，欧洲法院在确定欧共体法的优先性方面的重要作用。欧洲法院在科斯塔诉爱纳尔（Costa v. ENEL）一案中，在评论共同体的性质时指出：“成员国通过创造一个没有期限，具有自己的制度、它自己的人格、它自己的法律能力和在国际事务上的代表能力的共同体，或更恰当地说，具有来自主权范围的真正的权力或国家转移给共同体的权力，成员国已经限制了它们的主权权力，虽然是在有限的领域，并且因而创造了一个法律实体约束着它们的国民和它们自己。”[②] 欧洲法院在 1991 年发布的一个意见中又提出欧共体条约具有“以法治为基础的共同体的宪法性质”，并进一步修改了它在科斯塔诉爱纳尔一案中关于国家在“有限的领域”内转让自己的权力的立场，而把它扩大到“更为广泛的领域”。这里，欧洲法院意识到在《单一欧洲法令》和 1992 年签署的《马斯特里赫特条约》被批准以后共同体权力的进一步扩张。立足于发展的观点，欧洲法院主张：已经被坚定地确立的共同体的两个基本规定是共同体法对成员国法的优先性和全部共同体法的规定的直接效力。所谓共同体法的优先性即在法律渊源的效力等级上，共同体法优先于成员国法，包括成员国的宪法、法律、行政法规和地方法规；所谓共同体法的直接效力即共同体法无须任何转化程序，可以直接在成员国适用。欧洲法院意识到共同体是特殊的：它超越了建立缔约国之间关系的传统的国际协议，它建立了一种能针对成员国国民的权利与义务的造法制度。[③]

中国在处理中央与香港、澳门特别行政区的关系问题上贯彻“一国两制”的原则。一方面，在“一国”的范围内，在主权问题上，中国的特别行政区与美国的联邦制、欧盟都有明显的不同，中国的特别行政区的主权在中央，不像美国联邦建立初期那样“主权在州”，不存在美国联邦制后来“从州向联邦的主权的转移”，也不存在像欧盟那样“主权在成员国”“欧盟是主权国家的联合体”“成员国自愿地把自己的一部分主权转交给欧盟”的现象。另一方面，在“两制”的问题上，内地实行社会主义制度，特别行政区实行资本主义制度，特别行政区拥有自己独立的货币、关税、财政权，不隶属于中央政府，可以中国特别行政区的名义单独地同各国、各地区及有关国际组织保持和发展经济、文化关系，参加不以国家为单位参加的国际组织和国际会议。其自主性程度不但高于美国的各个州，而且在某些方面还高于欧盟的成员国。美国的各个州没有货币的发行权、没有独立的关税，需要向联邦财政依法纳税，也不可能以独立的名义参加有关的国际组织。虽然欧盟的各个成员国各自拥有主权，但为了实现一体化，成员国把原来属于自己主权管辖的领域一步一步地转让给共同体：1951 年签订《巴黎条约》时成

① Art. 3B of the EC.

② Costa v. ENEL（1964）ECR 585.

③ See Opinion 1/91 opinion on the draft Agreement on a European Economic Area（1991）ECR I-6079（1992）ICMLR 245.

员国所转让还只是煤炭和钢铁领域；1958 年的《罗马条约》则包括原子能领域，后来又逐渐扩展到建立欧洲共同市场的若干领域，消除贸易障碍，公平竞争，建立对外的共同关税和共同的商业政策；1986 年《单一欧洲法令》确立了建立统一的欧洲共同市场的时间表，规定 1992 年 12 月 31 日以前实现货物、人员、服务和资本流通的四大自由；1992 年生效的建立欧盟的《马斯特里赫特条约》又把建立统一的货币联盟提上议事日程；而 1999 年生效的《阿姆斯特丹条约》则进一步提出在社会政策、人权法治和社会治安与犯罪领域内的一体化问题。在上述领域，中国内地与香港、澳门特别行政区之间远远没有实行一体化。

总之，在主权问题上，中国是单一制国家，不是联邦制国家，更不是像欧盟那样的主权国家的联合体。在中央与特别行政区之间的关系问题上，特别行政区隶属于中央；而在经济、政治和社会制度方面，特别行政区又是高度自治的，其自主性程度甚至高于美国的各个州和欧盟的成员国。

问题与思考

1. 论述大陆法系公法与私法划分的历史沿革。
2. 论述普通法系普通法和衡平法划分的历史沿革。
3. 论述美国联邦法与州法划分的历史沿革。
4. 论述社会主义法律体系传统的法的结构划分及其近年来的演进。

第七章

法的渊源的比较研究

本章概要

世界各国法的渊源包括制定法、判例法、宗教法和习惯法等。制定法主要由议会立法、行政法规、地方法规等组成。法律解释在制定法国家的法律适用中起重要作用。普通法系的判例法实行“遵循先例”的原则，“区别的技术”实际是对判例的司法解释，判例汇编有官方和非官方的形式。许多第三世界国家的法律渊源中不仅有从西方引进的现代的制定法和判例法，而且有在许多地区和人群中也具有重要作用的习惯法和宗教法。

关键术语

制定法　判例法　“遵循先例”　法律解释　法律报告体系

第一节　法的渊源概述

法的渊源一词，可以在不同意义上使用。在实质意义上，它指法的根源。如在西方法学中，有的把上帝的意志，有的把人的理性、正义，有的把社会公益，看作是法的根源。在马克思主义法学中，法根源于一定的物质生活条件，反映统治阶级的利益和意志。在形式意义上，法的渊源一词则是指法的创制方式和外在表现形式，即一种行为规则通过什么方式被创制出来并具有什么样的外在形式才能成为法律规范，成为处理问题、审判案件的根据。在法学著作中，法的渊源一词一般是在形式意义上、法律意义上被使用的。

法的渊源决定于法的本质即实质意义上的渊源，但也受国家的民族传统、政体等因素的影响。本质相同的法，也可以有不同的创制方式和外在表现形式。在历史上存在过的法的渊源主要包括习惯法、判例法、制定法、条约、学说等。

在不同法律体系、法系中法的渊源不同，这包括两种情况：一是在一种法律体系中被视为法的渊源的，在另一种法律体系中则不被视为法的渊源。如伊斯兰教的《古兰经》在伊斯兰法律体系中是法的渊源，而在其他法律体系中则不是。二是各种法的渊源在不同法律体系中的地位不同。如制定法在大陆法系、社会主义法律体系中是最主要的渊源，而在普通法系中制定法的地位远不如在大陆法系、社会主义法律体系中那样突出。

在西方法律体系的一个分支——大陆法系中，法的渊源可分为主要渊源和次要渊源。主要渊源指法律规则的直接根据，包括制定法、习惯和一般原则，其中制定法又占最重要的地位。由于这个原因，制定法最能反映大陆法系的特征，所以大陆法系又被称为制定法系。次要渊源，亦称权威根据。当主要渊源不存在、不清楚或不完全时，它们才起作用。但权威根据不能作为司法判决的直接根据，不能作为司法判决的必要和充分的条件。次要渊源主要包括判例和学者著作。在有些大陆法系国家，法律草案也被视为次要渊源，如荷兰 1992 年民法典草案在其未通过时就是这样。

在西方法律体系的另一个分支——普通法系中，判例则是主要渊源。虽然自 20 世纪以来制定法起着越来越大的作用，现在已无人对立法作为法的渊源以及它对其他法源的权威性表示怀疑，但是在法官和律师们的法律观念中，判例仍然是第一位的，制定法只有在被应用到判决中时才被视为法的渊源，不被运用的法律不能被看作是法的渊源。普通法系国家的其他法源还包括习惯、惯例、一般原则、学说等。

在社会主义法律体系中，国家机关制定的规范性法律文件是主要渊源。这种情况一是由于社会生活本身的需要，特别是由于进行社会主义建设的需要，二是由于历史传统，即社会主义国家在革命之前都有大陆法系传统，或者受这一传统的影响较大。由于社会主义国家建立初期法制不健全，因而共产党的政策或者革命的法律意识都曾起过法的作用。在社会主义国家，习惯的意义很小，只有在国家认可的条件下才有法的渊源的意义。判例一般不能被作为法的渊源，因与大陆法系一样，社会主义法律体系不承认司法立法的原则，但是国家最高司法机关的规范性解释对下级司法机关具有普遍的指导意义。

在第三世界国家法律体系中，无论是宗教法律体系还是传统的法律体系，在当代都存在着传统的法源同现代化或西化的法源之间的矛盾。在宗教法律体系中，比如在伊斯兰法律体系中，法的渊源一方面表现为宗教的教条，如《古兰经》《圣训》及伊斯兰法学家的公议（学说）和类比，这类法源以属人主义为原则，主要调整个人、家庭、继承领域中人们之间的关系；另一方面则表现为各伊斯兰国家所制定的法，这些法源受到西方法律体系——大陆法系或普通法系的强烈影响，以属地主义为原则，主要表现在宪法、行政法、民法、商法、诉讼法、刑法、劳动法等方面。而在传统法律体系中，法的渊源的二元论则表现在习惯法和国家颁布的法律的关系上。在这些采传统法律体系的国家，习惯法曾经是主要渊源，它涉及全部社会生活，确定在政治和经济以及家庭关系、人与人之间交换关系方面的社会原则。但它具有保守性、不统一性，不可能适应这些国家现代化的需要。在当代，它一般在农村地区、不发达地区有更大的影响，而在城市，在经济发达、文化发达的地区则影响较小。与此同时，由于殖民主义和文化的影响，这些国家在独立以后一般都仿照西方法律体系的模式建立了自己的法律体系。在这种“移植”过程中，传统的习惯法同仿照西方法律体系建立的法律体系之间在所有这些国家几乎都发生了冲突。

本章以下各节将分别叙述各种主要法的渊源——制定法、判例法、习惯法和宗教法在不同法律体系中的地位、作用。由于某种法的渊源在某些法律体系中表现得比较突出，而在其他法律体系中并无特色，所以我们重点讲述表现比较突出的法律体系。在制定法一节是西方法律体系和社会主义法律体系；在判例法一节是普通法系；在宗教法一节是宗教法律体系；在习惯法一节是传统的习惯法体系。法律解释对大陆法系、普通法系和中国特色社会主义法律体系的制定法都具有重要作用，对于这些我们将专门进行论述。

第二节　制定法

一、制定法的种类

1. 大陆法系的制定法

在大陆法系国家，制定法按照其颁布的国家机关的等级和法律效力可分为宪法、立法（由议会或总统颁布）、由议会委托行政机关颁布的委任立法、由行政机关颁布的行政法规和地方国家机关颁布的地方性法规。除此之外，在制定法中还包括国家所参加的国际条约。

在大陆法系国家，根据“三权分立”的原则，议会享有立法权，行政机关根据议会的授权具有委任立法权，同时为了执行行政管理的职能，也具有制定行政规章的权力。但授权立法和行政规章都必须在议会授权和法律所规定的权限的范围内。在议会立法中，从法国拿破仑法典，包括拿破仑民法典、商法典、刑法典、民事诉讼法、刑事诉讼法五个法典和宪法开始，在大陆法系各国，法典一直起着主导作用。在法国，由于拿破仑和一些著名的法律家在制定一系列法典中所起的重要作用，所以人们又把法国法称为“法律家法”或“官僚法”。而在德国，由于潘德克顿学派对于编纂《德国民法典》的重要作用，人们又把德国法称为“法学家法”。有的学者认为，在大陆法系中，法典的这种地位是由资产阶级革命时期的国家主义和理性主义所决定的。所谓国家主义，即17、18世纪所形成的资产阶级民族国家的思想，主张国家主权对内是最高的、对外是独立的，一切在这个国家建立之前所形成的法律和来源于外国的法律都是无效的。而所谓理性主义，则是指一方面认为历史可以通过废除旧法律而消灭，另一方面又设想，一个全新的法律制度只要吸收不合理的法律制度中的某些合理因素就能建成并取代旧制度。那个时代法典的编纂者都接受过革命前的法律教育，因而他们着眼于从旧法中发现可用的概念、制度和程序，并把它们融入新法典中。①

但是，自20世纪以来，特别是自第二次世界大战以来，随着宪法地位的加强和“违宪”审查制度的建立，宪法已经在各种法典中占据了最突出的地位，包括议会立法、行政机关的授权立法和行政法规在内的整个制定法体系都必须符合宪法，否则就会被宣布为“违宪”而不能生效；另外，20世纪50年代以来，由于欧洲共同体、欧盟的建立，在大陆法系国家中欧盟成员国的制定法、法典的地位又受到欧盟法的挑战。根据效力优先原则和直接效力原则，欧盟法比成员国法具有优先性，并且可以不通过任何批准程序，直接在成员国生效。

2. 普通法系的制定法

在普通法系国家，英国的制定法主要是议会立法和各种授权立法。制定法的作用在美国大于英国，这主要是因为美国存在着一部真正法典性质的宪法，其地位不仅高于任何制定法，而且高于普通法；任何法律、判决如果不符合宪法，普通法院都可以通过审查，宣布其“违宪”而无效。而在英国不存在成文宪法，因此也就不存在“违宪”审查问题。

普通法系国家由于其判例法传统，其制定法具有与大陆法系的制定法不同的特征。如在美

---

① See John H. Merryman, *The Civil Law Tradition*, Stanford, Stanford University Press, 1985, pp. 26 - 33.

国制定法的形式中法律重述占有相当大的比重，而法律重述实际上是对普通法中所确认的法律原则的叙述。美国的法典同大陆法系的法典相比较也有很大的差别，从形式上看，各种问题不是按照内在的逻辑联系，而是按照字母顺序编排的，实质上法典无非是重复判例先前的规定而已。有的学者认为，普通法系法典与大陆法系法典的一个重要的不同还在于，普通法系的人们无须对法典作完美无缺的矫饰，也不强求法官在法典内寻求判案的根据，而且通常这些法典都不否定过去的法规，不废止在同一调整领域的一切旧法，而是通过补充使之完善化（与这些法典的特殊目的相抵触的法规除外）。当一个法典、法律的某些规定与普通法的固有原则发生矛盾时，一般要求对这些规定加以解释，通过这种方式避免冲突，即“有损于普通法的制定法应予严格解释”。这就是一些学者所说的普通法法典的“保守”倾向，它同大陆法系法典的“革命”倾向和理性主义精神形成了鲜明的对照。①

普通法系国家法的渊源的一个发展趋势是制定法的作用日益加强。有的学者甚至认为，法律的作用在普通法系与在大陆法系已经没有什么区别了。以美国的情况为例：据统计，从1923年到1950年，法律重述被上诉法院援引的总次数有近18 000次，援引率大概为每年1 200次。有的学者曾对美国联邦最高法院近一百年来的判决援引制定法的情况作过统计，1875年最高法院的判决40%以上是普通法案件，50年后即1925年只有5%的案件为普通法案件，而20世纪80年代不以制定法为根据的案件是零。② 正是基于这种情况，美国学者卡拉布里希（Gaido Calabresi）指出：“过去50到80年间美国法发生了根本变化，我们已从普通法占统治地位的法律体系转变为立法机构的制定法成为主要渊源的体系。”③

3. 中国的制定法

中国的制定法由宪法、法律、行政法规和地方性法规等规范性文件组成。

宪法在中国法的渊源中处于最高地位，任何法律、行政法规和地方性法规都不得与之相冲突。宪法由专门成立的宪法起草委员会起草，经全国人民代表大会通过。中华人民共和国成立以后一共制定了4部宪法，即1954年宪法、1975年宪法、1978年宪法和1982年宪法，现行宪法到2018年一共包括5个修正案，即1988年、1993年、1999年、2004年和2018年宪法修正案。

法律，在中国是指由全国人民代表大会及其常务委员会制定的规范性文件，包括由全国人民代表大会所制定的基本法律和由全国人民代表大会常务委员会制定的基本法律以外的法律，前者如《刑法》《民法总则》《刑事诉讼法》，后者如《商标法》《文物保护法》等。此外，全国人民代表大会及其常务委员会还颁布了一些规范性的决议和决定，如第五届全国人民代表大会第三次会议《关于修改〈中华人民共和国宪法〉第四十五条的决议》，1983年9月第六届全国人民代表大会常务委员会通过的《关于严惩严重危害社会治安的犯罪分子的决定》等。

行政法规，是指国家最高行政机关国务院所颁布的规范性文件。此外，国务院所属各部、各委员会所颁布的规范性文件称为部门规章，也属法的渊源。中国的制定法中包括国家机关和社会组织联合颁布的规范性文件，最常见的是党中央和国务院就一些重要问题联名发布的指示和决议，这种文件既具有党的权威，又具有法律上的效力。

---

① See John H. Merryman, *The Civil Law Tradition*, pp. 32 - 33.

② 参见［美］E. 阿伦·法恩兹沃思：《美国法律制度概论》，117～119页，北京，群众出版社，1986。

③ G. Calabresi, *Common Law in Stature Law Times*, W. W. Norton. Co., 1982, p. 1.

地方性法规，是指由省、自治区、直辖市的国家权力机关及其常设机关所制定的适用于本地区的规范性文件。设区的市的人大及其常委会也可制定地方性法规，由所在的省一级的人大常委会批准后生效。除此之外，省一级的人民政府和设区的市的人民政府所制定的规范性文件称为地方政府规章。

中国制定法的体系还包括民族自治地方的自治条例和单行条例，由全国人民代表大会颁布的特别行政区法，中国签订和加入的国际条约，也属于我国制定法的范畴。

二、制定法的发展趋势

（一）议会立法、授权立法和行政立法

在当代，无论是西方法律体系还是社会主义法律体系，制定法的各种形式间都发生了一个令人瞩目的变化，即制定法的中心正在逐渐由议会立法、法典转变为行政机关或地方国家机关的授权立法、行政立法。

在大陆法系，自从法国大革命以来，立法的一个主要原则就是议会独自享有立法权，议会的立法是最主要、最普遍的法源，其中各种法典又居于中心地位。但是，自 19 世纪末、20 世纪初以来，由于经济和科学技术的迅速发展，立法内容日益专门化、复杂化，需要有专门的技术，同时也为了适应行政管理的需要，特别是为了处理社会紧急情况，行政法规首先大量发展起来，随之而来的是议会授权行政机关制定本应属于议会立法范围内的规范性文件，即授权立法或委任立法。1958 年戴高乐第五共和国宪法在此基础上往前走了一步：它使行政机关不是代行立法权，而是具有完全的立法权。该宪法第 34 条中把由议会立法的领域列举出来，而在第 37 条中规定，除了第 34 条所保留的议会立法领域之外，都属于行政立法领域。通过这一规定，议会的立法权成了例外，虽然它仍然涵盖最重要的领域，而行政机关的立法权成了通例，从而直接抛弃了法国“三权分立”、立法至上的传统。1958 年法国宪法的这一变化赋予行政机关的立法一种特权地位，即它可以不遵从议会的立法程序，从而使立法在很大程度上成为行政机关、专家所垄断的工作。法国学者卡博尼尔（Jean Carbonnier）在评价这一变化时认为：“这代表了某种复归，如果不是回复到查士丁尼类型的立法的话，至少也是回复到法学家法。”①

在普通法系国家，特别是美国，行政法规的重要性日益增强。许多学者认为，这一趋势同大陆法系行政立法、授权立法的发展趋势相一致，各种行政法规，包括行政法、行政决定和行政裁决，大有取代立法和普通法的主导地位之势。在美国曾任大法官的杰克逊（Justice Jackson）指出：“行政机关的兴起或许是上世纪以来发生得最有意义的法律潮流，而今天除去对行政决定的审查之外，行政机关所作出的决定甚至比法院所作出的所有决定可能更有价值。”②由于美国各种行政法规的数量急剧增加，因而对它们的审查数量已占据了美国司法审查总数的第一位。据美国联邦最高法院 1957 年统计，对行政行为的审查，即对它们是否符合联邦制定法的审查，占法院已决案件总数的 1/3。美国人越来越感觉到，对人们日常生活影响最大的是行政法规，如税法、社会安全法、公共援助法、居住法、移民法等。

---

① Cited in Glendon，Gordon & Osakwe，*Comparative Legal Traditions*，p. 195.

② 联邦贸易委员会诉罗勃罗依德公司，载《美国法律报告》第 343 卷，470、487 页，1952。

改革开放以来中国立法的发展也符合世界立法发展的这一总的趋势：国务院和地方国家权力机关所制定的行政法规和地方性法规的数量远远超过由全国人大及其常委会制定的法律的数量。截至2018年8月月底，全国人大及其常委会制定的法律共267件，国务院制定的行政法规756件，地方人大及其常委会制定了12 000多件地方性法规。[①] 更值得注意的是，全国人大及其常委会近年来在立法实践中曾广泛采用了授权立法的形式。改革开放以来，全国人大常委会先后发布《关于授权国务院对职工退休退职办法进行部分修改和补充的决定》《关于授权国务院改革工商税制发布有关税收条例草案试行的决定》（现已失效）、《关于授权国务院在经济体制改革和对外开放方面可以制定暂行的规定或者条例的决定》《关于授权国务院在广东省暂时调整部分法律规定的行政审批的决定》《关于授权国务院在中国（上海）自由贸易试验区暂时调整有关法律规定的行政审批的决定》（现已失效）、《关于授权国务院在中国（广东）、中国（天津）、中国（福建）自由贸易试验区以及中国（上海）自由贸易试验区扩展区域暂时调整有关法律规定的行政审批的决定》《关于授权国务院在北京市大兴区等三十三个试点县（市、区）行政区域暂时调整实施有关法律规定的决定》《关于授权国务院在部分地方开展药品上市许可持有人制度试点和有关问题的决定》《关于授权国务院在实施股票发行注册制改革中调整适用〈中华人民共和国证券法〉有关规定的决定》《关于授权国务院在北京市大兴区等232个试点县（市、区）、天津市蓟县等59个试点县（市、区）行政区域分别暂时调整实施有关法律规定的决定》《关于授权国务院在广东省暂时调整部分法律规定的行政审批试行期届满后有关问题的决定》《关于授权国务院在广东省暂时调整部分法律规定的行政审批试行期届满后有关问题的决定》《关于授权国务院在部分地区和部分在京中央机关暂时调整适用〈中华人民共和国公务员法〉有关规定的决定》《关于授权国务院在河北省邯郸市等12个试点城市行政区域暂时调整适用〈中华人民共和国社会保险法〉有关规定的决定》《关于延长授权国务院在北京市大兴区等三十三个试点县（市、区）行政区域暂时调整实施有关法律规定期限的决定》《关于延长授权国务院在实施股票发行注册制改革中调整适用〈中华人民共和国证券法〉有关规定期限的决定》等授权决定。按照《立法法》的规定，根据实际需要，全国人大及其常委会可以决定将其专属立法权领域的部分事项授权国务院制定行政法规，但有关犯罪和刑罚、对公民政治权利的剥夺和限制人身自由的强制措施和处罚、司法制度等事项除外。授权决定应当明确授权的目的、事项、范围、期限以及被授权机关实施授权决定应当遵循的原则等。授权的期限不得超过5年，但是授权决定另有规定的除外。被授权机关应当在授权期限届满的6个月以前，向授权机关报告授权决定实施的情况，并提出是否需要制定有关法律的意见；需要继续授权的，可以提出相关意见，由全国人大及其常委会决定。授权立法事项，经过实践检验，在制定法律的条件成熟时，由全国人大及其常委会及时制定法律。法律制定后，相应立法事项的授权终止。被授权机关应当严格按照授权决定行使被授予的权力。被授权机关不得将被授予的权力转授给其他机关。全国人大及其常委会可以根据改革发展的需要，决定就行政管理等领域的特定事项授权在一定期限内在部分地方暂时调整或者暂时停止适用法律的部分规定。

（二）法典化和非法典化

自17、18世纪以来，法典一直是制定法的中心。在理性主义的指引下建立一个内部和谐

---

① 参见 http：//www.npc.gov.cn/npc/lfzt/rlyw/2018－09/18/content＿2061361.htm。

一致、没有内在矛盾的法律体系，是法典编纂者们所追求的目标。这样，在法国建立了以拿破仑民法典、商法典、刑法典、民事诉讼法典和刑事诉讼法典以及宪法为代表的法典体系，在德国也建立了以民法典为代表的类似的法典体系。中国也不例外。国民党时期以德国法和日本法为蓝本，完成了包括宪法、民法、商法、刑法、民事诉讼法、刑事诉讼法在内的“六法全书”。大陆法系的法典化使普通法系也受到了影响，美国也仿照法典的形式编纂了《统一商法典》之类的一系列统一法典，尽管其从结构到内容都与大陆法系的法典有着原则性的区别。第二次世界大战以后新独立的第三世界国家，无论是原来属于大陆法系还是属于普通法系，几乎都无例外地进行了新的编纂法典的运动。

但是自20世纪以来，首先在西方国家，50年代以后又扩展到第三世界国家，伴随着社会生活的复杂化和社会发展速度的加快，只依靠法典的形式已经越来越不能适应社会变动的需要。这一是由于一部法典的制定需要花费几年甚至十几年的时间，而社会关系的经常变动使原来已经花费很长时间制定的法典，“刚一颁布，就已经过时了”；二是由于一部法典经常要在框架结构和理论体系上下很大工夫，这虽然在理论上是有意义的，但对于实际调整社会关系而言用途并不很大，实践所要求的不是一般的概括，而是对具体问题的处理。为此，在西方立法实践中发生了一系列非法典化的变化：第一，自由裁量规则，即在制定法中广泛地采用“不确定的规定”、“任意的标准”和“一般条款”，从而使行政官员和法官在处理具体案件的过程中享有更大的自由裁量权，他们不再像以前那样受明确规则的制约，尽可能地表明公民的权利和义务，而是具有更大的行动变通性和灵活性。自由裁量规则在当代资本主义社会中被广泛应用，法定条款公开设置了政府官员可以自由裁量的广泛领域，尤其是社会福利领域，如住宅建筑、城镇规划、个人的社会服务、健康和教育设施，而且在刑事审判制度中警察和法官的自由裁量更得到广泛的应用。第二，机械规则，即面对法院审判量的加重，为了简化案件的处理，随着保险业的发展，在刑法和侵权法中过错原则逐步让位于严格责任原则：无论主观上是否有过错，只要造成损失，行为人都承担赔偿责任。越是广泛地运用机械规则，就越发不可能在使用中考虑个人的目标、意图及行为的特殊环境和条件，也就越发不可能根据法律的合理性衡量个人行为的合理性。第三，特殊规则，即直接针对特殊主体或相对有限的主体群，或者针对特别限定范围案件的规则，背离了关于法律普遍性的原则。当代西方立法的一个发展趋势是民法典、刑法典之类基本立法的作用相对下降，代之而起的是各种单行法和特别法。在合同法方面，普通合同法的地位明显下降，而特定类型合同的数量则大量增加。英国学者科特利尔认为，法的概括性由于现代法律的发展，而处在受到两面夹攻的窘境：自由裁量规则有完全废弃全部规则的趋势，以实现贯彻政策的行政自由权；而特殊规则主张把规则变成具体命令，像指导官僚机构的手册和详细目录一样。① 美国学者伯尔曼认为：“无论是在理论上还是实践中，20世纪的法律都越来越不被看作是一个连贯一致的整体、一个体系和一个法令大全了，而越来越被视为一盘大杂烩、一大堆只是由共同的‘技术’连接起来的支离破碎的特殊的判决和彼此冲突的规则。”②

中国近年来的立法实践也表现出这种矛盾。一方面，中国处在法制化发展的初期，自20世纪70年代末、80年代初以来，中国开展了大规模的立法活动，特别是编纂法典的活动，一大批法典，如宪法、组织法、刑法、刑事诉讼法、民事诉讼法、行政诉讼法等，先后出台，在

---

① 参见［英］科特利尔：《法社会学导论》，176～198页，北京，华夏出版社，1989。

② ［美］伯尔曼：《法律与革命——西方法律传统的形成》，44页，北京，中国大百科全书出版社，1993。

短短的几十年的时间里，中国初步形成了以这些法典为骨干的法律体系。但在这些法典制定和实施的同时，我们正处在一个改革开放的年代，社会关系的频繁变动是这个时期的显著特征。相对稳定性本来是法典区别于其他法律形式的一个显著特点，但由于社会关系的变动，我们也遇到了西方国家在20世纪初就遇到的问题——“法典刚一颁布，就已经过时了”。《宪法》是1982年颁布的，1988年、1993年、1999年、2004年、2018年先后修改了5次。《刑法》是1979年颁布的，1997年作了重大的修订，而其间又通过全国人大常委会关于修改刑法的决议的形式，对许多刑法条款都作了修订。1997年《刑法》修订后，有的法学家曾抱有一种良好的愿望，认为这部新刑法具有可预期性，以为把近年来新出现的和未来可能出现的各种犯罪都包括进去了，预计不可能再像以前那样频繁地修改刑法。但是事与愿违。1997年《刑法》修改以后，又通过修正案的形式进行了十次重大的修订。另一方面，与这些法典的频繁修改相关的问题是，法典总要伴随着体系的构建，特别是大陆法系德国式的法典更伴随着一套理论体系，这不仅意味着需要相当多的时间和精力，而且意味着理论化和抽象化往往与大众化的立法趋向相悖。如何处理法典化与非法典化的关系，也是我国今后相当长的时期内所面临的问题。

（三）立法的专业化和大众化

当代世界主要国家的立法都在向着专业化的方向发展。属于大陆法系的法国立法很早就有“官僚法”或“法律家法”的称号，这是因为在《法国民法典》和其他一些重要法典的制定过程中，拿破仑本人以及法律家和其他政府官员起了重要的作用；而德国的立法享有“法学家法”的美称，因为在《德国民法典》的起草过程中，概念法学派的法学家作用明显；而英国法被称为“法官法”，是因为英国法官一直起着举足轻重的作用。①

但是，20世纪60年代以来，随着行政权力的膨胀，行政机关在决策中的作用越来越大。对于大量的专业性、技术性问题，不但普通老百姓不了解，即使是作为民选代表的国会议员也不清楚。离开了行政技术官僚，这些问题根本得不到解决。与此同时，普通老百姓对这些问题的发言权越来越小，在高科技的统治下，似乎人们只能听从行政技术专家的摆布。在这种情况下，加强公众参与立法和行政事务，使立法民主化，成为西方社会的一个普遍的呼声。在西方国家公众参与立法的最主要形式是立法听证会制度。西方一些国家采取立法听证会制度的原因主要有两个：第一，随着科学技术的发展，在环境保护、城市管理、移民、交通安全、食品卫生、产品责任、建筑质量、知识产权、犯罪及其防范等领域，越来越呈现高度的专业性和技术性，作为立法者的国会议员没有受过专门训练，“只能说外行话”，很难对其中的问题提出有针对性的意见。因此，在立法之前请有关的专家参加听证会，让他们陈述对某项议案的观点，为立法者提供有科学根据的咨询意见，成为立法听证会的一个主要内容。第二，随着社会关系的复杂化，形成了不同的利益集团，比如，企业中的企业家和工会，破产案件中的企业、银行、破产企业的债权人，消费者权益保护案件中的消费者、销售者和生产者，涉及妇女平等权利案件中的妇女、用工单位，劳动争议案件中的劳资双方以及劳动管理部门，交通案件中的驾驶者和交通管理部门、道路管理与规划部门，等等。这些利益群体有着自己特殊的利益。在制定有关法律的过程中，有关群体之间的利益往往是对立的。因此，在立法听证会上听取这些不同利益集团的意见，也是立法时一项必不可少的内容。

---

① 参见［法］勒内·达维德：《当代主要法律体系》；［德］茨威格特、克茨：《比较法总论》。

西方国家的立法听证会制度特别注意这样两个问题：第一，在举行听证会时，注意发挥院外利益集团的作用。每一个法案往往涉及不同的利益集团，在听证会上主要听取不同利益集团的意见。如在环境法的听证会上，听取环境保护组织、受到污染的居民代表和排放污染的厂家的不同意见。事前这些不同的利益集团聘请对所涉及的技术问题、社会问题和法律问题有研究的顾问进行有科学根据的调查，写成报告，在听证会上提出自己的观点，进行辩论。在传统上，律师主要在法的适用过程中发挥作用，而在当代西方国家，随着立法听证会制度的发展，律师越来越多地渗入立法领域，作为院外利益集团的法律顾问参加立法活动。第二，主持听证的国会或其他制定法律、法规的机关，就像普通法系的法官一样，按照对抗制，按程序主持会议、听取各方面的意见，而把提出某一论点、收集证据的工作完全交给有关的利害关系当事人，特别是不同的利益集团。国会议员在听取了这些意见之后，作出自己的判断：是支持还是反对某一法案。

中国在传统上强调立法工作的群众路线。一方面，20 世纪 70 年代末以来，随着"文化大革命"的结束和改革开放政策的推行，中国立法的一个明显的趋势是向着专业化和正规化的方向发展。中国立法越来越重视法律专家的作用。在制定宪法、刑法、民法通则、刑事诉讼法、民事诉讼法、行政诉讼法、公司法等一系列法律时，立法机关都聘请了由法学家、法律家等组成的起草小组，从而使中国立法越来越多地带有"法学家法"的色彩。另一方面，按照中国现行法律的规定，有权向全国人民代表大会提出法律案的机关包括全国人大常委会、国务院、中央军委、最高人民法院、最高人民检察院等国家专门机关。从实际情况看，处于行政领导第一线的国务院，由于了解实际情况，承担大部分立法草案的起草工作；其他机关或个人，可参与起草法律草案，但没有立法提案权。这些使中国立法越来越多地带有"官僚法"的特点。

在中国立法向着专业化和正规化发展的同时，普通百姓如何参与立法、立法如何反映广大人民群众的利益，同样成为摆在我们面前的一个重要问题。我国是社会主义国家，"从群众中来，到群众中去"是我国立法的社会主义本质的体现。在立法的过程中，我国通常的做法是，立法起草部门将草案在有关的不同部门、不同地区征求意见，然后对这些意见加以讨论、研究，再对立法草案加以修改，然后再征求意见，几上几下，最后形成比较一致的意见，提交立法机关审议、通过。对于重要的立法，则采取公布立法草案、进行全民讨论的方式。但是，随着社会关系的复杂化和利益的多元化，这种征求意见的做法也显示出局限性，主要表现在缺乏程序保障和透明度。实际上，在征求对法律草案的意见时，究竟选择什么调查对象、听取谁的意见；在修改法律草案时，采纳什么、舍弃什么，都包含着对不同的利益之间的调整，甚至包括政府有关部门自己的利益问题。公布立法草案、进行全民讨论，固然是公众参与的好形式，但是成本太高，而且也不是一切立法草案都适合全民讨论。然而哪些立法草案属于应进行"全民讨论"之列，哪些又不属于此列，也没有合理、合法的根据。

（四）加强对制定法的法律监督

随着制定法，特别是授权立法和行政立法的增多，加强对制定法的合宪性、合法性的法律监督已经成为所有法律体系面临的一个重要问题。

大陆法系国家建立了宪法法院和宪法委员会制度，专门对议会立法的合宪性进行监督。法国 1958 年成立的宪法委员会是独立的国家机构。法国第五共和国宪法第七章专章规定了宪法委员会的职权、组成及程序。法国宪法委员会有权审查各项组织法、议会两院的内部规章，监督共和国总统选举和议员、参议员选举的合法性，监督公民投票的合法性，并充当共和国总统的法律顾问。法国宪法委员会成员为9人，任期9年，不得连任。宪法委员会每三年改选1/3。3人由共和国总统任命，3人由国民议会议长任命，3人由参议院议长任命。除了上述规定的9个成员外，历届前任共和国总统为宪法委员会终身当然成员。宪法委员会主席由共和国总统任命。联邦德国于1949年建立的宪法法院（Bund sverfassunssserischt），隶属于司法机关，同普通法院、行政法院等一样，是独立的法院系统。根据《联邦德国基本法》第93条第2项的规定，联邦宪法法院“在联邦法律、州法律与本基本法在形式上和实体上是否一致，或州法和其他联邦法律是否一致方面发生意见分歧或怀疑时，经联邦政府、州政府、联邦议院三分之一议员的要求进行裁决”。宪法法院在德国国家机构中占有极为重要的地位。德国前总统谢尔曾指出，联邦总统、议院、政府和宪法法院“这些宪法机构中的每一个都是国家的最高代表，其中议院是议会民主制的代表，政府是联邦共和国权力的代表，宪法法院代表了法治，而联邦总统则代表整个国家”。宪法法院包括两个庭，每个庭由8名法官组成；宪法法院的法官由联邦议院和联邦参议院各自在政府官员、律师、法学教授及其他人员中选任8名，共16人组成。其中各有5名为终身法官，其余的法官则任期8年，连选可连任。法官人选必须年满40岁，具有联邦议院议员的被选资格或具有被任命为高级文官的资格，或对法律有特别研究并富有行政经验。

普通法系则建立了司法审查制度，即司法机关——普通法院在审理案件的过程中审查国会立法是否违宪。英国宪法没有明确规定由司法机关行使违宪审查权，司法审查的根据来自英国枢密院司法委员会的权力。在殖民地时期，英国枢密院有权宣布殖民地立法机关的法律因违背英国法律而无效。也有的学者认为，司法审查源于“三权分立”的制度，即立法机关根据宪法只能制定法律，而不能决定自己所制定法律的合宪性。美国联邦最高法院在1803年马伯里诉麦迪逊（Marbury v. Madison）一案中确定了联邦最高法院对国会法律的司法审查权；在1800年弗莱彻诉佩克（Fletcher v. Peck）一案中，又确定了联邦最高法院对州法律的司法审查权；在1816年马丁诉亨特的承租人一案和1821年科恩斯诉弗吉尼亚州（Cohens v. Virginia）一案中，进一步把司法审查权扩大到州法院，确定州法院对州立法的司法审查权。

在中国则建立了以全国人大常委会的监督为核心的法律监督制度。按照中国宪法和立法法的规定，全国人民代表大会有权改变或者撤销它的常委会制定的不适当的法律，有权撤销全国人大常委会批准的违背宪法和立法法有关规定的自治条例和单行条例；全国人大常委会有权撤销同宪法和法律相抵触的行政法规，有权撤销同宪法、法律和行政法规相抵触的地方性法规，有权撤销省、自治区、直辖市的人大常委会批准的违背宪法和立法法有关规定的自治条例和单行条例；国务院有权改变或者撤销不适当的部门规章和地方政府规章；省、自治区、直辖市的人民代表大会有权改变或者撤销它的常委会制定的和批准的不适当的地方性法规；地方人大常委会有权撤销本级人民政府制定的不适当的规章；省、自治区的人民政府有权改变或者撤销下一级人民政府制定的不适当的规章；授权机关有权撤销被授权机关制定的超越授权范围或者违背授权目的的法规，必要时可以撤销授权。

第三节　法律解释

一、大陆法系的法律解释

在大陆法系，法律解释，从罗马法时期法学家的活动开始，到中世纪对《教会法大全》的评注，到文艺复兴时期前注释学派和后注释学派的活动，直到近现代在法国、德国以及其他大陆法系国家出现的对法典解释的原则、技术和方法，一直是这个法系的一个有特色的制度。大陆法系在法的渊源上的特点是制定法占统治地位，而制定法往往规定的是一定行为、关系的一般特征，而法官在把它运用到具体案件的过程中所遇到的却是人们具体的行为和关系，它们具有许多由个别场合所决定的具体特点。在把一般的规范运用到具体的关系中时，法官只有正确地阐明规范的含义，才能判断所审理的案件该适用这一规范还是那一规范。在大陆法系中法律解释的重要地位恰恰在于，它是把制定法所规定的一般情况同案件中所遇到的具体问题联结起来的关键环节。换句话说，制定法正是通过法律解释而转变为判决的。在某种意义上，正是通过法律解释这个环节，制定法与判例法之间才发生了转变。

"在条文清楚时无须解释"（interprertatio cessat in claris），长期以来一直是法律解释所遵循的原则。可见，法律解释恰恰发生在条文含义不清楚的情况下。对制定法进行解释的必要性在于：(1) 法律条文中所使用的语言有时有多种含义，通过法律解释确定一种最合理、最适合所审理的案件的含义；(2) 法律条款之间有时发生矛盾，或前后不一致；(3) 在立法中存在着空白；(4) 法律的原有规定已经不适用于改变了的情况了。显然，"条文清楚时无须解释"的原则在前三种情况下是适用的，这时法律解释的目的都在于澄清或完善法律规则。而在第四种情况下，法律条文是清楚的，然而，问题不在于法律条文本身清楚与否，而在于法律条文所适用的环境已经发生了变化，原有的法律已经过时，在保留原条文字面含义的情况下，必须对它重新作出解释，以适应变化了的情况。因此，在这种情况下，"条文清楚时无须解释"的原则不适用。

在大陆法系，法律解释的方法主要包括：(1) 语法解释，即从文字和句法分析来确定法律条文的含义，而不考虑立法者的意图或者其社会功用、道德价值，也就是说不在条文的字面含义之外考虑其他东西。只有当按照字面含义某些词可能存在两种或更多的含义，或者导致荒谬的结果时，才用其他解释方法予以补救。语法解释是法官们最常用的解释方法，也是法律解释的起始点。(2) 逻辑解释，即按照逻辑上的要求，运用多种法律推理的方法对含糊的法律条文所进行的解释。这种解释往往不局限在某一条文或某一词句上，而是联系其他条文，综合加以考虑，以确定它们的法律含义。(3) 目的解释，即探求法律在社会中所要达到的目的，并据此确认法律规定的具体含义。目的解释可分两种情况：一种情况是探寻立法者的目的，通过研究立法过程中的法律提案、辩论记录及有关评述及报道，确认立法意图，从而确定法律条文的字面含义。学者们认为，探求立法者目的一般只适用于新近通过的法律，此时社会条件还没有发生变化。而对于一些老的立法，如拿破仑民法典，现在再对它进行解释，就不能通过寻找立法者目的的方法，因为其赖以存在的社会条件已经发生了很大的变化。在这种情况下，法律条文的目的应为该条文在解释时所要达到的社会目的，而不是在立法时所要达到的目的、立法者的目的。这是目的解释的第二种情况。[1]

当代大陆法系法律解释的一个发展趋势是法律解释的主体由立法机关向司法机关转移。欧洲资产阶级革命以来，确立了“三权分立”的原则，立法机关的职能在于制定法律，只要通过制定完善、细密的法律，就可包罗法律所要调整的一切社会关系；司法机关的职能在于适用法律，即把立法机关制定的法律运用到具体案件中，法律条款和案件事实似乎可以对号入座。在这一思想的指导下，1794 年普鲁士颁布了《普鲁士普通邦法》，该法典共 16 000 多条，立法者试图设想出对每个可能出现的情况都适用的法律解决办法，以便使法官在审理案件时能直接找到法律依据，借以防止法官的自由裁量，越权对法律作出解释。然而，这一企图最终还是失败了。尽管这部法典十分缜密，但是仍然有无数它所不能包括的具体问题以及新出现的问题。在 1804 年法国颁布拿破仑法典时情况已经发生了变化，该法典第 4 条规定：“裁判官如以法律无规定或规定不明确、不完备为理由，不进行审判的，以拒绝审判论罪。”该规定实际表明了，承认法官在执法过程中具有一定程度的自主性。此后，大陆法系法律解释的实践一再说明了司法机关法律解释的重要性。“法官应该把法律看成是结构紧凑程度不一的调整框架，看成是解决与调整问题的指导性框架，在这个框架中，法官们应运用自己的权利，自由地补充与充实其内容。”[2]

二、普通法系的法律解释

在普通法系国家，判例法占主导地位，法官在适用法的过程中起着很大作用，具有相当程度的自由裁量权。但是，他们不是通过法律解释，而是通过运用判例的区别技术，将先例与正在审理的案件事实联系起来。因此，在普通法系国家中运用判例的区别技术的地位正相当于大陆法系国家中法律解释的地位。实际上判例的区别技术也是一种法律解释，只不过不是对制定法的解释，而是对判例法的解释。关于判例的区别技术，我们将在下节论述。

普通法系中制定法的解释主要可分为字义解释（literal interpretation）和目的解释（purposive construction）两种。字义解释又称严格解释，是指对立法意图应通过法律条文用词的通常意义来理解。如果从字义上讲，含义不明，那就不再是解释法律，而是修改、补充或制定法律。正是由于这个原因，英文中的字义解释用 interpretation，而不用 construction（“建设”）。目的解释又称从宽解释，是指在解释法律时，应遵守文字在文法上的和通常的意义，但如果以这种方法解释不能令人满意，会导致某种荒谬的结果或与法律的其他部分相抵触，那么就可以修改文字在文法上的和通常的意义，以便避免这种荒谬和失调。由于目的解释已超过法律文字和语法本身的含义，具有司法活动弥补法律缺陷的性质，因而在英文中，目的解释往往用 construction，而不用 interpretation。

在英国历史上主张从严解释的一派曾经占压倒性优势，法官们把制定法视为一种也许是不可避免之害，认为它搅乱了普通法那种美好的和谐，因此法官们设计了解释制定法的规则，严格限制制定法的字面含义。英国的法官们产生了这样一种思想：每个偏离不成文的普通法的制定法，必定是一种例外性质，因此必须对其加以狭义解释，并且准确地将其适用于它的言词毫无疑问地涉及的那些情况；如果制定法经过这样的解释后不适用于争议的案件，那么，对有关

① See Glendon，Gordon & Osakwe，*Comparative Legal Traditions*，pp. 211 - 232.

② 郭华成：《法律解释比较研究》，33 页，北京，中国人民大学出版社，1993。

案件则应根据普通法的一般原则裁决。[①] 因此，他们主张："只要法律文字清楚明确，就必须遵循，而不论它们是否会导致某种明显的荒谬。至于立法机关是否造成荒谬，法院无权过问。"而现在这样一种主张已受到越来越多的人的批判。时任英国上诉法院院长丹宁勋爵提出："在明显的不公正的面前，法官应是无能为力的、没有资格的和不该有所建树的，这对本法院不适用。这种从字面上解释法律的方法现在完全过时了……不管对法律进行严格的解释在什么时候造成了荒谬和不公正的情况，法官们可以也应该以他们的善意去弥补它，如果需要，就在法律的文句中加进公正的解释，去做国会本来会做的事，想到他们本来要想到的情况。"[②] 可见，从普通法系对制定法的解释来看，也有一个从字面解释到目的解释，从对司法机关的解释加以严格限制到扩大它们的解释权限的发展过程。

三、中国的法律解释

在中国，正式解释可以分为立法解释、司法解释和行政解释。

立法解释，一般是指由制定规范性文件的国家机关本身所作的解释。进行立法解释的包括：(1) 制定规范性文件的国家机关本身，如全国人民代表大会常务委员会对自己制定的法律所作的解释，国务院对自己制定的行政法规所作的解释等。(2) 国家权力机关的常设机关对相应的权力机关本身制定的规范性文件所作的解释，如全国人民代表大会常务委员会有权解释《宪法》和全国人民代表大会制定的法律，省、自治区、直辖市的人民代表大会常务委员会有权解释相应的人民代表大会制定的地方性法规。

有些情况下，制定规范性文件的国家机关授权下级机关/职能部门进行解释。

司法解释，是指国家司法机关——法院和检察院在适用法的过程中就具体应用法律规范所作的解释。

司法解释的最基本形式是表现在判决书、起诉状等司法文件中的对具体案件适用法律问题的解释。根据 1981 年 6 月 10 日通过的全国人民代表大会常务委员会《关于加强法律解释工作的决议》的规定，最高人民法院和最高人民检察院对属于法院审判工作和检察院检察工作中具体应用法律问题进行解释。这种解释，除了对其管辖范围内的案件的适用法律问题进行的解释只对该案件有效之外，其他的解释对它们的发布机关各自的下属机关都具有普遍的法律效力。虽然它们也属于司法解释，但是是司法解释中特殊的一类，即规范性的司法解释。1997 年最高人民法院根据《人民法院组织法》和全国人民代表大会常务委员会《关于加强法律解释工作的决议》的有关规定，发布了《关于司法解释工作的若干规定》(现已失效)，2007 年最高人民法院又颁布《关于司法解释工作的规定》，按照该规定，司法解释的形式分为"解释"、"规定"、"批复"和"决定"四种。对于在审判工作中如何具体应用某一法律或者对某一类案件、某一类问题如何应用法律制定的司法解释，采用"解释"的形式。根据立法精神对审判工作中需要制定的规范、意见等司法解释，采用"规定"的形式。对高级人民法院、解放军军事法院就审判工作中具体应用法律问题的请示制定的司法解释，采用"批复"的形式。修改或者废止司法解释，采用"决定"的形式。司法解释施行后，人民法院作为裁判依据的，应当在司法文书中援引。人民法院同时引用法律和司法解释作为裁判依据的，应当先援引法律，后援引司法

---

① See K. Zweigert & H. Kötz, *Introduction to Comparative Law*, pp. 306 - 307.

② [英] 丹宁勋爵：《法律的训诫》，13～15 页，北京，群众出版社，1985。

解释。

行政解释，是国家行政管理机关依法处理其职权范围内的行政事务时，对法律规范所作的解释。同最高人民法院和最高人民检察院的法律解释的性质一样，国务院及其主管部门的行政解释也属于规范性解释的范围。此外，中国正式解释的主体还包括中央军事委员会。

在中国的法的渊源中，国家权力机关制定的规范性文件占主导地位，这也就决定了立法解释在法律解释中占有最高的地位。但从法律实践来看，全国人民代表大会常务委员会的主要职能集中在立法方面，法律解释的工作主要由最高人民法院、最高人民检察院的规范性司法解释来承担。

中国的法律解释与西方国家的法律解释的一个重要区别在于规范性解释的存在。在西方国家，无论是大陆法系国家还是普通法系国家，法律解释都限于对具体案件适用法律问题的解释，在大陆法系国家它只对具体案件有效，在普通法系国家它也是针对具体案件作出的，但它所体现的基本原则适用于以后同类案件。所有这些都是基于分权原则，即立法机关制定法律，而司法机关不得制定法律，只能适用和解释法律。而在中国虽然也遵循同样的原则，但是，第一，立法机关——全国人民代表大会及其常委会所制定的法律一般都比较原则，如何把它们适用到司法审判过程中需要更为具体的解释和说明，因此，在中国，当全国人民代表大会及其常委会颁布一部新的法律时，最高人民法院或最高人民检察院或二者联合总要发布相应的司法解释文件，这已经成为一个通例。第二，中国当然也可以采用像西方国家那样由法官对法律进行解释的制度，实际上，中国的法官也像西方国家的法官那样对具体案件适用法律的问题进行解释，但该解释只对具体案件有效，不可能对以后类似的案件有效。

第四节 判例法

一、普通法系“遵循先例”的原则

判例是普通法系主要的法的渊源，它与判例的运用方式——“遵循先例”的原则紧密相连。“遵循先例”（stare decisis）是一拉丁语名称，来源于拉丁语 stare decisis et non quieta movere，意思是维护前例和不反对已经固定的观点。一些英美学者将“遵循先例”原则的优点概括为四个方面，即平等、可预见性、经济和尊敬。平等，就是在以后类似的案件中适用同样的准则，对到法院进行诉讼的所有人待遇都是平等的；可预见性，即一贯遵循先例，在未来的纠纷中有助于预知；经济，即适用已定的标准解决新的案件，既节省时间又节省精力；尊敬，即遵守以前的判决，显示了对前辈法官的智慧和经验的适当尊重。

但是，“遵循先例”的原则只是一种传统，它既没有变成成文的准则，也不见于宪法、制定法甚至就任公职的誓言之中。法官在审理案件时运用“遵循先例”的原则，其目的主要在于防止任意作出判决。法官在寻找适用于某案的判例时，不得任意为之，他必须提出与该案的案情、案由相同的判例。例如，一名法官在遇到一个因酒后开车失去控制而撞死行人的案件时，必须寻找一个类似此案的判例，也就是说，这个判例实质上必须符合以下几个条件：一是当事人酒后开车，二是失去自我控制力，三是撞死行人。法官必须找到一个在性质上完全符合该三个条件的判例加以援引。

“遵循先例”的原则并不意味着法院判决要遵循任何一个法院以前的判例，判例的法律拘束力是受严格限制的。一般来说，在法院的等级体系中，上级法院的判例对下级法院有拘束力，下级法院必须遵从，而下级法院的判例对上级法院无拘束力。例如，英国的上议院（the House of Lords）是英国的最高上诉法院，它所作出的判例对所有下级法院都有拘束力，高等法院、郡法院、治安法院都必须遵从，不得违反。同样，高等法院的判例对郡法院、治安法院也有类似的拘束力。在美国，联邦最高法院作出的判例对所有下级法院，包括联邦上诉法院和联邦地区法院，也有拘束力，而联邦上诉法院的判例对联邦地区法院亦有拘束力。

至于法院的判例对同一法院或同级法院是否有拘束力，在英美都有一个演变的过程。在英国，长期以来都认为，上议院的判例对自身亦有拘束力。1898 年英国上议院通过一个案件的判决确认了这一原则。[①] 在此之后，这一原则虽然受到批判，但仍然是一个确定不移的原则。然而，1966 年英国上议院大法官宣布了一项与此相反的政策：“上议院把运用判例视为决定什么是法和它在个别案件中的适用的不可分离的基础。它至少为人们提供了在他们的行为中能够依赖的某种程度的确定性，以及法律规则有秩序地发展的基础。然而上议院法官承认，太严格地遵循先例可能导致在特殊案件中的不公正，并且也导致对法的正当发展的不适当限制。因此，上议院法官建议修改他们迄今的实践，在把上议院以前的判决看作具有规范约束力的同时，当背离以前的判决是正确时，就应采取这样的做法。这一声明无意反映除本院之外其他地方先例的运用。”[②] 许多学者认为，这一声明表明了英国上议院对严格的“遵循先例”原则的动摇和后退。同时，这一声明也揭示了“遵循先例”原则的保守性和缺乏灵活性。

在美国，“遵循先例”原则远远没有在英国的那样严格，美国联邦最高法院与各州最高法院不必遵守它们自己的先例，因而可以改变判例。而当联邦法院应实施某一州的判例法时，在此问题上视同州法院。据报道，美国联邦最高法院 1810 年至 1957 年期间否决其自身的判决共 90 次。[③] 在美国除联邦最高法院之外，各级法院所作判例对同级法院无拘束力，但具有劝导力，即具有参考价值。例如美国有 11 个联邦上诉法院，每个联邦上诉法院的判例对其他上诉法院都具有参考价值，每个上诉法院的判例对其自身也只有参考价值。

二、区别的技术——对判例的司法解释

与“遵循先例”的原则相联系，还有一个法官在审理案件的过程中如何运用以前的判例、遵循先例中的哪些内容以及该案与先例有矛盾时应如何处理的问题。这一问题在英美法系称为区别的技术（distinguishing technique）。如前所述，区别的技术在普通法系中的地位正相当于司法解释在大陆法系中的地位，它们都是把案件的具体情况和法律（制定法或判例法）所规定的一般情况联结起来的环节。

普通法系国家法官的判决书中判决理由一般由两部分组成：一部分是作为判决的必要根据，即“决定的理由”（ratio deciendi），另一部分是法官所陈述的意见，对判决并非绝对必要，即“附带意见”（obiter dictum）。其中，“决定的理由”构成判例规范，今后应予遵循。而“附

---

① See Glendon，Gordon & Osakwe，*Comparative Legal Traditions*，pp. 570－575.

② Practice statement，1966，1 W. L. R. 1234.

③ 参见［美］E. 阿伦·法恩慈沃思：《美国法律制度概论》，80 页，注 8。

带意见”则无这种权威，其价值仅仅是说明性的，说服力的大小取决于发表意见的法官本人的声望、分析的正确性及大量因每个案件而不同的情况。判决理由的这两部分对于以后类似案件的作用是不同的：“决定的理由”具有约束力（binding force），而“附带意见”只具有劝导力（persuasive force）。值得注意的是，在普通法系的判例中，法官并不明确区分哪些是“决定的理由”、哪些又属于“附带意见”。区别“决定的理由”与“附带意见”是由适用该判例的法官在审理新的案件时进行的。

正像在大陆法系国家，当出现制定法所没有完全预见到的情况时，需要通过法律解释的技术来填补空白一样，在普通法系国家，当先例不能完全适应新的变化，或者按照“遵循先例”的原则审理案件会导致明显的不公正时，也存在着一套处理判例的技术以解决上述困难。法官在审理案件时处理先例与该案案情的关系可能出现以下三种情况：（1）先例提供了一种相当明确而又合理的准则，法院将适用该准则。这是严格意义上的“遵循先例”。（2）先例并不完全适用于该法院所审理的案件。在这种情况下，法官并不是无所作为的。他将运用区别技术，缩小先例中“决定的理由”的适用范围，把某些“决定的理由”视为法官的“附带意见”，即认为这些理由对该案而言不是必须遵守的，而把某些“附带意见”又看作是有普遍约束力的“决定的理由”。（3）若先例在当时是错误的，或者现在看来已经过时，或者适用先例会造成明显的不公正，则法官可以拒绝遵循先例，并可以否定以前的判决。这是普通法系中取消判决的手段（over-ruling）。取消手段实际上是区别技术的最极端的形式。

综上所述，普通法系的法官在适用先例时由于运用了区别的技术，因而可以扩大或缩小先例的适用范围，在极端情况下甚至可以推翻以前的判决。由此可见，虽然许多普通法系的法官声称确定性是“遵循先例”原则的优点，但是由于运用区别的技术，法官审理案件的结果是不确定的。这可能就是美国现实主义法学提出法律规范的不确定性论断的一个原因。

三、判例的形式

在普通法系国家，判例的典型形式是以原告和被告双方的名字来命名的，如 Green v. Morris，其中第一个人名 Green，指原告，第二个人名 Morris，指被告。而在上诉法院和最高法院的判决中，第一个人名指上诉人，第二个人名指被上诉人。两个人名之间的字母 v. 是 versus 一词的缩写，在引用案件时不读作 versus，而读作 and，或读作 against。在中文中一般译作：格林诉莫里斯案。但是，在无对手的诉讼例如破产诉讼中，则只写一个名字，如华尔牛奶公司案。

普通法系的判决书由意见书和判决两部分构成。意见书是法院的意见，通常 5 页左右，由某一法官代表法院撰写，法官的名字写在意见书之前。他通常是把案件的事实及诉讼过程加以总结，并对判决理由加以全面论述，包括引证一些法律条文、判例以及其他权威性的意见。判决则由多数法官通过，写在意见书的结尾处。同意法院判决的法官的名字列在判决书上。如果某位法官同意判决，但不同意意见书，他可以另写一份意见书，陈述其理由，或不写意见书而持异议。但是，判决不必陈述理由。对于上诉案件，尤其是关于维持原判的案件，则一般不写意见书，只写判决。关于意见书的写法，英国的与美国的也有不同。英国的往往只写一份共同的意见书，而在美国，除了法院有一个经表决通过的意见书之外，法官还有自己的意见。

四、判例汇编——法律报告体系

在普通法系国家，判例的报告体系对于适用先例有着极为重要的作用，就像在大陆法系中法律汇编的作用一样。判例的报告体系即判例汇编，一般包括两个问题：一是由谁来报告，二是报告的内容包含什么。在上述两方面，英国和美国有共同点，也有许多不同之处。

在英国历史上判例报告很长时期都是由私人作出的，直到19世纪中叶才在英格兰和威尔士出现了半官方的报告体系，这就是英国现在流行的法律报告体系——Law Report。它包括这样几类：一类用于刊登上议院与枢密院司法委员会的判决，其他三类用于刊登高级法院三个庭的判决及上诉法院接受或驳回对这些判决的上诉的判决。除此之外，英国的判例汇编还包括"全英法律报告"（All England Law Report）与"法律报告周刊"（Weekly Law Report）。而在美国历史上在一个时期内许多州都曾仿照英国的传统，采取私人汇编的形式，直到1850年美国当时所有的州才采取了官方汇编的形式，由它们的最高上诉法院进行官方的判例汇编。因此，与英国的法律报告相比，美国的法律报告更为正式。由于美国是联邦制国家，因而其官方的法律报告又分为联邦法院的法律报告和各个州法院的法律报告。其中，联邦法院的法律报告主要有"美国联邦最高法院报告"（U. S. Supreme Court Reports，简写为U. S.）、"联邦上诉法院报告"（简写为F.）、"联邦地区法院报告"（简写为F. Sup.）。各个州也都有自己的法律报告体系，同时州最高法院的判决也发表在"地区报告"中，如"东北地区法律报告"（简写为NE.）、"西北地区法律报告"（简写为NW.）。除了官方的法律报告体系之外，美国还有庞大的非官方的法律报告体系。美国从1887年到现在所作出的那些判决可以从全国报告体系中找到，这一体系迄今大约有5 000卷，每卷平均1 000页，其中州法院判决占7组，包括美国5个地理区域，外加额外的两组——纽约州和加利福尼亚州的法院判决。联邦法院判决占4组，包括最高法院判决、上诉法院判决、地区法院判决和联邦诉讼规则的判决。其中地区法院判决和联邦诉讼规则的判决没有包括在官方报告体系中。由于美国地大人多，又有联邦法院和州法院两个系统，因而美国法律报告的数量远远多于英国法律报告的数量，这样就使对这些法律报告的简化成为必要。因此，美国又存在着判例的摘要体系，把每一个判例中意见书的主要之点摘录成短文，与全国报告体系相协调，又便于查找。此外，为了便于查找可适用的判例，美国全国报告体系还有一个按字母顺序编排的判例名称表。《谢泼德引证》（Shepard Citator）是主要的引证用书，既包括非官方的全国报告体系，又包括官方的州报告，其中还对被引证过的判决作了索引。另外，由美国法学会主持的"法律重述"在美国判例法体系中也起着很大的作用。①

在普通法系国家引用判例的方式是首先指出诉讼案件的名称，然后列出出自哪一类法律报告体系（包括官方的和非官方的）。例如，Rodriguez v. Bethlehem Steel Corp，Supreme Court of California，1974，12Cal-3d-382，115Cal-Rp-765，525AL-R-2d-669，其中文含义为：罗德里奇兹诉彼斯里赫姆钢铁公司案，加州最高法院判决，1974年，载于加州官方报告第12卷第3篇第382页，加州法律报告第115卷第765页，全美法律报告第525卷第2篇第669页。

---

① 参见第六章第四节第四部分美国法的统一。

关于选择什么内容进入判例汇编的问题，由于英美两国分别采取非官方的和官方的报告体系，因而它们在这个问题上也有差别。在英国这一问题由报告者而不是由法官决定。英国上议院枢密院判决选大约70%，上诉法院判决选大约25%，高级法院判决只选大约10%进入报告体系。这样实际上把判例分为两类：一类是被视为法的渊源的有强制力的先例，另一类则被淘汰掉。在英国决定什么应保留下来、什么应删去不是由官方决定的，而是由私人报告者决定的。虽然有的报告的选择要经法官“同意”，但很多报告的选择只经律师首肯就可以了。报告者甚至可以自由地删去他们自认为是法官的“附带意见”的部分或者对今后的审判没有长久保留价值的部分，即使对上议院的判决他们也可以采取类似的态度。美国学者劳森（J. Dawson）指出：“由于报告者有相当多的办法控制什么案件可以公布和以什么形式公布，所以他们在很大程度上决定了未来英国判例法的内容。”① 更有趣的是，由于英国存在着不同的法律报告体系，所以在一种体系中被排除的判例或段落，在另一种体系中可能被保存下来。同时，那些从来没有出版过的判例以速记原稿的形式保存在英国高等法院的图书馆里，它们对所有大律师开放，其他人经特许可阅读。有人曾经提出，经法官审阅后出版全部判例。但这一倡议在1940年被英国大法官法律报告委员会（Chancellor's Commission on Law Reporting）否决了，其理由是：保持不同的法律报告体系之间的相互竞争是值得的，否定它们的存在就会否定自由的基石；出版未编入各种法律报告中的判例会加重法官的负担，而从未出版的部分多半也属于一些废话，没有出版的价值。而美国的情况则有所不同：在1850年美国所有的州的最高上诉法院都发布了官方的法律报告。20世纪中叶，美国有29个州要求其最高法院对其所有最终判决写书面报告，其中15个州通过宪法、14个州通过制定法对此作出规定。至于对上诉法院判决的法律报告，各州公布的百分比不同，在纽约这一百分比特别高，邻居调解案的70%需要在法律报告中公布。在美国，把写这些报告以及选择哪些内容公布的责任都放到决定这些案件的法院身上。这种做法与英国的做法相比，增加了案例汇编的严肃性，但同时导致美国法院的负担要比英国法院的大得多。

五、其他法律体系的判例

（一）大陆法系的判例

在大陆法系国家，判例在传统上不是法的渊源。与普通法系的情况不同，大陆法系司法机关的职能只限于决定特殊案件，而不能制定法律。早在查士丁尼时代，只有主权者才有立法权。在现代大陆法系各国，立法权也只被赋予议会，司法机关只能适用法律，其判决只对具体案件有效。与此相适应，大陆法系不承认“遵循先例”的原则，上级法院的判决对下级法院或同级法院及本法院以后的判决都不具有拘束力。但是判例在大陆法系各国仍然起着重要的作用，特别是在当代。这主要表现在以下几个方面。

（1）司法机关在审理案件时必须参考以前类似的判决，以保证法的实施的统一性。实际上，如果高等法院希望背离以前的判决，可将有关法律问题提交法院的一个高级的专门小组。这种程序的目的在于保证法院判决结果的一致性，法院有责任在其等级体系中保持法的适用的统一。

---

① J. Dawson, *The Oracle of the Law*, Michigan, Press of Michigan University, 1968, p. 83.

(2) 上级法院判决对下级法院判决的约束力事实上是相当大的，因为如果下级法院的法官经常反对上级法院的决定，将会影响到下级法院法官的升职。

(3) 德国和意大利宪法法院关于制定法合宪性的判决有普遍拘束力。

(4) 稳定、持久的判例有极大的权威，在西班牙语国家这类判决被立法赋予约束力，某些德国理论家甚至认为，这类判例能创造一种习惯法规则，具有普遍约束力。

(5) 在大陆法系各国都有案例汇编，如法国不仅存在着广泛的案例汇编体系，而且类似于普通法系，还存在着侵权行为法和实体行政法的案例汇编，但在这些领域并没有编纂法典。①

(二) 中国的判例

中国自古就是一个以制定法为主要渊源的国家，但是判例在中国封建法律制度中也曾具有相当的作用。在中国历史上与判例相近的法律形式主要包括廷行事、比、例和条例。

廷行事起源于秦朝，是一种有普遍约束力的判决，多用于补充和修改制定法的规定。据考证，秦代《法律问答》中有七处规定允许以廷行事断狱。

汉代的判例被称为比或决事比，是将判案中进行类推比附的案例分类汇集起来，经加工整理后概括而成的，对审理案件有普遍指导意义。西汉时董仲舒作春秋决狱二百三十事，共汇集232个典型案例（现仅存4例），都是依历史上的事例或个案进行的比附，用以补充制定法的空白或修改制定法的规定，并由此形成了一些司法原则，如“亲亲得相首匿”“恶恶止其身”“以功复过”“原心定罪”等。这些案例不仅对当时的司法活动有普遍指导意义，而且影响了后来的立法。唐代的成文法律已相当发达，判例的作用相对较小，因此唐代的例对司法活动虽然有指导作用，但不可援引。

明清两代是中国历史上判例最发达、作用也最显著的时期。明初时的判例还被认为是一种临时性措施，仅能作为成文法律的补充，“以例辅律”，无律才可以用例。但随着1500年《问刑条例》和1585年《大明律附例》的问世，律例并行，例开始具有永久性效力，以例代律和以例破律的现象屡见不鲜。

清代法律体系中，例是最常见、适用范围最广泛的法律形式。清代的例分条例与则例两种，条例是刑事特别法规，则例相当于行政法规。尽管清律在形式上是律例并行，但由于例的规定既具体又灵活，因而“用例不用律”是极为普遍的现象。

应当看到的是，尽管在中国封建社会例的作用一度十分重要，但这种“例”或“条例”与普通法系的判例既有相似之处，又有明显的区别。一方面，例的内容本身来自个案，产生于法官判决，有判例的特点。但另一方面，例并非自身就具有法的效力，而是要经一定程序，由皇帝本人或中央司法机关批准才能产生普遍约束力。从这个意义上说，它又有制定法的特点，不同于普通法系的法官法。

在当代中国制定法是法的基本渊源，但案例在司法过程中也具有重要意义。从某种意义上说，目前中国最高人民法院批准发布的指导案例在实际上所起的作用至少不亚于在一般大陆法系国家判例所起的作用。之所以会如此，除了与一般大陆法系国家相同的理由之外，还有另外

① See Glendon, Gordon & Osakwe, *Comparative Legal Traditions*, pp. 208 - 209.

两方面的理由。一方面，中国目前法律体系还不够完善，立法机关颁布的制定法文件往往不能满足司法实践的需要，司法机关有广泛的自由裁量的余地。另一方面，《宪法》第132条规定："最高人民法院是最高审判机关。最高人民法院监督地方各级人民法院和专门人民法院的审判工作，上级人民法院监督下级人民法院的审判工作。"1981年全国人民代表大会常务委员会《关于加强法律解释工作的决议》规定："凡属于法院审判工作中具体应用法律、法令的问题，由最高人民法院进行解释。"这两项规定实际上赋予了最高人民法院进行规范性司法解释的权力，而许多大陆法系国家的最高法院并无此种权力。

如上所述，中国最高人民法院进行规范性司法解释的具体形式包括解释、规定和批复。自1985年起，最高人民法院开始定期发布《最高人民法院公报》，除了公布一般性的司法解释之外，许多公报上还载有由最高人民法院批准的若干有典型意义的审判案例。这些判决通常是由地方法院作出的，经最高人民法院审判委员会研究、审查并筛选后发布。最高人民法院常常在发布这种典型案例的同时说明该案件的判决"适用法律正确，量刑适当，审理程序合法，可供各级人民法院借鉴"。通过这种形式，最高人民法院将个案判决以规范性司法解释的形式下发，对各级法院的审判工作具有普遍指导意义。自1992年以来，中国高级法官培训中心（现国家法官学院）和中国人民大学法学院共同合作，逐年选编并正式出版大型案例汇编《中国审判案例要览》，在向海内外介绍中国审判实践的同时，也为中国的司法、立法工作者和教学、科研人员提供了较为系统的审判案例资料以供参考。

特别值得注意的是我国案例指导制度的发展。2010年最高人民法院发布《关于案例指导工作的规定》。2015年6月2日，最高人民法院公布《〈关于案例指导工作的规定〉实施细则》。按照最高人民法院的规定，指导性案例应当是裁判已经发生法律效力、认定事实清楚、适用法律正确、裁判说理充分、法律效果和社会效果良好、对审理类似案件具有普遍指导意义的案例。最高人民法院案例指导工作办公室负责指导性案例的征集、遴选、审查、发布、研究和编纂，以及对全国法院案例指导工作的协调和指导等工作。各高级人民法院负责辖区内指导性案例的推荐、调研、监督等工作。各高级人民法院向最高人民法院推荐的备选指导性案例，应当经审判委员会讨论决定或经审判委员会过半数委员审核同意。中级人民法院、基层人民法院应当通过高级人民法院推荐备选指导性案例，并指定专人负责案例指导工作。备选指导性案例由案例指导办公室按照程序报送审核。经最高人民法院审判委员会讨论通过的指导性案例，印发各高级人民法院，并在《最高人民法院公报》、《人民法院报》和最高人民法院网站上公布。各级人民法院正在审理的案件，在基本案情和法律适用方面，与最高人民法院发布的指导性案例相类似的，应当参照相关指导性案例的裁判要点作出裁判。各级人民法院审理类似案件参照指导性案例的，应当将指导性案例作为裁判理由引述，但不作为裁判依据引用。在办理案件过程中，案件承办人员应当查询相关指导性案例。在裁判文书中引述相关指导性案例的，应在裁判理由部分引述指导性案例的编号和裁判要点。公诉机关、案件当事人及其辩护人、诉讼代理人引述指导性案例作为控（诉）辩理由的，案件承办人员应当在裁判理由中回应是否参照了该指导性案例并说明理由。指导性案例有下列情形之一的，不再具有指导作用：(1) 与新的法律、行政法规或者司法解释相冲突；(2) 为新的指导性案例所取代。

第五节　宗教法

一、伊斯兰法律体系的宗教法

伊斯兰国家涵盖的范围很广，就其与伊斯兰宗教法的关系而言，包括三种情况：第一类国家至今仍然把伊斯兰法作为基本法律制度，它们虽然进行了某种变革，但没有从根本上动摇传统的法律制度。这些国家主要包括沙特阿拉伯、阿曼、阿拉伯联合酋长国等。第二类国家虽然在历史上曾经长时间奉行伊斯兰法，但是通过近代以来的改革已经彻底放弃了伊斯兰法，代之以从其他法系引进的法律制度。这些国家主要是印度和土耳其。第三类国家介于前两类之间。在近代的改革中，它们的法律制度发生了较大的变化，除婚姻家庭和继承法之外，其他部门中占主导地位的是从西方引进的法律。绝大多数伊斯兰国家都属于这一类。[①]

伊斯兰法律体系的宗教法即伊斯兰教法的法律渊源由四部分组成：《古兰经》、《圣训》、伊斯兰法学家的公议和类比。

《古兰经》是伊斯兰法的最高的和最重要的渊源，是先知穆罕默德的言行录，被人们认为是根据神的启示，在他去世后由其弟子、第一任哈里发根据记录编纂成的。其主要内容是伊斯兰教教义、教法、格言、寓言、阿拉伯故事。其共分30卷、114章，约6 200余节，其中约80章涉及法律内容。《古兰经》的法律内容有以下特点。

（1）多半是一些对人们行为的一般道德要求，缺乏法律规则的特点，如它规定：穆斯林在从事商业交往中必须遵从诚实信义的原则，不得贿赂法官，禁止进行高利贷和从事赌博。但它却没有规定如果违反这些规定的话，会带来什么法律后果。

（2）载在《古兰经》中的行为规范大多是关于祈祷、斋戒、朝圣的仪式程序。

（3）即使在论述像家庭法这样的法律问题时，也没有提出一整套完整的规范体系，而只是举出穆罕默德作为审判官和法律预言者对个别问题的处理办法。

（4）与当时阿拉伯民族的习惯法融为一体。穆罕默德在处理争端时，总是从当时流行的阿拉伯习惯法出发，只有在他看来不合适或不满意，或者违反他的政治目标即建立一个以对真主的信仰相结合的人类共同体代替古代阿拉伯的部落制时，他才改变或者修正习惯法。

《圣训》，是仅次于《古兰经》的伊斯兰法的第二大渊源。其主要内容是记录穆罕默德的行为、言论和对某事表示沉默的传说。对于凡是穆斯林中发生的而在《古兰经》中找不到答案的问题，就从穆罕默德的行为、言论和沉默的态度中寻找处理相似问题的办法。现代伊斯兰教学者把《圣训》看作是“在伊斯兰教创立后的最先几百年当中，学说连续发展的各个阶段的文件”。

伊斯兰法学家的公议，即“伊智马”。《古兰经》和《圣训》都是不可变更的伊斯兰教经典。为了将其适用于解决现实生活中的问题，伊斯兰法学家提出了许多对《古兰经》和《圣训》的意见、解释，法学家们所持的意见如果一致，就可以作为判案的根据，从而形成了伊斯

---

① 参见高鸿钧：《伊斯兰法：传统与现代化》，242～245页，北京，社会科学文献出版社，1996。

兰教的一条教理：当伊斯兰社会意见一致时，就不会犯错误。

类比，是指当遇到《古兰经》《圣训》和法学家的一致意见中都没有直接涉及的问题时，根据已有的规则所作的类推。

最早提出伊斯兰法中存在四个渊源的是著名学者阿斯·沙菲耶（AS-SAFI'I，卒于公元820年）。这些渊源为法学家提供了寻找法律的确切的和共同的方法。就这四个渊源的关系而言，《古兰经》和《圣训》是根本的法源，法学家的一致意见是根据这两个经典提出的理论及法律解释，而类比只被看作是法律解释与实施的一种方式。但从实际情况看，《古兰经》和《圣训》只是历史上的法源，要理解伊斯兰法，往往不是从《古兰经》和《圣训》中，而是从法学家的书籍中，从“伊智马”中进行。在伊斯兰国家，不允许个人擅自解释《古兰经》和《圣训》，否则将犯下不尊重正统观念的错误。而法学家对它们的权威解释——“伊智马”，是从公元750年开始到公元10世纪才形成的，新近作者对这个体系毫无增益。同时，伊斯兰教义不允许任何世俗权力机关对它们作出任何变更。

二、印度法律体系的宗教法

印度法律体系（Indian Legal System）不同于印度教法律体系（Hindu Legal System）。前者指印度这个国家的法律体系，它与宗教是分离的。而印度教法律体系则指印度教的法。在被英国人统治之前，印度是政教合一的国家，印度教法曾经是印度的法律渊源。但即使在那时，由于印度的不统一，印度教法对于不信奉印度教而信奉伊斯兰教的居民来说也没有拘束力。

印度教最古老的经典是吠陀。据说它产生在公元前2000年甚至更早的时代，其内容主要是一些宗教的歌曲、祈祷文、诗歌和传说。虽然印度教徒把吠陀看作是神的启示和他们的宗教与法律的渊源，但它对印度教徒精神生活的实际影响却不大，特别是它只包含很少的有关法律内容的材料。

在印度教的文献中有关法律方面的最古老的著作是《法论》，它指的是老的教徒和学者所记忆的名言。它的产生经历了一个很长的时期，估计在公元前800年到公元200年之间。但是它的内容主要是记述一些重要事件中的宗教礼仪，几乎没有什么法律规则的内容。

《达摩法论》是一部详细地确定不同种姓的人员应该如何行为的法律书籍，它规定他们应如何对待诸神、国王、教士、祖先，他们的亲戚、朋友、邻居以及动物，但是在这些规则（即达摩）中，宗教的、道德的、习惯的和法律的命令之间还没有清楚的界限。

在《达摩法论》的发展过程中，一些著名的学者以韵律的形式将达摩汇编在一起，其中最著名的著作就是《摩奴法论》（又译为摩奴传承或摩奴法典），它是从公元前2世纪开始编纂的，直到公元2世纪才完成。在《摩奴法论》中“法”的概念逐渐有了改变：由宗教伦理，转变为政治法律。据统计，在《摩奴法论》中讲纯粹法律的地方约占全书的1/4，其余的仍然与宗教伦理有关。这里的“法”指的是人们在社会中的行为规范。按照传统的印度教观点，所有的法规（传承）都依赖于吠陀，法论的编纂者知道许多已经失传了的吠陀的原文。但从实际情况看，法论是根据它们所产生的那个时代的宗教实践以及社会生活习惯而被编纂的。由于《摩奴法论》产生于不同时代，因而其内容彼此之间经常很不一致。这恰恰能说明不同时代的编纂者试图解释当时的习惯。除了《摩奴法论》之外，印度教中还有其他法论，但影响最大的是《摩奴法论》。

《摩奴法论》共分12章，前半部分以婆罗门为主要对象，论述印度教徒一生四个阶段的行为规范；后半部分着重论述国王的行为规范即国家的职能，主要讲占全书1/4篇幅的18项法律。全部内容涉及个人、家庭和国家生活的各个方面，诸如礼仪、习俗、教育、道德、法律、宗教、哲学、政治、经济、军事和外交等，并构成以四个种姓制度为基础的印度古代社会的一个理论模式。

三、其他法律体系的宗教法

在西方法律体系中，中世纪教会法曾经是与世俗法并列的两大法源。《圣经》即《新旧约全书》，像伊斯兰教中的《古兰经》和印度教中的《达摩法论》一样，是基督教的经典。它包括《旧约》和《新约》两部分。《旧约》来自犹太教的经典，大约形成于公元前3世纪至公元1世纪，包括基督教的前身——犹太教所谓先知的语录、戒条、法典和教义等，共929章，后为基督教所继承。《新约》是基督教本身的经典，共260章，形成于公元1世纪下半叶至2世纪下半叶，反映了基督教早期活动的情况和教义。

教皇教会集是教会法的另一重要渊源，是罗马教皇向各地颁布的敕令以及教皇、教廷所公布的通谕、教谕等的汇编。值得注意的是，在中世纪欧洲封建割据的情况下，教会法像罗马法一样（实际上教会法与罗马法是相互影响的），是在欧洲大陆起到统一作用的因素。但是在教皇格里高利改革（Gregorian Reform）以前，教会法基本上只适用于神职人员，只具有宗教规范的性质，只是在此改革之后，才具有了现代意义上的法律规范的性质，即具有了独立的、统一的、发达的教会法律原则和程序的体系。这个体系与公元12世纪以后一系列的编纂教会集的工作是分不开的。首先是意大利博洛尼亚教士格拉丁（J. Gratianas，约1096—1159）大约于1140年编纂的《格拉丁教会集》；其次是16世纪时教皇格里高利十三世（Gregory ⅩⅢ，1576—1585年在位）在已编纂的各种教会集的基础上编纂的《教会法大全》（Corpus Juris Canonici）。

教会法在公元10世纪至15世纪达到鼎盛时期，凡涉及教会利益的案件或涉及宗教信仰的民事、刑事案件，诸如违反誓言、亵渎神灵、侵犯教会经济利益以及婚姻案件等，都归教会法庭审理。欧洲资产阶级革命胜利后实行了政教分离的制度，因此教会法不再是这些国家的法的渊源，但它对西欧各国仍有很大影响，特别是在婚姻、家庭和继承等方面。

在社会主义法律体系中，宗教规范从来不是法的渊源。

第六节　习惯法

在任何民族的法律体系中，习惯法都曾经是最古老的法的渊源。恩格斯曾经概括地指出："在社会发展某个很早的阶段，产生了这样一种需要：把每天重复着的产品生产、分配和交换用一个共同规则约束起来，借以使个人服从生产和交换的共同条件。这个规则首先表现为习惯，不久便成了法律。"① 世界上最古老的一批法典，如《汉穆拉比法典》《十二铜表法》等，

① 《马克思恩格斯选集》，2版，第3卷，211页。

都不过是对习惯的记载。在中国，早在春秋战国时期编纂法典——“铸刑鼎”之前，习惯法就以“礼”的形式存在。在普通法系于公元 10 世纪在形成全国统一的判例法之前，英格兰各地流行的不同的习惯曾经是最早的法源。在宗教法律体系中，无论是伊斯兰法律体系、印度法律体系还是犹太教法律体系，在统一的宗教法形成之前，分散而不统一的宗教习惯都曾是它们的主要渊源，而且在宗教法发展的过程中，如上节所述，一直都伴随着习惯法的发展，并且不断地从不同时期的习惯法中汲取营养。但是，在现代法律体系中，习惯法的作用大大减弱了，除了在非洲一些国家习惯法仍然在实际上起着比较大的作用之外，在其他主要法律体系中，习惯法已经不是主要渊源了。

美国学者巴顿（John H. Barton）在谈到非洲传统社会的法律时对传统法即习惯法概括出以下几个特征。

（1）同西方法相比，传统法是植根于习惯、道德和宗教之中，而不是根源于成文的判例或正式的立法。传统和习惯不能完全同一，只有那些包含着法律程序所确定的制裁的习惯才能被看作法；同宗教法相比，传统法更少地根源于宗教原则，而更多地根源于习惯。

（2）由于传统法根源于地方习惯，因而它像传统的宗教一样，是高度地方化的。

（3）同西方法相比，大多数传统法不是集中在个人的权利上，而更多地注意集体的权利，而这些权利一般同血缘关系中的身份联系在一起。

（4）在程序上，许多社会的传统法比西方法更少具有正式性和技术性；没有民法与刑法之间明显的区分；还有些传统社会中甚至完全不用第三方干预，而由双方直接交往。

（5）由于传统法同其他社会制度没有明显的区别，调解者往往不是特殊的专家，而是与双方都有某种联系，如邻居、亲戚或部落的头领，所以他们总是希望通过非正式的方式解决争端。

（6）传统法所运用的程序有时借助于超自然力量的干预，如神判法。

（7）从内容上讲，传统法由于社会生活方式的不同而不同，从事采集业、畜牧业、园艺和农业的传统社会有不同的习惯法。①

我国学者在非洲法的研究中也取得了可喜的进展。湖南湘潭大学法学院非洲法研究所的洪永红等在他们的著作《非洲法导论》一书中把非洲习惯法的特点概括为：（1）形式上表现为“口头非洲法”；（2）精神上反映了非洲人特殊的价值观，即尊奉神灵、崇拜祖先、注重集团本位、尊重传统、强调社会和谐；（3）内容上主要是民事法律方面的规范，而不像梅因所预言的，“大凡半开化国家，民法少而刑法多。而开化国家，民法多，而刑法少”；（4）诉讼通过神明裁判方式进行。该书作者认为，古代非洲的习惯法观念在概念内涵和表现形式上与西方思想观念完全不同，而与东方民族的法律观、价值观颇为相似。②

在当代大陆法系，虽然习惯法同制定法及法的一般原则一起被视为法的主要渊源，但是在实际上，习惯法的重要性要小得多。一般来说法国习惯法比起德国习惯法作用更小，在法国革命以后习惯法被看作是陈旧的法律形式；而在德国由于历史法学派的影响，习惯法还比较受重视，在某些案件中其作用甚至大于制定法的作用，而在商法和劳动法方面它们起的作用一般也比在民法方面的作用更大。习惯法在西班牙及西班牙语国家的作用较为突出：在西班牙的某些

---

① See John H. Barton, James Lowell Gibbs, Victor Hao Li & John H. Merryman, *Law in Radically Different Cultures*, St. Paul, West Publishing Co., 1983, pp. 40 - 44.

② 参见洪永红、夏新华等：《非洲法导论》，17～26 页，长沙，湖南人民出版社，2000。

省份，特别是卡塔罗尼亚（Catalonia），国家民法典不适用于由地方习惯法所调整的领域。

在普通法系国家，习惯法在普通法的形成过程中曾经起过十分重要的作用，在普通法形成初期，在刑事案件和家庭纠纷中习惯法是重要的渊源。在当代，这类习惯法的作用大大降低了，但是在普通法系，特别是在英国，另一类习惯即惯例（Convention）却仍然起着重要作用，构成了不成文的法律渊源。它特别表现在宪法惯例和司法惯例中。在宪法惯例方面，诸如关于国家元首方面的惯例：君主不得与一个离婚者结婚；他必须小心地行使任何赋予王室的特权；他任命内阁成员和批准议会法令时应听取首相的意见等。在司法惯例方面，诸如关于管辖权方面的惯例：当几个法院同时具有管辖权时，应尊重其他法院的判决或决定，尊重对其他法院的判决表示异议的权利等。

在中国社会主义法律体系中，习惯作为法的渊源的作用很有限，其作用主要表现在有关少数民族的婚姻、继承等方面以及某些涉外方面（适用国际惯例）。《宪法》第4条规定，各民族“都有保持或者改革自己的风俗习惯的自由”。《婚姻法》第50条规定：“民族自治地方的人民代表大会有权结合当地民族婚姻家庭的具体情况，制定变通规定。”《民法通则》第151条规定：“民族自治地方的人民代表大会可以根据本法规定的原则，结合当地民族的特点，制定变通的或者补充的单行条例或者规定。”《民法总则》第10条规定：“处理民事纠纷应当依照法律；法律没有规定的，可以适用习惯，但是不得违背公序良俗。”《继承法》第35条规定：“民族自治地方的人民代表大会可以根据本法的原则，结合当地民族财产继承的具体情况，制定变通的或者补充的规定。”上述规定都属于我国确认习惯为法的渊源的情况。

问题与思考

1. 当代世界主要法律体系制定法的发展趋势如何？
2. 当代世界主要法律体系法律解释的种类有哪些特点？
3. 论述普通法系“遵循先例”原则。
4. 区别的技术的作用是什么？
5. 如何看待普通法系法律报告体系的特点？
6. 普通法系的判例与大陆法系的判例有何不同？

第八章

法的适用的比较研究

本章概要

法的适用包括对民刑案件、行政案件、违宪案件的审理，还包括替代性的解决纠纷机制——仲裁和调解。在当代世界主要法律制度中它们包括不同的类型。当代各主要国家法的适用呈现诉讼爆炸与替代性的纠纷解决机制并存、司法独立与司法责任兼存、司法的专业化与民主化兼存的发展趋势。

关键术语

违宪审查　替代性纠纷解决机制　司法的职业化与民主化

第一节　法的适用概述

大陆法系各国有着发达的普通法院系统，但它一般只审理民事和刑事案件。对公法案件的审理分两种情况：一种以法国为代表，由隶属于行政系统的行政法院审理，行政法院与一般法院在管辖权上的争端由争议法院解决；另一种以德国为代表，行政法院是与普通法院平等的法院体系，隶属于司法系统。违宪审查也可分为两种情况：一种由隶属于立法机关的特殊的宪法法院或宪法委员会审查，这以奥地利、法国为代表；另一种以德国、意大利为代表，其宪法法院或宪法委员会之类的机构属于司法系统。

普通法系国家法院制度的差别也很大。英国的普通法院只审理民事和刑事案件，但审理民事案件的基层法院与审理刑事案件的基层法院是分开的，民事案件由郡法院审理，刑事案件由治安法院审理。行政案件由隶属于行政系统的行政法庭审理，但普通法院有权对行政法庭的裁决进行司法审查。美国的普通法院可分为联邦法院系统和州法院系统。普通法院不仅审理一般的刑事、民事案件，而且有司法审查的职能。这是美国司法制度的一大特色。

中国的人民法院除了承担审理民事和刑事案件的职能外，还审理行政案件。合宪性审查由全国人民代表大会常务委员会承担。行政案件分两种情况：一种由普通法院审查，在普通法院内，专门设立行政审判庭；另一种由行政机关审理，当事人如果对行政机关的裁决不服，可向司法机关起诉。传统上，实行计划经济是社会主义国家的重要特点。与此相适应，在社会主义各国普遍存在对计划合同争端所进行的经济合同仲裁，它不属于司法机关管辖范围，而由行政机关管辖。随着计划经济向市场经济的过渡，经济合同仲裁已由官方性质转向非官方性质。此外，在中国还存在着由人民群众自己管理自己、自己解决法律纠纷的群众组织，如在机关、企业中设立的工会，在农村的村民委员会和城镇的居民委员会中设立的人民调解委员会，它们一方面是群众性的自治组织，另一方面又受到司法或行政机关的指导。

第二节 普通法院

一、法院的种类

对于当代世界各法律体系的法院，可以按照不同的标准进行分类。

从审判案件来说，有的国家的法院只审理民事（私法）和刑事案件，至于其他性质的案件由司法机关之外的国家机关审理，如英国、法国的法院，有的则不仅管辖民事、刑事案件，而且管辖行政案件、违宪审查案件、税法案件、劳动争议案件、社会安全案件等各类案件，如美国、德国的法院。在这些国家，审理民事、刑事案件的法院其他称为一般法院或普通法院，其他法院则其他称为专门法院。只审理民事和刑事案件的一般法院又有两种类型：在有的国家民事案件和刑事案件分别由两个不同的法院组织审理，如英国；而在大多数国家，它们由同一法院组织审理，只不过法院内部设立不同的审判庭，如民事审判庭和刑事审判庭。

按照国家的结构形式，法院可分为联邦制国家的法院和单一制国家的法院。在有的联邦制国家，其法院系统类似于单一制国家的，联邦法院只有最高审级，它是各个州的最高审级法院，各州法院从属于联邦最高法院，如德国、瑞士、苏联；在另外一些联邦制国家，其法院系统与单一制国家的完全不同，联邦和州存在两套平行的法院系统，互不隶属，联邦法院不仅有最高审级，而且有自己的地区法院、上诉法院，州法院不是联邦法院的下级法院，不构成联邦法院的一个审级，它有独立的基层法院、上诉法院和最高法院；只有涉及联邦法、宪法问题时，联邦最高法院才能成为州法院的上诉法院。美国是这类联邦制国家法院的典型。

此外，在普通法系国家的历史上还有普通法法院和衡平法院的区分；在西方法律体系的历史上和宗教法律体系中还存在世俗法院和宗教法院的区分；等等。

二、主要国家的法院系统

（一）法国

法国的法院系统的特点是，一般法院和行政法院分别属于两个独立的体系，一般法院属于司法体系，它审理民事和刑事案件，而行政法院属于行政体系，它审理公法、行政法案件。在二者之间的是争议法院（Tribunal des conflicts），其处理一般法院和行政法院间关于管辖权的争议。从严格的意义上讲，只有一般法院包含在司法体系的范畴内。

法国的一般法院包括三个审级：基层法院、中级法院和最高法院。基层法院可分为民事法院和刑事法院两部分。其中，民事法院包括初审法庭（Tribunaux d'Instance）和大审法庭（Tribunaux de Grande Instance，又译为民事法庭），还包括具有专门管辖权的商务法庭、劳资仲裁法庭等。刑事法院包括警察法庭（Tribunaux de Police）、轻罪法庭（Tribunaux Correctionnels）。初审法庭是审理轻微民事案件的基层民事法院，其职能是调解民事纠纷，审理标的额在5 000法郎以下的民事案件，由1名法官独任审理。大审法庭是审理较大民事案件的基层法院，其职能有二：一是审理标的额在5 000法郎以上的民事案件，二是受理初审法庭的上诉案件（不服初审法庭判决，直接上诉到上诉法院的案件），配有3个或3个以上的法官。警察法庭是审理轻微刑事犯罪的基层法院，负责审理法定刑为2个月以下或2 000法郎以下罚金的刑事案件，由1名警察法官独任审理。轻罪法庭负责审理法定刑为2个月至5年或2 000法郎以上罚金的刑事案件，由3名法官合议审理。

法国的中级法院包括上诉法院（Cours d'Appel）、重罪法院（Cours d'Assises，又译为巡回法院）和国家安全法院（Cour de Sûreté de l'Etat）。上诉法院是民事和刑事案件的上诉法院，但重罪案件除外。它由1名审判长和人数不等的法官组成，根据原审笔录和律师陈述进行审理，可以推翻原判决、作出新判决。法国全国现有37所上诉法院。重罪法院审理法定刑5年以上、苦役或死刑等的重罪案件，只受理经上诉法院审查同意起诉的案件，由1名审判长、2名上诉法院法官和9名陪审员共12人组成合议庭审理。它不是常设的司法机关，每年定期开庭审理，每省设一个重罪法院，共99个。对其判决不得上诉，但可就法律问题申请最高法院复议。国家安全法院是根据1963年1月15日的法律设立的，审理在和平时期进行颠覆活动的案件以及司法部部长以政治罪为由指定其审理的案件。该法院由政府指定的1名审判长、两名法官和两名将校级军官组成。

法国最高法院（Cour de cassation）是一般法院的最高审级，设有民事审判庭和刑事审判庭。它只复议原案所引用法律是否得当，而不审理事实，不作出新的判决。在发现原判有重大法律错误时，不是将案件交给原审法院重审，而是交给与原审法院同级的另一法院重审；也可部分维持原判，只将其余部分交重审。最高法院由84名法官和40名陪审员（referendaires）组成，陪审员在他们审理的案件中有投票权。法官和陪审员分在5个审判庭，每个审判庭审理一类特殊的上诉案件。最高法院每年审理超过12 000个案件，其中2/3是民事上诉案件，其余的是刑事上诉案件。

法国法院系统如图8－1所示。

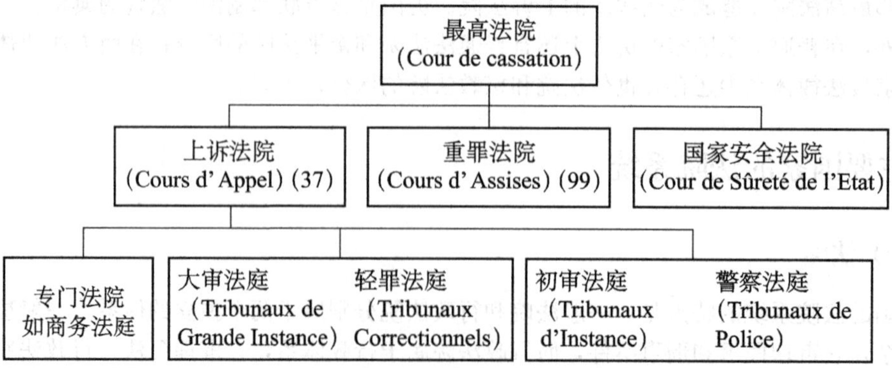

图8－1　法国法院系统

(二) 英国

英国的法院制度同法国的有许多相同之处，如民事、刑事案件和公法案件分别由一般法院和行政法庭审理，一般法院属于司法机关，而行政法庭则属于行政机关。根据 1958 年《法庭和调查法》(Tribunal and Inquiries Act) 的规定，某些行政法庭的裁决由一般法院进行司法审查，但仍有许多法庭决定不受一般法院审查。英国也不存在类似于法国争议法院性质的解决一般法院和行政法庭间之管辖冲突的机构。同时，英国的法院制度还有许多特点，保留了普通法系的传统。如普通法法院和衡平法院的划分，虽然 1873 年的司法改革取消了这一划分，但实际上衡平法院仍作为独立的法庭即大法官庭保留在高等法院内部。又如普通法系独特的陪审制度，与大陆法系的有很大区别，普通法系的陪审团只审理案件的事实，不选择要适用的法律，而大陆法系的陪审员与审判员在法庭中的作用并无上述区别。再如法官和律师在法庭中的作用，在普通法系和大陆法系也存在很大差别：普通法系的法院制度采取当事人主义，事实调查、讯问当事人及证人等事务都由律师承担，法官起中间的公断人的作用，而在大陆法系的法院制度采取职能主义，法官的作用要积极得多。因此，英国和法国的法院制度虽然有共同点，就公法、私法的划分，一般法院和行政法庭的关系而言属于同一种类型，但是又分别带有普通法系和大陆法系的不同特征。

英国的一般法院即普通法院的审级可分为基层法院、最高法院、上议院和枢密院司法委员会。

(1) 英国的基层法院分为刑事法院和民事法院两个系统。基层民事法院称为郡法院(County Courts)，审理标的额较小的民事案件。它是 1846 年根据《郡法院法》(County Courts Act) 建立的。1959 年的《郡法院法》扩大了这些法院的管辖范围，从简单的合同、侵权案件扩大到小额遗产案件及衡平案件。郡法院的审理程序较简单，诉讼费用较低，通常由 1 名职业法官审判。郡法院的法官由上议院推荐、英王任命。此外，郡法院还设有记录官 (Registrar)，其作为行政官员，负责保管、收发文件，审查诉状，安排开庭日期；并有权审理小要求案件(不超过 200 英镑的赔偿要求)。

基层刑事法院称为治安法院 (Magistrate Courts)，主要审理轻微的刑事案件。如果说郡法院的结构和功能在大多数普通法系国家都存在，那么治安法院则是英国很有特色的制度，它由没有受过专门训练的“平民”法官组成。治安法官的设置源于英国历史上为加强中央集权对地方的控制，利用地方社团中有影响的人物，维持社会治安。根据 1961 年的《治安法官法》(Justices of Peace Act)，治安法官由上议院根据地方委员会的提名任命。他接受这一职位被视为履行公共义务，不领取报酬，可以在其姓名前加上 J. P. 的荣誉头衔。治安法院审理案件时一般由 2 至 3 名治安法官审理，一位受过法律职业训练的书记官协助治安法官，就程序法和实体法问题提供咨询。目前，在一些大城市的治安法院，已经设立了有薪俸的受过法律职业训练的职业法官。英国刑事犯罪分为即决犯 (summary offenses) 和可起诉犯 (indictable offenses) 两种。即决犯是指实施了轻微犯罪的人，对他们进行审判无须陪审团参加，由治安法院进行，程序简单、迅速，诉讼费用亦较低。据统计，英国治安法院审理大约 70%的即决案件，所判刑罚主要是罚金，几乎没有监禁。有时，治安法院也审理某些判刑较轻的可起诉犯，主要是被告人认罪的案件，而对于有争议的案件的审理也是在没有陪审团的情况下进行的，77%的案件以有罪判决结案，但几乎没有监禁，40%～50%的案件接受罚金。而严重的可起诉犯被移交皇家刑事法院审理。同时，治安法院在审理未成年人案件中也起着重要作用：要由 3 名治安法官参加，其中要有 1 名女治安法官。

（2）英国的最高法院是高等法院、皇家刑事法院和上诉法院的总称，过去它并不是最高审级的法院。2009 年后在上议院基础上建立了独立的最高法院。

高等法院（High Court）是根据 1873 年的《最高法院制度法》（the Supreme Court of Judicature Act）建立的，当时设 5 个庭，即大法官庭，继承、离婚和海事庭，御座庭，高等民事庭和理财庭。1880 年高等民事庭和理财庭被合并到御座庭中。1971 年的《法院法》（Court Act）又取消了继承、离婚和海事庭，把它们分到御座庭、大法官庭和新创立的家事庭中。现在英国高等法院由大法官庭、御座庭和家事庭三部分组成，主要审理民事案件。御座庭（Queen's Bench Division）初审重大民事案件，组织海事合议庭和商事合议庭等专门法庭审理各该类案件。它也是整个高等法院中唯一的审理某些治安法院或皇家刑事法院刑事上诉案件的法庭。御座庭的大部分案件在伦敦审理，但有时也派回巡回法庭在地方审理案件。大法官庭（Chancery Division）审理以前由衡平法院审理的案件，包括信托、抵押、合伙、转账、公司法、财产管理等方面的案件，并具有有限的上诉管辖权，允许独任法官审理内地税法委员的上诉，或由 2 个法官审理对郡法院有关破产判决的上诉以及大多数税收案件的上诉。大法官庭总在伦敦开庭，不设立巡回法庭。家事庭（Family Division）审理有关婚姻财产、婚生子女、收养、监护和各种婚姻争端的一审案件，对治安法院和郡法院关于监护、收养、婚姻财产、私生子女认领等案件的判决有有限的上诉管辖权。对高等法院的判决不服，可以上诉到上议院。高等法院法官最多不超过 75 名，其中御座庭由首席法官和 44 名法官组成，大法官庭由副大法官（代表大法官）和 11 名法官组成，家事庭由庭长（首席法官）和 16 名法官组成。除此之外，高等法院还设有主事官（Master of Roll）、总会计官、法务官、记录官等。

皇家刑事法院（Crown Court）是行使刑事管辖权的高级法院，相当于民事管辖的高等法院。但高等法院在英国已有几百年的历史，而皇家刑事法院是 1971 年根据《法院法》建立的，其前身是四季法庭（Quarter Sessions）和巡回法庭（Assizes）。在伦敦开庭时，其被称为中央刑事法院。根据《法院法》，英国被划分为 6 个巡回审判区（Circuit），即中部和牛津、东北、北部、东南、威尔士和吉斯特、西部巡回区。每个巡回区设立三种不同的审判等级中心：第一审判等级中心设置在全国 24 个较大的城市，审理叛国、谋杀、强奸等重大刑事案件，由高等法院法官主持，巡回法官协助；第二审判等级中心设在十几个较小的城市，审理除上述案件外的其他可起诉案，由皇家刑事法院主持，由高等法院的法官或巡回法官审理；第三审判等级中心设在其他 46 个城镇，审理如伤害、盗窃等介于可起诉犯和即决犯之间的刑事案件，由巡回法官或皇家刑事法院的兼职法官审理。实际上，巡回法官审理大多数皇家法院的案件。除此之外，皇家刑事法院还受理不服治安法院判决的上诉案件。对皇家刑事法院的判决不服，可向上诉法院刑事上诉庭上诉。皇家刑事法院审理案件一律实行陪审制度。

上诉法院（Court of Appeal）只行使上诉管辖权。它分刑事上诉庭和民事上诉庭。刑事上诉庭审理不服皇家刑事法院判决的上诉案件。民事上诉庭审理不服高等法院、郡法院以及某些行政法庭判决的上诉案件。上诉法院的常任法官（Lords Justice of Appeal）包括大法官（Lord Chancellor）、高等法院院长（Lord Chief Justice）、主事官（Master of Rolls）、高等法院家事庭庭长（President）、前大法官和上诉法院常任高级法官（Lord of Appeal in Ordinary）。大法官为上诉法院院长。主事官和高等法院院长分别为民事上诉庭的庭长和刑事上诉庭的庭长。上诉法院的审判倾向于以口头形式进行，当事人和证人一般不出庭，通常只有律师参加。如果上诉法院认为案情涉及重大“公共利益”，应由上议院审理，则在取得上议院同意后，上诉法院应将该案直接向上议院提出。不过这种情况很少发生。

上议院（House of Lords）原为英国本土（主要是英格兰）的最高审判机关，是民事和刑事案件的最高上诉法院。它受理上诉法院的民事和刑事上诉案、高等法院的越级上诉案、苏格兰高等法院的上诉案以及军事上诉法院的上诉案。上议院即贵族院，现兼有立法和司法的职能。在英国历史上，上诉法院曾经是普通法院的最高审级，后来由于遭到贵族的反对，在上诉法院之上又设立了一个最高法院——上议院，负责审理上诉案件。英国上议院的法官包括首席大法官和上诉法院常任高级法官，统称为上议院高级法官（Law Lords）。上议院高级法官一般从最著名的辩护律师（Barrister）中直接任命，或从下级法院的法官中提升，由上诉法院任命。上议院高级法官首先是上议院的成员、贵族，然后才能成为它的高级法官。上议院首席大法官同时是上议院议长，由首相任命，其任期同政府的任期。上议院审判时不查阅案卷，主要听取双方律师的陈述。其裁决以上议院决议的形式作出。根据2005年《宪制改革法》(2009年开始实施)，英国上议院将立法权与司法权集于一身，这有违“三权分立”原则。于是英国设立了独立的英国最高法院，其主要职责是审理来自英格兰、威尔士及北爱尔兰三个司法管辖区的上诉案件。

枢密院司法委员会（Judicial Committee of the Privy Council）在殖民地时期曾作为大英帝国（包括海外殖民地）的终审法院，后来又作为英联邦国家的最高上诉法院。随着越来越多的国家取得民族独立，绝大多数英国前殖民地国家已经取消了向英国枢密院司法委员会上诉的制度，只有少数国家和地区仍然保持这一制度。枢密院司法委员会的成员为职业法官，法官在判决中不表述个人意见。

英国法院系统如图8－2所示。

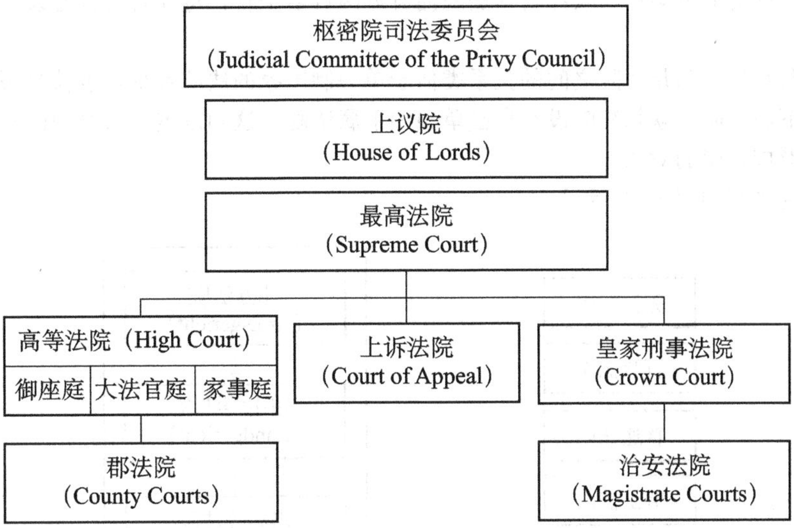

图8－2　英国法院系统

（三）德国

德国的法院系统有两个特点：一是除审理刑事案件和民事案件案件的普通法院属于司法机关外，其他法院如宪法法院、行政法院等也属于司法机关，它们是与一般法院即普通法院平行而独立的司法系统；二是德国由于属于联邦制国家，因而设有特殊的联邦法院与州法院。

根据《德意志联邦共和国基本法》和《法院组织法》的规定，德国共设立六种法院，即宪法法院、普通法院、劳工法院、行政法院、社会法院和财政法院，它们每个都自成系统，有自己的最高法院。

德国普通法院是负责审理民事案件和刑事案件的一般法院，分四个审级，即地方法院（Amtsgericht，又译为初级法院）、州中等法院（Landgericht，又译为州地区法院或州法院）、州高等法院（Oberlandesgericht）和联邦高等法院（Bundesgerichtshof，又译为联邦法院或联邦最高法院）。

地方法院是审理各种民事案件和轻微刑事案件的基层法院。通常民事案件的诉讼标的在3 000马克以下，由1名法官独任审理。刑事案件法定刑在3年以下，由1名法官独任或由2名法官、4名陪审员合议审理。对未成年人案件则由1名法官和4名陪审员组成合议庭审理。

州中等法院审理法定的初审案件和不服地方法院判决的上诉案件。民事案件分为两个庭审理：一个庭审理地方法院无权管辖的初审案件，另一个庭审理上诉案件。刑事案件由3个庭即两个上诉庭（大法庭和小法庭）和刑事初审小法庭审理，另外还设有巡回法庭，审理重大刑事案件。小法庭通常由1名法官和2名陪审员共同审理案件，巡回法庭由3名法官和6人组成的陪审团组成合议庭审理案件。

州高等法院主要审理上诉和申请复议的案件，设民庭和刑庭。民庭由3名法官主持，设有陪审团，有权改变地方法院的判决。刑庭分小法庭和大法庭，审理上诉案件时也由3名法官主持。除此之外，州高等法院还对反政府罪、间谍罪、恐怖活动罪和重大的强盗集团或杀人集团犯罪等重大刑事犯罪案件进行一审，由5名法官合议审理。

联邦高等法院是德国的最高审级的法院，主要审理上诉案件，此外，还设有一个刑事法庭，初审全国性的刑事案件。联邦高等法院拥有近两百名法官，每5名法官合议审理各种上诉和初审案件。

德国的联邦法院和州法院之间的关系类似于单一制国家的法院系统，也就是说，州法院是联邦法院的下属法院，联邦法院没有自己单独的下属法院。这和以美国为典型的联邦法院与州法院的关系形成鲜明的对照。

德国法院系统如图8－3所示。

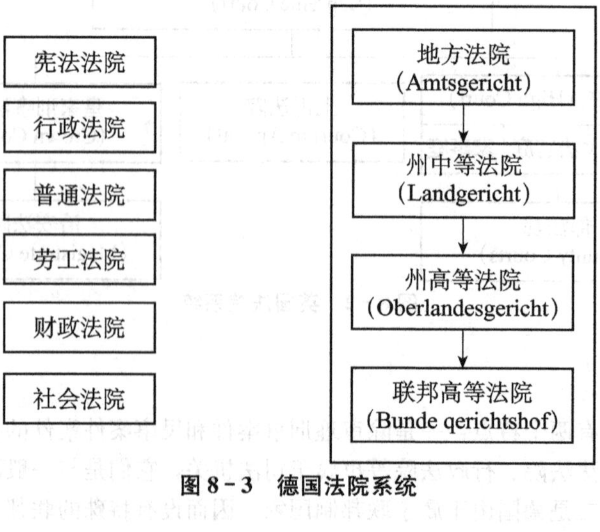

图8－3　德国法院系统

（四）美国

美国的法院制度与德国的法院制度的共同点在于，司法机关不仅审理民事案件和刑事案件，而且也审理其他案件，兼具对行政案件和违宪审查案件进行司法审查的职能。不过在这一点上，美国也有自己的特殊性，即无论是行政案件还是违宪审查案件，都由普通法院审理，而德国的普通法院只承担审理民事和刑事案件的职能，行政案件和违宪审查案件由其他司法机关即行政法统和宪法法院负责审查。另外，虽然美国和德国都属于联邦制国家，都存在联邦法院系统和州法院系统，但如前所述，在德国联邦法院与州法院之间是“单轨制”，而在美国二者之间则是“双轨制”，从而形成美国法院制度的最大特色。

美国联邦法院系统由地区法院、上诉法院和最高法院三个审级组成。联邦法院系统管辖的案件包括涉及联邦宪法、法律或国际条约的案件，一方当事人为联邦政府的案件，涉及外国政府代理人的案件，不同州之间、不同州公民之间的案件及州政府向他州公民提起诉讼的案件，公海上或国境内供对外贸易和州际贸易之用的通航水域案件。如本书“法的结构的比较研究”一章所述，美国联邦法院的权限是被明确列举的，而州法院的权力是保留的。

联邦地区法院（U. S. District Courts）是审理民事和刑事案件的初审法院。美国全国共设89个司法区，外加哥伦比亚特区和波多黎各，共设91个联邦地区法院。美国联邦地区法院在各州分布不一样，有的州只有1个司法区，有的州有多达4个司法区，如加利福尼亚州就设中部（C. D. Cal.）、东部（E. D. Cal.）、北部（N. D. Cal.）和西部（S. D. Cal.）四个管区的联邦地区法院。联邦地区法院共有四百多名法官，每一法院的法官数目并不相同，多的有27名。一般案件由1名法官独任审判，重大案件由3名法官合议审理，并有陪审团参加。

联邦上诉法院（U. S. Courts of Appeal），又称联邦巡回法院。美国全国分为11个司法巡回区，每一巡回区设一个联邦上诉法院，如纽约和康纳西属于第二巡回区，设一个联邦上诉法院，哥伦比亚特区也设一个联邦上诉法院。联邦上诉法院审理不服所在地区的联邦地区法院判决的上诉案件，共有法官八十多名，一般由3名法官合议审判，不设陪审团。联邦上诉法院审理上诉案件时只进行法律审，不进行事实审，即只审理下级法院适用法律是否恰当的问题。

联邦最高法院（U. S. Supreme Court）是美国联邦法院系统的最高审级，由1名首席法官（Chief Justice）和8名法官（Associate Justice）组成。联邦最高法院审理的案件包括（1）初审案件。凡有关外国大使、公使的诉讼案，以及以某一州为当事人的诉讼案，由联邦最高法院行使初审权。（2）上诉案件。联邦最高法院不仅是联邦法院系统中受理上诉的最高法院，而且对各州法院也具有有限的上诉审权力。（3）复审案件，即对联邦上诉法院和各州最高法院或其他联邦专门法院的终审判决，当事人不服，经特别申请，获得联邦最高法院投票表决同意，通过调卷令程序，由联邦最高法院重新审查。但这类复审案件比例极小，据统计联邦最高法院只受理向它申请发出调卷令案件的大约1/12，每年为30到160起案件。对大多数案件其以不够重要为由，不予受理。

美国各州的州法院系统极不统一，名称、组成、管辖权等也都不一样。在州之下还有市县一级和地方一级的法院。就州一级的法院而言，一般可分为三个审级，即州基层法院、州上诉法院和州最高法院。

州基层法院，在各州叫法不一，包括巡回法院、地区法院、高级法院或普通诉讼法院等。其对民事案件和严重刑事犯罪具有初审管辖权，有时由1名法官独任审理。

州上诉法院是州法院系统的中级上诉法院。美国50个州中只有23个州有中级上诉法院，绝大多数案件由它们作终审判决。

州最高法院是州法院系统中的终审法院，某些州称为上诉法院、最高司法法院或最高上诉法院。所有州最高法院都审理民事案件，有的州分设民事最高法院（称州最高法院）和刑事最高法院（高级刑事上诉法院）。

美国州之下有地方法院和市县一级法院。地方法院包括市镇法庭（City Court）和治安法庭（Court of Justice）或警察法庭（Police Court），它们类似于英国的治安法院，由治安法官主持，审理较轻微的刑事案件，如公路交通、居民、警察的争端。市县一级法院有县法院（County Court，又译为郡法院）和市法院（Municipal Court），这类法院一般只处理一些轻微的民事和刑事纠纷，如争议金额在100美元以下的民事案件，判刑在6个月以下的刑事案件。它们不包括在州地区法院的审级内。

关于美国联邦法院与州法院管辖的关系，在本书“法的结构的比较研究”一章“联邦法与州法”一节中已分析，这里不赘述。

美国法院系统如图8-4所示。

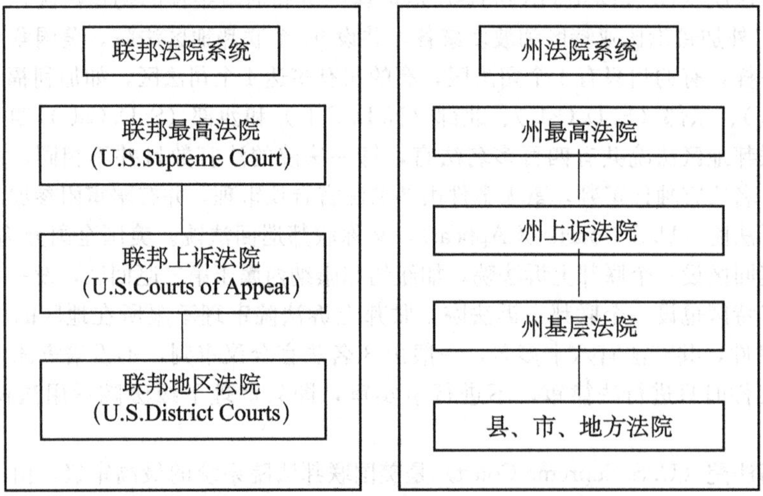

图8-4　美国法院系统

（五）日本

日本的法院系统在许多地方类似于美国的州法院系统，基本上分为四个审级：简易法院、家事法院、地区法院和最高法院。虽然每个地区都有至少一个地区法院和几个简易法院，但地区政府对法院没有控制权。对法院的行政控制只来自设在东京的最高法院。日本没有在美国许多地区设立的县法院和市镇法庭。

日本全国设有简易法院438个，简易法院法官不一定是经过全国司法考试并进入司法研修所学习的职业法官，许多人曾经是法院或检察院办公室的书记员。所有简易法院的案件只适用独任制审理案件，负责处理标的在140万日元以下的民事案件以及比较轻微的刑事案件，并负责民事调解。

家事法院与地区法院各50个，设支部各203个，根据日本行政区划设置于各都道府县厅所在地，适用 3 人合议制和独任制审理案件。家事法院专门负责审理家事、少年和人身相关的诉讼。

高等法院设在日本的 8 个大城市：东京、大阪、名古屋、广岛、福冈、仙台、札幌和高松。这些法院在其他城市还设有 6 个办公室。高等法院任命大约 280 名法官。高等法院主要是上诉法院，但对选举和暴乱案件拥有一审管辖权。东京的高等法院还对半司法机构如公平贸易委员会、版权办公室、海上事故调查局的上诉案件行使唯一的管辖权。高等法院审理对地区法院、家事法院和简易法院所作刑事判决的上诉案件。上诉案件由 3 名法官组成的合议庭审理，初审案件由 5 名法官组成的合议庭审理。

最高法院对日本的整个法院系统进行控制。最高法院由首席大法官和 14 名大法官组成。最高法院的案件由大法庭（15 名大法官组成）和小法庭（5 名大法官组成）审理。几乎所有的案件开始时都先由小法庭审理，如果涉及宪法问题和创造一个新的先例问题就转到大法庭。最高法院的大法官由下级法院选拔的额外法官作为“研究助理”协助其工作。最高法院任命 30 名“研究助理”。最高法院审理的案件大多数是对高等法院的上诉案件，偶尔也有对地区法院、家事法院和简易法院的上诉案件。①

日本法院系统如图 8 - 5 所示。

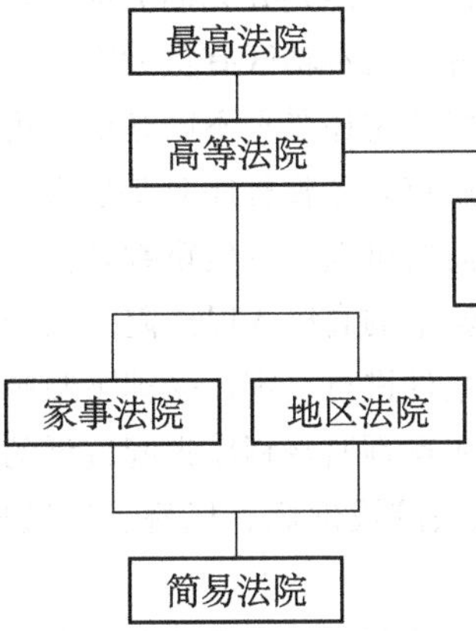

图 8 - 5　日本法院系统

（六）中国

中华人民共和国的法院制度有许多地方不同于西方，如法院院长由相应的国家权力机关（人民代表大会）选举产生，法院对相应的国家权力机关负责并报告工作，国家权力机关有权罢免相应的法院院长、监督相应法院的工作等。中国人民法院进行工作的基本原则包括：在适用法律上一律平等的原则；人民法院依照法律规定独立行使审判权的原则；公开审判的原则；辩护原则；使用本民族语言文字进行诉讼的民族语言原则等。中国人民法院除了审理一般民事案件和刑事案件之外，也审理经济合同纠纷和行政案件。

中华人民共和国人民法院体系由基层人民法院、中级人民法院、高级人民法院和最高人民法院四级组成，除此之外还包括军事法院、海事法院、知识产权法院、金融法院、专门人民法

① See A. Didrick Castberg, *Japanese Criminal Justice*, New York, Praeger, 1990, pp. 83 - 105.

院。人民法院实行两审终审制。

基层人民法院包括县人民法院和市人民法院、自治县人民法院、市辖区人民法院。基层人民法院根据地区、人口和案件情况可以设立若干人民法庭。人民法庭是基层人民法院的组成部分，它的判决或裁定就是基层人民法院的判决或裁定。基层人民法院负责审理除法律规定另由其他法院审理的案件之外的一审刑事和民事案件，处理不需要开庭审判的民事纠纷和轻微刑事纠纷，并指导人民调解委员会的工作。基层人民法院由院长一人、副院长和审判员若干人组成，设刑庭和民庭等，庭设庭长、副庭长。基层人民法院院长由该级人民代表大会选举产生，副院长、庭长、副庭长、审判员由该级人大常委会任免。有选举权、被选举权的年满 23 岁的公民，可以担任上述职务，但曾被剥夺政治权利者除外。基层人民法院设立审判委员会，其任务是总结审判经验、讨论重大的或者疑难的案件和其他有关审判工作的问题。审判委员会委员由人民法院院长提请本级人民代表大会常委会任免。审判委员会会议由人民法院院长主持，同级人民检察院检察长可以列席。

中级人民法院包括省、自治区内按地区设立的中级人民法院，直辖市内设立的中级人民法院，省、自治区辖市的中级人民法院和自治州中级人民法院。中级人民法院负责审理的一审刑事案件包括危害国家安全、恐怖活动案件，可能判处无期徒刑、死刑的案件。由中级人民法院审理的一审民事案件包括：重大涉外案件、在本辖区有重大影响的案件，以及最高人民法院确定由中级人民法院管辖的案件。中级人民法院还受理不服基层人民法院一审判决或裁定而提起上诉或抗诉的案件，审理人民检察院按照审判监督程序对基层人民法院提起抗诉的案件。中级人民法院设刑庭、民庭、行政庭并根据需要可以设其他审判庭。

高级人民法院包括省、自治区和直辖市的高级人民法院。高级人民法院负责对全省、全自治区或直辖市有重大影响的民事和刑事案件进行一审；受理不服中级人民法院一审判决和裁定的上诉或抗诉案件；审理人民检察院按照审判监督程序提起抗诉的案件；复核中级人民法院判决死刑缓期 2 年执行的案件。高级人民法院设刑庭、民庭、行政庭，根据需要也可设其他审判庭。

最高人民法院是国家最高审判机关，监督地方各级人民法院和专门人民法院的审判工作。最高人民法院审理全国性的民事和刑事案件，以及它认为应由自己进行第一审的案件；审理不服高级人民法院、专门人民法院判决和裁定的上诉案件和抗诉案件；最高人民检察院按照审判监督程序提起的抗诉案件；对一切下级人民法院的已发生法律效力的判决和裁定，如发现确有错误，有权按照审判监督程序将案件提审或指令下级人民法院再审；负责按死刑复核程序复核高级人民法院报请批准的死刑案件；对审判工作中如何具体应用法律的问题进行司法解释。最高人民法院设刑事审判庭、民事审判庭、行政审判庭和其他需要设的审判庭。最高人民法院由院长一人，副院长、庭长、副庭长和审判员若干人组成。最高人民法院院长由全国人民代表大会选举产生，副院长、庭长、副庭长、审判员由全国人大常委会任免。最高人民法院设审判委员会，审判委员会委员由最高人民法院院长提请全国人民代表大会常委会任免。2015 年以来，最高人民法院在深圳、沈阳、南京、郑州、重庆、西安分别设立了 6 个巡回法庭，审理相关省区的最高法院应审理的案件。

中国法院系统如图 8－6 所示。

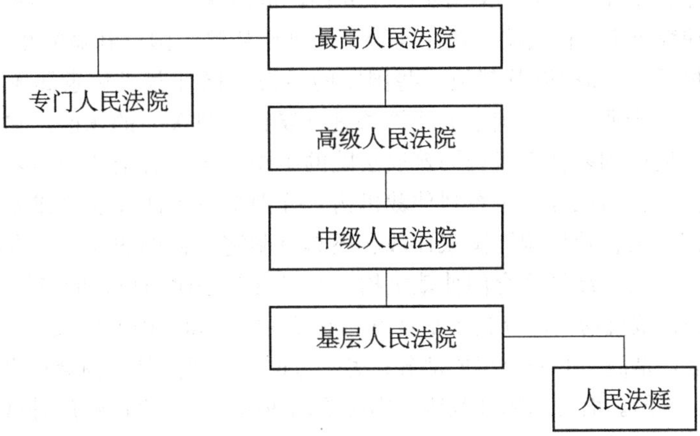

图 8-6　中国法院系统

第三节　仲裁和调解

一、仲裁

仲裁是根据有关规定或者当事人之间的协议，当事人自愿将争议交给第三者作出裁决，双方有义务执行的一种解决争议的方法。

仲裁是解决民事纠纷的一种方式，它与普通法院的审判、院外的调解等方式不同。仲裁机构不同于法院：法院行使国家所赋予的审判权，向法院起诉不需要双方当事人在诉讼前达成协议，只要一方当事人向有管辖权的法院起诉，经法院受理后，另一方必须应诉。而仲裁机构或者是民间的，或者隶属于行政机关，仲裁员往往不是职业法官，而是仲裁所涉及问题的技术专家。另外，一般来讲，仲裁的程序也较为简单，没有法院审判程序那样程式化，也较为经济、省时。

仲裁作为解决争议的一种方式，是随着商业的发展而产生、发展的。早在古罗马时期，就出现了用仲裁解决贸易纠纷的方法。14 世纪中叶，瑞典地方法规中对仲裁已有规定。18、19 世纪以来，随着国际贸易的发展，仲裁也由国内领域发展到国际领域，出现了国际仲裁。1887 年英国制定了第一部仲裁法，用以解决它同欧洲大陆的国际贸易、海上贸易所产生的纠纷。同年制定的瑞典仲裁法，当时只适用于国内的债权、债务争议，进入 20 世纪以后，其适用范围扩大到解决国际贸易争端。现在仲裁基本上可以分为两大部分：一部分是国内仲裁，另一部分是涉外仲裁。

目前世界各国的仲裁制度既存在着共同点，也存在着许多差别。

从仲裁机构的性质来看，有官方的、半官方的和民间之分。官方的仲裁机构往往隶属于国家行政机关，如苏联的经济合同仲裁机构——国家仲裁署，隶属于苏联部长会议。苏联的仲裁分为两类：一类是国家仲裁，即解决属于不同主管部门的企业之间的经济合同纠纷；另一类是主管部门仲裁，即解决属于同一主管部门的企业之间的经济合同纠纷。许多西方学者注意到官方仲裁对于实行计划经济的社会主义国家的重要性，他们认为，经济合同仲裁不仅依靠法律，而且依靠计划，仲裁决定不仅要明辨违法与否，而且要从整个国家利益的角度平衡经济利益，决定如何修正和执行。[①] 苏联以及其他一些国家的经济合同仲裁机构隶属于行政机关，因此它们实际上具有类似于西方某些国家的经济法庭（属行政机关）的职能。它们都有不同的审级，如苏联经济合同的国家仲裁机构同普通法院的组织一样，有全苏的国家仲裁署和加盟共和国、自治共和国、自治区等的一系列仲裁机构，分别隶属于部长会议或苏维埃的执行委员会。同时苏联最高一级仲裁机构即国家仲裁署还具有制定法律的职能，它发布下级仲裁机构的仲裁程序规则，并向下级经济合同仲裁机构发布对有关法律和规则的指导性解释。

而西方国家的仲裁机构大部分属于半官方的或民间的。如英国的伦敦仲裁庭，一方面，它隶属于伦敦的商会，是商会的一个组成部分；另一方面，其成员是由商会理事会和市议会指定的，故其属于半官方的。而美国的仲裁协会则属于民间的，它是全国性的仲裁员的组织，负责对劳动争议和商事争议进行裁决。该协会还制定了指导仲裁员的《道德和程序标准法》（Code of Ethics and Procedural Standards）。其他西方国家的仲裁机构如瑞典斯德哥尔摩商会的仲裁庭、巴黎商会的仲裁庭等都属于民间机构。苏联的仲裁机构中，一般国内仲裁机构具有官方性质，隶属于行政机关，而涉外仲裁机构性质很不统一，如外贸仲裁委员会和海事仲裁委员会都属于非官方机构，隶属于全苏商会。

中国改革开放以前，实行计划经济，所有制形式单一，解决经济合同纠纷的机构是经济合同仲裁委员会，隶属于国家工商行政管理局。随着所有制形式的多元化，企业成为自主经营、自负盈亏的法人，行政仲裁为独立的仲裁所代替。1994 年 8 月制定的《仲裁法》第 14 条规定："仲裁委员会独立于行政机关，与行政机关没有隶属关系。仲裁委员会之间也没有隶属关系。"这是近年来我国在仲裁制度上发生的最大变化。对涉外经济纠纷的仲裁也作出了相应的调整：1980 年以前，中外双方当事人之间的经济贸易纠纷的仲裁和调解由 1956 年成立的对外贸易仲裁委员会管辖；1980 年 2 月，国务院决定将该仲裁委员会改名为"对外经济贸易仲裁委员会"，并相应地扩大其受理案件的范围；1988 年 6 月国务院批准将"对外经济贸易仲裁委员会"改名为"中国国际经济贸易仲裁委员会"；1994 年 6 月中国国际经济贸易仲裁委员会对其仲裁规则再次作了修订，进一步扩大了受理案件的范围，可以仲裁国际经济贸易领域所发生的一切纠纷，包括不涉及中方的纠纷；对仲裁委员会的仲裁人员的范围也加以扩大，吸收了外国仲裁员；并且允许双方当事人在仲裁审理的任何阶段进行调解。2014 年中国国际贸易促进委员会、中国国际商会修订并通过《中国国际经济贸易仲裁委员会仲裁规则》。该规则规定：仲裁委员会根据当事人的约定受理契约性或非契约性的经济贸易等争议案件，包括国际或涉外争议案件；涉及香港特别行政区、澳门特别行政区及台湾地区的争议案件和国内争议案件。

二、调解

调解是纠纷解决的另一种主要方式，它是应当事人要求在第三方（调解人）参加下查清事实、分清是非，经排解疏导、说服教育，使当事人互相谅解，从而化解矛盾、解决争端的

① See Glendon, Gordon & Osakwe, *Comparative Legal Traditions*, pp. 764 - 768.

方式。

在传统意义上，调解既不同于审判，也不同于仲裁。审判、仲裁和调解都是以第三方作为中间人解决争端的方式。但从权威性的强弱来讲，审判具有最强的权威性，它是由国家司法机关在法律规定的权限内按照法律规定的程序进行的，其判决代表国家，具有法律效力。对其他解决争端的方式如调解、仲裁的决定不服，一般可以向法院提出申诉，法院可以宣布它们无效。仲裁的权威性不如审判，仲裁机构可能隶属于行政机关，也可能是民间组织，仲裁机构的管辖依赖于当事人双方事前或事后的一致选择，而法院的管辖只需一方提出诉讼，另一方必须应诉；同时在审判过程中法官不得与双方当事人有法律所禁止的关系，否则当事人可以要求回避，而仲裁员在许多情况下要求有双方当事人的代表参加。调解的权威性是最弱的，调解者是双方都信赖的第三方，其目的在于使双方达成和解，恢复原有的和睦关系，而不仅仅是像审判和仲裁那样，不管当事人是否同意，不管双方关系事后是否会破裂，都以分清是非、明确权利与义务并且强制执行为目的。因此，调解的纯粹“法律性”也在这三种方式中最弱。在调解过程中或调解失败后当事人都可以选择其他的方式如诉讼和仲裁来解决争端。但是，从现在的发展来看，调解不仅是一种独立的解决争端的方式，而且已经渗透到审判和仲裁中，成为审判和仲裁过程中一种解决问题的方法。于是，调解又可分为法庭调解、仲裁调解和人民调解（邻里调解）。经双方同意后的法庭调解书同样具有法律效力，而且有些国家规定，对这类已达成协议的调解不得上诉。

调解在第三世界国家法律体系，在古代中国所谓中华法系、远东法系中，是被非常广泛采用的解决争端的方式。中国传统文化以和为贵、以让为贤，遇有民事权益纠纷时，双方当事人习惯于在当地邀集同乡、同族中长辈乡老进行调解。从婚丧嫁娶到买卖土地房产、继承遗产等产生纠纷时，一般都愿意在当地调解解决。《大明律集解附例》载：“凡民间应有词状，许耆老里长准受于本亭剖理。”辛亥革命后，有的地方也有“息讼会”这样的调解组织。国民党政府于1931年颁布了《区乡镇坊调解委员会权限规程》。中华人民共和国成立后，在发展正规的司法制度的同时，极为重视人民调解这一我国法律文化遗产，在城市和农村普遍建立了人民调解委员会。我国1982年《宪法》第111条规定：“城市和农村按居民居住地区设立的居民委员会或者村民委员会是基层群众性自治组织。”“居民委员会、村民委员会设人民调解、治安保卫、公共卫生等委员会，办理本居住地区的公共事务和公益事业，调解民间纠纷，协助维护社会治安，并且向人民政府反映群众的意见、要求和提出建议。”我国人民调解委员会在调解民事纠纷方面起了重要的作用。它们执行着许多西方国家的法院所执行的职能，其调解内容包括婚姻、继承、赡养和扶养、房屋宅基地、债务、生产经营、损害赔偿、家庭、邻里等纠纷。

同时，调解方法在我国法院审判工作中以及仲裁机构的仲裁过程中也被广泛采用。我国《民事诉讼法》第9条规定：“人民法院审理民事案件，应当根据自愿和合法的原则进行调解；调解不成的，应当及时判决。”这已成为我国民事诉讼法的一条基本原则。《民事诉讼法》还在第93条到第99条对调解程序作了具体规定。《合同法》第128条规定：“当事人可以通过和解或者调解解决合同争议。”此外，《刑事诉讼法》规定，人民法院对自诉的刑事案件也可以进行调解，自诉人在宣告判决前，可以同被告人自行和解或撤回自诉。我国民事审判和经济仲裁中都保持着很高的调解率。

在非洲传统法中调解也占有重要地位，甚至是非洲传统法的最主要特征。塞内加尔最高法院第一任院长哥巴·姆巴耶（Ke'ba M'Baye）曾经对非洲和欧洲法律制度作过这样的对比：“在非洲，参与司法行政的人往往在他们的司法管辖范围内听到这样的话——‘他们从前从未踏进法院的门槛'，似乎这是品行良好的证明。这不是他们对司法的不信任，而是不理解欧洲式的司法。在欧洲，由于缺乏调解制度，法院的判决即使在民事案件中也似乎常带有强制性。"他认为，非洲法的最主要功能不是像欧洲法那样对个人权利与自由予以明确认可和有效保证，而是趋向于保护群体和群体内部的和平。另一位非洲法专家艾洛特（Allott）谈到调解方式在法庭审判和仲裁过程中的重要作用时指出："非洲式的审判之关键在于重调解的观念，或者叫重建和谐。法院或仲裁机构的工作很少用在发现事实、宣布法规和将法规适用于事实，而是用在被破坏秩序的村社内本着重建和谐的方式来更正错误上。只有当事人对法院的裁判满意时，和谐才会重新建立。原告因此将要求看到法规能够被法院适用，包括那些载明了对过错行为支付适当补偿的条款。有过错一方当事人必须被带来看看在这纠纷中他的行为是怎样地不符合他自己应做到的行为准则①，他必须要接受这样一个事实，即法院的判决是公正的。只有他承认自己的错误并为此付出代价，他才能重新加入到村社之中。"②

在西方国家，尽管审判制度占有突出的地位，但是也存在着调解，包括审判调解、仲裁调解、民间调解。而且许多西方学者认为，调解作为审判制度的对应面，越来越受到人们的重视，这反映了人们对繁复庞杂、"促使人们对立而不是使人们和解"的西方传统法律制度的厌倦。西方国家法院审判中的调解主要表现在预审阶段，其目的在于通过调解使原告、被告和解，从而避免启动审判程序。仲裁调解则表现在仲裁前的阶段，如使劳动争议双方通过调解达到双方满意的结果，避免启动仲裁。美国存在的小要求法院（Small Claims Court），又称"调解法院"（Conciliation Court），其管辖权限于小额债权、债务争端以及小额的婚姻财产争端，程序非常简便，不需要律师参加，可以避免启动正式的诉讼程序。美国为了解决劳动争议还专门设立了美国联邦调解和调停服务机构（Federal Mediation and Conciliation Service）。它是美国政府的一个独立部门，企图通过调解和调停解决劳动争议。其宗旨是"通过促进全面与稳固的劳资关系的发展代表公共利益；通过协助劳资双方经调停解决其争端防止和缩小罢工造成的损失；赞成集体协议、调解和自愿的仲裁，作为解决雇主与雇员代表之间争端的程序；发展解决争端的艺术、科学和实践；促进劳资双方的建设性的合作关系以增进他们的相互理解和共同问题的解决"。民间调解在西方很久以前就存在，如18世纪末北欧各国已建立调解组织。1797年挪威把全国划分为若干调解区，各区设调解委员会，调解委员由人民选择有声望的人担任。近年来，在美国许多地方都建立了民间调解组织，如邻里调解（neighbourhood conciliation），把它作为防止诉讼的一个手段。

第四节　法的适用的发展趋势

一、司法独立与司法、行政的合一

现代世界主要资本主义国家的司法制度都是资产阶级民主革命的产物。司法权与行政权、立法权的分离，"司法独立"，是这些国家司法制度中的主要原则。但是，在实现这一原则时，

---

① 参见《非洲法律观念》，载《国际比较法百科全书》，第2卷，第七章。

② A. N. Allott ed., *Judicial and Legal System in Africa*, London, Butterworths, 1970, p. 133.

各个国家“司法独立”的方式与水平又有不同。法国的“司法独立”是被动的：由于法国资产阶级革命时司法权掌握在贵族手中，而行政权掌握在资产阶级手中，因而在法国，“司法独立”的含义主要是司法不得干预行政事务，于是对行政案件的审理仍然由行政机关执行，对议会立法合宪性的审查也根本不可能是司法机关的职权，而仍然属于立法机关所建立的特殊机构——宪法委员会。德国的“司法独立”是主动的：为了削弱地方封建领主在其管辖领域内的司法特权，任何案件，包括刑事、民事、行政、财政、社会福利、宪法案件，只服从于联邦统一的司法管辖权，这样，德国的“司法独立”意味着建立职业高度分化的、各自分离的不同的法院系统。英国的“司法独立”与德国的有类似之处：普通法院的建立是为了维护中央集权、削弱地方封建割据的势力，在国王与国会的斗争中，普通法院又成为维护市民权利不受国王和贵族侵犯的主要工具，因此维护“司法独立”在英国就意味着保护公民权利。美国的“司法独立”则具有最强的意义，这是由美国法院特别是联邦最高法院在美国“三权分立”的体制中的特殊地位所决定的。美国的普通法院不仅审理一般的刑事、民事案件，而且审理行政案件，对国会的法律进行司法审查。它不仅把自己的职权限制在严格意义上的法的适用的范围内，而且通过使联邦最高法院的判决在决策和政策导向中起着重要的作用，它以司法的方式渗入美国的行政和立法领域。

但是，现在我们又看到一种新的司法与行政合一的潮流，这种潮流有不同的表现形式。几乎所有国家在普通法院之外都存在着大量的行政机关处理日常案件的情况。许多学者都指出，行政机关的膨胀是20世纪以来出现的最令人瞩目的现象。许多人可能一辈子没有去过法院，但他们从生到死离不开行政机关。随着国家管理的行政化，如何划分行政机关与法院受理案件的范围，究竟哪些案件应当由行政机关解决，哪些又应当由法院处理，并没有一个合理的标准。有些学者认为，原则上法院能处理的所有问题，行政机关都能解决。而行政机关能处理的问题，由于专业技术的限制，法院不一定能处理。当然，面对国家管理的行政化，对行政机关决定的法律监督也成为现代社会所面临的共同问题。这种司法与行政合一的潮流的另一方面，发生在法院审理过程中：随着法律与日常社会生活的日益贴近、法律规则（包括合同）的具体化、法律与合同的规定明确无误，由于对法律规定和事实的认定有不同的理解而引起的原告与被告需要在法庭上公开进行对抗式的辩论的情况，在整个法院所受理的案件中所占的比例越来越小，大量的案件不通过开庭审判，而通过缺席判决、调解、诉辩交易、认罪请求等形式得到解决。法院的大部分职能得以“日常化”（routinization），如通知被告还债、交纳违约金、赔偿损失、接受罚金和其他惩罚。在许多国家，这类不经过审判的案件实际上占法院所受理案件的绝大多数。这样，法院的职能与行政机关的职能之间并没有什么差别。

二、司法的民主化：职权主义与当事人主义的结合

“司法独立”和专门化发展的另一面就是司法的民主化。西方司法制度的建立在某种意义上就是要通过审判这样一种形式，尽量避免和减少行政长官在处理案件时可能带有的专横和任意，按照某些学者的说法，即达到“客观”“公正”“中性”的目标。为此，许多国家在司法实践中都实行了回避原则、辩护原则、上诉原则、罪刑法定原则、无罪推定原则、审判公开原则、免受双重危险的原则、法无明文规定不为罪的原则等一系列体现民主与法治精神的原则。但在如何贯彻这些基本原则方面，又存在不同。在审判方式上，大体存在两种不同的模式：一

种是大陆法系的职权主义。在庭审过程中，法官是整个活动的中心，查明事实真相的责任归属于法官。法官掌握诉讼的主动权，当事人处于受支配的地位。庭审活动是以法官对案件的调查为主线展开的，法官依职权主动询问被告人、证人，积极调查证据。控辩双方、原告与被告的法庭活动受到限制，作用比较消极。另一种是普通法系的当事人主义。法庭的审判活动以原告与被告双方的积极活动为核心内容，他们在地位平等的基础上以交叉的方式对证人进行询问、质证、争辩，然后双方作终结性辩论。法官的职权性活动只限于补充性事务，主要任务是对双方的主张及证据进行评判和取舍。但是，不难看出这两种审判方式又具有共同性：它们都反对封建社会纠问式的诉讼形式，在刑事案件中反对控诉和审判职能不分；它们都要求法官所采信的证据必须由当事人在法庭上进行充分的争辩和质证，并且法官应当在场聆听庭审争辩的全过程。当代诉讼制度的发展趋势是职权主义和当事人主义的结合。美国历来实行当事人主义，但在现在也允许法官在庭审前召集当事人彼此交换证据、公开观点。法官可以召开庭前会议，鼓励当事人达成和解。通过这一程序使绝大多数案件可以在庭审前因当事人之间的和解、撤诉等原因而得到解决，不必经过庭审程序。为了缩短诉讼时间、提高诉讼效率，法官在传唤证人、评价证据、组织诉讼等方面也在发挥着积极的作用。[①] 而大陆法系国家，现在也注意吸收当事人主义中的积极因素，改变自己司法制度中的官僚化、行政化的习气，当事人及其律师在诉讼过程中也绝不是完全被动的。在日本，由于二战前受大陆法系职权主义的影响，二战后又受到美国的当事人主义的影响，因而这种结合就显得更为突出。日本的审判程序基本上实行对抗制，在庭审中，不是由法官主动调查证据，而是由双方当事人积极主动地进行举证和交叉询问。调查完毕后，双方再就事实及法律适用问题进行辩论。但是，法官并不是消极被动的，他仍然掌握着指挥权。《日本刑事诉讼法》第 298 条规定："法院认为必要时，可以依职权调查证据。"在中国由于长期以来采取职权主义的审判方式，又受到封建社会纠问式的审判方式的影响，加上法院办案经费不足等原因，20 世纪 90 年代初期以来开始实行审判方式的改革，强调当事人的举证责任，发挥当事人及其律师在庭审中的积极作用，减少法官在审判过程中的过多包揽、干预。当然，中国司法改革的方向并不是简单地仿照当事人主义，而是把这两种审判方式的优点结合起来，克服它们各自的缺点。

三、诉讼与替代性纠纷解决方式：美国、日本和中国的比较

越来越多的诉讼是一个世界性的问题。面对诉讼压力，各国应对的措施也有共同性，包括扩大法院规模，提高审判效率，改进处理办法，不受理的司法政策，设置审判前置程序，提高诉讼费，发展院外纠纷解决机制，促使诉讼分流。与此同时，由于拖延、执行难、判决不公等因素造成的法院公信力的下降也从负面减少了诉讼压力，促使人们选择其他方式解决纠纷。由于历史传统和现实所遇到的问题不同，各国的解决纠纷的方式、方法显示出了不同的特点。

1962 年到 2002 年美国联邦和地区法院各类诉讼总量增长很快，联邦地区法院的民事诉讼案件增加了 4 倍（见表 8－1），但是这些案件中通过正式审判程序解决的只占很小比例，而且

---

① See Judith Resnik, "Managerial Judge", *Harvard Law Review*, 96, 1982, p. 8. 转引自王利明：《司法改革研究》，303～311 页，北京，法律出版社，2000。

所占的比例越来越小：1962年占11.2%，2002年已经下降到1.8%（见图8-7）。[①] 通过法院附设的ADR，如调解和仲裁解决的比例也不大，约占1/7，绝大多数案件是通过简易程序、行政性司法或缺席判决解决的，如美国的债务诉讼，债权人与债务人对欠债事实往往没有任何争议，法院所做的工作根本不是审判，法院实际上成为一个讨债的渠道，由它通知有关机构划拨欠款。美国刑事案件的数量似乎是一个天文数字，每年联邦法院和各州法院审理的刑事案件超过1 000万件，但是90%以上的刑事案件不是通过组成合议庭和陪审团、律师辩护、开庭辩论、出示证据、宣判等程序，而是通过诉辩交易程序解决，法院只是对控方与辩方的交易盖上确认其合法性的印章。美国法院外的ADR，特别是商业仲裁，尽管发展很快，但是与诉讼数量相比只占很小的比例。因此美国应对越来越多的诉讼的主要办法是着眼于法院内部的机制。正是在这种意义上，美国许多学者惊呼法院的功能正在发生重要的变化，正在从审判职能转变成行政性、日常性的职能，所谓“正在消失的审判”。

表8-1　美国联邦地区法院和22个州法院民事和刑事诉讼的数量

	联邦地区法院		22个州法院	
	民事诉讼	刑事诉讼	民事诉讼	刑事诉讼
1962（1976）	50 320	33 110	1 464 000	1 223 000
2002	258 876	76 827	3 087 000	2 780 000

资料来源：Galanter，Marc.（2004），“The Vanishing Trial：An Explanation of Trials and Related Matters in Federal and State Courts”，*Empirical Legal Studies*，Vol. 1，Issue 3，pp. 459-570。

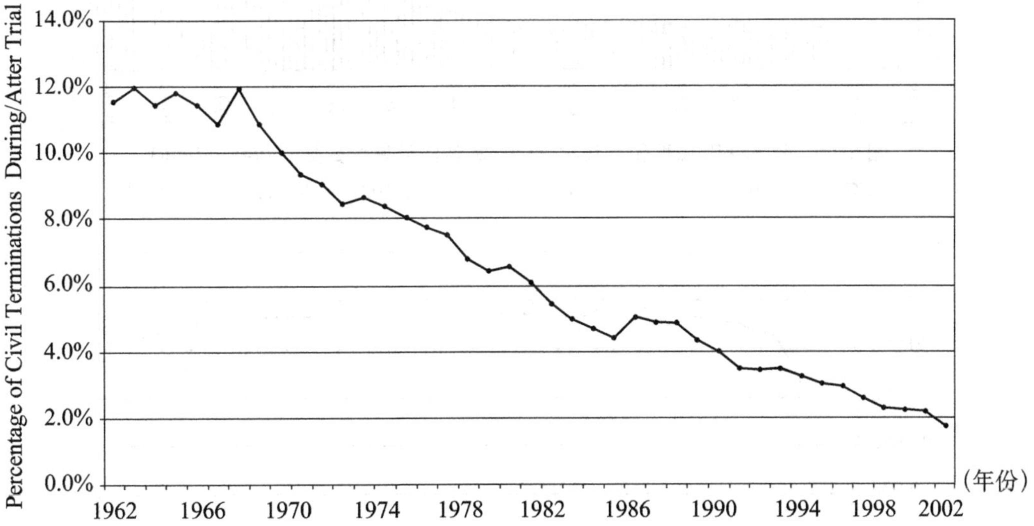

图8-7　美国联邦地区法院民事案件审判结案率（1962—2002）

日本面对越来越多的纠纷，过去以“小司法的制度设计”应对，它没有像美国那样把案件都集中在法院解决，而是采取一系列的措施，尤其是在民事和家事案件中，把调解作为法院受

① Galanter，Marc，“The Vanishing Trial：An Explanation of Trials and Related Matters in Federal and State Courts”，*Empirical Legal Studies*，Vol. 1，Issue 3，2004，pp. 459-570。

理的前置程序，只是在调解不成时，法院才受理。因此长期以来日本在发达国家中是民事案件最少的，也是人均律师数量最少的国家。20 世纪 90 年代以来随着经济泡沫的破裂，日本也出现了越来越多的诉讼，1990 年日本民事和行政诉讼案件为 30 万件，2003 年达到近 120 万件（见图 8-8）。为了缓解诉讼压力，2004 年日本还专门颁布了《促进使用院外纠纷解决机制法》（ADR 法）。随着诉讼数量的增加，日本加强了司法的力量，法律职业获得比较快的发展。面对诉讼压力，日本民事案件通过简易法院审判的比例，在 1990 年为 47.5%，到了 2004 年上升为 71.5%。刑事案件和交通违法案件中简易审判的比例常年都在百分之八九十以上（见图 8-9）。调解仍然起着重要作用。2004 年日本地区法院的调解结案率为 34.5%，撤诉率为 17.5%，判决结案率为 48%。因此，基于日本文化传统，其面对越来越多的诉讼所采取的主要办法是发展院外的纠纷解决机制。同时日本的行政力量强大，大量的纠纷通过行政予以解决，而且行政干预、行政指导、调解仲裁前高管层的事前安排也渗透到院外的民间纠纷解决机制之中。

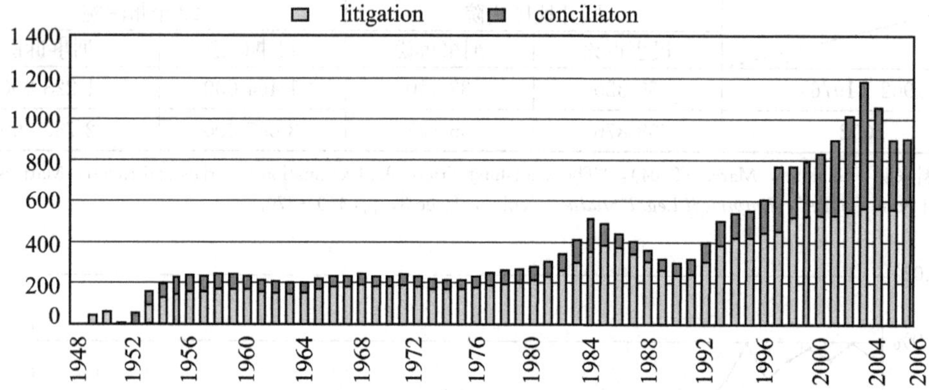

图 8-8　日本法院民事和行政案件诉讼和调解结案的数量（1948—2006）

资料来源：日本最高裁判所事务总局总务局统计科编：《司法统计年报（民事·行政编）》，表 14。

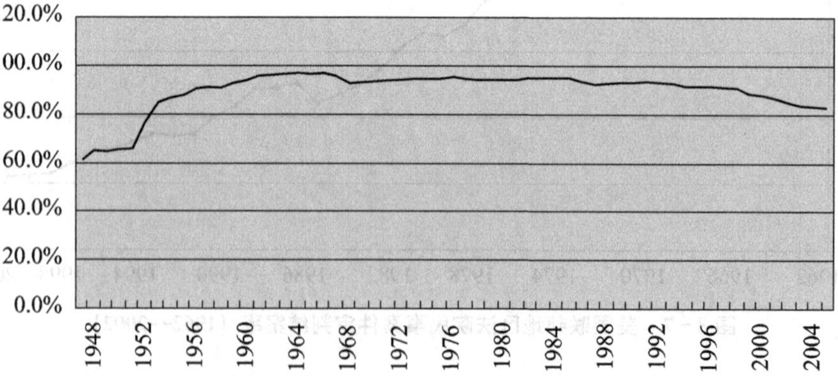

图 8-9　日本刑事和交通违法案件简易审判的比例（1948—2006）

中国自改革开放以来，人民法院所受理的一审案件的数量已经由 1978 年的 44.8 万件上升到 2018 年的 2 800 万件（包括执行案件）。其中刑事案件由 14.7 万件增长到 119.8 万件，民事案件从 30.1 万件增长到 901.7 万件，行政案件由 1987 年的 6 000 多件增长到 2018 年的 25.1 万件。

人民调解在解决民事纠纷中一直起着重要的作用。1981 年到 2009 年人民调解的民事纠纷的数量共 1.74 亿件，而同期人民法院一审民事案件的收案数量为 0.96 亿件，仅为前者的 55.2%。2018 年各级法院以调解方式结案 313.5 万件，仅为民事一审案件数量的 28.7%。

我国民事案件调解结案率有明显的下滑趋势。1978 年我国一审民事案件调解结案率为 72.3%，判决结案率为 10.9%。但是随着越来越多的诉讼涌向法院，法院的调解结案率在日益下降，判决结案率日益提高。我国通过简易程序结案的案件比例无论与美国还是日本相比都偏低，后两者的刑事案件的数量远远超过我国，而通过简易程序结案的比率都在 90%以上；就民事案件中通过简易程序结案的比率而言，日本为 71.5%，美国为 90%以上。这也是导致我国审判总量并不高但法官却感到负担很重的原因之一。

应该看到，在我国调解作用的下降、审判作用的加强是在特殊历史条件下发生的。人民调解是我国传统的解决民事纠纷的方式，但随着社会经济的发展，城市化进程的加快，大量的纠纷并不是发生在居住地，单位本身在解决纠纷中的作用大大不同于计划经济时代。法院作用的提高适应了社会变迁和人口流动的需要，特别适合于处理陌生人之间的纠纷。人民调解作用的弱化与法院民事一审案件的结构以及人民调解纠纷的性质与结构有着密切关系。人民调解的民事纠纷主要以家庭婚姻、邻里关系以及由此而产生的房屋宅基地、损害赔偿纠纷为主，多年来这些纠纷占到人民调解纠纷总数的 60%～70%。而法院一审民事案件的结构却发生了显著的变化：1978 年我国民事一审案件中家庭婚姻继承案件占 73%，侵权权属案件占 15%，合同案件占 1%；而 2010 年家庭婚姻继承案件的比重下降到 23%，侵权权属案件的比重上升到 24%，合同案件的比重上升到 53%，成为民事一审案件中比重最大的案件。比较而言，民事一审案件中家庭婚姻继承案件比重下降，合同和侵权权属案件比重上升，二者相加已经占到 77%。与此同时，由居委会、村委会主持的人民调解主要集中在家庭婚姻邻里纠纷，很少或者根本不涉及权属和合同纠纷，特别是不同居住地区的人之间的纠纷。也就是说，人民调解纠纷的性质和法院一审民事案件的种类的变化决定了人民调解比重的下降，民事一审案件比重的增大。

还应该看到，面对越来越多的诉讼，调解可能是一种根治性的措施。“听讼，吾犹人也。必也使无讼乎!”因为调解的目的不仅仅在于区分权利与义务，而且在于恢复当事人和谐的人际关系，“案结事了”，不致使其成为新一轮争斗的起点。但是应该看到，调解与审判相比一般需要花费更多的时间和精力，需要对当事人做更多的工作，明法辩理，相互妥协，因此调解结案率的提高与解决诉累、提高纠纷解决效率这一目标有时可能又是相违背的，有时甚至陷入讨价还价、久调不决的境地。通过多年的审判实践，随着我国法治化的进程，法官专业素质的提高，判决所起的作用变得越来越大，调解结案率自然会相应降低。必须看到，我国仍然有相当多的案件是通过审判解决的，其中通过简易程序解决的比例与美国和日本相比还有明显的差距，即使是适用简易程序审判的案件，除了适用独任法官制之外，处理起来有时也并不比普通程序简易。各种解决纠纷方式没有绝对的好和坏，各自有不同的适用范围。怎么把治标与治本相结合，公正与效率相结合，发挥我们的优势，学习其他国家的长处，仍然是我们需要认真探索的问题。

问题与思考

1. 论述当代世界主要国家法院组织的主要类型。
2. 论述当代世界主要国家行政案件审理的主要类型。
3. 论述当代世界主要国家违宪审查的主要类型。
4. 论述当代世界主要国家法的适用的发展趋势。

第九章

监察制度的比较研究

本章概要

20 世纪 70 年代以来，监察制度在众多国家的公共领域和私人领域兴起。由于各个国家的历史传统、政治制度、国际法规范等因素的影响，监察制度的种类较多，包括中国的监察制度、Ombudsman 制度、Médiateur 制度、Defensor del Pueblo 制度，等等。中国的监察制度历史最悠久，最具特色。人权机构是监察机构未来发展的主流趋势。

关键术语

监察使　调解使　护民官　人权机构

第一节　监察制度的兴起与分类

2016—2018 年期间，中国监察体制的改革引起了全世界的关注，这一改革被认为是中国改革开放以来最重要的政治体制改革，必将对中国的政治体制和国家发展产生深远影响。2018 年 3 月 20 日，第十三届全国人大第一次会议表决通过了《中华人民共和国监察法》，监察制度正式成为中国国家制度的重要组成部分。如果放眼世界，我们就会发现，不仅仅中国正在见证着监察制度的兴起，其他国家和地区也正在经历这一过程：自 20 世纪 70 年代以来，全球出现了监察制度兴起的浪潮，很多国家或地区纷纷建立了监察机构。这一潮流甚至蔓延到了私人领域，很多公司、企业、民间团体也设立了监察机构或监察人员。

监察制度的发源地主要有三个：古代中国、古代罗马和古代阿拉伯。古代中国在秦汉时期就建立了监察制度，一直延续到现代，并对朝鲜、越南等周边国家产生了影响。古罗马设立了“护民官”（tribune）制度，以专门保护罗马平民的权益。这一制度，为现代一些南欧国家和拉美国家所借鉴，形成了独具特色的现代监察制度。阿拉伯帝国的第二任哈里发（Caliph）欧麦尔建立了一种名为“Qadi-al-Qadat”的制度，这一制度后来又改称为“Diwan-al-Mazalim”和

"Mohtasib"[①]。"Diwan-al-Mazalim"是对高级法官的称呼，其专门负责听审公众针对政府官员的起诉。"Mohtasib"是对公共官员的称呼，其拥有独立的地位，负责审判公共官员的违法行为。18 世纪初，瑞典国王查理十二（Charles XII）因对俄战败而流亡土耳其，了解到了这一制度。1713 年，滞留在土耳其的查理十二模仿"Mohtasib"，设立了"Högste Ombudsmannen"一职，作为国王在瑞典的代表，监督政府官员（包括法官）忠于法律、尽职尽责。1719 年，"Högste Ombudsmannen"一职变成了司法大臣（Chancellor of Justice）。1809 年，瑞典国会设立了国会监察使（Parliamentary Ombudsman）。[②] Ombudsman 从此成为现代监察制度的典型代表，20 世纪传播到世界各国（地区）。截止到 2014 年，全球 257 个国家（地区）中有 144 个建立了 Ombudsman 制度。

除 Ombudsman 制度以外，由于各个国家的历史传统、政治制度、国际法规范等等因素的影响，监察制度还包括其他制度，例如中国的监察制度、Médiateur 制度、Defensor del Pueblo 制度，等等。鉴于很多国家的监察制度有着不同的称呼，哪些制度属于监察制度，是本章必须解决的问题。对于这一问题，我们根据各个国际监察组织的成员来进行辨认。如今，全球一共有 19 个国际性或区域性监察组织，囊括了国际上的各类监察制度。在这些组织中，最著名的是国际监察协会（International Ombudsman Institute，IOI）。该协会成立于 1978 年，总部最初设于加拿大阿尔伯塔大学（University of Alberta，Edmonton，Canada），2009 年迁至奥地利维也纳。该组织是一个非政府组织，辖下分为非洲、亚洲、澳洲和太平洋、欧洲、加勒比海和拉丁美洲、北美这六个监察区域。截止到 2018 年 8 月，该组织一共有 116 个成员，一共有 204 个监察组织加入。[③]

各个国际性或区域性监察组织可以分为两类：一是以地理区域为单位组织而成的监察组织，例如亚洲监察协会（Asian Ombudsman Association，AOA）、澳大利亚—新西兰监察协会（Australian & New Zealand Ombudsman Association，ANZOA）、地中海监察协会（Association of Mediterranean Ombudsmen，AMO）、欧洲监察组织（European Ombudsman Institute，EOI）、太平洋监察联盟（Pacific Ombudsman Alliance，POA），等等；另一类是具有明显语系文化特征的监察组织，例如法语系监察使—调解使协会（L'Association Ombusmans et Médiateur de la Francophonie，AOMF）、伊比利亚美洲监察使联盟（Federación Iberoamericana del Ombudsman，FIO）、伊斯兰监察协会（OIC Ombudsmen Association，OICOA）等等。我们可以根据这两个分类标准，对各个国家（地区）的监察制度进行分类，可以大致分为四类：一是北欧—英语地区的 Ombudsman 制度，主要分布于北欧、西欧、美洲、亚洲和非洲的英语系国家；二是亚洲地区的反贪监察制度和审计监察制度，主要分布于东亚、东南亚和西亚；三是法语系的调解使（Médiateur）制度，主要分布于法国和非洲多数国家；四是南欧、东欧、拉丁美洲的人权保护官制度，主要分布于大多数南欧、东欧和拉丁美洲国家。以上分类能够涵括当今世界所有国家（地区）的监察制度。

---

① "Diwan-al-Mazalim"出现于阿拉伯帝国的阿巴斯（Abbasids）王朝时期；"Mohtasib"出现于奥斯曼土耳其帝国时期。

② 原有的司法大臣（Chancellor of Justice）一职继续保留。瑞典邻国芬兰和爱沙尼亚也设置了"司法大臣"，作为监察官，为国际监察协会所认可。

③ See http://www.theioi.org/ioi-members.

第二节 不同区域的监察制度

一、北欧—英语地区的Ombudsman制度

这类监察制度分布最广、影响最大，是国际主流的监察制度。该类制度创始于瑞典。1809年瑞典国会设立Ombudsman一职，代表国会监督行政人员和司法人员。1915年，瑞典国会通过决议，设立第二位监察使，负责监督军事人员；1968年，监察使又增加一位；1976年，监察使再增加一位，一共4位。监察使任期均为4年，由国会选举产生，可以连任，享有最高法官的待遇。瑞典国会监察使大约有50位助理和秘书，可以监督除议员、内阁部长、大法官和中央银行董事以外的所有政府官员。除了4位国会监察使以外，瑞典还有6位政府机关任命的专业监察使，分别是消费者监察使（1971年设置）、公平机会监察使（1980年设置）、反种族歧视监察使（1986年设置）、儿童监察使（1993年设置）、身心障碍者监察使（1994年设置）、反性倾向歧视监察使（1999年设置）。此外，瑞典还存在着非官方的监察使：1969年，瑞典民间组织Swedish Press Council设置了媒体监察使（Press Ombudsman），接受民众投诉，对违背媒体伦理的报道进行监督，也可主动调查媒体的不当行为。

1919年，曾经受瑞典统治、刚刚从俄国独立出来的芬兰，设立了监察使办公室。1920年芬兰国会选出了第一位Ombudsman。芬兰的监察制度与瑞典的大致相似。1953年，丹麦修改宪法建立了监察制度，1954年制定了《监察使法案》（The Ombudsman Act），1955年任命了第一位监察使。丹麦的Ombudsman制度对北欧以外的国家（地区）影响甚大，1962年新西兰在借鉴丹麦制度的基础上，成为第一个设立Ombudsman的英联邦国家。① 新西兰的这一制度影响了其他英联邦国家（地区）。1967年，英国国会也通过法案，设置了国会监察使。该监察使由英国女王任命，向国会负责。同样是在1967年，加拿大的阿尔伯塔省（Alberta）通过法案设置监察使，成为北美第一个设置Ombudsman的地区。1969年，美国的夏威夷州成为美国第一个设立监察使的地区。至此，Ombudsman制度在北欧、西欧、澳洲、北美地区普遍推广，亚洲、非洲和拉丁美洲的多数英联邦国家（地区）也设置了该制度。如今，在国际监察协会（IOI）的204个组织中，Ombudsman机构一共是123个，是世界主要的监察组织。

Ombudsman制度如今已经泛化，不仅国家或地区的官方机构可以设立，而且国际组织和民间团体也可以设立。国际组织最著名的Ombudsman是欧盟监察使（European Ombudsman）。1992年，欧洲共同体成员签署了《马斯特里赫特条约》（Maastricht Treaty），参照丹麦的监察模式，在欧洲议会下设置了欧盟监察使，1995年任命一位芬兰人为监察使。此外，很多公司、传媒机构、学校、民间社团也设立了无数的Ombudsman，以处理投诉、解决纠纷——非官方的Ombudsman事实上已经成为多元纠纷解决机制（Alternative Dispute Resolution）的一部分。针对Ombudsman“泛滥”的现象，有些国家已经予以限制。1991年，新西兰对《监察使法案》进行修改，规定：除非法案许可或首席监察使事先书面同意，禁止其他人在商业、贸易、职业

① 1962年，挪威宪法规定了监察制度，1963年任命了监察使。挪威是全球第五个建立Ombudsman制度的国家。

或服务中使用“Ombudsman”头衔。[①] 英国和爱尔兰的监察使协会由公共部门和私立部门的监察使共同组成，也要求入会者，不论是在公共部门还是在私立部门，都满足“独立、公正、效率和公共责任”（independence，fairness，effectiveness and public accountability）的标准。[②]

Ombudsman 的设立、职权和监督效果，在每个国家都不一样，不过我们仍然可以总结出一些大致规律。Ombudsman 大多数由立法机关设立，也有一些由行政机关设立，具有独立性。在单一制国家里，大部分国家的 Ombudsman 都是一位[③]，有些国家设置了好几位，例如瑞典（4 位）。联邦制国家的 Ombudsman 则不止一位，德国、英国、墨西哥、澳大利亚等联邦制国家既有国家层面的监察使，也有地方层面的监察使，美国、加拿大等联邦制国家只有地方层面的监察使，乌拉圭和俄罗斯只有国家层面的监察使。Ombudsman 的设置，是为了解决立法机关、行政机关和司法机关等传统国家机构无法解决的问题，以监督行政机关为重心，因为 20 世纪以来，行政权在各个国家都迅速膨胀。Ombudsman 可以直接受理民众的申诉，也可以主动调查，拥有必要的调查权力和建议权力，包括建议修改法律等等。很多 Ombudsman 不享有调查司法机关和起诉行政官员的权力。[④] 就职能而言，Ombudsman 与司法机关最为接近，但是具有其优点：高效、易于接近、不向投诉者收费。Ombudsman 一般都负有报告的义务，包括向立法机关提出年度报告、就特殊案件进行特别报告，等等。

二、亚洲的反贪监察制度和审计监察制度

亚洲是古代监察制度的发源地。Ombudsman 的最初雏形就源于西亚地区。此外，东亚中华文化圈也有着历史最古老、最具特色的监察制度。中国的监察制度起源于“御史”一职，该职务早在《周礼》一书中就有设置，始于商周时期。其最初掌理文书记事，秦朝以后分掌监察、职司风宪，权高位重。此后，历朝历代都设有监察官职。受古代中国的影响，朝鲜、日本、越南等国家也设立了类似制度。朝鲜王朝时代（1392—1910 年）以司谏院、司宪府为其主要的监察机构；日本在公元 7 世纪参考唐朝御史台，设立“弹正台”，为“中央监察机关，掌监察官纪，弹劾官吏”[⑤]。越南陈朝时期（1255—1400 年）模仿唐朝，设立御史台，建立了完整的监察制度。[⑥] 中国古代的监察制度一直延续至今，中华人民共和国成立后建立了独具特色的监察体制。

由于亚洲有着极为复杂多元的文化历史背景，亚洲各国（地区）监察制度无法归为一个统一模式：有的属于 Ombudsman 制度，例如曾为英国殖民地的南亚诸国（印度、巴基斯坦、斯里兰卡，等等），以及菲律宾、泰国、印度尼西亚等；有的深受国际人权制度的影响，例如中亚诸国；有的富有鲜明的原生性和独创性，例如中国大陆和中国台湾地区的监察制度。[⑦] 与源于欧洲的监察制度相比，中国大陆和中国台湾地区的监察制度除了历史悠久以外，还有三个典

---

① See Ombudsmen Act 1975，No. 9，as am.，s. 28A (1).

② See Linda C. Reif，“The Ombudsman，Good Governance，and the International Human Rights System”，*Springer Science + Business Media Dordrecht*，2004，pp. 53 - 54.

③ 欧盟监察使也仅有一位。监察使是一位，但辅助人员往往有十几位或几十位。

④ 少数国家例如瑞典和芬兰的 Ombudsman 拥有起诉权，但极少行使。

⑤ 叶青、王小光：《域外监察制度发展评述》，载《法律科学》（西北政法大学学报），2017 (6)，71 页。

⑥ 参见梁允华：《中华官制对越南影响述略——以 10 世纪～15 世纪为观察期限》，载《人民论坛》，2015 (3)。

⑦ 新加坡 1952 年成立的“贪污调查局”，也是原创性的监察机构。

型特点：第一是监察机关的地位很高。其他国家的监察机关的地位往往低于立法机关、行政机关和司法机关，但是中国大陆和中国台湾地区的监察制度是国家的基本制度之一，中国大陆的监察委员会，地位仅次于人民代表大会、政府和政协，高于司法机关；中国台湾地区的“监察院”，与“立法院”“行政院”“司法院”平行，不必对立法机关负责。第二是监察机关的权力很大。其他国家监察机关的主要权力是调查权和建议权，中国大陆的监察委员会拥有监察、调查和处置三大权力，其中仅调查权力就涉及了12项措施：谈话、讯问、询问、查询、冻结、调取、查封、扣押、搜查、勘验检查、鉴定、留置；中国台湾地区的“监察院”则拥有调查权、弹劾权、纠举权、纠正权、审计权等等，是“阳光法案”的执行机关[①]，权力远远大于Ombudsman的权力。第三是人数众多。其他国家的监察使只有一位或几位，辅助人员一般只有十几位、几十位。中国台湾地区的“监察院”有29位监察委员，“监察院”的工作人员多达449人（截至2016年12月）。[②] 中国大陆第一届国家监察委员会有17位监察委员，国家监察委员会的工作人员在千人以上，如果加上各级地方监察委员会的工作人员，中国大陆的监察委员会的工作人员数量当属世界第一。[③]

亚洲——特别是东亚——的监察制度有一个共同特点：注重反腐败工作。中国大陆监察委员会的定位是“反腐败专门机构”。中国台湾地区“监察院”的主要任务之一，也是防止权力腐化。中国的香港和澳门地区——承担类似任务。香港在1974年就成立了廉政公署（Independent Commission Against Corruption，ICAC），它是一个专门打击贪污的执法机构，声名显赫、广受关注。澳门仿效香港廉政公署，于1992年组建“反贪污暨反行政违法性高级专员公署”，1999年回归后改名为廉政公署。澳门廉政公署与香港廉政公署不同，其兼具了后者和香港申诉专员公署的职能。此外，新加坡的监察机构“贪污调查局”（Corruption Practices Investigation Bureau，CPIB）、蒙古国的监察机构“反贪局”（the Independent Agency Against Corruption，IAAC）、韩国的“反腐败与民权委员会”（Anti-Corruption & Civil Rights Commission）、约旦的“廉政与反腐败委员会”（Jordanian Integrity and Anti-Corruption Commission）的名称上就反映了其工作职能。越南监察总署、老挝监察总署、柬埔寨的议会联络与监察部的工作重点也是反腐败。

亚洲的监察制度还有一个特点：注重审计。在东亚，中国大陆有专门的审计署，中国台湾地区“监察院”下设直属机构“审计部”，蒙古国有独立的国家审计署。韩国监查院（The Board of Audit and Inspection of Korea）的主要职责就是审计。总之，在多数东亚国家（地区），审计与反腐败构成了监察工作的主要内容。除了东亚以外，审计也是西亚国家（地区）监察制度的重要特色，甚至是主要特色。以色列是最早建立审计制度的西亚国家，在1949年依据《国家审计长法》（State Comptroller Law）设立审计长一职，1971年修改该法，由审计长兼任监察使；1988年又制定新法，对“审计监察公署”（the State Comptroller and Ombudsman of Israel）进行了充分规范。[④] 约旦于1952年颁布审计法，规定审计长由国王任命，对总

---

① 中国台湾地区的“阳光法案”是四部法律的总称：“公职人员财产申报法”“公职人员利益冲突回避法”“政治献金法”“游说法”。

② 参见“监察院”编印：《国际监察制度综览》，164页，台北，“监察院”，2017。

③ 中国各级监察委员会的工作人员数量，截止到本章完稿时尚未公开。不过，在2016—2018年的国家监察体制改革中，中国四级检察院反贪、反渎和预防部门共有44 151名检察人员转隶到各级监察委员会，仅凭这一人数，中国就已超过了世界其他国家。

④ 参见“监察院”编印：《国际监察制度综览》，326～327页。

理负责。科威特于1964年实施《国家审计局法》（The State Audit Bureau Law），规定局长由国会任免。沙特阿拉伯于1971年设立审计总局（General Auditing Bureau），作为独立的行政机构，审计长由国王任命，直接对国王负责。卡塔尔于1973年设立国家审计局（State Audit Bureau），对国王负责。也门共和国于1990年统一之后，1992年成立了监察审计总署（General Organization for Control and Auditing），作为行政机构，审计长由总统任命，对总统负责。此外，阿富汗于2002年成立了监察审计公署（Control and Audit Office），2012年改为高等审计公署（Supreme Audit Office），以突出审计功能。① 除以色列、科威特等少数国家以外，多数国家（地区）的审计机构都是行政机关的一部分，审计长官由总统或国家元首任命，对其负责。

三、法语系国家和地区的 Médiateur 制度

1973年1月3日，法国设立国家调解使公署（Le Médiateur de la République），其职责是接受人民的投诉，调查并调解行政机关或官员与人民之间的纠纷，扮演政府与人民沟通的桥梁。② 法国调解使大多是卸任政治人物。受法国影响，比利时的法语地区、摩纳哥也设置了调解使制度。非洲的大多数国家原是法国殖民地，也随之设置了 Médiateur 制度。这些国家是：塞内加尔、加蓬、突尼斯、布基纳法索、马里、刚果、科特迪瓦、吉布提、多哥、乍得、尼日尔、贝宁、几内亚、摩洛哥、中非、毛里塔尼亚。1998年，部分法语系国家的监察机构发起成立了法语系监察使—调解使协会，其总部在巴黎。非洲的一些非法国殖民地国家，例如南非、赞比亚、喀麦隆、莱索托、马拉维，也是该组织成员。③

调解使机构一般是独立机构，类似于司法机关，但属于行政机关。调解使往往由国王、总统或总理等行政首长任命，其主要工作是解决政府与人民之间的纠纷，一般不具有审计、反腐败等监察职能。调解使可以接受各级政府机构、社会组织、自然人和法人的申诉④，并负责调解，并对公务机构的失职行为和运作不良问题提出改善建议，但没有强制执行的权力。在有些国家，调解使的工作不一定是被动接受申诉，而是主动调查、调解其职权范围内的所有问题，例如布基纳法索；在有的国家调解使可以主动提出法律修正案，例如刚果、吉布提、摩洛哥。调解使的功能，主要是弥补行政机关和司法机关之缺陷。例如，在布基纳法索所有的自然人和法人，对于行政机关运作不良的情况都可以提出申诉，如果最终未得到行政机关的回应，他（它）们可以直接向调解使申诉。⑤ 贝宁调解使的一个职责是：如果陈情人向该国司法机关起诉，且超过两个月未获得回应，则陈情人可以向该国调解使提出免费申诉。⑥

---

① 参见“监察院”编印：《国际监察制度综览》，113页。

② 参见“监察院”编印：《国际监察制度综览》，9页。

③ 赞比亚、莱索托、马拉维曾是英国殖民地，其监察机构采取了 Ombudsman 的名称。南非虽然也曾是英国殖民地，但其监察机构的名称是 Public Protector。喀麦隆曾是德国、法国和英国的殖民地，其监察机构也采取了 Ombudsman 的名称。

④ 有的国家对调解使受理申诉的范围进行了限制，以防止其僭越司法职责。如刚果共和国规定，调解使不得介入下列五种情形：个人与私部门之间的纠纷、公共部门之间的纠纷、与外国行政部门之间的纠纷、已进入司法程序的纠纷、推翻司法机构的判决。参见“监察院”编印：《国际监察制度综览》，66页。

⑤ 参见“监察院”编印：《国际监察制度综览》，58页。

⑥ 参见“监察院”编印：《国际监察制度综览》，55页。

2008年7月23日，法国通过宪法修正案，决定在1958年宪法中增设一个条文，创造性地规定了“人权保护官”（Le Défenseur des droits），取代了之前的国家调解使。人权保护官，除了具备原先的国家调解使的职能以外，还兼具了“儿童权利保护官”“反歧视与促进平等高级公署”“国家安全伦理委员会”三个机构的职能。人权保护官由总统提名，须经国民议会和参议院投票通过，任期6年，不得连任，不得兼任其他职务，故具有独立性。人权保护官除继续接受民众的申诉以外，还可以针对行政机关的歧视行为提出惩处程序或行政处分，对法律法规提出改革建议。这一迈向人权保障的改革，预示了法语系调解使的未来改革风向。受法国的影响，摩纳哥等国家也已进行了类似的改革。

四、南欧、拉丁美洲、东欧的人权保护官制度

南欧国家包括西班牙、葡萄牙、意大利、安道尔以及巴尔干半岛诸国，历史上曾经是古罗马的核心领域，有些国家的监察制度带有古罗马护民官的遗迹。在这些国家中，意大利尚未设立中央层级的监察制度，只在伦巴第、托斯卡纳、特伦托、瓦莱达奥斯塔等几个地区设立了监察官（Difensore Civico）①，监察官由当地议会设立，负责接收民众的投诉，进行调查，提出建议。② 巴尔干半岛的多数国家，如波黑、保加利亚、克罗地亚、马耳他、马其顿、希腊、科索沃、斯洛文尼亚等的监察制度，都是1990年代以后才建立的，属于Ombudsman一系。阿尔巴尼亚、安道尔、塞浦路斯、塞尔维亚以及葡萄牙、西班牙等国的监察制度，是人权保护官制度。

在南欧国家中，西班牙的护民官制度影响最大。西班牙的佛朗哥独裁政权于1975年结束，之后西班牙开启了世界历史上的“第三波”民主化运动。1978年，西班牙制定新宪法，规定设立国家护民官制度。1981年，西班牙制定《国家护民官组织法》（Ley Orgánica del Defensor del Pueblo），设立了护民官公署，1982年第一位护民官（the Defensor del Pueblo）就职。西班牙是世界上最早以监察机构作为国家人权机构的国家。③ 绝大多数拉丁美洲国家历史上都是西班牙的殖民地，1980年代以后也逐渐开启了民主化的历程，并借鉴了西班牙的护民官制度。1985年，危地马拉宪法规定设立人权检察官（Procurador de los Derechos Humanos）署，1987年人权检察官就职。危地马拉成为拉美地区第一个建立监察制度的国家。④ 1987年，阿根廷举办了拉丁美洲监察机构会议，时任西班牙护民官应邀介绍了西班牙和葡萄牙的经验，影响了很多拉美国家。1994年，在西班牙的帮助下，阿根廷成为南美洲第一个设立监察制度的国家，随后其他国家也纷纷跟进。⑤ 1995年，西班牙、阿根廷、墨西哥、哥伦比亚等国家在哥伦比亚开会，组建了伊比利亚美洲监察使联盟。

西班牙的护民官制度是这一类监察制度的典范。西班牙的护民官由国会两院以3/5多数选出，任期5年，其职责是通过监督政府和公共机构的行为，保护公民的基本权利和自由。护民

① 这四个地区的监察组织，同时也是国际监察协会（IOI）的成员。

② 参见“监察院”编印：《国际监察制度综览》，329～330页。

③ 参见赵荣耀、郑慧雯：《监察与人权》，载“监察院”：《世界监察制度手册》2版，382页，台北，“监察院”，2012。

④ See Linda C. Reif, “The Ombudsman, Good Governance, and the International Human Rights System”, p. 172.

⑤ 参见“监察院”编印：《国际监察制度综览》，6页。

官可以任命两位助理护民官，以协助其工作。护民官公署依法独立、中立、自主地履行职责，不受任何机构干预。任何公民都可以免费请求护民官调查公共机构及其人员的不当行为，护民官也可以主动依职权调查公共机构及其人员的不当行为。调查结束之后，护民官公署会向政府提出处理建议。据西班牙护民官公署披露，绝大多数的建议都会被政府接受。此外，护民官每年需要向国会进行年度报告，对于特殊或紧迫的事情，也可以进行专门报告。2009 年 11 月，西班牙国会又授权护民官公署作为承担反对酷刑的国家干预机构，以履行 2002 年联合国大会通过的《禁止酷刑和其他残忍、不人道或有辱人格的待遇或处罚公约》任择议定书。护民官有权对该国所有的拘留机构进行预防性探视，以发现可能存在的酷刑或虐待问题。相关的探视总结，既应提交给西班牙国会，也要提交给联合国日内瓦禁止酷刑委员会。总体而言，西班牙语系的护民官制度已经与 Ombudsman 制度大致趋同[①]，二者的区别在于：护民官的工作职责以人权保障为唯一目标，不似 Ombudsman 工作目标较为多元。

东欧国家和俄罗斯历史上曾是社会主义国家，没有监察制度，自 1980 年代后期以来开始逐渐设立监察制度。1987 年波兰制定监察法，1988 年设立监察使，名称是“人权专员”(Commissioner for Human Rights)，从而成为东欧地区第一个设立监察制度的国家。波兰监察制度的设立，迎合了国际人权保障的发展趋势。随着苏联解体、东欧剧变的发生，苏联解体之后的独联体国家，例如俄罗斯、乌克兰、亚美尼亚、阿塞拜疆、格鲁吉亚、哈萨克斯坦、乌兹别克斯坦，纷纷设立人权委员会或人权专员，作为监察机构。其他转型的社会主义国家，例如罗马尼亚、匈牙利、捷克、斯洛伐克、阿尔巴尼亚、摩尔多瓦，也都设立了人权保护机构或人权保障专员。这些机构或专员大都由国会任命，具有独立性，可以主动或依据人民申请，对于公共机构侵害或妨碍人权的事情进行调查，并提出处理建议；有些国家的人权机构或人权专员拥有更多的权力，可以直接作出最终处理决定，例如惩处官员。

第三节　监察制度的发展趋势

第二次世界大战以后，人权成为国际社会的主要价值追求之一，也成为衡量法治国家的实质标准。1945 年 10 月 24 日生效的《联合国宪章》第 1 条就把“增进并激励对于全体人类之人权及基本自由之尊重”作为联合国的宗旨之一。1948 年 12 月 10 日联合国大会通过了人类历史上最伟大的文献之一——《世界人权宣言》。1966 年，联合国大会又通过了《公民权利和政治权利国际公约》和《经济、社会及文化权利国际公约》，国际人权法的核心规范正式建立。为了保障国际人权法规范的落实，联合国不断地通过一些决议，以督促世界各国建立独立的人权机构。1993 年，联合国通过了《促进和保护人权的国家机构》的决议，提出了“关于国家机构的地位的原则”，即“巴黎原则”。

根据“巴黎原则”，国家人权机构应该承担 7 项职责：一是听审案件，并就促进和保护人权的任何事项向有关机构提出建议，并决定予以公开；二是促进并确保国家的法律与该国所加入的国际人权文书协调和有效执行；三是鼓励批准上述文书或加入这些文书，并确保其执行；

---

① 很多西班牙语系国家的 The Defensor del Pueblo 一词，在英语上直接被译为 Ombudsman。

四是按照条约义务向联合国机构、委员会以及区域机构提交报告；五是与联合国机构和他国人权机构合作；六是协助制订人权问题教学方案和研究方案，并在学校和专业团体中执行；七是宣传人权，反对歧视。为了履行这些职责，国家人权机构应该满足三个保障要求：一是国家机构的组成及成员的任命，必须按照一定程序予以确定，这一程序应提供一切必要保障，以确保参与促进和保护人权的社会力量的多元代表性；二是国家机构应具备能使其顺利开展活动的基础结构，特别是充足的经费；三是国家机构成员任期的稳定。

在国际法和联合国的影响下，人权机构已经成为世界上绝大多数国家（地区）监察机构的发展目标。其发展路径以下主要有三种。

第一，有些国家和地区在监察机构之外，设立专门的人权机构。例如，韩国 1948 年就设立了审计院（后来改为监查院），2008 年成立了“反腐败与民权委员会”。马来西亚已于 1971 年成立了监察机构，后于 1999 年成立了马来西亚人权委员会。我国香港地区本来已经有了廉政公署，1989 年又设立了申诉专员公署（Hong Kong Ombudsman），其使命是“通过独立、客观及公正的调查，处理及解决因公营机构行政失当而引起的不满和问题，以及提高公共行政的素质和水平，并促进行政公平”，履行人权保障的功能。

第二，有些国家对传统的监察机构进行改革，建立混合型的人权监察机构。例如，加纳共和国 1992 年设立了“人权与行政正义委员会”(Commission on Human Rights and Administrative Justice)；日本 2001 年改组了“总务省行政评价局”（Ministry of Internal Affairs & Communications)；2013 年，摩纳哥将其监察机构“请愿与调解顾问”(Conseiller en charge des Recours et de la Médiation)，改为“权利及自由保障与调解高级专署”（Haut Commissariat à la Protection des Droits，des Libertés et à la Médiation)。

第三，以前没有监察机构的国家，直接建立人权机构，履行传统监察机构和人权委员会的双重职能。第一个采取这种方式的是西班牙。之后，拉丁美洲的多数国家也采取了这种方式。东欧剧变、苏联解体之后的独联体国家、东欧国家和一些巴尔干半岛国家，也采取了这种方式。非洲、亚洲的一些国家也采取了这种方式，例如南非和赞比亚的“护民官”（Public Protector)，埃及 2004 年设立的“国家人权委员会”，喀麦隆 2005 年设立的“国家人权自由委员会”，2002 年独立的东帝汶于 2006 年成立的“人权与司法监察使公署”。

问题与思考

1. 监察权力能否作为立法权、行政权和司法权以外的“第四权”而存在?
2. 中国大陆与中国台湾地区的监察制度有何区别?
3. 联合国推行的国家人权机构，有没有必要在所有国家都设立?

第十章 法律职业的比较研究

本章概要

法律职业在不同的法律制度中的构成不同，但其基本成分都包括法官、检察官和律师。在进行法律职业的比较研究时，不能只注意名称，而是要同时注意它们功能上的差异。当代世界主要法律制度中律师的数量越来越多，但“半律师”“土律师”也随之而发展，律师内部的正式等级差别日益淡化，律师与商业的联系日益紧密，律师的业务从诉讼业务向非诉讼业务的转移以及律师服务的国际化，成为律师职业的发展潮流。

关键术语

法律职业构成　法律职业功能比较

第一节　法律职业概念的比较

一、大陆法系 jurist 和普通法系 lawyer 的比较

法律职业（legal profession）一词在不同法系、法律集团，特别是在普通法系和大陆法系之间有不同的含义。（见图 10－1）

在普通法系，法律职业由法律工作者（lawyers）组成，而 lawyer 一词有广义和狭义之分。在狭义上，它指律师；而在广义上，它指法律工作者，包括律师（attorney）、法官（judge）、检察官（prosecutor）、法学教授（law professor），但核心是律师，因此，attorney 又和 lawyer 通用。其他职业如法官、检察官、法学教授只处于法律职业的边缘，数量比律师的少得多。但所有这些法律职业又是相通的，它们可以互相流动，有统一的法律职业资格考试。律师、法官和检察官不单独设资格考试。其中律师又由私人律师（private lawyer）和公职律师（public lawyer）两部分组成。私人律师包括独立从事律师工作的私人开业者（solo practitioner）和受雇于私人公司或组成大的律师事务所的合伙律师（cooperate lawyer）。而公职律师则受雇于政

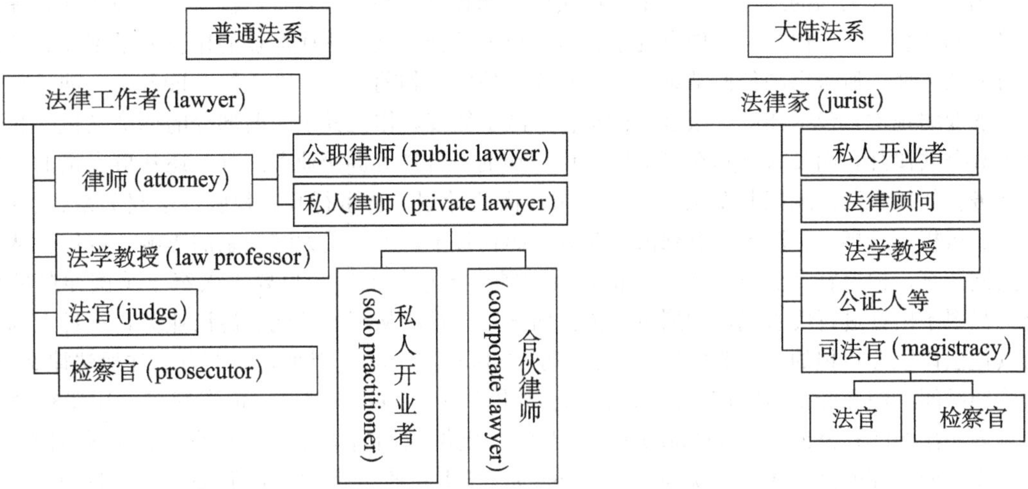

图 10-1　普通法系和大陆法系法律职业的概念

府部门，担当它们的法律顾问或公诉人。

在大陆法系，没有与普通法系中包括法官、检察官、律师及法学教授在内的法律工作者(lawyer）相对应的词。与其相近的有两个词：一个是法律家（jurist)，它指的是取得大学法律专业的学位，因而具有某种荣誉地位的人，但其中许多大学法律系毕业的学生从事的是与法律无关的职业，这样，jurist 一词比 lawyer 一词包括的范围更广。另一个词是 magistracy，即司法官，它包括法官和检察官。英语中没有与之相应的词，把二者合为一个词是大陆法系的特色，但它不包括律师，因此，magistracy 比英语中的 lawyer 含义要窄。在大陆法系，从事律师职业的是私人开业者（private practitioner）和由商业与企业雇用的法律顾问。但他们都处于法律职业的边缘，处于中心的是司法官。除了要具有法律学位之外，每个职业都具有本职业的资格考试，具有自己特殊的行业学会，在各种法律职业之间是相互封闭的，不能相互流动。除此之外，大陆法系的法律职业还包括没有受过法律职业训练的人所执行的角色，其中主要有公证人（notary)、挪威和巴西的警长（police chief)、法国的法警（bailiff）和法庭服务人员(process server)。但所有这些职业都不把自己视为与私人开业者同类的人员。①

二、美国的律师和日本的辩护士的功能比较

值得注意的是，由于法律职业在两大法系的区别，在比较不同国家的法律职业时，经常会出现误解或误导。因此，在比较不同国家的法律职业时，不应只注意名词、概念，还应注意它们所包含的内容是否一致、是否具有可比性。过去在比较美国和日本的律师职业时，常常只注重概念，把日本的辩护士（bengoshi）看作是与美国的律师（lawyer）相同的职业。与此相对应，美国的律师要通过律师资格考试（bar-examination)，日本的辩护士同样要通过日本的律师考试。根据这一标准，1985 年美国拥有律师 606 105 人，每 10 万人口拥有律师 242.8 人；而 1985 年日本拥有律师 13 000 人，每 10 万人口拥有律师 10.8 人。有人因此认为，虽然日本

① See Abel & Lewis, "Lawyers in Society", *Civil Law World*, Vol. 1, University of California Press, 1988, pp. 4-7.

和美国处于大体相当的经济发展水平，但法律发达程度相差太大，日本没有足够的律师处理现代经济和社会问题。但是，正像有的学者所指出的那样，这种法律职业的比较如果不注意概念本身的同一性，所得出的任何结论都是根本靠不住的。如前所述，在美国，lawyer 一词是整个法律职业的统称，包括律师、法官、检察官、法学教授，作为其中主要部分的律师又包括私人律师和公共律师，而私人律师在参加民事代理和刑事辩护等诉讼业务之外，还从事大量的非诉讼业务，如作为法律顾问起草法律文书，制订商业计划，从事行政、税收、家庭关系、遗嘱、专利、版权、海事、移民等一系列法律业务。而在日本，由于受大陆法系的影响，辩护士从来都是同法官、检察官和法学教授分开的。就辩护士的职能而言，也要大大窄于美国律师的职能，只限于出庭进行民事代理和刑事辩护。而美国律师所从事的其他非诉讼业务，在日本则是由其他法律职业承担的，主要包括：司法书士（shiho shoshi），其职能是起草、注册法律文书，做法律顾问，但无资格出庭辩护或代理；行政书士（gyosei shoshi），负责起草、注册行政文件，做法律顾问；公证人（koshomin），为当事人提供他们所需要的、符合法律要求的文件，并提供注册方面的公证业务；税理事（zeirishi），从事税收方面的法律服务；专利理事（benrishi），从事专利方面的法律服务。值得注意的是，所有这些职业都有自己专门的职业协会，进入该职业需要经过特殊的资格考试。有的学者指出，把日本从事上述职业的人员的数字加在一起，那么如此看来，日本与大多数欧美国家的水平差别并不大。因此，日本并不像一些人所想象的，用前现代的方法处理现代社会的问题。①

美国与日本之法律职业的功能比较如图 10－2 所示。

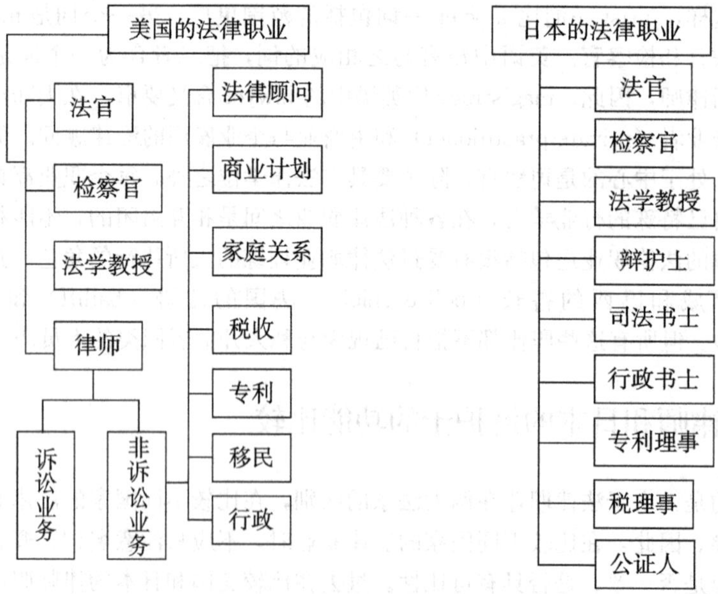

图 10－2　美国与日本之法律职业的功能比较

① See R. S. Miller, "Apples vs Persimmons—Let's stop drawing inappropriate comparisons between the legal profession in Japan and the United States", *Victoria University of Wellington Law Review*, Vol. 13, No. 3., July 1987, pp. 201－204.

第二节 主要国家的法律职业

一、英国的法律职业

英国是世界各国中律师的分类最严格、受到等级观念影响最大的国家。英国律师分为出庭律师（大律师）和诉状律师（小律师）。这种区分在法学教育、律师资格考试、律师组织和职能上都能反映出来。

出庭律师要求具有大学法科毕业的学历，在四大律师学院即林肯、格雷、内殿和中殿律师学院学习以后，通过出庭律师的考试（录取率在60%左右）；在有经验的辩护律师的指导下，当1年见习律师，方可成为出庭律师。出庭律师的组织是律师协会，其职能是出庭辩护。

诉状律师也要求毕业于大学法科，在法学院或律师协会认可的专业学校完成1年的学习并经过考试合格（通过率一般为50%）后，到诉状律师所当2年书记员，即可成为诉状律师。诉状律师的组织是法律协会，其职能主要是接待当事人，解答法律咨询，起草法律文书，担当法律顾问，处理婚姻、家庭、财产、遗嘱方面的法律事务。过去诉状律师是不准出庭的，20世纪70年代以后此规定有所松动，但也只限于在治安法院和郡法院出庭辩护。如果这些案件被上诉到高等法院，他们可到高等法院出庭辩护。

出庭律师与诉状律师之间在外表上有明显的区别：出庭律师在出庭时要穿黑袍、戴假发，而诉状律师如果出庭只穿黑袍，不戴假发。但他们之间又是相互依赖的：出庭律师有赖于诉状律师给自己介绍案源、案情，他自己不能直接接触当事人；而诉状律师又依赖于出庭律师的名望，给自己招揽生意。从总的发展看，出庭律师与诉状律师之间的界限有逐渐模糊的趋势。

英国的法官是任命的，大法官在各级法官的任命中起着重要的作用。治安法院的太平绅士由地方的咨询委员会向大法官庭推荐候选人，由大法官代表国王正式任命。高等法院的法官、郡法院的法官、巡回法庭的法官及某些市镇的首席法官和有薪金的地方法官由大法官建议、王室任命，但实际上是由大法官为法院选择法官。在20世纪的大多数时期，大法官的常务秘书（文职官员）对任命法官有实质性的权力，他个人对法官的候选人具有审查和咨询的权力，大法官依赖大法官庭内部的一个办公室即司法任命小组，协助审查候选人。上诉法院的法官形式上由首相推荐、国王任命，实际上首相是在大法官的协助下选择上诉法院和上议院司法委员会的成员，其中大法官在司法任命小组的协助下起关键的作用。法官通常工作到他达到退休年龄。大法官可以因为下级法官无能或错误而免除其职务。

在英国律师职业与法官职业之间是可以相互过渡的。有“法官”称号的人是从实习律师开始他们的生涯的。大多数具有法官和司法官称号的人都有出庭律师的经历。大多数诉状律师则被任命为较低级的职位（助理司法官）。1993年第一个诉状律师被任命为高等法院的法官。与法官主要来自有经验的律师相反，大多数太平绅士不是律师，除了在大城市的少数太平绅士有薪水、专职外，大多数太平绅士是无薪水的平民。新的太平绅士在初次审理案件之前要参加一个培训项目。他们在审理时通常有诉状律师做顾问。而专职的太平绅士一般独立审理案件。

在英国被选择做法官的人的背景有很大不同：高等法院的法官是来自律师协会的精英。积极参与政党活动似乎不是高等法院选择法官的主要因素。但社会立场仍然重要，反映了出庭律师在英国社会的主导地位。出庭律师更多的来自社会上层，虽然这点在20世纪后半叶比前半叶较为缓和，但这并不意味着大法官在选择法官时是“非政治的”，因为大法官对这种选择及其决定是非常慎重的，它关系到将来谁将成为审判者。大法官不可能任命那些具有激进思想的左翼或右翼人士，也不可能任命那些在大法官看来不适合担当司法角色的人士。从文化背景来讲，1969年大约3/4的高等法院和上诉法院的法官上过公立学校，3/4的毕业于牛津大学和剑桥大学，虽然最近这点可能有所改变。在法律上，种族与性别因素在任命法官时不得被考虑，但实际上，在1994年5月1日所有3 000名法官（太平绅士除外）中不到10%的为女性，只有大约1%的是非白人。①

二、美国的法律职业

美国律师没有出庭律师和诉状律师之分，也没有其他的与律师的身份、地位相联系的分类。但与职能相关，美国律师可以被划分为私人律师和公职律师。私人律师是自由开业的律师，从法学院毕业后，通过州的律师资格考试，取得州的律师资格，并在某一律师事务所工作，就可成为私人律师。而公职律师主要是为政府部门、法院、检察院服务的律师。为政府部门服务的律师，只为本部门提供法律服务，如向政府部门的首长提供法律咨询，代理本部门参加诉讼。在法院工作的律师，主要是接受法院指定，为没有钱请律师的被告担任辩护人。而检察院律师的职能主要是对起诉案件进行审查。

在美国成为律师需要接受大学教育而不是职业教育。在美国成为律师通常需要7年的大学教育，即4年大学的其他学科的学士教育和3年的法律职业博士教育。在美国读法律职业博士（JD）每年起码要付5万美元。毕业后，要成为律师必须通过州律师资格考试。即使不打算出庭的律师也必须通过这个考试，因为没有执照而提供法律咨询在美国各个州都是违法的。

美国是联邦制国家，各个州都有自己的律师制度。每个州设立自己的律师资格考试委员会，具体组织各州的律师资格考试。考试委员会的成员由该州的最高法院指定。而在联邦一级，设立全国律师资格考试领导小组，负责协调各州的试题与评分，并主办《全国律师资格考试主考人杂志》。参加律师资格考试的条件是：年满18周岁或21周岁，取得学士学位（法学学士或法律职业博士），道德品质端正、没有污点的美国公民（少数州规定必须在本州居住2个月或6个月以上），或持有绿卡的外国人（也有少数州不限制外国人）。大多数州每年有两次考试。试题分两部分：一部分是法律专业知识，另一部分是律师职业道德。而在法律专业知识部分又可分为全国命题部分（涉及全美统一的问题）和州命题部分。考试通过率为60%～70%，考试合格者必须履行宣誓手续，才能获得开业执照。（见表10-1）

---

① See H. Kritzer, “Courts, Justice, and Politics in England”, in H. Jacob and others, *Courts, Law, and Politics in Comparative Perspective*, Yale University Press, 1996, pp. 81-176.

表 10-1　　美国律师的数量

年　份	律师数量	律师数量/100 000 人口
1910	114 704	124
1930	160 605	161
1950	217 782	143
1960	285 933	159
1970	355 242	174
1980	542 205	239
1990	769 000	308
2007	1 143 358	371

美国的法官采取任命制。联邦最高法院的法官，由总统提名，经参议院同意后任命。法官人选的来源有多种渠道，包括总统直接物色、司法部部长推荐、联邦最高法院和上诉法院推荐等。人选被推荐后，总统、司法部、参议院均可以进行审查，司法部依靠联邦调查局对候选人的背景、活动进行调查，参议院司法委员会在审查过程中召开听证会，征求意见。经过这些程序后，最后由总统提名，经参议院审查通过后，经总统任命产生。联邦上诉法院法官的任命由总统提名，经参议院同意后任命。美国绝大多数州通过普选来任命法官。[①] 在 50 个州中，有 39 个州的法官部分或者全部由选民选出。州法官中，87%的人出自法官竞选，他们或是为了成为新任法官，或是为了寻求继任。[②] 1812 年和 1816 年佐治亚州与印第安纳州最先采纳了法官选举制。到了 19 世纪 30 年代，法官普选制基本成型。在州最高法院体系内，有 38 个州的法官由普选产生。其中，7 个州[③]要求在候选人名单上标注候选法官的政党派系（partisan elections，党派选举），14 个州[④]不要求在候选人名单上标注候选人的政党派系（non-partisan elections，非党派选举），17 个州[⑤]的法官在首届任期届满后，将通过普选决定其是否能够留任[⑥]（retention elections，继任选举）。州上诉法院中有 31 个州采用法官普选制，其中 6 个州[⑦]采用党派选举，11 个州[⑧]采用非党派选举，14 个州[⑨]采用继任选举。州初审法院中有 39 个州采用法

① 对此的详细介绍参见余履雪：《当民主干预司法：评美国州法官普选制》，载《师大法学》，第 1 辑，162～180 页，北京，法律出版社，2017。

② See Adam Skaggs, *Buying Justice: The Impact of Citizens United on Judicial Elections*, p. 2, See http://www.brennancenter.org/sites/default/files/legacy/publications/BCReportBuyingJustice.pdf?nocdn=1，最后访问日期：2018-10-01。

③ 亚拉巴马州、伊利诺伊州、路易斯安那州、北卡罗来纳州、宾夕法尼亚州、得克萨斯州和西弗吉尼亚州。

④ 阿肯色州、佐治亚州、爱达荷州、肯塔基州、密歇根州、明尼苏达州、密西西比州、蒙大拿州、内华达州、北达科他州、俄亥俄州、俄勒冈州、华盛顿州以及威斯康星州。

⑤ 阿拉斯加州、亚利桑那州、加利福尼亚州、科罗拉多州、佛罗里达州、印第安纳州、艾奥瓦州、堪萨斯州、马里兰州、密苏里州、内布拉斯加州、新墨西哥州、俄克拉何马州、南达科他州、田纳西州、犹他州、怀俄明州。

⑥ 留任竞选，此类竞选的候选人名单上往往只有连任竞选的候选人，没有其他候选人。选民只需要在选票上勾注是否同意该法官候选人连任。在采取继任选举的州往往州最高法院法官的首届任期由州最高长官任命，其从两党提名候选人名单上任命。被任命的法官首届任期届满后将由普选决定其是否能够连任。参见 http://www.justiceatstake.org/issues/state_court_issues/appointment-retention-systems/，最后访问日期：2018-10-01。

⑦ 亚拉巴马州、伊利诺伊州、路易斯安那州、北卡罗来纳州、宾夕法尼亚州、得克萨斯州。

⑧ 阿肯色州、佐治亚州、爱达荷州、肯塔基州、密歇根州、明尼苏达州、密西西比州、俄亥俄州、俄勒冈州、华盛顿州、威斯康星州。

⑨ 阿拉斯加州、亚利桑那州、加利福尼亚州、科罗拉多州、佛罗里达州、印第安纳州、艾奥瓦州、堪萨斯州、密苏里州、内布拉斯加州、新墨西哥州、南达科他州、田纳西州、犹他州。

官普选制，其中 8 个州[1]的基层法院一律采用党派选举，20 个州[2]的基层法院一律采用非党派选举，7 个州[3]采用继任选举，另外 4 个州[4]在不同的郡（counties）或者司法管辖区内适用上述三种普选方案中的一种。在采用党派选举的情况下，候选人的党派身份往往成为决定其是否能够胜出或者连任的重要因素。[5]

美国的法律职业虽然没有英国的法律职业那样公开的等级特性，但无论在律师还是法官中都可以看到明显的社会、经济、政治、文化背景的差异。

在美国法官人选的确定与他们参加的政党、政治活动的经历有密切关系。据统计，在 1832 年至 1906 年间，585 名被任命为上诉法院法官的人曾做过国会议员。1953 年至 1992 年间有 58%～73%的联邦上诉法院的法官在他们被任命之前有政党活动的记录；有 49%～61%的联邦地区法院的法官有这样的背景。州法官有更强的政党背景，大多数人参加过党派竞选，或者为共和党或者为民主党卖力，但是当他们没有通过选举达到他们的政治目的时，他们必须赢得主要的政治官员的注意，从而被任命为高官。另外，大多数检察官也是通过选举活动得到赏识而进入他们的办公室的。这与美国所标榜的法官、检察官中立、无政治色彩的宣传形成鲜明的对照。[6]

关于律师的社会分层，据美国纽约律师职业的一项调查显示，决定律师地位的因素包括律师的家庭背景、他们所服务的当事人、他们的收入水平等。处在律师职业上层的是华尔街大律师事务所的律师，他们大多数都是白人（White）、盎格鲁-撒克逊人（Angle-Saxon）和新教徒（Protestant）（简称 WASP），男性。其教育背景是：他们大都是美国最好的法学院——哈佛、耶鲁、斯坦福和哥伦比亚大学的法学院的前十名的毕业生。

与英国律师界顶层的出庭律师不同，在华尔街工作的律师大都是不出庭的，他们工作的唯一内容是向华尔街的美国大公司提供法律服务，这些公司的经理在律师的帮助下决定是否雇用有上述背景的律师，一旦被雇用，律师就可以得到丰厚的酬金。这些人通过与美国最有名的法学院的名牌教授联系，可以保证所服务的公司能够与这个国家“最智慧的头脑”接触，从而保证他们的服务质量。在华尔街工作的律师处在激烈的竞争之中，他们通常要经过 8 年的见习期，见习期间要牺牲一切休息和个人爱好，而专心于事务所的工作。见习期满后，合格者被提升为初级助手，不合格者就被淘汰。在这些事务所工作工资极高，即使初学者也是如此。其中的成功者提升也很快。而处在美国律师界下层的是广大的开业律师，其背景与华尔街律师的背景有很大不同：他们中有许多人是犹太人或天主教徒、少数民族。他们毕业于美国第二流、第三流的法学院，不是法学院的前十名的毕业生。许多老律师甚至没有进过法学院，而只接受过

---

① 亚拉巴马州、伊利诺伊州、路易斯安那州、纽约州、宾夕法尼亚州、田纳西州、得克萨斯州、西弗吉尼亚州。

② 阿肯色州，加利福尼亚州，佛罗里达州，佐治亚州，爱达荷州，肯塔基州，马里兰州，密歇根州，明尼苏达州，密西西比州，蒙大拿州，内华达州，北卡罗来纳州，北达科他州，俄亥俄州，俄克拉何马州，俄勒冈州，南达科他州，华盛顿州，威斯康星州。

③ 阿拉加斯州，科罗拉多州，爱达荷州，内布拉斯加州，新墨西哥州，犹他州，怀俄明州。

④ 亚利桑那州，印第安纳州，堪萨斯州和密苏里州。

⑤ “大多数选民对候选法官并不了解，因此候选人的党派身份或者好听的名字，而不是他的司法判决的质量，更能为其赢得选票……因为人们经常不假思索地在与其同属一个政党的那些候选人名字后打上一排勾，在那些法官必须属于某个政党的竞选角逐中，导致寻求继任的法官候选人落马的原因往往与其怎样审理案件并不相干。” Lexington, The trouble with electing judges, in *The Economist*, 23 August 2014.

⑥ See H. Jacob, “Courts and Politics in the United States”, in H. Jacob and others, *Courts, Law, and Politics in Comparative Perspective*, pp. 16 - 80.

业余的法律教育。他们独立开业，有自己的办公室，寻找自己的客户。他们一般只熟悉一个法律领域（例如离婚、移民、个人伤害）。为了寻找客户，他们常常需要一些中间人隐蔽的、不合法的帮助，给他们介绍客户。买通关节。贿赂与法官或法院的其他官员有某种联系的人在这部分律师中已经成为司空见惯的事情。[①]

三、法国的法律职业

法国的律师是自由职业者。在 1972 年之前，法国的律师职业主要分为两大类，即辩护律师（avocat）和诉讼代理人（avoue）。这种分类类似于英国的出庭律师和诉状律师的分类。辩护律师出席法庭，代表他所代理的当事人发表口头辩论；而诉讼代理人处理案件的所有其他事务，诸如文书制作、收集证据、提起上诉等。这两种职业之间在履行职责方面具有排他性，一方不得越权去干涉属于另一方的事情。在辩护律师、诉讼代理人之外，法国的律师职业还存在着商事诉讼代理人（agrees）。商事诉讼代理人可以在商事法院履行辩护律师和诉讼代理人的职责，但在其他法院则无权出庭。商事诉讼代理人从不垄断业务，他们的人数也一直很少。1971 年 12 月 31 日法国议会通过立法对律师制度进行了部分改革。该法规定，辩护律师、在大审法院从业的诉讼代理人及在商事法院从业的诉讼代理人的职业，由新的律师职业取代。

在法国从事非诉讼活动的法律职业还包括公证人、法律顾问等。公证人（notary）在法国的法律职业中占有特殊的地位，其功能包括：第一，起草文书，如婚姻契约、遗嘱、抵押契据、转让证书等；第二，证明文件，经公证人证明的文件在法庭诉讼中具有特殊证据的地位；第三，保管文件，公证人为原件副本的保管人。公证人在法国属于国家公职人员，获得公证人资格必须经过特殊的考试，然后等到公证人有空缺时补上。法律顾问（conseil juridique）在法国的历史上人数很多。他们为当事人提供咨询，并起草和准备公证官管辖的文件。这些活动并不限于个人。1990 年 12 月 31 日，法国议会通过立法将法律顾问归入新式律师中。至此，法国的律师职业基本上实现了统一。

在法国，要成为律师必须具备三个条件：第一，必须是经过大学 4 年教育的法科毕业生，并接受特殊的职业培训中心 1 年的培训，获得它所颁发的证书；第二，他们必须在法庭面前宣誓，在职业、司法制度和社会方面具有良好的行为；第三，他们必须属于律师协会，并参加全国统一的律师资格考试，合格者取得“律师业技能合格证书”，成为见习律师。见习律师在律师事务所工作 3 至 5 年，律师协会根据其表现，决定是否授予其律师资格。

2010 年以来法国律师数量激增。2012 年在法国大学攻读法律的学生数量首次突破 20 万，攻读法律的学生中 80%希望成为律师。2012 年法国有律师 4.56 万人，每名律师服务人口为 1 403 人。目前预计 2020 年巴黎的律师将增至 3.5 万人。2012 年宣过誓的律师平均收入为 2.56 万欧元，但贫富不均。据巴黎律师公会披露，约 6 000 名在公会挂靠的律师年收入低于 1.75 万欧元。[②] 与英美法系不同，法国的法官、检察官与律师职业不是相通的，法官、检察官不是从律师中产生的，而有自己独立的产生途径。在法国不同的法律职业有着不同的培养途

① See J. Carlin, *Lawyers' Ethics: A Survey of the New York City Bar*, New York, Russell Sage Foundation, 1966.

② 参见《法国年轻人扎堆抢吃律师饭 业界表示担忧》，见 http://finance.huanqiu.com/world/2013-11/4587989.html。

径。要成为律师、法官和检察官都必须在大学里读完4年相同的法律课程，通过大学毕业考试，取得学士学位（maitrise），但从此以后就走上了不同的道路。想成为未来司法官（法官和检察官）的人，要通过由政府主办的另一次考试，通过者可进入设在波尔多的国家司法学院。这个学院是仿照著名的国家行政学院于1958年设立的。入学者经过宣誓成为“司法门徒”，培训期为2年，由政府提供费用。他们需要到不同的法院和检察官署接受细致的指导，深化专门的法律知识，其中包括法医学、犯罪学、司法方法论、心理学、生理学以及商业会计等课程。在司法官学院的培训结束后，经过再一次考试，合格者被任命为法官或检察官。

在法国法官的晋升主要由一个主管该事务的司法委员会决定。它由著名法官和司法部的官员组成，各法院的院长要向该委员会提交本法院法官履行职责情况的年度报告。而对于最高法院法官的提名，最高司法委员会起着重要的作用。它由著名法官组成，其成员由共和国总统从一份高级法院准备的名单中选出。法国的检察官采取任命制，经司法部部长推荐，由总统任命。

四、德国的法律职业

德国的律师有统一的称号，即Rechtsanwalt。这表明德国律师没有英国律师那样严格的出庭律师和诉状律师的分类。但按照功能，德国的律师主要可以分为三大类：第一类是私人开业律师。他们的业务范围为接受当事人的委托，参与诉讼活动，提供法律咨询，承担代理事项。在德国，虽然经济条件的变化导致社会对法律服务与咨询的需求扩大了，如文书起草、谈判、中介等，但只有一些大的律师事务所将主要工作集中于非诉讼业务，大部分私人开业律师仍旧重视有关的诉讼事务。第二类是公司法律顾问，其又可具体分为两种：一种是企业的专职律师。他们受雇于法律部，从事有关商务的法律工作。不过这些专职人员相应地便失去了出庭辩护的权利。另一种是理事律师（syndic-attorneys）。他们的绝大部分时间是用来服务于一个雇主的，在某一具体事项上代表该雇主，其余时间里处理私人开业事宜。第三类是政府律师。德国政府律师的特点为，其数量与前两种律师的数量大致相当。这些服务于政府部门的律师绝大多数是以行政官员的资格而非法律专家的名义行使职权的。在德国，取得律师资格的程序与取得法官和检察官资格的程序基本相同，必须通过两次国家考试，才可申请律师资格。德国1950年约有律师1.28万人，每名律师服务人口为3 850人，2012年德国律师总量已达到约13.8万人，每名律师服务人口为593人，可见律师数量迅速增长。（见表10－2）

表10－2　　德国律师的数量

年　份	律师数量	每名律师所服务的人口数
1950	12 844	3 850
1955	16 824	3 120
1960	18 347	3 030
1965	19 796	2 860
1970	22 882	2 630
1975	26 854	2 270
1980	36 077	1 690
1985	46 927	1 300
2012	138 679	593

德国与法国一样，法官、检察官与律师是不同的法律职业，相互之间不可转换。但是德国又与法国不同，德国没有法国那样的司法官学院。德国法科的大学生在本科毕业以后参加第一次统考，合格者可以进入实习阶段，实习期满，参加第二次统考，合格者可被任命为实习法官或实习检察官。因此，德国的法科学生要成为法官或检察官须经过两个阶段的学习或培训：第一阶段是大学 4 年的学习，将来要成为法官、检察官和律师的学生都学习一样的内容；第二阶段是大学后的职业法律训练，这种训练主要是通过实习完成的。在实习期间，学生必须先后完成在法院的民庭、刑庭或检察署、行政官署、律师事务所或由实习司法官选择的其他有关机构的实习任务。经过这样的全面实习，这些学生被认为初步具备了各种法律职业的基本知识和实践技术，因而有资格担任法官或检察官。在德国法官和检察官都采取任命制，司法部部长在其中发挥着重要的作用。第二次考试合格者可被任命为实习法官或实习检察官，实习期限为 1 年，期满后由州司法行政长官审查决定是否授予其候补法官或候补检察官的资格。候补法官、检察官可正式执行审判或检察事务。候补期限为 5 年以内，期满可获得终身法官、检察官资格。

五、日本的法律职业

日本是发达国家中取得律师资格最难的国家。在日本取得律师资格一般要经过三步：第一步是从日本大学的法科毕业，获取法科学士学位。第二步是参加日本全国的司法官考试。据日本司法部的统计，参考者一般要参加 6 次考试才能成功，通过司法官考试的平均年龄为 28 岁。第三步是进入日本全国的司法研修所（它是日本最高法院的一个机构），学习 2 年；指导教师是执业的法官、检察官和律师；课程主要是实践性强的课程，如审判管理、预审程序、起草法律文书；并参加有关会计、银行、外科医疗的研讨课程。研修所的大多数课程是在地区法院、检察官办公室和辩护士事务所实习。在完成所有课程后，学生参加研修所的结业考试。与司法官考试不同，几乎所有学生都能通过研修所的考试。日本这种双轨制的法律教育制度，即大学讲授抽象理论，大学后的教育（研修所）注重实践指导，类似于法国和德国的，而与英国、美国的不同。

通过研修所的结业考试后，学生可进入日本的三大法律职业：法官、检察官和律师。在这方面，日本的法官、律师与检察官经过统一的大学教育，参加统一的全国司法官考试，并在不同行业之间是相通的。这一做法与美国的相同，而不同于大陆法系国家。传统上，日本的法官和检察官具有更高的尊严，但律师能有更高的收入，因而也更有吸引力。

日本与其他发达国家相比是律师人数最少的国家。20 世纪 90 年代日本每年产生 350 名新律师，其规模甚至比美国哈佛大学法学院每届的毕业生规模还要小。美国每年产生的律师是日本的 3 倍。按人口计算，1990 年各主要发达国家律师与总人口之比为，美国 1∶350，英国 1∶900，法国 1∶1 800，德国 1∶1 300，日本 1∶9 200。20 世纪 90 年代以后，随着日本诉讼数量的增加，律师数量也增加很快，从 2005 年的 2.2 万人增加到 2017 年的 37 000 余人。

日本的律师分布极为不均匀。一半的律师集中在东京地区，2/3 的律师集中在东京、京都和大阪这三个最大的城市。在一些小的城镇，律师与总人口之比甚至达到 1∶50 000。

虽然日本的律师人数很少，但还有许多类似于律师的职业执行着西方国家律师所执行的职能。日本许多大学法科毕业生不参加司法官考试，而直接进入政府机构的法律部门或私人公司工作。在日本政府部门工作的法科毕业生已经占了很大的比例。另外，日本还有税理事、专利理事、司法书士（处理不动产和合并业务）、公职会计、行政书士（起草提交给行政办公室的文件）、公证人、在公司法律部工作的法律顾问等法律从业人员。有的学者指出，税理事、专利理事、司法书士和在公司法律部工作的法律顾问的数量，是辩护士人数的5倍。

日本法官采取任命制。助理法官由内阁根据最高法院的提名任命。任命后，他们回到研修所上两个培训课程，然后被安排到大城市的地区法院，在法官的指导下，在由3人组成的合议庭做助理法官。两年后助理法官回到研修所完成行政案件和青少年案件方面的课程，再经过3年的实践，回到研修所完成另一个课程——独任法官的法庭审判。这时，被授权的助理法官可以在没有监督的情况下进行审判和预审。这样，经过10年，助理法官可以被任命为正式法官。但经过3年，助理法官就可以被任命为简易法院的法官。所有下级法院的法官的任期都是10年。高等法院、地区法院和家事法院的法官65岁退休，而最高法院和即决法院的法官70岁退休。同时，下级法院法官可以被由14名内阁成员组成的弹劾法院通过弹劾程序撤销资格。而最高法院的法官经由不同的程序和标准被任命：首席大法官由内阁提名、天皇任命，其余的大法官由内阁任命。日本大法官共15名，其中5名来自执业法官，5名来自律师，5名来自检察官、法学教授和公务员。日本大多数最高法院的大法官被任命时的年龄是60岁出头，至70岁必须退休。5名来自执业法官的大法官，他们通常做过高等法院，特别是东京或大阪高等法院的院长；5名来自执业律师的大法官，他们通常做过地方律师协会，特别是东京或大阪律师协会的会长或副会长。大多数大法官毕业于东京大学，这不仅意味着建立了一种校友的关系网，还意味着在法官的选择上像在私人事务上一样，大学校友关系网具有重要的作用。

日本的检察官是高度集中化的，受司法部和总检察长双重领导。虽然公共检察官办公室是司法部的组成部分，由司法部领导，但实际上检察官完全处在总检察长的控制之下，总检察长由内阁任命。因此，尽管司法部部长对日本的检察进行一般的政策控制，但他不能控制具体案件。

总检察长不仅是国家的最高检察官，而且是最高公共检察官办公室的负责人，负责最高法院层次上的一切检察事务。日本的检察官办公室分为4个层次：最高、高等、地区和地方。这些办公室的负责人分别称为：总检察长、高等公共检察官办公室的主检察官、地区办公室的检察长、地方办公室的高级检察官。大多数检察工作集中在50个地区检察官办公室，主要处理刑事案件；高等检察官办公室处理上诉案件；地方办公室处理即决法院的事务。地区检察官办公室通常分为事务部、侦查部和审判部。

检察官分为两个等级。二级检察官是被任命的，他们在服务了一定年限（至少8年）以后升到一级。主检察官以上的检察官必须是一级检察官。司法研修所的毕业生可以申请被任命为二级检察官。可以被任命为二级检察官的人员还包括以前的法官、在被承认的大学执教至少3年的教授或助理教授，但这样的人几乎没有。助理检察官中不是毕业于司法研修所而协助检察官工作但无权出庭的人，具有3年以上工作经历的，如果他们被推荐并通过适当的考试，可以被任命为二级检察官。实际上，助理检察官被推荐为二级检察官至少要七八年。没有做过二级检察官，但至少做过8年法官，或最高法院、高等法院的法官的，可直接被任命为一级检察官。①

① See A. Didrick Castberg, *Japanese Criminal Justice*, New York, Praeger Publishers, 1990, pp. 55 - 74, 83 - 104; Joseph Sanders, "Courts and Law in Japan", in H. Jacob and others, *Courts, Law and Politics in Comparative Perspective*, pp. 315 - 337.

六、中国的法律职业

1. 法官

(1) 法官数量的变化

我国法官（包括院长、副院长、庭长、副庭长、审判员、助理审判员）的数量 1979 年为 59 000 人，2002 年增加到 21 万人，后来随着法官制度的改革，法官被精简，2011 年法官数量为 195 000 人。我国每 10 万人口拥有的法官数量 1979 年为 6.1 人，2004 年为 14.5 人。每名法官年均一审结案 1979 年为 8.8 件，2011 年为 38.6 件，增长了 3.39 倍。（见表 10－3）

表 10－3　中国法官数量、一审结案数量、每名法官年均结案数量（1979/2011/2017 年）

年份	法官数量（人）	每 10 万人拥有法官数（人）	一审结案数（件）	每名法官年均结案（件）
1979	59 000	6.1	518 842	8.8
2011	195 000	14.5	7 534 955	38.6
2017	120 138	8.6	—	150 多

由于员额制改革，2017 年我国法官数量降为 12 万余人，每名法官年均结案 150 多件。比员额制改革前有大幅度上升。

(2) 法官的专业化

在我国，在法官数量迅速提高的同时，法官的文化素质、专业素质也获得了很大的提高。由于历史的原因，我国法官的文化和专业素质一直不高，受过高等教育者只占很小的比例，许多审判人员来自其他行业，复转军人占相当大的比例，他们在承担审判工作以前并未受过法律教育。20 世纪 80 年代中期以来，最高人民法院注重法官的专业教育，提出到 2000 年以前逐步实现大专以上学历的法官的比例从 70％到 80％再到 90％。从实际情况看，我国大专以上学历的法官的比例已经从 1987 年的 17.1％，在很短的时间发展到 1992 年的 66.6％，1995 年又达到 84.1％，2000 年全部法官基本都达到大专以上的学历水平。1995 年《法官法》规定，成为法官的学历要求是大专以上，2001 年修改后的《法官法》中这项学历要求被改为大学本科以上。我国大学本科以上学历的法官的比例 1995 年为 6.9％，2004 年为 51.6％。应该看到，这些年来我国法官队伍的来源也有了很大的变化，法官业务素质的改变主要通过两个渠道实现：一个渠道是近些年来毕业的高等学校法律专业的毕业生，充实到法官队伍中；另一个渠道是现有法官的在职培训或职业教育，通过法官学院、业余法官大学等的职业培训，原来相当多的没有受过高等法学教育的法官的业务素质得到了很大的提高，法官的教育结构获得了很大的改变。由于员额制改革，由没有达到法官法要求的学历的法官审理案件的现象已经成为历史。

2. 检察官

(1) 检察官数量的变化

我国检察官（包括检察长、副检察长、检察员和助理检察员）的数量 1988 年为 11.3 万人，2000 年增加到 171 189 人，此后开始精减，2011 年为 151 092 人。我国每 10 万人口拥有检察官的数量 1988 年为 10.28 人，2011 年为 11.21 人。（见表 10－4）

表 10-4　中国检察官数量，审查批准、决定逮捕案件数量，提起公诉案件数量（1988/2011/2017 年）

年份	检察官数量（人）	每 10 万人口拥有检察官数量（人）
1988	113 289	10.28
2011	151 092	11.21
2017	87 000	6.26

（2）检察官的专业化

同法官队伍一样，近年来我国检察官的专业素质、文化水平也有了很大的提高，具有大专以上学历的检察官的比例 1985 年为 10.1%，1993 年上升到 63%。1995 年的《检察官法》规定，检察官的职业准入标准为大专学历，2001 年修改后的《检察官法》将这一标准提高到大学本科。我国《法官法》和《检察官法》都规定，该法颁布以前的审判人员和检察人员不具备上述条件的，应当接受培训。同法官素质改变的途径一样，检察官素质的改变除了高等学校法律专业的毕业生充实到检察官队伍中这一途径之外，在相当大的程度上是依靠检察官学院、检察官培训中心等职业教育机构所提供的培训。同法官的情况一样，由于员额制改革，由没有达到检察官法学历的检察官审理案件的现象已成为历史。

3. 律师

（1）律师数量的变化

改革开放前我国律师最多的时期是 1957 年，全国共有 3 000 名律师。后来在“左”的思想影响下律师职业被取消，直到 1981 年才恢复，当年我国共有律师 8 571 人，后来律师数量逐年增长，2011 年我国律师数量已经超过 21 万人，比 1981 年增长了 24.1 倍，平均每年增长 80%。2018 年，我国律师增长到 42.3 万人，每 10 万人口拥有律师 30.3 人。（见表 10-5）

表 10-5　中国律师数量，诉讼业务与非诉讼法律事务数量（1981/2011/2018 年）

年份	律师数量（人）	每 10 万人口拥有律师的数量（人）
1981	8 571	8.62
2011	214 968	15.95
2018	423 000	30.30

（2）律师的专业化

我国律师的受教育程度近年来也发生了很大的变化，1997 年具有研究生和双学士学历的律师为 3 190 人，占 3.23%；具有大学本科学历的为 29 723 人，占 30.05%，两项合计具有大学本科以上学历者占 33%，具有大专及其以下学历者 65 989 人，占 67%；2004 年以上各项指标分别是，具有研究生、双学士学历者 11 738 人，占 11%，具有大学本科学历者 60 334 人，占 56%，两项合计具有大学本科以上者占 67%，具有大专及其以下学历者 33 849 人，占 33%。也就是说，律师中具有研究生和双学士学历者的比例 1997—2004 年期间提高了 7.8 个百分点，具有大学本科学历者的比例提高了 26.1 个百分点，具有大专以下学历者的比例降低了 33.3 个百分点。律师的学历结构明显地向着高学历的方向发展。2018 年律师中取得大学本科以上学历者已经达到 95.359%。（见表 10-6）

表 10-6　　2001—2011 年及 2018 年全国律师工作人员的学历构成

年份	博士		硕士、双学士		法律专业本科		其他专业本科	专科及以下
	人数	比例	人数	比例	人数	比例	人数	人数
2001	575	0.47%	7 137	5.8%	36 349	29.7%	13 582	64 942
2002	745	0.55%	9 148	6.7%	44 596	32.6%	14 715	67 480
2003	778	0.55%	9 434	6.6%	48 845	34.3%	19 061	61 382
2004	1 050	0.72%	11 515	7.9%	58 492	40.3%	19 534	54 605
2005	1 322	0.86%	14 301	9.3%	71 350	46.4%	20 372	46 501
2006	1 395	0.85%	16 385	9.9%	88 803	53.8%	16 972	41 305
2007	1 673	1.16%	18 554	12.9%	86 416	60.0%	16 290	21 034
2008	1 903	1.21%	21 046	13.4%	94 167	60.1%	17 699	21 895
2009	2 092	1.21%	24 435	14.1%	108 657	62.7%	19 857	18 286
2010	2 340	1.20%	27 081	13.9%	124 835	64.0%	19 634	17 829
2011	3 242	1.51%	31 885	14.8%	143 153	66.6%	19 419	17 269
2018	1 万多	2.479%	3.2 万多	19.38%	311 000	73.5%	—	19 000

资料来源：部分来自《中国律师年鉴》2001—2009 年各年版本，部分来自司法部调研材料。2018 年数据来自《中国律师》网络版，2019-03-25。

4. 职业准入条件

中国法律职业经过几十多年的发展，到现在已经有了相当的规模，拥有 19.5 万名法官、15.1 万名检察官、21.5 万名律师和 1.2 万名公证员，法律职业的总数已经达到 57.3 万的规模，每 10 万人口拥有法官 14.5 人、检察官 11.21 人、律师 15.95 人、公证员 0.9 人，也就是说每 10 万人口我国法律职业的拥有量为 42.5 人。（见表 10-7）

表 10-7　　中国法律职业的规模（2011 年）

	法官	检察官	律师	公证员	法律职业总数
数量	195 000	151 092	214 968	12 163	573 223
每 10 万人口数量	14.50	11.21	15.95	0.90	42.50

我国改革开放以来法官、检察官、律师和公证员数量与专业素质的提高和职业准入考试制度有着直接的关系。在法律职业中，我国最早实行职业准入考试的职业是律师，从 1986 年起，司法部开始实行律师资格考试制度，每两年举行一次；从 1993 年起，改为每年举行一次。参加律师资格考试的学历要求是大专以上。2001 年第九届全国人大常委会第二十二次和第二十五次会议修改、通过的《法官法》《检察官法》《律师法》都规定：国家对初任法官、检察官和取得律师资格实行统一的司法考试制度。国务院司法行政部门会同最高人民法院、最高人民检察院共同制定司法考试实施办法，由国务院司法行政部门负责实施。参加司法考试的学历要求也相应改为大学本科。2005 年通过的《公证法》对公证员的准入条件也作出了规定，即必须通过国家统一司法考试。到目前为止，要求通过国家司法考试的职业包括律师、法官、检察官和公证员。与此同时，《基层法律服务条例》和《企业法律服务条例》也分别对基层法律工作者和企业法律顾问的准入条件作出规定，都要求通过相应行业的执业资格考试，参加基层法律

服务人员执业资格考试的学历要求是高中或中专，而参加企业法律顾问执业资格考试的学历要求是大学本科。

我国统一司法考试的参考通过率 2002 年为 8.06%，2007 年上升到 22.31%，此后一直保持在 23%左右的水平，2010 年的通过率为 23.19%。（见图 10－3）

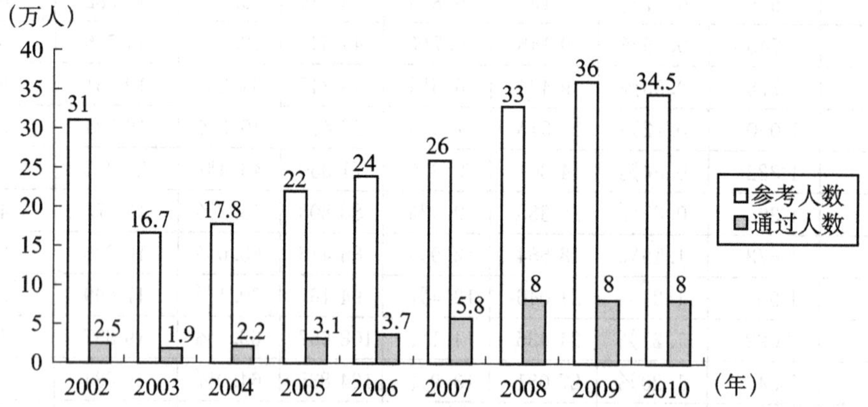

图 10－3　全国统一司法考试的参考人数和通过人数（2002—2010 年）　　单位：万人

2017 年，司法部司法考试司司长答央视网记者提问时称，“司法考试已经 16 年了，前 15 年考试有 460 多万人报考，通过司法考试获得资格证书的有 88 万人，目前已经有 40 多万人进入到了，或者说已经当了法官、检察官，或者是从事律师、公证员的职业，还有一些人员是从事着其他的法律职业。”那么，这样算来，88 万÷460 万＝19.13%，司法考试通过率已经到达了大约 19%。①

近年来，我国律师执业又有了很大发展，截止到 2018 年共有律师事务所 3 万多家、律师 42.3 万人，其中专职律师 36.4 万人、兼职律师 1.2 万人、公职律师 3.1 万人，在律师业务方面，担任常年法律顾问 70 万多人，承担民事诉讼代理 396.9 万件，刑事诉讼辩护及代理 81.4 万件，行政诉讼代理 16.5 万件，非诉讼法律事务 105.8 万件。②

第三节　律师职业的发展趋势

一、律师职业的正规化与非正规化

律师职业是随着社会分工而发展起来的。美国学者弗里德曼认为，在没有文字的社会不存在律师，即使在先进的古代社会，如希腊和希伯来，也不存在律师，虽然那里存在法律、法院和法官。在那时，法律与习惯、道德是混合在一起的，每个人都是他自己的律师，而且每个人都或多或少地懂得法律。一些人可能比另一些人更善于处理社会事务，但这种技术不能被看作是专门的法律技术。在古雅典和中世纪的欧洲，如果当事人生病，其亲戚、朋友或有伶俐的口

① 参见聂小琪：《司法考试通过率是多少?》，见 https：//www.educity.cn/flzgks/1855762.html，2018－05－15。

② 参见《中国律师》（网络版），2019－03－25。

才和聪明头脑的人可以代替他出庭。英文 attorney 一词就是指，一个人代表另一个人的行为。

法律职业最早出现在古罗马。最初，罗马像雅典一样，存在演讲家，他们拥有代表他人辩论的技巧，受过修辞学校的训练。但是公元前 204 年的罗马法律禁止演讲家收费。在西塞罗时代出现了法学家，他们是法律方面的“智者”（juris prudentes），但缺乏语言方面的才能。这些人不构成一个独立的职业，他们属于上层阶级的成员，出庭辩护是业余的。在罗马帝国时期，律师开始以法律实践为生，出现了职业的法律学校。那时，罗马法已经复杂到没有经过特殊训练的普通人不易掌握的程度，法律的复杂性使罗马律师成为一个不可或缺的职业。英国的出庭律师长期以来也是不收费的，他们从当事人那里收到的费用被看作一种“荣誉”，甚至在当代英国还可以看到这种古代制度的遗迹，出庭律师不得因当事人不交律师费而对他提出控告。但是随着律师职业的发展，这种状况得到了彻底改变。律师工作要求技术，而这种技术如果没有长期的、认真的学习，是不可能掌握的。在当代社会只有律师能够从事法律职业，正像只有注册的医生能够做切除肿瘤的手术一样，其他人做这种手术就是犯罪。对法律实践的这种限制是为了保护公众不受江湖骗子之流的侵害，但同时也形成了律师对法律实践的垄断。律师职业的这种专业化的趋势不仅表现在它与其他职业的区别上，而且也表现在律师职业内部，形成了许多专门的业务领域，如税收业务、上市公司业务、移民业务等，从事一般业务或其他专门业务的律师不得染指。同时，随着律师服务费用的提高，又引起了相反的变化，因为高收费意味着许多人付不起律师费，这些人转而请一些半律师、土律师之类的人帮他们打官司，这些“半律师”“土律师”没有获得律师资格，收费低廉。因此，尽管现在世界各国都有大量的律师，但是律师与这些“半律师”“土律师”之间的竞争仍然是很激烈的。①

美国学者阿贝尔在《法律职业的比较社会学》一文中认为，贯穿律师职业发展的实际上就是这种垄断和反垄断之间的斗争。法律职业像资本主义经济内部所有职业一样，都必须控制它们的产品和服务的市场。过去对法律职业控制的做法是对数额的直接控制，这种数额控制在把律师看作是政府官员或封建行会的成员的时代是奏效的，但是在市场经济时代已经过时了，而是代之以大学法律教育、律师资格考试、职业法律培训和律师工作的竞争等机制，从而控制进入法律职业的人数。比如，在大学法律教育中，通过考试、学费等机制把相对来讲处于劣势的群体，如有色人种、妇女、穷人，排斥在法律教育之外。而要考取大学的法学院，特别是优秀的法学院，就必须从小受到良好的教育，必须来自有钱的家庭，能够支付私立学校昂贵的学费。在律师资格考试中，各国根据律师市场的需求控制通过率。阿贝尔注意到，20 世纪 70 年代以来，各国进入法学院的女学生的比例有了很大的提高，新进入律师职业的女律师的比例也有了很大的提高，但是她们在律师行业中的地位仍然很低，只是从事助手的工作，担任事务所合伙人的只占很小的比例。②

中国在漫长的奴隶社会和封建社会的历史时期，虽然产生过代理王公贵族出庭的辩护士、好刑名法术之学的法家、各种各样的诉讼代理人和辩护人、讼师，但他们都不是现代意义上的律师，在古代中国没有形成一个独立的律师职业。③ 现代意义上的律师职业是在清朝末年从西

---

① See L. Friedman, *Law and Society*, *An Introduction*, *Englewood Cliffs*, New Jersey, Prentice-Hall, 1977, pp. 20 - 27.

② See R. Abel, “Comparative Sociology of Legal Professions”, in Abel & Lewis, *Lawyers in Society*, *Civil Law Word*, Vol. 1, pp. 81 - 137.

③ 参见茅彭年：《中国律师制度研究》，28～47 页，北京，法律出版社，1992。

方引进的。中华人民共和国成立以后中国律师职业经历了一个从非正规化向正规化发展的过程。20 世纪 50 年代初期的司法改革，废除了国民党的“六法全书”，与此同时，对于从国民党政府那里接受过来的律师（这是中华人民共和国成立初期律师职业的最主要部分）进行人民司法原则的再教育。对律师的不信任态度发展到 1957 年，律师职业被取消。美国华裔学者李浩把 1950 年至 1979 年的中国法律制度称为“没有律师的法”。他认为，中国的法律制度可以分为两类：一类是内部模式，另一类是外部模式。所谓内部模式是中国在城市、农村的工厂、机关、学校、人民公社中广泛存在的人民调解委员会，它们实际执行着西方国家法律执行的大部分社会控制的职能。这些调解人员是在没有受到正规的法律教育又缺乏正式的法律的情况下，适用非正式的程序自愿从事着这方面的工作的，他们处理离婚、小偷小摸、伤害、家庭纠纷、未成年人犯罪等各种案件。调解人员几乎不需要时间去搜集证据，因为人们在日常的生活中相互了解得十分清楚。调解决定能够在十分迅速而又不花费金钱的情况下作出，不需要律师和其他专家参加。因此，它们与西方社会耗费时间、金钱、精力的形式化的法律制度形成了鲜明的对照，形成了一种“没有律师的法”。所谓外部模式则是指国家颁布的正式法律规则，它们由专门从事法律职业的国家干部执行。在 20 世纪 50 年代，内部模式曾经占统治地位。而随着“文化大革命”的结束，法的外部模式逐渐地超过了内部模式，占据主导地位。

对中国律师职业数量的控制有一个转变过程。在改革开放以前，对于从事法律工作并没有特殊的文化要求，而更重视的是政治素质。大学法律专业被看作是将来可能掌握“刀把子”的专业，属于“保密专业”，因此必须保证学生绝对地出身于工人、贫下中农和革命干部家庭，其中党员占很大的比例。律师被看作是同法官、检察官一样的国家的法律工作者，只是从不同的角度为国家和政府服务。改革开放以后，恢复了律师职业，对律师数量的控制不再主要是依据出身，文化素质、资格考试成了主要的控制工具。

二、越来越多的律师

在世界许多国家，律师职业都有一个数量越来越多的发展趋势。美国学者格兰特（Marc Galanter）曾经对北大西洋国家 20 世纪 60 年代到 80 年代法律发展的趋势进行研究。美国的律师数量由 1960 年的 285 933 名增加到 1985 年的 655 191 名，增加了 129.1%；加拿大的律师数量从 1961 年的 12 068 名增加到 1986 年的 42 710 名，增加了 253.9%；英格兰、威尔士的出庭律师和诉状律师的总和在同一时期从 20 988 名增加到 51 857 名，增加了 147%。①

20 世纪 80 年代末、90 年代初，由美国学者阿贝尔和刘易斯（P. Lewis）主持的三卷本的《社会中的律师》，提供了其他许多国家在 60 年代至 80 年代期间律师发展的情况：德国 1960 年有律师 18 347 名，1986 年为 48 658 名。② 日本 1956 年有律师 6 040 人，1976 年为 10 792 人。③ 法国 1973 年有律师 8 307 人，1983 年为 15 757 人。④ 面对这种情况，西方国家的人们经常听到“法律爆炸”“律师爆炸”这样的评论。律师操纵了人际关系，由于律师的介入，人们

① See Marc Galanter, “Law Abounding: Legalization around the North Atlantic”, *The Modern Law Review*, Vol. 55, 1992, p. 4.

② See R. Abel & Lewis, “Lawyers in Society”, *Civil Law World*, Vol. 3, p. 150.

③ Ibid., p. 174.

④ Ibid., p. 283.

失去了自己直接处理彼此关系的能力，在发生纠纷时，“让你的律师去找我的律师”，已经成为律师控制社会的典型写照。美国律师过剩已经成为的一种社会病，于是美国急于向其他国家，特别是第三世界国家输出自己过剩的律师服务，这也成为美国服务贸易的一项主要内容。

在中国，律师职业的发展经历了一个曲折的过程。1957 年我国律师共有 3 000 名，后来由于“左”的思想和“文化大革命”的影响，律师职业被取消。20 世纪 80 年代初期律师职业得到恢复，1990 年我国律师共有 38 769 人，而到 2016 年律师数量已经超过 32 万人。当然，中国律师数量近年来的大发展带有恢复性质，与西方国家的“法律爆炸”、“诉讼爆炸”和“律师爆炸”的情况不同。

应该注意的是，尽管现在各国律师数量都增长较快，全世界律师的数量估计在 200 万左右，但是律师的分布是极为不平衡的，绝大多数律师集中在少数几个大城市，在农村和边远地区只有很少的律师。

三、律师内部的等级差别日益淡化

虽然像英国那样按照律师的身份、地位、等级把他们划分为出庭律师和诉状律师的情况在英联邦一些国家仍然存在，但这种界限已经远远不像从前那样严格了，20 世纪 70 年代以来诉状律师已经开始可以在低等法院出庭辩护，甚至可以到上诉法院出庭。法国自 20 世纪 70 年代以来也统一了律师界，废除了按身份把律师划分为诉讼律师和辩护代理人的情况。对这种律师职业的身份等级制冲击最大的要属律师职业与商业的结合以及律师工作的重心向非诉讼业务的发展。由于商业的冲击，出庭辩护已经不是律师界的精英所愿意从事的工作，在美国最有才华的律师从来不出庭辩护，而是从事大公司的法律顾问工作。当然，律师身份制度的淡化并不意味着不同律师社会地位的差别的消失。

四、律师职业与商业的联系日益紧密

随着经济和社会的发展，特别是随着市场化和全球化，律师职业朝着与商业联系日益密切的方向发展，与此同时，美国律师的工作模式在世界范围内逐步普及。

传统的律师模式，即欧洲大陆的律师模式，不是为商业而是为政府服务的。从罗马法复兴开始，欧洲大陆的法学教育就以为政府服务为其主要宗旨。法律之所以作为一种知识得到迅速的、大规模的发展，是因为这种知识的拥有者——法律职业为正在建设的中央集权的官僚制度提供了理想的后备军，在封建制解体以后法律职业成为政治权力再集中化的主要工具。大量优秀的法律毕业生进入政府文官和司法系统工作，剩下的人则从事私人实践领域的工作。律师被看作是一种长袍贵族，他们具有独立的尊严地位。他们给予无知识的人以法律劝告，这不是为了赚钱，而是作为一种公共的捐赠。律师的传统角色从古典时代起就是演说家。律师在法庭上为那些不能为自己讲话的人讲话。同时，欧洲法远比美国法更贵族化：在美国，法律集中在从事法律职业的人手中，而在欧洲，法律被掌握在贵族手中。美国的法律教育最初是学徒式的，然后是靠小规模的、高度分化的和相互分散的法学院生产着律师。

在欧洲，具有法律学位的人不是律师（lawyer），而是法律家（jurist）。而许多法律家不从事法律实践。欧洲的律师对于从事商业工作并不十分热衷，而他们的美国同行则对此乐此不疲。在欧洲，商业顾问和书写合同的工作往往留给该职业中地位不那么显赫的人，而律师即辩护人只从事诉讼。欧洲的律师要为公司商业服务会遇到巨大的困难：律师不能为公司所雇佣，因为雇佣与律师协会的成员身份是不相容的。而且，除非出庭，公司不需要雇佣律师，因为几乎所有公司的管理者都受过法律教育，这些受过法律教育的人感到不需要与一个独立的法律职业结盟。他们不是公司的“律师”，而是拥有法律知识但又缺乏职业训练的公司的官员。因此，欧洲大陆的法律职业一直与文官的服务相适应，而远离商业实践，没有必要从事日常的公司法律适用活动；而公司的管理者处理内部事务和公司与政府的关系，不需要法律职业。

欧洲大陆的律师在对公司商业提供法律服务时所面临的困难，现在得到了认真的对待。一方面，欧洲跨国公司的业务要求可信的、详细的、全面研究的合同，这不得不依靠精通商业业务的律师。另一方面，跨国商业的增长，欧洲范围内商业的增长，管理权从国家向欧盟的转移，外国竞争向国家垄断领域的入侵，分公司、子公司的存在等，所有这些都削弱了商业和政府交易的亲密性。在欧洲，美国式的、更疏远的、更法制化的商业交易正在迅速地增长。所有这些都为美国律师的工作模式在欧洲乃至世界的传播提供了条件。① 随着市场经济的发展和经济流转的加快，律师介入商业的程度也越来越深，现在许多国家都规定，没有律师审查签字的经济合同是无效合同。

五、从诉讼业务向非诉讼业务的转移

长期以来，民事代理和刑事辩护即出庭一直是律师业务的中心。随着市场经济的发展和经济往来的加速，成立公司、办理财产转让、缔结契约、处理银行信贷和社会保险、雇佣工人、处理劳资纠纷、使用专利、纳税、订立遗嘱、外贸、对外投资、技术援助、转让等经济交往都需要律师提供法律服务，这些非讼法律业务在整个法律业务中所占的比重越来越大。那种认为找律师就是为了打官司的观念早已过时。现在，当事人求助律师的主要不是为了诉讼，而是为了避免诉讼。发达国家的律师在非诉讼领域的业务量占律师业务总量的 80%以上，律师活动的范围已延伸到社会生活的各个角落。

在法国从前著名的律师一般都是刑法专家，熟悉刑法被视为律师的最高水平。到了 20 世纪 60 年代末，随着社会和经济的发展，产生了一些新的法律，也出现了新一代的律师，他们以熟悉国际商法而著称，律师的职能由“急救医生”变为“预防疾病的能手”，其工作场所由法庭变为企业、商业公司，其主要工作内容为帮助审查和修改法律文书，避免各种法律纠纷的发生。一旦有了纠纷，律师也能及时调解，尽量减少诉讼。

在英国律师活动的范围相当广泛，而商业是他们的主要活动舞台。事务律师的作用越来越重要，一切商务活动的文件几乎都离不开事务律师的参与。以公司业务为例：大到公司的设立、资金借贷、股票发行、公司兼并，小到公司董事会议、股东会议的记录、授权证书等文件，都由事务律师起草制定。虽然近年来英国事务律师人数猛增，事务律师行已达 8 000 家左

---

① See Martin Shapiro, “The Globalization of Law”, *Indiana Journal of Global Legal Studies*, 1993, pp. 27-64. 关于律师制度的发展，参见 Marc Galanter & Thomas Palay, *Tournament of Lawyers*, *the Transformation of the Big Law Firms*, Chicago, University of Chicago Press, 1991。关于德国和美国法律职业的比较，还可参见 D. Rueschemeyer, *Lawyers and Their Society*: *A Comparative Study of the Legal Profession in Germany and the United States*, Cambridge, Mass., Harvard University Press, 1977；朱景文：《现代西方法社会学》，105～109 页，北京，法律出版社，1994。

右，但是仍供不应求。

在我国香港地区律师的一小部分收入来自办理诉讼案件，而更多的是来自与诉讼无关的非诉讼业务。在香港地区律师已经成为商人的“左右手”。这些商人认为，律师既可以为他们充当法律顾问，使他们的生意不至于陷入不易觉察的危险，又可以推动他们的业务，帮助提高他们的法律意识，为他们解决疑难问题，同时还可以利用律师交友广的优势，为其商业牵线搭桥。

在美国每 20 名律师中就有 2 人被工业、保险、银行等公司聘用为常年法律顾问，成为它们的参谋和助手。如果离开诉讼就不能解决当事人的法律问题，就意味着律师没有尽到自己的职责。纽约一家拥有 3 000 名职工的银行，就聘请了 13 名律师做法律顾问，分别负责信贷、租赁、信用证代理、信托服务等业务，有的律师还担任了公司的副董事长。经营者只有采纳律师的意见，从事商务活动才感到安全。一旦遇到麻烦，在律师的帮助下也能便宜解决纠纷。

律师业务的不平衡发展是中国律师业发展的一个特点。法律顾问、法律咨询、代书法律文书、民事诉讼代理、刑事辩护、非讼法律事务和行政诉讼代理七种业务活动总体上都呈显著增长的趋势。其中，法律顾问业务增长最快，其次是民事经济诉讼代理，再次是非讼法律事务，复次是代书法律文书，而刑事辩护和行政诉讼代理增长最慢。（见表 10－8）

表 10－8　　1981—2011 年全国律师业务数量基本情况

年份	担任法律顾问（处）	法律咨询（万件）	代书法律文书（万件）	民事经济诉讼代理（件）	刑事辩护（件）	行政诉讼代理（件）	非讼法律事务（件）
1981		34	6	8 123	65 179		4 550
1982	411	58	14	23 231	93 712		12 836
1983	3 846	99	20	37 311	103 492		12 100
1984	15 349	119	24	52 213	163 476		20 194
1985	39 453	122	32	108 236	101 707		41 136
1986	43 184	159	33	160 999	136 927		41 185
1987	59 478	190	42	208 627	154 485		55 061
1988	88 108	241	53	265 326	170 194		71 618
1989	109 609	263	57	329 344	232 406		133 226
1990	111 899	276	52	333 525	252 344		110 539
1991	128 921	244	50	382 679	230 967	14 307	236 707
1992	151 501	278	61	396 342	219 739	16 061	277 030
1993	185 715	241	60	483 306	191 657	15 260	350 408
1994	203 320	291	53	541 574	208 806	16 283	403 544
1995	234 496	196	54	641 159	204 382	18 043	452 021
1996	223 043	187	52	714 064	245 877	19 360	435 483
1997	232 434	426	96	857 610	275 188	29 618	1 222 239
1998	235 676	490	126	940 862	296 668	35 865	851 433
1999	238 576	419	97	1 018 813	309 767	39 006	716 287
2000	247 160	457	111	1 079 282	317 108	41 785	770 087
2001	254 758	403	114	1 069 901	339 549	43 800	1 162 715
2002	265 362	487	120	1 148 774	335 267	43 707	827 057
2003	271 669	430	120	1 186 585	324 454	48 115	876 696

续前表

年份	担任法律顾问（处）	法律咨询（万件）	代书法律文书（万件）	民事经济诉讼代理（件）	刑事辩护（件）	行政诉讼代理（件）	非讼法律事务（件）
2004	282 361	471	123	1 211 223	332 688	50 778	904 516
2005	276 097	441	120	1 337 749	351 229	50 389	933 346
2006	279 573	520	145	1 405 116	341 619	56 657	915 482
2007	295 990	382	715	1 247 877	495 824	56 342	607 049
2008	314 867	226	721	1 401 147	511 971	54 666	729 218
2009	338 179	383	684	1 499 105	564 204	57 286	569 304
2010	369 129	474.51	723.72	1 569 043	530 800	51 011	549 453
2011	392 456	513.55	787.36	1 693 635	569 330	52 136	625 229
平均年增长率	26.7%	9.5%	17.5%	19.5%	7.5%	6.7%	17.8%

2018 年我国律师业务又有了新的进展，担任常年法律顾问 70 万多家，承担民事诉讼代理 396.9 万件，刑事诉讼辩护及代理 81.4 万件，行政诉讼代理 16.5 万件，非诉讼法律事务 105.8 万件。①

六、律师服务的国际化

传统的律师工作限于一国范围内。随着经济的全球化，律师工作的范围也国际化了。这种国际化包括两方面：一是本国律师走向世界，在国外设立办事处或与国外的律师联合开业；二是允许外国律师到本国设立办事处，或与本国律师联合开业。

美国原来不允许外国律师在美国开业，自 1971 年起情况有所改变，允许居住在美国的外国人通过律师资格考试取得美国律师资格。在有些州允许外国律师以法律顾问的身份注册，但他们一般只能担任法律顾问，提供有关外国法的咨询服务，而不能在美国法院出庭，不得以该州律师协会成员的身份从事工作。

英国允许外国律师在英国建立办事处，但审批手续严格：必须持所在国司法部的证明到英国内务部申请，经审查（包括专业资格证明，所在律师事务所简历，4 名英国保证人的证明，其中至少有 1 名英国律师）并在英国法庭宣誓后，才允许在英国设立分支机构。但外国律师在英国的工作范围只限于为外国、欧盟和国际法的有关法律知识提供咨询，而不能从事英国法律事务，不能出具英国法律文书，不能在英国法庭辩护。据统计，美国在英国设立的律师事务所有 72 家，伊朗、伊拉克、澳大利亚、加拿大、巴西、印度、巴基斯坦、新西兰等七十多个国家在英国都开设了律师事务所，仅伦敦就有四十多家外国的大律师事务所设立了分支机构。在英国开业的外国律师事务所可以雇用英国律师，但他们只能当顾问，为外国律师提供英国法律咨询，而不能从事英国法律事务。依照对等原则，不少英国的律师事务所也在国外设立了分支机构。

在法国巴黎设立的外国律师事务所中主要是欧盟其他成员国和美国的律师事务所，这些外国律师事务所不经登记就可以在巴黎设立分支机构。这些外国律师大都具有顾问头衔，但对法

① 资料来源：《中国律师》（网络版），2019-03-25。

国的律师业务几乎一无所知。巴黎共有 50 家外国律师事务所，500 多名外国律师。相比之下，法国的律师事务所承接的外国案件数量极为有限，巴黎的 5 600 名法国律师中只有 20 名承接外国案件；外省的 20 000 名法国律师中只有 50 名受理国际案件。可见，在法国律师界内部，法国律师与外国律师之间的竞争很激烈。

在德国成为律师不一定要具有德国国籍，但外国人要考取德国的律师资格非常不易。对外国律师来讲，当法律顾问较容易，只要证明他具有专业能力和善良的本质即可充当法律顾问，向委托人提供法律咨询。做法律顾问，须遵循当地法院的有关规定。至于外国律师办理法律业务所涉及的德国法律的程度，有关法律没有明文规定。

日本原来一直抵制外国律师事务所在日本设立办事处，直到 1986 年才通过一项法律允许外国律师在日本国内开业。在对等条件下，经日本律师联合会审批，外国律师可以在日本设立办事处，其条件是必须有 5 年以上的执业经历，只能就自己国家的法律问题提供咨询，而不能就日本的法律问题提供咨询，不能到日本裁判所出庭，也不准与日本律师联合开业或雇用日本律师到办事处工作，外国律师也不能申请取得日本律师资格。但亚洲的律师被允许参加日本的司法考试，考试合格后可被授予日本律师资格。

中国律师界的对外开放是伴随着改革开放的进程的。外国律师事务所在中国设立办事处有一个从试点到正式实行的过程。早在 1980 年美国贝克·麦肯思律师事务所就在中国设立了咨询机构，不久它就在美国联邦最高法院为中国政府就湖广铁路案进行了辩护。20 世纪 80 年代初期，随着中国经济的对外开放，越来越多的外资企业到中国来投资，当时虽然有《中外合资经营企业法》，但如何使中外企业相互沟通，仍然是一项艰巨的任务。当外商来中国投资时，一些中国企业的管理者对合同的格式和要件并不清楚。一些外国的律师事务所为此专门研究和制定了中外企业合作（资）经营合同的范本。此外，这些外国律师事务所的办事处十分注意收集和研究中国的有关法律和政策，定期或不定期地向它们的外国客户发送这些信息。1992 年 5 月中国司法部颁布《关于外国律师事务所在中国境内设立办事处的暂行规定》。按照司法部的规定，外国律师事务所在中国设立的办事处不能代理中国法律事务，不能向当事人解释中国法律。当它们遇到想做但按规定又不能做的事务时，就介绍给中国的同行。这样，在外国所与中国所之间就形成了一种既有竞争又有合作的关系。

问题与思考

1. 大陆法系和普通法系的法律职业构成有何差别？
2. 法律职业的功能比较意义何在？
3. 世界主要法律制度的法律职业各有什么特点？
4. 世界主要法律制度的律师职业发展的趋势如何？

第三篇

沿革的比较法

——法律和全球化研究

第十一章

法律发展的全球视角

本章概要

沿革的比较法以法律制度之间的历史的和现实的关系为研究对象。要研究不同法律制度之间的关系，必须树立全球法的整体观，即不能孤立地看待某一个国家或地区的法律发展，而应把世界看作一个整体，不同国家或地区的法律发展是相互联系在一起的。全球法的发展大致经历了前现代、现代和当代几个不同的历史时期，在各个时期不同国家的法律制度之间的关系显示出不同的特点。全球法研究要求把国内法治同国际法治相互联系。

关键术语

全球法　世界法　沿革的比较法　中心与边缘　国际法治

第一节　全球法的整体观

单纯地比较不同法律制度的异同不足以使比较法成为一个独立的学科。沿革的比较法把不同法律制度之间的历史的和现实的关系作为自己的研究对象，把比较法研究从单纯的、任意的比较提高到一个新的层次，即以不同法律制度在历史上和现实中所发生与存在的实际关系为基础。不同法律制度之间的关系实际包括两个方面：一个是国际法领域，即调整国家之间的关系的法律规范；另一个是国内法领域，即由于受到外国法的影响，调整国内关系的法律规范发生了这样或那样的变革。在沿革的比较法中，二者是相互影响的；在当代一些法学家看来，它们共同构成了世界法或全球法。实际上，全球法或世界法的概念不仅包括世界上存在的一切法律形式，还包括若干国家组成的地区的法律制度，如欧盟法、北美自由贸易区法、东盟法等等。

以往的比较法研究主要集中在各国法的国内领域，而且以西方为中心。我们经常看到这样的论述：赞扬古罗马法作为商品经济社会的第一个世界性法律所取得的成就，赞扬《法国民法典》和《德国民法典》所体现的自由精神和社会本位，赞扬当代西方国家在人权、环境保护和社会保障方面所达到的水平。所有这些研究都有一个共同特点，即都把视角局限在国家边境以内，似乎这些法律成就的取得完全依靠的是这些国家自己的力量；把它们与种族中心主义相联系，似乎西方民族天生崇尚民主、自由、法治，而其他民族则是劣等的。但从全球的观点来看，世界是联系在一起的，上述这些西方民族法制成就的取得是以牺牲、剥夺世界其他民族的利益为代价的。

在古罗马，贵族与平民的斗争、罗马人与非罗马人的斗争相互交织在一起，它们共同构成了古罗马社会和法律发展的两条主线。平民的胜利，即贵族不得使平民沦为奴隶，使罗马成为一个由自由人组成的平等社会，罗马社会中人不再按照身份、等级排列，这是罗马法作为“商品生产者社会的第一个世界性的法律”的主要原因。但是，平民的胜利又使罗马失去了奴隶劳动力的主要来源，于是其只有靠对外不断地发动侵略战争，来扩大自己的疆界，扩充奴隶劳动力的来源。奴隶作为生产力的主要来源创造了古罗马的文明，但是他们却没有独立的身份。也就是说，罗马公民的平等是建立在对被征服的非罗马公民的不平等的基础上的。作为商品生产者社会的第一个世界性法律是以罗马的对外扩张、对海外行省的赤裸裸的掠夺和原始积累为基础的。

在近代，1648年的威斯特伐利亚体系被看作是现代国家关系史的开端。它不同于古罗马的行省制度，在罗马帝国和它的海外行省之间，不存在主权平等的关系，它建立在主权国家平等的基础之上。但是，威斯特伐利亚体系只调整主权国家之间的关系，而不调整主权国家和它们的殖民地之间的关系，也就是说它只是整个世界秩序的一部分。对于被这些国家征服的殖民地、半殖民地，则根本没有平等的主权可言，它们被排斥在威斯特伐利亚体系之外，只能作为欧洲列强征服的对象，而不可能成为国际法的主体。威斯特伐利亚体系所确定的只是这些主权平等的列强相互承认它们对殖民地的瓜分的既成事实。这正像在罗马帝国的行省制度中，一方面我们看到罗马公民的平等，看到体现这种平等原则的罗马法精神，但另一方面我们又看到罗马公民与非罗马公民之间的不平等，看到罗马人对行省的军事征服与经济掠夺。世界秩序的另一部分是欧洲列强对世界其他地区的殖民扩张，所谓两大法系，即大陆法系和普通法系，正是在这一背景下形成的。西方国家法律制度向非西方国家的传播绝不是把一切法律制度都移植到殖民地。首先，作为西方法治国家的主要原则的人权与宪政就不可能移植到殖民地的法律制度中，在殖民地根本谈不上作为人权的平等权、普选制、法律面前人人平等，否则就不是殖民地制度了；其次，西方国家注意的主要是民商方面的法律制度的移植，因打破贸易壁垒是它们关注的焦点，至于婚姻家庭和继承方面的法律制度，则不过多地关注，在几乎所有殖民地的婚姻家庭和继承领域都属于由当地的习惯法或宗教法调整的范围；最后，殖民地的法律制度几乎都实行属人主义原则，即对于殖民地占领当局实行宗主国的法律，而对于殖民地的人民则实行殖民地法或当地的习惯法、宗教法。

在当代，第二次世界大战结束以后，亚洲、非洲、拉丁美洲国家纷纷摆脱了殖民主义统治，建立了独立的、平等的主权国家，17、18世纪以来所形成的宗主国—殖民地的构架被打破。这些新独立国家的法律制度都是威斯特伐利亚体系所确定的民族国家模式的继续。这样，世界就形成了一个由主权平等的国家组成的统一的世界法律秩序。但是，今天我们似乎又看到了罗马帝国的阴影。一方面，第二次世界大战后西方国家的法律制度发生了结构性的变化。由于财产、种族、性别、残疾等因素所带来的法律上的不平等现象正在减少，弱势群体事实上受到的不平等正在通过社会福利和社会保障制度得到救济，人权的保障水平、社会的民主程度和公众参与水平正在提高，尽管在所有这些方面还不完善，社会的贫富两极分化和歧视仍然是西方社会的痼疾。但是另一方面，在西方国家的公民权利和社会福利扩大的同时，第三世界国家却处于越来越悲惨的境地。在全球化的条件下，我们看到，依靠廉价劳动力、污染环境、实施低水平的社会保障措施而发展的产业，在西方国家的法律上是被明确禁止的。而生产同样的产品所支付劳动力和环境成本在西方国家要比在发展中国家高得多，于是就出现了全球性的产业转移，高污染的劳动密集型产业转向劳动力价格低、环境保护水平差的第三世界国家。而第三世界国家为了争取投资带来的发展机会，彼此之间又进行了压低劳动力价格的竞争，一些国家的发展不得不以牺牲人权和环境为代价。在全球范围内，随着产业的转移，出现了人权和环境的双重恶化。换句话说，今天西方国家公民所享有的社会、经济、文化权利和高社会保障水平、清洁的环境，是以牺牲第三世界国家公民的人权与环境权为代价的。这正像罗马的繁荣、罗马公民所享有的平等权利是以对罗马行省的掠夺、以非罗马公民遭受不平等为代价一样。当我们赞扬罗马法是商品经济社会的第一个世界性的法律时，不要忘记罗马对行省的掠夺；同样，当我们赞扬当代西方国家法律制度，赞扬它的社会保障、人权和环境保护水平时，也不能忘记它赖以存在的另一极，即第三世界的人权的牺牲与环境的恶化。不要忘记，我们共同生活在一个地球上，其中每一部分的发展都依赖于其他部分。

第二节　全球法发展的历史阶段

全球法的发展大体经历了前现代、现代和当代三个阶段。

前现代不同法律制度之间的关系表现为两种不同形式，一种是帝国，另一种则是封建制国家。在帝国时代，也曾经存在国家间交往的规则、跨越国界交往的规则、全球规则，但只限于宗教的联盟和帝国与它的保护国、纳贡国、海外行省、领地之间。有些大帝国，与游牧民族相联系，如蒙古帝国，兴也勃焉，衰也忽焉，来去匆匆。也有的帝国，则与比较先进的生产方式相联系，持续了很长时间。比如古代中国和古罗马，一个是与农业相联系，形成古代中国和它的朝贡国之间的关系；另一个是与海商相联系，形成古罗马帝国和它的海外行省之间的关系。当然，那个时期的全球法律制度是在这些大帝国的军事、经济和政治的势力范围内实现的，其技术力量无非炼铁术、畜力和古代的海船。不过在古代中国和古罗马二者之间也是有区别的：前者以农立国，自给自足，主要依靠的是儒家的“怀柔”政治和以朝贡为外衣的经济互利；而后者以商立国，争夺奴隶、原料和市场，主要依靠军事征服和经济掠夺。在封建社会，欧洲的各个邦国之间，以及古中国先秦时期的各个国家之间，也存在着某种形式的“国际关系”，根据不同的利益，纵横联合，抗击强势。但中国与欧洲不同，欧洲的封建制中，“我的陪臣的陪臣不是我的陪臣”，除了上级领主与他直接分封给土地的陪臣之间的隶属关系之外，没有上级领主与下级领主之间的效忠与保护的关系；而在古中国由于宗亲关系的纽带作用，在各个不同层次的被分封的领主之间存在着上下尊亲卑贱的关系，受到礼的约束。但是，无论是古代的帝国与其附属国、纳贡国之间，还是封建制的邦国之间，虽然也存在着某种成文的或不成文的规则调整它们之间的关系，但这些规则绝不是现代意义上的国际法，因它们不是建立在独立和主权平等的基础之上的。

调整现代国家之间关系的法律制度是 17、18 世纪的产物，这不仅是由于欧洲各国的资产阶级革命都把建立法治国家作为国内反对君主专制的主要任务，而且是由于 1648 年欧洲列强所签订的《威斯特伐利亚和约》开创了现代国际关系的新纪元。这是现代意义上的国际法的开端，因为它第一次正式确认了国际关系中的主权原则，承认互相尊重主权、不得干涉内政这一现代国际法的最重要的原则，承认了国家边境的重要意义。笔者将现代法治国家的发展分成两个阶段：第一阶段是中央集权的专制主义国家，大约发生在中世纪末期到工业革命时期，按照英国全球化学者赫尔德的意见是在 1500 年到 1850 年。其特点是：第一，与中央集权相适应，法律具有统一性，如英国的普通法、法国的记录习惯法、德国的普鲁士统一邦法的形成都在这个时期；第二，基础的多元性，不同政治力量既相互斗争而又相互制约，君主、贵族和第三等级之间，谁也吃不掉谁，只有相互利用和妥协，这就为一种新形式的法治创造了社会前提。第二阶段是自由主义的法治国家，大约发生在 1850 年到 1945 年。所谓自由主义，是以国家不干预，有限政府，个人自由，私有财产神圣不可侵犯，自由竞争、自由贸易，反对任何形式的特权而得名的。这是经典意义上的法治国家，它不仅继续具有法律统一性的特点，而且把反对专制主义和民主的因素纳入其中。因此，自由主义的法治模式具有三个特点：第一，法律的统一性；第二，限制权力；第三，保障人权。然而，自由主义的法治模式仅仅是西方国家的内部法律制度。虽然随着殖民主义扩张，两大法系的模式也被西方列强带到了被它们征服的土地，但在这些土地上我们看到的绝不是自由主义的法治模式。在这些地方，所谓限制权力和保障人权的原则，所谓法律面前人人平等的原则，所谓主权独立原则，是根本不可能实现的。那里没有贸易平等，而有经济掠夺；没有政治独立，而是宗主国享有最终决定权；没有平等的人权保护，而有身份上的不平等。所谓威斯特伐利亚体系所确立的现代国际关系的准则，也仅仅限于宗主国之间的互相尊重主权和不干涉内政。殖民地不是主权平等的国家，它们根本不被包括在威斯特伐利亚体系的范围内。从全球的视角来看，西方自由主义的法治模式和它们的附属物——黑暗的殖民主义制度，恰恰是那个时代相互依赖和补充的两极。

当代国家的法律制度是第二次世界大战结束以后所出现的现象。就制度化和法治化的性质和水平而言，二战后的发展又可以分为两个阶段。第一阶段是“冷战”时期，二战后各国法制的发展呈现出多元主义的特点，出现了三股世界潮流，即民族主义、福利主义和社会主义。而所有这些发展都对自由主义的法治国家提出了挑战。民族主义是随着二战后殖民地、半殖民地国家的民族独立而形成的一股潮流，实际上它仍然沿着 17、18 世纪以来民族国家、法治国家的道路发展，但西方法治国家是建立在平等和民主的基础上的。随着民族国家的独立，一方面，它们摆脱了殖民地、附属国的地位，成为国际社会的独立、平等的一员；另一方面，它们在经济上对西方发达国家的依附性越来越强，西方的法治模式并没有给它们带来社会的平等和繁荣，形式的主权平等和实质的依附地位形成鲜明的反差。福利主义是西方自由主义法治模式的继续。二战后随着国家管制水平的变化，是加强管制还是放松管制，对法治模式提出了新的挑战。社会主义建立在共产党领导的无产阶级专政的基础上，试图通过有计划地管理经济、政治和社会生活，促进一个更公正、平等的社会的建立。这与建立在个人自由基础上的现代西方法治模式从实质到形式都不同。第二阶段是“冷战”结束以后。由于全球化的影响，上述三种世界潮流又在不同程度上向着自由主义的法治模式复归——走向新自由主义。西方国家的福利主义法律模式在全球化的压力下，不得不修改福利国家的政策；为了促进出口、增加竞争力，不得不减少国家干预、放松管制、削减福利、降低劳动保护的标准。至于社会主义法律模式，在苏联解体后，中国在新的历史条件下实现了从计划经济到市场经济的转变，提出“建设社会主义法治国家”。把社会主义和法治相结合成为这种法治国家成功的关键。民族主义法律模式也受到了极大的挑战，为了吸引更多的外资，“建立良好的投资环境”，必须实现法律和司法的改革，增强法律的公开性和透明度，实现西方式的法治和“司法独立”。就国际范围而言，二战后在“冷战”时期曾经形成了两大对立的政治、经济和军事集团，即华沙条约组织和北大西洋公约组织。虽然二者在外部是尖锐对立的，但在其内部又在相当高的程度上实现了一体化，只不过一体化的形式不同：一个是经互会，另一个是欧洲共同市场；一个是通过隶属型的行政管理，苏联和它的卫星国之间犹如过去的大帝国，另一个是通过平权型的市场交换，美国和它的同盟之间靠经济和军事的实力及市场机制联系在一起。二战后另一项制度化的安排就是以联合国为代表的国际组织力量的壮大，包括国际组织、专门性的国际组织、区域组织、非政府组织等。“冷战”结束以后，国际关系的制度化呈现出一系列新的特点。首先，虽然政府间组织都是由主权国家组成的，国际组织的协议和章程虽然都经成员国同意，但是二战后的发展表明，国际组织正在取得越来越强的相对独立性，成员国加入国际组织意味着把原来属于自己主权范围内的某些权力交给凌驾于它们之上的共同体，一旦加入，在国际组织规则的范围内，主权国家就没有任意处置的权力，而必须服从国际组织有关机构的裁决。这种趋势在世贸组织和欧盟的发展中最为明显。其次，虽然主权国家仍然是国际法的最重要的主体，但是非政府组织在国际法的形成过程中所起的作用越来越大，包括像联合国、世贸组织、欧盟一类的由主权国家组成的国际组织在其章程中都规定，在决议制定的过程中应该听取有关非政府组织的意见，在决议的执行过程中非政府组织起到监督的作用。最后，由于前南斯拉夫国际法庭、卢旺达国际法庭和国际刑事法院的成立，由于其对反人道主义犯罪的个人责任的追究，个人已经成为这类法律关系的主体，公民个人和社会组织都有权利因为人权和反人道主义犯罪到有关的国际或国内法院控告自己的政府的领导人，凡是成员国都有义务加以配合。但是，新自由主义似乎犯了和古典自由主义一样的错误，法治国家向后法治国家的转变说明，建立在个人自由、限制权力和保障人权基础上的法治必须以对全体公民基本生活需要的保障为补充，福利主义法律模式和社会主义法律模式正是为了满足这一需要而产生的，而要做到这一点就需要有一个强有力的政府，通过一系列的法律政策，对社会财富进行重新分配。新自由主义的出现实际上是把这种状况从一个国家的范围内扩展到全球。它所提出的减少国家干预、减少以至清除贸易障碍、经济自由化、非国家化的主张，并没有也不可能解决世界范围内的南北差距日益扩大。

第三节　国内法治与国际法治

在以往的历史上，无论是实践中还是理论上，法治都是被限制在民族国家的范围内的。尽管对于法治是什么、它是在什么时候产生的，学者们有不同的看法，但是对于法治是在一个主权国家内所发生的现象，是没有疑义的。在国际领域不存在法治的原因大体上可以归纳为以下几个方面。

第一，法治意味着规则之治。与国内领域相比，国际领域国家之间和人们之间的接触由生产力、技术的状况所限，必定是偶然的、不经常发生的现象，因而难以形成在共识基础上的普遍规则。而国内领域的法律规则是建立在某种行为的经常性、重复性的基础上的，人们经常的、反复的接触是法律规则形成的基础。

第二，法治意味着法律的权威性和有保障性，法律得到一体遵行。在国内领域国家是凌驾于所有公民和社会组织之上的权威，它既有权力颁布规则，在规则受到破坏时，又有权力对违法者加以制裁。而在国际领域不可能有颁布各国都必须遵行的行为规则的权威机构，即使有这样的规则，其实施也得不到有国家强制力那样的保障，国家置国际规则于不顾的现象比比皆是。

第三，法治意味着民主的制度化、法律化。国内领域的法治是近代资产阶级革命反对专制、任意和强权的产物。在国际领域很难形成建立在民主基础上的法治，即使有法律规则存在，也很少顾及贫困国家、弱小民族的利益。

由于上述原因，人们很容易认为，与国内法治相反，在国际领域通行的准则不是法治，而是丛林法则。

然而上述原因不是一成不变的，随着全球化的深入，它们正在发生变化。尽管与国内领域相比，国际领域仍然有较大的差别。第二次世界大战结束以后，国家间关系发生了新的变化，建立在多边关系基础上的区域一体化的组织和世界性组织获得了长足的发展。一方面，在这些组织内部成员国之间实现合作和互利，有的区域性组织实现了较高的一体化，成员国把原来属于主权范围内的某些权力转交给区域共同体，区域共同体不仅具有如国家一样的立法、司法和行政机关，而且具有系统的法律渊源体系，在欧盟甚至形成了自己的宪法。但是，另一方面，这些区域共同体又都是排他性的，对成员国实行比对非成员国更优惠的待遇，贸易和其他经济交往主要发生在成员国之间，或者成员国之间的贸易占很大的比重。就区域共同体内的法律联系而言，它既不同于古代帝国和它的附属国之间的贡赋关系，也不同于近代宗主国和殖民地之间的关系。一般来说，所有成员国在法律上、条约上都是平等的主权国家，但实际上，在经济和政治势力上可能处于不同的地位，有的主导，有的依附，因此它们对区域共同体的影响不同；就法律传统而言，有的区域共同体的成员国可能属于同一法系，但大多数可能有很不相同的法律传统，如欧盟，就包括属于普通法系的英国，属于大陆法系的德国、法国等欧洲大陆国家；北美自由贸易区包括属于普通法系的美国、加拿大和属于大陆法系的墨西哥；东盟成员国的法律传统包括大陆法系、普通法系、伊斯兰法系和社会主义法系。这表明，原有的法律传统对于组织区域性共同体已经不重要，对成员国来说最重要的是现实的经济、政治和社会利益。

就世界性组织而言，第二次世界大战结束以后形成了联合国体系，在经济、贸易和金融领域建立了布雷顿森林会议体制，形成了关贸总协定（在 20 世纪 90 年代发展为世贸组织），建立了国际货币基金组织和世界银行。跨越国界的全球问题，包括裁军、核武器控制、反恐、环境污染、经济危机、劳工问题、关税、金融、卫生、移民、难民、人道主义灾难等的出现，远远超过了主权国家所能控制的范围，也远远不是双边协议，甚至区域性的组织所能解决的。因此世界性的组织的作用凸显出来。而这些组织的性质，它们与主权国家的关系，17 世纪以来所形成的威斯特伐利亚体系是否仍然起作用或者在多大程度上起作用，在多大程度上又发生了改变、改变的方向是什么，是否已经形成了一种新的国家间关系的模式，这些已经成为当代国际社会、国际法以至整个法学理论所争论的焦点。

在传统上，国际法是调整国家间关系的法律，其主体只能是主权国家和国际组织。第二次世界大战后国际法的一个重要的发展趋势是国际关系或跨国关系的参加主体不仅仅是国家、政府，还包括社会组织和个人。实际上这种变化在国际经济法领域早就已经发生。关于国际经济法的性质一直就有狭义说和广义说之分。狭义说认为，国际经济法是国际公法即国际法的一部分，调整国家之间的关系，其主体只能是国家和国际组织。属于任何国家的自然人和法人，尽管也从事跨越一国国境的经济交往，但它们本身并不是国际公法的主体，从而也不是国际经济法的主体，它们与其他国家的政府、自然人、法人发生的经济关系，不属于国际经济法的调整范围，而属于国际私法和各国的涉外经济法即各国的国内法的调整范围。而广义说则认为，国际经济法是调整超越一国的国际经济交往的法律规范，它所调整的对象，不限于国家政府之间、国际组织之间以及国家政府与国际组织之间的经济关系，还包括大量的分属于不同国家的个人之间、法人之间、个人与法人之间以及它们与异国政府或国际组织之间的各种经济关系，因此国际经济法是调整一切跨越国境的经济关系的法律规范，其不仅包括调整国际经济关系的国际公约和国际惯例（属于国际公法），而且包括调整跨越国境的经济关系的国际私法、国际商法、国际商业习惯，以及各国的经济法、民商法的涉外部分。广义上的国际经济法的主体显然包括参与到跨国经济关系中的法人和自然人。这里涉及对“国际”一词的理解问题。从狭义上理解，“国际”一词指的是国家间即政府间的活动，其主体只能是主权国家；从广义上理解，指跨越国家边界的活动，其主体是多种多样的，包括主权国家、集体主体和个人主体。[①] 现在我们看到的问题是，国际法的国际经济法化。从狭义上，我们可以把国际法继续看作是国家之间的法律规范，认为主权国家和国际组织是国际法的主体，它主要表现为国际条约和习惯，个人和社会组织不能作为国际法的主体，而是通过国家代表其利益。而从广义上，我们可以把国际法看作是一切跨越国界的公法性质的法律规范，作为其主体的不仅是主权国家和其参加的国际组织，而且包括一切从事跨国的公法活动的个人主体和集体主体。

这里可能涉及两种法律规范：一种是政府间的法，即国际法，其调整对象只能是国家政府间的关系。另一种是各国共同法，即世界法，即各个国家法律中一致的部分。值得注意的是，过去通过比较法可以发现这类世界法即所谓“文明人类共同法”，但它存在的前提不是存在一个颁布这类共同法的世界政府，而是法律移植、法律文化的传播；第二次世界大战以来，这类共同法的形成在很大程度上是基于包括联合国在内的国际组织和区域性组织的推动，这类共同法的制定和实施不完全是国家政府的事，国际组织在其中起了重要的作用：其既负责提出有关的国际标准，又负责评估和监督国际标准的实施。任何国际组织都不是世界政府，但是国际组织也并不完全是一种“没有长牙齿的”虚幻的力量：它不仅管理跨越边境的国际事务，而且调整国家边境以内的事务。世界贸易规则、国际人权法、人道主义法的发展充分证明了这点。传统的国际法缺乏有效的执行机制，因此对许多国际问题只好诉诸武力或相互报复解决。第二次世界大战后，特别是“冷战”结束后国际法的发展表明这只“没有牙齿的老虎”正在长牙齿。前南斯拉夫国际法庭、卢旺达国际法庭和国际刑事法院的成立，世贸组织争端解决机制的建立，以及一些国家的法院对国外事务的管辖权，所有这些发展都使国际法正在“变硬”，正在变成一种有强制力保证的、可以执行的规则。

问题与思考

1. 全球法对于比较法研究的意义是什么？
2. 什么是全球法的整体观？
3. 全球法发展可分为哪几个历史阶段？各自有什么特征？
4. 把国际法治与国内法治相联系的意义是什么？

① 参见陈安主编：《国际经济法》，2版，20～29页，北京，北京大学出版社，2001；车丕照：《国际经济法概要》，5～9页，北京，清华大学出版社，2003。

第十二章 前现代不同法律制度之间的关系

本章概要

前现代不同法律制度之间的关系有两种不同形式：一种是帝国，另一种则是封建制国家。古代中国的朝贡制度和古罗马的海外行省制度代表了帝国形式的处理国家之间关系的法律制度，前者以农立国，自给自足，主要依靠的是儒家的“怀柔”政治和以朝贡为外衣的经济互利，在此基础上形成了以中国为中心的中华法系；而后者以商立国，争夺奴隶、原料和市场，主要依靠军事征服和经济掠夺，在此基础上形成了以罗马为中心的罗马法系。在封建社会，欧洲的各个邦国之间和古代中国先秦时期的各国家之间，也存在着某种形式的“国际关系”，根据不同的利益，纵横联合，抗击强势。但中国的封建制与欧洲的封建制有所不同。

关键术语

朝贡制度　海外行省制度　中华法系　罗马法系　中国分封制　欧洲封建制

第一节　古代中国的朝贡制度和中华法系的形成

古代中国没有现代意义上的国家观念，即建立在领土和主权平等、独立基础上的国家观念。“普天之下，莫非王土；率土之滨，莫非王臣”，是中国古代国家观念的写照。在古代中国，国家是“家天下”，即天下所有的土地都是中国帝王的领土。但在这种天下观中，各个地区的地位又是有等级的，就像一个大家庭中尊卑长幼有序，井然有序。

中国古代社会是等级制社会，这种等级制不仅体现在从国王到大臣的等级序列中，而且体现在家庭中长幼尊卑的序列中，还体现在居于统治地位的华夏民族和其他民族“四夷”的关系中。早在尧舜时期，就有域外部落首领前来朝贡。在商代，王都所在地为王畿，王都以外的居住区叫鄙。在商王朝控制的区域内，分布着许多邑，邑是商代社会的基层组织。中央对地方的控制实行一种外服制，即侯、甸、男、卫四服，它们是地方向中央必须服役的几种制度，既是一种地方行政区划，又是一种经济剥削关系。商王朝还把其统治地区分为畿内和畿外两大部分。畿内是商王室直接统治的地区，畿外是众多方国分布的地区。畿服理论源自周代和秦汉时期诸如《尚书·酒诰》、《国语·周语上》、《尚书·禹贡》和《周礼》等几种文献中。它们由简至繁，内容也不断充实发展。大体而言，畿服理论包含了两方面的内容：一是按照地理距离的远近安排中心与周边地区的亲疏关系，其中在《周语》和《禹贡》中存在五种中心与周边的关系，而在《周礼》中存在七种或九种这种关系。二是按照这种地理距离的远近体现出的亲疏关系来确定周边对中心的义务。这种义务表现为贡期和贡物的不同，由内向外递减。以《周礼·秋官·大行人》中的记载为例，依照侯、甸、男、采、卫、要六服的顺序，贡期分别为一年一次、两年一次、三年一次、四年一次、五年一次和六年一次，贡物分别为祀物、嫔物、器物、服物、财物和货物。[①]（见表 12-1）

表 12-1 古代中国的朝贡制度

畿服	距离	贡期	贡物
邦畿	1 000 里		
侯服	1 000+500 里	一年一次	祀物
甸服	1 500+500 里	一年一次	嫔物
男服	2 000+500 里	三年一次	器物
采服	2 500+500 里	四年一次	服物
卫服	3 000+500 里	五年一次	财物
要服	3 500+500 里	六年一次	货物
番国	4 000 里之外（九州岛之外）	一世一见	贵宝

资料来源：《周礼·秋官·大行人》。

从实际情况看，这个关系，在周朝时，表现为周天子与诸侯王国的形态，诸侯王国在其领地内自治，向周天子进贡，以表达共同隶属于中国的意思；秦汉以后，则表现为中央政府与地方王国的关系。

明朝是中国朝贡制度的鼎盛时期，来华朝贡的国家数量之多、朝贡的规模之大、手续之缜密、组织管理之完善，皆为历朝所不及。据《明会典》《外夷朝贡考》《明史》《明实录》等记载，明朝时的朝贡国家共有一百多个，但是，据李云泉博士的分析，其中有许多不实成分，数量众多的朝贡国中，偶有一两次朝贡纪录的国家不在少数；虽名为国家，而实为一城一地者数量众多；同时，受华夏中心意识的支配，明朝把一切对外关系一概视为具有君臣主从关系特征的朝贡关系。[②] 从实际情况看，就朝贡次数、周期长短及与明朝的关系的疏密而论，明朝的主要朝贡国有朝鲜、琉球（今日本冲绳）、安南（今越南北部）、占城（今越南南部）、暹罗（今泰国）、日本、爪哇（今印度尼西亚爪哇岛）、满剌加（今马来西亚马六甲）、苏门答腊（今印度尼西亚苏门答腊岛北部）、真腊（今柬埔寨和越南南部部分地区）、渤泥（亦作淳泥，今加里曼丹岛北部和文莱一带）、撒马儿罕（今乌兹别克斯坦萨马尔罕）等十几个国家。根据朝贡次

① 值得注意的是，《国语·周语上》、《尚书·禹贡》中的“天下”范围，如果按照“五服”计算，即方圆五千里；《周礼》中的“天下”则有“九服”，即方圆一万里。至于“畿服”中的“五服”“六服”，或者是“九服”和“九畿”，在现实中均难以存在，因为它不仅不符合中国实际的山川河流极不规整的地理特点，而且世间也不会有如此呆板地按照几何图形正方形层层外推的划界法。

② 参见李云泉：《朝贡制度史论》，66～69 页，北京，新华出版社，2004。

数的多寡、政治隶属关系的强弱以及对中国文化认同程度的不同，明朝与朝贡国的关系大体可分为以下三种类型。

第一，实质性的朝贡关系。其主要特征是朝贡国向明朝称臣，定期遣使朝贡，采用明朝年号、年历等；明朝政府则对其国王予以册封、赏赐，对其贡物进行回赐等。这种朝贡关系具有较强的政治隶属性，是封建君臣主从关系在对外关系上的延伸和宗藩关系的具体体现。与明朝具有这类朝贡关系的国家主要有朝鲜、琉球、安南、占城等。值得注意的是，对于这些国家在王位继承过程中出现的篡逆现象以及不守华夏礼节等问题，明朝政府多以发布谕令、遣使责问、“却贡”等方式进行劝诫和惩罚，而不是粗暴地干涉其内政，所以就其主流而言，这种朝贡关系是和平主义的，对内政的干涉并非其本质特征。

第二，一般性的朝贡关系，指在一定程度上认同中国文化，并曾接受明朝皇帝授予的封号，定期或不定期地来华朝贡的国家，如日本、暹罗、爪哇、满剌加、苏门答腊、真腊、渤泥、三佛齐、苏禄等。一般性的朝贡关系不具有君臣主从关系的真实内涵，随意性较强，朝贡的经济意义更为明显。

第三，名义上的朝贡关系，指纯粹的朝贡贸易关系。在朝贡体制下，明朝前期的一切对外贸易关系都以朝贡的形式存在，许多海外国家遣使来华，不过是借朝贡之名，行贸易之实罢了。明代典籍所载一百多个朝贡国中，大多数与明朝具有名义上的朝贡关系，而且在整个明代朝贡次数只有一两次的国家占朝贡国总数的一半还多。

明代的朝贡制度由贡期、贡道、朝贡规模的限制、表文与勘合、贡物、回赐、册封以及朝贡制度的组织管理构成（见表12-2）。

表12-2　明代主要朝贡国的始贡时间、贡期、贡道一览表

国名	始贡时间	贡期	贡道
朝鲜	洪武二年（1369）	一年三贡	由辽阳、广宁入山海关
琉球	洪武五年（1372）	二年一贡	由福建闽县
安南	洪武二年（1369）	三年一贡	由广西凭祥州
占城	洪武二年（1369）	三年一贡	由广东
暹罗	洪武四年（1371）	三年一贡	由广东
日本	洪武七年（1374）	十年一贡	由浙江宁波府
爪哇	洪武五年（1372）	三年一贡	由广东
真腊	洪武四年（1371）	贡无定期	由广东
三佛齐	洪武四年（1371）	贡无定期	由广东
渤泥	洪武四年（1371）	贡无定期	由福建
苏门答腊	永乐三年（1405）	贡无定期	由广东
满剌加	永乐三年（1405）	贡无定期	由广东
吕宋	洪武五年（1372）	贡无定期	由福建
撒马儿罕	洪武二十年（1387）	五年一贡	由甘肃嘉峪关
鲁迷	嘉靖三年（1524）	五年一贡	由甘肃嘉峪关
哈烈	永乐七年（1409）	三年或五年一贡	由甘肃嘉峪关

资料来源：李云泉：《朝贡制度史论》，73页。

关于贡期。明朝政府根据政治隶属关系的强弱和朝贡关系的疏密，只对实质性的朝贡国和一部分一般性的朝贡国规定了贡期。其他国家或偶尔朝贡，或朝贡间隔时间长，不可能也没有必要对其规定贡期。

关于贡道。自汉唐以来，各国贡使不论从海路还是陆路来华，根据距离远近、交通是否便利等情况，皆有固定的登陆口岸和入关地点，然后按规定的路线进京。这就是所谓的贡路。明朝政府对各国的贡道特别是进出地点有明确的规定，如规定“宁波通日本，泉州通琉球，广州通占城、暹罗、西洋诸国”。若不按规定贡道前来，则却其贡，禁止贡使入境。

关于朝贡规模。对于朝贡国而言，朝贡不仅是对华贸易的代名词，而且可以借机获取明朝政府的赏赐，因而其常常组织庞大的使团，携带大批贡物前来。明朝政府出于节约财政开支和边境安全的考虑，不得不对朝贡规模加以限制。这主要表现为对从海路而来的日本、琉球的贡船数量、人数以及西域诸国贡使进京人数的限制。

关于表文与勘合。向明朝政府呈递官方文书，即所谓表文，是各国遣使朝贡的必备手续和前提条件。在君臣尊卑观念甚强的古代中国，“表”是大臣上奏皇帝言事陈情的法定文书的体裁之一。将其用于朝贡制度，则是政治隶属关系的象征。而勘合是明朝时在国家事务管理中被广泛采用的一种纸质凭证或文书，它类似于今天公文骑缝的公章、公文存根，其突出作用是通过对其印识、字号与内容的比较、勘验，辨别真伪，防止欺诈。将勘合用于朝贡制度，无疑是明代国家制度在对外关系上延伸的又一佐证。明朝政府将海外国家的对华贸易纳入朝贡制度，规定“四夷入贡中华，必奉表文”，意在通过朝贡的政治属性体现其经济利益。这样，“奉表称臣”，成为海外国家对华贸易的敲门砖。据日本史籍记载，朝贡表文的一般格式是：首先以臣子的身份对明帝称颂一番，然后说些派遣专使恭候明帝起居、兼贡方物之类的话语，署名“日本国王臣某某”，并用明朝年号。[①] 不奉表文的非官方贸易行为，将被拒之门外。比如，明太祖对不奉国王表文而私自朝贡的日本使团，多次却其贡。

关于贡物。明朝时朝贡国所进贡物种类繁多，以本国土产为主，也有少量的舶来品。从明朝统治者对贡物的态度、贡物的种类及用途可以看出，接受朝贡，是君臣主从关系的象征，为历代统治者所重视，至于贡物的多寡，往往在所不论，“宁使物薄而情厚，毋使物厚而情薄”[②]。

关于回赐和封赏。与朝贡相对应的是，明朝政府在贡物的回赐以及对朝贡国国王、使臣的赏赐等方面的一套制度，其基本原则是“四夷朝贡到京，有物则偿，有贡则赏”[③]。但正贡体现的是臣下对天子的孝敬之情，不能以钱财衡量，所以正贡“例不给价”。所谓“有物则偿”指对正贡以外的“附进货物”采取官方给价收买的办法。所谓“有贡则赏”，指每次朝贡时，明朝对贡使一行按等级进行赏赐，此外还不定期地赏赐朝贡国国王及王室成员。

关于册封制度。它作为朝贡制度的主要内容之一，历来为中国封建统治者所重视。从册封的性质和作用看，明朝对朝贡国的册封分为实质性册封和利益性册封两种。前者针对实质的朝贡国（属国），后者针对一般性的朝贡国。对属国的册封，虽然是政治从属关系的标志，但在其王位继承问题上，明朝一般不加干预，按其所请，遣使册封。即使朝鲜、安南发生大逆不道的篡位事件，明朝也不过以“却贡”相威胁。

关于朝贡制度的组织机构。明朝礼部是朝贡事务的主管机构，掌管外事政令的制定与实

① 参见［日］木宫泰彦：《日中文化交流史》，胡锡年译，547 页，北京，商务印书馆，1980。

② 《明太祖实录》卷八十九，洪武七年（1374 年）五月壬申。

③ 《明宪宗实录》卷六十三，成化五年（1469 年）二月甲午。

施。凡遇外事活动，礼部或依例行事，或奏请皇帝定夺。而有关朝贡的具体事宜由其下属主客司负责，其主要职能包括：(1) 查验朝贡勘合与表文，验明贡使身份、官位，是否按规定贡道而来，并确定相关的接待和赏赐标准。(2) 审核朝贡表文，考核四夷馆译字生、通事，严禁其与外国贡使私自接触，以防泄露国家机密。(3) 清点贡物，登记后移交内府，由内府估验定价，以确定负载货物的给价、回赐数目。(4) 保管明朝使臣记录的有关朝贡国风土物产等方面的资料。(5) 管理会同馆。会同馆是明朝中央政府专供各处夷使、王府公差、内外官员的接待机构，还是贡物的中转机构，贡物到京后，一律先于会同馆存放或存养，然后按其种类确定具体的处理办法。同时，会同馆还是开放贸易的场所，进贡使臣入居会同馆后，其活动自由受到限制，短暂的交易也被严格限制在会同馆内。除了礼部主客司和会同馆之外，四夷馆、鸿胪寺、行人司、市舶司和边境地方政府的有关机构也具有处理朝贡事务有关事宜的权力。

中国历代相沿的朝贡制度起码具有以下主要特点。

第一，等级制。朝贡制度作为古代中国处理民族关系、对外关系的制度，其建立的前提是政治上的臣属。从理论上讲，它是在华夏中心意识和大一统理念的支配下，中国内部封建身份等级制度在对外关系上的延伸。以朝贡制度为核心的所谓东亚国际秩序或华夷秩序以中华帝国为中心，周围夷狄各国接受册封，向中国朝贡。因此，它虽然是若干国家的联合体，但其中各国相互之间不发生直接的关系，而是完全依与中华帝国的直接关系构成一元化上下秩序。而朝贡制度的不平等性主要体现在朝贡表文和朝贡礼仪上，重名不重实，具有形式主义和象征性的特点。

第二，互利。朝贡制度包括朝贡国一方的称臣纳贡和宗主国一方的册封赏赐等内容，是以中国为主体的双向交往制度。当然，对贡封双方来说，各自的利益原则并不相同。费正清认为："对于中国统治者而言，朝贡的道德价值最重要；对于蛮夷来说，最重要的是贸易的物质价值。"① 王铁崖教授也曾经指出："这个制度的功能在皇帝看来主要是维护中国作为'中央国家'的安全和不可侵犯性。在贡国方面，它们获得的利益更多。它们的统治者由于皇帝的册封，使他们的统治合法化，因而他们的统治在人民面前提高了。他们受到帝国的保护而防止外国的侵略，而且还可以在遭受自然灾害时请求援助。由于朝贡，贡国从皇帝那里得到丰盛的赠品，而且更重要的是，它被允许与中国进行有利的贸易。朝贡关系也加强了双边之间的文化关系。"② 朝贡制度的现实依据是利益的交换。通过封赏和朝贡贸易，朝贡国获取了巨大的经济利益，而中国换来的不仅是它们对自己宗主国地位的承认，更重要的是，通过与边境少数民族和邻国建立稳定的朝贡关系，中国获得了安定的周边环境，从而达到"守在四夷"的政治目的。

第三，和平。从世界历史的发展进程来看，如果把朝贡制度下的中外关系看作是一个国家体系的话，那么，只有16世纪以后逐渐形成的近代欧洲国家体系可以与之匹敌，而后者的一个重要特征是对外扩张。与此形成鲜明对照的是，以礼仪之邦、天朝上国自居的古代中国的统治者将对外交往纳入朝贡制度的框架，目的在于和平自守，维护农业文明的社会稳定，并且通过和平方式将中华文明带给周边少数民族和外国。一般来讲，除游牧民族建立的蒙古政权凭强大的武力东征西讨外，中国对周边国家的武力征服皆发生于特定的历史阶段和特定的历史背景

---

① J. K. Fairbank, "Tributary Trade and China's Relations with the West", *Far Eastern Quarterly*, Vol. 1 (2), 1942, p. 139.

② 王铁崖：《中国与国际法历史与当代》，载《中国国际法年刊》，1991，18～19页。

下。例如，明永乐年间，明朝大举进攻安南，是因为安南不仅入侵边境，而且将明朝保护的前朝嗣位（越南陈朝）之君截杀于边境，这无疑是对明朝宗主地位的公开挑战；又如，清太宗皇太极征服朝鲜，意欲孤立明朝，进而使朝鲜改宗清廷。对于与中国保持实质性的朝贡关系的属国，如朝鲜、安南、琉球，只要它们不公开藐视天朝的权威，按既定制度称臣纳贡，中国对其内政便不予干预。至于那些数量众多的一般性朝贡国，它们是否朝贡完全是一种自愿行为，不受中国武力强弱的左右。这种和平主义特征来源于儒家的德治观念。在古代中国，理想的统治者是道德的化身，“四夷来朝”往往被看作是其德之远播与感化的结果，而不是武力的炫耀的产物。同时，“四夷来朝”又是太平盛世的一个重要表征。①

也正是在与中国的接触的过程中，通过朝贡制度，东亚各国间逐渐形成了以中国古代法为中心的中华法系。

第二节　古罗马的行省制度和罗马法系的形成

古罗马的历史从王政时期（公元前 8 世纪到公元前 6 世纪）开始，经过共和国时期（公元前 6 世纪到公元前 1 世纪）、帝国时期（公元前 1 世纪到 3 世纪），直到罗马帝国分裂为东西两个部分。公元 476 年西罗马帝国被推翻。贵族与平民的斗争、罗马人与非罗马人的斗争相互交织在一起，共同构成了古罗马社会和法律发展的两条主线。平民的胜利，即贵族不得使平民沦为奴隶，使罗马成为一个由自由人组成的平等社会，罗马社会中人不再按照等级身份排列。这成为罗马法作为“商品生产者社会的第一个世界性法律”② 的主要原因。但是，平民的胜利又使罗马失去了奴隶劳动力的主要来源，于是其只有靠不断地对外发动侵略战争，来扩大自己的疆界，扩充奴隶劳动力的来源。奴隶作为生产力的主要来源创造了古罗马的文明，但是他们没有独立的身份。也就是说，罗马公民的平等是建立在对被征服的非罗马公民的不平等的奴隶制的基础上的。商品生产者社会的第一个世界性法律是以它的对外扩张、对海外行省的赤裸裸的掠夺和原始积累为基础的。正是在这种意义上，恩格斯说：“在希腊人和罗马人那里，人们的不平等的作用比任何平等要大得多。如果认为希腊人和野蛮人、自由民和奴隶、公民和被保护民、罗马的公民和罗马的臣民（该词是在广义上使用的），都可以要求平等的政治地位，那么这在古代人看来必定是发了疯。”③ 这与古代中国等级制的法律制度形成了鲜明的对照。在中

---

① 参见李云泉：《朝贡制度史论》，314～322 页。

② 《马克思恩格斯选集》，3 版，第 4 卷，259 页。

③ 《马克思恩格斯选集》，3 版，第 3 卷，481 页。在罗马法上，人作为法律上的权利义务主体，有一个发展的过程，反映在概念上就表现为以下三种：生物学意义上的人称为“homo”，具有主体资格的人称为“caput”（“caput”原指“头颅”或书籍的一章），只有当“homo”具有“caput”时，才是法律意义上的“人”（persona）。这种人在法律上的地位称为“personalita”（人格）。根据罗马法的规定，并非一切人均为权利主体。在罗马时代，作为权利主体的人除了是人以外，还需具备其他条件：首先，其须为“自由民”（status libertatis），即享有在法定限度内按照自己的意愿处置其人身和行动的自由权；其次，就民法关系而言，其还应当是“市民”（status civitas）。完全丧失自由权的人为“奴隶”（schiavi）。奴隶既无婚姻资格，也无交易资格，只能为权利的标的而非权利主体。由此可见，法律人格是人在法律上的地位，何人有人格，何人无人格，表达了立法者对人的一种基本看法。而罗马法上人与人格的分离，从根本上反映了古代罗马社会人与人之间的不平等。

国，等级间的不平等，不论是在华夏内部从君主到士大夫、从君子到小人的不同等级，还是对“四夷”，都是依据同样的原则，等差有序。这是中国构筑古代社会的一以贯之的法律和制度的原则；而在古罗马，罗马公民间是平等的，而罗马公民与非罗马公民间是不平等的，奴隶根本不具有独立的人格，对内与对外的法律和制度由两个不同的原则支配。

公元前450年编纂完成的《十二铜表法》是罗马第一部成文法，共有105条，涉及土地占有、债务、家庭、继承和诉讼等方面的法规。它反映了罗马共和国时期贵族与平民之间的斗争。一方面，它用法律的形式固定了自由民和奴隶间地位和权利的不平等，规定平民与贵族间不得通婚，规定了债务奴隶制——对于限期届满的债务人，债权人有权以铁链扣押债务人60天，并将债务人押赴集市三次，如有人为之赎身，债务被视为清偿；如无人赎取，则债权人可将债务人杀死，甚至可以肢解其身，也可将其出卖作为奴隶。另一方面，《十二铜表法》的许多内容又体现了平民斗争的胜利成果，如规定任何人非经审判，不得被判处死刑；限制利率，每月利息不得超过1%；还规定了还债30天的“恩惠期”，从而对贵族无法无天的暴行有所限制。公元前449年的卡努雷阿法案容许平民和贵族缔结合法的婚姻。公元前367年的李锡尼-赛克斯法案限制大地产，允许债务人把已支付的利息算成本金还债，但仍然没有废除债权法。这一法案还规定执政官中必须有一人是平民，祭司中有一部分必须由平民担任。债权法直到40年之后才被废除。根据公元前287年的霍腾西阿法案，平民大会所通过的决议和全体公民大会的决议一样有效。实际上在公元前339年以前，平民会议的决议就可能已经具有这样的性质。平民的上层因为上述的各种法案而取得和贵族相当的地位，二者逐渐融合成新贵族。

平民的胜利扩大了共和国的社会基础，增强了罗马的军事实力，帮助这一城邦国家通过战争在意大利和地中海地区建立了霸主地位。在平民取得自己平等权利的同时，罗马法律规定不得使罗马公民为奴隶，因而罗马只好依靠发动战争使其他民族的人充当奴隶，以维持罗马的繁荣。

在人类历史的大舞台上，罗马民族的迅速崛起与称霸地中海区域令人瞩目。从公元前509年罗马共和国的诞生到公元前167年马其顿战争的胜利，仅三百年间，罗马已由意大利台伯河畔的一个小国跃居成为统治整个地中海区域的霸国。从公元前241年第一个罗马行省——西西里行省的建立到公元476年西罗马帝国的灭亡，罗马对地中海区域的统治整整持续了七百余年。

自公元前241年起，罗马对第一块“海外领土”（即西西里行省）的管理，就俨然一副大国统治者的模样。罗马拒绝给予西西里岛“平等盟员”的身份与权利，并公然宣称，西西里是“罗马国家的领土”，从而开了赤裸裸吞并被征服地区的领土、剥削被征服民族的霸国强权政治的先河，西西里岛成为罗马的第一个行省。公元前227年，罗马国家的首批行省总督上任，标志着罗马行省管理体制正式建立。到公元前1世纪和公元1世纪时，在地中海区域的绝大多数地区都建立了罗马行省。行省制度经过长期的实践得到不断的完善与发展，成为罗马统治地中海区域行之有效的政治机制。在公元120年罗马共有54个行省，而到公元3世纪罗马的行省已经扩大到109个。

【专栏11.1】

公元3世纪的罗马行省

（1）东方区，18行省

大利比亚、小利比亚、底比斯、宙维亚埃及、赫拉库勒埃及、阿拉伯、阿拉伯奥古斯塔黎巴嫩、巴勒斯坦、腓尼西亚、叙利亚、奥古斯塔幼发拉底、西里西亚、伊索利亚、塞浦路斯、美索不达米亚、奥斯罗纳。

(2) 本都区，7行省

比斯尼亚、卡帕多西亚、加拉提亚、帕夫拉哥尼亚、狄奥斯本都、本都托勒密、小亚美尼亚。

(3) 亚细亚区，9行省

吕西亚庞菲利亚、第一弗里吉亚、第二弗里吉亚、亚细亚、吕底亚、卡里亚群岛、比提尼亚、赫勒斯滂。

(4) 色雷斯区，6行省

欧罗巴、罗德岛、色雷西亚、海密蒙都斯、西徐亚、小美西亚。

(5) 美西亚区，11行省

达西亚、大美西亚、达旦尼亚、马其顿、帖撒利亚、亚加亚、普兰西瓦尼亚、新伊壁鲁斯、旧伊壁鲁斯、克里特。

(6) 潘诺尼亚区，7行省

小潘诺尼亚、萨文西斯、达尔马提亚、瓦勒利亚、大潘诺尼亚、河滨诺里库姆、内陆诺里库姆。

(7) 不列颠区，6行省

第一不列颠、第二不列颠、大恺撒不列颠、弗拉维恺撒不列颠。

(8) 高卢区，8行省

第一比尔吉卡，第二比尔吉卡、第一日耳曼尼亚、第二日耳曼尼亚、西昆尼亚、第一鲁格顿尼、第二鲁格顿尼、加雷、比奥尼阿尔卑斯。

(9) 维也纳区，7行省

维也纳、第一纳尔波、第二纳尔波、尼奈人省、第一阿奎坦尼亚、第二阿奎坦尼亚、滨海阿尔卑斯。

(10) 意大利区，16行省

威尼提亚、伊斯特利亚、弗拉米尼亚、比塞努姆、托斯齐亚、翁布里亚、亚普利亚、卡拉布里亚、路卡尼亚、科西嘉、小阿尔卑斯、莱提亚、阿米利亚、利古里亚、萨谟尼安、坎帕尼亚、西西里、撒丁、瓦拉西亚。

(11) 西班牙区，7行省

波提卡、路西塔尼亚、迦太基、加拉西亚、塔尔科尼、毛里塔尼亚、丁吉塔尼亚。

(12) 阿非利加区，7行省

宙吉塔尼亚代行执政官省、比萨西纳、努米底亚西尔特、努米底亚米里提纳、恺撒毛里塔尼亚、西菲西斯、特利波利塔纳。

资料来源：http：//www.no1190.net/bbs/cgi-bin/forums。

注：每一区所列出的数字与所列出省数不尽一致。这是由于戴克里先改组时的数字与此表编造时的数字不尽相同。此表编造在数世纪后，行省数有了改动。

罗马帝国的每个行省都由一名官员即总督管辖。从公元前2世纪中叶起，罗马逐渐形成一套对行省的组织管理制度。每当筹建一个行省时，元老院首先对此行省作出原则决定，并派出十人委员会协同征服该地区的军事统帅具体执行决定，共同制定有关该行省的基本法规，确定行省内城市或公社的行政划分和法律地位。总督拥有该行省的军事、民政和司法全权。其下属人员中，配有一位财务官，负责管理财政和军需供应；另有一位或多位副将，由元老担任，可代理行使总督的部分职权；此外还配备一些副官。因为行省远离罗马，总督实际上不受同僚官员协议和保民官否决权的限制，在司法方面除了涉及罗马公民的案件，也不受上诉权的束缚，所以，总督在行省中握有绝对权力。这就为行省总督滥用职权、横行不法、搜刮钱财提供了便利条件。

行省由征服而来，被视为罗马国家的财产，其居民被视作外国投降者。但在行省中各城市地位不一，视它们对待罗马的态度而定。少数对罗马忠实而友好的城市，被列为自由城市。这种城市又分为同盟城市和非同盟城市两类：前者与罗马缔结盟约，其地位较为独立和稳固，后者根据元老院颁布的法令取得地位，随时都有可能被改变。它们享有全部或部分自治权，居民保有土地，平时免税，战时为罗马提供军队或舰船。向罗马降服的城市占据大多数，被列为纳税城市。这些城市虽然保留自治机构和处理一些内部事务的权力，但被置于行省的管辖和监督之下，其居民保有土地，每年须向罗马缴纳赋税。至于对罗马抵抗到底的城市，则被彻底摧毁，土地充作罗马公有地。

行省制度是罗马奴役海外被征服地区人民的一种形式。罗马对行省课征赋税，一般沿袭该地区以前统治者的旧制，所以，各行省的税收制度因地而异，不尽相同。税收的主要来源是土地税，由耕地和种植园的所有者负担。在西西里，根据土地每年的收入抽取什一税，以实物交付；在亚细亚，什一税折成货币缴纳；在西班牙、马其顿和阿非利加，则征收固定的贡赋。对放牧的牲畜按头计算收取年金。对港口进出口的货物也要征收5%的关税。此外，罗马在行省的官吏和军队的费用，都由该省居民负担。

在整个古罗马的历史上一直伴随着非罗马公民争取罗马公民权的斗争，这一斗争的制度化的表现是市民法和万民法之间的二元论及最终的相互融合，直至公元212年卡拉卡拉皇帝将公民权授予了全帝国所有生为自由民的人们。在这一过程中，罗马公民权这一概念发生了极大的变化，它变得与拉丁文化或者参与罗马城中的政治机构的活动不再有任何的关系。相应的，“ROME”这个词不再是指台伯河畔的那座城市，而是代表着所有在罗马皇帝管辖之下的地域。在这个意义上，所有罗马皇帝的属民都是罗马人。①

总之，古罗马的行省制度和中国的朝贡制度给我们提供了两个古代大帝国处理与周边国家关系的两种模式。与古代中国的朝贡制度相比较，古罗马的行省制度具有以下特点。

第一，军事征服。古罗马的行省制度主要是靠军事征服的方式维持的，每个行省都由罗马皇帝派总督统治，而中国的朝贡制度主要是靠政治上的隶属关系、经济上的朝贡与封赏关系、朝贡形式的贸易、文化上的德治和“怀柔”观念维系，中国很少干涉朝贡国的内部事务，更没有派官吏到朝贡国直接统治或管理。

古罗马的行省制度建立在武力征服的基础上，仅用几个世纪的时间，罗马就从一个狭小的城邦国家发展到覆盖意大利半岛，最后横跨欧、亚、非三大洲的大帝国。在短期内靠军队来维持秩序是可能的，但是长期下去行政管理问题、军队补养问题、经济生活问题以及文化差异必然使罗马的统治者应接不暇，最后使罗马帝国在野蛮人的入侵面前走向崩溃。而古代中国的朝贡制度虽然也和国力的强盛有关，但古代中国没有依靠强大的军事、政治、经济资源而要求周

---

① 参见周枏、吴文翰、谢邦宇：《罗马法》，23～29页，北京，群众出版社，1983。

边国家朝贡，而且在古代中国的历史上也确实存在过相反的情况，即古代中国向周边国家或少数民族朝贡。但古代中国作为一个农业国，它基本上不是建立在武力征服和掠夺的基础上的，而是通过朝贡贸易、礼仪教化来“怀柔四夷”、稳疆固土。这种制度在19世纪中叶西方资本主义入侵中国以前实行了几千年。

第二，经济掠夺。古罗马的行省制度以军事征服为手段，以掠夺为目的，古罗马的繁荣是建立在对海外行省的掠夺的基础上的。而古代中国的朝贡制度具有互利性，古代中国皇帝通过朝贡制度来满足自己君临天下、四海臣服的虚荣心和确保边境安宁，有时古代中国皇帝对朝贡国的赏赐甚至比贡物的价值还高得多，而朝贡国则通过朝贡体制获得统治的合法性、安全保证和经商的好处。一些与古代中国相隔遥远的西方国家根本不可能受到古代中国的威胁，它们之所以也加入到朝贡体系中，就是因为只有通过这一体系才能获得经商的合法性。

第三，从等级制向平等关系的转变。古罗马及其行省之间的关系有一个发展过程，在初期实际类似于宗主国与殖民地之间的关系、征服者与被征服者之间的关系，只有罗马公民才享有公民权，而非罗马公民则不享有公民权。后来随着罗马化的深入，越来越多的行省居民取得了完全的或不完全的公民权。直到公元212年所有的罗马居民都取得了公民权。这样，所有的罗马行省的居民在法律上都是平等的。[①] 而在古代中国的朝贡制度中，古代中国与朝贡国之间的关系是按照国内的等级制安排的，它们之间没有平等的关系。反映在法律上，罗马法在市民法和万民法统一以后，逐渐成为以私法为中心的适用于平等主体之间关系的法律，而中国的私法始终不发达，调整进贡和赏赐之间关系的规范、调整不平等主体之间关系的规范多属于行政管理规范。

第三节　封建制度下不同法律制度之间的关系

无论中外，对封建主义历来有不同的理解。在当代中国，人们往往把春秋战国作为从奴隶制到封建制转变的时期，其后一直到1840年鸦片战争，中国都属于封建社会。但是在古代中国的用语中，西周是封建制的典型时期，在秦统一中国建立中央集权的国家之后，方有“废封建，改郡县”的特点。而在欧洲，封建制指的是在罗马帝国由于野蛮人的入侵而崩溃以后所建立的土地分封制度，主要指从9世纪到14世纪，而不包括其后15、16世纪在欧洲形成的中央集权的国家。这里实际涉及两个封建主义的概念，一个是经济的，另一个是政治法律的。就经济意义而言，封建主义指的是一种生产方式，即农民对土地的依附关系。无论是古代中国春秋战国时期的封建割据、秦汉以来的中央集权的国家，还是西欧中世纪的封建制和以后的中央集权的国家，就生产方式而言都具有封建主义的特征。而就政治法律意义而言，封建主义指的是

---

① 实际上，对自己国家的公民平等对待，而对其他国家的公民不平等对待，把本国公民的权利平等建立在对其他国家的公民不平等之基础上，不限于古罗马时期。16世纪中期《威斯特伐利亚和约》在确定了主权平等原则之后，也只是确认在列强之间的平等，而西方列强从来没有停止它们对殖民地的扩张。在当代国际关系中我们也看到，西方国家内部公民权利的保障水平和社会的福利水平确实获得了很大的提高，但是这种提高同样是建立在对第三世界国家的超经济的掠夺和不公平的世界经济秩序之基础上的。参见胡玉娟：《古罗马帝国的亡灵与新帝国主义论》，见中国世界史研究网，http：//www. xslx. com/htm/xslx/。

一种政治法律制度，即国王或皇帝把土地分封给诸侯，而诸侯又把土地分封给陪臣，在国王与诸侯之间、诸侯与陪臣之间就建立了一种权利与义务关系，下一级对上一级效忠，上一级对下一级进行保护。按照这样的标准，古代中国西周的分封制在经济意义上不是封建制，但在政治法律意义上是封建制，而秦汉以来的中央集权的国家在经济意义上是封建制，在政治法律意义上不是封建制；欧洲中世纪的封建制在经济和政治法律意义上都是封建制，而15、16世纪的中央集权在经济意义上是封建制，在政治法律意义上则不是封建制。就政治法律意义上的封建制而言，古代中国西周的封建制和欧洲中世纪的封建制之间有相似之处，都想用分封的方法解决中央的皇权和地方权力、其他民族的权力之间的关系问题。但它们之间也存在不同之处：在形式上，西方的宗主和附庸之间互有义务，但是附庸对宗主的宗主没有义务，宗主对附庸的附庸也没有支配权，即所谓的“我的附庸的附庸不是我的附庸”。而古代中国西周时期的分封制则把周王视为全国最高统治者，是诸侯们和天下人的共同主子。诸侯及其属民都是周王的臣属，必须服从周王的命令。此即所谓的“普天之下，莫非王土；率土之滨，莫非王臣”。

一、古代中国西周的封建制

中国的封建制起源于西周。商周时期统治者直接治理的城邦，也就是所谓的“国”，其实很小。相传商初有三千国，周初有一千八百余国。最高统治者“王”的直辖版图也不大，孟子曰：“汤以七十里而王，文王以百里为王”。对于“王”直辖区域以外的广大地区，周王因循前代，用分封诸侯的办法来加强对它们的统治。此即所谓的“封邦建国，广建诸侯，以藩卫宗周”。周初分封的诸侯一是王室子弟，二是异姓贵族，三是古代圣贤或帝王的后代。分封制的内容主要涉及作为西周的最高统治者周王与被分封的地方诸侯双方之间的权利与义务。分封，就是封邦建国的意思。周王把国都附近的地区划为王畿，由周王直接统治。把王畿以外的地区分封给诸侯，让他们建立诸侯国，镇守疆土，保卫王室。被分封的诸侯，接受周王的册封和礼器，对周王承担纳贡和朝聘的义务，并随周王参与出征、祭祀、吊丧庆贺等事项。如果诸侯间发生了争执或冲突，则由周王进行调解和处理。周王是全国最高统治者，是诸侯们的共同主子。诸侯是周王的臣属，必须服从周王的命令。对于不尽义务或反抗的诸侯，周王有权进行处罚乃至征讨。在西周鼎盛时期，周王对诸侯拥有很大的权威：各封国的诸侯要定期朝见周王，报告自己国内的情况，听取周王及其辅佐的指令。如临时发生重大事故，要及时向周王报告。他们还必须向周王贡献封国的产物和周王需要的东西。他们还有保卫王室的义务，包括为周王提供作战的军队。如果他们不履行自己的义务或超越周王赋予他们的特权，周王可以收回或削减他们的爵禄，改变他们的封地，可以废除和另立国君，甚至灭掉他们。

分封制也是一种分级立宗制，不仅仅是周天子分封诸侯，诸侯在其封国内也要进行分封，封其子孙或其他贵族为卿大夫，给予一定的土地；卿大夫在其封地内也要分封，封其后代为士，分给采邑；士以下不再分封。

分封制中封国是世袭的，诸侯在自己的封国之内享有行政、军事、经济等权力，有相对的独立性。这就使周王无法对诸侯势力进行直接干涉和控制。随着时间的推移，诸侯间力量的发展与差距越来越大，出现了一些力量强大的诸侯国。曾经出现的“楚庄王问鼎”的故事，足以说明周王室的地位在强大的诸侯面前受到的挑战。西周后期，周王室衰微，礼崩乐坏，周王逐渐失去了“天下其主”的地位，不但不能再对诸侯发号施令，反而在政治上、经济上越来越依赖强大的诸侯。春秋战国时期，强大起来的诸侯国开始“挟天子以令诸侯”，争霸中原。最后在战国时期分封制逐渐被郡县制取代。

与封建制同时产生的还有宗法制度（见图 12-1）。古代中国的早期国家（夏、商、周三代），是在原始社会的基础上发展起来的。夏、商、周三代是一种部族国家，其政治制度带有浓厚的部族色彩，形成了以宗法制为核心的政治制度体系。宗法制的核心内容是嫡长子继承制。按照宗法制的规定，周王的嫡长子继承王位，其余的嫡子和庶子应分封到地方去做诸侯；诸侯的嫡长子继承国君位，其余诸子被分封为卿大夫；卿大夫的嫡长子继承封号，其余诸子被分封为士。嫡长子与分封下去的众子有双重关系，在亲缘上是兄弟关系，在政治上又是君臣关系。

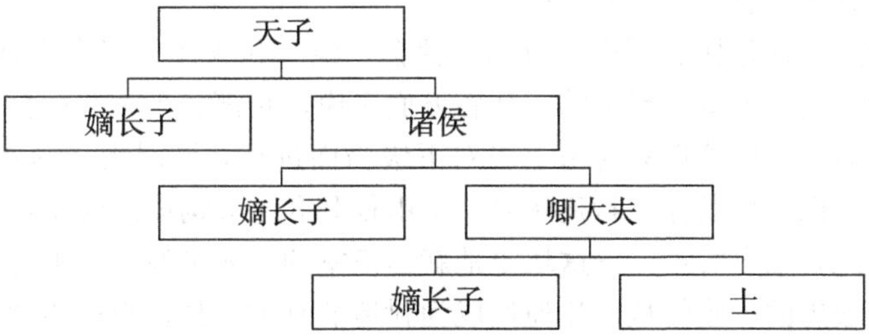

图 12-1　中国西周的封建宗法制

二、欧洲的封建制

中国的封建制起源于周王权的衰落，欧洲中世纪的封建制同样起源于罗马帝国王权的崩溃。法国著名的封建社会史专家布洛赫指出："尽管凌驾于众多小权力之上的公共权力的观念仍然持续存在，但封建主义是与国家的极度衰弱，特别是与国家保护能力的衰弱同时发生的……无数小首领所行使的政治权力表面上大部分是对'国王'权力的僭取。"① 因此，封建制是国家的反面，是对国家的否定。它表明，国家权力已经不能够提供给人民足够的经济支持和政治保证，也没有足够的力量用军事保护它的臣民。因此，社会只好通过下层结社自救的方式重新组织起来。在中国，这种结社的方式是诸侯从周天子那里僭越权力，削弱国家的权力，而在诸侯的周围重新形成一个新的权力中心，它们按照天子的权力组织，因为宗法制度已经为这种僭越准备了充分的条件，只不过看哪个诸侯能够在兼并战争中取得胜利。欧洲的封建制产生本身就是对罗马帝国王权的否定，在罗马帝国灭亡后，欧洲处于长期的分裂状态，没有统一的法律和制度："在蛮族占领的曾为古罗马辖区的大陆各行省，以及后来法兰克人占据的德国，来自不同民族的人们比肩而定居的情况，最初造成了一种非常独特的法律混杂局面，这种局面甚至会使法学教授感到头疼。将法律应用到籍贯完全不同的两个诉讼者之间，必然产生各种困难……在法兰克人统治下的高卢，碰巧有五个人聚集在一起，如果他们——一位罗马人，一位萨利克法兰克人，一位利普里安法兰克人，一位西哥特人，一位勃艮第人——中间的每个人各自服从一种不同的法律，那是毫不足怪的。9 世纪以后任何一位善于思考的观察者都不会怀疑，以前因迫切需要而实行的那种法律制度，已经变成了可怕的累赘，与一种各民族因素几乎完全融合的社会所具有的形势越来越不协调。"②

① ［法］马克·布洛赫：《封建社会》，下卷，700 页，北京，商务印书馆，2004。

② ［法］马克·布洛赫：《封建社会》，下卷，198 页。

欧洲封建制是整个社会的一种组织形式。它明确规定了每个人的社会阶层，以及不同阶层之间的关系。它包括了一种建立在土地基础上的经济制度，一般而言，一个人在封建制下的权利是和他对土地的所有权直接相关的。它还确立了一种政治体制的框架，以法律为基础，涵盖了社会和经济生活的方方面面。在中世纪的封建社会里，从理论上来说，领主在社会地位、经济和政治权利等各方面都是高人一等的。他会把他的一些封建特权分给自己的侍从（vassal），也就是一些同样是贵族出身，地位与他相当或者比他低的人。领主给予侍从种种封建特权的具体形式就是把对一块土地的支配权给予侍从——这块土地就是侍从的封地即采邑（fief）。在这种权力交接的背后，隐含了这样一个交易：领主对自己的侍从有照管和保护的责任，而反过来，侍从对他们的领主负有军事上的义务。

因此，封建制是一种包括了军事、政治、社会、经济和法律等诸多方面的一个庞大体系。它是在卡洛林王朝的废墟上生长起来的。从各方面来说，它都和当时的社会现实相适应：当时的通讯方式非常落后，政府管理只能由上级对下级当面进行，同时由于流通的货币非常稀缺，因而政府无法给官员们发放薪俸。封建制是一个由权利和义务构成的体系，国王从国土里分出一块作为自己的领地，亲自管理——这块土地就是王室的收入来源。国王将其余的土地以封地的形式分给向王室效忠的贵族侍从，让他们成为封地的领主，收入归这些领主所有。从理论上来说，封地是随时可以被国王收回的，而且在领主死后必须交还给国王。但是事实上，中世纪的君主们的权力一直就小得可怜，根本不足以收回已经分封给贵族们的采邑，这些采邑最后成为贵族的世袭产业。作为接受封地的回报，这些贵族承认国王是他们的领主，而他们就是国王的侍从，对自己的领主负有义务——特别是必须在领主作战时，向领主提供一定数量的武装骑士。贵族们虽为国王的侍从，但同时自己也可以是领主：他有权将自己的封地再次划分，然后将这块土地以及这块土地所包含的权利和义务一起分封给自己的侍从。

封建领主通常在他自己的领地上享有司法权，只有某些特定的大案才需要被提交给国王仲裁。他有权征收包括通路税在内的各种赋税，但同时也要负责领地内道路、桥梁和城堡的建设，还要保护领地内的穷人和孤儿、寡妇。领主和他的侍从们一起构成了贵族阶层，这个阶层有别于为数众多的农民、神职人员和城镇居民，但是这种区别直到公元 12 世纪才正式确定下来。贵族们要么是战士，要么是战士的后裔。他们对自己的侍从身份相当引以为荣。

封建制的契约完全建立在土地的基础之上，因为在那个时代，土地是唯一的资本和生活来源。正如当时的法国法律所说：“没有哪个领主没有土地，也没有哪块土地不属于领主。”但是，一块封地又绝不仅仅是一块土地而已，它还代表了接受这块土地的侍从必须接受的全部权利和义务。领主和侍从之间的这种紧密联系通过效忠仪式（homage）而得到一次又一次的确认。

除了提供一定数量的军队以外，侍从还向他们的领主负有其他形式的义务。例如，当他的领主的其他侍从被人指控时，他必须出席由领主组织的一个法庭，参与判决，因为根据当时的观念，任何人都有权让与自己同等的人来做自己的法官。如果领主的法庭不能作出最后的判决，那就只能用比武的方式，交给上帝裁决。侍从们还有义务取悦自己的领主和他庞大的随从队伍。他还必须准备支付各种名目的“救济”和“赞助”。某位侍从的继承人在继承了先人的地产后，往往必须把第一年的收入缴纳给自己的领主。在一些地方，领主对侍从的妻子享有“初夜权”。领主通常会为去世的侍从的遗孀挑选丈夫，还会为年龄幼小的侍从充当监护人。在领主的大女儿出嫁，或者长子受封为骑士，或者被敌人囚禁而需要赎金的时候，侍从们都要向他支付一笔额外的贡赋。

与古代中国西周的封建制相比，欧洲中世纪的封建制与宗法制度没有必然的联系，同时在欧洲领主与侍从之间只存在二者的权利与义务关系，侍从可以有自己的侍从，从而成为自己侍从的领主，但是“我的侍从的侍从不是我的侍从”，因此，权利与义务关系只存在于每一对领主与侍从之间，而不存在于隔代之间。而在古代中国西周，上一级领主也是其他等级的侍从的领主，天子是天下的总领主，“普天之下，莫非王土；率土之滨，莫非王臣”。因此，古代中国西周的封建制更具有整体性，而欧洲中世纪的封建制表现出相互分离的色彩。

欧洲中世纪的封建制和庄园制度之间的关系也就是政治和法律意义上的封建制与经济意义上的封建制之间的关系，前者定义了领主和侍从之间的关系，而后者则定义了侍从和他庄园里的佃农之间的关系。古代中国西周的封建制是在政治法律意义上存在的，而在经济意义上还不存在独立的或半独立的自耕农，农民依附土地的情况不存在。当时占支配地位的生产方式是奴隶制，即井田制的土地占有方式。在中世纪的欧洲，庄园一般包括一个村庄和它周围的土地。理想化的庄园是完全自给自足的，但是即使在“黑暗年代”中最黑暗的那段时间里，它还是要从外界输入一些货物——食盐、石磨，以及锻造武器和工具所需的金属。农民们被束缚在土地上，是属于他们的主人（也就是庄园主）的产业之一。农民可以租到一小块土地自行耕作，然后从收成当中分得自己的一小部分。

历史学家J.J.巴格莱（J.J.Bagley）指出，公元14世纪“标志着真正意义上的封建制的终结，强大的君主国、民族国家和民族战争开始崭露头角，并且最终在16世纪大行其道”。最初的封建制是一种交易：以义务和忠诚换取安全和稳定。但是这个交易没能一直保持下去。最后，一方仍然能够效忠，另一方却已无力提供保护了。①

问题与思考

1. 古代中国的朝贡制度有何特点？
2. 古罗马的海外行省制度有何特点？
3. 古代中国朝贡制度及古罗马的海外行省制度与各自的国内法的关系如何？
4. 古代中国的封建制与西欧的封建制有何异同？

---

① 参见［法］马克·布洛赫：《封建社会》，下卷，702～710页。

第十三章

现代不同法律制度之间的关系

本章概要

关于现代国家之间关系的法律制度是17、18世纪的产物。现代法治国家的发展分为两个阶段，第一阶段是中央集权的专制主义国家，第二阶段是自由主义的法治国家。自由主义的法治国家仅仅是西方国家的内部法律制度，所谓威斯特伐利亚体系所确立的现代国际关系的准则，也仅仅限于宗主国之间的互相尊重主权和不干涉内政。殖民地不是主权平等的国家，它们根本不包括在威斯特伐利亚体系的范围内。

关键术语

民族国家　法治国家　中央集权的专制主义国家　自由主义法治国家　威斯特伐利亚体系　殖民体系

现代可以分为两个阶段，第一个阶段发生在1500年到1850年，第二个阶段则发生在1850年到1945年。从全球的视角来看，现代的第一个阶段出现了以殖民化为标志的政治和军事的扩张，在欧洲表现为中央集权的君主专制国家，在世界其他地区则表现为殖民地、半殖民地的形式；第二个阶段在欧洲和北美表现为资产阶级国家，而在世界其他地区除了殖民地、半殖民地的形式之外，它们在取得了民族独立之后则表现为经济上对欧美的依附地位。

我们这里所关注的仍然是制度化方面。关于第一个阶段我们主要讨论法治国家存在的两种相互依赖的形式，一种是欧洲中央集权的专制主义国家即民族国家的内部法律制度，另一种则是与之相伴随的外部法律制度，即威斯特伐利亚体系。关于第二阶段我们主要讨论现代西方自由主义法治国家，包括联邦制和单一制，以及现代世界的另一极，即亚洲、非洲和拉丁美洲殖民地的法律制度。关于这两个阶段我们都将把重点放在法治国家的这两极之间联系的制度化水平和特征上。

第一节 中央集权的专制主义国家

一、欧洲专制主义国家——民族国家的产生

在欧洲历史上，“专制主义国家”有着特定的含义，它特指中世纪末期欧洲的一系列国家，它是相对于“封建主义国家”而言的。在欧洲封建主义国家中，国王只能在很小的程度上控制各地的诸侯贵族，而到了专制主义国家，国王则能在很大的程度上控制各地的诸侯贵族。在封建主义国家中，国家实际上是一些或多或少独立的领地的松散的组合体，而到了专制主义国家，则出现了中央集权，国王的中央政府拥有了绝对权威。在封建主义国家，欧洲国王们实际上是担当不起“国王”这个称号的；而到了专制主义国家阶段，国王们就变得名副其实了。但是，这些专制主义国家的疆域要比古代中国的历代王朝、罗马帝国的疆域小很多。

专制主义国家确立了“主权”（sovereign）观念。从此以后，在欧洲，在一国范围内，只有国王才有权进行行政、司法、军事上的统一管理。因此单从这个意义上说，那时的欧洲专制主义奠定了今天的欧洲现代国家的雏形，只不过当时的国家以君主主权的形式表现出来。在中世纪末期出现的专制主义国家，也奠定了从那时起直到今天的以边境划分为基础的欧洲国家划分的格局，今天我们所熟悉的英国、法国、德国、西班牙、意大利、奥地利等等，这些国家的划分，实际上都是从那时开始的。也是从那时起，才有了“英国人”“法国人”“普鲁士人”“西班牙人”“意大利人”“奥地利人”这样的民族概念，所以专制主义国家也被称为“民族国家”。

欧洲专制主义时期的法律制度，与封建主义时期的相比，起码具有两个不同的特点，即法律的统一性和基础的多元性。

统一性是欧洲专制主义时期的法律不同于封建主义时期的法律的第一个特征。欧洲封建制时代封建割据，各个封建的邦国有自己的法律，而陪臣的领地又实行自己的一套法律，封建的习惯法和各种政令丛生。在那个时代统一的规则只是罗马法和欧洲的教会法，但其作用领域有限。法律以分裂为特征，“换一个驿站就是一套法律”是那个时代法律的最典型的写照。

欧洲各主要国家如英国、法国、德国，其法的统一都与建立中央集权的国家相联系，这些国家都经历了从封建割据的邦国向中央集权的主权国家的过渡，与此相伴随的是由落后的、分散的和相互矛盾的习惯法过渡到统一的法律。英国、法国和德国在形成自己统一的普通法的时间和法律形式上不同。

第一，从时间上，英国发生这一转变最早。英国出现全国统一的普通法是在 12 至 16 世纪；而法国在 13 至 16 世纪掀起记录习惯法（coutumes generals）运动，直到 1804 年才出现了第一部统一的民法典《拿破仑民法典》；德国从封建邦国向中央集权的国家的过渡发生得最迟，它主要借助于罗马法的继受，18 世纪末出现了《普鲁士统一邦法》，但这种统一仅仅是在法律上，在实际上各个邦国的力量仍然相当强大，在德国一直存在着反对编纂统一法典运动，直到 19 世纪末、20 世纪初，由于潘德克顿学派的努力，《德国民法典》的制定才标志着德国真正摆脱了封建割据的束缚。

第二，从法律形式上，英国法的统一是通过普通法即判例法实现的，英王派巡回法院的法

官到各地审理案件，建立了在全国通行的，而不是仅仅流行于某一地方的普通法。而在法国和德国，这种过渡是以法典的形式表现出来的。在欧洲大陆也有普通法，但其含义针对的是封建邦国流行的地方习惯法。在文艺复兴时期，普通法指的是在各大学讲授的罗马法和教会法，它们存在于各国颁布的律令和在地方流行的庞杂、野蛮的习惯法之外，被视为可以通行于一切国家和一切时代的“真正的法”“文明世界的普通法”。而到了18、19世纪在以《法国民法典》和《德国民法典》为代表的欧洲各国的编纂法典运动中，这种只是在大学中存在的普通法被各国制定的法典代替，成为真正反映主权国家统一的普通法。

而就欧洲中央集权的法律制度的基础而言，多元性是其主要特色。世界历史上存在过的许多国家都是专制主义国家，但欧洲中世纪末期的专制主义国家有着自己的特点。由于它们是在封建主义的基础上出现的，贵族和城市资产阶级仍然有着一定的势力（虽然比以前有所削弱），因而，相比于古代中国、沙俄、罗马帝国这些君王势力始终很强的大一统君主官僚国家，在欧洲中世纪末期的专制主义国家中，国王的权力相对要小一些。所以杰克森·斯皮瓦格尔（Jackson J. Spielvogel）在《西方文明简史》中指出：“如果认为欧洲专制主义国家的国王实际上控制了臣属们的生活，那就是一个错觉。”“一大群特权者、有纳税豁免权的人、利益集团、用钱购买到官职的人、地方上的贵族，都限制了国王的权利。其中最突出的是土地贵族，他们的权利仍然是很大的。”① 欧洲的专制主义国家只在欧洲存在了两百年左右，随着工商业及资产阶级势力的扩张，国家性质由君主专制演变为君主立宪制或资产阶级的民主共和国。

美国哈佛大学教授昂格尔在谈到法治的产生背景时特别注意到基础的多元性问题。他指出，在欧洲历史上，中央集权的君主不得不反复地与至少两个有影响的集团较量：贵族和第三等级。在有的国家，例如英国，贵族先是被改造，接着就与中产阶级融合在一起了。在有些国家，第三等级中的大部分精英都被吸引去为君主服务，如革命前的法国和普鲁士。在专制主义发展的某个阶段，君主几乎完全扑灭了贵族和第三等级的反对火焰。但是在坚持法治的地方，贵族、第三等级或两者结合，就会通过促使政府承认他们的权力或者直接参与政府事务而在限制王权方面发挥重要的作用。例如在俄国，虽然沙皇个人的专制主义无情地粉碎了每一个独立的迹象，然而法律秩序的观念得以保存。

他特别指出，个别地看，贵族和商人不会比君主及其官僚更有理由拥护法治。从自身利益看，统治者及其助手、贵族和第三等级都不能解释使法治制度化的种种尝试。在许多欧洲社会中，君主和第三等级除了相互斗争之外，还联合起来共同反对贵族和等级制。只有在商人集团和职业团体有充分的时间于封建秩序解体的缝隙中发展起来之后，政治上的中央集权才有力量迅速和广泛地压服贵族。在某些西欧国家，君主并没有充分的权力来完全破坏第三等级的独立性，而第三等级也往往过于软弱，不能获得自治或维护自己的利益。但是君主和第三等级又往往得向贵族让步，因而相互冲突的各方不得不选择一个次佳方案。因此，自由主义国家是建立在君主制官僚政治、贵族特权和中产阶级利益这三者之间的妥协之上。这种妥协对法律来说具有关键性的意义。在昂格尔看来：法治并不是什么理想，而只不过是不同阶级之间的一种不得已而为之的妥协。统治者不得不放弃一些任意的权力，而贵族和第三等级需要放弃某些摆脱政府权力的独立性。正是通过这种相互的调和和让步，法律秩序才得以出现。就各方面而言，法治，只是在恶劣的环境中作出的最佳选择尝试。②

---

① ［美］斯皮瓦格尔：《西方文明简史》，3版，282页，北京，北京大学出版社，2006。

② 参见［美］昂格尔：《现代社会中的法律》，60～68页，北京，中国政法大学出版社，1994。

二、欧洲民族国家之间关系的制度化——威斯特伐利亚体系

1648年在欧洲乃至整个世界的国际关系历史上具有里程碑意义，这一年签订了《威斯特伐利亚和约》（Peace of Westphalia），结束了新教联盟和天主教联盟之间的从1618年至1648年的三十年战争，从而开创了欧洲国际关系史的新纪元，第一次确立了民族国家之间关系的基本原则，建立了国家间关系的体系——威斯特伐利亚体系。

由《威斯特伐利亚和约》的签订所形成的新的国家间的关系标志着，随着中央集权的专制主义国家的建立，欧洲不再像中世纪的封建社会那样是由领主与陪臣所构成的不同领地的一些政治组织的拼凑体，而是逐渐进化成一个“国家社会”，主权原则和领土原则占据优先地位。各个单独的国家权力的巩固过程同时也是一个完整的国家间体系的形成过程。每个国家的无可争议的权威的承认就是承认其他国家，其他国家在其自己的疆域内有同等的权力（利），即自治的权力和要求受到尊重的权利。国家主权观念的发展是国家间相互认可的核心，由此国家之间相互承认了对方在各自的领土和共同体内的管辖权力。主权给予一个国家统治固定疆域的权力，在国家关系中，所有国家都拥有平等的自决权成为处理国家间正式关系的最高原则。当然大多数强国之间的正式关系是什么还不确定，即这些国家绝不会把主权方面的权力和特权赋予与它们有关系的其他民族和共同体。

加拿大学者瓦拉斯·卡基斯（Kimon Valaskakis）博士把威斯特伐利亚体系归纳为五个支柱，虽然这些支柱并不表现在一个文件当中，其中的许多观点是和约签订以后的三百多年间逐步发展完善的。对这五个支柱的介绍如下。

【专栏12.1】

威斯特伐利亚体系的5个支柱

1. 国家政府是（法律）主权的唯一持有者

英语sovereignty来源于拉丁语superanus，法语为souverainete，其意义与最高权力相同。法国的博丹使用这个词为国王与反叛的封建贵族的战斗提供合法性以及加强法国国王的权力。后来君主主权发展为人民主权，1791年的法国宪法宣布“主权是不可分割、不可剥夺和不可让与的”。不管采取何种形式，主权的唯一合理的拥有者是得到承认的国家政府。

2. 主权在领土范围内实施

在威斯特伐利亚体系中，国家主权表现为对领土的控制。这是封建原则“nul terre sans seigneur”的遗产。在封建社会，土地是生产的主要因素，对土地的控制产生了经济和政治的权利。这种对不动产的偏好是威斯特伐利亚体系的核心因素，虽然19世纪和20世纪工业变得比土地更重要。在行使权力方面领土为中心的倾向仍然强大。土地是威斯特伐利亚模式的最关键部分。

3. 国家政府不仅是世界体系中的合法的主权者，而且是最强大的竞争者

拥有绝对权力的中央政府的出现促进了前威斯特伐利亚的竞争者包括封建贵族、神圣罗马皇帝、教皇、天主教会的边缘化或退出历史舞台。当它们退到后台后，占据中心的新星是民族国家政府本身。欧洲经济在17、18和19世纪的发展，最终导致更广的国际贸易和殖民扩张，大公司的地位更加突出。但是，经济仍然屈从于政治。这种使经济利益服从于国家目标的做法在18、19和20世纪对于大多数西欧国家仍然是国际关系的最突出的特征。

4. 唯一可执行的国际法以主权国家之间的条约为基础

随着18、19世纪国际关系的加强，国际法逐渐表现为两个渊源：主要的和唯一真正可执行的法律是由主权国家之间的条约所产生的协议，它只适用于签字国。国际法是被授予权力的一种形式，被转移的权力也能够通过撤销它的条约而被收回。这种国际法只是对主权至上原则的再确认，因为不能强迫任何主权国家接受它所不同意的东西。

国际法的第二个渊源，就是格劳秀斯所提出的“自然法”。在威斯特伐利亚体系形成的前三个世纪，自然法偶尔被人们理解为一种对国际行动的辩护。但它从来没有足够的勇气去凌驾于国家主权原则之上，形成对另一个国家的事务进行国际干涉的法律基础。

5. 战争是国际关系的合法的工具

威斯特伐利亚体系的一个令人吃惊的副产品是它含蓄地保留了主权国家之间的战争作为对外政策的合法的工具。克劳塞维兹（Clausewitz）的名言——“战争是通过其他的手段的政治的继续”，是在回顾威斯特伐利亚体系的形式和内容时讲的。战争的合法的可能性是主权至上的逻辑延伸。如果两个主权国家意见不一致，而又没有任何比主权更大的权力，那么冲突的解决必须通过战争。同样，正像绅士之间的决斗在18世纪成为一种解决贵族争执的恰当的方法，国家之间的战争也被认为是可接受的，只是要遵守某些规则。

资料来源：Kimon Valaskakis，“Westphalia II：The Real Millennium Challenge”，at http：//www. paricenter. com/library/papers。

在威斯特伐利亚模式中，各个国家都被认为是“独立的个别的政治秩序”，不存在一种共同的权威影响或限制它们的活动。按照这一模式，世界是由单个政治权力组成的，这些政治权力追逐它们各自的利益，这种利益追逐得到外交主动性的支持，归根到底，得到国家暴力机器的支持。在《威斯特伐利亚和约》之后，外交官的任命和互相交换，外交豁免权的法律确认，逐渐在整个欧洲固定下来，尤其是“国家的司法豁免权”和“国家代理人的豁免权”，更进一步确立了国际事务中的国家主权地位——前者确认了“任何国家不得因为行使主权范围之内的行为而在他国法院受到起诉”，后者则确认了“如果个人在作为本国代表行动时违反了另一国的法律并因此受到该国法院的审判，他不能被认为‘有罪’，因为他并不是作为单独的个人行动的，而是作为国家的代表行动的”。这些法律规定的深层次目的在于保护政府在涉及对外政策的事务时的自主权并防止国内法院凌驾于其他国家的行动之上（当然这是以所有国内法院都受到这样的限制为前提的）。在这样一种背景下，国家之间可以彼此在一种可预见的关系框架的基础上互动。

第二节　西方的自由主义法治国家

一、西方自由主义法治国家的主要特征

中央集权的专制主义国家的法律制度为法治国家的建立奠定了基础。如前所述，这种法律制度具有法律的统一性和基础的多元性的双重特点，但是这两个特点之间的矛盾统一是不能长期维持的，因为法律的统一性建立在君主专制的基础之上，而专制性从根本上说需要的是一元

性的利益结构，君主的利益是至高无上的，社会上所有其他阶层的利益，无论是贵族的还是平民的，都以君主的利益为依归。君主之所以承认其他阶层的利益，那只是因为他在反对自己的敌人的时候，需要借助他们的力量，他自己的力量还没有达到足以控制和掌握一切的程度。因此，在欧洲君主专制时期，法律的统一性和基础的多元性的矛盾统一只是这种特殊的历史条件的产物，否则它会成为像古代中国和罗马那样的帝国。多元性需要一种恰当的法律框架，把相互斗争而又相互利用的不同阶层的利益按照他们在社会中的实际地位固定下来，使他们之间的关系制度化，这就是现代民主制度下的法治国家。

法治国家植根于专制主义的法律制度，但是与专制主义的法律制度相比，它的最主要的特点恰恰是反对专制主义。反对专制主义的斗争是与 17、18 世纪欧洲一系列国家的资产阶级革命分不开的。马克思在论述 17 世纪的英国资产阶级革命和 18 世纪的法国资产阶级革命时曾经指出：这两次革命“并不是英国的革命和法国的革命，而是欧洲的革命。它们不是社会中某一阶级对旧政治制度的胜利；它们宣告了欧洲新社会的政治制度……资产阶级的胜利意味着新社会制度的胜利，资产阶级所有制对封建所有制的胜利，民族对地方主义的胜利，竞争对行会制度的胜利，遗产分割制对长子继承制的胜利，土地所有者支配土地对土地所有者隶属于土地的胜利，启蒙运动对迷信的胜利，家庭对宗族的胜利，勤劳对游手好闲的胜利，资产阶级权利对中世纪特权的胜利……这两次革命不仅反映了发生革命的地区即英法两国的要求，而且在更大的程度上反映了当时整个世界的要求”①。在这里马克思充分阐明了英法资产阶级革命的意义：它们符合当时世界历史的发展趋势，宣告了欧洲资本主义对封建主义的胜利。以英国革命和法国革命为标志，建立了一系列反映资产阶级民主内容的法律制度，这些制度与专制主义的法律制度相比，有继承关系，它们的共同点是都强调法律的统一性和基础的多元性，但是不同之处也是明显的：第一，君主专制的法律制度的统一性在于统一于君主的权力，封建领主把他们手中的权力交给一个凌驾于他们之上的专制君主，君主主权克服了封建制法的分散性和不统一性。这种统一是其后建立资产阶级法治国家的前提。而在资产阶级革命以后，法制是统一的，但这种统一建立在人民主权或议会主权的基础之上。无论采取何种政体，是君主立宪制还是民主共和制，是单一制还是联邦制，限制专制主义，不管是何种形式的专制主义，是君主专制还是元首专制、行政专制，是建立在民主制基础上的现代法治国家的主要任务。第二，君主专制的法律制度的基础是君主、贵族和第三等级利益的多元性，需要有一种凌驾于所有相互竞争的利益之上的法律来调整他们之间的关系，而资产阶级革命之后不同利益之间的相互斗争和妥协更多地表现在统治阶级和被统治阶级之间，特别是统治阶级内部的不同政治力量、政党之间，以议会为中心的政党政治、执政党和在野党之间的斗争与协调成了现代西方法治国家存在的政治前提。所谓法治国家并不是西方人才智的创造，而是现实力量斗争与妥协的结果。这里充满的不是浪漫，而是赤裸裸的交易。

下面我们以英国、法国和美国的人权与宪法制度为例，论述 17、18 世纪资产阶级革命以后所建立的现代法治国家的主要特征。由于人权与宪政问题的总括性，在某种意义上它们可以反映出那个时代的整个法律制度包括宪法、行政法、刑法、民商法、诉讼法的特点。

英国是一个没有成文宪法的国家，英国的宪政体现在一系列保障人权和国家机构关系的宪法性文件中。英国早在 1215 年通过的《大宪章》中就有对国王权力的限制和对公民权利保护

---

① 《马克思恩格斯选集》，3 版，第 1 卷，442 页，北京，人民出版社，2012。

的内容：国王不得向任何人出售、拒绝或延搁其应享之权利与公正裁判；无全国公议许可，国王不得随意征收任何赋税和贡金；任何自由民未经同等贵族的依法审判，不得被逮捕、监禁、没收财产、剥夺法律保护权、流放或加以任何其他伤害。1679 年的《人身保护法》对人权的保护作出了明确的规定：被拘禁者本人或者经他人申请，法院或法官向拘禁者发出人身保护令，要求将被拘禁者送交法院，经法院审理为不法拘禁者，应立即释放被拘禁者。英国 1689 年的《权利法案》确认了英国宪政的一系列基本原则，包括：第一，人权原则，确认英国人自古以来应享受的 13 项权利和自由，公民有对国王的请愿权，新教徒有携带武器权，有选举议员的自由，禁止过多的保释金、罚金和残酷异常之刑罚，未经审判的罚金及没收财产为违法；第二，确定了君主立宪制的政治体制，国王被纳入必须受到法律约束的范围，包括以国王的权威废除法律或停止法律的实施为违法，设置审理宗教事务的钦差法庭即其他法庭为违法；第三，确立了议会至上、议会主权的原则，包括未经议会同意平时不得保留常备军，在议会内议员有言论自由。1689 年的《抗命法》进一步确认了议会对军队的控制权。1690 年议会规定了王室费用的定额收入，确认了议会的财政预算权。1701 年的《王位继承法》进一步确认了议会权力至上的原则。1742 年沃尔波内阁因得不到国会的支持而辞职，议会内阁制正式开始，国家权力的中心从国王逐步向议会转移。这样到 18 世纪前期，形成了英国现代的人权和宪政制度。

法国的人权与宪政的历史的源头是 1789 年的《人权宣言》，自那以后，法国历史上共存在过 15 部宪法。正像英国的宪法并不是伴随着民主共和国的国家制度一样，法国的宪法历史也伴随着不同的政体，如帝制、君主立宪制和共和制，但无论是哪种体制，人权与宪政的基本精神是一致的。它集中体现在作为法国宪法开端的《人权宣言》中，包括：第一，国民主权的原则。宣言宣布整个主权的本原存在于公民之中，法律是公共意志的体现，全体公民都有权亲自或经由其代表参与法律的制定。这在原则上已经包含普选权和公民投票权的思想。第二，人权和公民权原则。宣言宣布，自由、平等、财产、安全和反抗压迫是人的自然的、不可剥夺的权利，每个公民都有言论、著述、出版和信教的自由，在法律面前所有公民都是平等的，应平等地按其能力担任一切公共职务，赋税应在全体公民之间按其能力作平等分摊。第三，三权分立的原则。宣言宣称，凡权利无保障和分权未确立的社会，就没有宪法。第四，法治原则。法律无论是实施保护还是作出处罚，对所有的人都是一样的，只有根据法律并按照法律所指示的程序，才能控告、逮捕或扣留人；任何人在其未被宣告为犯罪以前应被推定为无罪，法律只应规定确实需要和必不可少的刑罚。第五，私有财产神圣不可侵犯的原则。财产是神圣不可侵犯的权利，除非被合法认定公共需要为显然必须时，且在公平而预先赔偿的条件下，否则任何人的财产不得受到侵犯。

美国的人权与宪政制度由 1776 年的《独立宣言》、1777 年的《邦联条例》、1787 年的《宪法》、1791 年的《权利法案》以及以后对宪法的历次修正案构成。美国宪政体制的基本原则包括：第一，人民主权。美国独立的过程是以人民主权反对君权神授的过程，《美国宪法》在其序言中开宗明义地写道："我们美国人民制定并确立了这部宪法"。第二，代议制政府。它是人民主权的体制形式，即国家的主权属于人民，人民通过选举组成立法机关即议会，代议制政府建立在人民向代表、社会向国家委托权力的基础上，因此没有普选制就没有代议制，而普选制的发展有一个从基于财产、性别、种族差别对选举资格作出限制，向真正意义上的、没有任何歧视的普选制的转变过程。第三，分权与制衡。《美国宪法》所体现的分权和制衡原则表现在两个层面：一个层面是联邦与州之间的关系。《美国宪法》第 10 条修正案规定了联邦和州的权力划分的基本原则——“凡未明确授予中央或未禁止各州使用的权力，皆由各州或人民保留之”，即除了《美国宪法》第1条第8款所列举的联邦立法的领域之外，都属于州立法的领域。另一个层面是三个政府机构之间的关系。《美国宪法》确定了三权分立的体制。《美国宪法》第1条把立法权授予国会，第2条将行政权授予总统，第3条将司法权授予最高法院及国会随时制定和设立的低级法院。宪法设定了三种权力的制衡关系和政府权力有限性的概念。第四，法治。它是《美国宪法》贯穿始终的最主要的原则，人民主权、代议制和分权制衡的原则也都体现了法治原则，表现出美国政府结构的运转在法治框架下进行，但法治原则更主要地表现在对人权的保护上，《美国宪法》不仅规定了美国公民所拥有的财产权、生命权（包括人身保护状、住宅不可侵犯、禁止非法逮捕和监禁、人格尊严受到保护）、精神权（包括信仰自由、表达自由），而且规定了一系列对公民权利的宪法保护制度，比如《美国宪法》第9条和第10条修正案规定，国会和任何州都不得通过任何褫夺公民权利的法案或溯及既往的法律，任何法律不得适用于其产生之前的事件和行为；第9条修正案规定，不得因宪法只列举某些权利，而认为人民所保留的其他权利可以被取消或轻视。又如《美国宪法》第5条和第14条修正案分别禁止联邦政府和州政府不经正当程序而剥夺任何人的生命、自由或财产（正当程序原则）。《美国宪法》第14条修正案规定，任何州“不得在其管辖范围内拒绝任何人享受法律的同等保护”（平等保护原则）。所有这些规定都成为公民通过宪法伸张和保护自己权利的法治保障。

综上所述，从西方主要资本主义国家的法制发展的历史看，除了法制的统一性之外，对国家权力的限制及对人权的确认和保障是自由主义法治国家的三个主要特征。

（1）法制的统一性。自由主义法制的统一性，是指无论是单一制国家还是联邦制国家，其法制都是统一的，都不存在欧洲中世纪封建制国家法制不统一的情况。在单一制国家，虽然地方在中央授权的范围内具有某种程度上的相对独立性，但地方的法律制度不得与中央的法律制度相抵触。而在联邦制国家，虽然有两种相互独立、相互不隶属的法律制度，根据宪法，联邦有联邦的立法权和司法管辖权，州有州的立法权和司法管辖权，在一些问题上各州法律的规定或处理的结果有很大差异，但是联邦制国家的法制仍然是统一的。这是由于：首先，它们具有一部统一的宪法，联邦和州的权力是由宪法确定的；其次，一般来说，州法律适用的范围限于本州的范围内，在此范围内州法律是统一的，而联邦法律适用于州际关系和联邦的共同事务，如外交、国防、货币等，在此范围内也不允许有矛盾。这里根本不存在欧洲封建制国家那样“我的陪臣的陪臣不是我的陪臣”的情况。法制的统一性与现代民族国家主权观念是一个问题的两个方面，恰恰是由于有了民族国家的主权才可能出现凌驾于一切地方权力之上的法制的统一，而法制的统一又是民族国家主权的标志。

（2）权力的受制约性。自由主义的法治国家，无论是采君主立宪制还是行民主共和制，与欧洲专制主义国家的一个最大区别就是国家权力的受制约性。在君主立宪制中，君主是国家的代表，是名义上或实质上的国家元首，但是君主的权力不是无限的，它必须服从宪法。在许多采君主立宪制的国家，君主不是主权的代表，而是实行议会主权制。而在实行民主共和制的国家，权力制约与平衡是普遍的模式：首先，通过普选制，议会和政府都受到选民的制约，对选民负责，要实现竞选时的承诺；其次，在议会内部实行两院制，参议院和众议院或上议院和下议院或平民院和贵族院，实现社会不同阶层的人群之间的制约；再次，由于实行多党制，执政党受到在野党的制约；最后，政府的不同部门存在权力制约和平衡，特别是议会、政府和法院之间存在权力分立和制衡关系。除此之外，在联邦制国家，联邦的权力和州的权力也是相互制约的，各自有自己的管辖领域，不得越权。总之，在自由主义法治国家中“有限政府”是它的座右铭。

（3）人权的确认和保障。自由主义的法治国家都把生命、自由和财产作为不可剥夺的人权，国家制定的法律只能对它们加以确认和保护，而不能无视或剥夺。在 17、18 世纪人权的主要内容是公民权利和政治权利，即所谓的自由权利，国家作为这些权利的守护者，不得干预公民的自由权利，其唯一职能就是确保这些权利不受侵犯。这些自由权利即第一代人权一般包括人身自由、精神自由和经济自由，其中人身自由主要包括人身与人格自由不受侵犯的权利，住宅不受侵犯的权利；精神和政治自由主要包括选举权和被选举权，结社、集会、游行、示威等自由，思想和良心的自由，宗教信仰自由，表达自由等；经济自由主要包括财产权（物权、债权、知识产权、继承权等）、合同自由、选择职业的自由、营业自由、居住和迁徙的自由等。与此相适应，法律被划分为两个相互关联的领域——私法和公法。按照洛克所设计的模式，在理想情况下，存在一个纯粹私人自治的领域，不受国家干预。在这一领域个人拥有财产不受他人包括国家侵犯的权利，个人拥有自由意志，能作出自由处置、自由选择。同时，也存在一个相应的公法领域，执行着受到严格限制的公共职能，维护公共秩序。公法与私法领域之间，界限分明，完全分离。任何行为或规则，要么属于公法范畴，要么属于私法范畴，不存在介于二者之间的含混不清的情况。①

二、法治国家的对外扩张：两大法系的形成

法系的形成具有多种形式。有的是由于经济和文化的交往，较为先进的一方在此过程中使自己的法律制度逐渐影响了较为落后的一方，或者相互交融、互有影响。古代以华夏为中心的中华法律文化的形成，对于其他少数民族法律文化来说就有这方面的因素。后来中华法系的形成过程中，儒家文化对东亚其他国家的影响起了很大的作用，尽管其中也有军事征服的因素。有的是由于军事的占领，占领军把自己的法律制度也移植到被占领的土地，从而在法律制度的母国和被移植国之间形成了一个以母国的法律制度为蓝本的法系。罗马帝国的征服战争就属于这种情况。当然也有另外一种情况，军事占领者并没有带来他们的法律制度，而是实行属人主义原则，在占领的土地对原居民仍然实行原有的法律制度，对占领者则实行占领者所属国家的法律制度。古罗马时期所谓万民法和市民法就分别是适用于非罗马公民与罗马公民的两种不同的法律制度。还有另一种占领情况：占领军属于比较野蛮的民族，而被占领者的法律文化处于比较先进的状态，在占领的土地上野蛮的民族逐渐被同化，实行较为发达的被占领的国家的法律制度。在中国的历史上有多次少数民族入主中原的情景，他们都逐渐放弃了原有的法律制度，而采取华夏民族的法律制度。

1. 大陆法系的形成

欧洲两大法系的形成可以追溯到罗马帝国时代。罗马帝国征服的行省，在罗马化时期，也实行了罗马法。中世纪日耳曼人的入侵，使罗马法律传统中断，后来随着罗马法的复兴，逐渐形成了一个新的整合的法律传统，即罗马-日耳曼法系。而英国普通法的形成可以追溯到 1066 年诺曼底人征服英伦三岛，但在资产阶级革命以前，英国法基本是在英格兰、苏格兰和爱尔兰传播。

---

① 参见［英］洛克：《政府论》，下篇。

资产阶级国家国内关系的制度化形成了法治国家，而资产阶级法治国家之间的关系以及它们与其殖民地之间的关系的制度化则形成了两大法系，即欧洲大陆的罗马-日耳曼法系和普通法系。在殖民地时代，这两大法系也是一种世界秩序，它们的发源地——欧洲的法国、德国和英国是这种秩序的龙头老大，它们在殖民扩张的过程中，把它们的法律制度带到了被它们占领或殖民的土地。法国作为当时在欧洲大陆最强大的资产阶级国家，通过拿破仑战争首先把法国的民法典带到了欧洲大陆其他国家，随着编纂法典运动的兴起，几乎所有的欧洲大陆国家都不同程度上受到法国法的影响。后来随着殖民扩张法国法又被带到法语非洲、近东、印度支那。大陆法系的另一个发源地德国起步较晚，《德国民法典》的编纂比法国的几乎晚了一个世纪，虽然它的理论和技术对其他国家有影响，但其范围要小得多。而英国的普通法虽然对欧洲大陆现在的发达国家没有什么影响，但受英国普通法扩张影响的美国、加拿大、澳大利亚、新西兰都是白人的移民国家，而且在殖民扩张的过程中，普通法涵盖的领域几乎包括世界人口的三分之一。应该看到，这两大法系形成的方式基本上都属于“国内法的国际化”，即把在一个国家内部通行的法律制度带到其他国家，从而形成一个以这个国家的法律制度为蓝本的法律集团。根据威斯特伐利亚模式，每一个国家的主权对内是最高的、对外是独立的，在各个主权国家的法律制度之间并不存在隶属关系。但是，在殖民化时期，在宗主国的法律制度和殖民地的法律制度之间却存在一种隶属关系，表现在司法制度上就是，宗主国的最高法院往往是殖民地法院的最高上诉法院，殖民地的立法机关、行政机关和司法机关的设置需经宗主国的批准或由其发布特别的法律。宗主国和殖民地之间的关系就像古代的大帝国和它的附属国或行省之间的关系一样。另外，西方国家的法律制度向非西方国家的传播绝不是把一切法律制度都移植到殖民地：首先，作为西方法治国家的主要原则的人权与宪政就不可能移植到殖民地的法律制度中，在殖民地根本谈不上作为人权的平等权、普选制、法律面前人人平等，否则就不是殖民地制度了；其次，西方国家注重的主要是民商方面的法律制度的移植，打破贸易壁垒是它们关注的焦点，故而对于家庭婚姻和继承方面的法律制度，并不过多地关注，在几乎所有殖民地，家庭婚姻和继承领域都属于由当地的习惯法或宗教法调整的范围；最后，殖民地的法律制度几乎都实行属人主义原则，即对于殖民地占领当局实行宗主国的法律，而对于殖民地的人民则实行殖民地法或当地的习惯法、宗教法。虽然，法国崇尚自由平等的精神，对所有人，无论是占领当局还是殖民地人民，都主张实行同样的法国法，但是这样的主张很难被执行。

资产阶级革命以后大陆法系的形成与《法国民法典》和《德国民法典》在欧洲与全世界的传播，特别是以这两个民法典为蓝本的编纂法典运动直接相关。但法国法和德国法的传播是在两种不同的背景之下进行的。

法国法的传播可以分为两个阶段，第一个阶段是在欧洲大陆国家的传播，第二个阶段是在法国殖民地的传播。法国法在欧洲大陆的传播与这样几个因素相关：(1) 法兰西帝国的军事征服；(2) 法兰西文化的思想影响；(3)《法国民法典》本身的优越性。从 1804 年开始到 1812 年，随着法国向欧洲东部的扩张，这些地区实施了《法国民法典》。在拿破仑战争失败，这些国家重新获得主权以后，它们的民法典仍然受到法国法典编纂思想的影响。这样的国家和地区包括比利时、荷兰、意大利、西班牙、葡萄牙以及德国的莱茵和巴登地区，瑞士的日内瓦州和伯尔尼·汝拉地区。这也就是拿破仑所说的，他一生打过数百次的战役，滑铁卢一仗终结了，但他的民法典却永存。1797 年比利时成为法国的一个行政区，1804 年的《法国民法典》自然在比利时行政区生效。拿破仑垮台后，该法典在比利时的效力没有受到任何影响。1830 年比利时获得独立以后，它的宪法中宣布，对法国的诸法典应在尽可能短的时间内进行根本的变革。但是比利时的立法者满足于对单行立法的改革，时至今日法典的改革并没有发生。在荷兰，拿破仑于1806年强迫荷兰接受他的弟弟路易为荷兰国王，1809年将一部稍作修改适合于荷兰法律习惯的《法国民法典》的翻版在荷兰实施，1810年荷兰又变成了拿破仑帝国的一部分，使《法国民法典》在荷兰全部生效。拿破仑战争失败和荷兰独立后，1838年《荷兰民法典》颁布，但它并不是什么独立的新创造，而是颇多地借鉴了《法国民法典》，绝大多数法条均以该法典的逐字翻译为基础，直到1947年才编纂新的《荷兰民法典》。意大利、西班牙和葡萄牙受法国统治的时间比较短，在拿破仑占领时期，《法国民法典》随法国军队接踵而来，在1814年随着拿破仑战争的失败，又与这部法典分道扬镳。但是人们很快就发现，教会法—罗马普通法并不适应时代的需要，于是开始了制定新的民法典的工作，而所有这些民法典都在很大程度上以《法国民法典》为基础。1865年制定的《意大利民法典》广泛地以法国法典为基础，但也与之有区别：它包括导论，并首次对国际私法作出了详细的规定。1939年意大利对民法典作出了重要的修改，把商法和经济法的内容也包括在其中。《意大利民法典》与《法国民法典》的另一点不同之处在于婚姻家庭法方面：自从法国大革命以来，国家与教会分离的原则在法国得到严格的贯彻，而在意大利国家和教会实现了紧密的结合，在户政管理官员面前和在天主教会的牧师面前缔结的婚姻具有同等效力，而且非天主教徒的婚姻可以在国家承认的一种宗教团体的神职人员面前缔结。西班牙的情况也类似：1889年颁布的《西班牙民法典》在债法领域特别倚重《法国民法典》，而且大多是对《法国民法典》条文的翻译；而在家庭法和继承法领域，大量地吸收传统的西班牙法律制度，对于结婚的形式和婚姻的无效与被撤销，天主教徒均可直接适用教会法。葡萄牙近代法典的编纂开始于19世纪，1833年仿照法国法典编纂了商法典，1888年借鉴法国、意大利和西班牙的商法典加以修订，1867年颁布民法典，在内容上主要采用法国的法律制度，然而也追随了葡萄牙本身的法律传统，特别是在家庭法和继承法领域。但是在风格和体系方面，葡萄牙法典与法国法典的风格相差甚远，处处体现了法学家法的痕迹，有教授说教的口吻并充满了极为抽象的定义。有的学者因此把它看作是介于法国法典和德国法典之间的类型。在德国莱茵和巴登地区，《法国民法典》于1804年在莱茵河西岸地区生效，当时这些地区属于法国领土的一部分。随着法国对普鲁士战争的胜利，《法国民法典》的影响也越过莱茵河，进一步向东扩展。事实上，直到《德国民法典》生效、实施以前差不多一百年的时间，《法国民法典》在莱茵和巴登地区始终有效，并且受到德国法院的维护。在瑞士，从1804年起《法国民法典》在日内瓦州和伯尔尼·汝拉地区适用，当时这两个地区都属于法国。拿破仑战争失败后，这两个州加入瑞士同盟，法国法典仍然生效。而当瑞士各州在19世纪着手制定各自的民法典时，无不以《法国民法典》为典范。1912年制定的《瑞士民法典》中法国法律制度仍然起着重要的作用。而在家庭法和继承法方面，瑞士当地的习惯法起到更大的作用。

第二个阶段，法国的殖民扩张。法国是19世纪世界上最大的殖民国家之一，其势力范围包括近东、非洲、印度支那和大洋洲。在近东土耳其，早在奥斯曼帝国时期就仿照法国法编纂了商法典（1850年）和商事诉讼法典（1851年），但私法的核心部分，如财产法、家庭法和继承法，还是依照伊斯兰法。埃及在1876年与欧洲诸国签订了一项条约，以此条约创制所谓“混合法庭”，法官多为欧洲人，大体上受理当事人一方或双方为外国人的所有民商法方面的诉讼，适用所谓的“混合法典”。这些法典以法国法为基础，而且要由欧洲列强批准，实际上它们不外是《法国民法典》（除家庭法和继承法以外）、《法国商法典》以及法国其他法典极为草率的拼凑的缩编。而有关家庭法和继承法的诉讼，在混合法庭的管辖之外；涉及外国人的，要在不同的宗教团体所属的埃及人法官的参与下，由欧洲列强的特别领事裁判所审理。埃及人之间关于财产权的诉讼则由 1883 年设置的本国法院审理。因此，就家庭法和继承法而言，埃及和近东一些国家，如叙利亚和黎巴嫩，仍然属于伊斯兰法系，而就财产法而言，则应属于法国的罗马法系。在阿尔及利亚、突尼斯和摩洛哥这些马格里布联盟的国家，法国从 19 世纪初便发挥着占主导地位的政治影响，特别是这些国家的债法和商法在很大程度上与法国法是相同的。当这些国家结束了法国的殖民统治之后，其所有的法律只要不与其独立地位相悖，均继续有效。在家庭法和继承法领域则不同：居于该地区的法国公民之间的诉讼由特别法院依《法国民法典》审理，而本地人之间的诉讼由相应的主管宗教法院按伊斯兰法、基督教法、犹太教法审理。现在，对于这些国家的所有公民，只要是穆斯林，它所适用的家庭法和继承法都以伊斯兰法为准。撒哈拉以南的非洲是法国原殖民地、后来的法兰西共同体的最为广阔的地区，即所谓法语非洲，包括西非的塞内加尔、毛里塔尼亚、马里、尼日利亚、几内亚、上沃尔特（布基纳法索）、科特迪瓦和贝宁，中非的加蓬、刚果（布）、乍得、中非、多哥、喀麦隆、马达加斯加以及曾经是比利时殖民地的扎伊尔、卢旺达和曾经是德国殖民地的布隆迪。

法国在殖民化的过程中每占领一个殖民地就输入法国的法典，特别是《法国民法典》和《法国商法典》。但是这些法国法只适用于特定的主体范围，即所有离开法国但仍作为法国人居住在殖民地的人以及由于血统而享有法国国籍的人的后裔和加入了法国国籍的人。对所有其他人，特别是非洲血统的当地人，原则上均不依法国法律判决。虽然根据 1946 年通过的法国宪法第 80 条，这些人获得了法国的公民权，但当他们仍然是“地方法上的法国公民”时，对于他们不适用《法国民法典》，而适用非洲习惯法或伊斯兰法。这种实体法上的二元化也带来了司法系统的二元化；法国人有自己专门的、类似法国的法院系统，甚至也有私法法院和公法法院、行政法院之分，可以向法国巴黎的最高法院和最高行政法院提起终审上诉。而本地的土著居民也有本地民族的专门法院，这种法院由土著显贵、伊斯兰法官和法国殖民官员组成，在上级法院还设有法国的专门法官。值得注意的是，法国采取了有别于英国的殖民政策，英国殖民者则标榜所谓“间接统治”原则主张，尽可能依靠现有当地土著领导层实现殖民管理，并认为，对司法审判进行地方分权是正确的，对成熟的土著法律几乎不触动。而法国的殖民政策受到法国革命的平等观念和法兰西文明优越性的信念的促动，不断努力推动当地土著居民朝着法兰西本土更高的文明发展阶段进化。在法国的所有殖民地，结婚或立遗嘱，可依据法国法律进行，也可通过当事人之间协商或最终诉诸法国法院，从而使一项争议受法国法调整。另外，法国的殖民地还适用特殊的规定，允许当地的土著居民以较为宽松的条件获得法国的公民权，从而可选择适用法国民法。但是所有这些法律同化的努力收效甚微，除了在最发达的塞内加尔以外，法国的法律制度根本不可能替代非洲习惯法和伊斯兰法。

另外，法国法在主要属于普通法领地的美国和加拿大也有影响，主要是在美国的路易斯安那州和加拿大的魁北克省。路易斯安那州自 17 世纪末以后一直是法国的殖民地，在殖民地时代它适用法国法，在并入美国以后，1808 年制定的路易斯安那州民法典在很大程度上仍然仿照《法国民法典》。加拿大魁北克省最初也是法国殖民地“新法兰西”的一部分，后来在法国和英国之战中，法兰西的霸权地位终结，英国人根据《1774 年魁北克法令》保证法裔加拿大人享有全部宗教自由并且承认法国法，特别是承认巴黎习惯法作为魁北克民法的基础，自此以后占加拿大人口三分之一的魁北克省从来没有失去其法律的独特性。法国法的影响还及于拉丁美洲：在殖民地时期这里主要属于西班牙和葡萄牙的殖民地，在 19 世纪初这些殖民地获得独立以后，在编纂自己国家的统一的民法典的过程中法国法起了重要的作用，其中，海地（1825

年)、玻利维亚（1830/1975年)、多米尼加（1845/1884年)、墨西哥（1870/1884年和1928/1932年）等国家的民法典对《法国民法典》的依赖程度更大，甚至是对它的翻译。而其他一些国家的法典，以《智利民法典》(1855年）为代表，尽管该法典多以法国法为模式，但它却和阿根廷法典的编纂一样体现了南美立法风格。

德国法的传播。《法国民法典》形成于1804年，而《德国民法典》则是在1896年颁布的。其间有将近一百年的时间差，这不仅决定了二者的性质、风格等差别，也决定了二者影响上的不同。茨威格特和克茨认为，尽管《德国民法典》在所有方面都获得高度评价，但是它的影响终究还是只限于对国外的法学理论与教条；相反，《德国民法典》的实际继受几乎没有发生，无论怎样考察，都要大大低于一百年前《法国民法典》被继受的程度。其原因之一在于外国人觉得这部法典刻意雕琢的体系和抽象化的概念语言乃是一种德意志学术的典型产物，所以尽管其技术精湛，也很难在异国的法律土壤之上生根。而决定性的原因在于，19世纪所有非普通法系的国家都已经完成了民法典的编纂，因而寻求外国法律典范的需求已经远不如一百年前迫切。但是《德国民法典》毕竟还是对世界广大地区，其中包括并不与德国接壤的国家，如东欧、东南欧，东亚的日本、中国，产生了有力的影响。这种影响区域起先是东欧和东南欧，例如苏联20世纪20年代的个别加盟共和国实施的一些民法典在形式和结构以及部分内容上就接近于《德国民法典》，匈牙利在1861年从奥匈帝国获得某种程度的独立、废除了《奥地利普通民法典》之后，其司法判例以古匈牙利习惯法和奥地利法律原则为基础，同时还日益参照德国法，一系列涉及商事和民事诉讼的法律就是自德国法处继受而来。此外，捷克斯洛伐克和南斯拉夫各组成部分主要受奥地利法的影响，但考察其近年来的立法和民法典草案，发现《德国民法典》的影响也是明显的。罗马尼亚那时属于罗马法系，但是第二次世界大战以后东欧各国都颁布了新的民法典，除了受到苏联社会主义法的影响之外，《德国民法典》的影响在其体系和风格上仍然可以看到。《希腊民法典》的制定过程受到德国学说汇纂学派和《德国民法典》的明显影响。19世纪后半期不论是德国教授还是在德国接受法学教育的希腊教授，都在雅典大学教授学说汇纂法学，1940年《希腊民法典》编纂时把《德国民法典》作为捷径，因为后者与罗马法有最紧密的联系，《希腊民法典》与《德国民法典》在形式和结构上相一致，但是它远远不是对《德国民法典》的原原本本的复制，其对《德国民法典》在语言上的缺陷、过度的概念化和滞后于社会有着清醒的认识和批判，从而能自觉地加以避免。在东亚和南亚地区，《德国民法典》也有重要的影响，如日本在19世纪末、20世纪初制定的法律在很大程度上继受了《德国民法典》，中国在国民党统治时期编纂的民法典也在相当大的程度上受到《德国民法典》的影响。①

2. 普通法学的形成

关于普通法系的形成，茨威格特和克茨认为，现在世界上，有近三分之一的人生活在其法律制度不同程度受英国普通法影响的地区，这是大英帝国殖民扩张的结果，在这一过程中，英国的殖民者、商人和行政官员把普通法带到北美洲、大洋洲、中印半岛和许多南非和西非的重要国家，包括加纳、尼日利亚、肯尼亚、乌干达和坦桑尼亚，虽然这些国家现在都获得了民族独立，但是它们的法律制度，不仅实体法，而且程序法、法院组织、法律职业的结构和整个法律思想和思维风格，仍然保留着普通法的传统。

① 参见［德］茨威格特、克茨：《比较法总论》，183～217、281～287页。

英国的殖民地可以分为两类。第一类属于移民殖民地。在开始殖民时，那里无人居住，或虽有人居住但当地居民尚处在文明的早期阶段，还没有形成政治组织即国家。澳大利亚、新西兰、美国、加拿大属于此类。移居者带入的普通法自动生效，除非普通法的某些规则不适合当地特定的社会、经济、地理和气候条件。第二类属于征服殖民地，即在殖民以前已经处于当地君主或其他殖民政府的控制之下，被征服或割让的地区。在这类地区英国殖民政策的一个确定的原则是保留这些地区已经适用的法律和法院制度，如英国人从法国接管北美领地时，曾经在《1774 年魁北克法令》中宣布，法裔加拿大人可以保留他们以巴黎习惯法为基础的私法。又如英国人把属于荷兰所有的南非纳入大英帝国的版图时，荷兰人在 17 世纪中叶输入南非的罗马—荷兰法也被保留而持续适用。甚至当英国人发现新领土的法律不是法国法或荷兰法的变种时，也遵循同样的原则：在印度和非洲殖民地，英国殖民当局并没有用普通法规则取代当时在那里生效的伊斯兰法、印度法和不成文的非洲习惯法。在这些领土被并入大英帝国版图后，当地人仍可以适用自己的家庭法、婚姻法和继承法。但是，如果在当地的法律中找不到合适的规则或英国人认为这些规则不合适，则殖民地当局依靠普通法来填补空白 。因此，人们能够发现，在英国至今没有编纂或者只有部分编纂成为法典的许多法律领域，殖民地却有全面的制定法加以规定，如契约法就是如此。值得注意的是，这两类殖民地在今天的命运不同：第一类移民殖民地今天都已成为白人移民为主的发达国家，而第二类征服殖民地，在第二次世界大战以后都逐渐取得了民族独立、白人的统治已经终结，它们多属于发展中国家。

1770 年詹姆斯·库克（James Cook）在澳大利亚东海岸登陆，并以英国政府的名义占领澳洲领土，开始英国对澳大利亚的殖民过程。殖民者最初使用的劳动力是运到此地的囚徒，当时英国普通法是通行的法律。1828 年英国议会通过一项法律规定，英国普通法和该项法律是澳大利亚有效的法律。1900 年英国议会通过《澳大利亚联邦宪法》，澳大利亚成为一个由 6 个成员州，即新南威尔士、维多利亚、昆士兰、塔斯马尼亚、南澳大利亚和西澳大利亚组成的联邦制国家。各州都有自己的宪法、政府和议会，联邦议会的立法权限由宪法特别规定，其余的全部私法、商法、刑法等领域的立法权由各州保留。但是，在私法、商法和程序法的主要方面，各州的规定几乎是相同的，这是因为所有州的法律都是来自英国的普通法，司法和立法也没有严重偏离普通法。虽然，澳大利亚法院不受英国法院先例的约束，但它们对英国法院的判决，特别是对英国上诉法院和上议院的判决，一直十分尊重，并常常加以遵循。在各州的立法中，也常常采用英国的模式。在方法和程序方面，在基本的法律思想方法方面，在适用法律的方式和起草、解释制定法的技术方面，澳大利亚是与英国最接近的一个国家。

加拿大像澳大利亚一样，也是由英国殖民地组成的联邦制国家，但不同的是加拿大原来的移民不是来自英伦三岛，而是来自法国。美国独立战争后，大批保皇分子离开美国移居五大湖以北，英国人的数量逐渐超过法国移民的数量。1867 年英国议会通过《英属北美法》，创立了作为联邦制国家的加拿大自治领，联邦和各成员省的关系类似于美国和澳大利亚的联邦和州的关系。私法方面的立法权原则上由各省保留，所以各省的法律有很大差异。而魁北克的法律与其他省的法律差异更大，前者是大陆法系，后者从殖民地初期就适用普通法。而在商法和经济法领域，加拿大的法律也极不统一；在司法制度方面，加拿大也像澳大利亚，具有联邦和省双重法院系统。除魁北克省以外，加拿大法院把英国上议院和枢密院的判决作为有约束力的先例对待，而英国其他法院的判决只有劝导力，没有约束力。1949 年以后，加拿大废除了英国枢密院对加拿大法院判决的上诉管辖权，在司法制度方面不再仅仅追随英国的法律制度，而更多地受到美国的影响。

在英国人进入印度之前，印度是一个人口众多的和文化高度发达的国家，此前它曾经受到伊斯兰法的强烈影响。英国与印度的交往从贸易开始，1600 年英国东印度公司成立，印度的莫卧儿大帝于 1612 年准许该公司在孟买北部设立第一个殖民点。随后的数十年里，英国在印度东海岸建立了许多殖民区，并逐渐地驱逐了其他国家的殖民者。18 世纪莫卧儿帝国逐渐崩溃，国家战事频繁、四分五裂。英国人乘机从贸易转向诉诸武力，最后公开地在政治上控制印度，实现大英帝国的殖民扩张。到 20 世纪初，包括缅甸在内的整个印度次大陆，都处在英国的控制之下，其中 60%是由英国的官吏直接治理的领地，其余的领土由本地众多土邦组成。土邦管理者必须承认英国王室的主权，在英国的监督之下对其邦国进行管理。在英国殖民地时期，东印度公司根据授权制定管理英国海外移民的规章，公司的高级官员有权对违反规章和犯罪的人当场处罚。开始该规章只适用于英国人，但随着公司规模的扩大，1726 年英王发布一项法令，授权在马德拉斯港、孟买港、加尔各答港这三个市镇设立特别皇家法院即市长法院，用于处理这些市镇中包括英国人和印度人在内的人们之间的争端。法官根据公平和正义的原则即英国普通法和制定法裁决案件，除非某些规则因当地条件而不能适用。但是普通法不适合解决印度人之间有关家庭和继承问题的争端。18 世纪末，上述三个市长法院被废除，由最高法院代替。这些最高法院由英国的职业法官主持，主要适用普通法，但在处理家庭和继承方面的争议时，对伊斯兰教徒之间的争端适用伊斯兰法，对印度教徒之间的争端适用印度教法。法官常常通过向两个宗教中的知名专家请教来了解这两种法律制度。18 世纪末，在各省法院建立以后，大体情况类似：凡涉及婚姻、继承、种姓和其他宗教制度及习惯的案件，这些法院根据上级的指示依照当地人的信仰适用伊斯兰法或印度教法，而对于非宗教性事务和当事人不是伊斯兰教徒或印度教徒的案件，法院则根据公平、正义和良心原则裁决。因此，除了家庭和继承案件之外，普通法自然变成了 19 世纪全印度的普通法。1833 年英国枢密院作为印度本土法院的最高上诉法院在一项判决中提出："本案应根据公平和良心予以判决，公平和良心一般应理解为适合印度社会各种条件的英国法规则。"人们公认，殖民地时期印度法律极其混乱，无论是普通法还是制定法，在三个市镇及其他地区实施的情况都有很大差异。1833 年英国通过一项法律，决定成立"印度法律委员会"，负责收集整理通行于印度的实体法规则，将它们编纂为法典，使之易于操作。后来英国政府从东印度公司手中接过对印度的统治权，从 1859 年到 1869 年先后颁布了《民事诉讼法典》、《刑法典》和《刑事诉讼法典》，其他制定法也随即陆续颁布。1865 年颁布《印度继承法》，统一了包括基督教徒和犹太教徒在内的全部印度人的继承法，此前对基督教徒和犹太教徒既不能适用伊斯兰法也不能适用印度教法。虽然这个制定法以普通法为基础，但它有意识地放弃了英国继承法中许多古老的形式。1947 年印度独立，英国议会颁布《印度独立法》，授予穆斯林完全的独立，于是出现了两个新的国家：信奉印度教的印度和信奉伊斯兰教的巴基斯坦。

在非洲，受英国普通法影响的国家主要包括西非的塞拉利昂、尼日利亚、加纳、利比里亚，东非的肯尼亚、乌干达和坦桑尼亚，南非的南非联邦、津巴布韦等。有的国家曾先后受到几个西方国家的入侵，如利比里亚，曾经是美国被解放黑奴的定居地，1847 年成为独立的共和国，古代它的法律受到美国的影响大于受英国普通法的影响。这些国家接受普通法大体上都采取了相类似的形式：英国国王通过签发枢密院令，或者通过殖民地立法机构的法令，规定该殖民地的法律是英国的普通法、衡平法和制定法。但是殖民地法院在适用英国法时，"只能够在当地条件允许的范围内并服从当地条件认为必要的限制"。这样法官具有很大的自由裁量权。

而英属殖民地和后来独立的非洲各国的一些专门的立法也以英国法为基础，例如英国 1893 年的《货物买卖法》被西非的 4 个国家全部接受，有的是在独立前接受，有的是在独立后接受，在接受时常常加以某种修改。但是，对于大多数非洲人来说，普通法几乎没有实践意义：非洲的契约、土地、家庭和继承方面的法律关系，主要是由非洲习惯法调整，在许多地区由伊斯兰法调整。这是英国殖民政策奉行的“间接管理的统治原则”的结果。即在被征服、割让、兼并的地区，允许居民保留其原来的法律，并尽可能由传统的行政和司法机构管理当地事务。由此带来了两个特殊的后果：第一，如果殖民统治者认为习惯法和伊斯兰法并不“违背自然正义和道德”，它们对当地土著居民仍然有效；第二，由部落酋长和其他贵族支持、适用习惯法的原有非洲法院，基本上保持不变，殖民地当局所感兴趣的主要是监督某些程序规则，使其特别是在刑事案件中实行，使其中的某些案件被上诉到高等法院并最终被上诉到由英国法官主持的终审法院。通过这种方式，在英属非洲，输入的英国法、非洲习惯法和伊斯兰法同时并存。当然，几种法律同时生效，也会带来法律冲突的问题。但是自从非洲国家取得独立以后，它们希望保持当地全部固有制度和价值观念。许多非洲国家开始记录下各种各样的习惯法，并系统地把它们“重述”。殖民地时期的双重法院体系（一些适用普通法，另一些适用习惯法或伊斯兰法），现在已经被废除。非洲国家所面临的一项主要任务是尽可能统一其内部的法律制度，编纂自己的法典，将普通法的法律术语和制定法的技术结合起来，把非洲习惯法的基本价值和制度贯穿其中，特别是在家庭法和继承法领域。

以色列的法律制度来自不同的历史时期，一些来自奥斯曼帝国统治时期，另一些来自英国托管时期（1922—1948 年），还有一些是 1948 年以后以色列立法机关的制定法。巴勒斯坦的法律制度也受到英国法的影响，1922 年英国将巴勒斯坦从国际联盟手中接管过来，作为托管地。同年 8 月 10 日英国枢密院《英属巴勒斯坦法令》开始生效。该法令规定，托管地的法院适用 1914 年 11 月 1 日及其以后的有效的奥托曼法，以及托管当局制定的法律规则，在找不到可适用的立法规则时，法院应根据当地条件并“根据普通法的内容和衡平法原理”裁决案件。①

三、国际组织的出现

资产阶级革命以后国家之间的关系不完全是在法系的框架之内，也不完全是按照宗主国和殖民地的模式。这时开始出现一种新型的规范主权国家之间关系的制度化措施，即国际组织。

国际组织的发展经过从民间交往到政府间会议，到“欧洲协作”，到国家行政联盟，再到联合国等几个具体阶段。②

国家形成以后，世界各国之间的关系长期处于一种相互隔离的状态。随着社会生产、文化、技术，特别是交通运输的进步，国家之间出现了民间交往。首先发展起来的是一般商品和文化的交流，它们为后来较为成熟的国家交流做了准备。发展到 14 世纪前后，在地中海东部各国和岛屿的商业城市中，已经出现类似近代的领事职务，个人之间的契约已有走向国家间规章的倾向，调停和仲裁也有所发展。但严格地说，早期的民间交往不是在国际意义上进行的。直到 19 世纪初期民间交往才以民族国家的体制作为其活动的基础。进入 19 世纪以后，民间国

① 参见［德］茨威格特、克茨：《比较法总论》，396～422 页。

② 参见梁西：《国际组织法（总论）》，5 版，16～22 页，武汉，武汉大学出版社，2001。

际团体有了长足的发展，并逐步延伸到人类活动的各个领域，如政治、经济、科学技术、文化教育、工商业、劳工等。它们的活动一方面受到各国政府的影响和制约，另一方面也对各国外交政策和对外关系产生作用。各民间团体常常要求和争取各国政府的支持，以此表明愿意成为国家和国际体制的组成部分。

政府间的会议，是国家间进行交往和接触的更高一级的形式。在常设的政府间组织形成之前，国家间关系仅仅是一种双边的或多边的临时接触。随着国际关系的经常化，各国间的多边活动日益增加，政府间会议日益成为讨论和解决国际问题的一种有用的手段。它比民间团体的国际会议具有更为重要的意义：它是一种权力之间的交往，可能产生国家间的权利与义务。1648年的威斯特伐利亚会议是世界近代史上为处理国际问题而召开的一次非常重要的会议，开创了国家间通过大型的国际会议解决重大国际问题的先例。1815年的维也纳会议以后，国际会议日益频繁，其范围也不断扩大。以国际会议处理国际问题已被公认为一种通常的制度。一般来说，无论哪种会议，平等原则是组织国际会议的最基本原则，每个参加会议的国家，无论大小，都有同等的代表权和投票权。会议的一切决议和其他文件，对于任何没有参加会议的国家不发生法律效力，而且这种文件一般都需要与会者一致表决通过，如只能多数通过，则对不表示同意的国家没有拘束力。这实际上是《威斯特伐利亚和约》所确定的主权平等原则的体现。

"欧洲协作"指拿破仑战争结束之后，从1815年的维也纳会议到第一次世界大战前在欧洲出现的局面，持续了100年。"欧洲协作"的起源同1815年俄、英、奥、普的"四国同盟"相关，主要是当时欧洲封建君主处理其紧迫国际问题的一系列间歇性的多边国际协商会议。这些会议虽然没有定型的常设机构，但已初步形成一种比较连续和稳定的协商制度。特别值得注意的是，历史上的外交方式主要是双边接触，而到了"欧洲协作"时期，则规定定期举行会议，使多边外交成为一种较为稳定的体制。

国际行政联盟（International Administrative Union）是19世纪中叶以来出现的国家间为特殊目的而建立起来的比较稳固的组织形式，其特点是：(1) 国际行政联盟所涉及的事项主要是重大政治问题以外的行政技术事项。由于科学技术的发展与国家间联系的增加，越来越多的行政活动在客观上突破了国家边界，而国内政府的职权受本国领土的制约，因此这种国家管辖权的矛盾，势必需要各种国际组织调整。国际电报联盟（1865年）、国际邮电总联盟（1874年）、国际度量组织（1875年）、国际保护工业产权联盟（1883年）、国际保护文化艺术作品联盟（1886年）、国际反奴隶生活联盟（1890年）、国际铁路货运联盟（1890年）等就属于这类国际行政联盟。(2) 国际行政联盟建立了比较完善的常设机构，为后来国际组织的三重结构即代表大会、执行机关、国际秘书处的分立体制开创了范例。(3) 国际行政联盟在长期发展的基础上，改进了各种程序规则，增强了其对主权国家的相对独立性，比如同传统的双边条约相比，关于多边条约的起草、通过和生效，已有了某些新特点；各机构的投票原则，同历来的国际会议的一致通过的投票原则相比也有所不同。这些发展，使国际议事程序发生了富有意义的变化。总之，国际行政联盟为常设的国际组织的发展奠定了基础，使国际组织的历史进入一个新的阶段。

20世纪以来，特别是两次世界大战，对国际关系产生了深刻的影响。第一次世界大战结束后国际联盟建立了，它是人类历史上第一个具有广泛职能的世界性的国际组织；第二次世界大战结束后，联合国建立了，它是迄今为止世界上最大的国际组织。在赫尔德等人看来，联合国的出现标志着人类社会的组织形式向着超越威斯特伐利亚体系的主权国家模式的方向发展。[①]

问题与思考

1. 中央集权的专制主义国家有何特点？它对法治国家的产生有何意义？
2. 自由主义的法治国家有何特点？
3. 威斯特伐利亚体系对现代国家关系的意义是什么？
4. 西方法治国家和殖民地的关系是什么？
5. 两大法系是如何形成的？

① 参见［英］赫尔德等：《全球大变革》，88～93页，北京，社会科学文献出版社，2001。

第十四章

当代不同法律制度之间的关系

本章概要

当代国家的法律制度是第二次世界大战结束以后出现的，可以分为两个阶段：第一阶段是冷战时期。二战后各国法制的发展出现了三股世界潮流，即民族主义、福利主义和社会主义，而所有这些法律模式都对自由主义的法治国家提出了挑战。第二阶段是冷战结束以后。由于全球化的影响，新自由主义模式产生。二战后威斯特伐利亚体系发生危机。一般国际组织、专门性的国际组织、区域组织、非政府组织等迅速兴起。冷战结束以后，国际关系的制度化呈现出一系列新的特点。

关键术语

民族主义　福利主义　社会主义　新自由主义　联合国模式

第一节　第二次世界大战后的法律制度：对自由主义法律模式的挑战

一、福利主义法律模式

随着资本主义经济从自由竞争到垄断的发展，19 世纪末、20 世纪初，特别是第二次世界大战以来，资本主义法律制度及其运行的原则也发生了很大的变化，这种变化可以概括为两种基本形式。

第一种形式表现为一定时期某些资本主义国家法西斯化的倾向，公开抛弃法治的民主内容。这像列宁在分析第一次世界大战时期的德国法律制度时所说的那样：近五十年来，德国的统治阶级曾建立了 19 世纪下半叶最强大的国家，并造成了法治长久存在的条件，但现在，他们就要走到反面，就要为保存资产阶级的统治不得不摧毁他们的这种法治了。列宁认为，无产阶级在一定时期的斗争可以在“利用资产阶级法治”的基础上进行，但是当阶级斗争进入最后阶段时，利用资产阶级法治就会变为摧毁全部资产阶级法治的伟大革命斗争。[①] 因此摧毁旧法体系，建立新型的社会主义法律制度，就是这一斗争的结果。第二次世界大战结束以后，随着德、意、日法西斯制度的灭亡，在欧亚大陆上一系列新型的、社会主义法律制度的出现，就是这种形式的结果。

第二种形式表现为垄断时期资本主义法律制度的结构性变化，出现了许多与自由资本主义法律制度的特征不同的倾向。西方学者对当代西方法律制度的变化有不同的概括，如美国学者昂格尔所说的从法治转变为“福利—合作国家”[②]，鲍尔曼所说的“西方法律传统危机”[③]，诺尼特和塞尔兹尼克所说的“从自主性法向适应性法的过渡”[④]，梅里曼所说的“公法与私法划分的危机”“公法私法化”“私法公法化”[⑤]，等等。他们使用了不同的术语，强调了当代西方法律制度发展变化的不同方面。总括起来，我们可以把当代福利主义的法律制度不同于自由主义法律制度的特点归纳为以下几个方面。

（1）加强国家对社会生活的干预，国家不再只是充当“私有财产的守护神”这一被动角色，而是积极参与社会财富的再分配。自由资本主义法律制度通行的绝对所有权和契约自由的原则为对所有权行使的限制和标准化契约所代替。国家在“保护社会利益”的名义下进入私人生活领域，从而大大加强了行政权。有的学者甚至认为，行政权力重新变为至高无上、不受法律约束的权力。

（2）与福利国家的政策相联系，为了缓和阶级矛盾，国家在住房、医疗卫生、最低工资标准、失业救济等方面采取一系列福利措施，出现了社会立法的新领域。与此相适应，在司法实践中法律推理由注意“形式公正”转变为注意“结果公正”，从以法律规则为中心转变为以目的和政策为依据。

（3）为加强法官的自由裁量权，国家越来越经常地发布一些含糊的“不确定规则”、“任意标准”和“一般原则”指引司法，从而使执法能够适应变动的社会环境，有更强的行动变通性和灵活性。自由资本主义时代那种由法律作出明确、细密的规定，法官的判决严格以这些规定为依据，限制自由裁量的做法在当代资本主义法律制度中已发生了很大变化。

（4）国家干预的增加，社会立法的出现，打破了自由资本主义时期所形成的公法与私法的界限。一方面，私法公法化，民商法已不再居于整个法律体系的中心，大量的民事、经济行为，如果没有国家干预，没有许可证制度，是不可能适当完成的；另一方面，公法也私法化，国家垄断的出现，国有企业的建立，使国家成为私法活动中的主体。在公法与私法之间已经很难再划出一条明确界限。

（5）授权立法、行政立法的作用日益增大，议会立法的中心地位受到削弱。与此同时，针对特别人、特别地区、特别问题，并有特定生效期间的各种单行法、特别法的数量越来越多，有的学者甚至哀叹：“当代西方法律制度正在变成一个杂乱无章、偶然拼凑的体系！”

---

① 参见《列宁全集》，2版，第20卷，16页，北京，人民出版社，1989。笔者认为，此处“法制”一词，俄文译为“法治”似更好。

② R. Unger，*Law in Modern Society*，New York，Free Press，1976，pp. 192 - 203.

③ H. J. Berman，*Law and Revolution*，Harvard University Press，1984，pp. 38 - 41.

④ P. Nonet and P. Selznick，*Law and Society in Transition：Toward Responsive Law*，Harper & Row，Publishers，1978.

⑤ John H. Merryman，*The Civil Law Tradition*，Ch. 14，Stanford University Press，1985.

（6）基于违宪审查制度的建立，一些国家设立了宪法法院或宪法委员会，另外一些国家由普通法院代行其职权，对法律和其他规范性文件的合宪性进行审查。这一方面加强了法治，另一方面又削弱了作为西方政治法律制度基石的分权原则。

（7）随着保险事业的发展，为了提高司法审判的效率，解决“诉讼爆炸”的问题，在刑法和侵权行为法中体现法治精神的过错责任原则在某些领域逐步让位于严格责任原则：行为人无论在主观上是否有过错，只要其行为造成了危害的结果，都要承担赔偿责任。

（8）在法律理论上，更加重视法外因素对法、法律过程的影响。以当前美国法理学的三大主要流派——权利与原则法学、经济分析法学和批判法学为例，虽然它们之间有各种不同的观点，但有一点是共同的，即都批判严格、僵化的法条主义。德沃金的权利与原则法学认为，法的概念不仅包括规则，而且包括原则和政策；经济分析法学认为，“福利的最大化”是普通法发展的社会基础，法官的判决实际是以“效益”为根据；而批判法学则提出“法就是政治”的口号，认为法律推理不是根据法律规则，而是根据不同政治力量之间的斗争。①

上述这些变化说明，自由主义的法治已经发生了动摇，无论在人权保障、权力控制、权力制衡、法律责任、法律结构还是在法学理论上，都出现了与自由主义的法治不同的特征，引起这些特征变化的主要因素是自由竞争所带来的垄断，为此造成国家干预的增强、对财富的再分配、国家职能重心的变化；国家对人权的保障也由公民和政治权利转变为积极的权利，即通过政府积极地提供服务和保证措施，满足公民的经济、社会和文化权利要求。这种转变不仅意味着人权类型的变化，而且也意味着政府权力的膨胀，如果没有政府权力的膨胀，政府手中没有足够的权力和资源，那么公民的经济、社会、文化权利及财富的再分配都只能是一句空话，由此带来的必然是在各项国家权力中政府权力一头独大。自由主义法治模式的两大特征，即权力的受制约性和人权的确认和保护，都发生了重要变化，行政权力的力量空前增长，“重新成为一种得不到有效控制的力量”，随之带来的对人权的保护也转变为需要一个强有力的政府提供积极支持的公民的社会、经济和文化权利，即第二代人权。第一个特征即作为自由主义法治基础的法制的统一性，由于全球化的发展，也受到了挑战。关于这点我们将在下面关于后法治国家对外法律制度的变化中论述。

二、社会主义法律模式

1917年十月革命是20世纪最伟大的事件，它不仅把一个崭新的社会主义制度带到了资本主义统治的世界，而且把一种新型的法律制度——社会主义法律制度带到了自由主义法治占统治的法律世界。1945年以后这种法制又扩展到欧洲、亚洲、拉丁美洲的广大地区。在20世纪80年代末、90年代初苏联解体、东欧剧变以前，它不仅涵盖了广大的社会主义国家，而且对新独立的第三世界国家的民族主义法律制度产生了巨大影响，即使是西方福利国家的法律制度，在某种程度上也参考了它的许多做法。苏联解体、东欧剧变以后，社会主义法律制度在这些国家已经不复存在，中国仍然坚持社会主义道路，但在经济、政治和文化领域都发生了重要的变化，在法律领域提出“依法治国，建设社会主义法治国家”的纲领，实行了重要的变革。下面我们分别以苏联和中国的社会主义法律制度为例，说明社会主义法律模式的特征和发展。

---

① 参见孙国华、朱景文主编：《法理学》，2版，83～85页，北京，中国人民大学出版社，2004。

苏联的法律模式可以被视为传统的社会主义法律模式，而当代中国的法律模式可以被看作是改革的社会主义法律模式。

1. 传统的社会主义法律模式

宪法作为国家的根本大法，作为体现国家权力的运作方式和人权的地位的基本法，集中体现了一种法律制度的特征。苏联的宪法也是如此。在苏联时期共颁布了 1924 年、1936 年和 1977 年三部宪法，其中 1936 年的斯大林宪法产生于苏联社会相对稳定的时期，影响时间最长，达 41 年，最能体现传统的社会主义法律模式。与自由主义的法治模式相比，以苏联为代表的传统的社会主义法律模式具有以下特征。

（1）人民主权。虽然在表述上和英国、美国、法国等西方国家的宪法一样都体现了人民主权原则，但是苏联宪法以鲜明的语言体现出国家和法律的阶级性、反资产阶级性：一方面，它指出苏联人民主权的实质是“工农社会主义国家”，是“劳动者苏维埃”，是“无产阶级专政”。另一方面，苏联 1936 年宪法在阐述苏联的政治基础时提出，苏维埃建立在推翻地主资本家权力及建立无产阶级专政的基础上；在阐述苏联经济基础时提出，社会主义所有制建立在铲除资本主义经济体系、废除生产资料私有制和消灭人剥削人的基础之上。这和西方宪法抽象的人民主权论形成了鲜明的对照。

（2）共产党的领导地位。苏联 1936 年宪法把共产党的领导地位放在公民基本权利之一的结社权中（第 126 条），而 1977 年宪法则直接将它放到了序言和政治制度中（第 6 条）。在其他社会主义国家的宪法中共产党的领导地位都是其主要特征。这和西方宪政制度中的多党制以及由此而形成的权力制约原则根本不同。确认共产党的领导地位是社会主义法律制度的根本特征，但如何在此基础上加强对权力的制约，加强法治，实际上已成为一切社会主义国家都面临的最大的问题。

（3）经济制度。苏联 1936 年宪法对社会主义的基本经济制度，包括国家和集体所有制、按劳分配和计划经济，都加以明确的阐述，对公民的经济和社会权利如劳动权、休息权、享受物质保证权、受教育权也作了明确的规定。这与 17、18 世纪的美国和法国的宪法有很大不同，当时的宪法除了私有财产权方面的规定之外，几乎没有什么关于经济制度方面的内容。这主要是和国家对经济生活的不干预主义相关。但是到了 1919 年的德国魏玛宪法，这种情况有所改变，规定了公民的工作权利、经济权利，国家保护劳动力和对失业者的救济；规定所有权的行使应同时增进公共福利，国家可以依法征收、继承财产，国家得依法将私人企业收归公有；规定了由工人和企业主共同管理企业的劳工会议制度，因此被称为“经济宪法”。在第二次世界大战后，民族主义的法律模式中，这类经济宪法的特征更为明显，充分说明国家权力在经济发展中的作用日益突出。苏联宪法的经济宪法性质更加突出，苏联经济制度的社会主义性质决定了国家在经济发展和经济、社会、文化权利的保障方面具有关键作用。但是，所有制的僵化、计划经济、国家对经济生活的过多干预也使社会主义经济缺乏活力，成为 20 世纪 70 年代末、80 年代初以来在所有的社会主义国家实行以市场经济为导向的经济体制改革的主要原因。

（4）国家权力。这是社会主义法律制度区别于自由主义的法治模式的主要之处。所有的社会主义国家都实行苏维埃或人民代表大会制度，一切权力属于人民，人民通过苏维埃或人民代表大会行使自己的权力，其他任何国家机关，包括行政机关和司法机关，都由苏维埃产生，对苏维埃负责。因此，国家机关之间的关系不是权力的制约与平衡的关系，而是最高权力机关和它的执行机关、职能机关之间的关系，是源和流的关系，其他机关的权力来自苏维埃或人民代表大会。在某种意义上这比自由主义的国家权力之间的关系更能体现人民主权的原则，比如按照“三权分立”的原则，议会享有立法权，法院拥有司法权，但是法院的判决有权决定议会立法的合宪性，从而在美国法学界经常引起争论：为什么没有经过民主选举的法官有权否定经过民主选举的议会通过的立法？美国宪法并没有授予法院这种权力，它的法理根据是什么？尽管支持美国普通法院的违宪审查权的人提出了各种理由，如反对多数人的暴政、保护少数、议会不能做自己制定的法律的裁判者等，但是所有这些理由对于人民主权来说都显得没有充分的说服力。当然，苏维埃或人民代表制度的人民性完全取决于普选制，如果不能够保证普选，苏维埃代表或人民代表不是通过普选产生的而是指定的，那么所谓人民代表大会或人民政府都只能是句空话。因此，如何加强和改善苏维埃或人民代表大会制度，成为后来社会主义国家政治体制改革的热门话题。

（5）人权保障。苏联宪法所体现的人权制度的一大特征就是在几乎每一项公民的社会、经济和文化权利的后面都加上权利的保证。这表明权利是一种可能性，它们的实现与否决定于是否具有社会的物质保证。如劳动权的物质保证是国民经济的社会主义组织，苏维埃生产力的不断提高，经济危机的可能性的铲除和失业现象的消灭；休息权的物质保证是 8 小时工作制，每年保留原薪金的休假制度，为劳动者提供疗养院、休养所和俱乐部；公民在年老、患病及丧失劳动力时享受物质保证权的物质保证是国家出资的社会保险事业、公费医疗、疗养所；对受教育权的物质保证是普及初级义务教育，7 年制免费教育，高等教育优等生津贴，使用本民族语言，在国有企业和集体农庄对劳动者免费职业教育等；对妇女平等权的物质保证是同工同酬，国家保护母亲和子女的利益，产假，托儿所等。这些规定实际上是与当时苏联社会的经济、社会和文化发展水平相符合的。苏联 1936 年宪法谈到第一代人权即言论、出版、集会、游行、示威自由的物质保证是印刷所、纸张、公共场所、街道、交通工具及其他一切为实现自由权所必需的物质条件。当然，这类自由的实现不仅仅决定于有这些所列举的物质基础，更主要的是它们是一些需要政府采取不作为方式的消极权利，政府只应保障，不得干预。这些自由只要不威胁国家安全和社会公共利益，不侵犯他人的权利与自由，只要不违反法律明确的禁止规定，都是人们不可剥夺的人权。扩大民主，保障人权，特别是第一代人权，成为日后所有社会主义国家试图解决的核心问题。

2. 改革的社会主义法律模式

中国 1954 年宪法基本上是按照苏联 1936 年宪法的模式制定的，二者在人民主权、共产党的地位、经济制度、国家机关之间的关系和人权制度上大体相同，不同的地方在于苏联实行的是联盟制，而中国的是单一制，实行民族区域自治；苏联的政党制度是一党制，而中国的是中国共产党领导下的多党合作制，政治协商会议是重要的参政形式；苏联的苏维埃实行两院制，设联盟院和民族院，而中国的人民代表大会实行一院制；苏联的司法机关实行法官独立审判，而中国实行的是法院独立审判；苏联的检察院实行垂直领导，其职能包括一般监督，而中国检察院实行双重领导，其职能包括但不限于对刑事犯罪的批捕、侦查、公诉和对法院审判的监督。二者间另外一个引人注目的差别是有关公民基本权利的保证问题。如上所述，这是苏联 1936 年宪法不同于西方自由主义宪法的一大特点，在每项公民的社会、经济和文化权利的后面都加上了物质保证的说明，而在中国 1954 年宪法中并没有这样的说明。其原因可能在于关于对这些基本权利的保证，中国当时还不具备物质基础。

中国 1982 年宪法及其以后的五个修正案，是改革的社会主义法律模式的代表。与传统的社会主义法律模式相比，中国 1982 年宪法虽然在人民主权、共产党领导、社会经济制度、国家机关的关系、人权等方面仍然继承了它的主要特点，仍然是社会主义类型的法律制度，但在上述所有领域都发生了重要变化。

(1) 人民主权。中国1982年宪法的表述是"中华人民共和国是工人阶级领导的、以工农联盟为基础的人民民主专政的社会主义国家","中华人民共和国的一切权力属于人民"。虽然它坚持了人民主权的阶级性,但与苏联1936年宪法的不同之处在于,用人民民主专政代替无产阶级专政。虽然二者在本质上是一致的,但人民民主专政的提法更能反映中国的国情,更能反映中国现阶段的阶级状况和政权的广泛基础,更能体现专政与民主的统一。在序言部分对中国现阶段的阶级状况作了这样的描述:"在我国,剥削阶级作为阶级已经消灭,但是阶级斗争还将在一定范围内长期存在。"这显然和苏联1936年宪法及中国1954年宪法的提法都不同。

(2) 共产党的地位。1982年宪法序言部分,肯定了中国共产党的历史地位,确定了中国共产党在社会主义初级阶段的基本路线。2018年修宪,特别把"中国共产党领导是中国特色社会主义最本质的特征"放到宪法第1条关于国体的论述中。在这方面可以看作是传统的社会主义法律模式的继续,即确定共产党的领导地位。1982年宪法的一项重要的变化是规定了中国共产党在宪法和法律范围内活动的原则。其序言提出:"全国各族人民、一切国家机关和武装力量、各政党和各社会团体、各企业事业组织,都必须以宪法为根本的活动准则,并且负有维护宪法尊严、保证宪法实施的职责"。其第5条规定:"一切国家机关和武装力量、各政党和各社会团体、各企业事业组织都必须遵守宪法和法律……任何组织或者个人都不得有超越宪法和法律的特权。"一方面坚持共产党的领导,另一方面又把这种领导纳入法制化的轨道。这就是改革的社会主义法律模式的最重要的特点。

(3) 经济和社会制度。中国1982年宪法与苏联1936年宪法和中国1954年宪法的重要区别在于经济制度。宪法颁布以来重要的修改在于经济体制。宪法将我国现阶段所有制和分配制度规定为:坚持公有制为主体、多种所有制经济共同发展的基本经济制度,坚持按劳分配为主体、多种分配方式并存的分配制度。在法律规定范围内的个体经济、私营经济等非公有制经济,是社会主义市场经济的重要组成部分。国家保护个体经济、私营经济等非公有制经济的合法的权利和利益。国家鼓励、支持和引导非公有制经济的发展,并对非公有制经济依法实行监督和管理。宪法除了重申社会主义的公共财产神圣不可侵犯之外,还明确规定公民的合法的私有财产不受侵犯。对于经济体制,中国1982年宪法自颁布以来作了较大的调整,从计划经济,到以计划经济为主、市场调节为辅,到有计划的商品经济,最后确定为社会主义市场经济。值得注意的是,中国1982年宪法不仅是经济宪法,而且是社会宪法,即对社会生活的重要领域,包括政治、经济、科技、文化、教育、精神文明、计划生育、生态环境、社会治安、对外关系的大政方针,都加以规定,这远远超过了传统的宪法模式所局限的有关国家机关和公民基本权利与义务的内容。

(4) 国家权力。宪法坚持人民代表大会制度,坚持国家行政机关、司法机关、检察机关由同级人民代表大会产生并对其负责的原则。中国1982年宪法与传统的苏联社会主义法律模式的不同之处在于,在总纲中提出"中华人民共和国实行依法治国,建设社会主义法治国家。国家维护社会主义法制的统一和尊严。一切法律、行政法规和地方法规都不得同宪法相抵触"。这不仅是国家立法机关、行政机关、司法机关和检察机关行使职权的原则,也是处理国家机关之间关系的总的原则。在中央和地方的关系上,除了坚持单一制国家体制,实行民族区域自治之外,中国1982年宪法的一个重大突破是创建了"特别行政区"制度。其第31条规定,"国家在必要时得设立特别行政区。在特别行政区内实行的制度按照具体情况由全国人民代表大会以法律规定”。根据宪法的规定，全国人大分别颁布了《香港特别行政区基本法》和《澳门特别行政区基本法》，并于 1997 年和 1999 年分别设立了香港和澳门两个特别行政区，在香港和澳门特别行政区实行资本主义制度“一国两制”“港人治港”“澳人治澳”，高度自治。

（5）人权保障。中国 1982 年宪法 2004 年修正案第一次把“国家尊重和保障人权”写进宪法，把它作为公民基本权利与义务部分的最基本的指导原则。中国宪法有关人权部分的内容包括公民和政治权利，经济、社会和文化权利以及集体权利三代人权。属于第一代人权的公民和政治权利包括平等权，选举权，被选举权，言论、出版、集会、结社、游行和示威自由，监督权，宗教和信仰自由，文化活动自由，通信自由和秘密，人身自由，住宅不受侵犯，人格尊严，申诉、控告权，国家赔偿和补偿请求权；属于第二代人权的经济、社会和文化权利包括财产权、劳动权、休息权、受教育权、（年老、疾病或者丧失劳动能力的公民）从国家和社会获得物质帮助权、退休人员的生活受到国家和社会的保障权、妇女的平等权，婚姻、家庭、母亲和儿童受国家的保护权；属于第三代人权的集体权利包括独立权（民族自决权）、民族平等权、发展权（包括经济发展权、教育、科学、文化、卫生事业发展权、精神文明发展权）、人口控制权、环境权、社会安全权等。强调国家主权和人权的统一，集体人权和个人人权的统一，经济权利与政治权利的统一，是中国人权制度的特点。

三、民族主义法律模式

第二次世界大战结束以后，亚洲、非洲、拉丁美洲各国纷纷摆脱了殖民主义统治，建立了独立的、平等的民族国家，17、18 世纪以来所形成的宗主国—殖民地的关系格局被打破。但是，这些国家的法律制度都是威斯特伐利亚体系所确定的民族国家模式的继续，这些国家在独立以后，也像欧洲的民族国家一样，开展了大规模的法典编纂运动。但它们又不完全是对西方自由主义法治国家模式的照搬，它们往往都具有自己国家的悠久的民族法律文化传统，随后在民族化的过程中把民族的特色嵌入其中。在殖民地时期，这些国家曾经形成了二元的法律制度，对白人统治者适用宗主国的现代法，而对殖民地居民则适用习惯法或宗教法；在民族独立以后，法律统一，不再存在二元的法律制度，而是对二者都加以改造，把现代法和传统法有机地结合为一体。

我国学者韩大元对亚洲立宪主义的研究表明，亚洲国家在取得民族独立以后宪政的发展大体都经历了这样一个过程：首先是选择宪政模式，然后根据自己的法律传统加以取舍，注入民族精神，对欧美的宪政模式加以改造，制定符合国情的宪法。当亚洲国家开始制宪时，世界范围内已经存在各种各样的宪政模式，如英国模式、法国模式、德国模式、美国模式，它们对亚洲各国的制宪过程产生了不同程度的影响。其中，美国宪法对亚洲国家的制宪过程产生了重要的影响，日本、韩国、印度、泰国、孟加拉国、新加坡、菲律宾、印度尼西亚在制定宪法的过程中都不同程度地吸收了美国宪法的内容。日本明治宪法主要以德国普鲁士宪法为蓝本，1946 年宪法则以美国宪法为蓝本；韩国在 1948 年制定宪法时，参考了美国宪法中的总统制、违宪审查制、公民权利等方面的内容；在印度尼西亚，人们围绕政体模式的选择曾进行过多次争论，有的提出以荷兰宪法为蓝本，有的提出以印度宪法为蓝本，有的提出以美国宪法为蓝本，认为美国的共和政体已经成为世界各国的蓝本，这种意见最后占了上风，制宪者主要以美国宪法和印度宪法为模式制定了本国宪法。这种情况在世界其他地方也都发生过，以至于在第二次世界大战结束以后在世界范围内出现了一个以美国宪政制度、人权制度和违宪审查制度为内容的第二次法律移植的潮流，与 19 世纪中期以来第一次法律移植的高潮，即以《法国民法典》和《德国民法典》为蓝本的法典编纂运动，形成了对照。这当然和第二次世界大战以后美国在世界上的霸主地位相关，也和美国在 20 世纪 50 年代、60 年代派"和平队"到发展中国家推销它的法治模式有着直接的关系。但是，选取某种西方的宪政模式只是制宪的第一步，西方国家的经验只可能在有限的范围内起作用，多数亚洲国家在借鉴的同时，逐渐强调本国的传统文化，使借鉴的宪法体制亚洲化、本土化。比如，尽管美国宪法对亚洲各国宪法都产生了较大的影响，但以美国宪法为模式的国家中，制宪过程并不是简单地照搬，而是经过加工的过程。菲律宾第一位总统在谈到菲律宾的第一部宪法时指出：美国 1776 年和 1789 年的宪法制定或补充是针对当时情况而言的，但它不一定适应政治、经济情况发生变化的菲律宾实际，故菲律宾宪法实际是对美国宪法的一种改良。韩国 1948 年宪法的具体内容也突出了韩国社会的特点：在统治结构上，虽然迫于美国的压力采用总统制，但它是一种把总统制与议员内阁制相结合的体制，不同于美国的总统制。在国会制度上，虽参考了美国的国会制度，但采用了一院制国会。此外还规定了经济宪法的内容。印度宪法的起草者认为，印度宪法应在印度的社会现实中发挥作用，要符合印度人的气质和习惯，指导印度人的生活。亚洲宪法的民族性、亚洲性更主要地体现在传统文化，特别是集体主义对宪政的影响上。17、18 世纪形成的西方的宪政模式建立在个人主义的基础上，个人的权利与自由在西方的宪政体制中具有至高无上的地位。虽然 20 世纪以来以社会为本位的思想、强调个人对社会和国家的责任的思想在西方国家的宪法实践中得到加强，但从总体上说，西方的立宪主义仍然是以个人主义、自由主义为核心的。而在亚洲国家，有着极不相同的法律传统，如东亚的儒家传统、西亚的伊斯兰教、南亚的佛教传统，强调集体主义则是它们共同的特征。正是在这种意义上，这种集体主义被称为"亚洲价值观"，其中包括个人对社会的义务、国家利益至上、社会优先等思想。如果我们比较一下亚洲各国宪法，可以发现对传统文化的保护和发展，贯穿了亚洲立宪主义发展的整个过程。无论是作为原理还是制度，在亚洲政治生活中传统文化以其特殊的功能表现了亚洲社会的特色。如孟加拉国宪法第 23 条规定：国家采取措施，维护文化传统和人民遗产，并提倡和发展民族语言、文化和艺术，使各阶层人民都有机会为丰富民族文化作出贡献，并参与民族文化的活动。韩国宪法的序言中规定"悠久的历史传统"，总纲中规定"繁荣民族文化"，总统誓词中包括"致力于繁荣民族文化"，宪法条文中规定"国家继承和发展民族文化"。尼泊尔宪法中规定，根据民族精神和传统促进政治、经济和文化生活，决定和其他国家的关系，是国家不可取消和不可剥夺的权利。印度宪法中则把"珍藏和保存共同文化的丰富遗产"作为公民的基本义务。①

我国研究非洲法的学者洪永红、夏新华等人的研究也得出了类似的结论。非洲法的历史发展大致经历了三次重大变迁：第一次发生于公元 7 世纪至公元 16 世纪，主要是伊斯兰法和非洲传统习惯法的交汇与融合；第二次发生在 16 世纪中叶到 20 世纪 50 年代至 60 年代，主要是西方法伴随着欧洲殖民统治而在非洲的全面移植，从而形成西方法、非洲习惯法和伊斯兰法之间相互并存的格局；第三次发生在 20 世纪 50 年代至 60 年代以来直至非洲各国纷纷独立之后，表现出从西方移植的现代法与传统的非洲习惯法和伊斯兰法之间的相互冲突与融合。非洲国家

① 参见韩大元：《亚洲立宪主义研究》，41～135 页，北京，中国人民公安大学出版社，2000。

独立后，继承了殖民主义者留下的法律遗产，原宗主国的法律不但作为原殖民地欧洲人的属人法继续存在，在许多领域也作为共同法而为独立各国所确认和实施，只是一些违反国家主权或带有歧视性和殖民主义色彩的条款被废除了。法国比较法学家达维德指出，非洲各国独立后，所有殖民强国制定的欧洲法都在新的国家里得到承认。在非洲法律现代化的过程中，移植来的西方法律观念对于非洲法律制度的建立在某些方面具有积极作用。如突尼斯前总统布尔吉巴主持了司法领域的改革运动，于1956年颁布了《个人身份法》，规定“禁止一夫多妻制”，在当时就产生了巨大的影响。索马里1975年颁布《家庭法》，规定女子和男子享有同等的继承权。几内亚前总统塞古杜尔曾热情鼓励人民选用现代法官制度，他说：“人们不应当害怕法官，而应当热爱法官，把他们当作每个男女公民的最可爱的亲信。”然而，由于历史、宗教、语言和风俗习惯等因素的差异，西方法律制度并没有能够占领非洲法律文化的全部领域。虽然大多数非洲国家都采用了原宗主国的政治制度，但这种移植并没有给它们带来政治的稳定和经济的繁荣，反而给许多非洲国家带来了连年的战乱和极度的贫穷。许多非洲国家领导人开始把目光转向非洲的传统法律文化，他们认为，非洲传统习惯法中团体成员间建立的团结协作精神是一种尤其值得保护的积极因素，有利于民族团结和国家的稳定。因此非洲国家在宪法中一般都明文确定了传统习惯法作为重要法律渊源的地位，并在民商法、诉讼法、司法制度等方面有选择地适用习惯法。如肯尼亚1967年《法院组织法》第三节规定了一个适用习惯法的原则：“在当事人一方或各方受到习惯法的支配或影响的民事案件，只要这些习惯法可以适用并且不违背正义和道德，不与任何成文法相抵触，高等法院及其所属的一切法院应以这些习惯法为指导进行审理，并按照正义的实质加以判决，不得过分拘泥程序方面的技术问题，不得有不当的迟延。”在尼日利亚，习惯法被描绘为一面“公认为惯例的镜子”，这意味着习惯法不是一种凝固和僵硬的法律体系，而是时刻在发展，并根据社会变化不断改变的。为了增进对习惯法的了解，使其在生活中更好地发挥作用，非洲国家政府作了大量的努力，例如，1957年马达加斯加国民议会通过决议，确认习惯法并将其编纂为法典；1961年坦噶尼喀决定将各地的习惯法编成法典，以便使习惯法实现一定程度的统一。①

法律发展的这种民族主义倾向更明显地表现在伊斯兰国家出现的“伊斯兰法复兴运动”中。我国学者高鸿钧的研究表明，在西方化、现代化的强势话语之下，西方世界和伊斯兰国家的紧张关系激起伊斯兰宗教和传统势力的强烈反弹。实际上这种紧张关系一直持续到现在，“9·11”事件以及以美国为首的西方世界的“反恐”，正是这种斗争的继续。自从19世纪中叶以来，从殖民地时期开始，伊斯兰国家的传统法经历了现代化变革，一方面，受到来自西方国家法律的冲击；另一方面，根据现代社会的条件和价值观念对传统法律进行改革。就此而言，伊斯兰国家没有什么特殊性，因为近代以来绝大多数非西方国家的法律都经历了不同程度的西方化过程，传统的法律只是在个别领域起作用。但是伊斯兰国家与这些地区不同，在这些国家，外来的法律变成这些民族国家的基本法律制度，没有出现重新以传统法律取代引进的西方法律的倾向。而在伊斯兰国家自20世纪60年代以来，法律改革中发生了引人注目的变化，一些国家断然宣布废除原来取自西方的法律，重新恢复适用传统的伊斯兰法。这一转变被称为“伊斯兰法复兴运动”。在这场运动中冲在最前边的是利比亚，随后扮演主要角色的是巴基斯坦、伊朗和苏丹。在利比亚早在1969年以前卡扎菲就反对引进欧洲的法律，认为这种做法是

① 参见洪永红、夏新华等：《非洲法导论》，17～53页。

对伊斯兰教的背叛。他极力主张废除与伊斯兰法相冲突的移植的欧洲式的法律，并允诺在他执政后恢复伊斯兰法。他执掌政权后，于1971年正式宣布恢复伊斯兰法，随后颁布了一系列刑事和民事法律，恢复了传统的伊斯兰法的主要制度。在巴基斯坦1977年齐亚·哈克执政后，提出“实行伊斯兰法治”的口号，对当时有效的法律进行了审查，废除了许多西方式的法律，并以立法的形式正式将传统的伊斯兰法予以公布，其范围涉及宪法、民事法律、刑事法律以及程序证据法。在伊朗自1977年至1979年的革命中，霍梅尼在伊朗广大穆斯林的支持下推翻巴列维国王的政权，建立了新型的伊斯兰政权。1982年伊朗最高司法委员会下令“废除所有非伊斯兰革命前的法律”。在革命期间和随后的几年内，伊朗摧毁了原来的世俗法律制度，恢复了传统的伊斯兰法。在苏丹自尼迈里执政后，1983年苏丹政府宣布废除1974年颁布的《民事诉讼法》《刑事诉讼法》《刑法典》《买卖法》《代理法》，同时颁布了反映伊斯兰价值观念的新法律，包括《民事诉讼法》《刑事诉讼法》《刑法典》《司法法》《司法判决渊源法》《证据法》《律师法》《民事交易法》。1985年尼迈里下台后，伊斯兰法复兴一度停止。1989年由伊斯兰全国阵线和伊斯兰激进组织支持的军人政权掌权后，伊斯兰法复兴又重新提起，并成为主要的纲领之一。在伊斯兰法复兴运动中，不仅重新把伊斯兰法确定为伊斯兰国家最重要的法律渊源，确保其他法律与伊斯兰教原则的一致性，而且在刑法、民法、婚姻家庭法中恢复了许多传统伊斯兰法的内容。在刑法中，传统的伊斯兰刑法有“经定刑的犯罪”和“酌定刑的犯罪”之分，前者指《古兰经》和圣训中规定了具体刑罚的犯罪，后者是指法官可根据伊斯兰法之规则酌情处理的犯罪。在伊斯兰法中饮酒、盗窃、抢劫、通奸都属于“经定刑的犯罪”，对其严格按照传统的伊斯兰法的规定处理。按照《古兰经》，穆斯林饮酒，鞭打80，而根据圣训，鞭打40。对于盗窃罪，行为人须是精神健全的成年人，盗窃价值在10第纳尔以上的合法财物；如盗窃的是猪肉和酒类等非法之物，则不构成犯罪；如因饥饿等原因继续实施此行为也可赦免。对此犯罪的刑罚是传统的断手之刑。在苏丹，仅仅在传统刑罚恢复的第一年，对被告实行断手的刑罚的案件就有60起。在民商法领域，按照伊斯兰法的规定，不承认财产的私人所有权，主张一切财产归真主所有，人们只有权受真主委托占有和使用财产，无权将真主恩赐的财产据为己有。伊斯兰法还提倡经济平等，鼓励富人救济贫困者，坚决反对利用财产和交易剥削穷人。1979年伊朗政府下令将所有私人银行、保险公司以及绝大部分大中型企业收归国有，并将许多私人公司国有化，从而大大限制了私有权。在婚姻家庭法领域，随着伊斯兰国家的现代化，原来的一夫多妻制已经有所松动，但在伊斯兰法复兴运动中，伊朗于1979年废除了以前的《家庭保护法》，恢复了传统的多妻制，即一个男子可娶4个女子为妻，以及什叶派的“临时婚姻”，即一个男子在娶4个妻子的同时，还可无限制娶临时妻子。由于伊斯兰法确认童婚制，因而伊朗把结婚年龄从原来的18岁，降至男15岁、女13岁。在司法制度方面，在法治现代化的过程中，原来适用伊斯兰法的沙里亚法院，其管辖权已经被限制在家庭法领域，有的国家甚至废除了沙里亚法院，实现了司法组织的世俗化。在伊斯兰法复兴运动中，一些国家，特别是巴基斯坦、伊朗和苏丹，把先前存在的西方式的司法组织看作是实施伊斯兰法的障碍，而用受过传统教育的并通晓伊斯兰法的宗教人士取代了原先西方式的法官，恢复了沙里亚法院，扩大了它的管辖权。①

---

① 参见高鸿钧：《伊斯兰法：传统与现代化》，219～240页。

第二节 第二次世界大战后的法律制度：新自由主义的经济—法律模式

一、新自由主义经济—法律模式

20 世纪 90 年代以来，随着冷战的结束，全球化已成为经济和社会生活许多领域的重要发展趋势之一。冷战时期所形成的多元主义的法律模式——福利主义、社会主义和民族主义，面对激烈的国际竞争和全球化的挑战，不得不修改自己的战略，基于国家干预失灵，放松管制，发生了以市场为导向的变革。似乎经过了一个大的循环以后，又回到了自由主义的经济—法治模式。

20 世纪 80 年代以来，无论是社会主义国家还是资本主义国家，都发生了以市场为导向的经济变革：主要资本主义国家为了提高自己的竞争力，开始削减六七十年代实施的福利国家政策，重视市场的作用；而大多数社会主义国家发生了从计划经济向市场经济的转轨，这就为整个世界形成统一的市场创造了条件。与此同时，第三世界国家与发达国家之间的关系也发生了变化，它们之间的相互依赖越来越强：一方面，发达国家为了获得更大的利润，必须依赖第三世界国家的广大市场，发达国家之间加剧了争夺市场的竞争；另一方面，第三世界国家为了获取发展所必要的资金和技术，又必须依赖发达国家的投资和高科技，并把发达国家作为出口产品的市场，这样，在第三世界国家之间也相应地出现了争投资、争出口的竞争。随着经济交往的跨越国界，经济关系的全球性与国家主权的领土性之间的矛盾越来越突出，这已成为全球化的最主要特征。减少国家在国际资本、服务、商品、产业流动中的干预，反对贸易保护主义，废除一切对外国资本的歧视措施，降低以至取消关税，已经成为西方国家、社会主义国家和发展中国家的普遍特征。用有的西方学者的话来说，全球化即建立“无经济边境的世界”。

经济一体化和非国家化不单纯是经济的，它必然以国家的政策与法律的变革为先导，同时又进一步推动了国家政策与法律的变革。[①] 随着争夺市场和投资的国际竞争的加剧，在世界范围内，特别是在第三世界国家和苏联及东欧国家，出现了一股以市场为导向的法律改革潮流。有没有健全的法律保障系统，已经成为判断是否具有良好的投资环境的关键性因素之一。而这些法律改革的基本原则和最终目的就是增强法的可预测性、可计算性和透明度，即实现法治，以保证资本的跨国界的自由流动，保证世界范围内的贸易自由。

1994 年在世界银行于美国召开的“拉丁美洲和加勒比地区司法改革”会议上，世界银行

---

① 在国内学界有的学者只同意提经济全球化。而不同意提政治全球化和法律全球化。对此笔者有不同的看法。笔者认为，全球化是一个过程，它表现在社会生活的各个领域，包括政治、经济、文化和法律领域。如果认为只有在经济领域存在全球化，而在法律领域不存在全球化的话，那么自然会提出一个问题：经济全球化难道没有法律表现吗？难道经济的全球化离开法律形式还能够得到巩固和保证吗？试想，如果世贸组织的章程没有缔约方的遵守，没有世贸组织的解决纠纷机制，它如何运作？经济全球化没有法律保证是不可想象的。同样，如果承认存在经济全球化的现象，如果承认马克思主义的一句名言——“政治是经济的集中表现”，那么也就必须承认全球化同样有它的政治方面。

拉丁美洲和加勒比地区副行长博尔基（Shahid Javed Burki）形象地描述了这一地区经济发展和法律改革的关系："当拉丁美洲和加勒比国家在改进管理、扩大私人部门的作用，向着更稳定的经济和政治环境变革时，司法改革将是一个关键的补充。司法改革有利于所有的使用者。它通过使商业交易更具有可预测性而对私人部门有利，它通过建立更好的管制和责任而对公共部门有利。最后，它通过增加法律援助和服务的权利而对人民有利。法治建立了对一个健全的经济至关重要的基本原则。特别是目的在于有效地执行法律的司法改革在改革国家的作用和完成发展策略上占有中心地位。"①

1996年在美国国际法学会召开的年会上，世界银行高级副行长、法律部主任沙赫塔以简要的语言说明了法律改革对投资的重要性："私人投资者，不管是国内的还是国外的，以及他们的金融家，在他们作出投资决定考虑金融回报和政治风险等主要问题时会更多地考虑这样的问题，诸如法律制度是否允许投资者的权利正常地得到实现，他们的活动所产生的争端是否能公平地、方便地和有效率地得到解决。的确，认真的投资者期望一个财产权利、合同安排和其他合法的活动能够得到保障和尊重的法律制度，一个摆脱了任意的政府行为、摆脱了特殊利益集团或者有权的个人的压力的法律制度。在这方面，司法制度正确地发挥功能具有十分重要的意义。"

2000年世界银行发布了对俄罗斯、格鲁吉亚、吉尔吉斯斯坦、波兰和罗马尼亚五国的法律改革的报告，在谈到这些转型中国家经济和法律改革的经验和教训时指出："最近十几年的时间已经见证了中欧和原苏联国家的一个巨大的甚至革命性的转变。这一转变成功的关键是法律、制度和规制的改革为市场经济和一个更开放和公正的社会奠定了基础。""在这些国家这十几年已经发生了巨大的变化，有许多发展，也有不少退步。它们已经出现内战，大量的财富集中到少数人手中，贫穷在扩大。尽管对该地区的大多数国家来说有建立起来的自由，但是向和平与繁荣的民主制度的转型仍然是不完全的。法律和司法改革是全部转型的关键组成部分，因为它提供经济和其他改革的结构性框架。也需要一个现实的法律制度吸引投资，与腐败斗争和保护基本人权。"报告中有关这些国家法律改革目标的具体内容参见以下栏目。

【专栏13.1】

苏联、东欧地区法律改革目标②

法律改革寻求用法治取代专制的和国家中心主义的制度。

● 客观运作。法律由律师、法官、检察官和其他官员以道德的和公平的方式解释和执行，这些人没有特殊的偏好和特权。

● 法律执行基于法律知识。负责解释和执行立法框架的那些人知道法律是什么，理解它的基本原则。

● 法律可接近。个人有充分的权利接近法律制度。这意味着他们知道他们的权利是什么，能够得到代表，承担得起诉讼费用。

● 法律合理有效。

---

① Shahid Javed Burki，"Economic Development and Judicial Reform"，*paper for World Bank Conference on Judicial Reform in Latin America and the Caribbean*，held on June 13-14，1994，Washington D. C.

② 资料来源：Mark K. Dietrich，"Legal and Judicial Reform in Central Europe and Former Soviet Union，Voice from Five Countries"，见 http：//www. worldbank. org。

- 法律透明。当起草立法时受立法影响的公民有机会评价它。同样，司法决定可论证和可解释，并受到新闻和学术界的监督。
- 法律可预测。以合理清晰的方式起草立法，因此结果是可预测的，不允许公共官员有不正当的自由裁量。
- 法律可执行。公平作出的司法和行政决定是可执行的。
- 保护私有财产权。
- 保护个人权利和人权。
- 保护合法的国家利益，例如通过对那些从事被明确确定的犯罪行为的人提起诉讼。

通过上述 20 世纪 90 年代以来世界银行所资助的若干法律改革项目，我们可以看到在世界范围内所进行的法律改革的总体思路，即为市场化、减少国家干预、放松管制的经济改革奠定法律框架。

值得注意的是，对于当前在世界范围内所进行的经济—法律改革，世贸组织起到了突出的作用。世贸组织作为一个多边的国际贸易组织，其调整对象主要是国际贸易，但也涉及与贸易有关的投资、知识产权。其主要目标不仅在于排除对贸易的歧视措施，而且在于调节“国界背后”的政策内容和国内市场结构。因此，世贸组织的章程对各国的法律改革，包括外贸法、关税法、公司法、税法、环境法、劳动法、投资法等诸领域，甚至法治本身，都起到指导作用。

世贸组织的基本法律原则体现在作为世贸组织宪章的附件的一系列贸易协议中，包括最惠国待遇原则、国民待遇原则、市场准入原则、禁止倾销原则、透明度原则、争端解决机制的权威性原则等，而上述所有原则的核心就是贸易自由化原则。世贸组织的一系列协定或协议都要求成员分阶段逐步实行贸易自由化，降低关税和取消数量限制，以此扩大市场准入水平，促进市场的合理竞争和适度保护。

世贸组织实行多边无条件的最惠国待遇原则，每一成员给予任何一个其他成员的优惠、特权和豁免，均应立即无条件地适用于所有成员。

国民待遇原则是最惠国待遇原则的补充。在实行所有世贸组织成员平等待遇的基础上，世贸组织成员的商品或服务进入另一成员领土后，也应享受与该国的商品或服务的待遇相同的待遇。

市场准入原则指一国允许外国的货物、劳务与资本参与国内市场的程度，允许缔约方根据发展水平，在一定期限内，逐步开放市场，最终实现贸易自由化。

禁止倾销原则规定，当出口国以低于正常价值的价格将产品输往进口国，并给进口国同类工业造成损害时，这种行为构成倾销，受到损害的进口国可以对倾销产品征收反倾销税。

透明度原则规定，世贸组织成员所实施的与国际贸易有关的法令、条例、司法判决、行政决定，都必须予以公布，以使各国政府及贸易商熟悉它们。一成员的政府与另一成员的政府所缔结的影响国际贸易的协定，也必须公布，以防止缔约国之间进行不公平贸易，从而造成对其他成员的歧视。为此，世贸组织专门设立了贸易政策主审机构，负责审查成员的贸易政策与法律。

特别值得注意的是，过去关贸总协定争端解决机制实行“完全协商一致”的原则，即只要有一个缔约方（最可能的就是“被申诉人”或“被告”）提出反对通过争端解决机构的裁决报告，就认为没有“完全协商一致”，则关贸总协定不能作出裁决。这自然大大削弱了关贸总协定争端解决机制的权威性、有效性。因此，有人戏称“关贸总协定争端解决机制是一只没有牙齿的老虎”。与关贸总协定争端解决机制相比，世贸组织的争端解决机制在法律形式上更具权威性。由于一国参加世贸组织是由其国内的立法机关批准的，所以世贸组织的协定、协议与其国内法应处于平等的地位。世贸组织成员需遵守世贸组织各协定、协议的规定，执行其争端解决机构作出的裁决，并且，争端解决机构作出决策是按“除非世贸组织成员完全协商一致反对通过裁决报告”，否则视为“完全协商一致通过裁决”的原则，这就增强了争端解决机构解决争端的效力。加之对争端解决程序规定了明确的时间表，其效率大大提高了，权威性也得到确立。

二、新自由主义法律模式批判：谁来拯救市场和全球化的受害者

20 世纪 90 年代以来所进行的全球的经济和法律改革以及建立世贸组织，似乎标志着第二次世界大战结束以后多元主义的格局的终结，代之而起的是强调市场作用和减少国家干预的新自由主义的经济和法律模式。新自由主义似乎成了解决一切问题，包括效率低下、贫穷、腐败、官僚主义、不公正的万灵药方。

按照这种理论，全球资本主义已经抛弃了由民族国家管制的过时模式，而代之以效益和福利最大化的新模式。较小的政府和较少的贸易障碍会导致更完善的市场，而更完善的市场带来资源在全世界范围内的更有效益的分配，从而导致高增长率和世界财富总量的增加。消除贸易障碍，将使世界各国获得基于比较优势的国际分工而带来的利益。全球资本市场将对主权国家起到约束作用，从而保证市场不被扭曲。这样，在一个“无经济边境的世界”，资本将流向能使自己达到最高值、使福利最大化的地方。对发达国家来说，对于全球化所引起的削减福利措施及社会公正的问题，只要主权国家政府不从中干预，市场本身会提供所需要的一切社会保证。对发展中国家而言，全球化也是一个福音，当资本在寻求利益的过程中从资本主义的“中心”流向“外围”时，将导致全球收入的趋同。因此，一些第三世界国家的领导人一改过去要求建立世界经济新秩序的“好斗”立场，而采取比较务实的态度。有的甚至直接宣称，新自由主义是自己信奉的意识形态。“我这里有最适于投资的环境”，成为他们中间最为流行的口号，把自己国家的命运寄托在西方国家的投资和自己产品的出口上。总之，按照新自由主义的理论，全球化似乎是人类历史上真正可能实现的乌托邦。

新自由主义的胜利似乎在世贸组织的成立过程中得到了完满的体现。按照世贸组织首任总干事鲁杰罗（Renato Ruggiero）的说法，世贸组织的成立对其成员起码有三个好处：第一，世贸组织成员之间实行无歧视的最惠国待遇，从而大大降低了关税和减少了非关税障碍；第二，成员之间可利用多边争端解决机制，解决贸易纠纷，从而可以大大减少贸易战和贸易保护主义；第三，世贸组织的成员可参与国际经济贸易规则的制定，从而可能建立更加公正合理的世界经济秩序。1994 年当乌拉圭回合谈判结束，世贸组织行将诞生时，世贸组织的前身关贸总协定曾对世界贸易的前景充满了期望。按它的估计，乌拉圭回合的最终协议将使发达国家的工业产品的关税平均降低 38%，农产品的关税降低 37%，使约有半数的工业产品可免税进入发达国家的市场。总体上，平均关税将由原来的占产品价格的 6.3%下降到占 3.9%。世贸组织的研究表明：美国为了实现对纺织品和服装进口的限制，提高关税，使该类商品的价格在 20 世纪 80 年代后期上升了 58%；服装进口限制使英国的消费者每年多支付 50 亿英镑；而《纺织品服装协议》的实施可为全世界的消费者带来至少 233 亿美元的利益，其中，美国 123 亿美元，加拿大 8 亿美元，欧盟 22 亿美元，发展中国家 80 亿美元。据估计，乌拉圭回合的实施将使世界收入增加 1 090 亿～5 100 亿美元。世贸组织协议的实施促进了贸易的增长，有利于创造更多的就业机会。与贸易保护主义消极保护就业的做法相反，世贸组织更多的是通过促进经

济发展和产业结构调整来解决失业问题。[①] 一些新自由主义的经济学家认为，协议将使全球产值在今后 10 年内增长 60 000 多亿美元，全球自由贸易所带来的消费者收入效应和生产者生产效应将使世界贸易的福利水平提高。关贸总协定总干事彼得·萨瑟兰（Peter Sutherland）那时充满信心地说，乌拉圭回合的成功结束和世贸组织的建立，意味着各国有“更多的贸易，更好的投资，更多的就业机会和更好的收益”[②]。

然而，事实果真如此吗？因为世贸组织的建立 1995 年可以说是全球化理论及其实践搞得最热火朝天的一年，人们似乎觉得已经站到了经济全球化的门槛上，无论是发达国家还是发展中国家似乎都在向新自由主义顶礼膜拜。但是，好景不长。仅仅过了一年多一点的时间，首先是 1997 年夏季以来的发生在东南亚国家的金融危机，很快蔓延到整个东亚，之后又发展到俄罗斯、南美……货币贬值，通货紧缩，企业破产，银行倒闭，工人失业，下岗，就好像一场流行病肆意蔓延。新自由主义经济学所许诺的那种全球普遍繁荣的局面好像已经是在痴人说梦话。

经济全球化所带来的另一个问题是世界范围内贫富差距的扩大。根据 1999 年发布的联合国《人文发展报告》，由信息和通信技术的大发展而推动的全世界日益加强的经济、文化和科学的一体化带给人们的财富并不是平均分配的。市场竞争可能是效率的最大保证，但不一定是平等的最大保证。不受约束的市场经济使穷人更穷、富人更富。世界 1/5 的人生活在高收入国家，这些国家控制了 86%的世界出口市场、68%的外国投资和 74%的电话线。从 20 世纪 80 年代以来，许多国家从全球化中获益，它们利用了经济和技术的机会[③]；而许多国家没有得到多少好处。结果是那些从这个体系中得到好处的与那些“只是被动地接受它的影响”的国家之间“怪异而危险地两极分化”。占世界人口 1/5 的收入最高的国家的人民，创造着 86%的世界国内生产总值、82%的全球出口和 68%的国外直接投资，控制着 74%的电话线。收入最低的 1/5 的人，也就是最贫穷国家的人民约占每一项的 1%。全世界最富有的 1/5 人口与最贫穷的 1/5 人口之间的收入差距从 1960 年的 30∶1 扩大到 1997 年的 74∶1。20 世纪末，人类 20%的富有者消费着 86%的各种商品和服务。而占人口 1/5 的最贫困的居民只消费世界财富的 1.3%，几乎只有 30 年前的 2.3%的一半。世界上 3 名巨富的财富超过了 48 个不发达国家的国内生产总值之和。[④] 而世界首富微软公司的市值超过 5 000 亿美元，如果把它当作国家，以 GDP 来衡量，它在全世界排名第 11，仅次于美国、日本、德国、法国、英国、意大利、中国、巴西、加拿大和西班牙的国民经济总产值。[⑤] 据国际慈善组织乐施会的报告指出，2017 年全球 82%的财富动向流入 1%人口，这 1%的人口也是世界最富裕的人群，与之形成鲜明对比的是全世界 35 亿人相当于总人口的 70%的人的财富低于 1 万美金，这 70%的人口拥有的全球财富竟然不到 3%。[⑥]

---

① 参见张汉林：《世贸组织对世界经贸发展的影响》，载《光明日报》，1999－11－19。

② 曹建明：《国际经济法概论》，158～163 页，北京，法律出版社，1996。

③ 该报告认为，发达国家把它们的投资的 80%集中在 20 个东欧国家和发展中国家，中国占有突出地位。按照世界银行的统计，中国多年以来一直位于世界各国接受投资的第二位（仅次于美国），和接受世界银行贷款的第一位。上述资料表明，中国在世界经济体系中所处的地位说明中国是世界全球化进程的突出的受益国。

④ 参见联合国开发计划署：《1999 年人文发展报告》，载《参考消息》，1999－07－15；［阿根廷］《号角报》：《另一个世界的世界》，载《参考消息》，1999－07－11。

⑤ 参见林行止：《出身大富之家，盖茨富可敌国》，载（香港）《信报》，1999－07－19。

⑥ 参见财经豹社：《全球贫富差距如此大，数据显示去年 1%的人就坐拥全球 80%的财富》，见 https：//baijiahao. baidu. com/s? id=1591439308447319419&wfr=spider&for=pc，最后访问日期：2018－02－04。

对新自由主义的否定性评价集中反映在1999年以来世贸组织、国际货币基金组织、世界银行、七国集团、达沃斯论坛等的一系列国际会议上。在会议外，这些组织遇到了大规模的反全球化的群众示威和抗议活动。参加示威和抗议活动的既有工会组织，特别是由于全球化而受到侵犯的蓝领的工人组织，也有人权组织、环保组织、绿色和平组织等非政府组织。抗议的理由可以分为几类：第一类，“全球化造成失业和企业破产”，“造成工人福利水平的下降，不利于保护人权”；第二类，“全球化有利于跨国公司”，“世贸组织、世界银行、国际货币基金组织是富人俱乐部、是西方院外游说的场所”，“损害发展中国家经济贸易利益”，“全球化扩大了世界贫富两极分化”；第三类，“世贸组织等只关注商业利益，不关心食品、健康安全”，“不注重环境保护”；第四类，“世贸组织等要求成员出让经济主权”，特别是对小国、弱国而言，它们在这些大型的世界组织内受到大国、富国的操纵、摆布，没有发言权。而在会议内，不但在发展中国家与发达国家之间就是否把劳动标准和环境标准问题列入新一轮多边贸易谈判的议程发生激烈的争论，而且在发达国家之间，美国与欧盟就农产品补贴问题，美国与日本就反倾销问题，也发生了激烈的争论。[①] 在2003年9月举行的世贸组织坎昆部长级会议上，关于农产品补贴问题的争论，甚至使会议破裂。许多有识之士担心，世界贸易是否又回到双边贸易和贸易保护主义的老路上。[②]

上述问题表明，新自由主义所开的方子——贸易自由化绝非一条坦途。不错，贸易自由化能够减少贸易障碍，降低交易成本，促进生产，从而增加就业机会，由此带来的法律改革，又可以提高法律的透明度，减少执法者的自由裁量权，减少腐败产生的温床。但是，新自由主义方案回避了一个最基本的事实，贸易自由化在全球所带来的利益不是平均分配的，发展中国家与发达国家在一系列问题上存在着根本的利益冲突。以世贸组织乌拉圭回合的谈判为例，在纺织品贸易、与贸易有关的投资措施、非关税壁垒措施、服务贸易、与知识产权有关的贸易等方面都充满了发展中国家与发达国家之间的斗争。

（1）关于纺织品贸易。纺织品是发展中国家的主要出口产品。由于发达国家的阻挠，纺织品贸易长期以来一直作为关贸总协定的例外，受《多边纤维协定》的管辖，最初只涉及棉纺织品，后来逐步扩大到毛、麻、丝、化纤等纺织品，而且关税极高，致使纺织品全面受到限制，出口国利益受损。南北国家对此争论的焦点在于：是逐步取消《多边贸易协定》的数量限制，还是改为关税配额和全球配额？美国极力主张实行全球配额制；欧共体主张把纺织品贸易一体化和加强关贸总协定的规则两者挂钩；发展中国家则要求实现纺织品贸易自由化。

（2）关于与贸易有关的投资措施。投资历来是发达国家的优势，也是它们用来对付和控制发展中国家的主要工具。随着经济全球化，国际投资成为各国关注的热点。发达国家主张，制定新条款以弥补关贸总协定在有关投资措施方面的缺陷。其目的是为跨国公司的扩张开辟道路。而发展中国家则强调，在没有一套跨国公司共同遵守的行为规则和对跨国公司的行为缺乏约束的情况下，要求完全取消东道国对国际投资的限制是不现实的，也有损东道国的主权。

（3）关于非关税措施问题。发达国家主张，一律取消或减少非关税壁垒措施。发展中国家则认为，鉴于立即取消非关税措施是不现实的，应把取消自动出口限制作为更主要的目标。

（4）关于服务贸易问题。以美国为首的发达国家在服务贸易方面占有很大优势，极力主张

---

① 参见薛福康：《西雅图之战展望》，载《光明日报》，1992-12-02；《千年回合何以启动不了》，载《光明日报》，1999-12-06；《对世贸组织认识的十大误区》，载《光明日报》，2000-01-03。

② 参见《世贸组织坎昆会议失败 三大问题难以达成协议》，见新华网，http：//www.sina.com.cn，2003-09-15。

把原不属于关贸总协定范围内的服务贸易纳入谈判议程。它们要求将关贸总协定中的有关“自由贸易”的规定扩展到服务贸易，以便进一步打入发展中国家的服务市场。而发展中国家从维护自身利益出发，反对将服务贸易纳入新一轮谈判，而主张由各国立法调整服务贸易。

（5）关于知识产权保护问题。由于拥有高科技，知识产权是发达国家，特别是美国的优势。它们所具有的知识产权占世界知识产权保护总量的绝大多数。美国要求在这方面制定规则。而许多发展中国家则强调各国有权根据自身的需要决定对专利和其他知识产权的保护程度，各国应避免以保护知识产权为借口影响正常贸易。

最后，发达国家在工业品关税、非关税壁垒以及服装和纺织品贸易方面作了一些有益于发展中国家的让步，但在服务贸易、知识产权、与贸易有关的投资措施以及市场准入方面，发展中国家不得不同意发达国家特别是美国所提出的条件。如在货物贸易方面，乌拉圭回合的重要成果是市场准入，降低关税，将非关税壁垒关税化，从而削弱贸易壁垒。但由于发展中国家在国际经济中所处的不平等地位，这种貌似平等的关税减让协议所带来的利益实质上是不公平的。再如乌拉圭回合把服务贸易、知识产权保护和与贸易有关的投资措施都纳入关贸总协定体系，发展中国家在这些领域明显处于劣势，却不得不承担许多新义务，发达国家的跨国公司将是最大的受益者。①

西雅图会议关于是否把劳动标准和环境标准纳入谈判议程中的争论同样反映了这一问题。

（1）关于劳动标准问题。发展中国家具有劳动力价格低廉的优势，它们认为，劳动力价格是与贸易无关的问题，不应被纳入谈判议程。发达国家则认为，劳动价格与贸易有关，特别影响到发达国家的同类产业工人的就业问题；并声称，降低劳动价格直接侵犯了人权。

（2）关于环境标准问题。发达国家具有雄厚的资金，在现有资金和技术的条件下，它们有资金和技术在进行生产的同时治理环境。而对没有充足资金和技术的发展中国家来说，做到这一点则要困难得多。而且，从世界经济的现实来看，发达国家逐渐把高污染、劳动密集型的产业转移到发展中国家，而在发达国家留下的是低污染的技术密集型产业。因此，发达国家极力主张，把环境标准纳入谈判议程，而发展中国家则认为环境问题是与贸易无关的问题。

世贸组织的规则从另一个方面也有助于我们理解在“法律平等”“所有成员都平等地参与法律制定”的外衣下，在市场经济条件下，为什么法律依然是统治阶级意志的体现。世贸组织规则的制定也给我们提出了另一个问题：当代国际经济关系中占主导地位的规则必然是有利于在这种关系中居于支配地位的发达国家的规则，但发展中国家对这种经济结构并不是无能为力的，也并不是只能在世贸组织之外进行所谓体制外的反抗。即使在世贸组织的框架内，利用世贸组织的现有机制，发展中国家依然可以经过自己的团结努力，迫使发达国家作出让步，争取制定有利于自己的规则，为建立更加公正、合理的世界经济新秩序作出自己的贡献。②

随着世界经济相互依赖性的增强，调整不同经济体制的关系已经显得越来越困难。这个困难类似于试图把两台有着不同设计的计算机连接到一起工作所遇到的困难。要这样做，就需要一种界面机制来调整两台计算机。同样，在国际经济关系中，特别是在国际贸易关系中，某些

---

① 参见曾华群：《国际经济法导论》，18～22页，北京，法律出版社，1997。

② 世贸组织所通过的协议中包括一系列例外条款，如国际收支失衡的例外、幼稚工业保护的例外、保障例外、关税同盟和自由贸易区例外、安全例外、对发展中国家特殊的优惠待遇等。这些例外表明，实现世贸组织所规定的条件，并不是绝对的，可以根据不同国家的不同情况加以灵活处理。在某种意义上，这些例外条款的通过恰恰是发展中国家长期努力斗争的结果。

界面机制对于不同的经济体制协调它们的贸易是必不可少的。这种协调工作不仅存在于市场经济与非市场经济之间，而且存在于市场经济国家之间——在微观上不同的经济体制也会出现需要协调的问题。这在属于同一经济制度的国家集团如欧盟的各个成员国之间不明显，而在包括164个成员的世贸组织中法律界面问题就显得极为突出。

倾销和补贴是与法律界面问题相关的主要问题，也是在国际贸易的实践中经常遇到的主要争端。按照世贸组织的规定，当出口国以低于正常价值的价格将产品输往进口国，并给进口国同类工业造成损害时，这种行为就构成倾销。但是，在自由市场经济国家成本和价格是由市场决定的，而在非市场经济或其他种类的市场经济国家，成本和价格不完全都是由市场决定，相当一部分产品的成本和价格由国家决定或受到国家定价的影响。这样就存在两个界面，在决定是否存在倾销时，根据什么标准，如何把这两个界面协调起来？

又如在不同经济制度下都存在的补贴问题。按照世贸组织的规定，补贴是指政府对出口者提供的财政补助，从而影响公平竞争。这里遇到的问题可能更复杂。在任何国家，政府都会对某些重要产业采取政策上的支持、扶持，从而影响这些企业的竞争力。如果"补贴"的目标在于公平竞争，那么反对补贴是否意味着所有政府都必须采取统一的政策，不能给任何产业或部门以政策上的支持和鼓励？众所周知，现代政府已经不是17、18世纪那种无所作为的"私有财产的守护神"，而是通过积极的干预，调整收入的差别，帮助不利的群体和地区，对国民财富进行"再分配"。按照"补贴"的概念，国家的这种行为是否是"补贴"？是否应放在禁止之列？如果不是，怎么把这类国家的行为与世贸组织所禁止的补贴区别开来？

环境标准和劳动力标准也是与法律界面相关的问题，并且是近年来发达国家在多边贸易谈判中反复提出的问题，还是1999年世贸组织西雅图会议和2000年国际货币基金组织与世界银行华盛顿会议期间一些工会组织和环境保护组织上街游行、示威提出的问题。笔者认为，对此必须作全面、客观的分析。第一，毫无疑问，环境和劳动标准都与贸易有关，环境保护的费用和劳动工资的多少将直接影响产品的成本，在这方面消耗少将意味着在贸易中处于优势地位。第二，从整个世界经济的发展趋势看，发达国家有一个逐步把高污染、劳动密集型产业转移到发展中国家的趋势，而发展资金密集型和技术密集型的产业，这无形中把治理污染的负担几乎全部加在发展中国家的头上。第三，按照比较优势的原则，劳动力价格低是发展中国家的比较优势，如果把发展中国家的劳动力价格提高到发达国家的水平，那么发展中国家在与发达国家的竞争中不但没有资金和技术上的优势，而且会丧失劳动力价格上的优势，也就是说，根本没有比较优势。第四，综合上述考虑，一方面，发展中国家不应为了发展而牺牲人权和环境；另一方面，必须考虑发展中国家在整个世界贸易中的劣势地位是历史造成的，不能为了保护环境和提高劳动力标准而加重发展中国家的额外负担，为此发达国家必须给予经济补偿和技术支持。

因此，对不同经济体制的界面问题不能以某一类国家的标准来调试，必须全面、历史地看待这些差别。自由贸易必须以公平的贸易为补充。而如何做到公平，如何进行补偿？必须通过世贸组织所有成员国之间的协商，制定具有法律效力的新的全球性贸易规则。

如果我们把国际贸易问题转化为国内问题，就会看到17、18世纪的贸易自由化，自由的市场经济，到了19世纪末、20世纪初变为国家垄断，特别是20世纪30年代的经济危机，导致凯恩斯主义、国家干预代替自由的市场经济。20世纪后半期出现福利国家政策，乃至提出社会主义模式，实际上恰恰是为了解决由自由竞争所造成的社会两极分化和日益激化的社会矛盾。如果没有一个强大的政府，没有政府的强有力的干预，任凭市场调节社会资源和财富的分配，那将必定是一个弱肉强食的社会，是一个没有稳定性的社会。国家干预在一个国家主权的范围内是对社会财富进行再分配的武器。如果我们把从贸易自由化到国家干预的转变从国内领域转到国际领域，当然有许多可比之处：贸易自由化要求打破贸易保护主义，减少国家干预，但是，国际贸易的自由化所带来的世界范围内的两极分化通过什么样的机制加以调整，穷国在贸易自由化、全球化的冲击下所遭受的挫折通过什么途径加以弥补？在国内是通过强有力的国家干预，通过税收等手段、福利国家等措施对社会财富进行再分配；而在国际范围内，没有这样的世界政府，任何世界性或区域性的组织都没有这样的权力把各个国家的财富进行再分配，换句话说，穷国在市场中所受到的损失没有办法得到补偿。虽然，在世贸组织的协议中规定了对发达国家、发展中国家和最不发达国家的不同待遇、不同的关税水平，以期保护那里的民族经济，但是杯水车薪仍然改变不了它们在世界经济中的依附地位。在一国范围内，通过国家干预、宏观调控，贫困人口的数量在逐渐减少。而在世界范围内，贫困人口的数量不仅没有减少反而日益增加，发达国家与发展中国家的差距不但没有缩小反而日益扩大。种种迹象表明，反全球化运动已成为全球化的劲敌。显然，解决问题的关键在于如何有效地缩小全球范围内的贫富差距，以保持全球经济与社会的协调发展。为此，西方学者提出过两个减轻贫困的方案，一个是“全球资源红利方案”①，另一个是所谓“托宾税”②。但这些都只是善良的愿望，谁有这样的权力通过强有力的干预缩小这样的差距呢？是逐渐加强国际组织的权威，把原来属于主权国家范围内的某些权力逐渐转移到国际组织身上，从而使它们转变为超国家的共同体，具有超国家的权力和法律吗？一句话，贸易自由化是通过市场机制，通过放松管制，通过“看不见的手”运行的，而校正市场竞争所带来的不公正则必须通过一种强有力的有形力量，通过“看得见的手”来解决。以前这只手也存在，但大多是通过国家的同意，通过道义的力量。现在只通过道义是不够的，它必须具有一定的物质力量的保障。

第三节　当代的国际关系的制度化

一、威斯特伐利亚体系的危机

第二次世界大战结束以后，国家间的关系发生了新的变化：除了原有的双边关系之外，建

① 此即在各国对其资源实质上拥有无限制的、自主的所有权或共同所有权的情况下，每个国家将继续选择是否取用在其领土内发现的自然资源，如果它取用的话，将被要求按资源的价值的1%支付红利。作为一种税收，它将主要用来帮助那些处于悲惨困境中的人们。据它的建议者鲍格估计，“全球资源红利方案”将使税收每年增加3亿美元，粗略估计，可以使最贫困的1/5人口每人得到250美元，大大超过了他们目前的年均收入。他认为如果好好地规划并使用这笔钱的话，在几年内就会使他们的生活发生显著变化。参见［美］乔恩·曼德尔：《全球化与公平》，载《全球化：时代的标识——国外著名学者、政要论全球化》，中国现代国际关系研究所全球化研究中心编译，159～160页，北京，时事出版社，2003。

② 詹姆斯·托宾一直认为可以对目前在外汇市场上每天都超过1.3万亿美元的外汇交易征收少量的税收。他认为，千分之一的托宾税不仅可以减少短期资本投机行为，更重要的是，据相当保守的估计，可得到540亿美元的税收，这些税收可用来减轻最极度的贫穷。参见［美］乔恩·曼德尔：《全球化与公平》，载《全球化：时代的标识——国外著名学者、政要论全球化》，162页。

立在多边关系基础上的区域性一体化的组织和世界性组织获得了长足的发展。就区域一体化组织而言，不仅有以自由主义法律模式为基础建立的欧盟、北美自由贸易区，以社会主义法律模式为基础建立的经互会，而且有大量的以民族主义法律模式为基础建立的东南亚国家联盟、南亚国家联盟、上海合作组织、阿拉伯国家联盟等。为了在这些组织内部的成员国之间实现合作和互利，有的区域性组织实现了较高的一体化，成员国把原来属于主权范围内的某些权力转交给区域共同体，区域共同体不仅具有如国家一样的立法、司法和行政机构，而且具有系统的法律渊源体系，在欧盟甚至形成了自己的宪法。但是，这些区域共同体又都是具有排他性的，对成员国实行比对非成员国更优惠的待遇，贸易和其他经济交往主要发生在成员国之间，或者成员国之间的贸易占很大的比重。就区域共同体的法律联系方式而言，它既不同于古代帝国和它的附属国之间的贡赋关系，也不同于近代法系或宗主国和殖民地之间的关系。一般来说，所有成员国在法律上、条约上都是平等的主权国家，但实际上，在经济和政治势力上可能处于不同的地位，有的主导，有的依附，因此它们对区域共同体的影响不同。就法律传统而言，有的区域共同体的成员国可能属于同一法系，但大多数可能有很不相同的法律传统，如欧盟，就包括属于普通法系的英国，属于大陆法系的德国、法国等大陆国家；北美自由贸易区包括属于普通法系的美国、加拿大和属于大陆法系的墨西哥；东盟成员国的法律传统包括大陆法系、普通法系、伊斯兰法系和社会主义法系。这表明，原有的法律传统对于组织区域性共同体已经不重要，对成员国来说最重要的是现实的经济、政治和社会利益。

就世界性组织而言，第二次世界大战结束以后形成了联合国体系，在经济、贸易和金融领域，出现了布雷顿森林会议体制，形成了关贸总协定（在 20 世纪 90 年代发展为世贸组织）、国际货币基金组织和世界银行。跨越国界的全球问题，包括裁军、核武器控制、“反恐”、环境、经济危机、劳工问题、关税、金融、卫生、移民、难民、人道主义灾难等的出现，远远超过了主权国家所能控制的范围，也远远不是双边协议甚至区域性的组织所能解决的。这样就把这些世界性的组织的作用凸显出来。17 世纪以来所形成的威斯特伐利亚模式是否仍然起作用，或者在多大程度上起作用，在多大程度上发生了改变，改变的方向是什么，是否已经形成了一种新的国家间关系的模式，已经成为当代国际社会、国际法以至整个法学界所争论的焦点问题。

上面我们提到的加拿大学者瓦拉斯·卡基斯博士所概括的威斯特伐利亚体系的五个支柱由于全球化的影响，都发生了重要的变化。

【专栏 13.2】

全球化对威斯特伐利亚体系的挑战①

对支柱 1 的影响：法律主权现在不再是国家政府的垄断。

当代中央政府通过自愿地把权力向上转移给超国家制度、向下转移给亚国家政府和向侧面转移给市场力量而对全球化作出了回应。

对支柱 2 的影响：领土控制作为权力的渊源和权力的领域在今天具有小得多的意义。

或许全球化对权力的行使的最重要的意义是降低了领土的重要性。

对支柱 3 的影响：非国家行为者正在作为全球秩序的新星出现。

---

① 资料来源：Kimon Valaskakis，Westphalia Ⅱ：The Real Millennium Challenge，见 http：//www. paricenter. com/library/papers/。

威斯特伐利亚体系是一个国家间的体系，强调国家的作用。国家政府是主要的行为者。今天新的行为者是跨国公司、利益集团、非政府组织和政府间组织。

对支柱4的影响：国际法正在挑战国家主权的至上性。

像人权、环境保护、民族自决、可持续发展之类的概念正在开始在公众观点的法庭战胜国家主权，正在引发对主权国家事务的干预的辩护。

对支柱5的影响：威斯特伐利亚战争正在衰退。非威斯特伐利亚冲突正在发展。

威斯特伐利亚战争是主权国家根据某种规则如正式宣战、战俘待遇等引发的冲突。第二次世界大战后冲突在很大程度上是亚国家的内战或者利益群体之间的全球斗争。主角不再是国家政府，而是公司、特殊利益集团、毒品贩子、种族主义者等，它们都属于非国家行动者的群体。在某种意义上战争已经私有化，进而减少了国家政府的影响。

英国全球化学者赫尔德等人认为，第二次世界大战以后联合国模式已经取代了威斯特伐利亚模式。与威斯特伐利亚模式相比较，联合国模式具有下述特点。

【专栏13.3】

联合国模式①

1. 国际法的主体。世界社会由特殊的和制度化的关系网络把主权国家联系在一起，个人和团体也被认为是国际关系的合法的行动者（尽管作用有限）。

2. 民族自决权。那些被殖民权力、法西斯统治或外国侵占势力压迫的人们拥有民族自决权，在表达其前途和利益时扮演决定性的角色。自决的原则是合法的。

3. 国际干涉。关于什么是有效的国家权力原则的标准和价值，有一个逐步接受的过程。相应的，对某些国际规则的严重侵犯在理论上并没有被认为是合法的。通过强力施加干预，包括未经授权的经济强力的干预，受到限制。

4. 国际规则。创造旨在帮助在国际事务中进行立法和法律实施的新规则、程序和制度。

5. 世界普通法。限制国际社会所有成员的行为形式和范围，并为建构国际规则提供一套指标。

6. 国际人权标准。表达对个人权利的最基本的关注，旨在约束国家在对待所有的人，包括它们自己的公民时，遵守某些特定的标准。

7. 维和与人道主义灾难。维护和平、推动人权以及建立更进一步的社会正义是共同的优先选择，是国际社会全体的“公共事务”。国际规则现在为判断国家官员的个人责任和国家的犯罪行为提供了一些基本原则。

8. 全球范围的不平等和“人类共同财产”。由此产生的新的规则调控领土、财富和自然资源的分配、占有与开发。

为了深入理解全球化对国际法律秩序的影响，我们把第二次世界大战以来国际法发展的新趋势概括为以下几个方面：国际法的主体与性质、国际法与世界法、国际造法制度、国际司法、国际干涉、国际人权标准、“人类共同遗产”。

---

① 资料来源：［英］赫尔德等：《全球大转变》，90页。引者对译文作了调整。

二、国际法的主体与性质

在传统的威斯特伐利亚模式中，主权国家是国际法的唯一的主体。其他主体，个人或组织，在国际关系中不具有独立的权利能力和行为能力，而通过主权国家代表它们的利益。这是国家主权的表现。毫无疑问，主权国家仍然是当代国际法的最主要的主体。但是，一些国家中争取民族自决的团体，不承认该国的政府代表它们的利益，或者由于种种原因即使该团体处于流亡的状态，联合国也承认它们的合法地位。争取解放的民族或民族解放运动，虽然不具备主权国家的所有特征，但它们享有民族自决权，是正在形成的主权国家。国家间的国际组织，是国家间协议的产物。这类组织所拥有的权力来自成员国的授权。但它们毕竟不同于主权国家，如果承认它们是国际法的主体，那也是一种源于主权国家的特殊的主体。但是当代国际组织的发展表明，国际组织越来越取得对主权国家的独立性。在国际组织的决议不是一致通过，必须经主权国家同意才具有约束力，而是多数通过，不管主权国家是否同意，都具有约束力的情况下，国际组织作为国际法主体的特殊性和意义就更明显地表现出来。社会组织和个人是否能够成为国际法的主体一直是一个有争议的问题，但无论争议如何，一个无可回避的事实是非政府组织越来越多地参加到国际组织——从联合国到区域性国家组织到专业性国际组织——制定法律规则的过程中：在国际组织的规章中要求听取有关的非政府组织的意见，甚至把听取非政府组织的意见作为必经的程序；在国际法的实施过程中也把听取非政府组织的意见作为考察国际法律规则实施状况的一项重要指标。至于个人，随着第二次世界大战结束后对战争犯的审判，随着前南斯拉夫国际法庭、卢旺达国际法庭，特别是国际刑事法院的建立，对反人道主义罪行的追究，已经不能再把这类犯罪简单地归结于主权国家的行为，有关的个人不能再以司法豁免权为由不受法律制裁，而必须为此承担法律责任。同样，对于反人道主义犯罪，有关国家的政府已经不再被认为是它的国家公民和组织的代表，反之，这个国家的公民和社会组织也可以到国际法庭或区域性组织的司法机构提起诉讼。

三、国际法与世界法

在传统上，国际法是调整国家间关系的法律，其主体只能是主权国家和国际组织。如上所述，第二次世界大战后国际法的一个重要的发展趋势是国际关系或跨国的关系不仅仅是国家间的关系、政府间的关系，社会组织和个人也广泛地参加到国际关系中。实际上这种发展早在国际经济法领域就已经发生。关于国际经济法的性质一直就有狭义说和广义说之分。狭义说认为，国际经济法是国际公法即国际法的一部分，调整国家之间的关系，其主体只能是国家和国际组织。属于任何国家的自然人和法人，尽管也从事跨越一国国境的经济交往，但它们本身并不是国际公法的主体，从而也不是国际经济法的主体，它们与其他国家的政府、自然人、法人发生的经济关系，不属于国际经济法的调整范围，而属于国际私法和各国的涉外经济法即各国的国内法的调整范围。广义说则认为，国际经济法是调整超越一国的国际经济交往的法律规范，它所调整的对象，不仅包括国家政府之间、国际组织之间以及国家政府与国际组织之间的经济关系，而且包括大量的分属于不同国家的个人之间、法人之间、个人与法人之间以及它们与异国政府或国际组织之间的各种经济关系，因此，国际经济法是调整一切跨越国境的经济关系的法律规范，不仅包括调整国际经济关系的国际公约和国际惯例（属于国际公法），而且包括调整跨越国境的经济关系的国际私法、国际商法、国际商业习惯，以及各国的经济法、民商法的涉外部分。广义上的国际经济法的主体显然还包括参与到跨国经济关系中的法人和自然人。这里涉及对"国际"一词的理解问题：从狭义上，"国际"一词指的是国家间即政府间的活动，其主体只能是主权国家；从广义上，指跨越国家边界的活动，其主体是多种多样的，包括主权国家、集体主体和个人主体。[①] 现在我们看到的问题是，国际法的国际经济法化。从狭义上，我们可以把国际法继续看作是国家之间的法律规范，主要表现为国际条约和习惯，主权国家和国际组织是国际法的主体，个人和社会组织不能作为国际法的主体，而是通过国家代表其利益。而从广义上，我们可以把国际法看作是一切跨越国界的公法性质的法律规范，作为其主体的不仅包括主权国家和其参加的国际组织，而且包括一切从事跨国的公法活动的个人主体和集体主体。

这里我们可以区分两种法律规范：一种是政府间的法，即国际法，其调整对象只能是国家即政府间的关系；另一种是各国共同法，即世界法，是指各个国家的法律中一致的部分。值得注意的是，过去通过比较法可以发现这类世界共同法，但它存在的前提不是存在一个颁布这类共同法的世界政府，而是法律移植、法律文化的传播；而第二次世界大战以来，这类世界共同法的形成在很大程度上是通过包括联合国在内的国际组织和区域性组织的推动进行的。这类共同法的制定和实施不完全是国家政府的事，国际组织在其中起了重要的作用，它既负责提出有关的国际标准，又负责评估和监督国际标准的实施。任何国际组织都不是世界政府，但是国际组织也并不完全是一种"没有长牙齿的"虚幻的力量，它不仅管理跨越边境的国际事务，而且调整国家边境以内的事务。国际人权法、人道主义法的发展充分证明了这一点。这就是现代国际组织发展的方向。

四、国际造法制度

按照《国际法院规约》，国际法的渊源包括国际条约、国际习惯法、为文明各国所承认的一般法律原则、司法判例和公法学家的学说，其中，国际条约和国际习惯法是最主要的渊源。第二次世界大战后国际条约的主要变化在于国际协议的参加者并不限于政府，非政府组织、跨国公司也参加到有关的国际条约的制定过程中。许多国际组织的章程中都规定，在立法过程中必须听取有关的非政府组织的意见。国际条约的另一个发展趋势是：一些国际条约朝着"框架公约"（framework convention）的方向演变。以国际环境法为例：许多国家出于自身发展需要，从国内的法律与政策调整、政治和经济利益等方面考虑，不愿意承诺某些具体的环境义务，更不希望以牺牲本国的政治、经济利益为代价来参与环境保护的国际合作和履行国际环境保护的义务。另外，条约不可能对其所要调整的所有国际关系全面完整地予以表述。在这种情况下就出现了条约只对有关环境保护的目标原则作出规定，而具体的权利义务则留待缔约国事后通过议定书或附件等形式来明确的关于环境保护的框架公约。这就形成了所谓"框架公约＋议定书＋附件"的模式。

关于国际习惯法，传统的解释是根据各国重复的类似行为而产生的具有法律约束力的行为规则，是国家间默示的协议。国际习惯的形成，须具备两个条件：（1）物质条件，即必须有通

① 参见陈安主编：《国际经济法》，2版，20～29页；车丕照：《国际经济法概要》，5～9页。

例的存在，也就是各国有重复的类似的行为。一般来说，它要求时间上连续适用、空间上普遍适用、数量上多次不断重复和方式上对同类问题采取一致的做法。（2）心理条件，即法律确信，惯例被各国视为法律规则而具有约束力。第二次世界大战后国际习惯法的发展是所谓“直接的习惯法”（instant customary law），即国际习惯法不是来自许多国家的共同的长期实践，而是来自条约和短期的实践，如《联合国海洋法公约》关于大陆架的制度就是如此，从而大大加快了国际习惯法形成的速度。

除此之外，国际组织和国际会议的决议在调整国际关系中也起着重要的作用，其中有些决议具有法律约束力，比如联合国安理会的决议，有些则只有劝导力，属于建议性的，没有约束力。另外，国际组织所制定的国际标准，在当代世界各国的社会生活中起着很大的作用。在传统的威斯特伐利亚模式中，这类组织不可能具有造法权，其制定的规则被一些国际法学家称为“软法”，但是它们所制定的国际标准对有关各成员国的国内法律制度具有明显的范本作用，是全球化的进程中制度化、法制化方面的突出表现。有关它们的发展我们将专门加以阐述。

五、国际司法和争端解决机制

传统的国际法由于缺乏有效的执行机制常常被人们视为“没有牙齿的老虎”，关于许多国际问题只好诉诸武力或相互报复解决。第二次世界大战后，特别是冷战结束后，国际法的发展表明这只“没有牙齿的老虎”正在“长牙齿”。

（1）前南斯拉夫国际法庭、卢旺达国际法庭和国际刑事法院。

这些法院不同于第二次世界大战后成立的国际法院。国际法院是联合国的主要司法机关，但它主要只处理国家之间的争端，在涉及个人刑事责任的事情上，它不具有管辖权。处理前南斯拉夫和卢旺达问题的两个特设法庭，是在发生了反人道主义的罪行之后，联合国安全理事会为了处理特定的情况而设立的。这些法庭的管辖权限于有关的时间和领土。它们不是用来处理在其他地方发生的违犯行为，也不是为了防止将来发生违犯行为。总部设在荷兰海牙的国际刑事法院，是一个常设的机构，不受这些时间和地区上的限制。它比在需要时另设一个特设法庭能够更快地采取行动。作为一个常设的实体，它的存在本身就具有阻吓作用，向意图犯罪者发出强烈的警告信号。它鼓励各国对在其领土内或由其国民实施的反人道主义的罪行进行调查和起诉，因为如果它们不这样做，国际刑事法院就会行使管辖权。国际刑事法院的管辖权是处理由个人实施的最严重的罪行：灭绝种族罪、危害人类罪、战争罪和侵略罪。除了关于侵略罪成员国还没有达成一致的定义外，对其他罪行《国际刑事法院罗马规约》都有了明确的概念。国际刑事法院的法官对各项定义只可以作严格的解释，不得通过类推加以扩大。这样做的目的，是确立客观的国际标准，而不留下作出任意裁定的空间。凡是有含混不清的情况，要对定义作出有利于嫌疑人或被告人的解释。

特别值得注意的是，《国际刑事法院罗马规约》规定刑事责任平等地适用于所有人，不论他（她）是国家元首、政府首脑、政府或议会成员、民选代表还是政府官员。官方身份不可以拿来当作减刑的理由。罪行是奉上级命令实施的这一事实，通常不能免除罪行实施者的刑事责任。军事指挥官要对在其指挥和控制下的部队所实施的罪行负刑事责任。如果军事指挥官知道或者理应知道其部队正在实施或即将实施这种罪行，而未采取措施防止或制止其实施，他（她）也要负刑事责任。国际刑事法院不是要替代国家的管辖权，而是起补充的作用。国家法院将继续享有在其管辖权范围内对罪行进行调查和起诉的优先权。按照补充性原则，国际刑事法院只是在国家法院不能够或者不愿意行使管辖权的情况下才采取行动。如果国家法院愿意并且能够行使管辖权，则国际刑事法院就不能插手干预，也不能审判该国的国民，除非是联合国安全理事会根据《联合国宪章》第七章提交给它处理的案件。该规约中对国际刑事法院受理案件的依据作了明确规定，并且精确地界定了在什么情况下才算是不能够和不愿意，以避免发生任意的裁定。此外，被告人和有关的国家（无论是否是缔约国），都可以对国际刑事法院的管辖权或案件的可受理性提出质疑，也有权利对任何有关的裁定提出上诉。根据现行国际法，在其领土内发生灭绝种族罪、战争罪或危害人类罪的国家，或者其国民是这种罪行的被害人的国家，既有权利，也有法律义务对被控告实施这种罪行的人进行调查和起诉。该规约并不违反任何条约法原则，也没有在国际法现有规定之外规定任何新的权利或法律义务。非缔约国的合作纯属自愿，非缔约国不承担任何法律义务。该规约为维持和平人员提供了特别的保护，禁止蓄意攻击参与人道主义援助或维持和平行动的人员、设施、物资、单位或车辆。这类违犯行为构成战争罪，在某些情况下，也构成危害人类罪。此外，该规约也不影响现有的安排，例如与联合国维持和平特派团有关的安排，因为部队派遣国仍然对它们派到这种特派团的人员保有刑事管辖权。该规约规定，缔约国要对国际刑事法院所有阶段的工作提供协助和充分合作，并且尊重关于被害人、嫌疑人和被告人在调查、起诉和审判中的权利的国际标准。如有缔约国拒绝执行国际刑事法院提出的合作请求，可将此事提交缔约国大会或安全理事会审议。①

（2）世贸组织解决争端机制。

国际司法制度的另一项进展是世贸组织的解决争端机制。世贸组织拥有自己固定的争端解决机构（DSB）。该机构在成员之间产生争端后，有权成立专家小组，接受专家小组的报告并检查建议的执行情况，如有必要还可以采取报复措施。专家组报告被提交给争端解决机构后，该机构只有在协商一致的情况下才能否决这一报告。当一个世贸组织成员方采取了一项贸易政策措施或某些措施，被另一个或多个世贸组织成员方认为违反了世贸组织协议或未能履行义务，争端即告产生，争端方均可要求按照争端解决机制处理。根据世贸组织争端解决机制的规定，各成员方发生贸易争端时，要按照贸易争端解决机制所规定的统一的争端解决程序处理，一般要经过磋商与调解、专家小组与上诉、裁决三个程序才得以最终解决。为了适应完整的司法程序的要求，世贸组织争端解决机制增加了上诉程序，上诉可以确认、修改或推翻专家组的法律调查结果和结论。另外，世贸组织争端解决机制对各个程序的运行规定了严格的时间限制。磋商是争端解决的第一个阶段，世贸组织争端解决机制首要的目的不是作出裁决，而是在可能的情况下，通过磋商解决争端。磋商最长可达 60 天。如果磋商失败，申诉国可以要求成立专家组。争端解决机构要在 45 天内成立专家组，专家组在 6 个月内作出结论。专家组的报告通常在 6 个月内被提交争端各方，在紧急案件中，包括那些与易腐商品有关的案例中，期限缩短为 3 个月。一个案件经过全过程直到作出首次裁决，一般不应超过 1 年，如果上诉，则不应超过 15 个月。世贸组织争端解决机制对每一个步骤都规定了时间限制，以防拖延程序，达到规避有关规定的目的，从而提高争端解决机构处理争议的速度和效率。

另外，世贸组织争端解决机制比关贸总协定争端解决机制有着更强的制约力。从专家组的形成来看，除非各方协商一致，否则不能阻止专家组的形成。从裁决通过来看，裁决自动获得通过，除非各方协商一致否决一项裁决。在一般情况下，这是难以达到的。从裁决的实施来

① 参见《国际刑事法院罗马规约》，见国际刑事法院网站，http：//www. un. org/chinese/law/icc/index. html。

看，世贸组织争端解决机制有着强有力的实施裁决措施：一方面，败诉方要及时遵守争端解决机构的建议或裁决，必须在报告通过后 30 天内举行的争端解决机构会议上表明这样的意向；另一方面，败诉方必须对本国的政策或法律进行修改或调整，以符合裁决或建议的要求。如果没有一个解决争端的办法，以规则为基础的体制将因为规则无法实施而变得毫无价值。因此，能否有效地解决贸易争端对于贸易体制的顺利运作至关重要。世贸组织的争端解决机制强调法治，并使多边贸易体制更安全和可预见。世贸组织争端解决机制的目标是维护世贸组织成员方的权利和义务，达成能为争端各方所接受的与有关协定的规则相一致的解决办法，至少能立即撤销那些与有关协定不一致的措施。世贸组织争端解决机制就是把原来各个国家之间的贸易磋商、报复权利，转交给世贸组织行使。这样做的好处是：一方面，使争端解决更规范化、制度化；另一方面，通过世贸组织授权从一国报复转变为多国报复。世贸组织争端解决机制由于采用“反向一致”原则来解决与世贸组织规则有关的争端，事实上提供了一条畅通的准司法渠道。“反向一致”原则要求，只有成员“一致否定”才不成立专家组或者不通过专家组或者上诉机构的报告。这是非常困难的，这实际上等于授予争端解决机构强制管辖权，被诉方除了接受争端解决机构的管辖外别无选择。

(3) 国内法院对国外事务的管辖权。

国际司法方面的另一个值得注意的现象是将国内法院的管辖权扩展到国外。在反垄断法领域，1945 年美国联邦最高法院在“合众国诉美国铝公司案”中，率先提出“效果原则”，即美国有权对发生在美国之外但在美国境内产生后果的行为行使管辖权；1977 年美国司法部发布的《反托拉斯法国际实施指南》也采用了这一原则。欧盟法院在有关反垄断法的判决中也遵循同样的原则：凡是违反《欧盟条约》第 85 条第 1 款，即“企业之间的一切协议、企业团体所做的决定和协同一致的经营行为，可能影响成员国之间贸易并且具有阻止、限制或者扭曲共同市场内的竞争的目的或效果的”的协议等，不管它们是在哪里缔结的，都属无效。在国际人权领域，国内法院也为执行国际法而提供另外的审判地点。例如，在西班牙的法院审理牵涉到智利前总统皮诺切特的案件时，西班牙声称它对于它的国民作为虐待和屠杀的受害者的案件拥有管辖权。又如美国联邦法院试图按照外国人的民事侵权行为法起诉前塞尔维亚总统卡拉季奇，这一法律允许外国公民由于卡拉季奇在前南斯拉夫“种族清洗”运动中强奸和虐待公民而向卡拉季奇索取赔偿。

六、国际干涉

国际干涉，特别是人道主义干涉，是联合国成立以来对威斯特伐利亚模式所提出的最大挑战。按照威斯特伐利亚模式，国家主权对内是最高的，对外是独立的。凡是属于主权范围内的问题，任何国家不得干涉。联合国成立以后，主权独立、互不干涉内政的原则仍然是联合国遵循的一项十分重要的国际法准则。《联合国宪章》第 2 条第 3 项规定：“各会员国应以和平方法解决其国际争端，俾免危及国际和平、安全及正义。”第 7 项规定：“本宪章不得认为授权联合国干涉在本质上属于任何国家国内管辖之事件，且并不要求会员国将该项事件依本宪章提请解决；但此项原则不妨碍第七章内执行办法之适用。”这是《联合国宪章》中所体现的不干涉内政的原则。但是，联合国建立的另一个目的，就是维护国际和平与安全。为此，《联合国宪章》第七章中专门规定了“对于和平之威胁、和平之破坏及侵略行为之应付办法”，这些办法主要包括两条：一条是《联合国宪章》第 41 条规定的非武力干涉的办法，包括“经济关系、铁路、海运、航空、邮、电、无线电及其他交通工具之局部或全部停止，以及外交关系之断绝”；另一条是武装干涉，即“安理会如认为第 41 条所规定之办法为不足或已经证明为不足时，得采取必要之空海陆军行动，以维持或恢复国际和平及安全。此项行动包括联合国会员国之空海陆军示威、封锁及其他军事举动”。这是《联合国宪章》有关国际干涉的最主要的规定。但是，实施国际干涉的前提是：首先，被干涉事件必须威胁到国际和平与安全，而不是在本质上属于任何国家国内管辖的事件，换句话说，被干涉的事件具有国际性，而不是内政；其次，这种干涉必须经过联合国安理会的授权，否则是不合法的干涉，是《联合国宪章》明确反对的侵略行为。联合国成立以来的实践表明，国际干涉日益超出被干涉的事件必须具有国际性、必须具有联合国授权的界限。有些被国际干涉的事件完全是国家主权范围内的事件，如对南非种族隔离政权的制裁，对前南斯拉夫人道主义灾难的干涉，对伊拉克库尔德安全区的干涉，对索马里人道主义灾难的干涉等。如果说其中有些事件可以和国际或地区安全与和平挂上钩，如伊拉克与邻国的关系，前南斯拉夫的难民对邻国的压力，与巴尔干地区的稳定与和平的关系，有些则完全属于一国国内的事件，涉及一国国内不同种族、民族之间的矛盾，如在 1992 年 12 月 3 日联合国安理会通过的第 794 号决议中，联合国安理会授权使用武力以恢复索马里的“和平、稳定、法律和秩序”，值得注意的是，该决议第一次明显地没有提及局势已经或潜在地产生对外部的影响，如日益加剧的难民潮，而是认为这种国内局势本身就成为人道主义干预的正当理由。当然，在上述所有干涉中，是否真正得到联合国安理会的明确授权而没有任何异议，是一个很有争论的问题。有的人尽量把这些国际干预行为与联合国安理会已有的有关决议挂钩。有的人则认为联合国的宗旨并不限于维护国际和平与安全，还包括禁止使用核武器、对人权的保护，在出现严重侵犯人权的情况下，应该优先考虑对人权的保护。有的人则认为，这种未经授权的干涉来自国际习惯法。但不管在理论上怎么说，在实践中已经出现了对完全属于国内事务的事件进行武装的和非武装的干涉的情况。如果说对国际性问题的干预在威斯特伐利亚时代还能找到不少这样的例证，因为这些干涉往往都涉及其他有关国家的利益，并不仅仅是内政问题，那么，第二次世界大战后最重要的变化就在于对完全属于内政问题的事件实行人道主义干涉。①

七、国际人权标准

第二次世界大战后国际法的另一项重大发展是国际人权法。第二次世界大战之前的人权法主要属于国内法的范围，各主权国家以本国宪法和其他法律，规定本国公民和外国人的权利，对侵犯这种权利的人加以制裁。在威斯特伐利亚模式中，人权完全是国内事务、主权范围内的事务。第二次世界大战后对法西斯国家战犯的审判，实际上已经牵涉到对大规模侵犯人权的问题实行国际制裁、对人权进行国际保护的问题。《联合国宪章》第 1 条就把“不分种族、性别、语言或宗教，增进并激励对于全体人类之人权及基本自由之尊重”作为联合国的宗旨之一。其第 55、56 条又规定，各会员国承诺采取共同及个别行动与联合国合作，以达到上述联合国的宗旨。1948 年联合国大会通过《世界人权宣言》，以国际文件的形式对人权国际保护的内容作了详细的阐述，为国际人权活动提供了一个基础。现在，对人权的保护已经形成了三个层次，

---

① 参见杨泽伟：《国际法析论》，21～41 页，北京，中国人民大学出版社，2003。

即以联合国为代表的国际层次、地区层次和国家层次。在联合国层次，国际人权保护的主要文件是《联合国宪章》《世界人权宣言》《公民权利和政治权利国际公约》《经济、社会及文化权利国际公约》，以及联合国通过的其他国际人权公约和文书；在地区层次，包括《欧洲人权公约》《美洲人权公约》《非洲人权公约》等；在国家层次，则是各国的宪法和法律中有关人权的内容。随着越来越多的成员国加入国际人权公约，如何协调人权的国际标准与国内标准已经成为一个矛盾尖锐的问题。在所有的人权中，包括公民权利和政治权利，经济、社会和文化权利，集体权利在内，各国的规定都受到它们所处的经济、政治和文化条件的限制，也都受到一定的法律文化传统的限制，而且签字国对国际人权标准的理解也可能差别很大，不可能要求发展中国家以发达国家的人权观来指导自己国家的人权实践。因此，必须承认人权的相对性。

八、"人类共同遗产"

"人类共同遗产"的概念最早是在1967年的《外层空间条约》中提出的，其规定："探索和利用外层空间（包括月球和其他天体），应为所有国家谋福利和利益，而不论其经济或科学发展程度如何，并应为全人类的开发范围"，"所有国家可在平等、不受任何歧视的基础上，根据国际法自由探索和利用外层空间（包括月球和其他天体），自由进入天体的一切区域"。该条约还特别规定："各国不得通过主权要求、使用或占领等方法，以及其他任何措施，把外层空间（包括月球和其他天体）据为己有。"国际空间法学界后来将上述三项规定概括为"共同利益原则"、"自然探索和利用原则"和"不得据为私有原则"，其目的在于防止国家或私人对某些资源的占有，但允许这些资源在特定情况下，在考虑到环境保护的代价的前提下，为全人类利益而被开发利用。1979年联合国《关于各国在月球和其他天体上活动的协定》第11条规定，"月球及其自然资源均为人类共同财产"，"月球不得由国家依主权要求，通过利用和占领，或以任何其他方法据为己有"，"月球的表面或表面下层或其任何部分或其中的自然资源均不应成为任何国家、政府间或非政府间国际组织、国家组织或非政府实体或任何自然人的财产"。1982年《联合国海洋法公约》规定，国际海底区域及其资源是人类共同继承的财产，任何国家不应对区域的任何部分或其自然资源主张或行使主权或主权权利，任何国家或自然人或法人，也不应当将区域或其自然资源的任何部分据为己有，对区域内资源的一切权利属于全人类，由国际海底管理局代表全人类行使。

"人类共同遗产"概念的提出是对威斯特伐利亚模式的挑战。按照这一模式，土地、海洋和空气被置于国家主权的控制之下，"任何拥有领土并对其成功地实施实际控制的主体就取得了一种合法的所有权"。第二次世界大战后这种主权原则的适用范围继续扩大，逐步扩展到对许多领域，包括大陆架及专属经济区的资源的控制。如果让领土原则和所有权原则继续发展下去，则将是把所有地球上的未开发资源，乃至地球外的资源全部领土化。"人类共同遗产"的概念的关键要素包括：占有权的排他性；为了人类的利益开发资源的责任；只为和平的目的而开发和利用资源的责任。后来"人类共同遗产"的概念又成为国际环境法中的一个关键概念，即环境的破坏已经跨越边境，甚至威胁到全人类共同生活所依赖的臭氧层、生物多样性、热带雨林，其中对臭氧层的保护，可以看作是外层空间和海洋法中有关"人类共同遗产"的保护的延伸，而生物多样性、热带雨林等虽然处于主权国家的领土范围内，但对它们的破坏关系到全人类的生存，因此，这些财产也自然成为"人类共同遗产"，成为国际环境法所保护的对象。实际上，把它们看作是"人类共同遗产"，是"所有权限制"原则的延伸，即所有权的行使必须符合人类共同利益。

问题与思考

1. 福利主义法律模式的特点是什么？
2. 民族主义法律模式的特点是什么？
3. 社会主义法律模式的特点是什么？传统的社会主义法律模式与改革的社会主义法律模式有何不同？
4. 什么是新自由主义法律模式？
5. 第二次世界大战后国际法发生了哪些变化？它们对国内法领域有何影响？

第十五章
法律和全球化

本章概要

经济全球化的发展需要法律的确认和保障，在全球领域出现了国内法的国际化和国际法的国内化的发展趋势。全球治理把国际、国家和非政府组织三个层次的治理有机地结合起来，运用各种不同的治理方式。马克思主义经典作家关于世界性和国际化的论述是我们研究法律和全球化问题的指导思想。全球化对中国来讲既是发展机遇也带来了严重挑战，中国法制必须作出全方位的回应。

关键术语

全球化　国际法的国内化　国内法的国际化　全球治理

第一节　全球化对法律的影响

一、全球化条件下的法律变革

全球化是从经济领域开始的。经济全球化主要表现在经济的深入一体化。20 世纪 80 年代以来，无论是社会主义国家还是资本主义国家，都发生了市场导向的经济变革：主要资本主义国家为了提高自己的竞争力，开始削弱六七十年代的福利国家政策，重视市场的作用；而大多数社会主义国家发生了从计划经济向市场经济的转轨，这就为整个世界形成统一的市场创造了条件。与此同时，第三世界国家与发达国家之间的关系也发生了变化，它们之间的相互依赖越来越强。

经济一体化不单纯是经济的，它必然以国家的政策与法律的变革为先导，同时又进一步推动国家政策与法律的变革。随着争夺市场和投资的国际竞争的加剧，在世界范围内，特别是在第三世界国家和苏联及东欧国家，出现了一股以市场为导向的法律改革潮流。有没有健全的法律保障系统，已经成为判断是否具有良好的投资环境的关键性因素之一。而这些法律改革的基本原则和最终目的就是增强法的可预测性、可计算性和透明度，即实现法治，以保证资本的跨国界的自由流动，保证世界范围内的贸易自由。

全球化首先发生在贸易、投资领域，很快转入金融、跨国公司治理、劳动标准、技术标准、知识产权、信息透明度方面，随后又波及跨国犯罪、反恐、反腐败、反人道主义犯罪、保护文化多样性、人员跨境流动、国际互联网、环境治理等，一系列涉及全球每个国家、每个组织甚至每个个人的问题。而所有这些领域中问题的解决，不是单靠一个国家的力量能奏效的，而是必须通过所有国家的共同努力，必须进行规范性的治理。在全球治理的所有领域都无例外地包括法律问题，这样就形成了与上述领域相适应的法律全球化。所谓法律全球化只不过是其他领域全球化的制度化表现，没有其他领域的制度化的发展，法律全球化无从谈起。而没有法律的确认和保证，其他领域的全球化也只是一句空话。但全球化作为一种趋势在各个领域的表现和发展程度是不一样的，即使是在经济领域，也表现出不同的特点。在涉及跨境的贸易和生产领域，全球化的趋势很明显，但是许多产品并不进入国际贸易领域，只供本国乃至当地消费，很难说受到全球规则的影响。即使在进入全球贸易的领域，为了保护文化的多样性，不为主流的产品或服务所吞并，本地的产品和服务仍然有很大的发展空间。所谓法律全球化并不是指全球所有领域都按照一个统一的规则行事，它所制约的主要是跨国领域的活动。全球化的趋势只是表明人类活动的空间领域的扩大，并没有也不可能代替主权国家，大量的人类活动仍然是在国家、本土的领域内进行的。

二、国内法的国际化

法律全球化主要有两种方式：一种是国内法的国际化，另一种是国际法的国内化。

国内法的国际化，有的学者称之为“全球化的地方主义”①(globalized localism)，即在一国或一个地区范围内通行的法律制度由于某种原因而在更广泛的领域、在全球流行。这种形式的全球化，往往与某一国家或某些国家在世界经济或政治中的霸权地位（或主导地位）相关。就接受国而言，或者出于依附地位，或者出于文化影响，接受这些制度和规则。

近代以来，在世界范围内这种形式的全球化曾经发生过两次：一次发生在私法领域，即19世纪中叶以来直到20世纪，从欧洲开始扩展到世界的仿照《法国民法典》和《德国民法典》的法典编纂运动；另一次发生在公法领域，即第二次世界大战以来在欧、美兴起后来扩展到亚非拉第三世界国家的以建立宪法法院或宪法委员会和司法审查制度为标志的潮流。②

就发展中国家而言，这类国内法的国际化，也曾发生过两次：一次发生在20世纪五六十年代。美国和欧洲一些国家以“援助第三世界国家”为名，派“和平队”或类似的组织到那里去，传播美国或西方的法律模式，参与这些国家的立法和法学教育。这就是法律与发展运动。③ 另一

① Boaventura de Sousa Santos, *Towards A New Common Sense*, *Law, Science and Politics in the Paradigmatic Transition*, Routledge, New York, 1995, pp. 250 - 378.

② See Glendon, Gordon & Osakwe, *Comparative Legal Traditions*, pp. 328 - 354.

③ 美国的法律与发展运动开始于20世纪50年代，60年代到达高潮，70年代随着越南战争和水门事件而走向低潮。另外，法国、英国、比利时也对它们的前殖民地国家进行了类似的法律援助项目。Report of the Research Advisory Committee on Law and Development of the International Legal Center, “Law and Development: The Future of Law and Development Research”, New York, International Legal Center, 1974; Thomas M. Franck, “The New Development: Can American Law and Legal Institutions Help Developing Countries?”, *Wisconsin Law Review*, 12, 1972, pp. 767 - 801; James A. Gardner, *Legal Imperialism*, The University of Wisconsin Press, 1980.

次发生在20世纪90年代。与经济全球化相联系，随着争夺市场和投资的国际竞争的加剧，在世界范围内，特别是在第三世界国家和苏联及东欧国家，出现了一股以市场为导向的法律改革潮流。国际货币基金组织、世界银行和来自发达国家的法学家和经济学家被派到第三世界国家及苏联和东欧国家，设计和策划那里的经济/法律改革。在苏联解体、东欧剧变后，他们提出各种各样的“从计划经济过渡到市场经济”的“私有化”方案，其中最著名的就是他们为俄罗斯提供的“休克疗法”。亚洲金融危机后，他们更进一步提出各种各样的“克服”金融危机的方案，如果这些国家不按照他们的方案改革自己的经济和法律制度，就不可能得到他们的贷款。而这些法律改革的基本原则和最终目的就是增强法的可预测性、可计算性和透明度，减少国家干预，即实现法治，以保证资本的跨国界的自由流动，保证世界范围内的贸易自由。为此，这些国家制定、修改或重新制定了投资法、贸易法、合同法、公司法、税法、金融法、知识产权保护法、反倾销法、刑法、行政法、诉讼法、仲裁法、律师法等，使这些法律尽量满足投资者的要求，“与国际通行做法接轨”。

三、国际法的国内化

国际法的国内化，有的学者称之为“地方化的全球主义”(localized globalism)，即国际组织的条约、规章为内国所接受，转变为对内国具有法律拘束力的规则。由于越来越多的国家加入某一国际组织，该组织的规则成为全球性的规则。世贸组织、世界银行和国际货币基金组织在世界经济中的作用越来越大，其目标不仅在于排除对外商的歧视措施，而且在于调节“国界背后”的政策内容和国内市场结构。20世纪90年代中期世贸组织通过的以保障市场准入为核心的《服务贸易总协议》(GATS)、《与贸易有关的知识产权协议》(TRIPs)和《与贸易有关的投资协议》(TRIMs)就是法律全球化的典型例证。① 对一国来说，加入某一国际组织，必须承担相应的义务，因此往往必须对自己国家或地区原有的法律制度加以调整，以适应国际规章、条约的要求。

从地区范围来看，1952年欧洲煤钢共同体成立时，成员国就决定把原来属于成员国主权管辖范围内的煤炭和钢铁的生产和经营权力转交给凌驾于它们之上的欧共体；1957年签订欧洲经济共同体条约时，成员国又决定把更广泛的经济权利转让，按照欧共体法，实现人员、资本、服务和商品流动的四大自由，使欧共体真正成为一个没有经济边境的世界；1992年成立了欧盟，实现了更大范围的一体化。欧盟法在其发展过程中逐步形成了欧盟法效力优先原则，即欧盟法的效力高于成员国法，包括成员国宪法和法律，以及欧盟法的直接效力原则，即欧盟法对成员国具有直接效力，不需要经过成员国特殊的批准程序。

上述两种形式的法律全球化中，国际法的国内化，是一种较强意义上的法律全球化，即有关国家具有统一的规则，而这类规则实际上是一种“超国家的法”“世界法”，它凌驾于主权国家的法律之上，主权国家的国内法必须根据它的标准加以调整；而国内法的国际化，是一种较弱意义上的法律全球化，并不一定有统一的国际规则、全球性的法律或世界法的出现，只不过表现为一种世界性的法律潮流，而这种潮流的源泉是某一国家或地区的法律制度。但是，这两种意义上的法律全球化又是相互联系和相互转化的，国际组织的规则体现了某些国家在世界经

① 参见［澳］克里斯多夫·阿尔普：《全球化与法——一个形成中的交接点》，载《南京大学法律评论》，1997 (1)。

济与政治秩序中的主导地位，而这些规则的来源往往又是这些国家或国家之间的有关规则。

第二节　法律与全球化的理论

全球化的理论有三种不同的形态，即新自由主义的全球化理论、全球治理的理论和以中国的人类命运共同体理论为代表的马克思主义理论。每种理论都涉及法律在全球化中的作用，涉及法律与全球化问题。

一、新自由主义的法律与全球化理论

新自由主义认为，经济边境的取消和国家干预的削弱，标志着贸易自由与效益原则的永久性胜利，因而，促进全球经济一体化及法律改革的进程越深入、越快，越好。对发达国家来说，全球化所引起的削减福利措施及社会公正问题，只要主权国家政府不从中干预，市场本身会提供所需要的一切社会保证。对于发展中国家，全球化也是一个福音，资源在寻求利益的过程中，从资本主义的“中心”流向“外围”时，将导致全球收入的趋同。从理论上说，较不发达国家之所以能从全球化中受益，是因为它们赢得了为富国生产低成本产品的工作机会。而富国之所以也能从全球化中受益，是因为它们不仅能买到便宜的进口产品，还获得了向新兴经济体提供机器设备等较复杂产品以及金融服务的机会。①

在西方，与新自由主义相对立的是依附理论。依附理论认为：不能孤立地考察每个国家的经济和社会发展，因为不发达国家的发展总是和发达国家的统治者、国际垄断集团的决定直接相关的。面对全球化的挑战，第三世界国家发生的市场导向的法律改革的根本目的，只是改变法律环境，争取发达国家更多的投资，使自己获得发展。但从世界体系的角度来看，这种发展最终使中心获得最大的利益。然而这种改革代价高昂，已经给这些国家带来了沉重的外债负担，从而进一步加重了它们对跨国资本的依赖。②

西方反对新自由主义理论的还包括保护主义理论。欧洲社会民主主义对全球化的评价把重点放在全球化给发达国家带来的社会公正及福利问题上。随着中国、印度以及苏联阵营国家融入全球化大潮，北美、欧洲和日本等发达地区或国家的企业在投资地域上有了更多选择。这使它们在与本国工人讨价还价时占据了更有利的位置。由于争夺就业岗位的人增多了，因而工资水平受到了抑制。其结果是，美国、日本和西欧国家的国民收入中属于企业利润的那一块越来越大，而属于工人收入的那一块越来越小。虽然，全球化是资本主义政治、经济发展的不可避免的趋势，但它毕竟是对公众利益和社会公正的一种威胁。因此，如何保证社会民主和福利，已经成为摆在发达国家面前的“全球化以后的社会公正”问题。③

---

① 参见 Marcus Walker：《全球化究竟有多好?》，见 http：//chinese. wsj. com/gb，2007－01－26。

② See David F. Greeberg，“Law and Development in Light of Dependency Theory”，*Research in Law and Society*，3，1980，pp. 129－159.

③ See David M. Trubek，“Social Justice after Globalization，The Case of Social Europe”，Presented at the 8th International Conference on Socio-Economics Foundations of a Just Society，1996.

从实践来看，关于全球化的不同声音到处都可以听到。在国际领域，一方面，我们看到随着全球化的发展，世贸组织、国际货币基金组织、世界银行这些全球性的国际经济组织的权力日益膨胀，它们被有些人看成是新的世界政府；跨国公司的力量越来越大，像有些人所说的，它们正逐渐成为一种凌驾于国家之上的新的“利维坦”。另一方面，20 世纪 90 年代末期以来，恰恰是在这些超级的经济机构举行会议时，爆发了大规模的反全球化的游行和抗议。经济全球化所带来的发达国家和发展中国家的差距拉大问题、社会福利降低问题、环境问题、人权保障问题、道德问题等都成为反全球化浪潮的焦点。

二、全球治理和法治

所谓全球治理，是指对某一全球性的问题通过不同的层次的共同努力、通过多种不同的方法所进行的综合治理。全球治理的理论对建立在主权国家的国内法基础上的法治理论提出了挑战，该理论的主要特点在于治理主体的多层次性和治理方法的多样性。

（一）全球治理主体的多层次性

以往的法律理论几乎全部集中在以国家法律为中心的层次，国际法也是依主权国家的政府来组织构建，非政府的层次除了涉及国家社团法的内容外，只是作为政府法律调控的对象。而全球治理则包括几个不同的层次：世界性的国际组织，区域性的国际组织，国家，非政府组织。应该指出，全球治理概念的提出主要是针对国家治理方式的不足：这种不足有的通过国家权力的授予或延伸得到补充，如国家参加的世界性和区域性的国际组织；有的通过消解国家权力得到调节，如非政府组织。

世界性的国际组织，如联合国、世贸组织、世界银行、国际货币基金组织、国际劳工组织、世界卫生组织、世界旅游组织、世界知识产权组织等，其权力来源是国家权力的授予或转移；区域性的国际组织，如欧盟、北美自由贸易联盟、东南亚国家联盟、非洲国家组织等，其权力的来源也是国家权力的授予，但是其成员与区域性国际组织的关系往往比与其他类型的国际组织的关系更为密切。换句话说，这些授予或转移的权力原来都属于国家主权权力的范围，只是由于：(1) 所考虑的问题具有跨国性，成员国的措施不能对它满意地加以调整；(2) 只由成员国采取措施或缺少共同体的措施会与共同体的要求相冲突或破坏其他成员国的利益；(3) 共同体层次上的措施由于规模或效果上的原因较成员国层次上的措施会产生更明显的利益。

国家在全球治理中担当着任何组织或个人都不可替代的角色。尽管，随着全球化的进程，国际组织、非政府组织的作用在日益加强，在某些领域甚至对国家主权起到限制的作用，但是，国家仍然是全球治理的各个层次中最为重要的角色。在当代，全球治理的任何一个问题，从经济、贸易、金融、会计、知识产权、跨国公司、劳工，到公民的政治、经济、文化权利、与反人类犯罪、腐败、恐怖主义的斗争，到保护文化多样性、跨境信息流动、信息公开、跨境人口流动、公共卫生和环境，离开国家的作用是根本不可想象的。从某种意义上说，全球治理之所以要发挥国际组织和非政府组织的作用，只是为了弥补单纯依靠国家治理的不足，而不是要取代国家治理。国家仍然是现代国际关系中的最重要的主体，这是由于：首先，国际组织虽然有各种不同的形式，但是以主权国家为成员的国际组织在其中起着最重要的作用，它们所颁布的任何规章或决议都必须经过主权国家的同意，主权原则仍然是国际关系的最基本的原则；其次，虽然非政府组织在国际和国内治理的许多领域都发挥着重要作用，但是在当代任何非政府组织都必须受到有关国家法律的约束，从登记、注册到开展活动都要受到国家法律的管制。现在的问题并不是国际组织、非政府组织取代国家的作用，而是在承认国家主权原则的基础上，通过什么方式使国内与国际、政府与非政府的治理相连接。

非政府组织的治理权力不是来自国家权力，不具有运用国家权力的特征。这种治理权力不同于产生于国家权力授予或延伸的国际组织和亚国家组织的权力，而是在国家权力产生之前就存在的，在国家权力产生之后作为独立于或制约国家权力的力量仍然发挥重要的作用。所谓非政府国际组织包括跨国公司和非营利性的非政府组织。当代国际关系制度化的另一个表现是非政府组织越来越多地参与到国际法的创制和实施的过程中。在威斯特伐利亚模式中，国家是国际法的唯一主体，非政府组织通过国家的中介才可能参与到国际关系中。而在当代，无论是跨国公司还是非营利性的非政府组织，在国际法、国内法的形成和实施中都起到越来越大的作用。

值得注意的是，在全球治理的三个主要层次上，国际组织的治理并没有“化”掉国家、非政府组织，国家的治理也不可能“化”掉国际组织或非政府组织，“非政府组织”或公民个人更不可能“化”掉国家和国际组织，形成一统天下的局面，而是各有各的势力范围和作用领域。在有些领域，国际组织的治理正在形成强势；而在有些领域，国际组织、国家政府或非政府组织的治理既有矛盾又有协调，取决于各方的实力对比和博弈；在有些领域则完全被国家乃至地方当局所控制，国际组织的治理根本不可能染指。如何形成一种合力来解决治理全球问题，是摆在全球治理面前的主要问题。

（二）全球治理方法的多样性

全球治理的方法有很多，包括法律、政治交易、道德、商业习惯、政治权势的对比、谈判，等等，法律只是其中之一。法律表现了全球治理的制度化程度。就法律而言，也存在着软硬的问题：在义务、授权和确切性方面，都存在着一个硬度问题，义务的强制性、授权的大小、确切性的程度，都存在着这样或那样的差别；有些问题，用软法处理比较好，有些问题则用硬法处理较为适宜，依条件而定。

我们可以把全球治理分为三个不同的方面：一个是公共性方面，这主要反映全球治理的主体的性质，是属于公共的还是私营的；一个是组织的独立性方面，这主要反映全球治理的主体所设置的机构独立于成员国或成员的程度；一个是规范性方面，这主要反映全球治理的规范化程度，是个别调整还是规范性调整，以及规范的性质。

就公共性而言，有些主体运用的是公权力，如国家、国家派生的亚国家组织、国家作为成员的世界性和区域性的国际组织；有些主体运用的是私权力，如国内的或国际的非政府组织，包括营利性的跨国公司和非营利性的非政府组织。许多专业性的国际组织，它们在全球治理的许多问题上，特别是在提供全球治理的国际专业标准方面，起着突出的作用。许多学者都注意到，就组织的公共性质而言，有这样一个序列：纯粹的公权力——公权力和私权力的不同程度的混合——纯粹的私权力。

就组织的独立性而言，则主要表现在全球治理的主体自治的程度，全球治理的主体——国际组织的权力来源于成员国或成员的授权，但是它又具有相对独立性：有的具有自己完备的决策（立法）、行政和执法（解决争端机制）机构，而有的则纯粹是一种国家间的机构，完全依赖于成员国的一致同意，没有自己的独立性。因此，就组织的独立性而言，我们也可以看到这样一个序列：纯粹的国家间的组织——国家间组织和超国家组织之间的不同程度的结合——超国家组织。

就规范性方面而言，则表明了全球治理的规范化、制度化程度：有的领域规范化、制度化的水平较高，有一套规则体系，有制定、解释和适用规则的机构；有的则规范化、制度化水平较低，没有处理和解决问题的规则，出现问题后主要采谈判、协商或直接报复的形式解决。因此，就规范性而言，也存在一个序列：纯粹的无规则的个别性调整——规范性调整与个别性调整的不同程度的结合——纯粹的规范性调整。

全球治理的规范中，有的具有强制性；有的具有劝导性、建议性，没有强制性；有的在形式上没有强制性，但在实质上如果不执行，会受到政治或经济的压力，会带来这样或那样的不利后果。就确切性而言，有的具有确切性；有的只表现为一般的原则，为当事人留有很大的自由裁量的余地；有的则介于上面二者之间。把强制性与确切性结合在一起考察后，人们往往把具有较强的强制性和确切性的规则称为"硬法"，而把具有较弱的强制性和确切性的规则称为"软法"，当然，还有处于它们之间的规则，比如具有较强的强制性但是具有较弱的确切性的规则，如属于原则性规范、任意性规范的法律规范，以及具有较弱的强制性和较强的确切性的规则，如不具备立法权的组织制定的某些推荐、指南、行为守则等。

国际领域的规则、国际标准是否都属于"软法"，是否具有法律约束力，情况差别很大，不能一概而论，需要具体问题具体分析。

第一，许多由国际组织所颁布的国际标准采取推荐、指南、示范法、行为准则等形式，由国家或公司、个人自愿接受，是没有法律约束力的规范，是"软法"。如国际标准化组织制定的国际标准，联合国国际贸易法委员会所制定的《跨境破产示范法》《电子商务示范法》《电子签名示范法》，国际货币基金组织制定的《数据公布特殊标准》《数据公布通用系统》《有关货币和金融政策透明度的良好实践准则》，经济合作与发展组织制定的《合作治理原则》《跨国企业指南》，巴塞尔金融监管委员会制定的《有效金融监管的核心原则》，国际证监会组织所制定的《证券监管的目的和原则》，国际保险监管协会制定的《保险核心原则》，对国家的立法只是提出了一般的建议或指南，由有关国家选择适用，供它们在立法时参考，没有法律约束力。比如国际标准化组织（ISO）标准是以自愿的形式来执行的。ISO 不具备法律权力来强迫执行标准。一部分 ISO 标准，主要是涉及健康、安全或环境的标准，被一些国家用来作为其法规框架的一部分，或作为立法中的技术基础，国家政府部门或法规制定机构决定是否执行这些标准，属于主权范围的决定；ISO 自身并不制定法规或立法。虽然 ISO 标准是自愿执行的，但它们会成为营销的必要条件，如 ISO9000 质量管理体系，或 ISO 货运集装箱尺寸，都是大家努力效法的标准。用国际标准组织（ISO）总干事劳伦斯·艾彻（Lawrence D. Eicher）博士的话来说，当人们发现 ISO 标准很有益时，他们就会执行 ISO 标准。①

第二，有些标准采取国际条约或国家立法所确立的有约束力的法律规则的形式，在这些场合它们又是硬法。它们主要集中在刑法领域，如联合国毒品控制计划制定的《联合国反对麻醉药品和作用于精神的物质非法交易公约》《联合国反对恐怖分子融资的国际公约》《联合国反腐败公约》；经济合作与发展组织颁布的《国际商业交易中反对向外国公共官员贿赂公约》。这些公约允许签字国根据自己国家的宪法框架和实际情况形成执行公约义务的国内立法。

第三，有些国际标准在开始时采取没有法律约束力的形式，后来随着一些问题的重要性的

---

① 参见 http：//www. iso. ch。

加强，采取了国际公约的形式。如在人权领域，联合国成立初期所颁布的《世界人权宣言》并不具有法律效力，只代表了一种一般性的宣言和态度，没有法律上的约束力，但是后来该宣言中的许多主张通过具体的法律条款在《公民权利和政治权利国际公约》和《经济、社会及文化权利国际公约》等一系列人权国际公约中得到具体化，从而转化为具有法律约束力的国际法规范。

第四，还有一些国际标准，具有较强的确切性，但只有较弱的强制性。比如在公司治理和金融法领域有一些标准，就具体化程度和可操作性而言，兼有软法和硬法双重特点，虽然采取推荐、指南、原则等形式，但是它们是公司法或金融法所建立的一般规则或原则的扩大化或细化，包括保护股东权利、透明度、披露实质信息、资本充足率、执行全面会计和审计实践的标准。

但是，无论哪一种情况，国际组织所制定的国际标准要成为法律渊源，都必须得到主权国家的同意，只是在有关国家或当事人确认和采用的情况下，才具有法律的约束力。

三、人类命运共同体的理论

（一）马克思主义经典作家论全球化

马克思主义对全球化这一现象的分析建立在历史唯物主义的基础之上。马克思主义经典作家虽然没有直接提出"全球化"的概念，但他们从当时的社会条件出发，对全球化的本质特征和发展趋势作出了科学的判断。马克思在《德意志意识形态》中曾这样写道：大工业"创造了交通工具和现代化的世界市场，控制了商业，把所有的资本都变为工业资本，从而使流通加速（发达的货币制度）、资本集中……它首次开创了世界历史，因为它使每个文明国家以及这些国家中的每一个人的需要的满足都依赖于整个世界，因为它消灭了以往自然形成的各国的孤立状态"①。在《共产党宣言》中，马克思、恩格斯讲得更明白："资产阶级，由于开拓了世界市场，使一切国家的生产和消费都成为世界性的了。使反动派大为惋惜的是，资产阶级挖掉了工业脚下的民族基础。古老的民族工业被消灭了，并且每天都还在被消灭。它们被新的工业排挤掉了，新的工业的建立已经成为一切文明民族的生命攸关的问题；这些工业所加工的，已经不是本地的原料，而是来自极其遥远的地区的原料；它们的产品不仅供本国消费，而且同时供世界各地消费。旧的、靠本国产品来满足的需要，被新的、要靠极其遥远的国家和地带的产品来满足的需要所代替了。过去那种地方的和民族的自给自足和闭关自守状态，被各民族的各方面的互相往来和各方面的互相依赖所代替。"②

值得注意的是，马克思和恩格斯对世界历史和资本主义生产方式世界性的分析绝不局限在经济领域，而是从经济领域出发，扩及文化和政治法律领域。他们指出："物质的生产是如此，精神的生产也是如此。各民族的精神产品成了公共的财产。民族的片面性和局限性日益成为不可能，于是由许多种民族的和地方的文学形成了一种世界的文学……由此必然产生的结果就是政治的集中。各自独立的、几乎只有同盟关系的、各有不同利益、不同法律、不同政府、不同关税的各个地区，现在已经结合为一个拥有统一的政府、统一的法律、统一的民族阶级利益和

① 《马克思恩格斯全集》，第3卷，68页，北京，人民出版社，1960。

② 《马克思恩格斯选集》，3版，第1卷，404页。

统一的关税的统一的民族。”[①]

到20世纪初，由于垄断组织和金融资本的统治已经确立，资本输出大大发展起来，国际托拉斯开始分割世界，抢占和控制广大的殖民地、半殖民地和附属国。列宁在考察了资本主义发展到帝国主义阶段的实际情况后，作出了这样的论断：“资本主义已成为极少数‘先进’国对世界上大多数居民施行殖民压迫和金融扼制的世界体系”[②]。列宁也特别注意到“国际化”不仅仅发生在经济领域，“人类的整个经济、政治和精神生活在资本主义制度下就已经愈来愈国际化了”[③]。

当今的“全球化”与马克思所说的“世界性”和列宁所说的“国际化”，虽然不能等同，但三者之间具有内在的、必然的联系。我们完全可以说：今天的全球化，就是从历史上的“世界性”和“国际化”发展而来的。

（二）构建人类命运共同体

中国共产党和中国政府高度重视全球化问题对中国和世界的影响。江泽民同志指出：经济全球化是随同社会生产力发展而产生的一种客观趋势，它使各国的经济联系更加紧密，也为各国的发展提供了机遇。经济全球化趋势正在给全球经济、政治和社会生活等诸多方面带来深刻影响，既有机遇，也有挑战。经济全球化是一把双刃剑。同时，中国的马克思主义者又清醒地看到，当今时代，经济全球化是西方发达国家主导的，它们经济、科技实力雄厚，掌握着国际经贸组织以及国际经济规则的主导权，在经济全球化中获益最大，而广大发展中国家总体上处于不利的地位。我们需要的是世界各国平等、互惠、共赢、共存的经济全球化。我们主张，应通过国际社会的共同努力，在各国充分参与和民主协商的基础上制定行之有效的国际规则，使经济全球化的进程能够得到正确引导和管理，能够朝着有利于缩小南北贫富差距，有利于实现各国的共同发展和繁荣，有利于国际社会所有成员，特别是发展中国家都从中受益，有利于促进世界经济平衡、稳定和可持续发展的方向前进。[④] 胡锦涛同志在联合国成立60周年首脑大会上全面阐述了中国政府建立和谐世界的指导思想，提出坚持多边主义、实现共同安全、坚持互利合作、实现共同繁荣、坚持包容精神、共建和谐世界的外交政策。[⑤]

构建人类命运共同体是新时代以习近平同志为核心的党中央面对全球问题所提出的中国理论和中国方案，这一理论和方案的提出有一个历史过程。改革开放初期，在我们力量不强、经验不足的时候，不少同志也曾满怀疑问：面对占据优势地位的西方国家，我们能不能做到既利用对外开放机遇而又不被腐蚀或吃掉？当年，我们推动“复关”谈判、入世谈判，都承受着很大压力。今天看来，我们大胆开放、走向世界，无疑是选择了正确方向。[⑥]

西方全球化和全球治理的方案面对一系列的全球问题显得无能为力：世界经济增长乏力，金融危机阴云不散，发展差距日益扩大，兵戎相见时有发生，冷战思维和强权政治仍旧存在，

---

① 《马克思恩格斯选集》，3版，第1卷，404～405页。

② 《列宁选集》，2版，第2卷，733页，北京，人民出版社，1972。

③ 《列宁全集》，2版，增订版，第23卷，332页，北京，人民出版社，2017。

④ 参见江泽民：《关于经济全球化问题》，见《论社会主义市场经济》，北京，中央文献出版社，2006。

⑤ 参见胡锦涛：《努力建设持久和平、共同繁荣的和谐世界》，见 http：//news3.xinhuanet.com/world/2005-09/16/content_3496858.htm。

⑥ 参见习近平：《在省部级主要领导干部学习贯彻党的十八届五中全会精神专题研讨班上的讲话》，载《人民日报》，2016-05-10。

恐怖主义、难民危机、重大传染性疾病、气候变化等非传统安全威胁持续蔓延。面对全球问题，人们期望提出新的解决问题的理论和方案。世界命运应该由各国共同掌握，国际规则应该由各国共同书写，全球事务应该由各国共同治理，发展成果应该由各国共同分享。

构建人类命运共同体，是新时代中国面对全球一系列挑战所提出的中国理论和中国方案。构建人类命运共同体，建设持久和平、普遍安全、共同繁荣、开放包容、清洁美丽的世界，是一个全方位的战略目标，包括国际政治、安全、经济、文化和生态建设各个领域。小智治事，大智治制，在所有领域都存在着制度化建设、国际法律秩序的建构问题，中国国内的法律体系也存在着以此为目标加以调试的问题。

(1) 在政治上，要建设持久和平的世界。全球化加强了各国之间的相互依赖和相互联系，但是全球化绝不意味着非国家化、去国家化，绝不意味着主权国家作为一种政治实体已经退出政治舞台。主权国家仍然是现代世界秩序的最基本构成单位。抛开主权原则，根本谈不上国际政治秩序。必须遵守《联合国宪章》的基本精神，这是国际政治新秩序赖以建立的最重要的法律基础。必须建立世界各国无论大小、强弱、贫富一律平等的原则，不能以大欺小、以强凌弱、以富压贫，搞零和游戏，把自己所得建立在他人所失的基础上，要平等相待、互商互谅，己所不欲，勿施于人，达到多赢、共赢。要相互尊重、平等协商，坚决摒弃冷战思维和强权政治，走对话而不对抗、结伴而不结盟的国与国交往新路。

(2) 在安全上，要建设普遍安全的世界。随着冷战的结束，通过世界各国的合作解决世界安全问题的可能性比冷战时期增加了。但是世界并不太平，除了传统的安全领域之外，非传统的安全问题在各国都显得越来越突出。第二次世界大战以后，虽然没有发生世界大战，但是局部战争仍然不断，以领土争端为核心的安全问题日益增多。而非传统安全，如经济安全、金融安全、生态环境安全、信息安全、资源安全、恐怖主义、武器扩散、疾病蔓延、跨国犯罪、走私贩毒、非法移民、海盗、洗钱等，成为威胁人类命运共同体的日益突出的因素。非传统安全问题从产生到解决都具有明显的跨国性特征，不仅仅是某个国家存在的个别问题，而是关系到其他国家或整个人类利益的问题。非传统安全问题不一定来自某个主权国家，往往是非国家行为，如个人、组织或集团等所为。非传统安全与传统安全之间没有绝对的界限，如果非传统安全问题矛盾激化，有可能转化为以保障传统安全的军事手段来解决，甚至演化为武装冲突或局部战争。因此，如何在新时代应对传统安全和非传统安全领域的挑战，如何加强国际合作，包括法律领域的合作，如司法协助、引渡等，如何加强国际组织包括联合国维和部队、国际法院、国际刑警组织的作用，是安全领域建构人类命运共同体所面临的重要问题。要营造公道正义、共建共享的安全格局，坚持以对话解决争端，以协商化解分歧，统筹应对传统安全和非传统安全威胁，反对一切形式的恐怖主义。

(3) 在经济上，要建设共同繁荣的世界。经济全球化是一把双刃剑，既为全球发展提供强劲动能，也带来一些新情况、新挑战，需要认真面对。经济全球化提高了效率，但是它所带来的利益在全球不是平等分配的。在经济全球化时代，各国发展环环相扣，一荣俱荣，一损俱损。没有哪一个国家可以独善其身，协调合作是必然选择。要改变不合理的国际经济秩序，构建平等协商、共同参与、普遍受益的合作框架，维护多边贸易体制。要谋求开放创新、包容互惠的发展前景，要同舟共济，促进贸易和投资自由化、便利化。要警惕和防止贸易保护主义抬头，从多边主义退回到双边主义。要积极引导经济全球化发展方向，着力解决公平公正问题，让经济全球化进程更有活力、更加包容、更可持续，增强广大民众的参与感、获得感、幸福感。建立世界经济新秩序同样有一个构建与之相适应的法律框架问题。全球经济治理应该以平等为基础，更好反映世界经济格局新现实，增加新兴市场国家和发展中国家的代表性和发言权，确保各国在国际经济合作中权利平等、机会平等、规则平等。

（4）在文化上，要建设开放、包容的世界。随着全球化的进程，不同的文明之间相互交流。特别是在一些与贸易相关的文化领域，某种文化的市场价值突出，好莱坞大片、美国职业篮球联赛、快餐文化等在世界的蔓延就是这种文化市场价值的体现。但是文化价值的衡量标准并不仅仅是市场，文化具有自身的价值，它是不能用市场价值来衡量的。面对全球化的冲击，各国要有文化定力，保持文化多样性。法律制度在确认和保护文化多样性方面具有重要作用：一方面，法律确认世界贸易组织的《服务贸易总协定》，对世界各国的文化产品和服务采取不歧视的原则，采取最惠国待遇；另一方面，法律确认和保护联合国教科文组织通过的《保护和促进文化表现形式多样性公约》，承认世界文化的多样性，尊重不同民族的文化，遵循各民族文化一律平等的原则。在文化交流中，要尊重差异、理解个性，和睦相处，共同促进世界文化的繁荣。

（5）在环境生态上，要建设清洁美丽的世界。气候变化关乎人民福祉，关乎人类未来。虽然各国经济发展阶段不同，所处的自然地理位置不同，拥有的自然资源的性质和数量不同，但是面对气候变化，任何一个国家都不可能独善其身。气候变化是一个制约世界各国经济和社会发展的全球性问题，必须全球治理。为此国际社会已经签订了《人类环境宣言》（1972 年）、《联合国气候变化框架公约》（1992 年）、《生物多样性公约》（1992 年）、《京都议定书》（1997 年）。2015 年 12 月，《联合国气候变化框架公约》近 200 个缔约方在巴黎气候变化大会上达成《巴黎协定》。这是继《京都议定书》后第二份有法律约束力的气候协议，为 2020 年后全球应对气候变化行动作出了安排。我国政府明确表态，在环境生态领域，要坚持共同而有区别的责任原则、公平原则和各自能力原则，"要实施积极应对气候变化国家战略，推动和引导建立公平合理、合作共赢的全球气候治理体系，彰显我国负责任大国形象，推动构建人类命运共同体"①。

建构人类命运共同体和中国特色社会主义法律体系，必须统筹国际、国内两个大局，要在建构人类命运共同体的总目标的指引下，使我国有关政治、安全、经济、文化、环境的外交政策法律化，被纳入中国特色社会主义法律体系，使建设人类命运共同体这一解决全球问题的方案具有国内法律基础和保障；另外，中国梦与各国人民的梦息息相通，建构人类命运共同体不是中国一个国家的事，离不开和平的国际环境和稳定的国际秩序，需要世界各国的共同努力。中国要积极地参与国际事务，信守中国的国际义务，建立、修改和完善与它们不一致的法律法规，始终做世界和平的建设者、全球发展的贡献者、国际秩序的维护者。

需要强调的是，全球化、全球治理、构建人类命运共同体所带来的法律发展和变革，并不意味着世界各国的法律模式将走向完全一致。要坚决反对借口全球化，以国际法甚至以一个国家的国内法为标准，干涉别国内政的法律霸权主义。世界各国法律传统和文化千差万别，任何法律制度都是独特的，每个国家都有自己的问题和相应解决问题的法律方法和途径，每个国家对同一个问题也有自己不同的法律解决方式。即使是具有一般意义的法律技术，在运用时也必须解决与本国法律传统和文化相融合的问题，否则就会成为无源之水、无本之木。总之，在全球化、全球治理、建构人类命运共同体的大背景下，我们应认真研究和把握当代世界法律发展

① 《习近平出席全国生态环境保护大会并发表重要讲话》，见 http：//www.gov.cn/xinwen/2018－05/19/content_5292116.htm，最后访问日期：2018－05－19。

的新动向，坚持从我国的实际出发，面向世界，吸收和借鉴当代世界法律中先进的成分，更好地促进中国特色社会主义法律体系的不断发展和完善。

问题与思考

1. 全球化对法律产生哪些影响？
2. 什么是国际法的国内化和国内法的国际化？
3. 什么是全球治理？其特点如何？
4. 马克思主义经典作家关于全球化有些什么论述？
5. 什么是构建人类命运共同体？其主要内容和意义是什么？

第十六章

区域一体化研究

本章概要

欧盟从 1957 年的欧共体 6 国发展到 2013 年欧盟 28 国，经过几十年的发展，成为一个经济—政治—法律的实体。欧盟的主要政治组织包括欧盟理事会、欧洲委员会、欧盟议会和欧洲法院。欧盟法的渊源包括主要渊源，即形成欧盟的条约；次要渊源，即欧盟各机构颁布的条例、指令、决定、推荐和意见，以及欧盟法院的判例。调整欧盟法与成员国法之间关系的基本原则是"辅助性原则"，解决成员国法间之冲突的机制除了在欧盟层次上制定规则之外，主要采取相互承认国家标准和最低限度的协调的方式。欧盟法是超国家的法还是国家间的法，随历史的变革、颁布欧盟法的机构以及所调整的对象而有所不同。

关键术语

欧盟法　辅助性原则　效力优先原则　直接效力原则

第一节　欧盟法概述

一、欧盟的发展过程

实现欧洲的统一，是多少代欧洲人为之努力的目标。早在古罗马时期，罗马皇帝就想把欧洲统一于罗马帝国的版图。拿破仑也曾试图统一欧洲。第二次世界大战时期希特勒妄图通过发动侵略战争，用第三帝国统一欧洲大陆。但所有这些统一都失败了。

第二次世界大战结束后，为了预防另一次新的世界大战再一次在欧洲爆发，特别是为了遏制作为两次世界大战策源地的德国，比利时、德国、法国、意大利、卢森堡和荷兰六国于 1951 年在巴黎签订了《巴黎条约》，决定成立"欧洲煤钢共同体"，把对作为军工工业基础的煤炭和钢铁发展的监督权从成员国转给共同体。这个重要举措的意义在于，欧洲煤钢共同体已经不同于传统的国际组织，它不是一个单纯的政府间的组织，而是一个更高的享有成员国赋予的原来属于一国主权范围的某些权力的共同体。

1957年本着同样的目的，上述六国又在罗马签订了两个《罗马条约》，分别成立了“欧洲原子能共同体”和“欧洲经济共同体”，前者决定把对原子能工业发展的监督权交给原子能共同体，后者则把共同体的职能从单个行业（如煤炭、钢铁、原子能）扩展到整个经济领域，希望通过建立一个关税同盟和没有内部边境的共同市场，通过各成员国经济政策的逐渐靠近和共同政策的制定，实现全面的经济一体化。

从1973年开始，欧洲共同体的规模不断扩大。1973年丹麦、爱尔兰、英国，1981年希腊，1986年西班牙、葡萄牙，1995年奥地利、芬兰、瑞典分别加入了欧洲共同体，这样，欧共体的规模扩大到15国。

1986年《单一欧洲法令》签订，确定了建立统一欧洲共同市场的时间表，规定在1992年12月31日以前在共同体的范围内，实现人员、货物、服务和资本流动的四大自由。

1992年在荷兰马斯特里赫特《欧洲联盟条约》签订（即《马斯特里赫特条约》），宣布欧洲联盟正式成立，同时欧洲三个共同体——煤钢共同体、原子能共同体和经济共同体，继续在欧盟的框架中存在，并宣布1999年1月1日起启动欧元，实现货币联盟。

1999年《阿姆斯特丹条约》生效，宣布将把欧盟的经济一体化措施进一步扩大到社会政策、人权法治和社会治安、防止犯罪等领域。

2004年5月欧盟东扩，其领域扩大到中东欧，包括塞浦路斯、匈牙利、捷克、爱沙尼亚、拉脱维亚、立陶宛、马耳他、波兰、斯洛伐克和斯洛文尼亚10个中东欧国家。2007年保加利亚、罗马尼亚加入欧盟，2013年克罗地亚加入欧盟。欧盟现在已经发展成拥有28个成员国，从大西洋延伸到地中海的区域性组织。其人口有5.12亿，国内生产总值17.28万亿美元，拥有统一货币欧元。它不仅仅是一个经济共同体，经过几十年的发展，已经形成了包括欧盟理事会、欧洲委员会、欧洲议会以及欧洲法院在内的经济政治实体。

2004年10月欧盟各成员国签署了《欧盟宪法条约》。

二、欧盟的机构

欧盟由欧盟理事会、欧洲委员会、欧洲议会和欧洲法院等机构组成。

（1）欧盟理事会（Council of European Union），又称部长理事会，由成员国部长级代表组成，每个成员国有一名部长参加。不同的事务有不同的理事会，如农业理事会、劳工理事会、总务理事会、经济和财政事务理事会，除此之外，还包括环境、交通、共同体预算等特殊事务的理事会。理事会的成员代表各自成员国的利益，因此，理事会是进行政府间协商的组织。理事会的主要职能包括协调各成员国的经济政策；其拥有作出决定的权力；理事会作出决定后，授权委员会具体执行，理事会可以对如何执行授权提出某些要求，特殊情况下理事会可保留直接执行权。理事会是欧盟的主要立法机关，对于少数政治敏感问题采取全体一致通过的方式，对于大多数没有相反意见的问题以简单多数通过，对于建立和发展内部市场、研究开发和技术发展以及环境等问题以资格多数通过。

在欧盟还有一个叫作“欧洲理事会”（European Council）的机构，它完全不同于欧盟理事会，是由成员国的国家元首和政府首脑组成的机构。其使命在于为欧盟的发展提供必要的动力，并制定总的政治路线。欧洲理事会不是一个常设机构，但它每年至少举行两次会议，在会后应向欧洲议会提交有关会议的报告，每年还须提交一份关于欧盟发展情况的报告。

(2) 欧洲委员会 (European Commission)，实际上是欧盟的“政府”，由 20 名委员组成，其中一名委员担任主席，由各成员国政府共同协调后任命。欧洲委员会的委员每个成员国 1 名，5 个大国——法国、德国、英国、意大利和西班牙另外增加 1 名，任期 5 年，可连选连任。委员会委员不同于理事会成员，他们不再代表各个成员国的利益，而是代表欧盟的整体利益。欧洲委员会设在布鲁塞尔和卢森堡，共有 14 000 名文职人员，分为 23 个部门，分别负责特殊的政策领域。欧洲委员会的职能包括提出有关政策和法律的建议，帮助实施共同体的政策，对欧盟法律的遵守进行监督，在理事会协调成员国的利益，在对外关系方面代表欧盟。在立法方面委员会的职能主要是提出立法动议，比如在农业政策、竞争政策的制定方面向欧盟理事会提出建议。同时，在少数情况下只要条约明确授权，欧洲委员会也具有立法权。

(3) 欧洲议会 (European Parliament)，由 785 名议员组成，按成员国的人口分配议员人数，其中，德国 99 名，法国、英国、意大利各 78 名，西班牙和波兰各 54 名、罗马尼亚 28 名、荷兰 27 名，比利时、希腊、葡萄牙、捷克、匈牙利各 24 名，瑞典 19 名，奥地利 18 名，保加利亚 15 名，芬兰、丹麦、斯洛伐克各 14 名，爱尔兰、立陶宛各 13 名，拉脱维亚 9 名，斯洛文尼亚 7 名，卢森堡、爱沙尼亚、塞浦路斯各 6 名，马耳他 5 名。欧洲议会议员原来是由各成员国的议会任命的，1979 年起改为通过直接选举产生。欧洲议会的议员与欧洲委员会的委员一样，虽然来自各个成员国，但他们不对成员国负责，而只对欧洲议会负责。而且，议员派别不是按照国别，而是按照党派。现在欧洲议会中存在 10 个政治团体，其中最大的是社会民主党，含有来自各个成员国的议员，其他的还包括保守党、绿党等。欧洲议会的主要职能是作为欧盟的咨询和监督机构，后来又扩大到处理预算和立法事务。欧洲委员会向欧洲议会作年度报告，议会对委员会的工作进行监督，可以对委员会提出不信任案，进行弹劾。在实践中，欧盟理事会通常也是在欧洲议会接受议员的提问，回答议员提出的问题。在立法方面，与成员国议会相比，欧洲议会享有的立法权要小得多。但根据《欧洲经济共同体条约》，向议会咨询是必要的程序，否则该法案可能无效。根据《单一欧洲法令》，欧洲议会还享有合作立法权，如果议会反对某项法案，欧洲理事会只有在一致同意的情况下才能通过该法案。在《欧洲联盟条约》中，欧洲议会的立法权又进一步扩大，在许多特殊领域它与欧洲理事会具有联合决定权，包括工人自由流动、教育、卫生、消费者保护、开发研究和环境等领域。

(4) 欧洲法院 (European Court of Justice)，设在卢森堡，由 15 名法官和 9 名总顾问组成。他们与欧洲议会和欧洲委员会的成员一样，必须具有独立性，只对欧盟负责，不对各自的成员国负责。他们的任职资格是，必须拥有在相应国家的最高司法机构中任职的经历或作为司法顾问的能力。实际上，法院的这些成员具有不同的职业背景，如文职官员、国家司法官、学者或律师。15 名法官来自 15 个成员国，由各成员国政府一致同意后任命，任期 6 年，可以连任。9 名总顾问中 4 名来自法国、德国、英国和意大利，其余 5 名在其他成员国间轮换。总顾问 (advocate general) 是欧洲法院的一个特色，其职能是在法官审理案件之前，总顾问预先审阅，然后提供一个对该案件成文的、独立的意见，并为法官推荐一个判决，这个意见将连同法官的判决一起在法律报告中发表。虽然总顾问的意见对法官的判决不具有拘束力，但有很大的影响，实际上，法官的判决与总顾问的意见往往很接近。

自欧共体建立以来，案件数量不断增长，积案问题比较严重。《单一欧洲法令》决定设立一个管辖权有限的初审法院 (Court of First Instance)，以审理共同体个人（包括自然人和法人）提起的诉讼。对于初审法院的判决，当事人可以就法律问题向欧洲法院上诉。

三、欧盟法的渊源

欧盟法的渊源可以分为主要渊源和次要渊源。

欧盟法的主要渊源是建立欧共体和欧盟的各个条约，主要包括建立煤钢共同体的《巴黎条约》（1951 年），建立原子能共同体的《罗马条约》（1957 年），建立经济共同体的《罗马条约》（1957 年），建立三个共同体单一部长理事会与单一委员会的《合并条约》（1967 年），确定 1992 年建成统一的欧洲市场的《单一欧洲法令》（1986 年），建立欧盟的《欧洲联盟条约》（1992 年），将欧盟一体化进程扩大到社会保障、人权法治和社会治安与防止犯罪领域的《阿姆斯特丹条约》（1999 年生效）。

欧盟法的次要渊源主要包括欧盟各个机构所颁布的条例、指令、决定、推荐和意见，以及欧洲法院的判例。

（1）条例（regulations），是由欧盟机构所颁布的具有全体适用性和直接适用性的规范性文件。条例是针对全体成员国的，它可在成员国直接适用，无须采任何转化措施。欧洲法院的判例法禁止成员国制定任何目的在于执行条例的国内法律措施。如果条例要通过这些国内法律措施才能被认为是有效的话，或者条例的解释要参考国内的而不是共同体的解释原则的话，那么条例的统一性就可能遭到破坏。

（2）指令（directions），是欧盟针对个别成员国所发布的命令。与条例相比，指令的特点在于：第一，它是向成员国发出的，通常要求成员国在规定的日期内实施的规定；第二，它允许成员国在实施的形式和方法上保留自主权，但是在应当实现的目的方面不能自立标准；第三，它不是为了直接适用，而是为了实现各个成员国立法的协调或接近。由于指令的上述特点，它一直是欧盟（欧共体）协调各个成员国与欧盟之间关系，创造内部共同市场方面的主要手段。

（3）决定（decisions），不同于指令，它所指向的对象可能是成员国，也可能是法人或个人；它不是规范性的，而是个别性的，只对所指向的对象有效；它不给对象留有自由选择实施形式和方法的余地。在实践中，决定通常用来贯彻落实指令。

（4）推荐和意见（recommendations and opinions）。根据《欧洲经济共同体条约》第 189 条，推荐和意见都没有法律约束力，因此它们不是严格意义上的欧盟法的法律渊源。包括欧洲委员会在内的许多欧盟机构都有权提出建议和意见，但是它们都不能授予个人在国内法庭上得到保障的权利。当欧盟机构所提出的推荐和意见是成员国制定有关法律条文的特别依据，或者对解释欧共体法的其他条文有意义，并且这些条文与法院审理的案件都有关系时，国内法院就必须在有关地方提到这些条文。

（5）欧洲法院的判例法（case law）。按照大陆法系的法律理论，法院的判决只对它所指向的具体案件有效，对今后的案件没有拘束力；法院只能适用法律而不能制定法律。但在实践中，这个理论并没有得到严格执行。这是因为在法律的适用中需要解释，通过适用或解释，有关的规则就得到限制或补充，其中必然包含具有一般约束力的规则。有关欧盟法的规则越一般化，留给欧洲法院通过解释加以补充的余地就越大。在实践中，欧洲法院的判例作为法律渊源主要通过三种途径：第一，在判决中提及欧洲法院曾经作出的决定；第二，在判决中重复欧洲法院曾经作出的决定；第三，在判决中，欧洲法院指示考虑其他类似的情况，该判决对于其他类似情况具有拘束力。

第二节　欧盟法与成员国法的关系

一、欧盟法与成员国法间之关系的指导原则——辅助性原则

辅助性（subsidiarity）原则是欧盟处理欧盟法与成员国法间之关系的指导原则，其地位就像《美国宪法》第 1 条第 8 款和第 10 条修正案关于确定联邦与州的立法领域的规定一样。[①] 辅助性原则是由 1993 年生效的《马斯特里赫特条约》首先确定的，1999 年生效的《阿姆斯特丹条约》又对其进一步加以明确化和具体化。

按照《马斯特里赫特条约》，"只有在成员国采取措施的目的不能充分实现，而共同体采取措施由于范围和效果的原因目的能更好地实现的情况下，共同体将根据辅助性原则采取措施"[②]。

《阿姆斯特丹条约》将共同体采取措施的范围进一步分为三种情况：第一，所考虑的问题具有跨国性，成员国的措施对它不能满意地加以调整；第二，只由成员国采取措施或缺少共同体的措施会与条约的要求相冲突或破坏成员国的利益；第三，共同体层次上的措施由于规模或效果上的原因较成员国层次上的措施会产生更明显的利益。

但是，辅助性原则对共同体法的界限的限制，并不意味着使成员国法不受共同体法的影响，甚至导致共同体在任何问题上都不立法，而是要求"成员国采取措施服从条约所确定的一般规则，采取一切适当的办法完成它们的条约下的义务，而不采取任何办法可能阻碍达到条约的目的"。辅助性原则的目的也不是使已经转移给共同体的权力"再国家化"。《马斯特里赫特条约》指出："辅助性原则是一个动态的概念，应该按照条约所确定的目的适用。它允许共同体的措施在其权力范围内扩张到所要求的领域，相反，在它不再是正当的领域则应限制和终止。"[③]

---

① 美国宪法在处理联邦与州的关系上，对于联邦的立法领域采取明确列举的方式，《美国宪法》第 1 条第 8 款列举了联邦政府拥有的 17 项权力（"列举权力"）和第 18 项在执行上述权力时可以通过任何"必要而又适当的法律"（"默示权力"），即只能执行列举在宪法条文中的权力；而对各个州的权力则采取概括式的保留方式，它们能够执行"宪法未授予联邦，而又不禁止各州行使的各种权力"（第 10 条修正案）。假如联邦政府要执行一项权力，一定要预先确定这项权力是宪法列举的，或包含在《美国宪法》第 1 条第 8 款之中；反之，假如州政府要行使一项权力，就不必确实证明这项权力在其职权范围内，只要反对者方面不能证明这项职权已划归联邦政府或禁止州政府行使，就可以。但这种分权的原则并不能被称为"辅助性原则"。

② Art. 3B of the EC.

③ Cited in Stephen Weatherill & Paul Beaumont, *EU Law: the Essential Guide to the Legal Workings of the European Union*, the 3rd ed., Penguin Books, 1999, p. 28.

特别值得指出的是，欧洲法院判例法在解释和发展辅助性原则中所起的重要作用。[①] 在一些案件中，欧洲法院通过法律推理将看来应由共同体管辖的问题归结为由成员国管辖。例如，当欧洲委员会要求核对委员会自己的财政资源时，意大利政府拒绝披露其中的某些信息。欧洲委员会根据共同体条约第169条指控意大利共和国。为此意大利政府提出，它不能披露这些资料，因为它自己也不能接近它们。欧洲委员会希望看到的数字为“secret de I’instruction”所覆盖，即在法国和意大利法中存在这样一个原则：为发现和侦查刑事犯罪而搜集的事实因素只能在初次审问时为该目的使用；它们只有在法庭公开审理此案时才能被披露。欧洲法院接受意大利政府的请求，考察了可适用的共同体法，发现所有有关条款都不支持修改成员国的内部程序，不能认为这些条款包含着改变国家刑事程序的正常过程的含义。因此国家刑事程序关于不得向国家政府披露有关资料的规则也应适用于欧洲委员会。[②] 通过该案，欧洲法院实际上确立了一个基本原则，即刑事程序中的一般问题由成员国管辖，不受共同体法的影响。再如，在一件关于人员自由流动的案件中，一位英国公民里德小姐居住在荷兰，她与另一位英国公民未婚同居，该男士在荷兰有工作。他们生活在一起已经5年多。当她的居住许可被拒绝时，她提出两个理由指控这一决定：第一，共同体关于工人自由流动的规则保护工人的“配偶”，而社会的发展没有理由区别已婚和未婚的配偶。第二，在荷兰的行政实践中，一位与一个荷兰同伴具有稳定关系的妇女不会被剥夺居住许可，因此当同伴是英国人时被剥夺居住许可，就是歧视。欧洲法院在回答荷兰行政法院就这两个问题运用《马斯特里赫特条约》第177条所涉及的婚姻的概念时提出：配偶指以婚姻为根据的关系；即使社会的发展倾向于接受建立在同样基础上的其他关系，也不能肯定这些发展是否在所有成员国都发生或为这些国家所接受。换句话说：正是由可适用的国家立法决定哪一种同伴被称为配偶。欧洲法院的作用不在于改革婚姻法律概念，而在于把这样的问题留给成员国法院根据自己国家的社会发展决定。[③]

但更值得注意的是，欧洲法院在确定欧共体法的优先性方面的重要作用。欧洲法院在1964年科斯塔诉爱纳尔（Costa v. ENEL）一案中，在评论共同体的性质时指出：“成员国通过创造一个没有期限，具有自己的制度、它自己的人格、它自己的法律能力和在国际事务上的代表能力的共同体，或更恰当地说，具有来自主权范围的真正的权力或国家转移给共同体的权力，成员国已经限制了它们的主权权力，虽然是在有限的领域，并且因而创造了一个法律实体约束着它们的国民和它们自己。”[④] 欧洲法院在1991年发布的一个意见中又提出欧共体条约具有“以法治为基础的共同体的宪法性质”，并进一步修改了它在科斯塔诉爱纳尔案中关于国家在“有限的领域”内转让自己的权力的立场，而把它扩大到“更为广泛的领域”。这里，欧洲

---

① 美国联邦最高法院在处理联邦与州的关系方面同样起了很关键的作用。虽然在历史上美国宪法确定了“主权在州”的原则，即联邦的权力是由组成它的各个州授予的，它只能在宪法所列举的权力范围内行使权力，但美国宪法第1条第8款第18项还规定联邦具有“默示权力”，即在执行“列举权力”时可制定“必要而又适当的法律”。正是根据美国宪法的“默示权力”，美国联邦最高法院的大法官通过法律推理使联邦政府的权力获得了极大的发展。1819年在麦克洛克诉马里兰州（McCulloch v. Maryland）一案中，美国联邦最高法院大法官马歇尔提出：“联邦政府虽然在其权力方面受到限制，但是在其行动范围内是至高无上的，假定它是在宪法范围内，那么，一切手段只要是恰当的，只要是合于该目的的，只要并非被禁止的，就都是合于宪法的。”后来，马歇尔的这段话被视为对美国宪法所确定的联邦“默示权力”的经典表述（参见李昌道：《美国宪法史稿》，163页）。有意思的是，也正是欧洲法院，通过对“辅助性原则”的解释，大大加强了欧共体的权力。

② Case 267/78，Commission v. Italian Republic，(1980) ECR 31.

③ Case 59/85，State of the Netherlands v. Reed，(1986) ECR 1283.

④ Costa v. ENEL (1964) ECR 585.

法院意识到在《单一欧洲法令》和1992年签订的《马斯特里赫特条约》被批准以后共同体权力的进一步扩张。从发展的观点，欧洲法院主张：已经被坚定地确立的共同体的两个基本规定是共同体法对成员国法的优先性和全部共同体法的直接效力。所谓共同体法的优先性即在法律渊源的效力等级上，共同体法优先于成员国法，包括成员国的宪法、法律、行政法规和地方法规；所谓共同体法的直接效力，即共同体法无须任何转化程序，可以直接在成员国适用。欧洲法院意识到共同体是特殊的；它超越了建立缔约国间之关系的传统的国际协议，它建立了一种能针对成员国国民的权利与义务的造法制度。①

以这一基本原则为指针，在司法实践中，对于有些保留给成员国管辖、欧共体从来未触及的领域，欧洲法院拒绝成员国管辖，而把它们转移到共同体的管辖范围内，从而大大扩大了共同体管辖的范围。② 比如，在移民问题上，有些成员国质疑欧洲委员会根据欧共体条约第118条作出的关于工人移民运动的决定的合法性，其中也涉及从第三国向共同体国家的移民。法国政府提出，外国移民的整个领域处在该第118条意义上的社会政策的范围之外，而属于文化一体化的范围。欧洲法院首先检查了所适用欧共体条约的条款以及在其基础上建立的不同的决定，然后确定了在这方面社会政策概念的含义。欧洲法院认为，欧共体条约关于工人自由流动的规则和依照这些规则通过的条例和指令，建立了一种相当于共同体劳动市场的制度，而这一市场可能受到来自第三国的移民的影响。欧洲法院提出，只要他们来自那些可能影响共同体就业状况的国家，从第三国来的移民就包括在社会政策的范围内。③ 在另一件关于成员国学生自由流动的案件中，一位居住在比利时的法国女学生指控比利时政府，认为她在比利时一家艺术学院所付的学费高于比利时的学生所支付的学费，这相当于欧共体条约所禁止的国籍歧视。比利时政府提出，教育完全处于共同体的管辖权之外。而欧洲法院在分析了欧共体条约的有关条款及共同体关于工人及其家庭自由流动的条例和在假期培训领域的共同政策以后主张，教学体系的组织和教育项目的内容之类的事项确实属于国家权威的管辖范围内，但是成员国公民平等地接受假期培训的权利却处于条约的适用范围内。④ 这样，在许多案件中，欧洲法院根据欧共体条约关于建立共同市场的基本指导思想，依据辅助性原则，通过法律推理，把成员国主张属于自己管辖范围内的问题归入共同体管辖范围。从实际情况看，凡是与欧洲共同市场直接或间接有关的领域，按照辅助性原则，都属于共同体法调整的领域，或由成员国法与共同体法共同调整；而由成员国法唯一调整、排斥共同体法调整的领域，往往只有纯粹属于成员国国内事务、与其他成员国无关的领域。

二、欧盟法实施辅助性原则的形式和调整机制

《阿姆斯特丹条约》不仅注意辅助性原则的实质内容，而且对实施辅助性原则所采取的形式作出了规定："共同体措施的形式应尽可能简单，与措施的目的实现和有效实施的要求相一

① See opinion 1/91 opinion on the draft Agreement on a European Economic Area (1991) ECR I-6079 (1992) ICMLR 245.

② See T. Koopmans, "The Quest for Subsidiarity", in Deirdre Curtin & Ton Heukels, *Institutional Dynamics of European Integration*, Vol. II, Martinus Nijhoff Publishers, 1994, pp. 43-55.

③ Joined Cases 281, 285～5 and 287/85, Germany and others v. Commission, 1987, ECR 3203.

④ Case 293/83, Gravier v. City of Liege, 1985, ECR 593.

致。”在共同体各种法律渊源中，指令比条例更适合于这一要求，而框架式的指令比详细的指令更佳。为了贯彻辅助性原则，《阿姆斯特丹条约》特别对共同体法的制定程序提出了要求："对于任何共同体计划的措施，它所根据的理由应该符合辅助性原则和比例性原则；而得出共同体的措施能够（比成员国单独的措施）更好地实现条约目的的结论的理由应该实质性地通过定性的，或如果可能，通过定量的标准表述。”该条约还规定："共同体的措施应尽可能为国家的决定留下更多的发挥作用的空间，与保证措施的目的和遵守条约的要求相一致。”这样，共同体法越来越把依赖而不是破坏成员国已有的法律措施放到重要地位。

欧盟法形成的一般模式是由欧盟理事会或欧洲委员会根据各成员国法的共同性，通过条例、指令、决定或其他渊源的形式提出一般的原则或标准，如果实现欧盟法的这些规定仍然存在障碍，协调就成为完善欧盟法的主要法律手段。如上所述，欧盟法实现协调的法律工具主要是指令。指令是欧盟针对某一、某些成员国或所有成员国发出的关于某一具体问题的规范性文件，但它通常只是表明要求成员国达到的结果，而让成员国自由地选择达到这一结果的方法。这样，在成员国法与欧盟法的连接上就出现了“标准—规则”的连接模式。许多学者都注意到这种连接的重要意义。纽曼（Franz Neumann）指出，资本主义更复杂的和更集合性的形式预示着从竞争资本主义时期的形式抽象的规范向非形式化的特殊化的标准的转变。[①] 英国学者图纳尔（Teubner）用“反射性管制”（reflexive regulation）这一概念来表述这种关系。图纳尔认为，在国家层面上存在两种不同的管制体系：第一种是通过法律直接管制行为，第二种是通过非集中化的机制的管制。国家管制形成了个别企业或制度进行自我管制的一般的制度条件。他提出，管制法越来越多地在第二层次上发挥“管制自我管制”的功能。他认为，社会秩序日益增强的复杂性要求把反射性嵌入社会亚体系结构内。在欧盟法与成员国法的关系上，这种“管制自我管制”表现在：欧盟法提出成员国法自我管制的标准，它们表现为一系列的具体指标，如关税、进口配额、产品标准、建筑质量、环境指标、卫生指标、营养成分等，而如何达到这些标准则由成员国自己制定详细的规则。[②] 从欧盟法的执行机制看，虽然在欧盟一级存在欧盟理事会、欧洲委员会和欧洲法院等，但这些欧盟机构的主要任务在于制定标准、解释规则、解决争端和对执行进行监督，欧盟法的具体执行更主要的是靠成员国。如果没有成员国的配合，没有成员国的服从与执行，欧盟法的任何规定都不可能得到落实。总之，欧盟的出现不是指出现一种像国家一样的集中化的管制，而是指出现在欧盟和成员国两个层次上的互动机制，这就是一些学者所说的“非集中化的执行体系”[③]。

三、成员国法与欧盟法之关系的协调

在协调成员国法与欧盟法的关系上，根据一些学者的总结，按照协调的方法和范围[④]，这种协调主要包括以下几种形式。

---

① See Franz Neumann, *The Rule of Law: Political Theory and the Legal System in Modern Society*, Bellingham, Berg Publishers, 1985, p. 268.

② See Teubner, “Substantive and Reflexive Elements in Modern Law”, *Law & Society*, 17, 1983.

③ K. Jayasuriya, “Globalization, Law, and the Transformation of Sovereignty: The Emergence of Global Regulatory Governance”, *Global Legal Studies Journal*, 6, 1999, p. 452.

④ See Piet Jan Slot, “Harmonization”, *European Law Review*, 21, 1996, Oct., pp. 378-397, Sweet & Maxwell and Contributors, 1996.

（1）在欧盟或欧共体层次上制定法律和政策。这种情况往往发生在成员国原来没有制定规则的领域，如1988年欧共体发布了关于破坏臭氧层而产生的某些有害气体的条例。[①] 但这种完全无成员国法调整的情况比较少见。

（2）全面协调。这种情况和第一种情况大体相同，成员国即使已经有法律，也必须执行共同体的规定。比如，1970年11月23日欧洲理事会发布的有关饲料添加剂的指令，明确地说明了动物饲料添加剂的种类、使用的目的和在什么条件下允许使用，不允许成员国有任何选择的余地。这类协调是共同体早期协调成员国法律时经常使用的方法，共同体试图通过指令清除成员国之间的贸易障碍。[②] 后来，这类协调只限于产品标准领域。许多学者指出，完全协调不为成员国所看好，因为它使成员国缺乏灵活性，缺乏在国家层次上进行管制的权力。[③]

（3）选择性协调。这种情况是指共同体的指令给生产者提供一种选择：或者遵从共同体所协调的规则，或者遵从成员国的规则。但是跨国界的产品必须遵从共同体的规则或目的地国的规则。这类协调的优点在于它既照顾到跨国的生产者，使它们能够按照共同体的标准建立统一的生产线，又照顾到以本地消费者为对象的本地的生产者，它们只需遵从国家的标准。例如，1970年2月6日欧共体理事会发布的有关汽车可允许的声音限度和排气系统的指令就规定，“任何成员国都不得拒绝执行欧共体或国家所规定的上述标准”。选择性协调也是共同体早期所使用的协调成员国法律的方法，特别是在完全协调的方法受到成员国越来越多的反对时。[④] 这类协调的好处在于为成员国法在自己国土领域内发挥作用提供了更强的灵活性。

（4）部分协调。这种协调只适用于跨国界的交易，而不适用于国内交易。对跨国界的交易只能适用共同体规则，无选择可言。例如1964年7月26日欧共体理事会关于共同体内部鲜肉贸易所引起的健康问题的指令规定，成员国应该确保只有符合所附标准的鲜肉才能从自己国家的领土运送到另一成员国的领土。又如1984年12月6日欧共体理事会发布关于境外装载有毒废物的指令。但是，共同体也不经常使用部分协调的方法，因为这里所调整的对象不仅仅是跨国界的问题，往往涉及几种不同的标准——不同成员国的标准和共同体的标准。

（5）相互承认国家标准。这种方法的基本思想是，在欧共体范围内究竟什么构成健康和卫生的产品或其他类似标准在成员国之间原则上不存在很多差别。严格地讲，这不是法律协调的方法，而是清除贸易障碍的技术，但是通过使用这一技术，可以最终导致国家法律的实际协调。例如，1988年欧共体理事会发布的89/48号命令规定，成员国相互承认完成至少3年的职业教育和培训取得的高等教育证书。[⑤] 这种相互承认还包括相互承认成员国权威机构所作的技术等方面的检查或鉴定的可信性。

（6）最低限度的协调。在这种情况下共同体制定最低限度的规则，而成员国可以个别地或联合地制定更高标准的规则。这类协调存在于消费者保护、环境和卫生领域。例如，1980年7月24日欧共体理事会关于控制马铃薯环状腐烂的命令[⑥]就属于这类协调。这类协调也表现在欧

① Regulation 3322/88，（1988）O. J. L. 297/1.

② 到1974年年底，共同体70个涉及法律协调的文件中有30个属于完全协调。See P. J. Slot，*Technical and Administrative Obstacles in the EEC*，Leiden，1975，p. 113.

③ See A. Mattera，Le Mache unique European，Paris，1990，pp. 180－181.

④ 20世纪70年代早期共有39个共同体文件运用了选择性协调的方法。See P. J. Slot，op. cit，p. 113.

⑤ （1989）O. J. L. 19/16.

⑥ （1980）O. J. L. 180/30.

洲法院 1993 年关于烟草产品的标志的判决中。[1] 该案涉及欧共体理事会 89/622 号关于烟草产品标志的命令，它规定焦油和尼古丁的含量必须印在香烟盒的侧面，覆盖相应表面至少 4%；并规定成员国不得因为标志的原因而禁止或限制销售符合该命令的产品。但英国的有关规则规定至少覆盖香烟盒表面的 6%，但是同时规定对于进口香烟盒如果它们符合欧共体命令所规定的标准，则视为符合英国的规则。该案原告提出，由于共同体命令的目的在于清除贸易障碍，因而不应允许英国政府制定更高的标准。原告还提出，欧共体内部市场建立和运作的前提是存在不受歪曲的竞争条件。但欧洲法院没有支持原告的主张，而支持英国政府的主张，认为所谓“至少”意味着有某些灵活的余地。该案清楚地表明，最低限度的协调可能导致不平等的竞争条件。成员国是否选择制定更高标准的规则，将依赖国家的优先政策和民族工业的性质。具有保护环境的优先考虑和重要民族工业的国家，在政治上将乐于制定更高标准的规则。最低限度的协调是欧共体协调成员国法的过程中晚近出现的现象。在早期，欧共体的支持者都强调清除贸易障碍。后来当环境保护和消费者保护被提上议事日程时，在这些领域共同的行为只有成员国都接受后才能被采取。这样，在 20 世纪 70 年代末及 80 年代最低限度的协调成为重要的方法。1986 年通过《单一欧洲法令》使环境保护成为一项新的权利，1992 年通过《马斯特里赫特条约》又使消费者保护成为一项新的权利时，许多协调都采取了最低限度的协调的方法。[2]

第三节 欧盟法的意义和性质

一、欧盟法的意义

欧盟法的出现不仅为欧洲国家所关注，而且为世界许多研究全球化的学者所关注。这是由于欧盟法为人们提供了一个在一个地区范围内实现一体化的范式，为法律全球化研究提供了一个实际的而不仅仅是停留在理论上的样板。

在世界经济领域的现实中，存在着几种不同的一体化的模式，如共同市场、自由贸易区、关税同盟和世贸组织。

建立共同市场是欧盟法追求的主要目标。为此，对内必须清除成员国之间的直接和间接的贸易障碍，建立适用于所有参加国领土的规范和规则，不管其原有国家边境；对外则必须对希望把自己的产品输入共同市场的第三国建立共同政策，共同市场对外部世界应该以统一的面孔出现。换句话说，创造共同市场意味着创造一个在领土上包含几个国家但在经济上具有一个国家特征的共同体。欧洲法院把这一目标解释为“创造一个单一市场以达到类似于国内市场的条件”[3]。按照新自由主义经济学，建立欧洲共同市场的好处在于它扩大了经济的规模，促进了竞争。生产者能够在整个共同市场的范围内满足消费者，而不是只满足于它们自己国家的消费者，从而使现存的生产能力能够更有效地被利用，促进了专业化，并可能更有利于吸引投资，最终有利于消费者，使他们能够买到质量更高、价格更便宜的产品。资源的有效分配得到自由

---

① Case C－11/92 R. v. Secretary of State for Health，ex. P. Gallaher Ltd.，1993，ECR I－3545.

② See H. G. Sevenster，*Milieubeleleid en Gemeenschapstrcht*，1992，pp. 186－187.

③ Case 26/76 Metro v. Commission，1977，ECR 1875.

市场供需双方互动的保证。

自由贸易区使参加国之间在欧盟范围内实现货物自由流动，但是这些国家仍然自由地决定对自由贸易区之外的国家或地区的贸易政策。它们对第三国的关税可能不同。自由贸易区之外的生产者为了躲避甲参加国的高关税可以把产品输入有着低关税的乙参加国，然后再从乙参加国把它们输入甲参加国和整个自由贸易区。而自由贸易区把货物贸易限制在参加国的范围内，第三方的货物被排除在外。也就是说，自由贸易区的参加国不希望在它们的对外贸易政策上合作。

关税同盟则采取了进一步的措施：它建立了共同的外部关税，所有进入关税同盟市场的货物，不管来自何地，都有权在其中自由流动。关税同盟比自由贸易区更紧密地把成员国联系在一起，因为它要求所有国家就建立共同的外部关税进行协商，然后使在该地区内流通的所有货物而不仅仅是来自某一特殊国家的货物，实现自由贸易。

共同市场在此基础上又前进了两步。第一，它扩展了自由运动权利的范围。在共同市场内货物、人员、服务和资本原则上都有权自由流动，因此，在理论上它们都能最有经济效益地被分配到能最有经济效益地利用它们的地方。第二，共同市场需要参加国在对内和对外事务上的共同决策。在这方面共同市场具有许多政治性的因素，这是关税同盟所不具备的。这方面的发展需要许多制度上的安排。

至于世贸组织，较欧盟的共同市场其经济一体化和贸易自由化程度相差就更远了。就关税障碍而言，第一，它在现阶段还不可能实现成员国之间零关税的自由贸易，而只能要求降低关税，相互之间实行最惠国待遇，即给予一个成员国的待遇被平等地、不加歧视地给予其他成员国；第二，成员国之间根据经济发展水平实行差别对待原则，发达国家、发展中国家和最不发达国家具有不同的关税水平。至于在非关税障碍，人员、服务、资本的自由流动方面，世贸组织与欧盟的差别就更大了。

由此可见，欧盟是现存的各种经济共同体中贸易自由化和一体化程度最高的经济共同体，但欧盟所显示的某些特征在全球性的其他经济组织中也不同程度地表现出来。择其要者，这些特征包括以下内容。

(1) 由于国家主权的领土性（有边境）与经济活动的全球性（无边境）之间的矛盾，为了使资源在全球范围内被更有效益地分配并取得更大的经济效益，也为了避免国际领域内的经济风险，从而对经济活动实行更有效的调控，原来属于民族国家主权范围内的某些权力向国家所参加的某些经济共同体转移。

(2) 在民族国家的层次上，由于主权的转移，一个领域一个领域地相对独立出来，从金融到环境保护，从食品卫生到产品标准，从就业到消费者保护，这些领域分别受到自己领域内的独立于主权国家的法律制度的管辖，形成一个个分离的“主权岛”，使主权国家原有的国内一元化的法律体系转变为多元化的管制。

(3) 在全球的层次上，在许多领域分别形成了国际管制网络体系。这种网络管制一方面以参加者在相应领域独立于其主权国家为前提，如“央行独立”；另一方面又形成了一套以部门为基础（而不是以政府为基础）、由各个国家部门领域的专家参加的国际管理系统，其职能在于制定标准，协调各国的立场，对实施的情况加以监控。

(4) 在管理模式上，形成了一套独特的“国际组织—参加国”的连接模式。在国际组织的层次上，国际组织制定框架式的规则、标准，解释和监督规则的实施，解决国际争端，为国家的执行创造一般的制度条件；在主权国家的层次上，主权国家则为这些规则、标准的实施制定详细的规则，履行成员国的义务，具体执行这些规则。

（5）在处理参加国与国际组织、参加国之间规则的差异上，欧盟提出的“辅助性”原则也得到广泛的认同。最低限度的协调，即在共同体层面上制定最低限度的标准，适用于进口产品；允许成员国根据自己国家的情况制定更高的标准，适用于本国产品，这是现存国际经济条件下协调各个国家之间规则上的差异时经常使用的方法，得到了主权国家的普遍欢迎。

二、欧盟法与主权的转移

欧盟法的出现也在理论上对我们提出了挑战，特别是对16世纪以来形成的以《威斯特伐利亚和约》为代表的国家主权观念提出了挑战。现代国家是从封建制的国家即封建割据的、不统一的、多中心的国家发展而来的。欧洲三十年战争后，1648年签订的《威斯特伐利亚和约》第一次确定了以国家领土为基础的主权观念，欧洲一系列中央集权国家为这种主权国家奠定了基础。资产阶级革命，资本主义商品经济的发展，国内统一的民族市场的形成，使这种主权国家包含了资产阶级民族国家的内容。随着国家在其领土范围内的政治、经济的统一，也形成了统一的一元化的法律体系。国家成为在其领土范围内没有任何其他权力能与它抗衡的、凌驾于任何其他权力之上的最高的权力。用霍布斯的话说，它是《圣经》中的那只庞大的怪兽“利维坦”①。这是国家主权的第一次转移，即从分散的、多中心的权力转变为集中的、一元化的权力。

现在给我们提出的问题是：究竟如何看待我们在欧盟看到的“成员国把原属于自己主权范围内的权力转移给共同体”的现象？有的学者对此并不以为然。他们认为，欧盟在原则上还是一个“国家间”或“政府间”（intergovernmental）的组织，而不是超国家的组织，欧盟中的民族国家仍然强大，国家利益仍然是欧盟的推动力，国家仍然享有高度的对内主权。因此，欧盟是一种拥有主权的国家的联合，以便追求共同利益。这种主权在很大程度上由受到地缘政治和利益影响的部长理事会所驱使。曼恩（Michael Mann）指出：“对国家主权的主要侵犯不是真正宪法化的——一种主权被另一种主权所代替。反之，它们实际地、偷偷地、拖延地执行部长理事会的决定，它的决策过程部分地反映了共识，部分地反映各成员国的地缘政治的影响。”②密尔沃德（Alan Milward）在说明欧盟的进化时提出，欧洲的一体化，远远不是导致民族国家的消亡，而是一种保证它复兴的方法。③ 但是，更多的学者则持相反的态度。有的学者认为，这一现象表明“主权”正在走向消亡，为一种欧盟式的“半国家”所代替。④ 有的学者提出，由于全球化的冲击，社会结构发生了很大的变化，国家主权的观念已经过时了，今天世界正在出现一种新的“转移”，即国家把自己的主权让渡给凌驾于国家之上的新的共同体、“超国家的组织”⑤。还有的学者则认为：国家主权不是一个静止的概念，而是一个随时代的变化而变化的概念。17、18世纪的主权概念是以国家领土为基础的，而当代经济活动的全球化趋势正在

---

① ［英］霍布斯：《利维坦》，北京，商务印书馆，1986。

② Michael Mann, “Nation-State in Europe and other Countries: Diversifying, Developing, Not Dying”, *Daedalus*, 1993, pp. 115, 127.

③ Alan Milward, *The European Rescue of the Nation-State*, 1992, p. 44.

④ See R. Jackson, *Quasi States: Sovereignty, International Relation and the Third World*, 1990.

⑤ Thomas Biersteker & Cynthia Weber eds., *State Sovereignty as Social Construct*, Cambridge University Press, 1996.

越来越经常地超越领土的边境，国家主权的领土性和经济活动的全球性之间的矛盾越来越突出，“成员国把原属于自己主权范围内的权力转移给共同体”，使在领土范围内统一的、一元化的成员国的法律体系分割为受到不同的、多元权力管辖的法律体系，在共同体的层次上则形成了一种新的国际管制网络体系、一种没有经济边境的“利维坦”。这是第二次主权的转移，即从统一的、独立性的国家主权转变为“分散”的、“辅助性”的共同体的权力。这不是国家主权的“消亡”或“解体”，而是主权的新形式。[①] 正像美国学者麦考密克（Neil MacCormick）所指出的，欧盟的真正意义在于，主权正在以对传统的主权模式提出挑战这样一种方式重构。[②]

三、欧盟法：超国家的法，还是国家间的法，还是……

关于欧盟法的性质一直存在着争论。有的人认为欧盟法是超国家的法，因为成员国已经把它们的一部分主权转交给欧盟，而且在欧盟法与成员国法的关系上形成了欧盟法的效力优先原则和直接效力原则；而另外一些学者认为，欧盟法不是超国家的法，而是国家间的法，因为欧盟法是各国协议的产物，在欧盟的各结构中起关键作用的是部长理事会，它所颁布的条例、指令是各成员国相互协商的产物。

笔者认为，对欧盟法的性质似应采取一种动态的、辩证的观点。所谓动态的，就是发展的观点，欧盟法是一个转变过程中的法，成员国的主权是一步步地、一个领域一个领域地被转让的：1951 年签订《巴黎条约》时成员国所转让的领域还只是煤炭和钢铁；1957 年签订《罗马条约》时包括原子能领域，后来又逐渐扩展到建立欧洲共同市场的若干领域，清除贸易障碍，公平竞争，建立对外的共同关税和共同的商业政策；1986 年《单一欧洲法令》确立了建立统一的欧洲共同市场的时间表，规定 1992 年 12 月 31 日以前实现货物、人员、服务和资本流动的四大自由；1992 年建立欧盟的《马斯特里赫特条约》又把建立统一的货币联盟提到议事日程；而 1999 年生效的《阿姆斯特丹条约》进一步提出在社会政策、人权法治和社会治安与犯罪领域的一体化问题。因此，在确定欧盟法的性质时，必须具有动态的观点。所谓辩证的观点，就是在对欧盟法的性质进行分析时，不应采取那种“非此即彼”的观点，而应具体问题具体分析。从欧盟的制度结构来看，它由理事会、委员会、议会和法院组成，其中委员会、议会和法院的人员虽然按成员国名额选举或任命，但他们对各自的成员国保持独立性，只对欧盟的相应机构负责；而理事会则由各成员国的部长组成，他们对成员国负责。从职能看，理事会所起到的作用是进行政府间的协商，而且在欧盟立法的许多领域实行一票否决制，可见，理事会所起的作用有越来越大的趋势。正是在这种意义上，有的学者认为，欧盟不是“超国家的组织”，而是“政府间的组织”。相应的，这些领域的欧盟法具有较多的“政府间”的法的色彩。但这并不是欧盟法的全部，欧洲委员会、议会和法院在欧盟法的形成过程中也起着很大的作用：它们独立于成员国而行使自己的权力，在与成员国法的关系上明确地形成了欧盟法的效力

---

① See Neil MacCormick, “Liberalism, Nationalism and the Post-Sovereign State”, in Richard Bellamy & Dario Castiglione eds., *Constitutionalism in Transformation: European and Theoretical Perspectives*, 1996, p. 141; K. Jayasuriya, “Globalization, Law, and the Transformation of Sovereignty: The Emergence of Global Regulatory Governance”, *Global Legal Studies Journal*, 6, 1999, pp. 425 - 455.

② See Neil MacCormick, supra note.

优先原则和直接效力的原则；在它们发挥较大影响的领域，特别是在各成员国具有共同市场的领域，欧盟法是一种“超国家的法”。因此，对于欧盟法究竟是政府间的法还是超国家的法，不能作出一个绝对的回答，这将依时间、领域的不同而不同。①

四、英国脱欧及影响

英国于 1973 年 1 月 1 日加入欧盟，该举措的法律依据是 1972 年由英国议会通过的《欧洲共同体条例》(European Union Act 1972)。英国于 1975 年 6 月 5 日举行全民公决，决定是否继续留在欧盟。当时 64%有投票资格的公民参加了全民公决，其中 67.2%的投了赞成票，32.8%的投了反对票。② 然而，尽管身为欧盟成员国之一，英国与欧盟的关系却始终存有嫌隙。英国没有加入欧洲统一货币体系，并且是欧盟仅有的几个没有参加《联合国货物买卖公约》(CISG) 的国家之一。长久以来，英国政府对于欧盟在统一合同法方面的几乎任何努力都坚定地持反对立场，并对任何试图在国际商事贸易领域制定统一法典的举措怀有敌意。③ 2016 年 6 月 23 日，英国举行了是否脱离欧盟的全民公决。72%有投票资格的选民参加了投票，结果主张脱离的票数以微弱优势获胜（51.9%的主张脱离欧盟，48.1%的主张继续留在欧盟）。英国本土对于是去是留存在很大的地区差异：英格兰和威尔士的绝大多数公民主张脱离欧盟，苏格兰和北爱尔兰的公民中以赞成留下者为主。④

《欧洲联盟条约》(European Union Treaty) 第 50 条规定了成员国脱离欧盟的机制。然而正是这一条使英国脱离欧盟面临着大量的宪法问题，例如，根据该条，究竟英国哪个机构有权利向欧盟提出脱离的要求以正式启动脱欧程序？是英国政府享有该项权利，还是该决定必须以法案形式在英国国内提出并最终获得英国议会通过？这是一个非常实际且急迫的问题，因为英国议会中的大多数人（也包括议会中的政府成员）并不希望英国脱欧。由英国政府向欧盟提出脱欧要求的决定是否合法，最终被起诉至英国最高法院。2017 年 1 月 24 日英国最高法院以 8∶3 的投票比作出判决⑤，认为是英国议会而不是政府有权向欧盟提出英国的脱欧决定。稍后，英国政府起草了一部名为《（通知脱离）欧洲联盟法案》[The European Union (Notification of Withdrawal) Bill] 的法案。这个十分简短的法案授权英国首相向欧盟提出英国决定脱离欧盟的通知。该法案于 2017 年 2 月 8 日在英国下议院以 498∶114 的票数通过并于同年 3 月生效。⑥ 根据《欧洲联盟条约》第 50 条的规定，2017 年 3 月 29 日，时任英国首相特丽莎·梅向欧盟致函，告知英国决定脱离欧盟，并于 2019 年 3 月 29 日正式完成脱离程序。

---

① 关于欧盟法之性质的动态性和辩证性的观点，特别要感谢荷兰莱顿大学法学院欧洲研究所所长斯洛特 (P. L. Slot) 教授，这是他在和笔者交谈时反复强调的观点。但究竟欧盟法在哪些领域更具有“政府间的法”的性质，在哪些领域更具有“超国家的法”的性质，似乎还需要进一步研究。

② House of Commons Briefing Paper Number 7253，13 July 2015.

③ 原因分析参见余履雪：《欧盟私法的统一：存异与求同之间》，载《武大国际法评论》，第 17 卷第 2 期，139～161 页，武汉，武汉大学出版社，2016。

④ 参见 https：//www.electoralcommission.org.uk/find-information-by-subject/elections-and-referendums/past-elections-and-referendums/eu-referendum/electorate-and-count-information，最后访问日期：2018-10-01。

⑤ R (Miller) V. Secretary of State for Exiting the European Union，2017，UKSC 5.

⑥ 参见 http：//www.legislation.gov.uk/ukpga/2017/9/pdfs/ukpga_20170009_en.pdf，最后访问日期：2018-10-01。

英国脱离欧盟的整个过程获得了一个特殊的名称：Brexit（中文翻译成“英国脱欧”）。脱欧事件不仅使英国本土面临大量的政治、经济和法律等根本问题，也使余下的27个欧盟成员国面临上述领域的诸多挑战。对英国而言，一个亟待明确的法律问题就是脱欧之后，之前在英国实施的那些欧盟立法将会发生何等变化。没有人能够给出一个明确的清单说明究竟有多少欧盟立法在脱欧前在英国有效，尽管几乎所有人都承认，英国的确实施着大量的欧盟法律。英国下议院2010年10月曾经作过一个估算，从1997到2009年，6.8%的直接由议会通过的制定法(Statutes）和14.1%的次级立法文件（Statutory Instruments）[①] 或多或少地涉及欧盟法在英国本土的适用。[②] 为此英国政府颁布了《（脱离）欧洲联盟条例2018》，[European Union（Withdrawal）Act 2018，简称《2018条例》][③]，并就此份文件给出了如下几个说明意见[④]：第一，《2018条例》旨在给出一个切实可行的立法性文件，说明英国脱离欧盟之后英国本土法律的变化。其基本原则是，脱离之前的法律仍旧会在脱离之后适用。之后英国议会有权决定在合适的场合和时间对之作进一步变更。第二，《2018条例》有四个作用：（1）在英国废除1972年的《欧洲共同体条例》；（2）在英国脱离欧盟之前将此前在英国生效的欧盟法转化为国内法，维持英国在脱欧前为实施欧盟法而颁布的那些法律；（3）建立委托立法权力，包括临时委托立法权力，对那些无法在英国脱离欧盟后正常运转的法律进行修正……

根据《2018条例》之第五节第（4）条，自英国脱欧之日起，《欧盟基本权利宪章》（Charter of Fundamental Rights of the European Union）在英国失效。但是英国政府2018年7月12日发布的一份政策报告指出，英国在脱欧后将继续实施《欧洲人权公约》（European Convention of Human Rights）。[⑤]

由上可见，在英国脱欧之后，原有的在英国生效的欧盟法律将继续有效，这些法律之后是否需要修改或废除，由英国议会和政府根据情况确定。这不仅会带来一系列的法律乃至宪法层面的问题，而且英国在脱欧之前存在的大量的欧盟法律将会使这一工作变得艰巨并且旷日持久，同时也给未来带来很大的不确定性。

在法系划分上，欧盟法律属于混合法系，主要是由大陆法系和普通法系构成。在英国脱欧之前，欧盟28个成员国中，属于普通法系的有4个——英国、马耳他、爱尔兰和塞浦路斯，而英国无疑是普通法的“重镇”。在英国脱欧之后，欧盟混合法系的色彩势必被极大削弱，而这也给法系之间的融合与世界法律一体化的主张带来了新的挑战。

---

① Statutory Instrument，不是由议会直接通过，而是由议会委托其他机构起草并通过的具有法律效力的文件。

② See “How much legislation comes from Europe?”, *The House of Commons Research Paper 10/62*, 13 October 2010。

③ 参见 http://www.legislation.gov.uk/ukpga/2018/16/contents/enacted，最后访问日期：2018-10-01。

④ 参见 http://www.legislation.gov.uk/ukpga/2018/16/pdfs/ukpgaen_20180016_en.pdf，最后访问日期：2018-10-01。

⑤ 参见《英国和欧盟未来关系》（*The Future Relationship between the United Kingdom and the European Union*）之2.1.5（e），见 https://assets.publishing.service.gov.uk/government/uploads/system/uploads/attachment_data/file/725288/The_future_relationship_between_the_United_Kingdom_and_the_European_Union.pdf，最后访问日期：2018-10-01。

问题与思考

1. 论述欧盟法的发展过程。
2. 论述欧盟法的主要渊源和次要渊源之间的关系。
3. 论述调整欧盟法与成员国法间之关系的基本原则。
4. 如何理解欧盟法的“效力优先原则”和“直接效力原则”？
5. 欧盟调整成员国法间之关系的机制有哪些？
6. 如何认识欧盟法的性质？

参考文献

一、中文作品

1. 马克思恩格斯全集．第 3 卷．北京：人民出版社，1960
2. 马克思恩格斯选集．2 版．第 1 卷．北京：人民出版社，1995
3. 列宁选集．2 版．第 2 卷．北京：人民出版社，1972
4. 江泽民．关于经济全球化问题．论社会主义市场经济．北京：中央文献出版社，2006
5. 胡锦涛．国际形势和外事工作//胡锦涛文选．第 2 卷．北京：人民出版社，2016
6. 习近平．论坚持推动构建人类命运共同体．北京：中央文献出版社，2018
7. 程琥．全球化与国家主权．北京：清华大学出版社，2003
8. 封丽霞．法典编纂论——一个比较法的视角．北京：清华大学出版社，2002
9. 高鸿钧．伊斯兰法：传统与现代化．北京：社会科学文献出版社，1996
10. 高鸿钧．美国法全球化：基于四种典型的观察与分析．中国法学，2011（1）
11. 龚祥瑞，等．西方国家的司法制度．北京：北京大学出版社，1980
12. 郭华成．法律解释比较研究．北京：中国人民大学出版社，1993
13. 韩大元．亚洲立宪主义研究．北京：中国人民公安大学出版社，2000
14. 何新华．“天下观”：一种构建世界秩序的区域经验．二十一世纪（网络版），2004（11），总第 32 期
15. 洪永红，夏新华，等．非洲法导论．长沙：湖南人民出版社，2000
16. 胡玉娟．古罗马帝国的亡灵与新帝国主义论．中国世界史研究网．http：//www. xslx. com/htm/xslx/
17. 江平，张楚．民法的本质特征是私法．中国法学，1998（6）
18. 李步云，汪永清．中国立法的基本理论和制度．北京：中国法制出版社，1998
19. 李昌道．美国宪法史稿．北京：法律出版社，1986
20. 李放．比较法教程．长春：吉林大学出版社，1993
21. 李慎之．全球化与中国文化．太平洋学报，1994（2）
22. 李云泉．朝贡制度史论．北京：新华出版社，2004
23. 梁西．国际组织法（总论）．5 版．武汉：武汉大学出版社，2001

24. 刘升平，张文，张朝霞．市场经济与法理学的更新和变革．中国法学，1993（4）
25. 罗马帝国的行省管理．http：//bbs. tiexne. net/post _ 2399168-1. html，2008－04－16
26. 罗马帝国公民权的扩大（资料翻译）．http：//bbs. tiexne. net/post _ 23991681. html，2008－04－16
27. 罗志田．先秦的五服制与古代的天下中国观//学人．第10辑．南京：江苏文艺出版社，1996
28. 茅彭年．中国律师制度研究．北京：法律出版社，1992
29. 彭小瑜．罗马史概论．http：//www. hist. pku. edu. cn/club/dispbbs. asp？board ID＝43&ID＝5582&page＝1
30. 饶戈平．论全球化进程中的国际组织．中国法学，2001（6）
31. 任允正，刘兆兴．司法制度比较研究．北京：中国社会科学出版社，1996
32. 邵景春．欧洲联邦的法律制度．北京：人民法院出版社，1999
33. 沈宗灵，王晨光．比较法学的新动向．北京：北京大学出版社，1993
34. 沈宗灵．比较法研究．北京：北京大学出版社，1998
35. 沈宗灵．当代中国借鉴外国法律的实例．中国法学，1997（6）
36. 沈宗灵．再论当代中国的法律体系．中国法学，1994（1）
37. 盛洪．从民族主义到天下主义．北京：北京大学出版社，1999
38. 宋四辈．古代中国所建立的国际秩序的两重性及其现实意义．郑州大学学报，1998（6）
39. 陶髦，宋英辉，肖胜喜．律师制度比较研究．北京：中国政法大学出版社，1995
40. 王利明．司法改革研究．北京：法律出版社，2000
41. 王世洲．共同体法律的制定与执行．北京：法律出版社，2000
42. 王树民．畿服说考略//文史．第44辑．北京：中华书局，1998
43. 王铁崖．中国与国际法——历史与当代//中国国际法学会．中国国际法年刊（1991）．北京：中国对外翻译出版公司，1992
44. 吴大英，任允正，李林．比较立法制度．北京：群众出版社，1992
45. 吴大英，徐炳．比较法基础知识．北京：法律出版社，1987
46. 吴磊．中国司法制度．北京：中国人民大学出版社，1997
47. 萧蔚云．一国两制与香港基本法律制度．北京：北京大学出版社，1990
48. 邢义田．从古代天下观看秦汉长城的象征意义．燕京学报，新十三期，2002
49. 杨海坤．架起法系间的桥梁．苏州：苏州大学出版社，1995
50. 杨鸿烈．中国法律对东亚诸国之影响．北京：中国政法大学出版社，1999
51. 杨亚非．比较法总论．长春：吉林大学出版社，2001
52. 章金生．外国律师在中国．法制日报，1999－12－13
53. 赵汀阳．没有世界观的世界．北京：中国人民大学出版社，2003
54. 周楠，吴文翰，谢邦宇．罗马法．北京：群众出版社，1983
55. 朱景文．全球化条件下的法治国家．北京：中国人民大学出版社，2006
56. 朱景文．法律和全球化——实践背后的理论．北京：法律出版社，2003
57. 朱景文．比较法社会学的框架和方法——法制化、本土化和全球化．北京：中国人民大学出版社，2001

58. 朱景文．跨越国境的思考——法理学讲演录．北京：北京大学出版社，2006

59. 朱景文．关于法律和全球化的几个问题．法学，1998（3）

60. 朱景文．关于立法发展趋势的几个问题．法学杂志，2005（6）

61. 朱景文．关于律师职业发展的几个问题．见：张文显，等．司法改革报告：法律职业共同体研究．北京：法律出版社，2003

62. 朱景文．国际标准和中国法律改革．法学家，2003（3）

63. 朱景文．国内司法中运用外国法的比较法思考．法学，2004（1）

64. 朱景文．划分世界的法律体系——加拿大渥太华大学《世界法律地图》评介．法制日报，2004-04-15

65. 朱景文．欧盟法对东亚的意义．新视野，2005（1）

66. 朱景文．欧盟法对法律全球化的意义．法学，2001（12）

67. 朱景文．欧盟法性质的法理学思考——欧盟法与成员国法之间关系的理论与实践及对法律全球化的意义//人大法律评论．2000（1）．北京：中国人民大学出版社，2000

68. 朱景文．全球化与法治国家的历史演进．学习与探索，2006（1）

69. 朱景文．世界与中国框架中的比较法．法学家，1999（4）

70. 朱景文．中国共产党与比较法的发展．法学家，2001（3）

71. 朱景文．中国古代的朝贡制度和古罗马的行省制度．法学杂志，2007（3）

72. 朱景文．中心与边缘——法律发展的全球视角．新视野，2007（1）

73. 朱景文．比较法研究中的中国法．法学研究，2013（4）

二、译著

1. ［巴西］多斯桑托斯．帝国主义与依附．北京：社会科学文献出版社，1999

2. ［保］日夫克夫，斯坦列夫．社会主义法学中的比较方法．法学译丛，1983（2）

3. ［德］茨威格特，克茨．比较法总论．贵阳：贵州人民出版社，1992

4. ［德］格罗斯菲尔德．比较法的力量与弱点．北京：清华大学出版社，2002

5. ［法］马克·布洛赫．封建社会．北京：商务印书馆，2004

6. ［法］戴尔玛斯-马蒂．世界法的三个挑战．北京：法律出版社，2001

7. ［法］莱翁丹-让·康斯坦丁内斯库．论比较法学的流派和比较法．法学译丛，1983（2）

8. ［法］勒内·达维德．当代主要法律体系．漆竹生，译．上海：上海译文出版社，1984

9. ［法］勒内·达维德．英国法与法国法——一种实质性比较．北京：清华大学出版社，2002

10. ［法］勒内·罗迪埃尔．比较法概论．陈春龙，译．北京：法律出版社，1987

11. ［法］戴尔玛斯—马蒂．法的世界化——机遇与风险．法学家，2000（4）

12. ［法］维克多·丹·兹拉捷斯库．法律比较方法论的几个问题．法学译丛，1984（6）

13. ［美］E. 阿伦·法恩慈沃思．美国法律制度概论．北京：群众出版社，1986

14. ［美］埃尔曼．比较法律文化．北京：三联书店，1990

15. ［美］艾伯特·P. 梅隆，乔治·梅斯．美国司法审查的现状——篡权问题与民主问题．法学译丛，1988（6）

16. ［美］安德烈·莫鲁瓦．美国史．上海：上海人民出版社，1977
17. ［美］昂格尔．现代社会中的法律．北京：中国政法大学出版社，1994
18. ［美］彼得·哈伊．美国法律概论．北京：北京大学出版社，1997
19. ［美］伯尔曼．法律与革命——西方法律传统的形成．北京：中国大百科全书出版社，1993
20. ［美］高道蕴，等．美国学者论中国法律传统．北京：中国政法大学出版社，1994
21. ［美］卡佩莱蒂．比较法教学与研究//沈宗灵，王晨光．比较法学的新动向．北京：北京大学出版社，1993
22. ［美］施瓦茨．美国法律史．北京：中国政法大学出版社，1997
23. ［美］斯塔夫理阿诺斯．全球通史．http://www.gzmd.cn/dxs
24. ［美］沃勒斯坦．现代世界体系（第1卷，第2卷）．北京：高等教育出版社，1998
25. ［美］詹姆斯·安修．美国宪法判例与解释．北京：中国政法大学出版社，1999
26. ［日］大木雅夫．比较法．北京：法律出版社，1999
27. ［日］木宫泰彦．日中文化交流史．胡锡年，译．北京：商务印书馆，1980
28. ［日］穗积陈重．法律进化论．北京：中国政法大学出版社，1997
29. ［日］小岛武司．比较法在移植外国法律中的第二任务//沈宗灵，王晨光．比较法学的新动向．北京：北京大学出版社，1993
30. ［瑞典］博丹．不同经济制度与比较法．法学译丛，1980（5）
31. ［苏］阿列克谢耶夫．法的一般理论．北京：法律出版社，1988
32. ［苏］乌沙科夫．苏联法的体系及其发展前景．法学译丛，1983（1），（2），（3）
33. ［匈］伊·萨博．比较法的各种理论问题．法学译丛，1983（2）
34. ［印］摩奴法典．北京：中国社会科学出版社，1986
35. ［英］丹宁勋爵．法律的训诫．北京：群众出版社，1985
36. ［英］丹宁勋爵．法律的正当程序．北京：群众出版社，1984
37. ［英］哈耶克．法律、立法与自由．北京：中国大百科全书出版社，2000
38. ［英］哈耶克．通往奴役之路．北京：中国社会科学出版社，1997
39. ［英］哈耶克．自由秩序原理．北京：三联书店，1997
40. ［英］赫尔德．全球盟约．北京：社会科学文献出版社，2004
41. ［英］赫尔德，等．全球大变革．北京：社会科学文献出版社，2001
42. ［英］赫尔德，等．治理全球化．北京：社会科学文献出版社，2004
43. ［英］赫斯特，汤普森．质疑全球化．北京：社会科学文献出版社，2002
44. ［英］桑托斯．迈向新法律常识：法律、全球化和解放．2版．北京：中国人民大学出版社，2009
45. ［英］汤因比，［日］池田大作．展望二十一世纪．北京：国际文化出版公司，1985

三、英文文献

1. Alan Milward. The European Rescue of the Nation-State，1992
2. John H. Barton，James Lowell Gibbs，Victor Hao Li & John H. Merryman. Law in the Radically Different Cultures. West Publishing Co.，1983

3. Charles Szladits. Civil Law System. International Encyclopedia of Comparative Law II

4. D. Clark & T. Ansay eds.. Introduction to the Law of the United States. Boston: Kluwer, Law and Taxation Publishers, 1992

5. D. Rueschemeyer. Lawyers and Their Society: A Comparative Study of the Legal Profession in Germany and the United States. Cambridge, Mass.: Harvard University Press, 1977

6. Didrick Castberg. Japanese Criminal Justice. New York: Praeger, 1990

7. F. W. Maitland. Equity: A course of lectures. 2nd ed.. revised by John Brunyate. Cambridge University Press, 1936

8. H. Zweigert & H. Kötz. Introduction to Comparative Law. Clarendon Press, 1987

9. H. Zweigert & L. Puttfarken. Possibilities of Comparing Analogous Institutions of Law in Different Social Systems. Act. Jur. Hung., 1973

10. Harold J. Berman. World Law. 18 Fordham Int' l L. J. 1617, 1995

11. Henry W. Ehrmann. Comparative Legal Cultures. New Jersey: Prentice-Hall, Inc. Englewood Cliffs, 1978

12. J. Carlin. Lawyers' Ethics: A Survey of the New York City Bar. New York: Russell Sage Foundation, 1966

13. John H. Merryman, D. Clark & L. Friedman. Law and Social Changes in Mediterranean Europe and Latin America. Stanford: Stanford University Press, 1979

14. John H. Merryman. The Civil Law Tradition. Stanford University Press, 1985

15. J. H. Wigmore. A Panorama of the World's Legal Systems. St. Paul, 1928

16. J. K. Fairbank. Tributary Trade and China's Relations with the West. Far Eastern Quarterly, 1942, Vol. 1 (2)

17. Joanna Waley-Cohn. How Ancient China Regarded the World. http: //www. theglobalist. com/about/elearning _ university. shtml/ The Globalist Foreign Policy—How Ancient China Regarded the World. htm

18. John H. Merryman. Convergence and Divergence between the Civil Law and the Common Law//M. Cappelletti ed.. New Perspectives from a Common Law of Europe. Sijthoff Publishing Co., 1987

19. Jost Delbrück. Prospects for a "World (Internal) Law?": Legal Developments in a Changing International System. Indiana Journal of Global Legal Studies, 2002, 9: 401 - 403

20. K. Jayasuriya. Globalization, Law, and the Transformation of Sovereignty: The Emergence of Global Regulatory Governance. Global Legal Studies Journal, 1999 (6): 452

21. Kenneth W. Abbott & Duncan Snidal. Hard Law and Soft Law in International Governance

22. Kimon Valaskakis. Westphalia II: The Real Millennium Challenge. http: //www. paricenter. com/library/papers/

23. L. Friedman. Commentary Erewhon: The Coming Global Legal Order. Stan. J. Int' l L, 2001, 37, Summer

24. M. Bogdan. Comparative Law. Norstedts Juridik, Tano: Kluwer, 1994

25. Glendon, Gordon & Osakwe. Comparative Legal Traditions. St. Paul: West Publishing Co., 1994

26. Mark K. Dietrich. Legal and Judicial Reform in Central Europe and Former Soviet Union, Voice from Five Countries. http：//www. worldbank. org

27. Martin Shapiro. The Globalization of Law. Indiana Journal of Global Legal Studies，1993 (1)：27

28. Martin Spencer. Weber on Legitimate Norm and Authority. British Journal of Sociology, 1970 (2)：21

29. Mattera. Le Mache unique European. Paris，1990

30. Max Rheinstein. Comparative Law—Its Functions，Methods and Uses//Rotondi ed.. Inchieste di diriiocomparato 2. Butsetmethodes du droit compare. Pardova-New York，1973

31. Michael McConville & John Balidwin. Courts，Prosecution，and Conviction. Oxford：Clarendon Press，1981

32. P. J. Slot. Technical and Administrative Obstacles in the EEC Leiden，1975

33. P. J. Slot. Harmonization. European Law Review，1996 (21)，Oct. //Sweet & Maxwell and Contributors，1996

34. R. Abel & P. Lewis ed.. Lawyers in Society. Vol. 1. Common Law World. Berkeley：University of California Press，1988

35. R. Abel & P. Lewis ed.. Lawyers in Society. Vol. 2. Civil Law World. Berkeley：University of California Press，1988

36. R. Abel & P. Lewis ed.. Lawyers in Society. Vol. 3. Comparative Theories. Berkeley：University of California Press，1989

37. R. S. Miller. Apples vs Persmmons—Let's Stop Drawing Inappropriate Comparisons Between the Legal Profession in Japan and the United States. Victoria University of Wellington Law Review，1987 (13：3)：201

38. R. T. A. Irving & Thomas A. Stanley. Chinese Tributary System. http：//hkuhist2. hku. hk/nakasendo/

39. S. Macaulay. Private Government//Leon Lipson & Stanton Wheeler. Law and the Social Science. New York：Rusell Sage Foundation，1986

40. Stephen Weatherill & Paul Beaumont. EU Law：the Essential Guide to the Legal Workings of the European Union. Penguin Books. the 3rd ed.，1999

41. Tony Weir. Common Law System//International Encyclopedia of Comparative Law II

42. W. Holmes. The Common Law. Macmillan，1968

图书在版编目（CIP）数据

比较法总论/朱景文主编．—4版．—北京：中国人民大学出版社，2019.6
新编21世纪法学系列教材/曾宪义，王利明总主编
ISBN 978-7-300-27026-5

Ⅰ.①比… Ⅱ.①朱… Ⅲ.①比较法学-高等学校-教材 Ⅳ.①D908

中国版本图书馆CIP数据核字（2019）第111622号

"十二五"普通高等教育本科国家级规划教材
新编21世纪法学系列教材
总主编 曾宪义 王利明
比较法总论（第四版）
朱景文 主编
Bijiaofa Zonglun

出版发行	中国人民大学出版社		
社　　址	北京中关村大街31号	邮政编码	100080
电　　话	010－62511242（总编室）		010－62511770（质管部）
	010－82501766（邮购部）		010－62514148（门市部）
	010－62511173（发行公司）		010－62515275（盗版举报）
网　　址	http://www.crup.com.cn		
经　　销	新华书店		
印　　刷	固安县铭成印刷有限公司	版　　次	2004年11月第1版
开　　本	787 mm×1092 mm 1/16		2019年6月第4版
印　　张	21.5	印　　次	2025年9月第6次印刷
字　　数	545 000	定　　价	45.00元

版权所有 侵权必究　　印装差错 负责调换

《　　　　　　》[※]任课教师调查问卷

为了能更好地为您提供优秀的教材及良好的服务，也为了进一步提高我社法学教材出版的质量，希望您能协助我们完成本次小问卷，完成后您可以在我社网站中选择与您教学相关的1本教材作为今后的备选教材，我们会及时为您邮寄送达！如果您不方便邮寄，也可以申请加入我社的**法学教师QQ群：83961183（申请时请注明法学教师）**，然后下载本问卷填写，并发往我们指定的邮箱（cruplaw@163.com）。

邮寄地址：北京市海淀区中关村大街31号中国人民大学出版社806室收

邮　　编：100080

再次感谢您在百忙中抽出时间为我们填写这份调查问卷，您的举手之劳，将使我们获益匪浅！

基本信息及联系方式：[※]

姓名：__________ 性别：__________ 课程：____________________

任教学校：____________________ 院系（所）：________________

邮寄地址：____________________ 邮编：__________________

电话（办公）：__________ 手机：__________ 电子邮件：____________

调查问卷：[※]

1. 您认为图书的哪类特性对您选用教材最有影响力？（　　）（可多选，按重要性排序）

   A. 各级规划教材、获奖教材　　B. 知名作者教材

   C. 完善的配套资源　　D. 自编教材

   E. 行政命令

2. 在教材配套资源中，您最需要哪些？（　　）（可多选，按重要性排序）

   A. 电子教案　　B. 教学案例

   C. 教学视频　　D. 配套习题、模拟试卷

3. 您对于本书的评价如何？（　　）

   A. 该书目前仍符合教学要求，表现不错将继续采用

   B. 该书的配套资源需要改进，才会继续使用

   C. 该书需要在内容或实例更新再版后才能满足我的教学，才会继续使用

   D. 该书与同类教材差距很大，不准备继续采用了

4. 从您的教学出发，谈谈对本书的改进建议：____________________

____

____

选题征集：如果您有好的选题或出版需求，欢迎您联系我们：

联系人：黄　强　联系电话：010-62515955

索取样书：书名：______________________________

书号：__________________________________

备注：※ 为必填项。